Hamid Reza Yousefi/Klaus Fischer/Ina Braun/Peter Gerdsen (Hrsg.)

—

Wege zu Menschenrechten

Wege zu Menschenrechten

Geschichten und Gehalte eines umstrittenen Begriffs

herausgegeben und eingeleitet
von
Hamid Reza Yousefi, Klaus Fischer, Ina Braun und Peter Gerdsen

unter Mitwirkung von
Anne Marie Plaisant, René Jaquett,
Tina Massing und Rolf Schnitzler

Traugott Bautz
Nordhausen 2008

Bibliografische Information der Deutschen Bibliothek
Die Deutsche Bibliothek verzeichnet diese Publikation
in Der Deutschen Nationalbibliographie;
detaillierte bibliografische Daten sind im Internet
über http://dnb.ddb.de abrufbar.

Umschlagsentwurf von Birgit Hill
Verlag Traugott Bautz GmbH
99734 Nordhausen 2008

Printed in Germany
ISBN 978-388-309-429-8
www.bautz.de

Inhaltsübersicht

Wir befinden uns in einem Weltalter der Interkulturalität, in dem Begriffe wie Identität, Differenz, Demokratie, Legitimität, Gerechtigkeit, Menschen- und Völkerrechte neu zu verhandeln sind. Ein solches Unternehmen benötigt einen mutigen Geist, verbunden mit wissenschaftlich fundierter Verfahrensweise. Unser Freund und Kollege Prof. Dr. Dr. h. c. Bernd Hamm, der im Juni 2008 verabschiedet wird, ist einer der wenigen, die sich durch die neoliberale Offensive weder kaufen noch einschüchtern ließen. Für Hamm galt stets das Primat der Menschlichkeit und Gerechtigkeit vor Macht und Kulturimperialismus. Ihm ist dieses Buch gewidmet.

Einleitung der Herausgeber

Die gegenwärtige Situation der Menschheit zeigt dramatische Entwicklungen. War das 20. Jahrhundert gekennzeichnet von zwei großen Weltkriegen sowie von verheerenden Ideologien, so setzen sich die Konflikte im 21. Jahrhundert in gewandelter, aber nicht minder destruktiver Form fort. Ihren Ausdruck finden sie in terroristischen Gewalttaten Einzelner oder fanatisierter und ideologisierter politischer und religiöser Vereinigungen, in ethnisch motivierten Massakern, in Staatsterror sowie in einer Vielzahl regional begrenzter Kriege und militärischer Interventionen. Viele dieser Entwicklungen mündeten in humanitäre Katastrophen und brachten entsetzliches Leid für eine große Zahl von Menschen mit sich: Menschen wurden getötet, gefoltert und gequält, leben von Armut und Krankheit gezeichnet, in Hunger und Elend.

Parallel zu diesen humanitären Katastrophen vollziehen sich auf der Ebene des Bewußtseins von Beteiligten und Beobachtern umfassende Veränderungen, die verbunden sind mit einer Globalisierung der Wahrnehmungen und der Ansprüche, der Lebensweisen und der Erwartungen. Die Grenzen der durch moderne Informationssysteme einander näher kommenden Teile der Menschheit beginnen zu verschmelzen. Die globale Horizonterweiterung und -überlappung wird getragen von der Entwicklung der technischen Kommunikationsnetze und Transportsysteme, die den gesamten Erdball umfassen. Auf diesem Bewußtseinshintergrund wird von weiten Teilen der Menschheit als unerträglich empfunden, daß Hunderte von Millionen in menschenunwürdigen Verhältnissen leben. Die Möglichkeit des Vergleichs in der globalen Informationsgesellschaft fördert aber auch die Wahrnehmung von Kontrasten. Immer mehr Menschen werden sich der Besonderheit ihrer geschichtlich-kulturellen Existenz und der damit verbundenen Würde und Einzigartigkeit bewußt.

In dieser Situation erscheint die Idee der Menschenrechte als zwar berechtigte, aber unspezifische Antwort auf komplexe und differenzierte Problemlagen, die durch jeweils spezifische kulturelle, politische, historische, soziale und religiöse Besonderheiten gekennzeichnet sind. Die Idee universeller Menschenrechte ist nicht nur in ethisch-moralischer Hinsicht kontrovers, sie ruft aufgrund ihrer Entstehungs- und Durchsetzungsgeschichte auch politische Assoziationen hervor, die in vielen Teilen der Welt starke negative wie positive Emotionen auslösen. Bei genauerem Hinsehen erweist sich diese als eine Mischung aus moralischen, juridischen, kulturellen und politischen Komponenten. Auch aus philosophischer Sicht wirft die Idee verallgemeinerbarer Menschenrechte eine Reihe von Fragen auf. Ob diese, etwa in der Deklaration der Vereinten Nationen, die einzig mögliche Antwort auf eine Menschheitssituation ist, in der viele Menschen unter unwürdigen Verhältnissen leben müssen, kann kontrovers diskutiert werden. Eine Antwort wird davon geprägt sein, daß es verschiedene Staats-, Glaubens- und Gesellschaftsformen gibt, denen unterschiedliche kulturelle, religiöse, politische und soziale Traditionen zugrunde liegen.

Angesichts dieser Situation sahen sich die Herausgeber veranlaßt, die bereits erschienen Bände dieser Reihe ›Wege zur Philosophie‹, ›Wege zur Kommunikation‹, ›Wege zur Religionswissenschaft‹ sowie ›Wege zur Wissenschaft‹ mit einem weiteren Band ›Wege zu Menschenrechten‹ fortzusetzen. Dabei soll bereits der Titel darauf hinweisen, daß es verschiedene methodische Möglichkeiten gibt, Probleme zu lösen, die sich hinter dem Begriff ›Menschenrechte‹ verbergen und Perspektiven zu entwickeln – Denkwege, die sich kreuzen oder begleiten, befruchten oder bekämpfen, ergänzen oder ignorieren können. Angesichts der nicht mehr zu übersehenden Instrumentalisierung der Menschenrechtsidee – immerhin werden im Namen der Menschenrechte Kriege geführt und diese dienen häufig als Fundament für eine bestimmte Politik –, erscheint deren Untersuchung aus philosophischer Sicht dringend geboten.

Die Beiträge des vorliegenden Bandes setzen sich in der einen oder anderen Weise mit den skizzierten Fragestellungen auseinander. Dabei soll es nicht lediglich darum gehen, Vertreter diverser oft antagonistisch argumentierender Richtungen zusammenzuführen, sondern vielmehr darum, eine Arbeitsbasis zu finden, von der aus eine sachliche und problemorientierte Debatte möglich wird.

Hamid Reza Yousefi führt in Theorie und Praxis der Menschenrechte ein und zeigt ihre historischen Hintergründe und aktuellen Aporien auf. Ihm zufolgt ist das Prinzip der Unverfügbarkeit des Individuums die tragende

Säule der Menschenrechte im Kontext einer reflektierten Interkulturalität. Auf der Grundlage dieses Prinzips geht er von unterschiedlichen Menschenrechtsgeschichten und Menschenrechtstraditionen aus, die sich überlappen, ergänzen oder widersprechen können. Der Verfasser macht deutlich, daß die Entdeckung von Menschenwürde und die Forderung nach Menschenrechten keiner stufentheoretischen und damit teleologischen Entwicklung unterliegt. Dabei geht er von unterschiedlichen Ausdrucksformen der Menschenrechte aus, die sich nicht schematisch einordnen lassen, weil es verschiedene Staats-, Glaubens- und Gesellschaftsformen gibt, denen unterschiedliche kulturelle, religiöse, politische und soziale Traditionen zugrunde liegen. Yousefi sieht die Definition von Menschenrechten und ihre Verletzung mit der Machtfrage verknüpft. Er unterscheidet religiöse, kulturelle, politische, soziale und wirtschaftliche Verletzungsformen und zeigt exemplarisch auf, daß das System der Menschenrechte seit dem Ende des Zweiten Weltkrieges zu einem Bajonett der Macht geworden ist, die häufig zur Bemäntelung politischer oder wirtschaftlicher Eigeninteressen der Machthabenden dienen.

Peter Gerdsen nimmt in seinem Beitrag eine Analyse des gegenwärtigen Menschenrechtsbegriffs vor, indem er dessen Prägung durch die europäische Aufklärungsepoche aufzeigt und eine Reihe innerer Widersprüche offenlegt. Im Laufe der Untersuchung wird darauf verwiesen, daß zum Wesen des Begriffs der Menschenrechte der Zusammenhang mit anderen positiven Begriffen wie Demokratie und Freiheit gehört. Angesichts der Tatsache, daß der Menschenrechtsbegriff weltweite Verbreitung gefunden hat, taucht jedoch auch der eher negativ konnotierte Begriff der Weltherrschaft auf. Inhalt und Bedeutung dieses Begriffs werden hinsichtlich seiner geistigen und politischen Strukturen im 21. Jahrhundert untersucht. Gerdsens Auffassung läuft letztlich auf eine vollständige Infragestellung der Menschenrechte hinaus, die als ideologielastig klassifiziert werden. Angesichts der Kulturgebundenheit und der Instrumentalisierungsmöglichkeiten scheint eine semantische Neubestimmung von Menschenrechten mit einer neuen Bezeichnung geboten. Die Schwierigkeiten dieses Vorhabens bestehen darin, daß sich die Menschenrechtsideologie mit einem ethischen Glanz umgibt, der ihre Kritiker weitgehend entwaffnet und der seine Ursachen in einer eigentümlichen Mischung aus moralischen, juridischen und politischen Komponenten hat.

Bernd Hamm entwickelt die These, daß der Ausbau von Demokratie und Menschenrechten seit etwa Mitte der siebziger Jahre einem verschärften internationalen Verteilungskonflikt gewichen sei. Im Kern steht dabei der Versuch der Eliten der wohlhabenden Länder, sich die Naturschätze der Erde anzueignen und andere in ihrer Nutzung einzuschränken. Die Verletzung von Menschenrechten durch Mechanismen einer globalisierten Politik im Interesse der transnationalen Unternehmen und ihrer Eigentümer geschieht dabei vor allem indirekt (›Globalisierung‹) und dadurch anonym. Ideologisch wurde dieser Prozeß vorbereitet durch die neoliberale Offensive. Die Anschläge des 11. September 2001 haben nach Hamm nicht nur den Vorwand für militärische Aggressionen, sondern auch für den drastischen Ausbau der Überwachungs- und Repressionsapparate geliefert. Dabei erwiesen sich die institutionellen Kontrollen zum Schutz von Demokratie und Menschenrechten durch Recht, Politik und Medien als wenig wirksam. Gleichzeitig verändert sich jedoch die globale Machtstruktur: Die Position der USA wird schwächer, andere Mächte in Asien und Lateinamerika gewinnen an Einfluß. Europa sollte die neuen Handlungschancen, so das Fazit des Verfassers, die sich dadurch öffnen, im Interesse einer solidarischen Weltpolitik nutzen.

Ram Adhar Mall thematisiert die Universalität der Menschenrechte und geht dabei von ihrer ›orthaften Ortlosigkeit‹ unter besonderer Berücksichtigung der indischen Geistesgeschichte aus. Eine interkulturelle Orientierung in der Diskussion um die Menschenrechte leitet demnach eine kopernikanische Wende ein, indem sie alle Kulturen, Philosophien, Religionen und Weltanschauungen um die eine wahre Sonne der Menschenrechtsidee kreisen läßt. Dies hat zur Folge, daß nicht nur dem Eurozentrismus, sondern dem Zentrismus schlechthin eine Absage erteilt wird. Zum Geist der Interkulturalität gehört nach Mall wesentlich, daß nicht Universalismus, sondern Gemeinsamkeit das Ziel darstellt. Fast im Geiste der negativen Theologie plädiert die interkulturell-philosophische Haltung für das Zustandekommen einer konfliktarmen Praxis zu Gunsten einer notwendigen Verzichtleistung auf den Absolutheitsanspruch. Eine solche Haltung führt zur Entwicklung von Kompromißbereitschaft, zur Fähigkeit, sich zurücknehmen zu können und zu wollen. Auf einem solchen Boden gedeihen Menschenrechte von alleine. Interkulturelle Orientierung hat nach Mall ferner zur Folge, daß die beiden Parolen: 1. Europäische Werte sind universal, asiatische dagegen asiatisch und 2. Asiatische Werte sind universal, europäische dagegen europäisch (letztere Parole anläßlich eines Treffens von Regierungschefs aus aller Welt in Bangkok 1996 vom malaiischen Ministerpräsidenten Mahathir geäußert), als Konfliktherd erkannt und zurückgewiesen werden müssen. Die These von der orthaften Ortlosigkeit der Menschenrechte schadet keinem und hilft allen. Sie führt zur interkulturellen Gerechtigkeit, indem sie zwischen Relativismus und Absolutismus, zwischen Kontextualismus und Universalismus vermittelt.

Karl-Heinz Brodbeck thematisiert die Idee der Menschenrechte im Buddhismus. Auch wenn es keine ausdrücklich Kategorie eines Menschen*rechts* im Buddhismus gibt, so läßt sich dennoch ein innerer Zusammenhang zwischen der buddhistischen Ethik und dem Katalog der Menschenrechte in der UN-Charta herausarbeiten. Der Beitrag stellt zunächst die Diskussion um die Menschenrechte in der europäisch-amerikanischen Tradition und ihre Begründungen dar und verweist dann ausführlicher auf buddhistische Parallelen. Hierbei wird eine *moralische* Interpretation des Menschenrechtsbegriffs aufgegriffen und verteidigt. Die innerhalb des wissenschaftlichen Buddhismus diskutierte Voraussetzung der Menschenrechte als Individualrechte wird unter Rückgriff auf Texte u.a. von S.H. dem Dalai Lama näher vorgestellt und auf einen gemeinsamen Kern zurückgeführt. Insbesondere in den fünf Laienvorschriften der buddhistischen Ethik zeigt sich eine enge, innere Verwandtschaft zur Menschenrechtsidee. Zur *Begründung* der Menschenrechte schlägt der Verfasser eine aus der buddhistischen Logik und Philosophie entwickelte neue Interpretation vor. Im Zentrum des Buddhismus steht der Begriff des ›Leidens‹. Menschen und andere Lebewesen *erleiden* ihre Umstände; darin liegt – ohne eine positive Wesensbestimmung wie eine menschliche Natur oder einen Bezug auf einen Schöpfer vorauszusetzen – eine *negative Definition* (Apoha), die im Sinn der buddhistischen Logik den Inhalt dessen bestimmt, was man erleidet. Die Menschenrechte richten sich *negierend* konkret gegen vielfältige, immer wieder neu auftauchende Formen dieses Erleidens. Sie sind deshalb ein offener, moralischer Prozeß, der immer wieder einer neuen Definition und Verwirklichung bedarf – in der Gegenwart vor allem bezüglich der durch die globale Ökonomie erzeugten neuen Armut.

Heiner Reotz greift das Konzept der Menschenrechte in China auf. Für ihn stellen die Menschenrechte ein Problem der Kultur dar. Dementsprechend versucht Roetz gegen die kulturalistische Kritik zu zeigen, daß Kulturargumente nicht gegen Menschenrechte ausgespielt werden können. Er plädiert zum einen für die normative Priorität der Menschenrechte gegenüber der Pluralität der Kulturen. Zum andern zeigt er am Beispiel des Konfuzianismus, wie auch eine nicht ›westliche‹ Ethiktradition in einer den Menschenrechten entgegenkommenden Weise rekonstruiert werden kann.

Katharina Ceming thematisiert die Problematik der Menschenrechte in der jüdischen Tradition. Bei der Frage nach dem Verhältnis des Judentums zu den Menschenrechten, hält sie es zunächst für unerläßlich, einen Blick in das Alte Testament zu werfen, das die Grundlage der jüdischen Tradition darstellt. Soziale Rechte finden dort im Gegensatz zu den individuellen Freiheitsrechten eine große Berücksichtigung. In der weiteren Tradition des Judentums kam es diesbezüglich zu einigen Veränderungen, so hatte die Zerstörung der Eigenstaatlichkeit Israels durch die Römer erste Auswirkungen auf das Strafrecht. Ein wirklich bedeutsamer Einschnitt stellte jedoch die jüdische Haskala, die Aufklärung, dar, die sich im Kontext der Aufklärung in Europa ereignete. Hier wurde nach Ceming das Judentum zum ersten Mal radikal im Sinne der Gedanken der französischen Revolution reformiert. Jedoch nicht alle Mitglieder der jüdischen Gemeinden konnten sich mit diesem Schritt anfreunden, so daß das Judentum sich in verschiedene Strömungen unterteilte. Mit der Gründung des Staates Israel stellte sich für das Judentum erneut die Frage, wie mit den Menschenrechten umzugehen sei. Zwar versucht Israel als Staat diese zu respektieren, doch ergeben sich aus der religiösen Ausrichtung Israels als jüdischem Staat sowohl für nicht-orthodoxe Juden als auch für nicht-jüdische Israelis etliche Probleme. Gegen Menschenrechtsverletzungen durch den jüdischen Staat, insbesondere an seinen nicht-jüdischen Bürgern, formierte sich nach Ceming in den letzten Jahren jedoch auch innerjüdischen Widerstand z.B. von Gruppen wie ›Rabbis for Human Rights‹, die dezidiert unter Bezugnahme auf die jüdische Religion, Menschenrechtsarbeit betreiben.

Reinhard Kirste zeigt, wie sich in Europa die Universalität der Menschenrechte durch Veränderung des Toleranzverständnisses recht langsam – und in Abgrenzung vom dominierenden Christentum – entwickelte. Erst Aufklärung und Französische Revolution brachten eine neue Standortbestimmung, weil durch die Säkularisierung der enge Zusammenhang von Staat und Kirche aufgegeben wurde. Die weltpolitischen Umbrüche zogen weitere Veränderungen nach sich, die auch das Christentum und ihre religiöse Organisation, die Kirchen, als gesellschaftliche Größe wesentlich betrafen. Das Christentum hatte sich lange schwer getan, die Menschenrechte auch als Basis des eigenen Ethikverständnisses anzuerkennen und zu integrieren. Immerhin bietet der Gedanke, daß *alle* Menschen – unabhängig von ihrem Glauben – Schöpfung Gottes sind, eine Brücke für eine gemeinsame Hochachtung der Menschenwürde. Die dazu fälligen Erklärungen erschienen jedoch bei den meisten Kirchen erst in der 2. Hälfte des 20. Jahrhunderts. Nun profitieren die christlichen Kirchen in der Demokratie von der innerhalb der Menschenrechte geforderten Religionsfreiheit, aber theologisch hat sich gegenüber anderen Religionsvertretern noch keineswegs eine religionspluralistische Haltung durchgesetzt. Vielmehr gilt meist weiter die Auffassung, daß die anderen Religionen noch nicht die volle Wahrheit im Blick auf des Menschen Heil erkannt haben. Interreligiöse Begegnung und Menschenwürde gehören jedoch zusammen und müssen in eine menschenfreundliche Balance gebracht werden, damit das Christentum als friedensfördernde und Konflikt entschärfende Kraft wirksam wird.

Klaus-Jürgen Grün sieht eine enge Beziehung zwischen der Freimaurerei und der Bestimmung der Menschenrechte. Dabei ist es nur eine äußerliche Erscheinung, daß bei der Formulierung der Menschenrechte Freimaurer beteiligt waren. Es gehört zu den zentralen Anliegen der Freimaurerei, das Allgemein-Menschliche in ethisch-moralischer Hinsicht zu verstehen und zum Ausdruck zu bringen. Während aber die ausdrückliche Erklärung der Menschenrechte an der Theorie aufklärerischer Ethik orientiert ist, wie sie maßgeblich in der Moralphilosophie Kants zur Sprache kommt, führt die freimaurerische Praxis auf eine andere Fährte der Begründung der Menschenrechte. Menschenrechte lassen sich nach Grün nicht nur als der Ausdruck einer abstrakten Grammatik der Sprechens über das Gute und den Wert des Menschen verstehen, sondern sie sind auch der Reflex einer Praxis im Umgang mit Menschen. Aufklärung setzt sich in der Freimaurerei fort als der Anspruch, die sinnliche Wirklichkeit des Menschen nicht hinter der bloß verstandesmäßigen Selbstauffassung zum Verschwinden zu bringen, sondern sie als einen elementaren Bestandteil der Lebenswirklichkeit in die Definition des Allgemein-Menschlichen einfließen zu lassen.

Ahmed Ginaidi thematisiert die Idee der Menschenrechte im Islam. Er stellt fest, daß nach islamischer Lehre die Menschen, welcher Hautfarbe und Herkunft auch immer, gleich und von ihrem Ursprung her verwandt sind. Deshalb haben sie den gleichen Anspruch auf Freiheit und Würde. Der Verfasser sieht zwischen den Forderungen nach den Menschenrechten in der islamischen und westlichen ›Welt‹ keinen wesentlichen Unterschied. So garantiert auch die islamische Gesetzgebung den Schutz des Lebens, der Vernunftbetätigung, der Familie, der Religion und des Eigentums. Im Gegensatz zu westlichen Menschenrechtsvorstellungen, die in der Neuzeit den Säkularismus und die Autonomie des Menschen verkündete, hat in den islamischen Kulturregionen eine Spaltung zwischen Religion und Weltlichkeit nicht stattgefunden. Nach Ginaidi lehrte der Islam von Anfang an die Hinwendung des Gläubigen zur Welt als seinem Tätigkeitsfeld, das seiner Verantwortung übergeben wurde. Der Autor ist der Meinung, daß die Idee des Göttlichen in Europa fast keine Bedeutung mehr beigemessen wird, deshalb leiden viele in Europa unter diesem Vakuum. Im Islam liegt ein solches Defizit nicht vor. Der Islam sei lebendig geblieben.

Christine Schirrmacher geht die Frage nach, ob sich Religionen wie etwa der Islam und die Gewährung von Menschenrechten gegenseitig ausschließen. Keinesfalls, wenn man die bekanntesten Menschenrechtsdokumente islamischer Autorschaft, die »Allgemeine Erklärung der Menschenrechte im Islam« von 1981 und die »Kairoer Erklärung der Menschenrechte« von 1990 zur Hand nimmt. In beiden Erklärungen werden Menschenrechte definiert und beschrieben. Allerdings ergeben sich auch Problemfelder, da in diesen Texten bestimmte Menschenrechte stillschweigend übergangen, bzw. Minderheiten, Frauen und Nichtmuslimen einige grundlegende Menschenrechte nicht zuerkannt und selbst Muslimen anhand schariazentrierter Begründungen nur eingeschränkte Rechte zugestanden werden. Dennoch erschöpft sich die Debatte über das Thema Menschenrechte und Islam keineswegs in diesen offiziellen Erklärungen. Abseits davon hat sich in zahlreichen islamischen Ländern eine breitgefächerte Menschenrechtsbewegung entwickelt, die auch unter Inkaufnahme zahlreicher Behinderungen und Repressionen Menschenrechtsverletzungen entschlossen anprangert und für eine praktische Erweiterung der Menschenrechte eintritt. Manche der Reformer, Kritiker und Aktivisten erkennen den Ansatz zur Reform eher in einer zeitgemäßen Neuinterpretation der rechtsrelevanten Texte in Menschenrechtsfragen, andere greifen die Scharia in ihrer klassisch-orthodoxen Interpretation selbst als Ursache für die eingeschränkten Menschenrechte in ihren Herkunftsländern an.

Koo van der Wal thematisiert die Idee der Menschenrechte samt ihrer Begründung und ihren Universalitätsanspruch. Die Menschenrechte, welche Bedeutung ihnen sonst noch zukommen mag, sind in erster Linie Prinzipien der politischen Ethik, Grundsätze also, die anzeigen, worin Humanität im politischen Bereich, namentlich im Verhältnis von Regierung und Bürgern, besteht. Menschenrechte stellen eine ganz besondere Kategorie von Rechten dar. Während die Funktion von Rechten im allgemeinen der Schutz von Sachen ist, die für die Betreffenden von großem Wert sind, ist diese zu schützende Sache bei den Menschenrechten das Subjekt- oder Personsein des Menschen selbst.

Merkmal des Personseins ist das Begabtsein mit einer eigenen Einsicht und einem eigenen Willen. Als Kern der Menschenrechtsidee kann somit die Vorstellung der größtmöglichen Selbstbestimmung des Menschen als Person angesehen werden. Die einzelnen Menschenrechte bilden dann die Operationalisierung und Spezifikation dieser Kernidee. Die Idee der Menschenrechte hängt mit dem Prozeß der Modernisierung der Gesellschaft zusammen. Bedenken gegen den Universalitätsanspruch der Menschenrechte haben daher meistens zweierlei Gründe: in normativer Hinsicht ein anderes Menschenbild als die moderne Idee der Person, und in faktischer Hinsicht eine gesellschaftliche Situation, die sich mehr oder weniger von der modernen unterscheidet. In einer Lage fortschreitender weltweiter Modernisierung müssen die Menschenrechte als unentbehrlich betrachtet werden, weil sie unter modernisierten Umständen, wo die traditionellen Solidaritätsverbände stark an Gewicht eingebüßt haben, minimale Bedingungen menschenwürdiger Existenz formulieren.

Dieter Senghaas stellt den ›aufhaltsamen Sieg der Menschenrechte‹ fest. Menschenrechte, wie sie heute in aller Regel verstanden werden, sind nach Senghaas nicht ohne die Geschichte derjenigen tiefgründigen politischen Konflikte zu verstehen, die in den vergangenen Jahrhunderten zu ihrer allmählichen Herausbildung geführt haben. Anders als heute manche Interpretationen suggerieren, sind sie nicht das finale Ergebnis schon anfänglich angelegter ›Kulturgene‹ westlich-abendländischer Kultur. Vielmehr mußten sie auf programmatischer, insbesondere philosophischer sowie institutionell-verfassungsrechtlicher Ebene gegen die alteuropäische Tradition durchgesetzt werden. Sie sind das Ergebnis eines Zivilisierungsprozesses wider den Willen vormoderner Status quo-Mächte. Wo immer traditionale Gesellschaften sozial mobil werden und in allen sich neu herausbildenden Sozialschichten politisieren, wird nach Senghaas dieser Prozeß sich wiederholen. Dieser Konflikt gleicht dann einem ›clash within civilizations‹ – im glücklichen Fall mit dem Ergebnis einer soliden politischen Ordnung, in der sich nachhaltig bewährende Spielregeln für friedliche Koexistenz institutionalisiert haben.

Reetta Toivanen setzt sich mit der Idee der Menschenrechte in Europa auseinander und befaßt sich mit der Frage, welchen Stellenwert Menschenrechte aktuell in Europa einnehmen. Sie stellt fest, daß in den Debatten über Kulturrelativismus und Universalismus in Bezug auf Menschenrechte häufig argumentiert wird, Menschenrechte seien an sich eine europäische Erfindung. Aus historischer Sicht ist dieses Argument ohne Schwierigkeiten nachvollziehbar. Das europäische Menschenrechtsschutzsystem genießt den Ruf, das beste und effektivste zu sein. Umso schwerer ist es verständlich, warum die Einhaltung der Menschenrechte auf dem europäischen Kontinent nur eingeschränkt funktioniert. Es wird betont, daß alle europäischen Interregierungsorganisationen die Bedeutung von Respekt für Menschenrechte in ihrer Organisation unterstreichen. Doch sind die Vorstellungen über die Bedeutung von Menschenrechten stark mit Friedenssicherung verbunden und werden oft als ein Exportprodukt betrachtet. Ein Manko auf dem europäischen Kontinent ist, daß trotz deklarierter Bedeutung von Menschenrechten die Bevölkerung Europas diese kaum kennt und dadurch sich für ihre Durchsetzung nicht angemessen engagieren kann.

Uwe Voigt thematisiert die neuzeitliche Idee der Menschenrechte in ihrer geschichtlichen Entwicklung. Menschenrechte ›entwickeln‹ sich nach Voigt in der europäischen Neuzeit, insofern in verschiedenen Phasen je andere Aspekte der Menschenrechte in den Vordergrund treten, und zwar sowohl in der historisch-politischen Realität als auch in der philosophischen Reflexion. Die erste Phase (14.-18. Jh.) ist geprägt vom Primat der Freiheit, die insbesondere als negative Freiheit des Individuums gegenüber allem Vorgegebenen verstanden wird. In dieser Phase gelten Menschenrechte nach dem Verfasser als vorstaatliche Rechte des einzelnen. Der Triumph dieses

Freiheitsverständnisses in der Französischen Revolution führt zur zweiten Phase (18.-20. Jh.), in der das Problem der gleichen Freiheit bzw. der Gleichheit dominiert. In dieser Zeit kommt es zu einer ›Verstaatlichung‹ der Menschenrechte in Gestalt von Grundrechten, die jeweils von einem konkreten Territorialstaat gewährleistet werden. Die gegenwärtig andauernde dritte Phase ist die Phase der ›Brüderlichkeit‹ bzw. geschwisterlichen Solidarität, in der die Aufgabe ansteht, die wechselseitige Verwirklichung von Freiheit und Gleichheit in einem interkulturellen Dialog zu sichern, der zu einer globalen Kultur der Menschenrechte führen könnte. Die auf den ersten Blick abgedroschene Trias ›Freiheit – Gleichheit – Brüderlichkeit‹ erweist sich so als ein brauchbarer heuristischer Leitfaden zum Verständnis der Entwicklung der Idee der Menschenrechte.

Menschenrechte sind nach Hans Jörg Sandkühler im Unterschied zu bestimmten als Grundrechte an die Staatsbürgerschaft gebundenen Bürgerrechten »Rechte, welche einem jeden Menschen ungeachtet aller seiner sonstigen Eigenschaften allein kraft seines Menschseins zukommen (sollen).« Bereits mit dieser allgemeinsten Begriffsbestimmung verbinden sich Probleme, die sich daraus ergeben, daß das, was ›zukommt‹, zugleich ›gesollt‹ wird: Es handelt sich nicht um eine deskriptive Sachverhaltsdefinition, sondern um eine normative Aussage. Mit dem Problem der ethischen und/oder juridischen normativen Begründung der Menschenrechte sind alle Erklärungen des Menschenrechtsbegriffs konfrontiert. Wie ihre Entstehung, Entwicklung und Begründung zeigen, ist das Verständnis der als ›Menschenrechte‹ bezeichneten moralischen Rechtsansprüche und positivrechtlichen Normen in einem solchen Maße von Voraussetzungen abhängig, daß eine allgemein akzeptierte philosophische Definition weder existiert noch erwartet werden kann. Was Menschenrechte sein sollen, ist sowohl auf der Ebene moralischer Einstellungen, Überzeugungen und Werte als auch auf der Ebene ethischer und rechtsphilosophischer Begründung strittig. Was Menschenrechte als in juridische Rechte transformierte moralische Rechte sind, ist auf der Ebene des Rechts definierbar und vorbehaltlich möglicher Veränderungen im internationalen positiven Recht definiert. Die Menschenrechte haben eine Entwicklung durchlaufen und werden sich weiter entwickeln, wobei über ihre normativen Gehalte, die mit ihnen verbundenen Sanktionen und die institutionellen Formen der Menschenrechtsverwirklichung Konflikte bestehen (werden). Aus der Tatsache der

Menschenrechtsverletzungen folgt die Notwendigkeit des Engagements für Verhältnisse, in denen – frei von Armut, Furcht und Not – »jeder seine wirtschaftlichen, sozialen und kulturellen Rechte sowie seine politischen und Bürgerrechte genießen kann«. Derartige Verhältnisse setzen (i) den Staat als demokratischen, menschenrechtlich verfaßten Rechts und Sozialstaat voraus, (ii) die Beherrschung nichtstaatlicher Gewalt durch das Recht und (iii) verwirklichte transnationale Gerechtigkeit. In diesem Kontext bleibt auch der interkulturelle Diskurs über die Aushandlung des mit Kulturen Verträglichen eine ständige Aufgabe: Das Ziel ist die Stärkung und weitere Entwicklung transkulturell anerkannter Prinzipien und Normen, die Verteidigung der Menschenrechte gegen Verletzungen – wo auch immer.

Zentrale Themen des Beitrags von Aziz Fooladvand sind die Auswirkungen der Globalisierung auf die Rechte der Menschen, ungleiche Machtverteilung und Menschenrechtsverletzungen. Das Fundament der Menschenrechte sieht der Autor durch Machtposition der globalen Wirtschaftszentren und deren Maxime der Profitmaximierung ernsthaft gefährdet. Die Wirtschaft erweist sich als der bedeutendste Akteur der gegenwärtigen Menschenrechtsverletzungen, dem die Bürger der Industrienationen, insbesondere aber die Ärmsten der Armen wehrlos ausgeliefert sind. Aus einer Perspektive der Soziologie der Macht erklärt Fooladvand unterschiedliche Positionen, wobei unter ›Macht‹ im Sinne von Max Weber ein Medium verstanden wird, um »den eigenen Willen auch gegen Widerstreben durchzusetzen, gleichviel worauf diese Chance beruht.« Eine enorme Machtkonzentration im ›Norden‹ blockiert jeden Versuch der armen Länder, sich aus dem Teufelkreis der Armut zu befreien und zu entfalten. Versuche von Menschenrechtsorganisationen, das Bewußtsein des Wirtschaftssektors für Menschenrechte zu sensibilisieren, zeigten nur mäßigen Erfolg. Solange diese Konstellation besteht, ist Achtung vor Menschenrechten und Entwicklung im ›Süden‹ illusionär. Als Aufgabe bleibt eine notwendige Neudefinition und Formierung bestehender globaler Machtverhältnisse.

Christiane Nagel befaßt sich mit dem Alltag der Menschen in der palästinensischen Westbank auf der Grundlage von persönlichen Erlebnissen, Erfahrungen im Freundeskreis und Ansichten verschiedenster Organisationen. Über den Zugang der ›Strukturellen Gewalt‹ von Johann Galtung setzt sie sich mit verschiedenen Arten von Menschenrechtsverletzungen, die sie während ihres Freiwilligendienstes beobachtete, auseinander. Die Bandbreite an Menschrechtsverletzungen strukturiert sie nach den Bereichen der strukturellen Gewalt (wirtschaftlich, sozial, kulturell) und den Wirkungsstätten bzw. Arbeitsregionen der Autorin (Ramallah, Hebron, Jerusalem). Neben einer Anklage der prekären Situation der Zivilbevölkerung sollen diese Aufzeichnungen deren Potentiale für Frieden und Verständigung darstellen. Der Weg zum Zusammenleben und zur Kooperation auf zivilgesellschaftlicher Ebene kann, der Autorin zufolge, nur durch das Verständnis für die Rechte des anderen geebnet werden. Hierfür werden konkrete positive Beispiele gegeben und der Kontrast des *status quo* durch die Darstellung des Gegenmodells, der sogenannten Parallelgesellschaft, aufgezeigt. Als Schlußfolgerung wird die Hoffnung auf ein Anwachsen der zivilgesellschaftlichen Friedensinitiativen mit der Betonung der Notwendigkeit eines universalen, interkulturellen Menschenrechtsverständnisses verbunden.

Ulrike Peters unternimmt den Versuch, die Frage nach der Würde der Tiere und der Tierrechte als Diskurs und im Kontext der christlichen Religionsgeschichte darzustellen. Geht man von der christlichen anthropozentrischen Vorstellung des Menschen als Ebenbild Gottes aus, welche die westliche Kultur bis heute wesentlich prägt, kommt nach der Auffassung der Autorin dem Menschen eine besondere, ihn qualitativ von den Tieren unterscheidende, Würde zu. Diese besondere Würde des Menschen dient als Prämisse und Argument, Tieren keine Rechte zuzusprechen. Die Verfasserin berichtet, daß gerade aus christlichen Kreisen immer wieder Impulse kamen, die das Bewußtsein einer Tierschutzethik und schließlich auch die Tierrechtsbewegung nicht unwesentlich beeinflußten. So führte der Gedanke des Tierschutzes im deutsch-pietistischen Christentum direkt zur Gründung der ersten Tierschutzvereine in Deutschland und das biozentrische Konzept der »Ehrfurcht vor dem Leben« von Albert Schweitzer ist bis heute nicht nur in den Tierrechtsbewegung sondern auch in anderen Bereichen der Tierschutzethik präsent. Da Menschrechte für die Großen Menschenaffen in Neuseeland bereits Realität geworden sind, hält Peters es für wichtig, diesen Aspekt im Kontext der Menschenrechte aufzugreifen und näher zu beleuchten. Denn die Frage nach Würde und Rechten von Tieren ermöglicht eine andere Sicht auf das Thema Menschenrechte. Es stellt sich die Frage, was das spezifisch Menschliche ist bzw. ob es diesbezüglich wirklich entscheidende Differenzen zwischen Mensch und Tier gibt.

Redaktionelle Anmerkung

Auf Einheitlichkeit beim Zitieren, bei Literaturangaben und in Einzelfragen der Textgestaltung wurde bewußt zugunsten der jeweiligen individuellen Präferenzen unserer Autoren und Autorinnen verzichtet. Auf vielfältige Weise zeigen die verschiedenen Beiträge, die natürlich nicht immer mit der Meinung der Herausgeber übereinstimmen müssen, wie facettenreich Wege zu Menschenrechten sind.

Die Herausgeber

Theorie und Praxis der Menschenrechte

Historische Hintergründe und aktuelle Aporien

von Hamid Reza Yousefi

Einleitende Gedanken

Das Faktum der Menschenrechte hat viele Ausdrucksformen und läßt sich nicht schematisch einordnen, weil es verschiedene Staats-, Glaubens- und Gesellschaftsformen gibt, die unterschiedlichen kulturellen, religiösen, politischen und sozialen Traditionen unterliegen.[1] Die Verletzung von Menschenrechten und ihre Definition ist eine Machtfrage, die eine kulturelle, religiöse, politische und soziale Dimension kennt.

Es ist zwar im Rahmen dieses Beitrags nicht möglich, in die ›Geschichten‹ der Menschenrechte einzuführen, aber um die aktuellen Aporien aufzuzeigen, kann auf die historischen Hintergründe dieser Entwicklung nicht ganz verzichtet werden. Es ist von Belang darauf hinzuweisen, daß es unterschiedliche Verletzungsformen der Menschenrechte gibt. Dazu gehören wiederum religiöse, kulturelle, politische, soziale, und wirtschaftliche Formen. Wer definiert also, was Menschenrechte sind und was sie nicht sind? Insofern geht die Verletzung der Menschenrechte mit humanen Selbstverständnis des Menschen einher, der bestimmt, wem Menschenrechte zugestanden werden und wer überhaupt als Mensch gilt.

Die Entdeckung von Menschenwürde und Forderung nach Menschenrechten unterliegt keiner stufentheoretischen und damit teleologischen Entwicklung. Eine genaue Betrachtung der Geschichte bestätigt die Tatsache, daß es unterschiedliche Menschenrechtsgeschichten und Menschenrechtstraditionen gibt. Hier bietet sich eine interkulturelle Geschichtsauf-

---

1 Vgl. hierzu Hirsch, Alfred: *Menschenrechte des Fremden.* Zur Grundlegung einer interkulturellen Menschenrechtsethik, Duisburg 2005.

fassung als eine dialogisch ausgerichtete ›zweite Kultur‹ an, welche für die Konzeptualisierung einer ›interkulturellen Historiographie der Menschenrechte‹ grundlegend ist. Das Prinzip der Unverfügbarkeit des Individuums und die Unantastbarkeit seiner Würde sind die tragenden Säulen der Menschenrechte im Kontext einer reflektierten Interkulturalität.[2]

Die Debatte um die Menschenrechte umfaßt in diesem Kontext eine alte und eine neue Dimension. Alt, was ihr Erscheinungsbild im Kontext der Geschichte überhaupt angeht. Neu, bezüglich ihrer immer konkreter werdenden Erweiterung und Bestimmung. Eine interkulturell ausgerichtete Geschichte der Menschenrechte zeigt erstens, daß die Idee der Menschenrechte in unterschiedlichen Zeiten verschiedentlich praktiziert und entwickelt worden ist. Zweitens setzt sie bei der Enge kulturalistischer Tendenzen an, die das *tertium comparationis* auf allen fachwissenschaftlichen Gebieten von vornherein für alle Vergleiche und für alle Kommunikationen festlegen.[3]

Eine Komparatistik, die aus dem eigenen kulturellen Selbstverständnis heraus als endgültig und richtungsbestimmend praktiziert wird, führt häufig zu Verzerrungen und interkulturellen Mißverständnissen. Vergleichen heißt im Kontext des vorliegenden Beitrags, von einer bestimmten kulturellen Perspektive auszugehen, ohne diesen Standpunkt zu verabsolutieren. Einer der Gründe, warum vergleichende Studien oft enttäuschten, mag an der Vernachlässigung dieser Maxime liegen.

Die Idee der Menschenrechte

Die Entdeckung der Menschenrechte gehört zu den wichtigsten Errungenschaften der Menschheitsgeschichte. Diese Rechte sind *sui generis* interkulturell und damit universell. Ihr Anspruch beruht erstens auf ethisch-moralischen Werten, zweitens der grundsätzlichen Gleichheit Aller und

---

2 Vgl. hierzu Braun, Ina und Hermann-Josef Scheidgen (Hrsg.): *Interkulturalität – Wozu?* Hamid Reza Yousefi und Peter Gerdsen im Gespräch, Nordhausen 2008.

3 Hierzu gibt es zwar viele Theorien, die das Problem der Menschenrechte mit einer bestimmten Perspektive verknüpfen, die sich im Kontext einer interkulturell ausgerichteten Bestimmung von Menschenrechten als problematisch erweisen. Vgl. Strzelewicz, Willy: *Der Kampf um die Menschenrechte.* Von der amerikanischen Unabhängigkeitserklärung bis zur Gegenwart, Frankfurt/Main 1968 und Kühnhardt, Ludger: *Die Universalität der Menschenrechte* Bonn 1987.

drittens auf der Wahrung der Menschenwürde, jenseits von Unterschieden in Geschlecht, Alter, Rasse, Hautfarbe, Herkunft, Besitz oder Religion. Der Mensch ist gemäß seiner Natur und Beschaffenheit und auf der Grundlage seiner ursprünglichen Freiheit bestimmt, sich selbst zu bestimmen. Man spricht auch von einer naturrechtlichen Begründung der Menschenrechte, die als ein vorstaatliches Recht gilt.

Die Idee der Menschenrechte beruht einerseits auf der Einheit der menschlichen Gattung und der Universalität ihrer Würde, andererseits auf der Partikularität menschlicher Werte. Der interkulturelle Weg zu den Menschenrechten geht, wie wir sehen werden, mit der Einheit aus der Vielfalt einher, ohne die Universalität und Partikularität dieser Werte aus den Augen zu verlieren.

Die Universalität besagt, daß dem Menschen eine unveräußerliche Würde angeboren ist. Sie bildet als ein humanistischer Leitbegriff die Grundlage der unantastbaren Persönlichkeit der Individuen als Menschen und als Bürger. Würde und Persönlichkeit des Menschen manifestieren sich darin, daß sie nicht als bloßes Mittel angesehen werden dürfen, sondern zugleich als Zweck an sich.[4] In der Praxis bedeutet dies: Handele durch die Menschen für die Menschen! Jeder Mensch verkörpert auf der Grundlage der unantastbaren Menschenwürde die gesamte Menschheit.

Menschenrechte umfassen somit alle Rechte, die einem Menschen grundsätzlich zukommen. Hierzu gehören erstens Freiheits- und Schutzrechte, zweitens Gleichheits- und Sozialrechte und drittens Rechte auf Entwicklung.[5] Menschenrechte gibt es im Plural, Menschenwürde aber nur im Singular. Sie bildet die anthropologische Vorraussetzung der Menschenrechte. Den vielfältigen Ideen der Menschenrechte geht die Menschenwürde vor-

---

4 Der iranische Philosoph Molla Ahmad Naraqi (1771-1829), weist in seiner Schrift ›Wohlfahrt der Glückseligkeit‹ auf den Gebrauch der Vernunft hin und vertritt die Auffassung, daß eine Handlung eines Menschen rein sein kann, wenn Theorie und Praxis, Denken und Handeln im Einklang sind und sich in allen ihren Dimensionen generalisieren lassen. Vgl. Naraqi, Molla Ahmad: *Meraj al-saada* (Wohlfahrt der Glückseligkeit), Teheran 2004.

5 Zu nennen sind auch die freie Gestaltung der Lebensweise und religiöse Zugehörigkeit, Meinungs-, Entscheidungs-, Versammlungs- und Religionsfreiheit. Dies unabhängig von Herkunft und Hautfarbe. Die Gewährung dieser Freiheiten ist ein Akt der religiösen und politischen Gerechtigkeit.

aus. Also ohne Menschenwürde keine Menschenrechte. Menschenrechte stellen demnach kein biologisches Prinzip dar, sondern sie sind in langer historischer Entwicklung entstanden. Der Mensch erkannte im Laufe seiner Entwicklung, daß er im Vergleich zu allen übrigen Wesen einzigartig ist und die Fähigkeit besitzt, reflektiert zu handeln, Zwecke zu setzen und Kausalketten spontan in Gang zu bringen.

Historische Dimensionen der Menschenrechte

Jochen Hörisch kritisiert die Haltung Europas im 18. und 19. Jahrhundert, die von Expansionismus und Kolonialismus geprägt war. Er weist darauf hin, daß Mitteleuropa »ab 1800 verstärkt in allen Bereichen an der Austreibung von Pluralitäten« gearbeitet hat. Es wird die Absicht verfolgt, »aus den vielen Sinnen den einen Sinn, aus den vielen Geschichten die eine (Welt-)Geschichte, aus den vielen Wahrheiten die eine Wahrheit, aus den vielen Geistern«[6] den einen Geist zu formen. Diese Weltsicht führte zur Organisation unterschiedlicher Kolonialherrschaften mit verschiedenen Philosophien, die zur Zerstörung der kulturellen und religiösen Identität dieser Völker entscheidend beitrug. Eine solche Kulturkritik erhält ihre Berechtigung, weil die traditionellen Kolonialherrschaften und das moderne koloniale Denken eine unumkehrbare Selbstvergessenheit und damit eine ›Europäisierung der Welt‹ beabsichtigen.

Diese Ideologie ist noch heute wirksam. Eine zentrale Politik der Machthabenden besteht darin, sich als ›Oberschicht‹ und ihre Unterlegenen als ›Unterschicht‹ zu betrachten und auch als solche zu behandeln. Norbert Elias (1897-1990) expliziert diese Denkart. In seiner universalgeschichtlichen Zivilisationstheorie geht Elias vom ›Abendland als Ganzes‹ aus, dem im Weltkontext eine Oberschichtfunktion zukommt: »Von der abendländischen Gesellschaft – als einer Art Oberschicht – breiten sich heute, sei es durch die Besiedlung mit occidentalen, sei es durch die Assimilierung von Oberschichten anderer Völkergruppen, abendländisch ›zivilisierte‹ Verhaltensweisen über weite Räume jenseits des Abendlandes hinaus, wie sich ehemals innerhalb des Abendlandes selbst von dieser oder jener gehobenen Schicht, von bestimmten, höfischen oder kaufmännischen Zentren her

---

6 Hörisch, Jochen: *Die Wut des Verstehens.* Zur Kritik der Hermeneutik, Frankfurt/Main 1988 S. 67.

Verhaltensmodelle ausbreiteten.«[7] Die zivilisierten Konkurrenzkämpfe der abendländischen Nationen bilden demnach einen ›globalen Königshof‹ der Weltgesellschaft, zu dem lediglich die Oberschicht anderer Gesellschaften ›als untere, aufsteigende Schicht‹ Zugang erhält. Als Beispiel nennt Elias die orientalischen und afrikanischen Bevölkerungsschichten, die sich den »abendländischen Verhaltensstandards«[8] nähern und bei denen in den eigenen Gesellschaften die ehemalige Oberschicht jetzt im Vergleich zur abendländischen Oberschicht die aufsteigende Unterschicht repräsentiert.

Das Faktum der Menschenrechte läßt sich, wie die Geschichte selbst, sowohl ideen- als auch entwicklungsgeschichtlich einerseits aus der Perspektive der Sieger und andererseits aus der der Verlierer betrachten. In der Regel stammt diese Geschichte von den Siegern; jedoch die der Verlierer hat sich selten durchgesetzt. Die Geschichte bzw. Konstruktion der Sieger umfaßt alle vorliegenden Geschichtsschreibungen, seien sie philosophischer, wissenschaftlicher, geistesgeschichtlicher, religionsgeschichtlicher oder politischer Art. Auch die Wissenschaftskonzeptionen werden in der Regel mit einem einzigen Ort als archimedischem Punkt verbunden. Zu Recht weist Jaspers darauf hin, daß der Vorrang der Sieger zur Folge hat, daß der vermeintlich Besiegte sein Wort verliert.[9] Trotzt dieser Tatsache sind wir auf dem Weg eines pluralen Gebrauchs des Geschichtsbegriffs, der auch die Stimme der ›Verlierer‹ artikulieren will.

Die Ausrottung der Indianer und die Legitimierung von Sklaverei durch Europa und USA gehören zu den zwei unaufgearbeiteten Tatsachen der abendländischen Geschichte. Martin Luther King (1929-1968) kritisiert diese Verachtung und Härte des US-amerikanischen Völkermordes: »Wir Amerikaner sind vielleicht das einzige Volk, das als Bestandteil seiner nationalen Politik versuchte, die ursprünglich einheimische Bevölkerung auszurotten. Ja, wir waren sogar so dreist, diesen tragischen Vernichtungskrieg als edlen Kreuzzug zu deklarieren. Und selbst heute sind wir nicht bereit, diese schmachvolle Episode unserer Geschichte einzugestehen oder

7 Elias, Norbert: *Wandlungen der Gesellschaft,* Bd. 2, Entwurf zu einer Theorie der Zivilisation, Frankfurt/Main 1976 S. 345.

8 Ebenda, S. 348.

9 Vgl. Jaspers, Karl: *Weltgeschichte der Philosophie.* Eine Einleitung aus dem Nachlaß, hrsg. v. Hans Saner, München 1982 S. 159.

auch nur zu bedauern. Dagegen wird sie in unserer Literatur, in unseren Filmen, auf unseren Bühnen, ja in unserem gesamten kulturellen Leben auch noch verherrlicht. Unseren Kindern wird immer noch beigebracht, die Gewalttätigkeiten zu bewundern, mit denen wir das alte Kulturvolk der Rothäute bis auf wenige versprengte Gruppen dezimierten, die wir dann in armseligen Reservaten zusammengepfercht haben.«[10]

Die Einwohner Schwarzafrikas wurden in ihrem Menschsein herabgewürdigt und bis in die Mitte des 19. Jahrhunderts hinein an den Westküsten Afrikas wie wilde Tiere eingefangen. Anschließend wurden sie angekettet in Schiffe eingepfercht, zu europäischen Handelshäfen transportiert und nach Süd- und Nordamerika weiterverkauft. In den USA ist 78 Jahre nach der Unabhängigkeitserklärung, die im Abendland als Dreh- und Angelpunkt der ›Menschenrechte‹ betrachtet wird, Sklaverei festzustellen. Im Jahr 1854 wurde bspw. in Boston ein in die Nordstaaten entlaufener ›Negersklave‹ wieder zu »seinen ›Herren«[11] in die Sklaverei zurückgebracht. Selbst in den 1970er Jahren genossen die sogenannten ›Neger‹ keine Gleichberechtigung in den USA. Der Auslöser für Martin Luther Kings Engagement war die Benachteiligung der ›Schwarzen‹ in den Bussen und Schulen. Der Boxer Muhammed Ali, alias Cassius Clay, distanzierte sich mit seiner Konversion zum Islam und dem Beitritt zu den ›Black Muslims‹ von der Religion der Sklavenhalter. Muhammed Ali, der sich für die Gerechtigkeit und Rechte der ›Schwarzen‹ einsetzte, wurde immer wieder angegriffen. Er selbst legte, wie er in verschiedenen Zusammenhängen erwähnte, mit dem Übertritt zum Islam gleichsam seinen ›Sklavennamen‹ ab.

---

10 Luther King, Martin: *Frieden ist kein Geschenk.* Von der Kraft der Gewaltlosigkeit, Ausgewählte Texte, hrsg. v. Norbert Lechleitner, Freiburg 1984 S. 49.

11 Strzelewicz, Willy: *Der Kampf um die Menschenrechte.* Von der amerikanischen Unabhängigkeitserklärung bis zur Gegenwart, Frankfurt/Main 1968 S. 94 f.

Kyros als ein Vater der Menschenrechte[12]

Eine der zentralen Gestalten der Geschichte im Hinblick auf die Realisierung der Menschenrechte und die Bewahrung der Menschenwürde ist der persische Großkönig Kyros (559-529 v.u.Z.). Seine herausragende Bedeutung ergibt sich aus seiner Staatsführung, der vorbildlichen Organisation seines Reiches nach straffen Prinzipien und der Einführung einer gut funktionierenden Verwaltung.[13]

Der griechische Historiker und Schriftsteller Xenophon (430-355 v.u.Z.) hat in seinem Werk ›Kyrupädie‹ Leben, Erziehung, Denkmethode und Staatsführung Kyros' ausführlich behandelt. Sein Vater, Kambyses I., der die Erziehung des Sohnes übernahm, war der erste König des Geschlechtes der Achämeniden aus der Familie der Persiden. Er verfolgte das Ziel, Kyros zu einem ›gerechten König‹ zu erziehen.[14] Seine Mutter Mandane war die Tochter des Mederkönigs Asytyages.

Der Vater behielt Recht und es gelang Kyros, innerhalb von zwei Jahrzehnten ein Reich von bislang beispielloser Größe einzurichten. Kyros herrschte über Syrer, Assyrer, Araber, Kappadokier, Einwohner beider Phrygien, Lyder, Karier, Phönikier, Babylonier, auch über die Baktrier, Inder, Klikier, Saken, Paphlagonier, Magadider und viele andere Völker, vor allem über die Hellenen in Kleinasien und später die Kyprier und die Ägypter. Persien ist neben Indien ein Mutterland der Interkulturalität und Interreligiosität, in dem verschiedene Religionen, Kulturen und Denkmodelle miteinander auskommen. Die Wertschätzung der Gerechtigkeit durch Kyros zeigt sich in seinem Respekt und seiner Toleranz gegenüber unterschiedlichen Nationen im Reich. Aristoteles bewunderte Kyros als Wohltä-

---

12 Hier sei auch an Hammurabi im 16. Jahrhundert v.u.Z. erinnert. Seine bedeutendste Leistung war die innenpolitische Ausgestaltung seines Reiches durch die Gleichbehandlung der Menschen vor dem Gesetz auf der Grundlage eines Menschenrechtskodex. Vgl. Schmökel, Hartmut: *Hammurabi von Babylon.* Die Errichtung eines Reiches, München 1958 und Eilers, Wilhelm: *Die Gesetzesstele Chammurabis* (Der Alte Orient), Bd. 31, Heft 34, Leipzig 1933.

13 Vgl. hierzu Hinz, Walter: *Iran.* Politik und Kultur von Kyros bis Reza Schah, Leipzig 1938.

14 Vgl. Xenophon: *Kyrupädie.* Die Erziehung Kyros, hrsg. v. Rainer Nickel, München 1992 S. 93.

ter der Völker, und dessen Schüler Alexander der Große folgte in vielen Dingen seinem Vorbild Kyros nach.

Das Menschenbild Kyros'

Das Menschenbild des Kyros ist von einem Gleichheitsprinzip geprägt, das jedem Menschen das Recht auf Leben und Gestaltungsfreiheit des Lebens zugesteht. Hierzu gehören vor allem Religionsfreiheit, Eigentumsrecht und Bewahrung kultureller und religiöser Eigenheiten. Kyros' eigene vorbildliche Lebensweise trug dazu bei, daß im Reich ein gesellschaftliches Gleichgewicht und umfassende Gerechtigkeit etabliert wurde.[15] Es gibt Belege, die nachweisen, »daß Männer und Frauen bei gleicher Tätigkeit gleichen Lohn erhalten.«[16]

Bei der Ausbildung der Jugend orientiert sich Kyros an seiner eigenen elitären Erziehung. Für ihn sollte ein gerechter König im voraus die Situation so gestalten, daß kein Bürger eine üble oder schändliche Tat begehen will.[17] Dies entspricht der grundsätzlichen Vorstellung der zarathustrischen Glaubenslehre, in der Wahrheit und Wahrhaftigkeit elementar sind. Menschen sollen, einem gemeinsamen Ethos zufolge, wissen, daß sie »die Wahrheit sagen, nicht betrügen und niemanden übervorteilen wollen, wie wir es ja auch unsere Diener für den Umgang mit uns selbst lehren, und

---

[15] Vgl. Shabani, Reza: *Kuroshe kabir* [Großkönig Kyros], Teheran 2003 S. 48.

[16] Koch, Heidemarie: *Es kündet Dareios der König* ... Vom Leben im persischen Großreich (Kunstgeschichte der antiken Welt, Bd. 55), Mainz 1992 S. 58. Alle leitenden Positionen in den großköniglichen Manufakturen waren mit Frauen besetzt. Die Siegel der Täfelchen, die in einem Museum in der iranischen Stadt Hallok veröffentlicht sind, belegen dies. Unabhängig hiervon genossen Frauen im Reich einige Privilegien. Die Mitra-Kulte zeigen, daß Frauen auch im Kampf mit Männern gleichrangig waren. Die Verdienste der Frauen sind auf Täfelchen in Persepolis aufgezeichnet. In Susa gibt es Ziegelfragmente mit Frauendarstellungen, auch im Louvre sind Frauendarstellungen im persischen Faltengewand zu sehen. Weiterhin waren persische Könige strikt gegen Sklaverei und demonstrierten dies öffentlich.

[17] Vgl. Xenophon: *Kyrupädie*, 1992 S. 13.

jeden, der gegen diese Bestimmung verstößt, zu bestrafen, damit sie sich an diese Einstellung gewöhnen und zu fügsameren Bürgern werden.«[18]

Aus den Lebenszeiten des Kyros wird ein Keilschriftzylinder im Britischen Museum aufbewahrt, der 1879 in Babylon gefunden wurde und als erste ›Charta der Menschenrechte‹ gilt. Er verkündet: »Ich bin Kyros, König der Welt [...], der große und gerechte Kyros. Als ich mit geläutertem Sinn nach Babylon kam und im Königspalast die Macht übernahm, herrschte größte Zufriedenheit und wieder aufkeimende Freude. [...] Ich gedachte stets der Bedürfnisse Babylons und seiner zahlreichen Kultorte, um den Bewohnern ein friedliches Leben zu sichern. [...] Überall führte ich die Gottheiten wieder ein, deren Verehrung man unter der Vorherrschaft der Tigris in den Städten Ashur und Suse, Agad, Eshnua, Zamban, Mernu und bis hin zum Reich Gutium abgeschafft hatte. [...] Gemäß dem Wunsch Marduks, des mächtigen Gottes, beließ ich die Gottheiten von Sumer und Akkad, die Nabonid nach Babylon gebracht hatte, womit er sich den Zorn des Gottes aller Götter eingehandelt hatte, in ihren Tempeln, so daß sie keine Sorge hatten. Möge jeder der Götter, zu deren Verehrung ich ermuntert habe, täglich mir zu Gunsten auf Baal und Nabu einwirken, um meine Tage zu verlängern.«[19] Auch die Gesetzestafeln, welche die Rechte seines Vielvölkerstaates festhielten, zählen zu den ersten Menschenrechtsresolutionen.

Leitgedanken des Kyros'

Kyros kritisiert die herrschende Ansicht, daß ein Herrscher »sich von den Beherrschten dadurch unterscheiden« muß, »daß er reichlicher ißt, mehr Geld zu Hause hat, länger schläft und in jeder Hinsicht bequemer lebt als die Beherrschten.« Im Gegenteil dazu glaubt er, »daß sich der Herrscher von den Beherrschten nicht durch Weichlichkeit und Untätigkeit, sondern

---

18 Xenophon: *Kyrupädie,* 1992 S. 95. Xenophon betont, daß solche kyreischen Prinzipien in jener Zeit von keinem anderen Staat, den er kenne praktiziert wurde. Xenophon: *Kyrupädie,* 1992 S. 13.

19 *Cyrus,* in: Ancient Near eastern Texts. Relating to the Old Testament, hrsg. v. James B. Pritchard, Princeton 1969 (315-316).

durch Fürsorge und Bereitschaft zur Anstrengung und Entbehrung unterscheiden muß.«[20]

Kyros differenziert zwei Herrschaftsformen: erzwungener und freiwilliger Gehorsam. Während ersterer dual handelt, in dem diejenigen, die gehorchen, entweder geehrt und gelobt oder verachtet und bestraft werden, geht letzterer von der Freiheit und Freiwilligkeit des Individuums aus. Der Herrscher muß argumentativ beweisen, daß er sachkundig ist, Probleme besser bewältigt, und im Interesse aller Völker innerhalb des Reiches handelt.[21] Der iranische Althistoriker Reza Shabini, der diese Auffassung teilt, geht aber einen Schritt weiter und weist nach, daß Kyros die zivile Ordnung, die heute als Basis einer jeden demokratischen Staatsführung konstitutiv ist, in seiner Verfassung verankert. Ihr liegt ein politisches Verständnis zugrunde, in dem das Recht des Einzelnen gewährleistet wird.[22]

Kyros achtet, wie kein anderer seiner Zeit, das Völkerrecht. Er befreit die Juden, um nur ein Beispiel zu nennen, aus der babylonischen Gefangenschaft, stattete sie mit finanziellen Mitteln aus und motivierte sie, nach Jerusalem zurückzukehren und dort den zerstörten Tempel wieder aufzubauen.[23] Die Juden drückten ihre Dankbarkeit gegenüber Kyros als einem gerechten und toleranten König im Alten Testament aus: »Aber im ersten Jahr des Cyrus, des Königs von Persien, erweckte der HERR [...] den Geist des Cyrus [...], daß er in seinem ganzen Königreich mündlich und auch schriftlich verkünden ließ: So spricht Cyrus [...]: der HERR, der Gott des Himmels, [...] hat mir befohlen, ihm ein Haus zu bauen zu Jerusalem in Juda. Wer nun unter euch von seinem Volk ist, mit dem sei der HERR, sein Gott, und er ziehe hinauf!«[24] Auch der Verzicht des jüdischen Priestertums, in der auf Kyros folgenden Zeit des Darius I. (522-486 v.u.Z.) das jüdische Königtum wieder einzurichten, ist ein Indiz für das Wohlergehen des jüdischen Volkes. Viele der Juden blieben allerdings im Iran, ihrer Wahlheimat und siedelten sich in Isfahan an.

---

20 Xenophon: *Kyrupädie,* 1992 S. 75.

21 Vgl. Xenophon: *Kyrupädie,* 1992 S. 87.

22 Vgl. Shabani, Reza: *Kuroshe kabir* [Kyros der Große], Teheran 2003 S. 72.

23 Vgl. Sadjadi, Seyyed Djafar: *Einleitung,* in: *Hekmat ol Eshragh* (Philosophie der Erleuchtung) von Shahabeddin Yahya Sohrawardi, Teheran 2004 S. 9 f.

24 2. Chron. 36, 22-23.

Der Vernunftglaube des Kyros

Kyros' Leben und seine Regierung werden maßgeblich von seinem Glauben her beeinflußt. Kyros war den Göttern anderer Völker gegenüber offen. Xenophon berichtet, daß Kyros zu den Göttern der Vorfahren, wie Hestia und Zeus betete.[25] Sein Vater hatte Kyros gelehrt, daß Götter im Denken der Völker eine wichtige Rolle spielen. Er selbst war ein überzeugter Zarathustrier.

Die zarathustrische *xvēškār,* ›Triade des Guten‹, *nēvak barišnīh,* ›Rechtes Denken‹, *nēvak kunišnik,* ›Rechtes Reden‹ und *nēvak gumānākīh,* ›Rechtes Handeln‹.[26] Diese Triade verweist auf die Pflicht zur Wahrheit, die der Mensch in freier Willensentscheidung zwischen richtiger und falscher Lebensführung zu erfüllen hat. In diesem Kontext zeigt sich die Bedeutung von Vernunft und Freiheit des Menschen in der zarathustrischen Lehre, welche zugleich die Grundvoraussetzung von Zarathustras Pflichtethik bildet. In keiner Religion ist eine Verschränkung von Ethik, Vernunft und Freiheit so explizit ausgeführt wie im Zarathustratum. Im Avesta ist zu lesen: »O Ahuramazda: ›In der Schöpfung gabst Du uns gemäß Deines eigenen Ethos die Vernunft; Du gabst unserer Seele einen Leib und das Vermögen, zu arbeiten und zu leben. Du hast uns die Freiheit gegeben, damit wir aus freien Stücken entscheiden können, was für uns gut und was nicht gut ist. Wer lügt, wer die Wahrheit sagt, unwissend oder aufgeklärt ist, bringt damit seine Gesinnung und seinen Glauben zum Ausdruck.«[27] Auf der Grundlage der Entscheidungsfreiheit und dem Gebrauch der Vernunft »konzipiert Zarathustra eine aufklärerische Theorie der Ethik, die emanzipatorisch in der Annahme der Autonomie der Person verankert ist.«[28]

Hier wird auf der Grundlage der erwähnten Triade die unantastbare Würde der menschlichen Gattung postuliert, eine Haltung welche der konstitutive Bestandteil der Regierungsform des Kyros ist, die von Pragmatis-

---

25 Vgl. Xenophon: *Kyrupädie,* 1992 S. 71.

26 Vgl. Yasna 47/ 1 f.

27 Yasna 32/ 11 f. (Übersetzt von Verfasser.)

28 Vgl. Ghasempour, Morteza: *Zarathustras Konzeption einer elementaren Ethik und Nietzsches Zarathustra-Rezeption,* in: in Ethik und Politik aus interkultureller Sicht, hrsg. v. Ram Adhar Mall u.a., Amsterdam 1996 (131-145), S. 134 f.

mus und Vernunftglaube getragen ist. Von diesem Standpunkt her läßt er anderen Glaubensanhängern die Freiheit, ihren Glauben zu leben. Über seinen königlichen Stuhl ist das Symbol der zarathustrischen Lehre eingraviert.

Die Toleranz des Kyros läßt sich einerseits als formale Toleranz betrachten, die eher aufgrund politischer Zwänge durch die Größe des persischen Vielvölkerstaates aus zweckpolitischen Erwägungen geübt wurde. Und andererseits als eine Haltung inhaltlicher Toleranz, welche die Anderen in ihrer Andersheit anerkennt. Alte Dokumente weisen die Freizügigkeit des Kyros als Ausdruck einer einzigartigen Einstellung aus, die in der Literatur als ›kyreische Toleranz‹ sprichwörtlich geworden ist. Der griechische Historiker Herodot berichtet über die Umgangsart Kyros' mit den religiösen Anschauungen im Perserreich. Um für die Toleranz unterschiedlicher Riten und Bestattungen zu sensibilisieren, befragt er im Rahmen seiner ›Ethikkommission‹ die Priester und Gelehrten verschiedener Religionen wie sie ihre Toten beisetzen. Dabei wurde festgestellt, daß die Völker unterschiedlich mit dem Tod umgehen.[29] Um die Interkulturalität im Reich zu fördern und die Völker zusammenzuführen, veranstaltete Kyros regelmäßig Wagenrennen zwischen den Völkern des Reiches und schenkte Ihnen Stiere, die sie anschließend zusammen verzehren sollten.[30]

Die tolerante Haltung des Kyros ist kein historischer Zufall, sondern der Beginn einer langen Menschenrechts- und Gerechtigkeitstradition, die den Konventionen des 20. und 21. Jahrhunderts entsprechen. Der erwähnte Perserkönig Darius I. gehört zu den markantesten Figuren dieser Tradition.

---

[29] Die Überlieferung der ›kyreischen‹ Toleranz ist von Herodot (ca. 484-410), dem griechischen Historiker. Vgl. auch Mensching, Gustav: *Toleranz und Wahrheit in der Religion*, ²1966 S. 40. Bestandteile des Zarathustratums lassen sich in den Lehren des Judentums, Christentums und des Islam beobachten. Während sich das Christentum und der Islam in ihren Schriften nicht auf das Zarathustratum berufen, gibt es im Alten Testament Verweise hierauf, wie das Buch Daniel zeigt. Hier bezeichnen die Juden Kyros als Messias und Retter. Daniel war 605 v.u.Z. nach Babylon verschleppt worden. Er erlebte die Niederlage der Babylonier gegen die Perser unter König Kyros und war auch unter den Persern ein einflußreicher Mann. Vgl. Shabani, Reza: *Kuroshe kabir* [Kyros der Große], Teheran 2003 S. 54.

[30] Vgl. Xenophon: *Kyrupädie*, 1992 S. 595.

Er verkündete im Anschluß an Kyros: »Nach dem Willen Ahuramazdas bin ich so geartet, daß ich das Recht liebe, das Unrecht hasse. Ich will nicht haben, daß der Schwache des Starken wegen Unrecht leide; aber ich will auch nicht haben, daß der Starke des Schwachen wegen Unrecht leide; aber ich will auch nicht haben, daß der Starke des Schwachen wegen Unrecht erleide. Wer recht ist, daran habe ich Gefallen. Einem Lügenknecht bin ich nicht fremd. Ich bin nicht jähzornig. Auch wenn es in mir kämpft, bezwinge ich meinen Zorn. Ich beherrsche meinen eigenen Sinn fest.«[31]

Historische Dissonanzen

In Europa gilt die Darstellung Xenophons lediglich als ein Roman, in dem Kyros als ein Idealherrscher dargestellt wird. Der Althistoriker Abdolhossein Zarrinkoub (1923-1999) hält die Ausführungen des Xenophon für authentisch, weil seine Begründungen mit historischen Fakten über und von Kyros übereinstimmen.[32] Shabani geht von der Annahme aus, daß es keine historischen Fakten gibt, die besagen, daß Kyros ein kriegerischer König war, oder daß er Länder angriff und vernichtete, wie Alexander der Große. Dennoch wird Alexander im Vergleich zu Kyros als Befreier und Hüter der Demokratie angesehen.[33]

Der Historiker Seyyed Djafar Sadjadi stellt dementsprechend fest, daß viele antike Nationen, vor allem die Hellenen, ein Freund-Feind-Verhältnis zu Persien pflegten. Er merkt kritisch an, Kyros werde in der abendländischen Geschichte im Endergebnis dennoch als Tyrann dargestellt, während Alexander als Befreier und Verteidiger der Freiheit gefeiert wird. Insbesondere die kulturhistorischen Fehltaten Alexanders des Großen werden kaum thematisiert. Nach der Eroberung des persischen Reichs erteilte Alexander den Befehl, alle persischen Kulturgüter zu vernichten. Die Biblio-

---

31 Hinz, Walther: *Altiranische Funde und Forschungen,* 1969 S. 57. Dieser Spruch von Darius ist auf seinem Grabstein in Naqshe Rostam eingemeißelt.

32 Vgl. Zarrinkoub, Abdolhossein: *Tariche mardome Iran – Iran gabl az Eslam* [Geschichte des iranischen Volkes – Iran vor dem Islam], Teheran 1987 S. 30.

33 Vgl. Shabani, Reza: *Kuroshe kabir* [Kyros der Große], Teheran 2003 S. 68 und 77. Die dunkle Seite Alexanders werde in der Weltgeschichte ausgeblendet. Auch der Nobelpreisträger Amartya Sen weist auf die unbändige Herrschaftssucht Alexanders hin. Vgl. Sen, Amartya: *Die Identitätsfalle.* Warum es keinen Krieg der Kulturen gibt, München 2007 S. 67.

thek in der Stadt Saruje in der Provinz Fars im Iran, in der man Bücher über die Landeskunde, Ereignisse der Zeit und über die Philosophie und Kosmologie des Zarathustratum aufbewahrte, wurde in Brand gesetzt und in Stein gemeißelte Inschriften zerstört. Später wurden wertvolle Bücher nach Rom gebracht, die Inhalte mit großer Wahrscheinlichkeit studiert und die Originale vernichtet.[34]

Sadjadi sieht in Minderwertigkeitsgefühlen der Hellenen gegenüber der gehobenen Kultur, der straffen Staatsführung und der zivilen Ordnung im persischen Reich einen wichtigen Grund für solche Taten. Plutarch argumentiert in die entgegengesetzte Richtung. Er berichtet, daß die »meisten Barbaren, besonders die Perser [...] in der Eifersucht auf ihre Frauen von Natur aus leidenschaftlich und heftig« sind. Nicht nur »ihre Ehefrauen, sondern auch die für Geld gekauften und zu Kebsweibern gemachten Sklavinnen bewachen sie scharf, so daß sie von keinem fremden Auge gesehen werden; sie leben im Haus hinter Schloß und Riegel; und auf Reisen fahren sie, rings durch Zeltwände eingeschlossen, auf den Wagen.«[35]

Die Historikerin Heidemarie Koch weist Plutarchs Behauptungen zurück, weil sie mit den erhaltenen persischen Quellen nicht übereinstimmen.[36] Xenophon ist dementsprechend der Meinung, daß die Menschen im persischen Reich freiwillig auf Kyros hörten. Auch Menschen, die »Tage oder Monate von ihm entfernt waren, und andere, die ihn nie gesehen hatten und genau wußten, daß sie ihn auch nicht sehen würden.«[37]

Historische Quellen zeigen, daß die Staatspolitik von Kyros mit Argwohn gesehen wurde. Ein negatives Bild wurde mit der Bedrohung von Hellas durch die Perser und die theatralische Aufarbeitung dieses Stoffes durch Ayschylos (ca. 525-456 v.u.Z.) in seinem Schauspiel ›Die Perser‹ gezeichnet. Die Hellenen werden hier aufgewertet: »Als Vaterland bewohnten sie: die eine Hellas, [...] die anderen das Barbarenland.«[38] Im Perserreich bestand, wie Aristoteles bestätigt, kein Sklaven-Herrenverhältnis, sondern es

[34] Vgl. Sadjadi, Seyyed Djafar: *Einleitung*, 2004 S. 9 f.

[35] Plutarch Thmistokles 26.

[36] Vgl. Koch, Heidemarie: *Es kündet Dareios der König* ... Vom Leben im persischen Großreich (Kunstgeschichte der antiken Welt, Bd. 55), Mainz 1992 S. 233.

[37] Xenophon: *Kyrupädie*, 1992 S. 9.

[38] Ayschilos: *Die Perser*, in: Griechisches Theater, Frankfurt/Main 1964 S. 16.

herrschte eine im Vergleich zu hellenischen Verhältnissen funktionierende Gleichheit. Aristoteles sieht in diesem Gleichheitsprinzip das Sklaventum begründet und behauptet, daß bei den Barbaren »das Weibliche und das Regierte denselben Rang« haben. »Dies kommt daher, daß sie das von Natur Herrschende nicht besitzen, sondern die Gemeinschaft bei ihnen nur zwischen Sklavin und Sklave besteht.« Hieraus leitet er das Herrentum der Griechen über die Barbaren ab: »Daß Griechen über Barbaren herrschen, ist gerecht, da nämlich von Natur der Barbar und der Sklave dasselbe sei.«[39] Aristoteles übersieht hier aufgrund seiner aristokratischen Gesinnung das demokratische Prinzip der Gleichheit im Perserreich.

Kyros ist als einer der ersten Staatsmänner der Menschheitsgeschichte für Pluralismus, religiöse und politische Toleranz eingetreten. Derartige Tugenden gab es in jener Zeit in Hellas nicht. Das dortige Staatsprinzip war geleitet von Sklaverei, die Philosophie war ein Privileg der Aristokraten.

Spätere Entwicklungen von Menschenrechten

Neben Kyros sind auch der indische König Ashoka im 3. Jahrhundert v.u.Z. und der islamische Moghul-Kaiser Akbar in Indien des 16. Jahrhunderts zu erwähnen.[40] Das Toleranzedikt Ashokas schreibt Religionsfreiheit fest. Nach einer Zeit tyrannischer Herrschaft bekannte sich Ashoka nach einer Vision zum Buddhismus. Seitdem betrachtet er es als eine Pflicht, die Wohlfahrt aller Menschen zu fördern und Toleranz in Religionsdingen zu üben. Ashoka ehrt praktisch alle Lehrmeinungen und legt Wert darauf, daß überall ein Wachstum des Wesentlichen stattfindet. Hierunter versteht Ashoka weder ein Preisen der eigenen, noch ein Tadeln anderer Lehrmeinungen bzw. Weltanschauungen.

Der Moghul-Kaiser Akbar lädt Vertreter verschiedener Religionen ein und hält regelmäßig interreligiöse Gespräche. Er plädiert für das Vertrauen in ›Aql‹, die Vernunft. Unter dem Namen ›Din-Elahi‹, göttliche Religion,

---

39 Aristoteles: *Politika* 1252 a 5-9. Selbst der Aufklärer Charles de Montesquieu (1689-1755), der von Recht und Regulierung der Macht sprach, wurde diesem Anspruch nicht gerecht, da er, wie Aristoteles, die Sklaverei rechtfertigt oder behauptet, der Einfluß weiblicher Gesellschaft verderbe die Sitten.

40 Vgl. hierzu Mall, Ram Adhar: *Der Hinduismus.* Seine Stellung in der Vielfalt der Religionen, Darmstadt 1997 und Diez, Ernst: *Akbar.* Gottsucher und Kaiser, Wien 1961.

nimmt Akbar die besten Elemente verschiedener Religionen auf. Der methodologische Weg dazu ist der ›Rahe Aql‹, der Weg der Vernunft. Akbars Bemühungen um ein friedliches Zusammenleben und eine würdige Begegnung verschiedener Religionen ist ein klassisches Beispiel für Anerkennung und eine funktionierende multikulturelle und interreligiöse Gesellschaft.

In Europa herrschten zu dieser ereignisreichen Zeit noch Inquisition und Intoleranz durch die katholische Kirche. Giordano Bruno wurde der Häresie angeklagt, verhaftet und in Rom auf dem *Campo Dei Fiori* verbrannt. Die Idee der Menschenrechte nahm in Europa mit der Französischen Revolution erstmals Gestalt an und wurde auf die Formel ›liberté, egalité, fraternité‹ gebracht. Dieser zentrale Spruch der europäischen Aufklärung entspricht der erwähnten zarathustrischen Triade.

Die Betrachtung von Verfassungen im internationalen Kontext zeigt, daß die Würde des Menschen fast überall zu schützen angemahnt wird. In Artikel 1 Absatz 1 des Grundgesetzes lesen wir: »Die Würde des Menschen ist unantastbar. Sie zu achten und zu schützen ist Verpflichtung aller staatlichen Gewalt.« Auch der erste Satz der ›Allgemeinen Erklärung der Menschrechte‹ von 1948 legt fest: »Alle Menschen sind frei und gleich an Würde und Rechten geboren.«[41] Die ›Allgemeine Erklärung der Menschenrechte‹ durch die Vereinten Nationen bietet eine moderne Grundlage der Menschenrechte. Sie ist ein erster Versuch, den Katalog von Rechten und Freiheiten des Einzelnen auf alle Menschen auszudehnen. Auch wenn dieses Dokument in vielerlei Hinsicht unverbindlich geblieben ist und das Signum eines Programms besitzt, so ist es doch ein richtungsweisendes Unterfangen, das auf dem Wege der Verwirklichung im herrschaftsfreien Diskurs mit allen Völkern fortschreiten muß.[42]

---

41 Allgemeine Erklärung der Menschenrechte, verkündet von der Generalversammlung der Vereinten Nationen am 10. Dezember 1948. Dieser Satz ist kein philanthropischer Idealismus, sondern geltendes Gesetz, das sowohl intra- als auch interkulturell seine Berechtigung hat.

42 Die Weltgesellschaft ist nach wie vor von mannigfaltigen Menschenrechtsverletzungen überschattet. China, Rußland, Afrika, Lateinamerika, Iran, Israel, Palästina und Naher Osten sind Beispiele hierfür. Aber auch in Europa sind Menschenrechtsverletzungen zu beobachten. Ganz zu schweigen von der Außenpolitik der expansiven USA. Die Einrichtung von Guantánamo, die CIA-Flüge über

Interkulturelle Studien zum Thema ›Menschenrechte‹ zeigen, daß keiner sich restlos freisprechen kann von Aggression, Chauvinismus, dem Primat der Selbstverherrlichung vor der Gleichheit und Gerechtigkeit und von Kulturfundamentalismus. Diese und ähnliche Handlungen sind ein Ausdruck dafür, daß der bereits erwähnte Satz, die Menschenwürde sei zu achten und zu schützen, von ihrer massiven Verletzbarkeit in vielerlei Hinsicht ausgeht. Dieser Satz macht deutlich, daß der Mensch selbst Hüter der menschlichen Würde ist, aber Egoismus, Machtgier und Habsucht auch ihr größter Feind sind.[43]

Europa, wie die Verschleppung Almasris und die jetzige Militarisierung des Nahen Ostens in Milliardenhöhe treten die Menschenrechte und Menschenwürde gleichermaßen mit Füßen. Vgl. Steiger, Dominik: *Die CIA, die Menschenrechte und der Fall Khaled el-Masri.* Ein Beitrag zur Frage der Anwendbarkeit des gemeinsamen Art. 3 der Genfer Konventionen auf den ›Krieg gegen den Terror‹, Potsdam 2007.

43 Bereits Denis Diderot wies in einer Sentenz auf die menschliche Eigenliebe und Selbstbezüglichkeit hin: Ein Mensch »wird dir immer nur das geben, was ihm nicht nützt, und von dir stets nur das verlangen, was für ihn nützlich ist.« Diderot, Denis: *Philosophische Schriften.* Bd. 2, Frankfurt/Main 1967 S. 225. Beispiele dieser Art sind Folter, Vergewaltigung, Steinigung, Intoleranz gegenüber Minderheiten, Genitalverstümmelung von Frauen, der Tötungsbefehl gegen Salman Rushdie, Zwangsverschleierung, weltweite Kinderarbeit, der Zwang zum Ablegen des Kopftuches einer Lehrerin während des Unterrichts, Mohammedkarikaturen und die Reaktionen vieler Moslems darauf. Auch Kriege selbst sind hier zu erwähnen als die schärfste Form einer kollektiven Menschenrechtsverletzung. Die beiden Weltkriege, der Genozid in Ruanda und der Fall der bosnischen Stadt Srebreniza, der von USA und ihrer verbündeten organisierten Iran-Irakkrieg und der jetzige Irak- und Afghanistankrieg sind Beispiele hierfür. Zu nennen sind auch Auseinandersetzungen zwischen den Amerikanisten, Zionisten nach 1948 und Islamisten, die eine ›Kultur des Krieges‹ etabliert haben und die Menschenwürde und Menschenrechte ebenfalls verletzen. Ihr Motto lautet: wer nicht mit mir ist, ist gegen mich. Verletzt werden hier alle drei erwähnten Arten der Menschenrechte. Vgl. hierzu Yousefi, Hamid Reza und Sarah Ginsburg: *Kultur des Krieges.* Amerikanismus – Zionismus – Islamismus, Nordhausen 2007.

Dimensionen der Menschenrechtsverletzungen

Politische Dimensionen

Die markanteste Ausprägung politischer Menschenrechtsverletzung drückt sich durch die Macht aus, die eine bestimmende Funktion in allen Diskursformen einnimmt. Wer über genügend Macht verfügt, kann alle rechtstaatlich überprüfbaren Kontrollmechanismen durch die eigenen ersetzen. Es spricht nicht mehr die ›Wahrheit‹, sondern ausschließlich die Autorität.

Ein Gespräch zwischen dem griechisch-baktrischen König Menandros und dem buddhistischen Mönch-Philosophen Nagasena im 2. Jahrhundert v.u.Z. zeigt die zentrale Problematik von Macht und Willkürfreiheit. Der König sprach:

— »Ehrwürdiger Nagasena, wirst du weiter mit mir diskutieren?«

— »Wenn du, großer König, in der Sprache eines Gelehrten diskutieren wirst, dann werde ich mit dir diskutieren. Wenn du aber in der Sprache des Königs diskutieren wirst, dann werde ich nicht mit dir diskutieren.«

— »Wie, ehrwürdiger Nagasena, diskutieren denn die Weisen?«

— »Bei einer Diskussion unter Weisen, großer König, findet ein Aufwinden und ein Abwinden statt, ein Überzeugen und ein Zugestehen; eine Unterscheidung und eine Gegenunterscheidung wird gemacht. Und doch geraten die Weisen nicht darüber in Zorn. So, großer König, diskutieren die Weisen miteinander.«

— »Wie aber, Ehrwürdiger, diskutieren die Könige?«

— »Wenn Könige während einer Diskussion eine Behauptung aufstellen und irgendeiner diese Behauptung widerlegt, dann geben sie den Befehl, diesen Menschen mit Strafe zu belegen. Auf diese Weise diskutieren Könige.«

— »Ich werde in der Sprache der Weisen diskutieren« antwortete der König.[44]

In dieser Unterredung werden zunächst zwei sich ausschließende Denkstrukturen und Menschenbilder sichtbar. Menandros geht von einer totalitären Machtausübung aus, welche die Bedingungen des Verstehens *a priori* festlegt. Nagasena plädiert hingegen für eine Macht des Argumentierens.

---

[44] Mehlig, Johannes (Hrsg.): *Weisheit des alten Indien*, Bd. 2, Leipzig 1987 S. 347 f.

Sein Ziel ist es, die Willkür aufzuheben, um dem gegenseitigen Verstehen eine Chance zu geben. Ansonsten definiert der Machhabende nicht nur das Verstehen, sondern er kann auch moralisch verkleidete Handlungsregeln der Politik für allgemeinverbindlich erklären.[45]

Die schurkenhafte Machtausübung beschreibt eine gewaltorientierte Handlungsmaxime, die jenseits jeder Legitimation Grenzen setzt und Grenzen aufhebt. Hier wird die Würde des Menschen zu einem Spielzeug der Macht. Dies sieht in der Praxis so aus: Der Stärkere hat Recht, Macht geht vor Recht, Recht ist, was den eigenen Interessen nützt. Damit fühlt sich das Fremde in seiner ›Substanz‹ angegriffen und unterdrückt, was häufig Gewaltbereitschaft auf seiner Seite zur Folge hat. Hier wird auf der Basis eines ›doppelten Menschenbildes‹ gedacht und gehandelt. So gibt es Menschen erster Ordnung, das sind Wir und solche zweiter Ordnung, das sind stets die Anderen. Wir sind die Guten, böse sind nur die Anderen. Wir wollen nur Frieden, Krieg wollen nur die Anderen. Wir verteidigen uns nur. Gegenseitiger Vorwurf bildet die Grundlage einer jeden Form von Ideologie, die Dialoge nur als solche anerkennt, wenn sie den eigenen Rahmenbedingungen entsprechen.

Religiöse Dimensionen

Religiöse Menschenrechtsverletzungen gehören seit Menschengedenken zu den zentralen Problemen menschlicher Beziehungen. Diese zeigen sich unter anderem darin, wenn ein Mensch daran gehindert wird, seine Religiosität in Freiheit zu genießen. Auch hier spielt die Macht eine zentrale Rolle.

Es ist keine leichte Aufgabe, eine Religion zu finden, die an sich aggressiv ist oder Gewalt legitimiert. Es sind stets Menschen, die Religionen zum eigenen Zweck instrumentalisieren; es sind Menschen, die Kreuzzüge führen, die Inquisition erfinden und Tötungsbefehle erlassen, um die eigene Macht zu sichern. Zu nennen sind in diesem Zusammenhang die Ermor-

---

45 Der Irakkrieg ist ein gutes Beispiel. Während die Architekten dieses Krieges, wie Tony Blair und Donald Rumsfeld, wie seinerzeit Henry Kissinger im Bezug auf Vietnam und Chile, ungestraft die politische Bühne verlassen, sogar weiterhin wichtige Ämter bekleiden und einen neuen Krieg gegen den Iran organisieren, wird im Irak und Afghanistan täglich die Würde des Menschen mit Füßen getreten.

dung Mansour Halladj (857-922), einer der bedeutendsten Gestalten der islamischen Mystik, die Inquisition und die Verfolgung Andersgläubiger.[46]

Religiöse Minderheiten werden sehr häufig diskriminiert, dies sowohl im eigenen als auch im Ausland; sie dürfen sogar oft keine hohen Ämter bekleiden. Max Horkheimer behauptete seinerzeit, daß der Antisemitismus in Deutschland ›genetisch‹ bedingt sei, was faktisch falsch und normativ irreführend ist. Deshalb sollte darüber nachgedacht werden, ob bspw. dem Islam oder den Moslems a priori ein Gefährdungspotential unterstellt werden kann. Dies zeigt sich, wenn politisch ein Generalverdacht festgelegt wird, wie wenn »alle arabisch klingenden Namen« im Rahmen der Terrorbekämpfung in eine Rasterfahndung kommen.

Soziale Dimensionen

Mittlerweile wurde erkannt, daß das Recht zur Deckung der elementarsten Grundbedürfnisse des Lebens, wie sauberes Wasser, Nahrung, Kleidung, Unterkunft und vieles mehr, ebenfalls einen Platz unter den Menschenrechten erhalten muß, da ohne die Deckung dieser Bedürfnisse alle anderen Menschenrechte zur Farce werden. Menschen anderer Herkunft als Menschen zweiter Klasse zu behandeln, zeigt, daß mit zweierlei Maß gemessen wird.

Soziale Menschenrechtsverletzungen zeigen sich bei der Sündenbocksuche und unterschiedliche Diskriminierungen. Solche Verletzungen sind häufig mit Intoleranz und Vorurteilen verbunden. Sie sind dem Menschen nicht eingeboren, sondern sie werden gebildet. Vorurteile erscheinen da, wo Unwissenheit, Schranken, Überheblichkeit oder Macht alle Dimensionen der Kommunikation beherrschen.

---

46 Als weitere Beispiele sind zu nennen: Die Sprengung von Buddha-Statuen durch die Taliban in Afghanistan und die Benachteiligung religiöser Minderheiten sind eine massive Verletzung der Menschenwürde und Menschenrechte. Auch die Absicht Metin Kaplans, des vielzitierten ›Kalifs von Köln‹, stellte einen Akt religiöser Menschenrechtsverletzung dar. Im Namen eigener dogmatischer Überzeugung hatte er einen Gottesstaat ausgerufen. Auch Ablaßbriefe, mit denen den Menschen vorgegaukelt wurde, sich von den gegenwärtigen und zukünftigen Sünden freikaufen zu können, sind ein Ausdruck für die Verletzung religiöser Menschenrechte.

Die Liste der Beispiele von Menschenrechtsverletzungen können wir sicher selbst aus unserem Erfahrungsbereich, aus Schule, Gesellschaft und von zu Hause, erweitern. Viele von uns, wenn wir ehrlich sein wollen, haben von ihren Eltern ein verzerrtes und oft feindliches Bild des Fremden suggeriert bekommen. Im Kontext der Globalisierung ist eine interkulturelle bzw. interreligiöse Sozialisation von Bedeutung, wenn wir ernsthaft bereit sind, mit dem anderen auf gleicher Augenhöhe ins Gespräch zu kommen.

Ein grundsätzliches Hindernis in diesem Zusammenhang ist der Absolutheitsanspruch. Hier geht es darum, die eigene Erziehungsweise, das eigene Menschenbild, die eigene politische Meinung, die eigenen kulturellen Werte für die einzige und ausschließliche Wahrheit zu halten. In der Praxis wird gesagt: das ist *die* Erziehungsweise, *das* Menschenbild, *die* politische Meinung und *die* kulturellen Werte. Man könnte zwar meinen, daß jeder Recht hat von seinem Standpunkt aus, daß keiner aber Recht hat in seiner Einseitigkeit, wenn er für sich allein die Wahrheit zu besitzen wähnt oder eine bestimmte Wahrheitsform verabsolutiert.

Strukturelle Gewalt und die Verletzung der Menschenrechte

Es gibt unterschiedliche Gewaltformen, die im Kontext der Menschenrechte zu beachten sind. Dazu gehören religiöse, kulturelle, symbolische, physische, psychische, wissenschaftliche, wirtschaftliche, militärische, ideologische und politische Formen. Diese Gewaltarten lassen sich insbesondere in der Form praktischer und struktureller Gewalt unterteilen.

Praktische Gewalt ist mit Kriegsführung und der Organisation von Kriegen verbunden. Zu ihren wichtigsten Konstanten gehören territoriale Abgrenzung, Verteidigung oder Eroberung und Rangstreben. ›Divide et impera!‹ gehört zu den ältesten Determinanten von Herrschaft. Es geht um die Teilung von Ansprüchen, um Zwietracht zu erzeugen. Auf diese Art und Weise können beherrschte Länder kontrolliert und deren Ausbeutung gesichert werden. Es soll verhindert werden, daß eine Koalition und direkte Aufnahme horizontaler Kontakte sowie Handels- und Wirtschaftsbeziehungen zwischen ihnen stattfinden.

Der norwegische Friedensforscher Johan Galtung spricht von ›struktureller Gewalt‹, die dann vorliegt, »wenn Menschen so beeinflußt werden, daß ihre aktuelle somatische und geistige Verwirklichung geringer ist als ihre potentielle Verwirklichung.«[47] Sie ist als eine Folge ungleicher Machtverhältnisse die brutalste Form der Kommunikation, welche eine Dominanzsituation erzwingen will. Strukturelle Gewalt ist verbunden mit dem Kampf der Ideologien, geht mit struktureller Intoleranz einher und zielt auf Unterdrückung und Entfremdung der Betroffenen. Kolonialismus und postkoloniales Denken sind ein Ausdruck dieser Form von Gewalt.

Strukturelle Gewalt ist nicht immer direkt zu erkennen, insbesondere, wenn die Methode angewandt wird, die der iranische Philosoph Abdolkarim Sorush ›verdeckten Dogmatismus‹ nennt. Es gibt offenen und verdeckten Dogmatismus. Beide verabsolutieren sich als Denktheorie und methodische Denkpraxis zugleich und erkennen das Andere nicht an. Das Positive des offenen Dogmatismus besteht darin, daß deren Vertreter sich dazu bekennen, so zu sein, wie sie sind. Demgegenüber zeigen die Vertreter des verdeckten Dogmatismus nicht, welche Positionen sie vertreten und auf welcher Seite sie stehen.[48] Viele denken und handeln in diesen Kategorien, sind sich dessen aber nicht bewußt oder verdecken bewußt oder unbewußt ihre Ziele, um Kontrahenten keine Angriffsfläche zu bieten.

Die USA geben mit den erwähnten G-8-Verbündeten das Weltprogramm vor und definieren fast alles, loben, tadeln und wollen mit Zucker-Brot und Peitsche erziehen. Sie halten die nichtwestlichen Staaten durch unterschiedliche Maßnahmen in Abhängigkeit und nutzen sie als Absatzmärkte für die eigenen Produkte und die eigene Gewinnmaximierung.[49]

Viele Arten von Ungerechtigkeit, die bei uns zum Wohlstand beitragen, die betroffenen Völker aber verarmen lassen, sind erhebliche Verstöße gegen die Menschenwürde, Menschenrechte und sogar gegen das Völkerrecht. Als Beispiel sei die US-amerikanische Politik gegenüber Kolumbien im Jahr 1921 genannt. Kolumbien erhielt eine ›Schenkung‹ von 25 Millionen Dollar, mit welcher offiziell für den Verlust Panamas entschädigt werden sollte, das sich im Jahr 1903 mit Hilfe US-amerikanischer Kriegsschiffe unabhängig gemacht hatte. Diese Zahlung diente jedoch letztendlich der

---

[47] Galtung, Johan: *Gewalt, Frieden und Friedensforschung,* in: Kritische Friedensforschung, hrsg. v. Dieter Senghaas, Frankfurt/Main 1971 (55-104) S. 56.

[48] Vgl. Sorush, Abdolkarim: *Ideologije shejtani* (Satanische Ideologie), Teheran 1980 S. 18.

[49] Vgl. Lenhart, Volker: *Pädagogik der Menschenrechte,* Opladen 2003 S. 13 f.

»Verbesserung des Investitionsklimas«[50] für die USA; der Preis für den finanziellen Segen endete letztendlich mit dem Ausverkauf der nationalen Souveränität. Diese Strategie wird mit gleichen Vorzeichen gegenüber anderen Staaten angewandt.

Der iranische Philosoph und Publizist Bahman Nirumand wies in einer Rede 2001 auf das Sündenregister der US-amerikanischen Regime hin: »Lassen wir die Zeit des Kolonialismus beiseite, werfen wir nur einen Blick auf das soeben vergangene Jahrhundert. Ich bin kein Glaubensfanatiker und weiß wohl, welche Verbrechen im Namen des Islam begangen wurden und werden. Aber es waren nicht die Muslime, es war die zivilisierte Welt, die sechs Millionen Juden vergast und verbrannt, Millionen Vietnamesen mit Napalm verstümmelt und verseucht hat. Es war die zivilisierte Welt, die in Chile geputscht und Zehntausende in den Tod geschickt, in Algerien Massenmorde durchgeführt und in Südafrika das System der Apartheid den Einheimischen aufgezwungen hat. Es war die zivilisierte Welt, die in nahezu sämtlichen Entwicklungsländern Diktaturen errichtet und sie mit Waffen versorgt hat. Die Flüchtlingslager Sabra und Shatila sind nicht das Werk der Muslime. Es ist doch bekannt, daß Saddam Hussein, die Taliban und ähnliche Verbrecher Zöglinge des Westens waren. Selbst der Terrorist Bin Laden war ein Schützling der CIA. Waren es Muslime, die die Natur zerstört, die Umwelt verseucht haben? Zeugen diese Taten von Humanität, von geistiger, moralischer Erhabenheit, von Zivilität?«[51]

Es gehört zum Wesen der Macht dichotom zu sein: Es werden hier Kultur und Zivilisation, dort Fanatismus und Barbarei betont; hier Demokraten und Hüter der Menschenwürde, dort Tyrannen und Folterer gesehen; hier gibt es nur Gutes und Humanes, dort nur Schlechtes und Inhumanes.

Das dogmatisch-eindimensionale Menschenbild, von dem oben die Rede war, manifestiert eine radikale Differenz zwischen eigentlichen und uneigentlichen Menschen. Diese theoretische Verletzung der menschlichen

50 Meschkat, Klaus, Petra Rohde und Barbara Töpper: *Kolumbien.* Geschichte und Gegenwart eines Landes im Ausnahmezustand, Berlin 1980 S. 101 ff.

51 Zit., in. Friedenspolitische Korrespondenz Nr. 3/2001. Kritisch ist anzumerken, daß dieses Zitat trotzt unübersehbarer Polemik gewisse Einseitigkeiten anspricht, die jenseits eines emotionalen, moralisierenden und nützlichkeitsorientierten Diskurses thematisieren sollte.

Würde wird dann praktisch, wenn die medial für inhuman erklärten Menschen im Namen des Paternalismus zivilisiert, kultiviert und demokratisiert werden sollen. In Wahrheit geht es der Praxis dieses kolonialen Denkens und dieser feudalistischen Kommunikationsstrukturen nur darum, an fremde Ressourcen heranzukommen. Der erwähnte Irak- und Afghanistankrieg ist hierfür ein Beispiel, in der diese Völker vieler Menschenrechte beraubt werden, während ein Krieg unter dem Deckmantel der ›Demokratisierung‹ geführt wird. Dadurch bekämpfen wir kaum den sogenannten Terrorismus, sondern wir bringen ihn sogar selbst mit hervor.

Menschenrechte und Menschenpflichten stellen einen besonderen Fall des Geltungsanspruchs universeller Normen dar, die niemandes Besitz allein sein können, da ein bindender Imperativ von Kultur zu Kultur unterschiedlich ist. Dieser Imperativ darf nicht von der Warte einer bestimmten Kultur aus hierarchisch definiert werden, die sich für gerecht und unfehlbar hält. Lévi-Strauss zufolge besteht die Zivilisation lediglich in der einen »Koexistenz von Kulturen [...], die ein Maximum von Verschiedenheit untereinander aufweisen [...]. Die Weltzivilisation kann nichts anderes sein als die weltweite Koalition von Kulturen, von denen jede ihre Originalität bewahrt«[52] bzw. bewahren sollte.

Zentrale Kritik des Interkulturalitätsansatzes

Kultur bedeutet nach diesem Ansatz ein unterschiedliches, historisch gewachsenes und veränderliches Sinn- und Orientierungssystem. So ist in der Praxis von einer asiatischen, orientalischen oder okzidentalischen Kultur die Rede. Kulturen sind wie die Fäden eines Gewebes, die in vielfacher Weise miteinander verbunden sind. Sie lassen sich nicht nur in unterschiedlichen Perspektiven wahrnehmen, sondern auch in verschiedenen Deutungshorizonten und in divergierenden Handlungsfeldern lokalisieren. Kulturen sind unterschiedliche Dialekte im Kontinent der menschlichen Seele.

Das Adjektiv ›interkulturell‹ beschreibt eine Begegnung, in der Menschen verschiedener Herkunft zusammenkommen. In diesem ›Inter...‹,

---

52 Lévi-Strauss, Claude: *Strukturale Anthropologie,* Frankfurt/Main 1992 S. 402.

›Raum des Dazwischen‹, kommen eine Reihe von Interdependenzen aus vielen längst verschwundenen Zivilisationen zusammen.[53]

Interkulturalität weist jede Form von Ausschließlichkeit oder Verabsolutierung eigener Auffassung oder des eigenen Menschenbildes als Ethnozentrismus und damit als gewalttätig zurück, weil diesen eine reduktionistische Denk- und Handlungsorientierung anhaftet, die das eigene Verhältnis zu Fremdgruppen ausschließlich durch das eigene Referenzsystem bestimmt. Hier ist die Absetzung des Anderen und Hervorhebung der eigenen Überzeugung und damit eine dichotome Denkart vorprogrammiert.

Jenseits aller Einseitigkeiten und Unifizierungstheorien stellt Interkulturalität eine dialogische Kultur in Aussicht, die als Basis der politischen Kultur für die Kommunikation fruchtbar gemacht werden kann. Sie lehnt eine totale Menschenliebe genauso ab wie einen völligen Menschenhaß. Der Weg des Dialogs liegt zwischen Monolog und erzwungenem Konsens. Das ist der dialogische Kompromiß. Ein genuin interkulturelles Ziel ist es, zu sensibilisieren für die Vielfalt unterschiedlicher Lebensformen und Traditionen. Eine Politik der unreflektierten Umarmung von Kulturen führt wie das gescheiterte ›Multi-Kulti-Programm‹, oft zur Enttäuschung hoher Erwartungen und theoretischer bzw. praktischer Gewalt.

Reflektierte Interkulturalität beschreibt hingegen eine offene und zugleich kritische Perspektive, die es allen Partnern ermöglicht, sich mit ihren je eigenen Stimmen und Lösungsansätzen als gleichberechtigte Diskurspartner an einem polyphonen Dialog zu beteiligen. In diesem Kontext werden die religiös-spirituelle und philosophisch-kulturelle Dimension weder homogenisiert noch unifiziert. Eine wesentliche Aufgabe der Interkulturalität besteht darin, einen Paradigmenwechsel und eine Perspektiveneerweiterung im Denken und Handeln zu bewirken. Kulturelle Bildung ist die Voraussetzung von Kommunikation, die Differenzen wahrnimmt, ohne Gemeinsamkeiten aus den Augen zu verlieren. Dies heißt in der Praxis: ohne kulturelle Bildung kein konstruktiver Dialog.

---

53 Vgl. hierzu Yousefi, Hamid Reza u.a. (Hrsg.): *Wege zur Kommunikation.* Theorie und Praxis interkultureller Toleranz, Nordhausen 2006 und ders. *Wege zur Philosophie.* Grundlagen der Interkulturalität, Nordhausen 2006.

Es ist nicht förderlich, Mitleid zu haben und dementsprechend bemüht zu sein, vermeintlich Gutes zu tun. Es ist ebenfalls problematisch, aus dem Geist eines selbstdefinierten Paternalismus ein Elend zu bekämpfen, das man zumeist selbst mitzuverantworten hat. Eine gerechtigkeitsorientierte Begegnung der Kulturen, die nicht von diesen Faktoren der Macht gelenkt ist, sucht stets mit dem und den Anderen gemeinsam gangbare Wege, durch die sie für ihre Rechte kämpfen. Dieser interkulturell effektive Schritt erfüllt seinen Zweck, wenn hier nicht nach einem dualen Muster von Opfern und Helfern die Rede ist, sondern von gleichberechtigten Partnern. Eine Bestimmung von Menschenrechten von oben auf der Grundlage einer wirtschaftlichen und militärischen Dominanz ruft zwangsläufig Widerstand von unten hervor.

Interkultureller Dialog ist ein möglicher Versuch, um mit Menschen über die Menschen zu reflektieren, um durch die Menschen für die Menschen zu kämpfen. Wir haben humanistische Organisationen wie die UNESCO, die sich weltweit auf der Grundlage eines solchen Dialogs für den Schutz der Menschenwürde einsetzen und die Fundamente des Zusammenlebens der Kulturen stärken. Ein Plädoyer für einen polyphonen Dialog bedeutet keine ›Horizontenverschmelzung‹, sondern eine Horizontenüberlappung; auch nicht Nebeneinander, sondern reflektiertes Miteinander.

Wer kann aber trotz dieser Möglichkeit *in concreto* sagen, andere Menschen, Ethnien oder Nationen besser zu verstehen, als diese sich selbst verstehen oder faktisch zu wissen, was für sie gut, besser oder am besten ist? Wir können nicht fordern, verstanden zu werden, ohne selbst bereit zu sein, verstehen zu wollen. Im dialogischen Miteinander, im »Blicke des Menschen« kommt ein jedes Bewußtsein zu sich selbst. Ich komme zu mir und finde mich in der Kommunikation mit dem Anderen.

Eine grundsätzliche Kritik des Interkulturalitätsansatzes bezieht sich auf die Innen- und Außenperspektive unserer real existierenden Demokratie. Diese wird häufig idealisiert, und zwar zu Unrecht. Ein unverkennbarer Verdienst des Abendlandes in Zusammenarbeit mit anderen Kulturgebieten besteht darin, Werte wie Freiheit, Menschenrechte und Toleranz manifestativ festgelegt zu haben. Dadurch sind unsere Handlungen aber nicht menschlicher geworden. Während diese für die Bewahrung der menschlichen Würde wichtigen Werte innerhalb der europäisch-westlichen Kulturgebiete zum großen Teil praktiziert werden, werden sie außerhalb eigener Grenzen zumeist mißachtet.

Das paradoxe Verhältnis dieser Innen- und Außenperspektive hat dazu beigetragen, daß diese Werte außerhalb Europas als Vorwand für die Durchsetzung eigener wirtschaftlicher Interessen betrachtet werden. Hier geht es um eine Vormachtstellung, untermauert durch die militärische und wirtschaftliche Dominanz, welche auch die Sprache von Frieden, Recht und Ordnung diktieren will. Genau hier liegt der Dreh- und Angelpunkt der Problematik: In der *Machtfülle*. Das häufig anzutreffende Verständnis, Demokratie sei schlechthin die Hüterin der Menschenrechte, ist bestenfalls im Innenverhältnis haltbar. Im Außenverhältnis kommt häufig vor, daß sich selbst die Demokratie als menschenrechtsverletzende Staatsform erweist.

Bei der Debatte um die Menschenrechte kann von vier verschiedenen Diskursformen ausgegangen werden:

— der apologetische Diskurs, in dem die Geschichte der Menschenrechte mit einem einzigen Ort, nämlich Westeuropa und USA fixiert wird,
— der Romantisierungsdiskurs, in dem das irrationale und exotisch-schwärmerische Denken eine Entelechie des Fremden darstellt; das eigene Denken wird hingegen als linear und analytisch an den Anfang gestellt und verabsolutiert,
— der Mitleidsdiskurs, der von der Darstellung von Chaos, Rückständigkeit, Hilflosigkeit, Krankheit, Armut, Gewalt oder allgemeiner Unfähigkeit des Fremden zu effektivem ökonomischen Handeln usw. geprägt ist,
— der paternalistische Bevormundungsdiskurs ist das Ziel dieser Diskursformen, in dem das andere eigenmächtig, wie die Kolonialzeit demokratisiert und zivilisiert werden muß.

Meine Kritik will zum Ausdruck bringen, daß es, wie oft behauptet wird, keinen Lehrmeister der Menschenrechte gibt. Was erwarten wir von anderen, wenn wir selbst nach außen zumeist einen skandalösen Umgang mit der Menschenwürde und damit den Menschenrechten pflegen? Die großartigen Werte wie Freiheit, Toleranz, Gleichheit und Gerechtigkeit scheinen durch die bewußte Praxis der geschilderten Willkürfreiheit ihre existentielle Relevanz zu verlieren, für die auch in Europa gekämpft worden ist.

Der interkulturelle und interreligiöse Weg zu den Menschenrechten

Wie kann man für die Universalität der Menschenrechte eintreten, ohne gleichzeitig die Vielfalt der Kulturen abzuwerten? Und wenn wir umgekehrt von der Vielfalt der Kulturen ausgehen, wo bleibt dann die Universalität der Menschenrechte? Können wir in Brüssel oder in Saudi-Arabien Menschrechtskonventionen verabschieden, die auch für Menschen in Afrika und Lateinamerika gelten müssen? Wenn nicht, warum?

Eine interkulturell ausgerichtete Menschenrechtskonzeption geht mit einem systematischen Argumentieren und historischen Interpretieren einher, verbunden mit einer offenen Hermeneutik. Eine solche Orientierung im Denken und Handeln soll dazu beitragen, unterschiedliche kontextabhängige Menschenrechtstheorien kritisch ins Gespräch zu bringen. Ein solches Konzept kennt mindestens eine historisch-strukturelle und eine zivilisatorisch-kulturelle Dimension. Diese vierfache Perspektive artikuliert sich allgemein in vier Menschenrechtsformen: einer theistischen bzw. theologischen, einer atheistischen bzw. humanistischen, einer pluralistischen bzw. interkulturellen Form.

Die theistische Form ist transzendenzbezogen und bestimmt die Stellung des Menschen in der Gesellschaft vom Göttlichen her. In upanishadisch-vedantischer Tradition, aber auch im Judentum, im Christentum und im Islam, welche die Menschen als die Krone der Schöpfung betrachten, ist der Mensch gottähnlich. Demnach gibt es ein universalistisches Prinzip, eine Gleichheit aller Menschen in der Schöpfung. Von der ›Goldenen Regel‹ abgesehen, sind die Ausführungen im Alten und im Neuen Testament identisch: »Du sollst deinen Nächsten lieben wie dich selbst«[54] oder, wie es im Koran heißt: »Es soll kein Zwang sein im Glauben.«[55] Demgemäß diese Maxime weist der persische Philosoph und Humanist Abu Hamed Mohammad ibn Mohammad Ghazali (1058-1111) darauf hin: »Der Mensch ist nicht zum Scherz und für nichts erschaffen, sondern hoch ist sein Wert und groß seine Würde.«[56] Auf die Menschenliebe bezugnehmend, muß diese Liebe »um seinen selbst willen sein«[57], sonst wäre sie nicht moralisch: »Frieden und Eintracht miteinander halten und einander helfen und ein jeder die Rechte des anderen achten.«[58] Hier bekommt die Würde des Men-

---

54 Matt. 22, 39 und 3. Buch Mose.

55 Sura 2, 257.

56 Ghazali, Abu Hamed Mohammad ibn Mohammad: *Das Elixier der Glückseligkeit,* Köln 1979 S. 26.

57 Ebenda, S. 81.

58 Ebenda, S. 75.

schen eine theologische und unantastbare Verankerung.[59] Religion ist keine ›illusorische Sonne‹ (Karl Marx), die sich über den Menschen bewegt. Sie läßt sich als eine gesamtmenschheitliche Kraft auffassen, die recht verstanden, als eine Hüterin der Menschenwürde und damit der Menschenrechte angesehen werden kann.

Die atheistische bzw. humanistische Form ist rein immanenzbezogen und leitet alles von der Vernunft ab. Es geht hier nicht um eine religiöse Vernunft, sondern um einen vernünftigen Unglauben, wie im Buddhismus. Die pluralistische bzw. interkulturelle Form geht mit einer Haltung einher, die unterschiedliche Weltbilder zuläßt und aktiv toleriert. Auf dieser Grundlage bilden sich die politischen Menschenrechte, die eine Kultur etablieren wollen, in der Gespräche auf gleicher Augenhöhe geführt werden und in der man Menschen menschlich behandelt. Die pluralistische bzw. interkulturelle Form weist jede Form von Monismus, Essentialismus und Ideologisierung der Menschenrechte zurück und integriert theistisch-theologische und atheistisch-humanistische Anschauungen.

Eine interkulturelle Erneuerung der Menschenrechte

Wie wir sehen, sind die theoretischen und praktischen Letztbegründungen der Menschenrechte und ihre Verletzungsformen sehr vielfältig. Ein zentrales Problem der Weltpolitik besteht darin, daß die offene Allgemeinverbindlichkeit der Menschenrechte von Westeuropa und den USA in Besitz genommen worden ist; sie definieren gemäß ihres eigenen Selbstverständnisses, was Menschenrechte sind. Diese postkoloniale Vormachtstellung und das einseitige Bestimmungsrecht sind mit einem Kontrollmechanismus verbunden, der als ein Herrschaftsinstrumentarium nur außerhalb des eigenen Territoriums Verwendung findet. Ein ›European way of life‹ bzw. ›American way of life‹ verfolgt eine weltumfassende Uniformität, die Widerstand hervorruft. Eine gefährliche Folge dieses Selbstverständnisses ist

---

59 Monotheistische Religionen gehen von Gott gewährten und damit unveränderbaren Menschenrechte aus, die nicht beim Bedarf von einer Gesetzgebenden Gewalt in derselben Art und Weise entzogen werden können, wie sie verliehen worden sind. Es ist in diesem Zusammenhang darauf hinzuweisen, daß Religionen unterschiedliches Verhältnis zum Gewalt haben. Vgl. Ceming, Katharina: *Gewalt und Weltreligionen*. Eine interkulturelle Perspektive (Interkulturelle Bibliothek Bd. 102), Nordhausen 2005.

der zwangsläufige Anspruch der Anderen auf die eigene Lebensform, wie ›Arabien way of life‹ usw., die sie sich auch verabsolutieren und für universal halten. Jede Form von Universalisierung des Partikulären, ob europäisch, US-amerikanisch, asiatisch oder islamisch, ist zurückzuweisen.

Wir können andere Lebensentwürfe tolerieren und für ihre Rechte eintreten, wenn wir sie kennen und umgekehrt genauso. Im Rahmen der Beantwortung der Fragen zur Rolle und dem Stellenwert des Menschen bildet der interkulturelle Humanismus eine tragende Säule der Interkulturalität[60], in der jeder Mensch, unabhängig von seiner Herkunft, Hautfarbe und kultureller Zugehörigkeit als gleichberechtigtes Exemplar der Gattung Mensch betrachtet wird. Dies impliziert die Unverfügbarkeit des Individuums, die besagt, daß kein Individuum ein anderes Individuum als Mittel zum Zweck instrumentalisieren darf. Interkultureller Humanismus bezieht sich nicht nur auf Menschnbilder in kulturellen Kontexten, sondern auch auf das moralische ›Wie‹ der Völkerbeziehungen und die Mannigfaltigkeit ihrer Gestaltung. Die konkreten Funktionsbestimmungen und Begründungsweisen der Ethik sind intra- wie auch interkulturell unterschiedlich. Wir müssen deshalb das Welt- und Menschenbild, die historische Bedingtheit vieler Gepflogenheiten und religiöser Gewohnheiten anderer Völker kennen und umgekehrt genauso. Deshalb ist interkulturelle und interreligiöse Kompetenz als *›conditio sine qua non‹* einer interkulturellen Menschenrechtskonzeption zu betrachten. Diese werden dort nötig, wo sich Menschen mit unterschiedlichen Weltorientierungen, Wertvorstellungen und Rechtsordnungen begegnen. Diese Kompetenz führt durch einen Aneignungsprozeß zunächst zu einer Reflexion über den eigenen Standpunkt und darauf aufbauend zum Verstehen des Anderen auf der Grundlage einer vierfachen Hermeneutik: Hier geht es nicht nur darum, wie ich mich selbst verstehe und wie ich das Fremde verstehe, sondern zugleich, wie das Fremde sich selbst und wie es mich versteht. In der Praxis handelt es sich im Kontext der Menschenrechte erstens um das Selbst- und Fremd-

---

[60] Vgl. Braun, Ina und Hermann-Josef Scheidgen (Hrsg.): *Interkulturalität – Wozu?* 2008.

verständnis Europas, zweitens um das Selbst- und Fremdverständnis der nichteuropäischen Kulturen.[61]

Nach diesem Konzept gehen ›Verstehen-Wollen‹ und ›Verstanden-Werden-Wollen‹ zusammen. Die Debatte um Menschenwürde und Menschenrechte bleibt ohne diese Voraussetzung ein Muster ohne Wert. Ohne das Bewahren eigener Identität und gleichzeitiger Offenheit gegenüber anderen kulturellen und religiösen Identitäten tun wir der gesunden Vielfalt der Kulturen und damit den Menschenrechten Gewalt an.

Georg Mohr verbindet in diesem Zusammenhang den ›Rechtsbegriff‹ mit dem ›Kulturbegriff‹. Recht bildet und entwickelt sich nach Mohr im Kontext einer ›Normkultur‹ und steht als ihr Teilgebiet in einem Wechselverhältnis mit anderen Teilgebieten wie Moral, Politik, Religion, Geschichtsbewußtsein usw.. Eine Rechtskultur verweist dementsprechend auf die allgemeine politische Kultur einer Gesellschaft.[62] Zwei Begriffe sind hier von Bedeutung: ›Rechtskultur‹ als ein empirischer Begriff und ›normativer Pluralismus‹, der »Kulturen im allgemeinen und Rechtskulturen im besonderen als normativ differenzierte soziale Gemeinschaften« versteht. Für Mohr ist der inhaltliche »Zusammenhang von internem und externem normativen Pluralismus [...] im Begriff der Rechtskultur [...] die Voraussetzung für einen *interkulturellen* Rechtsdiskurs.«[63] Die Vermittlung solcher Kompetenzen setzt eine grundsätzliche Aufgeschlossenheit und Flexibilität gegenüber dem Anderen voraus. Eine solche Orientierung darf keinen vereinnahmenden Charakter haben, sondern einen integrativen, der die Handlungskompetenz fördert und fordert.

Die Vielfalt der Kulturen ist wichtig und muß bewahrt werden. Japaner essen Bratwurst, ohne Nishidas Philosophie aufzugeben. Deutsche essen Sushi und Döner, ohne Goethes ›Faust‹ zu vergessen. Türken leben in Deutschland, ohne am Islam zu zweifeln; Europäer lesen Konfuzius und entdecken sich neu. Grundlegend bei der Konzeptualisierung einer inter-

---

61 Vgl. hierzu Mall, Ram Adhar: *Zur interkulturellen Hermeneutik und Universalität der Philosophie,* in: Essays zur interkulturellen Philosophie, hrsg. v. Hamid Reza Yousefi, Nordhausen 2003 (51-62).

62 Vgl. Mohr, Georg: ›*Das Stichwort: Rechtskultur*‹, in: Information Philosophie, hrsg. v. Peter Moser, Heft 3, 2001 (40-44), S. 40 f.

63 Ebenda, S. 44.

kulturell ausgerichteten Menschenrechtskonzeption ist nicht von der Kulturgebundenheit des eigenen Denkens und der eigenen Wertemuster auszugehen.

Dieses Prinzip wird oft der Macht untergeordnet. Sie geht in der praktischen Politik sehr häufig, jenseits aller internationalen Bestimmungen und Konventionen, mit einer ausschließenden Differenz einher, bei der sich eine bestimmte Gruppe das Recht herausnimmt, durch totalitäre Forderungen den Freiheitsspielraum anderer festzulegen oder zu begrenzen. Dialoge scheitern also im Ansatz, wenn Macht zum Argument wird und alles von oben herab diktieren will. Hier zeigt sich ein Macht-Zentrum, das zwangsläufig eine Ohnmacht-Peripherie bedingt. Macht wird hier zu einer Instanz, die bestimmt, was legitim bzw. illegitim ist. Sie diktiert die Spielregeln und bestimmt die Rahmenbedingungen des Dialogs auf allen Ebenen.

Wenn wir es mit dem polyphonen Dialog im Kontext der Menschenrechte ernst meinen, so muß eine interkulturelle und politisch ›gewollte‹ Erneuerung der Menschenrechte eingeleitet werden, die unterschiedliche Traditionen nicht nur mit ihren je eigenen Frage- und Problemstellungen, sondern auch mit ihren je eigenen Lösungsansätzen als gleichberechtigte Diskursbeiträge zusammenbringt. Eine solche Handlungsmaxime erfordert interkulturelle und interreligiöse Toleranz.

Interkulturelle und interreligiöse Toleranz[64]

Als Toleranz, einfach formuliert, wird das bezeichnet, was man bei der Bewertung einer Sache als das weise Maß ansehen wird. Meist ist es die Festlegung eines oberen und eines unteren Grenzwertes, zwischen denen sich das Erwünschte bewegen muß. Toleranz bedeutet im Kontext der Menschenrechte weder Nachsicht noch soziale Gerechtigkeit. Sie ist eine Zwischenlösung auf dem Wege zum Verstehen und zur Anerkennung unterschiedlicher Standpunkte. Ihre Funktion kann nur sein, zu Nachsicht, sozialer Gerechtigkeit und tugendhaftem Verhalten zu verhelfen. Toleranz ist immer auf andere Werte wie Gleichheit oder die Menschenrechte bezo-

---

64 Ich habe diese Problematik an anderer Stelle ausführlich thematisiert. Vgl. Yousefi, Hamid Reza: *Angewandte Toleranz.* Gustav Mensching interkulturell gelesen (Interkulturelle Bibliothek Bd. 49), Nordhausen 2008.

gen. Die Grenze zwischen der Toleranz und Anerkennung bleibt stets offen.

Interkulturelle Toleranz beschränkt sich nicht auf bloßes Unangetastetlassen fremder Anschauungen, sondern bedeutet darüber hinaus deren positive Anerkennung als echte und berechtigte Möglichkeit eines anderen Weges. Sie versteht sich als eine Denk- und Lebenspraxis, die Differenzen wahrnimmt, ohne das Ethos interkultureller Gemeinsamkeiten aus den Augen zu verlieren. Ihre Ausgangsposition ist nicht die Praxis von Überzeugungs- und Standpunktlosigkeit, sondern geradezu die aktive Wahrnehmung und Akzeptanz anderer Traditionen, ohne Preisgabe eigener Tradition.

Eine enge oder weite Toleranzgrenze liegt vor, wenn bspw. eine Maschinenfabrik alle Toleranzen auf 0 oder unendlich setzt. Im ersten Fall ist eine Fertigung unmöglich, weil sich eine Null-Toleranz nicht umsetzen läßt. Eine weite Toleranzgrenze führt ebenfalls zu Schrott, weil bei einer willkürlichen Fertigung nichts oder fast nichts zusammenpaßt. Die Bestimmung von Toleranzgrenzen ist ein Prozeß mit vielen Dimensionen. Die Festlegung von verschiebbaren Grenzen der Toleranz, die immer neu auszuhandeln sind, zeigt sich in der Arbeitsweise der Vereinten Nationen und des Weltsicherheitsrats. Der Umsetzung eines Diskurses der UNO steht entgegen, daß die ständigen Mitglieder des Weltsicherheitsrats aufgrund ihrer Vetorechte strategisch und damit oft gewalttätig und völkerrechtswidrig handeln. Es ist eine Ironie der Geschichte, daß diese Vetomächte, die im Weltsicherheitsrat sitzen, nicht nur eine große Gefahr für Menschenwürde und Menschenrechte darstellen, sondern auch für die Völkerrechte, die sie oft mit Füßen treten.

Der damalige Generalsekretär Perez de Cuellar bezeichnete die allgemeine Erklärung der Menschenrechte von 1948 für »eine Art Auge Gottes, wie das Auge Gottes, das Kain überallhin folgte.« Dabei betont er, daß keine Verletzung der Menschenrechte von der ›Internationalen Gemeinschaft‹ verheimlicht werden könne. De Cuellar hat offensichtlich in seiner verantwortungsvollen Funktion vergessen zu unterstreichen, daß dieses ›Auge Gottes‹ machtgesteuert und von Geburt aus farbenblind ist. Bereits Karl Jaspers hat die grundlegende Problematik der UNO durchschaut: »Die UNO ist wie eine Bühne, auf der ein unverbindliches Spiel eingeschaltet ist zwischen die realen Aktionen der Großmächte. Sie stellt die Scheinkommunikation dar, in der die Großmächte verbergen, was sie tun wollen, indem sie sich unter die [...] kleineren Staaten stellen und die Gleichberechtigung aller anerkennen. [...] Die Staaten benutzen diese Bühne, um sich ein Gesicht für die Weltöffentlichkeit zu geben und den Gegner durch dieses Spiel zu überlisten. Das Ganze ist ein Schleier, hinter dem jeder tut, was er will, wenn seine Gewalt und die Chance der Situation es ihm gestatten.«[65]

Menschenrechte und rechtsstaatliche Prinzipien sind Werte, für die es sich einzusetzen lohnt, obschon deren verfassungsrechtliche Grundlagen oft von ihren selbsternannten ›Urhebern‹ im Namen des Paternalismus, der Demokratisierung und Aufbauhilfe ausgehebelt werden. Es ist ein anthropologisches Elend, daß die Kodifizierung der Menschenrechte seit dem Ende des Zweiten Weltkrieges zu einem Herrschaftsinstrumentarium, genauer, zu einem Bajonett der Macht geworden, die zumeist zur Bemäntelung politischer oder wirtschaftlicher Eigeninteressen der Machthabenden dienen. Im Namen der Menschenrechte legitimieren sie Kriege und verletzen die elementarsten Rechte der Völker. Die Wahrung von Menschenwürde und Menschrechten ist somit an die Machtfrage gebunden. Wer auf politischer Ebene über militärische und wirtschaftliche Dominanz verfügt, kann das politische Alphabet beliebig diktieren, Grenzen setzen und Grenzen aufheben.

Es sollte in meinem Beitrag deutlich werden, daß die Akzeptanz der allgemeinen Menschenrechte eng verbunden ist mit der Regulierung der Macht. Es ist erforderlich, einen interkulturellen Kontrollmechanismus zu entwickeln, der uns ermöglicht, die Macht durch die Macht zu zügeln. Dies setzt eine neue internationale Kulturpolitik voraus, in der unterschiedliche Stimmen – ohne jegliches Ressentiment – als gleichberechtigte Diskursbeiträge und Lösungsansätze in Theorie und Praxis wahrgenommen werden.

Menschen und Völker haben ein Anrecht darauf, anders zu sein als wir uns die anderen wünschen. Insofern bedeutet jede Unifizierung bzw. Versuch einer Vereinheitlichung den Tod des Pluralen. In diesem Sinne faßt der indische Dichter und Philosoph Rabindranath Tagore seine Gedanken folgendermaßen zusammen: »Wenn je eine solche Katastrophe über die Menschheit hereinbrechen sollte, daß eine einzige Religion alles über-

---

[65] Jaspers, Karl: *Die Atombombe und die Zukunft des Menschen.* Politisches Bewußtsein in unserer Zeit (1958), München ^{4}1961 S. 118.

schwemmte, dann müßte Gott für eine zweite Arche Noah sorgen, um seine Geschöpfe vor seelischer Vernichtung zu retten.«[66]

Die theoretische und praktische Anerkennung unterschiedlicher Traditionen in einem kritischen Diskurs, auf der die Verwirklichung von Menschenrechten beruht, ist ein Bestandteil der interkulturellen Philosophie, die unterschiedliche Denktraditionen und Handlungsmöglichkeiten als gleichberechtigte Diskursbeiträge kritisch ins Gespräch bringt. Dadurch kann der Boden für einen polyphonen Dialog auf politischer, kultureller, religiöser und sozialer Ebene auf gleicher Augenhöhe bereitet werden.

---

66 Tagore, Rabindranath: *Flüstern der Seele,* München 1921 S. 73.

Die Menschenrechte – Dekonstruktion und Rekonstruktion eines umstrittenen Begriffs

von Peter Gerdsen

Einleitende Gedanken

Die Grundidee der Menschenrechte besteht darin, daß jedem Menschen allein auf Grund der Tatsache, daß er ein Mensch ist, bestimmte Rechte zustehen. Man spricht in diesem Zusammenhang von der »Universalität« der Menschenrechte. Ergänzend zum Grundsatz der Universalität wird auch der Anspruch der »Unteilbarkeit« der Menschenrechte erhoben, worunter verstanden wird, daß diese stets in ihrer Gesamtheit verwirklicht sein müssen. Üblicherweise wird der Katalog der Menschenrechte in Gruppen eingeteilt. Man spricht von Persönlichkeitsrechten, z.B. Recht auf Leben und körperliche Unversehrtheit, Freiheitsrechten, z.B. Recht auf Freiheit, Eigentum und Sicherheit der Person, justitiellen Rechten, z.B. keine Strafe ohne vorheriges Gesetz und sozialen Rechten: z.B. Recht auf Arbeit und Recht auf Bildung.

Die Chronologie der Menschenrechtsdeklarationen reicht Jahrtausende in die Vergangenheit. Die Idee der Menschenrechte hat in ihrer Entwicklung mannigfaltige Modifikationen durchlaufen.[1] Als Quelle der gegenwärtig wirksamen Menschenrechtsidee ist jedoch die europäische Aufklärungsepoche anzusehen. Diese fand ihren Ausdruck in der Erklärung der Menschen- und Bürgerrechte am 26. August 1789 in der Nationalversammlung Frankreichs. Zwei Jahre später, am 15. Dezember 1791, erfolgte die Verabschiedung der »Bill of Rights« in den Vereinigten Staaten von Amerika. Am 10. Dezember 1948 wurde die »Allgemeine Erklärung der Menschenrechte« durch die Generalversammlung der Vereinten Nationen verab-

---

1 Auf die Geschichte der Menschenrechtsidee geht besonders Hamid Reza Yousefi in seinem Beitrag »Zur Theorie und Praxis der Menschenrechte« ein. Siehe den Beitrag im vorliegenden Band.

schiedet. Die Menschenrechtsidee der europäischen Aufklärung erweist sich auch als ideologischer Kern der sog. »Westlichen Wertegemeinschaft«.

Der ethisch-moralische Glanz, der von der Menschenrechtsidee ausgeht, ist so strahlend, daß die Menschenrechte eigentlich durch sich selbst gerechtfertigt sind und sich jede Form des kritischen Hinterfragens verbietet, gäbe es nicht bedenkenswerte Tatbestände, welche die Wirksamkeit der Menschenrechte in Frage stellen. Blickt man auf die französische Revolution von 1789, so wurde die alte absolutistische Monarchie im Namen von »Freiheit, Gleichheit und Brüderlichkeit« beseitigt und eine Republik mit einem Nationalversammlung genannten Parlament auf der Grundlage der »Menschen- und Bürgerrechte« errichtet. Trotzdem erfolgte ein Umschlagen in ein Terrorregime, unter dem in einer Art Blutrausch Tausende ihr Leben verloren. Der zweite Tatbestand führt in die Gegenwart und zwar nach Serbien, in den Irak und nach Afghanistan. In diesen Ländern wurde ein erbarmungsloser Bombenkrieg geführt, der in Afghanistan noch andauert. Die Zerstörung Serbiens wurde mit Menschenrechtsverletzungen im Kosovo begründet. Der Krieg im Irak wurde zunächst geführt, weil die alte Regierung angeblich über Massenvernichtungswaffen verfügte, die man ihm nicht zugestehen wollte. Dann hieß es, der Irak sei Ausgangspunkt des Terrorismus; später ging es um die Durchsetzung von »Demokratie, Freiheit und Menschenrechten«. Das Gleiche gilt für Afghanistan. Diese Tatbestände sollen Anlaß für ein kritisches Hinterfragen der Menschenrechtsidee sein.

Gelegentlich werden die Menschenrechte als Ideologie bezeichnet. Bis ins 19. Jahrhundert hinein blieb der Begriff Ideologie, als ein durch die französische Aufklärung geprägtes Kunstwort, eine neutrale Bezeichnung für die Wissenschaft von der Entstehung und Entwicklung geistesgeschichtlicher Ideen. Hier setzte bald ein grundsätzlicher Bedeutungswandel ein. Nach heutigem Verständnis handelt es sich bei einer Ideologie um ein künstlich geschaffenes System von Ideen zur Welterklärung und -deutung, das in der Regel das gesamte Denk-, Wertungs- und Normensystem einer Gesellschaft umfassen will. Charakteristisch für Ideologien sind Dogmatismen und starre, einseitige, interessenverzerrte Weltkonzepte, die alle gesellschaftlichen Probleme auf wenige oder gar eine einzige Ursache zurückführen und für deren Lösung den richtigen Weg zu wissen vorgeben. Von Ideologisierung spricht man demgemäß dann, wenn an die Stelle einer kritischen ›Objektivität‹ ein als unhintergehbar behauptetes, den objektiv beobachtbaren Tatsachen zuwiderlaufendes Wert- und Wahrheitsmaß gesetzt wird.[2]

Wenn eine Ideologie ein künstlich geschaffenes System von Ideen ist, so ist zu fragen, was eigentlich eine Idee ist. Um eine Antwort zu finden, ist von den Begriffen ausgehen. Begriffe sind die elementaren Einheiten des Denkens zum Erfassen der Wirklichkeit. Dabei ist zwischen Wort und Begriff zu unterscheiden. Worte sind Namen für Begriffe und diese stehen für bestimmte Gedankeninhalte. Begriffe sind also einzelne Gedanken. Wird nun eine Mehrheit von solchen Einzelgedanken in lebendigen Fluß gebracht, so daß sie ineinander übergehen, sich verbinden, so entstehen gedankenmäßige Gebilde, die Ideen genannt werden. Aber nicht jedes System von Ideen ist eine Ideologie. Erst dann, wenn dieses künstlich konstruiert wird, so daß es keinen Bezug zur Wirklichkeit hat, was wiederum in ungewöhnlicher Abstraktheit seinen Ausdruck findet, wird ein Ideensystem zur Ideologie.

Hält man sich vor Augen, was angesichts und im Namen der Menschenrechte geschieht, so erscheint es dringend geboten zu untersuchen, ob die Instrumentalisierungsmöglichkeiten der Menschenrechtsideologie bereits im Ideensystem selbst ihre Ursache haben. Dies soll in den folgenden Überlegungen versucht werden. Dazu wird zunächst nach einem Verweis auf die »Gegenwärtige Wirklichkeit der Menschenrechte« der »Geist der Menschrechte« untersucht. Danach gilt es, eventuelle »Innere Widersprüche der Menschenrechte« aufzuspüren; denn beides kann die Ursache für den zu beobachtenden Zusammenhang von »Menschenrechten und Weltherrschaft« sein. Den Abschluß bildet ein Abschnitt »Interkulturalität und das Konzept der Menschenrechte«, in dem Eckpunkte aufgezeigt werden, die Menschenrechtsidee durch eine Idee zu ersetzen, die weder innere Widersprüche noch Kulturgebundenheit aufweist und auf diese Weise gegen Mißbrauch besser geschützt ist.

1. Gegenwärtige Wirklichkeit der Menschenrechte

In der gegenwärtigen Situation ist die Menschenrechtsidee praktisch absolut wirkungslos geworden. In fast allen Teilen der Welt werden die in den

2 Gerdsen, Peter: Deutschland in den Fesseln der Ideologien, Dresden 2005.

Menschenrechtsdeklarationen formulierten Rechte verletzt. Dies ist sicher zu einem nicht geringen Teil auf ihre Abstraktheit zurückzuführen, von der noch die Rede sein wird. Trotzdem wird die Frage nach ihren Fundamenten und nach inneren Widersprüchen innerhalb des Systems der Menschenrechte nicht mehr gestellt. Wenn überhaupt von Wirkungen gesprochen werden kann, die von den Menschenrechtsdeklarationen ausgehen, so sind die Kriege zu erwähnen, bei denen Menschenrechte zu deren humanitären Ummantelung dienten. Die gegenwärtige Wirklichkeit der Menschenrechte wird in drei Abschnitten untersucht. Zunächst wird die »Gegenwärtige Menschenrechtsidee« dargestellt, im nächsten Abschnitt die »Menschenrechtsverletzungen« behandelt, und abschließend wird auf »Kriege im Namen der Menschenrechte« eingegangen.

1. 1. Gegenwärtige Menschenrechtsidee

Die Menschenrechtsidee der Gegenwart ist aus der europäischen Aufklärungsbewegung hervorgegangen und findet ihren Ausdruck in der »Allgemeinen Erklärung der Menschenrechte« durch die Generalversammlung der Vereinten Nationen.

Die Theoretiker unter den Befürwortern der Menschenrechtsidee haben sich in zahllosen Veröffentlichungen um eine stichhaltige Begründung dieser Idee bemüht und sind dabei in der Regel von den Begriffen des »Naturrechts« und der »Menschenwürde« ausgegangen. Dem Naturrecht liegt die Überzeugung zugrunde, daß jeder Mensch »von Natur aus«, also nicht durch Konvention, mit unveräußerlichen Rechten ausgestattet ist – unabhängig von Geschlecht, Alter, Ort, Staatszugehörigkeit oder der Zeit und der Staatsform, in der er lebt. Dazu gehören das Recht auf Leben und körperliche Unversehrtheit oder das Recht auf persönliche Freiheit. Naturrechte werden danach als vor- und überstaatliche »ewige« Rechte betrachtet. Der majestätische Begriff der Menschenwürde rückte dabei immer mehr in den Vordergrund. Im Mittelpunkt stehen dabei die Rechte des einzelnen, aus allen Bindungen gelösten Menschen. Rechte werden diesem zugeschrieben allein auf Grund der Tatsache, daß er ein Mensch und mit einer besonderen Würde ausgestattet ist. Bei aller Zustimmung zu dieser Auffassung besteht ein Problem aus den Konsequenzen, die aus dem Begriff der Würde zu ziehen sind. Sie laufen darauf hinaus, daß die Entscheidungen eines Menschen, die er in der Verwirklichung seiner Rechte trifft, zu respektieren sind. Der Tendenz, Forderungen, Begehren oder Interessen aller Art in Rechte umzuwandeln, wäre eine Richtung entgegenzustellen, die auch die Menschenpflichten betont. Hiervon ist in den Menschenrechtsbegründungen jedoch kaum die Rede.

Hervorgehoben wird von den Theoretikern der Menschenrechtsidee auch der Grundsatz Universalität, der besagt, daß jeder Mensch Anspruch auf die garantierten Menschenrechte und Freiheiten hat, ohne irgendeine Unterscheidung, wie etwa nach Rasse, Farbe, Geschlecht, Sprache, Religion, politischer und sonstiger Überzeugung, nationaler oder sozialer Herkunft, nach Eigentum, Geburt oder sonstigen Umständen. Ergänzend zum Grundsatz der Universalität wird der Anspruch der Unteilbarkeit von Menschenrechten erhoben. Dies müssen demnach stets in ihrer Gesamtheit verwirklicht sein. Eine Umsetzung von Freiheitsrechten ist nicht möglich, wenn nicht gleichzeitig das Recht auf Nahrung verwirklicht ist. Umgekehrt geht die Verletzung wirtschaftlicher oder kultureller Rechte, etwa Zwangsvertreibung, Verbot von Sprachen oder Entzug von Lebensgrundlagen, in der Regel auch mit der Verletzung bürgerlicher und politischer Rechte einher.

Ein besonderes Merkmal der Menschenrechtsidee ist ihre Abstraktheit. In einigen Artikeln der Menschenrechtserklärung ist vom »Recht auf Arbeit und angemessene Entlohnung« und von einem »Recht auf einen angemessenen Lebensstandard einschließlich angemessener Nahrung« sowie auch von einem »Recht auf den besten erreichbaren Gesundheitszustand« die Rede. Es ist fraglich, ob »Recht« hier der passende Begriff ist, da es sich eher um umzusetzende »Ansprüche« handelt. Die Vereinten Nationen haben in einer Erklärung allen Menschen verkündet, daß sie einen Anspruch auf diese Dinge haben, wobei offen bleibt, wer sie zur Verfügung stellen soll. Hierzu sagen die Theoretiker, daß die Menschenrechte ihrem Wesen nach Rechte des Einzelnen gegenüber dem Staat sind. Dieser soll durch die Unterzeichnung der Menschenrechtsdeklaration sich zur Erfüllung der formulierten Ansprüche verpflichten. Daß diese Ansprüche in der Regel kein bindendes Recht gegenüber dem Staat darstellen, weist auf den Ideologiecharakter der Menschenrechte in seiner Wirklichkeitsfremdheit hin. Viele Staaten sind auch aus wirtschaftlichen Gründen nicht in der Lage, die in der Deklaration formulierten Ansprüche zu befriedigen.

1. 2. Menschenrechtsverletzungen; Kriege im Namen der Menschenrechte

In weiten Teilen der Welt sind die Menschenrechte nicht verwirklicht. Die Natur verschiedener Menschenrechtsverletzungen ist mannigfaltig. Yousefi[3] unterscheidet politische, soziale und religiöse Dimensionen der Menschenrechtsverletzungen. »Die markanteste Ausprägung politischer Menschenrechtsverletzung drückt sich durch die Macht aus, die eine bestimmende Funktion in allen Diskursformen einnimmt. Wer über genügend Macht verfügt, kann die Judikative, Legislative und Exekutive beliebig beeinflussen und alle rechtstaatlich überprüfbaren Kontrollmechanismen durch die eigenen ersetzen. [...] Religiöse Menschenrechtsverletzungen gehören seit Menschengedenken zu den zentralen Problemen menschlicher Beziehungen. Diese zeigen sich unter anderem darin, wenn ein Mensch daran gehindert wird, seine Religiosität in Freiheit zu genießen. Auch hier spielt die Macht eine zentrale Rolle. [...] Soziale Dimensionen: Mittlerweile wurde erkannt, daß das Recht zur Deckung der elementarsten Grundbedürfnisse des Lebens, wie sauberes Wasser, Nahrung, Kleidung, Unterkunft und vieles mehr, ebenfalls einen Platz unter den Menschenrechten erhalten muß, da ohne die Deckung dieser Bedürfnisse alle anderen Menschenrechte zur Farce werden.«

Bei einer Antwort der Frage, was die Menschenrechtsdeklarationen eigentlich bewirkt haben, so zeigt sich, daß sie für Krieg und militärische Aktionen eine komfortable humanitäre Ummantelung bieten. Zur Rechtfertigung kriegerischer Aktionen werden zunächst der Kampf gegen den internationalen Terror, die Verhinderung des Erwerbs oder die Beseitigung bereits bestehender Massenvernichtungsmittel genannt. In dem Maße, in dem Terror oder Massenvernichtungsmittel als Begründung zweifelhaft werden, müssen die Menschenrechte zur Begründung herhalten. Der Begriff der »Humanitären Intervention im Namen der Menschenrechte« wurde seit der Bombardierung Jugoslawiens im Frühjahr 1999 zu einer bequemen Legitimation völkerrechtswidriger militärischer Aktionen.

---

3 Yousefi, Hamid Reza: Zur Theorie und Praxis der Menschenrechte – Historische Hintergründe und aktuelle Aporien, in Wege zu Menschenrechten, Nordhausen 2008.

Es kann kein Anstoß an der nachdrücklichen Betonung der Menschenrechte als Grundlage jeder Politik genommen werden. Werden diese jedoch zum Hebel gegen das Gewaltverbot und das Selbstbestimmungsrecht der Völker eingesetzt, ist der Schaden für Frieden und Menschenrechte größer als ein evtl. Nutzen. Das Ausmaß der Zerstörungen wird durch keinen abstrakten Gewinn an Menschenrechten kompensiert.[4]

2. Der Geist der Menschenrechte

In der Gegenwart bilden die Menschenrechte die zentrale Botschaft des Westens an die Welt. Kaum eine Reise westlicher Politiker vergeht, ohne daß in einer moralischen Geste die Menschenrechte angemahnt werden. Es scheint als gäbe es bei den Menschenrechten nur noch das Problem ihrer weltweiten Durchsetzung, um die Welt in einen paradiesischen Zustand zu versetzen.[5] Aber es ist nicht zu übersehen, daß große Teile der Welt sich von dieser Heilsbotschaft des Westens unbeeindruckt zeigen, obwohl eine Abwehr dieser Botschaft infolge ihrer in ethisch-moralischer Hinsicht starken emotionalen Aufladung nicht leicht ist.

Zur näheren Betrachtung der Menschenrechte und den mit diesem Begriff verbundenen Problemen ist der ihnen zugrunde liegende Geist näher zu untersuchen. Um das Umfeld, aus dem die Menschenrechtsideologie geboren wurde, deutlich zu machen, wird zunächst der »Zusammenhang mit benachbarten Begriffen« untersucht. Daran zeigt sich dann, daß die »Prägung durch die Aufklärungsepoche« für Menschenrechtsidee entscheidend war. Aus dieser Prägung geht dann die »Kulturgebundenheit« der Menschenrechtsdeklaration hervor, so daß von einer universellen Gültigkeit keine Rede sein kann.

2. 1. Zusammenhang mit benachbarten Begriffen

Das Wesen eines Begriffs wird durch die Herstellung des Zusammenhangs mit anderen Begriffen verdeutlicht. Im Umfeld der »Menschenrechte« stellen sich die Begriffe »Demokratie« und »Freiheit« ein. Diese Trias macht den Kern der Heilsbotschaft des Westen an die Welt aus. Sie ist das ideolo-

---

4 Wohlrapp, Harald: Krieg für Menschenrechte?, in Deutsche Zeitschrift für Philosophie, Heft 1, Berlin 2000.

5 Becker, Werner: Sind alle Menschen gleich oder frei? – Warum es so schwierig ist, Grundrechte weltweit durchzusetzen, Die Welt vom 01.02.2008.

gische Fundament einer »Pax Americana«; denn die Vereinigten Staaten von Nordamerika sind die dominante Macht, die allen anderen Ländern in ökonomischer, technologischer, wissenschaftlicher und militärischer Hinsicht überlegen ist. Ergänzt werden die drei Begriffe durch »Toleranz« und »Diskriminierung«, wobei Diskriminierung der Spiegelbegriff zur Toleranz ist. Während die ersten drei das politische Leben bestimmen sollen, kommt den letzten beiden die Aufgabe zu, das Leben der Menschen untereinander zu regeln. Den fünf Begriffen, so verschieden sie auch sein mögen, haftet in zweifacher Hinsicht etwas Gemeinsames an: einmal sind sie in ethisch-moralischer Hinsicht emotional sehr stark aufgeladen und schützen sich dadurch gegen jede kritische Hinterfragung, zum anderen entstammen sie dem Geist der europäischen Aufklärung.

Die Menschenrechtsideologie pocht besonders auf ihren Universalitätsanspruch, der betont, inwiefern die Menschenrechte jedem Menschen bereits allein auf Grund der Tatsache, daß er Mensch ist, zustehen. Der Philosoph Arnold Gehlen hält eine kritische Hinterfragung dieses Anspruches für gerechtfertigt: »Wer jeden Menschen schlechthin in seiner bloßen Menschlichkeit akzeptiert und ihm schon in dieser Daseinsqualität den höchsten Wertrang zuspricht, kann die Ausbreitung dieses Akzeptierens nicht mehr begrenzen, denn auf dieser Bahn gibt es keinen Halt. Die Handlungen und Gedanken der Menschen, ihre Bosheiten, Tugenden und Laster, Künste und Spiele, Klugheiten und Narrheiten – nichts wird von der Geltung ausgenommen, außer allein die Behauptung und Haltung, die erkennen läßt, daß irgendetwas nicht gelten soll – wer das sagt, hat »Vorurteile« und kommt nicht in Betracht.«[6] Diese Kritik spiegelt sich nicht nur in den Menschenrechten, sondern auch im Toleranzbegriff. Der Katalog der Menschenrechte wurde im Laufe seiner Geschichte immer länger und dem Toleranzbegriff ist es eigen, daß es kaum etwas gibt, was nicht toleriert werden soll, bis auf die Intoleranz. Das Nichttolerieren der Intoleranz ist jedoch selbst eine Abweichung vom Toleranzprinzip.[7]

---

6 Gehlen, Arnold: Moral und Hypermoral, Frankfurt/Main 1973.

7 Vgl. Yousefi, Hamid Reza: Angewandte Toleranz. Gustav Mensching interkulturell gelesen, Interkulturelle Bibliothek Bd. 49, Nordhausen 2008.

2. 2. Prägung durch die Aufklärungsepoche

Die Bedeutung der europäischen Menschenrechtsdeklarationen wird insbesondere im Blick auf die Epoche der europäischen Aufklärung verständlich. Diese Bewegung konstituierte sich auf dem Hintergrund einer fundamentalen Bewußtseinsveränderung in Europa in einer radikalen Abwendung vom Christentum. Ein kraftvoller Freiheitsimpuls wendete sich gegen die übermächtige Präsenz der katholischen Kirche, die ein absolutes Deutungsmonopol über die Inhalte des Christentums beanspruchte. Unter dem Einfluß der Aufklärungsbewegung verwarfen große Teile der europäischen Bevölkerung ihre Religion. Der Mensch ohne Religion leugnet die Existenz des Gottes und erhöht damit sich selbst zu Gott, allerdings mit weitreichenden Konsequenzen.

Sieht der Mensch sich selbst als gottgleich an, macht er sich selbst zur höchsten Instanz und die ehemals Anbetung Gottes wird übergeleitet in eine Anbetung des Menschen. Die Unfähigkeit, Autoritäten über sich zu ertragen, ist Ausdruck eines irregeleiteten Freiheitsimpulses. Es entsteht eine moderne Humanität mit kultischem Charakter. Mit dem Verlust der Religion ergibt sich für den modernen Menschen eine völlige Identifikation mit seinem physischen Leib. Auf die Frage »Wer bist du?«, wird er auf seinen Leib zeigen und antworten: »Das bin ich.« Tod und Verletzung haben für ihn die Bedeutung der Gotteslästerung; sie sind Angriffe auf den Menschen, der sich an Stelle Gottes zur höchsten Instanz gemacht hat.[8] Eine Folge ist, daß der Mensch keine Autoritäten über sich ertragen kann und fanatisch danach trachten muß, alle gleich zu machen. Im Kollektiv, in dem qualitative Unterschiede nicht geduldet werden können, ist dieser Gleichheitsgedanke oder –wahn weitgehend verwirklicht. Alle Menschen sollen diesem Verständnis nach gleiche Chancen haben; aber es geht nicht um gleiche Startchancen, sondern um die Gleichheit im Ergebnis.

Eine direkte Folge des Atheismus der Aufklärungsepoche ist der ausgeprägte Individualismus, ein Gedanken- und Wertesystem, in dem die Autonomie des Individuums im Mittelpunkt der Betrachtung und der Werte steht. Dieser Individualismus hat in der westlichen Welt eine vorher noch nie dagewesene Ausbreitung erfahren. Damit steht der Westen im Gegen-

---

8 Vgl. Gerdsen, Peter: Antichristliche Pseudo-Ethik, Professorenforum Journal, Vol. 4, No. 3, 2003.

satz zu den eigenen nicht-individualistischen Traditionen, aber auch zu allen anderen Kulturen. Bezüglich eines Wertesystems fokussiert der Individualismus das Unterordnen gemeinsamer Ziele zugunsten persönlicher Ambitionen und betont neben Autonomie und Selbstverantwortung auch den Wettbewerbsgedanken sowie Kompetenzdenken. Klassischer Philosoph der Autonomie ist Immanuel Kant, der Autonomie in der Ethik als Bestimmung des sittlichen Willens allein durch die Vernunft bestimmt.

In der Wirklichkeit des Lebens sind Entscheidungen zu fällen und Maßstäbe zu setzen. Der Mensch der Aufklärung, der keine Autorität duldet, findet in der Mehrheitsentscheidung eines Kollektivs eine Ersatzlösung. Das in »herrschaftsfreier Diskussion« erzielte Ergebnis repräsentiert die Wahrheit. Der Glaube an die Funktionsfähigkeit und Zuverlässigkeit des Mediums Diskussion gründet sich auf die Vorstellung, der Austausch von Standpunkten und Argumenten führe zwangsläufig zur optimalen Conclusio. Der Konsensus, die Übereinstimmung der Vielen in einem gemeinsamen Ergebnis, wird zur Leitidee, die den Platz eines sittlichen Wertes einnimmt. Die Gleichheit als zentrale Botschaft der Menschenrechte, deren zugrundeliegendes Menschenbild und das jede Autorität vermeidende quantitative, die moderne Demokratie begründende Prinzip der Entscheidungsfindung haben letztlich eine gemeinsame Wurzel, nämlich den Atheismus der Aufklärung.

Mit dieser Epoche verbinden sich auch positive Vorstellungen. Kant definierte die Aufklärung als »Ausgang des Menschen aus seiner selbst verschuldeten Unmündigkeit«. Entsprechend formuliert er das Motto des Zeitalters: »Habe Mut, dich deines eigenen Verstandes zu bedienen!« Ein tieferer Blick in die damaligen Zeitverhältnisse hinein läßt erkennen, daß die positiven Ideen als eine Frucht des Christentums nach seiner Reformation entstanden. Ohne die geistigen Leistungen der Aufklärer zu schmälern, muß festgestellt werden, daß sie offenbar das Geistige, das sie vorfanden, in eine philosophische, säkularisierte Form gossen und sich selbst damit auf die Fahnen schrieben.[9] Diese aus dem Geist der Aufklärung ge-

9 Vgl. Gerdsen, Peter: Der Begriff Toleranz in seiner Bedeutung für die Gesellschaft aus christlicher Sicht. In: Interkulturelle Orientierung – Grundlegung des Toleranzdialogs Teil I, Methoden und Konzeptionen, Nordhausen 2004 (55-64).

borene Humanität, die ein atheistisches Menschenbild begründet, bildet den Hintergrund der Menschenrechtsdeklaration.

2. 3. Kulturgebundenheit

Was ist das Menschenbild der Aufklärungsepoche? Diese Epoche konstituierte sich in der Ablehnung des Christentums; daher gewinnt man das Menschenbild dieser Epoche durch eine Perversion des christlichen Menschenbildes. Das christliche Verhältnis zu Gott gestaltet sich als ein Du-Verhältnis, wie es nur Individuen zueinander haben können. Der Mensch ist ein Abbild Gottes, der in seiner Allmacht, Allgegenwärtigkeit und Einzigartigkeit selbstbestimmte Person ist. Die Daseinsverankerung des Christen weist eine vertikale Einordnung und eine horizontale Zuordnung auf, die im Doppelgebot der Liebe repräsentiert sind: »Du sollst Gott lieben« als vertikale Einordnung und »deinen Nächsten wie dich selbst« als horizontale Zuordnung[10].

Die Vernachlässigung der Beziehung zu Gott führt zur Leugnung der vertikalen Einordnung und zu einer Reduzierung des Göttlichen auf die Ebene der Zwischenmenschlichkeit. Die Göttlichkeit des Menschen führt in ihrer Selbstbezogenheit auch zur Leugnung der horizontalen Zuordnung und zu dem Bild des auf sich selbst bezogenen, aus allen zwischenmenschlichen Bindungen herausgelösten Menschen. Ein solches Menschenbild liegt der Menschenrechtsideologie zugrunde. Diese Form des Individualismus ist dem Christentum, aber auch allen anderen Religionen fremd.

Die aus der europäischen Aufklärung hervorgegangene Menschenrechtslehre in der Form, wie sie gegenwärtig weltweit propagiert wird, kann deshalb kaum universelle Gültigkeit beanspruchen, da Menschenrechte Abbild des zugrundeliegenden Menschenbildes sind. Alain de Benoist hat den Gegensatz zwischen abendländischem Individualismus der Aufklärungsepoche und außerabendländischem holistischem Soziozentrismus mit wenigen Sätzen prägnant herausgearbeitet, daher soll er in einem längeren Zitat zu Wort kommen:

---

10 Vgl. Seiß, R.: Die seelischen Strukturen unserer Beziehungsfähigkeit aus psychologischer und spiritueller Sicht, in: Die Programmierung des kindlichen und jugendlichen Gehirns – Menschsein zwischen neurobiologischer Steuerung und Ebenbild des Schöpfers, Verlag des Professorenforums, 2002.

»In den meisten Kulturen – unter ihnen in ihren Ursprüngen auch die abendländische Kultur – läßt sich das Individuum als solches ganz einfach nicht darstellen. Nirgends wird es als Monade aufgefaßt, von allem abgeschnitten, was es einbindet, nicht nur von seinen Nächsten, sondern von der Gemeinschaft aller Lebewesen und von der Gesamtheit des Universums. Vorstellungen von Ordnung, Gerechtigkeit und Harmonie gehen nicht vom Individuum aus, sondern von der Gemeinschaft, den Traditionen, den gesellschaftlichen Bindungen oder der Ganzheit alles Wirklichen. Die Freiheit des Individuums hat keinerlei Bedeutung in Kulturen, die grundsätzlich holistisch geblieben sind und sich weigern, das menschliche Wesen als autark auf sich selbst gestelltes Atom zu verstehen. Solche Kulturen kennen keine subjektiven Rechte. Um so allgegenwärtiger sind Rechte, die auf Verpflichtung und Gegenseitigkeit beruhen. Statt seine Rechte geltend zu machen, muß ein Mensch sich bemühen, in der Welt und [...] in der Gesellschaft [...] die Bedingungen zu schaffen, die am ehesten die Vollendung seiner Natur und die Vervollkommnung seines Seins begünstigen. Die asiatische Denkweise [...] drückt sich vor allem in der Sprache der Pflichten aus. Der Moralbegriff, der dem chinesischen Denken zugrunde liegt, ist ein Begriff der Pflichten, die man gegenüber anderen hat, nicht etwa der Rechte, die man ihnen gegenüber anmelden könnte [...]. Die konfuzianische Tradition stellt die Harmonie der Lebewesen untereinander und mit der Natur in den Vordergrund. Dementsprechend kann das Individuum keine höheren Rechte haben als die Gemeinschaft, der es angehört. Die Menschen sind durch die Gegenseitigkeit der Pflichten und Verpflichtungen aneinander gebunden. Zudem reichen die Pflichten weiter als die Rechte.«[11]

Daß 1948 die Menschenrechtskonvention durch die Vereinten Nationen überhaupt verabschiedet werden konnte, zeugt von der relativen Unangreifbarkeit der Menschenrechtsideologie. Den Vertretern der nichtabendländischen Welt dürfte die Zustimmung nicht leicht gefallen sein angesichts der extremen abendländischen Färbung der Erklärung. »Vorwiegend islamische Länder wie Sudan, Pakistan, Iran, und Saudi-Arabien kritisierten die Allgemeine Erklärung der Menschenrechte wegen der, ihrer Ansicht nach, fehlenden Einbeziehung des kulturellen und religiösen Be-

---

11 Benoist, Alain de: Kritik der Menschenrechte, Berlin 2004.

zugs der nichtwestlichen Länder. 1981 faßte der iranische Vertreter bei den Vereinten Nationen, Said Rajaie-Khorassani, die iranische Position zur Allgemeinen Erklärung der Menschenrechte zusammen, indem er sagte, sie sei »eine säkulare Interpretation der judäo-christlichen Tradition, die von Muslimen nicht ohne Bruch des islamischen Rechts befolgt werden könne«.[12]

Diese Situation führte zu der Kairoer Erklärung der Menschenrechte, die am 5. August 1990 von 45 Außenministern der aus 57 Mitgliedern bestehenden Organisation der Islamischen Konferenz angenommen wurde. Diese Erklärung weicht von der Allgemeinen Erklärung der Menschenrechte der Vereinten Nationen in vieler Hinsicht ab, vor allem dadurch, daß sie eindeutig nur diejenigen Rechte anerkennt, welche im Einklang mit der Scharia stehen. Artikel 24 legt fest: »Alle in dieser Erklärung festgelegten Rechte und Freiheiten sind der islamischen Scharia nachgeordnet.« Artikel 19 besagt: »Es gibt keine Verbrechen und Strafen außer den in der Scharia festgelegten«. Die Rolle des islamischen Rechts als alleinige Quelle der Rechtsfindung wird durch Artikel 25 bestätigt, dieser legt fest: »Die islamische Scharia ist die alleinige Referenz für die Erklärung oder Erläuterung aller Artikel dieser Erklärung«. Die Kairoer Erklärung unterstreicht ihren Ursprung im Islam als der »wahren Religion« und der Lebensart der islamischen Gesellschaft, die als beste aller menschlichen Gesellschaften beschrieben und der eine zivilisierende und historische Rolle zugeschrieben wird.[13]

In den westlichen Kulturgebieten beschränkt sich das Verständnis von der Scharia, bedingt durch eine reißerische mediale Vermittlung, auf drakonische Strafen wie Steinigung oder das Abhauen einer Hand, mit der gestohlen wurde. Daß die Vorschriften der Scharia eine Philosophie der Lebensführung beinhaltet, auf Werten der Gemeinschaft fußen und eine Betonung der Menschenpflichten unter Zurückstellung der Menschenrechte enthält, ist weniger bekannt.

---

12 Wikipedia: Kairoer Erklärung der Menschenrechte.

13 Ebenda.

3. Innere Widersprüche der Menschenrechte

Führt man sich vor Augen, daß die Menschenrechtsideologie einerseits an der Situation der Menschheit hinsichtlich Unterdrückung und Folter, Krankheit und Hunger nichts geändert hat und andererseits geeignet ist, militärische Aktionen humanitär zu ummanteln, dann ist zu fragen, ob dies mit inneren Widersprüchen dieser Ideologie zusammenhängt. Das Aufspüren innerer Widersprüche soll in fünf Schritten erfolgen. Zunächst wird das »Problem der Universalität« untersucht. Immerhin wird auch unter den Verfechtern der Menschenrechtsideologie diese Komponente als problematisch angesehen. Im nächsten Abschnitt »Moral im Mantel des Juridischen« wird das Verhältnis des Moralischen zum Juridischen betrachtet. Danach wird der Blick auf die für die Menschenrechtsideologie zentralen Begriffe »Freiheit und Gleichheit« hinsichtlich ihrer Unvereinbarkeit gerichtet. Der nächste Abschnitt enthält eine Untersuchung auf der Grundlage der »Begriffslogik nach Hegel«. Den Abschluß bildet das Aufzeigen eines durch die Menschenrechtsideologie hervorgerufenen »Hierarchischen Systembruchs» innerhalb des Ordnungsgefüges der Menschheit.

3. 1. Problem der Universalität

Die Verfechter der Menschenrechtsideologie haben die Universalität umfangreich begründet, denn wenn der Begriff der »Menschenrechte« ein rein westlicher wäre, käme seine globale Verallgemeinerung eine Form von Kulturimperialismus gleich. Die Universalität der Menschenrechte gründet sich auf den Rechten eines Individuums, das allen Einbindungen entzogen und insofern auch frei von allen Gruppenbindungen ist. Die universelle Gültigkeit selbst bezieht aber die Menschenrechte wiederum auf die Menschheit. Insofern manifestiert sich mit der Individualisierung der Menschenrechte auf der einen Seite bei gleichzeitigem Bezug auf die Gruppe aller Menschen ein Widerspruch in sich.

Die häufig anzutreffende Argumentation zur Beweisführung der universellen Gültigkeit geht davon aus, daß überall auf der Welt ein Verlangen nach körperlichem Wohlbefinden und nach Freiheit herrscht. Weiterhin wird argumentiert, die Menschenrechte seien dazu imstande, auf dieses Verlangen zu antworten. Diese Schlußfolgerung ist falsch. Es kann nicht bestritten werden, daß allen Menschen gewisse Bestrebungen gemein sind, noch daß sich ein Konsens herstellen ließe, bestimmte Dinge oder Zustände als grundsätzlich gut oder grundsätzlich schlecht zu betrachten. Überall auf der Welt sind die Menschen lieber gesund als krank, lieber frei als unfrei, nirgends lassen sie sich gerne schlagen, foltern, willkürlich inhaftieren und umbringen. Dies macht jedoch Menschenrechte nicht universell gültig. Sie sind nur eine Option unter verschiedenen Möglichkeiten, auf die Universalität des Verlangens, keinem Zwang unterworfen zu werden, zu reagieren.[14] Wenn die Ansprüche auf Menschenrechte, wie Yousefi in seinem Beitrag ausführt, eine anthropologische Verankerung haben, so ist zu akzeptieren, daß die Wege, diese zu befriedigen, im Kontext des jeweils Kulturellen unterschiedlich sind und sein können.

3. 2. Moral im Mantel des Juridischen

Die Menschrechtsideologie ist eine verwickelte Mischung aus Moral, Recht und Politik. Dabei läßt sich das Verhältnis dieser Komponenten, die völlig verschiedenen Kategorien angehören, so bestimmen, daß die Rechtsform die Funktion hat, das Moralische in eine anwendbare Form zu bringen, damit das Ganze in der Praxis durch die Politik umgesetzt werden kann.

Der Schlüsselbegriff, der das Konstrukt der Menschenrechte enthält, ist somit der Begriff der Moral. Was ist Moral? Enzyklopädischen Fassungen zufolge stellt Moral den für die Menschen grundlegenden normativen Rahmen für ihr Verhalten, vor allem gegenüber ihren Mitmenschen dar. Die geltende Moral bildet sich aus einem Komplex von Handlungsregeln, Wertmaßstäben und Vorstellungen vom Sinn des Lebens. Hier wäre, ähnlich wie bei den Grenzen der Toleranz, von einer begrenzten Verschiebbarkeit des moralischen Rahmens im Kontext der einzelnen Kulturen auszugehen. Vorab von einer »universellen Gültigkeit« kann nicht ausgegangen werden, denn die »Wertmaßstäbe und Vorstellungen vom Sinn des Lebens« sind durchaus kulturabhängig, wobei darauf verwiesen sei, daß die Inspirationsquelle einer Kultur immer die Religion ist.

Die so gewonnenen Menschenrechte werden in juristischer Form zu einer moralischen Forderung nach Gerechtigkeit umgegossen; sie stellen eine juristische Methode dar, diese Moral zu fassen und auszudrücken. Der Politik kommt die Aufgabe zu, diese Forderung umzusetzen.

---

14 Benoist, Alain de: Kritik der Menschenrechte, Berlin 2006.

Ausgehend von der Form der unifizierten Menschenrechte hat die Rechtsform die Funktion, das Moralische zu ummanteln, damit das Ganze in optimaler Weise für politische Zwecke instrumentalisiert werden kann. Insofern ist Arnold Gehlen zuzustimmen, daß die Verbreitung der Menschenrechtsrhetorik einer »Tyrannei der moralischen Hypertrophie« gleichkommt.[15]

Durch die Individualisierung in der Aufklärung und die damit verbundene Erhöhung des Menschen entsteht eine moderne Humanität mit kultischer Ausrichtung, welche die Menschenrechte zu etwas »Heiligem« erhebt, das nicht in Frage gestellt werden darf. Dieser kultische Charakter aus atheistischem Geist verbindet sich mit der Kategorie der Moral und führt zur relativen Unangreifbarheit der Menschenrechtsideologie.

3. 3. Freiheit und Gleichheit

Die Analyse der Menschenrechte weist einen weiteren Kategorienfehler auf, der darauf beruht, daß der Begriff des Menschen in doppeldeutiger Weise verwendet wird. Dadurch werden Aspekte des Menschseins unzulässig miteinander verwechselt. Diese Verwechslung läßt sich bis zu den berühmten ersten Erklärungen der Menschenrechte zurückverfolgen. So heißt es in der Unabhängigkeitserklärung der Vereinigten Staaten von Amerika von 1776, »daß alle Menschen gleich erschaffen und daß sie von ihrem Schöpfer mit gewissen unveräußerlichen Rechten begabt werden« und fast gleichlautend in der Erklärung der Menschen- und Bürgerrechte durch die französische Republik von 1789, daß »die Menschen frei und gleich an Rechten geboren werden.« Das, was beide Erklärungen als »gleich« und »frei« verbinden, ist aus logischen Gründen nicht verbindbar.[16]

Natürlich lassen sich alle Menschen durch einen Gattungsbegriff zusammenfassend besonders in Abgrenzung zum Tierreich bezeichnen; denn jenseits aller Unterschiede gibt es gemeinsame Merkmale aller. Die Menschenrechtsdeklaration macht nun die Zugehörigkeit zur Gattung Mensch zur alleinigen Voraussetzung der Menschenrechte. Aus der durch die Zu-

---

15 Gehlen, Arnold: Moral und Hypermoral, Frankfurt/Main 1973.

16 Becker, Werner: Sind alle Menschen gleich oder frei? – Warum es so schwierig ist, Grundrechte weltweit durchzusetzen, Die Welt vom 01.02.2008.

gehörigkeit zur Gattung Mensch postulierten Gleichheit folgt dann, daß die Menschen diese Rechte auch nur in der gleichen Art und Weise gebrauchen dürfen. So entsteht ein Widerspruch zum Prinzip der Freiheit; denn die Menschenrechte werden allgemein als individuelle Freiheitsrechte verstanden. Freiheitsrechte, die nicht auf jene Egalität sozialistischen Konsenses im Lichte der Gleichheitsprämisse hinauslaufen sollen, setzen jedoch als Grundannahme die Verschiedenheit der Menschen voraus.

3. 4. Begriffslogik nach Hegel

In Anlehnung an einen Gedankengang Hegels wird ein Blick auf die Entstehung eines Gattungsbegriffs geworfen. Ausgangspunkt ist das einzelne Existierende, das Hegel das »Individuum« nennt, was das »Unteilbare« bedeutet. Dieses wird dadurch zum Individuum, daß es sich gegenüber anderen Individuen abgrenzt. Damit setzt der Begriff des Individuums andere Individuen voraus. Als nächstes betrachte man eine Vielheit einzelner Individuen, die alle verschiedene Eigenschaften haben. Wenn sie alle hinsichtlich einer bestimmten Eigenschaft übereinstimmen, so sind sie in dieser Hinsicht gleich. Diese Gleichheit setzt aber die Ungleichheit hinsichtlich anderer Eigenschaften voraus; denn sonst läge eine Übereinstimmung hinsichtlich aller Eigenschaften vor. Dann aber wären die Individuen nicht unterscheidbar und es gäbe nur ein Individuum. Bei der Betrachtung einer Vielheit von Individuen können bestimmte Eigenschaften als wesentlich und die übrigen als unwesentlich gelten. Individuen mit wesentlichen gleichen Eigenschaften lassen sich als Gattung zusammenfassen, die damit eine Allgemeinheit darstellt. Sie unterscheiden sich in den nicht wesentlichen Eigenschaften. Alle Individuen, die unter einen bestimmten Begriff fallen, werden als Exemplare des Begriffs gleichgesetzt. Der Begriff negiert Unterschiede; er sondert eine bestimmte Menge von Individuen aus und stellt sie Individuen gegenüber, die unter einen anderen Begriff fallen.

Der oben angesprochene Kategorienfehler beim Konzept der Menschenrechte beruht auf einer mangelhaften Unterscheidung zwischen den Begriffen »Mensch« und »Person«. Die in den Menschrechtsdeklarationen angeführten Freiheitsrechte sind jedoch persönliche Rechte und stellen ein persönliches Rechtseigentum dar, über das allein der Einzelne in seiner Person verfügen darf. Die bei der Entstehung des Gattungsbegriffs Mensch als unwesentlich bestimmten Eigenschaften und Merkmale sind genau das, was den einzelnen Menschen als Person charakterisiert und damit sind die als Person ins Auge gefaßten Menschen keineswegs gleich, sondern alle verschieden.

Die Frage, von der abhängt, ob sich Gleichheit und Freiheit nach den Menschenrechtserklärungen miteinander verbinden lassen, ist diejenige nach der Identität des Menschseins. Entweder ist der Mensch vollständig bestimmt durch seine Gattungsmitgliedschaft, dann sind alle Menschen gleich, oder der Mensch ist nur vollständig bestimmt als Person in seiner unverwechselbaren Einmaligkeit, dann sind alle Menschen verschieden, aber können frei sein.

3. 5. Hierarchischer Systembruch

In der Regel ist der Mensch Angehöriger eines Volkes, das insbesondere durch eine Sprachengemeinschaft gebildet wird. Für ein geordnetes Zusammenleben gibt sich ein Volk eine staatliche Ordnung, welche die Rechte und Pflichten der Angehörigen des Volkes durch Gesetze festlegt. Unterwerfen sich alle Angehörigen des Volkes diesen Gesetzen, so spricht man von einem Rechtsstaat. Werden die Rechte eines Angehörigen dieses Volkes durch einen anderen verletzt, so darf er sich nicht selbst zu seinem Recht verhelfen. Alle Angehörigen des Volkes verzichten auf die Anwendung von Gewalt zugunsten staatlicher Institutionen wie die Staatsanwaltschaft und die Gerichte, denen die Durchsetzung der Gesetze obliegt. Das Gewaltmonopol des Staates ist wesentlicher Bestandteil eines Rechtsstaates.

Was bedeutet in diesem Zusammenhang die Deklaration von »Menschenrechten«? Innerhalb eines Volkes, das sich eine rechtsstaatliche Ordnung gegeben hat, sind sie gegenstandslos, weil diese Ordnung jedem in diesem Volk lebenden Menschen zu seinem Recht verhelfen soll. Natürlich können Menschenrechte nur dort geltend gemacht werden, wo sie schon anerkannt werden, in Kulturen und Staaten, die ihre Grundsätze bereits verinnerlicht haben, dort also, wo man sie eigentlich nicht mehr geltend zu machen braucht.[17]

Über die Deklaration der Vereinten Nationen sind die Menschenrechte in einen überstaatlichen Raum hinein gestellt worden. Im überstaatlichen

---

17 Piccone, Paul: Der Begriff des Politischen, Berlin 1991.

Raum, in dem es um das durch das Völkerrecht geregelte Miteinander der Völker geht, entfalten die Menschenrechte ihre eigentliche Dynamik. Eine Menschenrechtsdeklaration in den überstaatlichen Raum zu stellen, in dem das Miteinander der Völker durch das Völkerrecht geregelt wird, bedeutet einen hierarchischen Systembruch. Ausgehend von der Tatsache, daß jeder Staat das Beste für seine Bürger erreichen will, ist verständlich, daß die staatliche Ordnung innerhalb der Völker alles dafür tut, den Menschen ihres eigenen Landes zu ihrem Recht zu verhelfen.

Die im überstaatlichen Raum präsente Deklaration der Menschrechte legt ein Interventionsrecht nahe. Werden zum Beispiel Menschenrechtsverletzungen in irgendeinem Staat bekannt, so könnte das von irgendeinem anderen Staat zum Anlaß genommen werden, zunächst diplomatisch und dann militärisch einzugreifen. Eine solche Intervention ist gewissermaßen durch sich selbst gerechtfertigt, sie erfolgt im Namen des »Guten« zur Durchsetzung von Menschenrechten.

4. Menschenrechte und Weltherrschaft

Wenn die Menschenrechte nur dort Wirksamkeit haben, wo die Grundsätze, auf die sie sich stützen, schon verinnerlicht sind, bewirkt die kulturelle Aushebelung, die mit ihrer brutalen Erzwingung einhergeht, das genaue Gegenteil dessen, was erreicht werden soll. Das Paradoxon besteht darin, daß die Einsetzung der Menschenrechte den Schwund und die Zerstörung der Voraussetzungen für die individuellen moralischen Bedingungen, d.h. Traditionen und Gebräuche eines Volkes, bedeutet, ohne die es unmöglich wird, sie in Kraft zu setzen. Die Deklaration der Menschenrechte durch die Vollversammlung der Vereinten Nationen bedeutet den Weg in eine übernationale Gesetzesherrschaft und damit den Weg in die Auflösung der Volksgrenzen, deren Auflösung auf ökonomischem Gebiet durch die Globalisierung bereits in vollem Gange ist. Damit ist aber eine Situation gegeben, auf die der Begriff der »Weltherrschaft« paßt.

Der Zusammenhang zwischen der Menschenrechtsideologie und Weltherrschaft wird in sechs Abschnitten untersucht. Zunächst wird auf die »Argumentative Entwaffnung« derjenigen eingegangen, die das, was im Namen der Menschenrechte geschieht, einer kritischen Betrachtung unterziehen. Danach wird die Verbreitung der aus dem Geist der europäischen Aufklärung geborenen Menschenrechtsideologie zum Teil mit militärischen Mitteln als »Kulturimperialismus« dargestellt. Das Besondere der Menschenrechtsideologie kommt in der moralischen Einkleidung dieser militärischen Mittel als »Humanitäre Intervention« zum Ausdruck. Zum Abschluß werden »Geistige Strukturen«, »Politische Strukturen« und »Institutionelle Strukturen« von Weltherrschaft dargestellt.

4. 1. Argumentative Entwaffnung

Das Entwaffnende an der Konstruktion der Menschenrechte ist die Einkleidung einer Strategie zur Auflösung von Volksgrenzen und eines Weges in eine übernationale Gesetzesherrschaft in ein moralisches Gewand, das diese Ideologie im strahlenden Glanz des Guten erstrahlen läßt. Dadurch entsteht eine argumentative Entwaffnung, die jede kritische Hinterfragung im Keime erstickt. In der amerikanischen Unabhängigkeitserklärung von 1776 werden die Menschenrechte als »offensichtliche Wahrheit« bezeichnet: »We hold these truths to be self-evident.« Eine solche Wahrheit im Rang eines Dogmas, das keine Diskussion zuläßt, verleiht der Menschenrechtsidee den Charakter einer säkularen Religion. Ihre Konstruktion in einer solchen Weise durch die Einkleidung in ein moralisches Gewand läßt jede kritische Hinterfragung wie ein Angriff auf das Prinzip der Menschlichkeit erscheinen.

Moral als ein grundlegender normativer Rahmen für menschliches Verhalten gegenüber den Mitmenschen bildet sich aus einem Komplex von Handlungsregeln, Wertmaßstäben und Vorstellungen vom Sinn des Lebens. Wird gegen die geltende Moral durch eine »unmoralische« Handlung verstoßen, so berührt das jeden Menschen im Zentrum seiner Person und ruft Empörung hervor. Hier findet man die Ursache für die argumentative Entwaffnung, wenn es gelingt, verwerfliche, unmoralische Handlungen hinter einem moralischen Gewand zu verstecken.

Diese Zusammenhänge sind der Politik nicht unentdeckt geblieben. Die Außenpolitik zeigt sich längst als eine gewaltige Materialschlacht um das »Gute« und »Gerechte«. Menschenrechte, Demokratie und Freiheit müssen herhalten als Universalbegründung für jede Form von Interessenpolitik. Die Erfahrung zeigt, daß westliche Staaten Menschenrechtsthemen für die Durchsetzung eigener Machtinteressen mißbrauchen. Die Beziehung der Staaten untereinander gerät zum Wettlauf der Selbstgerechtigkeit.

4. 2. Kulturimperialismus

Die Infragestellung der Menschenrechte erfolgt meist durch Menschen aus Ländern der nichtwestlichen Kulturregionen, die den universalisierten westlichen Werten mit Mißtrauen begegnen. Deren durch die historischen Ereignisse der Kolonialpolitik verletzte Sensibilität reagiert mit Skepsis oder Abwehr, wenn aus den noch immer dominanten Ländern des Westens eine neue, teilweise missionarisch vertretene Heilslehre der Humanisierung verbreitet wird. Von den postkolonialen Mächten wurde das Motto der Kolonialzeit, nämlich die »Zivilisation«, im heutigen öffentlichen moralischen Diskurs abgelöst durch die »Menschenrechtsrhetorik«, die in der Realpolitik oft mit »zivilisatorischen Werten« gleichgesetzt wird. Hier werden Bedenken laut, ob Menschenrechte nicht Ausdruck eines bestimmten, nämlich westlich geprägten Menschenbildes seien und ob ihre weltweite Durchsetzung daher nicht auf einen Akt des kulturellen Imperialismus hinauslaufe.

Unmittelbar vor der Verabschiedung der Allgemeinen Menschenrechtserklärung der Vereinten Nationen vom 10. Dezember 1948 verwies die »American Anthropological Association« auf die kulturelle Bedingtheit jeder normativen Orientierung.[18] So stellt Lévi-Strauss 1951 in einem für die UNESCO verfaßten Text die kulturelle Verschiedenheit der Völker gegen die »abstrakte« Menschengleichheit. Von dort ist es nicht weit zum Vorwurf, der Universalitätsanspruch der Menschenrechte sei Ausdruck von Kulturimperialismus.[19] Menschenrechte, so der Einwand von Adamantia Pollis und Peter Schwab, erweisen sich bei näherem Hinsehen lediglich als »westliches Konstrukt mit begrenzter Anwendbarkeit«, dessen weltweite Propagierung sowohl vergeblich als auch vor allem illegitim sei.[20] Von Interesse ist in diesem Kontext die Untersuchung von Samuel Huntington. In seinem Buch »Clash of civilizations« unterteilt er die Welt in eine Reihe

---

18 Vgl. American Anthropological Association, Statement on Human Rights, in: American Anthropologist 49 (1947).

19 Vgl. Claude Lévi-Strauss, Rasse und Geschichte, neu abgedruckt in: Ralf Konersmann (Hg.), Kulturphilosophie, Leipzig 1996, S. 168-221.

20 Vgl. Adamantia Pollis/ Peter Schwab, Human Rights: A Western Construct with Limited Applicability, in: dies. (Hg.), Human Rights: Cultural and Ideological Perspectives, New York 1979, S. 1-18.

mehr oder minder geschlossener Zivilisationen, die sich aufgrund unvereinbarer kultureller Wertvorstellungen mit Mißtrauen und nicht selten in offener Feindschaft gegenüberstehen. Menschenrechte gehören nach Huntington – zusammen mit Demokratie, Rechtsstaatlichkeit, Trennung von Staat und Kirche, Marktwirtschaft und anderen Merkmalen – zum kulturellen Code der westlichen Zivilisation, haben in nicht-westlichen Zivilisationen hingegen keine originäre Geltung. Die weltweite Durchsetzung der Menschenrechte wäre demnach nur im Rahmen einer globalen Vorherrschaft des Westens denkbar. Die Menschenrechtsideologie repräsentiert das Gesetz des Westens, der sich auch als »westliche Wertegemeinschaft« bezeichnet, und die moralische Verkleidung dieser Ideologie legitimiert ihre Durchsetzung mit militärischen Mitteln.

4. 3. Humanitäre Intervention

Ende August 1928 wurde in Paris der »Vertrag über die Ächtung des Krieges« von den Präsidenten und Majestäten der 15 mächtigsten Staaten zwischen Washington und Tokio unterzeichnet. Damit ging eine Epoche des Völkerrechts, die Epoche des Rechts souveräner Staaten auf Krieg, zu Ende. Krieg als »Fortsetzung des politischen Verkehrs mit Einmischung anderer Mittel«, wie es der preußische Militärtheoretiker Carl von Clausewitz 1832 in seinem Buch »Vom Kriege« formulierte, wurde außerhalb des Rechts gestellt. Mit diesem Vertrag sollte der Angriffskrieg – nicht die militärische Verteidigung – aus dem politischen Arsenal der Staaten entfernt werden.

Dennoch begann die NATO, die North Atlantic Treaty Organization, die ursprünglich ein Verteidigungspakt war, unter der Führung der Vereinigten Staaten von Amerika einen Angriffskrieg gegen Serbien. Dieser begann, als die Vereinigten Staaten feststellten, daß die Serben im Kosovo die dort lebenden Albaner unterdrückten und vertrieben. Unter dem zunehmenden Legitimationsdruck der Öffentlichkeit entrollten die NATO-Minister ein Szenario von Menschenrechtsverletzungen als »humanitäre Katastrophe« im Kosovo, das die »humanitäre Intervention« sowohl als völkerrechtlichen Ausweg wie auch als moralisches Gebot der europäischen Wertegemeinschaft als zwingend erscheinen ließ. An dieser »Begründungsschlacht« beteiligten sich Philosophen, Soziologen, Theologen, Publizisten, Juristen und Moralisten, die auch die immer brüchiger werdende Faktenlage über die »serbischen Massenverbrechen« im Kosovo nicht zur Revision oder Einschränkung ihrer interventionistischen Moral- und Menschenrechtsrethorik bewegen konnte.[21] Da die serbische Regierung die Forderungen der Vereinigten Staaten nicht erfüllten, wurde Serbien durch Bomberverbände zerstört, um im Namen der Menschenrechte, Demokratie und Freiheit durchzusetzen. Seine Fortsetzung fand der Kreuzzug im Irak, der von einem Diktator beherrscht wurde. Die Vereinigten Staaten vermuteten Massenvernichtungswaffen im Irak, die man diesem nicht zugestehen wollte, und konstatierten gewaltige Verbrechen des Diktators. Daraufhin wurde im Namen der Menschenrechte der Irak zur Durchsetzung von Demokratie und Freiheit bombardiert, besetzt und der Diktator abgesetzt.

Am Ende des Krieges gegen Serbien hatte sich eine neue Formel für den »gerechten Krieg« durchgesetzt, die »Humanitäre Intervention«. Der Begriff war nicht neu, er diente bereits im neunzehnten Jahrhundert der Begründung imperialistischer Überfälle. Die Ideologie der Menschenrechte wurde zur Legitimation eines Krieges instrumentalisiert. Durch die Koppelung von Menschenrechten und Krieg wurde die Fessel gelöst, mit der die Staaten an den Frieden gebunden und zum Verzicht auf den Krieg veranlaßt werden sollten.

Die meisten Interventionen der Vereinigten Staaten in Latein- und Mittelamerika waren mit den anerkannten völkerrechtlichen Standards nicht vereinbar, aber überall spielte die Berufung auf die Menschenrechte eine Rolle. Die oft mühsamen Rechtfertigungsversuche konnten nur schlecht die imperialen Ordnungsinteressen verdecken, die dem ungehinderten Zugriff auf die Ressourcen und Märkte dieser Länder galten.

4. 4. Geistige Strukturen

Was bedeutet »Weltherrschaft« im 21. Jahrhundert? Dieser Begriff ist nicht so zu verstehen, daß er nach Art des Römischen Imperiums oder in der Form des Kolonialismus verwirklicht wird. Auch bedeutet es nicht, daß ausgehend von einem Land die übrige Welt militärisch besetzt wird. Weltherrschaft hat in der Gegenwart derjenige erlangt, der in der Lage ist, der Welt und damit der gesamten Menschheit seine Gesetze und in erster Linie seine »geistige Herrschaft« aufzuprägen.

---

21 Wohlrapp, Harald: Krieg für Menschenrechte?, in Deutsche Zeitschrift für Philosophie, Heft 1, Berlin 2000

Möglich ist eine solche Herrschaft durch Beeinflussung und Enteignung des menschlichen Denkens. Begriffe und Ideologien ermöglichen den Zugriff auf das Denken der Menschen. Die Bedeutung der Begriffe war bereits Konfuzius bewußt, dem großen Philosophen des alten China. Als er einmal gefragt wurde, welche Maßnahmen im Staate er zuerst ergreifen würde, wenn er die Macht hätte zu bestimmen, antwortete er: Sicherlich die Richtigstellung der Begriffe! Natürlich können im Leben der Völker Begriffe und damit das Denken verkommen; daß aber die Korrumpierung der Begriffe zur Waffe wird, ist eine neue Erscheinung.

Unter dem Einfluß von Ideologien, die in den Köpfen verankert werden, erfolgt eine Fremdbestimmung des Denkens und des Bewußtseins. Ein Kennzeichen dieser Herrschaft ist, daß sich die Menschen dieses Verlusts der Freiheit nicht bewußt sind; sondern ihren Weg in die Unfreiheit als Errungenschaft bei der Verwirklichung ihrer persönlichen Freiheit preisen.

Um welche Begriffe und Ideologien geht es nun in erster Linie? Dies wird deutlich, wenn man sich vor Augen führt, daß die Vereinigten Staaten von Amerika der Ausgangspunkt einer pseudo-religiösen Kreuzzugsbewegung sind, die sich zum Ziel gesetzt hat, notfalls mit Gewalt eine neue »Heilslehre« in die Welt zu tragen. Deren Bestandteile sind die drei grundlegenden Ideologien der Demokratie, Freiheit und der Menschenrechte. Der pseudoreligiöse Charakter dieser Ideologien zeigt sich in ihrer Tabuisierung. Unmöglich ist es, sie zu hinterfragen, sie zum Gegenstand des Nachdenkens zu machen, ohne sich Verdächtigungen auszusetzen. Sie werden als Grundwahrheiten vorausgesetzt. Gängig ist die Phrase von der Demokratie als der besten aller möglichen Staatsformen, eine bessere gäbe es nicht. Die Ideologien der Demokratie, der Freiheit und der Menschenrechte sind dabei durchaus in einem Zusammenhang zu sehen; sie bilden gewissermaßen drei Komponenten eines Ganzen. Sie sprechen alle Menschen in ihrem Wesenskern stark an. Mit der Demokratie ist der Begriff Mitbestimmung verbunden; der Wunsch nach Freiheit ist in allen Menschen tief verankert. Und daß Menschenrechte letztlich die Zustimmung aller finden, zumal von Pflichten nicht die Rede ist, versteht sich fast von selbst.

Die Gefahren der Demokratie zeigen sich im Zusammenhang mit den Medien und deren Möglichkeiten der Beeinflussung von Menschen. Wenige Journalisten besitzen gesellschaftliche Privilegien, die es ihnen erlauben, mehr als andere Mitglieder der Gesellschaft auf den Meinungs- und Willenbildungsprozeß großen Einfluß zu nehmen. Sie berichten, kommentieren, zeigen und wählen aus, was Millionen sehen, hören und in sich aufnehmen. Der Soziologe Helmut Schelsky kritisiert, daß durch den Einsatz der sinn- und bewußtseinsprägenden Schalthebel Journalisten und Redakteure als Multiplikatoren die eigentliche gesellschaftspolitische Schlüsselindustrie bilden. Karl Steinbuch analysiert Publizistik als Macht, als vierte Gewalt im Staate. Diese These verschärft Alexander Solschenyzin, wenn für ihn die Medien in den westlichen Ländern zur größten Macht geworden sind; mächtiger als die Legislative, die Polizeigewalt und die Rechtsprechung. Die als Mediokratie gepriesene »höchste Form der Demokratie« wird von ihren Gegnern als Mediendiktatur beschimpft und als Zwangskollektivierung des Bewußtseins mit immer schärferen Methoden bekämpft.

Die Gefahr der Demokratie liegt darin, daß sie dem Menschen die Freiheit nimmt, ohne daß diese sich dessen bewußt werden. Die Ideologie der Freiheit gewinnt dann dadurch ihre Bedeutung, daß sie von diesem Sachverhalt ablenkt. Und die Ideologie der Menschenrechte erfüllt schon dadurch ihre Funktion, daß sie militärische Aktionen zur Verbreitung der Ideologien der Demokratie und der Freiheit rechtfertigen.

Auf dem Felde der Ökonomie ist eine Weltherrschaft bereits verwirklicht; da das in der westlichen Welt entstandene Finanz- und Bankensystem sowie die damit verbundene marktwirtschaftlich orientierte Wirtschaftordnung sich in allen Regionen der Welt durchgesetzt hat. Eine logische Ergänzung zu diesem weltbeherrschenden ökonomischen System ist die Ideologie der Menschenrechte. Beiden Systemen ist gemeinsam die außerordentliche Abstraktheit und die Tendenz der Auflösung der Volksgrenzen.

4. 5. Politische Strukturen

Die Vorstellung einer absoluten inneren Souveränität des Staates wird durch eine zunehmende inhaltliche Universalisierung und eine völkerrechtliche Institutionalisierung des Menschenrechtsgedankens ausgehöhlt. Hierbei gilt anzumerken, daß die fortschreitende Universalisierung, Kodifizierung und die zunehmende Verbindlichkeit der Menschenrechte noch nichts über deren Einhaltung sagt. Natürlich werden die Menschenrechte auch heute noch überall auf der Welt verletzt. Aber dennoch zeigt sich in diesem Prozeß – wie Ernst Otto Czempiel es bezeichnet hat – die »Existenz eines allgemeinen, die vertikale Struktur des internationalen Systems durchbrechenden und die Souveränität der Staaten relativierenden Rechtsbewußtseins.«[22]

Nachdem die erste Hälfte des 20. Jahrhunderts die Herausbildung des universalen Gewaltverbots gebracht und die zweite Hälfte des 20. Jahrhunderts die Universalisierung der Menschenrechte auf Kosten der staatlichen Souveränität vorangetrieben hat, muß es nun um die Verbindung dieser beiden Normen mit anderen Elementen in einer Rechtsordnung gehen, die man in Anlehnung an Immanuel Kant als »kosmopolitisches Recht« bezeichnen könnte. Hierunter ist jenes sich mehr und mehr entwickelnde Recht zu verstehen, das die staatliche Souveränität zunehmend einschränkt und einem gemeinsamen Rahmen unterwirft. Damit transzendiert das kosmopolitische Recht die partikularistischen Ansprüche einzelner Staaten und stellt auf das Wohl der universalen Gemeinschaft ab. Das Gewaltverbot und die Menschenrechte gehören ebenso in diesen Bereich wie das humanitäre Kriegsrecht der Genfer Konventionen, das fortschreitende Völkerstrafrecht und das Umweltvölkerrecht.

Walden Bello, Direktor des Bangkoker Forschungsinstituts »Focus on the Global South« und Professor an der Universität der Philippinen in Diliman, formuliert stellvertretend für viele Stimmen aus dem Süden die zentrale Bedeutung der Souveränität für die Staaten, die sich nach wie vor in den unteren Rängen der Weltpyramide befinden: »Nun mag für einige Leute im Norden, die zu Staaten gehören, die den Rest der Welt beherrschen, nationale Souveränität ein Kuriosum sein. Für uns im Süden dagegen ist die Verteidigung dieses Prinzips eine Angelegenheit von Leben und Tod, eine zwingende Bedingung für die Realisierung unserer kollektiven Bestimmung als Nationalstaat in einer Welt, in der die Mitgliedschaft in einem Nationalstaat eine grundlegende Bedingung für den ungehinderten Zugang zu den Menschenrechten, politischen Rechten und wirtschaftlichen Rechten ist. Ohne einen souveränen Staat als Rahmen sind unser Zugang und unsere Nutznießung dieser Rechte gefährdet.« Da die Nationalstaaten immer noch die entscheidenden gesellschaftlichen Organisationsformen der Menschen sind, plädieren diese Stimmen für eine offensive, ja »aggres-

[22] Czempiel, Ernst-Otto: Friedensstrategien, Opladen 1998.

sive« Verteidigung ihrer staatlichen Souveränität, »denn der Imperialismus ist nun einmal so, daß er es als Präzedenzfall für andere, in der Zukunft liegende Fälle benützt, wenn man ihm einmal den kleinen Finger gibt.«[23]

Weltherrschaft hat in der Gegenwart derjenige erlangt, der in der Lage ist, der Welt und damit der gesamten Menschheit seine Gesetze aufzuprägen. Damit geht es in erster Linie um eine »geistige Herrschaft«. Von entscheidender Bedeutung auf dem Wege zu einer solchen Herrschaft ist natürlich die Aushöhlung der Souveränität der Einzelstaaten. Dabei spielen die Menschenrechtsdeklarationen eine wichtige Rolle, indem sie die ideologische Ummantelung der Globalisierungsbewegung bilden. Der eigentliche Kern des schillernden Begriffs der Globalisierung ist die letztlich alle Staaten der Welt erfassende Wirtschaftsordnung. Die WTO und das Bretton-Woods-System bilden die Basis dieser Wirtschaftsordnung.

Die Welthandelsorganisation WTO, World Trade Organization, ist eine internationale Organisation mit Sitz in Genf, die sich mit der Regelung von Handels- und Wirtschaftsbeziehungen beschäftigt. Ziel der WTO ist der Abbau von Handelshemmnissen und somit die Liberalisierung des internationalen Handels mit dem weiterführenden Ziel des internationalen Freihandels, um somit die Wohlfahrt der teilnehmenden Volkswirtschaften zu erhöhen. Das Bretton-Woods-System, benannt nach der Konferenz von Bretton Woods, ist ein Währungssystem, das vom goldhinterlegten US-Dollar als Leitwährung bestimmt ist. Deren Organisationen bzw. Institutionen, sind die Weltbank und der Internationale Währungsfonds.

4. 6. Institutionelle Strukturen

Im überstaatlichen Raum haben sich 1945 die »Vereinten Nationen« als globale internationale Organisation konstituiert. Als die wichtigsten Aufgaben der Organisation werden in der Charta der Vereinten Nationen die Sicherung des Weltfriedens, die Einhaltung des Völkerrechts, die Förderung der internationalen Zusammenarbeit und bezeichnenderweise der Schutz der Menschenrechte bezeichnet.

---

23 Bello, Walden: Humanitäre Interventionen – Die Entwicklung einer gefährlichen Doktrin, in Znet Deutschland vom 14. 1. 2006, http://www.zmag.de/artikel-.php?print=true&id=1756.

Die Vereinten Nationen haben ihren Hauptsitz in New York und drei weitere Sitze in Genf, Nairobi und Wien. In Den Haag befindet sich der Internationale Gerichtshof. Anzumerken ist, daß nach offiziellem Sprachgebrauch sich die Sitze der Vereinten Nationen nicht in dem jeweiligen Land befinden, sondern nur von diesen umgeben werden, d. h. daß der Internationale Gerichtshof in Den Haag ist, oder der Hauptsitz der Vereinten Nationen in New York. In den Vereinten Nationen gelten Regeln eigener Art und die Staatsmacht des jeweiligen Sitzlandes darf dort keine Zwangsmaßnahmen ausüben, wodurch ihre Souveränität insoweit nicht in Frage steht. Daß Einrichtungen der Vereinten Nationen eine Art »Internationales Territorium« darstellen würden, ist völkerrechtlich nicht anerkannt. Jedoch sind ihre Einrichtungen exterritoriales Gebiet, vergleichbar dem von Botschaften. Gemäß Kapitel 3, Artikel 7 der Charta haben die Vereinten Nationen sechs Hauptorgane, die für die Entscheidungsprozesse maßgeblich sind: die Generalversammlung, das Sekretariat, der Sicherheitsrat, der Wirtschafts- und Sozialrat, der Treuhandrat und der Internationale Gerichtshof in Den Haag.[24]

Wenn die Vereinten Nationen den Schutz der »Menschenrechte« als zu ihren wichtigsten Aufgaben gehörig bezeichnen, dann deutet dies auf die große Bedeutung der Menschenrechtsideologie besonders angesichts ihrer Prägung durch die Ideen der europäischen Aufklärungsepoche hin. Die intensive Arbeit an der Durchsetzung der Universalität und Unteilbarkeit der Menschenrechte im Bewußtsein der Menschen und die zunehmende Institutionalisierung des Menschenrechtsgedankens bewirkt eine fortschreitende Aushöhlung der Souveränität der Staaten.

5. Interkulturalität und das Konzept der Menschenrechte

Die Deklaration von Menschenrechten mit dem Anspruch ihrer universellen Gültigkeit läßt sich mit dem Prinzip der Interkulturalität nicht vereinbaren. Denn »Interkulturalität ist eine Denkrichtung mit der Einsicht und Bereitschaft mehrere Wege zuzulassen. Diese Gleichberechtigung verschiedener Wege hängt damit zusammen, daß im Prinzip Konsens in Bezug auf die Fragen herrscht, welche die einzelnen Völker und Kulturen stellen. Lediglich die Antworten auf diese Fragen sind unterschiedlich,

---

24 Wikipedia: Vereinte Nationen.

wobei sich auch hier viele Überlappungen, also Gemeinsamkeiten, aufzeigen lassen.«[25] Das Verlangen, keinem Zwang unterworfen zu werden ist universell. Keinesfalls ist aber eine Antwort universell, mit der auf dieses Verlangen reagiert wird. Sie ist in jedem Fall sehr kulturabhängig und damit auch die Antwort in Form der Menschenrechtsdeklaration. Indem man einen Katalog von »Rechten« mit kulturabhängiger Gültigkeit als »Menschenrechte« bezeichnet, bringt man den Anspruch ihrer universalen Gültigkeit zum Ausdruck. So entsteht allein schon durch die Deklaration bereits eine Form der Gewalttätigkeit gegenüber Kulturen, die diese »Rechte« als fremd wahrnehmen. »Schon der Begriff des Rechts ist alles andere als universell. Die indische Sprache kann ihn nur durch ungefähre Entsprechungen ausdrücken: *yukta* und *ucida* = angemessen, *nyayata* = gerecht oder gar dharma = Verpflichtung. Das chinesische chuan li ist eine Zusammensetzung von zwei Wörtern, die Macht und Nutzen bezeichnen. Das arabische haqq = Recht bedeutet zunächst Wahrheit.«[26] So zeigt sich, daß der Begriff »Menschenrechte« eigentlich in keiner Beziehung eine gewisse Berechtigung hat. Wenn aber beide Komponenten der Bezeichnung »Menschenrechte« problematisch sind, dann ist zu fragen, ob nicht ein völlig neuer Ansatz gefunden werden sollte.

Der Menschenrechtsgedanke hat sich indes derart durch Propagandaaufwand in das Bewußtsein der Menschen hineingefressen, daß er nicht mehr einfach durch einen anderen ersetzt werden kann. Auf jeden Fall sollte versucht werden, die Menschenrechtsidee auf ihren wahren Kern zu reduzieren. Erstens sollte die Menschenrechtslehre von ihrer kulturgebundenen Färbung durch die europäische Aufklärungsepoche und zweitens von ihren inneren Widersprüchen befreit werden. Insbesondere sollte sie aus ihrer moralischen und juridischen Verkleidung herausgelöst werden. Was dann zutage tritt, könnte eine wahrhaft interkulturelle Idee sein. Die Menschenrechtsidee wäre neu zu semantisieren, wobei auch eine andere Bezeichnung zu finden wäre.

---

25 Yousefi, Hamid Reza; Mall, Ram Adhar: Grundpositionen der interkulturellen Philosophie, Interkulturelle Bibliothek Bd. 1, Nordhausen 2005.

26 Bousquet, Georges H.: Precis de droit musulman, Arman Colin, Paris 1963.

5. 1. Bestimmung des Menschen

Theoretiker der Menschenrechtsideologie benutzen gern die Naturrechtslehre und auch den majestätischen Begriff der »Menschenwürde« zur Begründung der Menschenrechte, insbesondere zur Begründung des mit der Menschenrechtsideologie verbundenen Anspruchs auf Universalität und Unteilbarkeit. Angesichts der inneren Widersprüche und der Instrumentalisierungsmöglichkeiten ist zu überlegen, ob es nicht ein anderes Fundament gibt, auf dem etwas die ganze Menschheit Verbindendes aufgebaut werden kann. Denn der tiefste Kern der Menschenrechtsideologie, der auch alle Menschen im Innersten berührt, ist das Verbindende, das Gemeinsame. Als ein solches Völker und Kulturen, sowie auch Religionen übergreifendes Fundament bietet sich der Begriff der »Bestimmung des Menschen« an. Diese Bestimmung des Menschen liegt in der Verwirklichung von Freiheit und Schöpfertum. Denn der Gedanke »Mensch« läßt sich nicht anders denken, als daß sich zur Freiheit hin zu entwickeln, seine eigentliche Bestimmung ist. Die Welt ist in der Weise konstruiert, daß dies dem Menschen möglich ist. Die Freiheit ist dem Menschen nicht als naturhaft als unverlierbares Gut gegeben; er muß sie sich erarbeiten. Wäre der Mensch von Natur aus frei, würde das dem Gedanken der Freiheit widersprechen. Aus theologischer Sicht kann darauf verwiesen werden, daß Gott den Menschen ›in seinem Bilde‹ schuf, wie es in den Schöpfungsmythen der Völker heißt. Dies ist derart zu interpretieren, daß das Wesen Gottes dem Menschen eingeprägt wurde und damit auch Freiheit und Schöpfertum, die eng miteinander verknüpft sind. Freiheit ist die Bedingung für Schöpfertum, das wiederum Folge der Freiheit ist; denn frei ist nur der tätige Mensch.

5. 2. Interkulturelles Staatsziel statt Menschenrechte

Da es sich bei der Menschenrechtsidee um einen Forderungskatalog in einem moralischen und juridischen Gewand an Rechten von Menschen gegen über einer Obrigkeit handelt, erweist sich diese Ideologie als eine rein politische. Die Idee sollte von der moralischen und juridischen Ummantelung sowie auch von der Gleichheitsideologie befreit werden.

Grundlegend für die Existenz des Menschen während seines Erdenlebens ist, daß er sich letztlich nur in der Gemeinschaft seiner Bestimmung gemäß entwickeln kann. Dabei bedeutet Gemeinschaft, daß der Mensch sein eigenes Handeln in der Welt in sinnvoller Weise mit dem Handeln anderer

Menschen verbinden möchte. Die Menschenrechtsideologie bezieht sich allerdings auf den aus allen Bindungen herausgelösten Menschen und ist in dieser Abstraktheit wirklichkeitsfremd und gemeinschaftsfeindlich, weil sie nicht berücksichtigt, daß der Mensch sich nur in der Gemeinschaft seiner Bestimmung gemäß entwickeln kann. Wenn aber die moralische und juridische Verkleidung, die Gleichheitsideologie und auch der Bezug auf den einzelnen Menschen wegfällt, was bleibt von der Menschenrechtsideologie übrig? Sie zeigt sich als ein abstrakter, wirklichkeitsfremder Gedanke, der aus dem atheistischen Geist der europäischen Aufklärungsbewegung hervorgegangen ist.

Alle Menschen sind immer Angehörige eines Volkes. Dabei sind Völker Sprachgemeinschaften, wobei Sprache als etwas Geistiges verstanden werden muß. So wie Menschen ihr eigenes Tun sinnvoll mit dem Tun der Anderen verbinden wollen, so sollen auch Völker, die sich eine staatliche Ordnung geben, ihr staatliches Handeln in sinnvoller Weise miteinander verbinden. Das Sinnvolle des staatlichen Handelns der Völker untereinander liegt in der Herstellung von sozialen Verhältnissen, die den Menschen die Möglichkeit geben, sich gemäß ihrer Bestimmung zu entwickeln. So entsteht ein Fundament für eine Völkergemeinschaft. Eine internationale »Deklaration von Menschenrechten« sollte ersetzt werden durch eine internationale »Deklaration von Grundsätzen für das staatliche Handeln der Völker untereinander«, die auch »Deklaration von interkulturellen Staatszielen« genannt werden könnte. Bei der Aufstellung solcher Grundsätze ist »interkulturelle und interreligiöse Kompetenz als ›conditio sine qua non‹ erforderlich«. Diese »Kompetenz wird dort nötig, wo sich Menschen mit unterschiedlichen Weltorientierungen, Wertvorstellungen und Rechtsordnungen begegnen. Sie führt durch einen Aneignungsprozeß zunächst zu einer Reflexion über den eigenen Standpunkt und darauf aufbauend zum Verstehen des Anderen auf der Grundlage einer vierfachen Hermeneutik: Hier geht es nicht nur darum, wie ich mich selbst verstehe und wie ich das Fremde verstehe, sondern zugleich, wie das Fremde sich selbst und wie es mich versteht.«[27]

---

[27] Vgl. hierzu Mall, Ram Adhar: *Zur interkulturellen Hermeneutik und Universalität der Philosophie,* in: Essays zur interkulturellen Philosophie, hrsg. v. Hamid Reza Yousefi, Nordhausen 2003 (51-62).

So wird die »Deklaration von Menschenrechten« ersetzt durch eine »Deklaration von Grundsätzen für staatliches Handeln der Völker untereinander«. Einer solchen Deklaration liegt eine Übereinkunft über die »Bestimmung des Menschen« zugrunde. Die Menschenrechtsideologie ist nämlich in zweifacher Hinsicht gemeinschaftsfeindlich, weil sie sich an den aus allen Bindungen herausgelösten Einzelmenschen wendet, weil sie die staatliche Souveränität der Völker aushöhlt und weil sie einen Keil treibt zwischen den Menschen eines Volkes und den Personen dieses Volkes, welche die Aufgabe der Verwaltung und der Regierung haben.

Demokratie und Menschenrechte im Griff der Globalisierung

von Bernd Hamm

Einleitung

»Wir haben ungefähr fünfzig Prozent des Reichtums der Erde, aber nur sechs Prozent ihrer Bevölkerung. […] In dieser Situation ist es gar nicht zu vermeiden, daß wir zum Objekt von Neid und Unmut werden. Unsere wirkliche Aufgabe besteht darin, diese Ungleichheit aufrecht zu erhalten, ohne dabei unsere nationale Sicherheit zu gefährden. Wenn wir das erreichen wollen, müssen wir auf Sentimentalitäten und Tagträumerei verzichten. Wir sollten aufhören, über so vage und unwirkliche Dinge wie Menschenrechte, das Anheben des Lebensstandards oder Demokratisierung zu sprechen. Der Tag ist nicht mehr fern, an dem wir damit in nackten Machtbegriffen umgehen müssen. Je weniger wir dabei durch idealistische Slogans behindert werden, umso besser!«[1]

Treffender hätte man die Situation der Menschheit zu Beginn des 21. Jahrhunderts kaum beschreiben können: Die globalen Umweltressourcen werden zerstört, die biologische Lebensgrundlage aller Menschen: das Klima, das Wasser, die biologischen Arten, die Böden. Die Übernutzung durch Wenige ist schon seit den 1960er Jahren zu beobachten. Ein neuer, tatsächlich weltumspannender Konflikt ist im Gang. Eine sehr kleine Gruppen von Menschen – wahrscheinlich nur wenige hundert – gestützt von bestenfalls 20 % der Weltbevölkerung, hat das erkannt und ist entschlossen, die Schätze der Erde für sich und die eigene Klientel zu reservieren und andere von ihrem Nutzen auszuschließen. Wenn es schon nicht für alle reicht, so wenigstens für uns. Der Anspruch ist nicht unbestritten, China, Indien, viele in Lateinamerika – aber gerade indem andere ihn bestrei-

---

1 George F. Kennan, Planungschef des US-Außenministeriums, 1948.

ten, treiben sie die Zerstörung weiter voran, durch Wirtschaftswachstum, durch Umweltbelastung, durch Rüstungswahn. In diesem Prozeß werden die wichtigsten Errungenschaften der Zivilisation aufs Spiel gesetzt. Während nach den Prinzipien der Gerechtigkeit, der Menschenrechte und der nachhaltigen Entwicklung die Naturschätze der Erde geschont und die Teilhabe an ihnen allen Menschen gleichermaßen möglich sein sollte, scheuen die Regierungen der reichen Länder der Erde auch vor dem Einsatz militärischer Gewalt nicht zurück. Diese Hypothese mag helfen zu erklären, weshalb es gegen die kriminellen Angriffe der USA so wenig Proteste ihrer Verbündeten gibt: Wir alle profitieren davon. Wir beobachten einen Rückfall in die Barbarei und die Unfähigkeit der Institutionen, uns davor zu schützen: *Auctoritas, non veritas facit legem.* Die Politiker schweigen, sie sind Verbündete. Die Medien schweigen: sie sind gekauft. Die Wissenschaft schweigt: sie ist korrumpiert. Die Wirtschaft hat sich in eine selbstzerstörerische Institution verwandelt und alle denkbaren Korrektive ausgeschaltet. Darum geht es in diesem Beitrag.

Dabei werden auch die reichen Gesellschaften immer tiefer gespalten: Einer kleinen Gruppe von Kapitalbesitzern ist es mit Hilfe der Regierungen gelungen, sich seit Beginn der achtziger Jahre einen immer größeren Anteil am volkswirtschaftlichen Produkt anzueignen, während die Lohnabhängigen sich mit stagnierenden oder abnehmenden Realeinkommen begnügen müssen. Die Hypothekenkrise vorab in den USA, aber auch in Teilen Europas zwingt erhebliche Teile der Mittelschicht in den Abstieg, große Firmenpleiten (Enron, WorldCom etc.) vernichten die Rentenansprüche Tausender, an den Börsen werden die Vermögen der Pensionskassen verspielt, die Inflation steigt an, vor allem, weil die US-Regierung ihre Kriege mit der Notenpresse finanziert.

Demokratie und Menschenrechte, man kann es gar nicht oft und laut genug aussprechen, sind in Gefahr. Sie werden in Gefahr gebracht vor allem durch die erschreckend skrupellose Politik einer kleinen Machtclique in den USA, die sich durch Wahlbetrug im November 2000 und durch höchstrichterlichen Spruch ihrer Kumpane im Supreme Court am 12. Dezember 2000 ins Weiße Haus geputscht hat. Nicht nur die Kriege in Afghanistan und Irak, sondern auch die Folterungen außerhalb und innerhalb der USA, die massiv betriebene Spaltung der amerikanischen Gesellschaft, viele andere Symptome sprechen dafür, daß dort Kriminelle am Werk sind. Das

Schweigen der verbündeten Regierungen, der Medien, deutet auf Komplizenschaft.

Es ist nicht der islamische Fundamentalismus, der uns bedroht: Es ist unsere, genauer: die radikal egoistische Politik unserer westlichen Eliten aus Wirtschaft und Politik, die diesen erst hervorgebracht hat und die uns insgesamt bedroht. Diese Eliten sind untereinander viel enger verflochten als mit ihren jeweiligen nationalen Gesellschaften. Sie verbünden sich miteinander, um uns die Schätze der Erde zu erhalten, wenigstens so lange, wie sie die Legitimität durch Wahlen noch brauchen, um den demokratischen Anschein zu wahren. Man mache sich keine Illusionen: Für die Reichen auch in unseren Gesellschaften sind die Armen nur ein Stör- und Kostenfaktor, gleichgültig. Sie werden nebenbei mit eliminiert, nicht physisch, aber auf jeden Fall doch politisch. Die wirklichen Fronten heute verlaufen nicht zwischen Nationen oder Regionen, Religionen oder Kulturen: Sie verlaufen zwischen den wenigen Tausend Reichen und den Milliarden Armen der Welt. Das ist längst ein globaler Klassenkampf geworden. Der *homo homini lupus* zeigt seine Zähne

Dieser Aufsatz ist ein (relativ) zivilisiert-akademischer Essay gegen die Entwicklungen der Welt. Er wurde in einem warmen Zimmer auf einem weichen Stuhl geschrieben – wo doch eigentlich Protest nötig wäre. Nur: Protest gegen wen? Gegen was? Protest gegen die Globalisierung? Wen will man denn vor Gericht ziehen? Wir sind umstellt von Umständen, gegen die man jeden Tag protestierend auf die Strasse ginge, wenn man sie denn wüßte und verstünde. Weil man gar nicht weiß, wo man anfangen soll, läßt man es am Ende bleiben. Ein Leserbrief an die regionale Monopolzeitung bleibt übrig als Beleg für die eigenen Kinder, daß man ja etwas getan hat.

Ich habe einen sehr einfachen Gerechtigkeitsbegriff, der schnell erklärt ist: Da alle Menschen gleich nicht an Art, aber doch gleich an Wert sind, haben alle Menschen das gleiche Recht auf Glück und gutes Leben im Rahmen der Grenzen, die die Natur uns einräumt. Niemand hat das Recht, sich auf Kosten eines oder einer anderen zu bereichern. Niemand hat das Recht, eine/n andere/n in der Verfolgung seines/ihres Glücks zu behindern. Die Freiheit, dies tun zu können, endet an der Freiheit aller anderen. Zwischen den beiden Polen: »Gerechtigkeit nach Leistung« und »Gerechtigkeit nach Bedürfnissen« habe ich mich für letzteres entschieden. Der Grund ist einfach: Während Grundbedürfnisse einigermaßen klar und kulturübergreifend definierbar sind, gilt das für Leistung nicht – sie ist vielmehr kulturell gebunden und mannigfachen Moden und Manipulationen unterworfen.

Aber ich brauche hier gar nicht meine persönliche Gerechtigkeitsvorstellung zu entwickeln, brauche mich damit auch nicht dem Einwand auszusetzen, es handle sich nur um meine private, subjektive Auffassung, die andere mit guten Argumenten anders hätten: Es gibt sie längst, es gibt sie als derzeitigen Stand eines langen zivilisatorischen Prozesses, wir alle beschwören sie, wo immer sich Gelegenheit dazu bietet: die Menschenrechte, die in einer Vielzahl rechtlicher Regeln kodifiziert sind. An sie will ich daher im ersten Abschnitt erinnern. Gerechtigkeit, so will ich definieren, besteht dann, wenn alle Menschen ohne Unterschied an den Menschenrechten teilhaben. Das ist heute klar erkennbar nicht der Fall. Ich werde keine Statistiken bemühen, die dies belegen, sondern an drei Problemen illustrieren, warum dies so ist: der fehlenden Einklagbarkeit wegen; der unterschiedlichen Wege, Menschenrechte zu verletzen; und der umstrittenen Fortentwicklung der Menschenrechte wegen. Daraus wird deutlich, daß die Menschenrechte nicht nur als der historische Stand eines säkularen zivilisatorischen Prozesses zu sehen sind. Sie sind – dritter Abschnitt – immer auch Ergebnis eines politischen Prozesses, in dem Machtverhältnisse eine ausschlaggebende Rolle spielen. Das wird nirgends so deutlich erkennbar wie an der Lage der Menschenrechte nach dem 11. September 2001. Am Ende will ich versuchen, die heute erkennbaren Machtkonstellationen in die Zukunft zu projizieren, und daran diskutieren, was hier und heute unsere Aufgaben als Europäer, als Menschen, als politisch Handelnde sein müßten.

1. Gerechtigkeit und Menschenrechte

Alles Nachdenken über Menschenrechte beruht auf zwei sehr einfachen Axiomen, die man nicht beweisen kann, die aber zum historischen Erbe der Menschheit gehören:

- Alle Menschen haben, eben als Menschen, gleiche Rechte. Was immer die Unterschiede zwischen uns sein mögen, so sind wir doch gleichwertig als Menschen. Man spricht deshalb auch von Naturrechten, von einer naturrechtlichen Begründung der Menschenrechte (im Gegensatz zu einer religiösen, traditionalen usw.).

- Die Grundlage aller Menschenrechte ist das »Recht auf Leben und körperliche Unversehrtheit« (z.B. Art. 2 Abs. 2 GG). Ohne dieses Recht haben alle anderen keinen Sinn. Es soll niemandem erlaubt sein, das Leben und die körperliche Integrität eines anderen Menschen zu verletzen.

Das Wichtige daran ist das »alle«, alle Menschen. Diese Wertgleichheit – ohne Unterschied von »Rasse, Farbe, Geschlecht, Sprache, Religion, politischer Überzeugung, nationaler oder sozialer Herkunft, nach Eigentum oder sonstigen Umständen« – wie es im Art. 2 der Allgemeinen Erklärung der Menschenrechte von 1948 heißt, macht den eigentlichen zivilisatorischen Fortschritt aus. Wir sind Menschen nur insoweit, als wir andere Menschen achten und respektieren wie uns selbst gerade auch dann, wenn sie in irgendeiner Hinsicht als »schwächer« definiert werden: Behinderte, Frauen, Arme, Kinder, Gefangene, AusländerInnen, AnalphabetInnen, Kriminelle – sie alle sollen nicht minderen Rechts sein. Wir könnten sie unterdrücken, quälen, töten, und haben das in der Geschichte vielfach getan. Daß wir sie gleichermaßen achten, eben dies ist der zivilisatorische Fortschritt. Dies ist heute ganz besonders deutlich auszusprechen, in einer Zeit, in der Folter wieder zum normalen Tagesgeschäft der Kriegsherren, ausdrücklich bestätigt vom »Präsidenten« der Vereinigten Staaten, und in ihrem Namen vielerorts praktiziert wird; in einer Zeit auch, in der Ideologen nicht müde werden, auf die angeblich natürlichen, auf die anlagebedingten, auf die daher nicht aufhebbaren Unterschiede zwischen Menschen hinzuweisen und sie als Qualitätsunterschiede der Intelligenz, der Durchsetzungsfähigkeit, der Talente, der Leistungsfähigkeit etc. zu definieren.

Diese beiden Voraussetzungen haben Folgen: So kann man argumentieren, daß dem individuellen Grundrecht auf Leben und körperliche Unversehrtheit auf kollektiver Ebene ein der Menschheit insgesamt gemeinsames Recht auf Zukunftsfähigkeit, Nachhaltigkeit angesprochen ist. »Zukunftsfähigkeit« umfaßt dabei mehr als das bloße physische Überleben; sie schließt die Befriedigung der Grundbedürfnisse auf Nahrung, Wohnung, Kleidung, Gesundheit, Fortpflanzung, Bildung und Sicherheit ein, also die Minimalvoraussetzungen, unter denen ein Mensch sein/ihr eigenes Leben aus eigener Kraft in Würde bewältigen kann. Dies soll nicht nur für die gegenwärtige, sondern auch für zukünftige Generationen gelten. Dies ist der Sinn jener Definition von nachhaltiger Entwicklung, die der Brundtland-Bericht gegeben und die der Erdgipfel von Rio bestätigt hat: ein Entwicklungspfad, der es gegenwärtigen Generationen erlaubt, ihre Bedürfnisse zu befriedigen, ohne zukünftige Generationen in diesem Recht zu beeinträchtigen.[2] Darum geht es in der Debatte um Nachhaltige Entwicklung. Eben dieser fundamental politische Gehalt wird immer dort bestritten, wo Nachhaltigkeit oder Zukunftsfähigkeit auf Umweltschutz verkürzt wird.

Wer bewußt und willentlich die Umwelt so schädigt, wer Verhältnisse so schafft, daß daraus die Gesundheit anderer beeinträchtigt wird, wer anderen die Mittel zur Überlebenssicherung und zur Befriedigung von Grundbedürfnissen vorenthält, verletzt Menschenrechte. Der Staat hat die Aufgabe, die Einhaltung der Menschenrechte sicherzustellen – das ist sein hervorragender Zweck. Ganz ohne Zweifel schließt dies die Verpflichtung ein, nicht durch eigenes staatliches Handeln Bedingungen zu schaffen, die solche Menschenrechte beeinträchtigen könnten. Aber er soll immer auch jene in die Schranken weisen, die es zum eigenen Vorteil auf die Verletzung der Menschenrechte anderer abgesehen haben.

Die Aussage hat einen radikalen Sinn: Der Staat hat nicht nur kein Recht, Bedingungen zu schaffen oder zuzulassen, die Zukunftsfähigkeit beeinträchtigen könnten. Er hat vielmehr die vorrangige Pflicht, das Entstehen solcher Bedingungen – aus welcher Quelle auch immer – aktiv zu verhindern. Konsequenterweise hat der Staat – also genauer: die Regierung – nicht nur kein Recht, Menschen für den Krieg vorzubereiten, kein Recht, Streitkräfte zu unterhalten, kein Recht, eine Rüstungsindustrie zu fördern, sondern er ist ganz im Gegenteil grundrechtlich dazu verpflichtet, alles zu tun, um kriegerische Auseinandersetzungen zu verhindern und gewaltfreie Formen der Konfliktregelung zur Garantie der äußeren und inneren Sicherheit zu suchen und zu fördern. Gewiß darf er auch keine Bedingungen im Inneren oder in anderen Teilen der Welt schaffen oder zulassen, auf die die Betroffenen nicht anders als gewaltsam reagieren können.[3] Die Rolle des Vermittlers in internationalen Konflikten würde umso eher glaubwür-

---

2 Unsere gemeinsame Zukunft. Bericht der Weltkommission für Umwelt und Entwicklung, hg. von Volker Hauff. Greven 1987, S. 46.

3 Also ›strukturelle Gewalt‹ auszuüben (Johan Galtung: Gewalt, Frieden und Friedensforschung. in: Dieter Senghaas (Hrsg.), Kritische Friedensforschung, Frankfurt 1971).

dig, wenn eigene Gewaltpotentiale nicht existierten. Die Vorbereitung auf einen nicht mit letzter Sicherheit auszuschließenden Verteidigungsfall würde vernünftigerweise eher darin bestehen, daß eine nach innen gerechte und von allen überzeugend getragene Ordnung geschaffen und daß passiver Widerstand eingeübt wird.

Dieses Verständnis ist in der geschichtlichen Entwicklung der Menschenrechte wohl begründet – und ich räume sogleich ein, daß ich hier von der Entwicklung der *europäischen* Menschenrechtskonzeption spreche, die vor allem durch die Französische Revolution geprägt wurde: »Alle Menschen werden frei und gleich an Rechten geboren und bleiben es. Die gesellschaftlichen Unterschiede können nur auf den gemeinsamen Nutzen gegründet sein. Der Endzweck aller politischen Vereinigung ist die Erhaltung der natürlichen und unabdingbaren Menschenrechte. Diese Rechte sind die Freiheit, das Eigentum, die Sicherheit, der Widerstand gegen Unterdrückung. [...] Die Freiheit besteht darin, alles tun zu können, was einem anderen nicht schadet. Also hat die Ausübung der natürlichen Rechte jedes Menschen keine Grenzen als jene, die den übrigen Gliedern der Gesellschaft den Genuß dieser nämlichen Rechte sichern.«[4]

Das Recht des Anderen, dessen Beeinträchtigung mir hier untersagt und ausdrücklich aus dem Bereich meiner Freiheit ausgenommen wird, ist natürlich zuerst und vor allem das Recht auf Leben und körperliche Unversehrtheit. Das kann nicht nur in dem unmittelbaren Sinn gelten, der es mir verbietet, jemanden zu verletzen oder zu töten, sondern auch in dem mittelbaren Sinn, nach dem ich keine des/der anderen Leben oder körperliche Unversehrtheit beeinträchtigenden Umstände oder Bedingungen schaffen oder zulassen darf. Die Vergiftung einer anderen Person durch Zyankali steht einer Vergiftung möglicherweise vieler durch verseuchtes Wasser, durch vergiftete Lebensmittel oder durch aus Verbrennungsprozessen stammende Dioxine nicht nach. Die Schädigung eines anderen durch gesundheitsgefährdende Arbeitsbedingungen muß ebenso verfolgt werden wie ein betrügerischer Konkurs, der viele in Arbeitslosigkeit und Armut treibt und ihnen damit die Befriedigung ihrer Grundbedürfnisse vorenthält.

4 Art. 1, 2, 4, Französische Erklärung der Rechte des Menschen und Bürgers, 1789.

Die Ausbeutung von Menschen durch Menschen – was nichts anderes ist als der Gebrauch der eigenen Freiheit zum Schaden des anderen – verstößt jedenfalls dort gegen die Menschenrechte und muß durch staatliche Mittel verhindert werden, wo einem anderen die Befriedigung seiner Grundbedürfnisse verwehrt wird. Dabei handelt es sich nicht um eine subjektive, persönliche, gar parteipolitisch begründete Meinung, die man mit guten Argumenten auch anders haben kann; das ist Verfassungs- und Menschenrecht. Wir haben uns an Unrechtszustände gewöhnt, die zu ändern heute, in den Zeiten von Asbest und Nitritpökelsalz und hormonbehandeltem Fleisch, von radioaktiver Strahlung und verseuchtem Grundwasser, von saurem Regen und Smog über den Städten, von Debatten über Out-of-area-Einsätze der Bundeswehr und der Überwachung der Grenzen durch Infrarot- und womöglich, Selbstschußanlagen, von Spekulationen über Einsätze der Bundeswehr nach innen, von Raubtierkapitalismus, steigender Arbeitslosigkeit und Armut bei gleichzeitig überbordendem Reichtum dringender sind als jemals zuvor. Daraus folgt zwingend, daß der Staat dem kapitalistischen Wirtschaftssystem Regeln auferlegen muß, um Ausbeutung zu verhindern – gegenwärtig geschieht genau das Gegenteil.

Es ist doch geradezu widersinnig: Der Kapitalismus beruht in seinem Wesen darauf, daß einige sich das Produkt der Arbeit anderer aneignen, sie ausbeuten, also für sich die Freiheit beanspruchen, die Freiheit anderer einzuschränken, also deren Menschenrechte verletzen. Und gerade wir in den kapitalistischen Ländern tun so, als seien wir die eifrigsten Verfechter der Menschenrechte, ja mehr noch: als seien Kapitalismus, Demokratie und Menschenrechte, so wie wir sie betreiben, eine untrennbare Einheit. Dieser logische Widerspruch ist während der Blockkonfrontation zwischen Ost und West ideologisch und propagandistisch aufgebaut worden, um die andere Seite ohne weiteres Nachdenken schnell als »Reich des Bösen« brandmarken zu können. Das wird durch fortgesetztes Wiederholen aber nicht richtiger.

Auch die modernen Grundrechte der zweiten Generation, beginnend mit dem Sozialpakt und dem Zivilpakt der Vereinten Nationen, sind materiell definiert: Die Rechte der Völker (nicht der Staaten!) auf Selbstbestimmung, auf Entscheidung über ihre wirtschaftliche, soziale und kulturelle Entwicklung, auf ihre Naturschätze und Wirtschaftskräfte (Art. 1), die Gleichberechtigung von Frauen und Männern (Art. 3), die Einschränkung der

Grundrechte ausschließlich zum Zweck der Förderung des Gemeinwohls (Art. 4), das Recht auf Arbeit (Art. 6), das Recht auf gerechte und günstige Arbeitsbedingungen (Art. 7), das Koalitionsrecht (Art. 8), das Recht auf soziale Sicherheit (Art. 9), der Schutz von Ehe und Familie (Art. 10), das Recht auf angemessenen Lebensstandard, darin eingeschlossen das Recht auf Nahrung, Kleidung und Wohnung und das Recht auf »stetige Verbesserung der Lebensbedingungen« (Art. 11), das Recht »jedes Einzelnen auf ein Höchstmaß an körperlicher und geistiger Gesundheit« (Art. 12), das Recht auf Bildung (Art. 13) – sie alle sind enthalten im *Internationalen Pakt über wirtschaftliche, soziale und kulturelle Rechte,* verabschiedet von den Vereinten Nationen am 16. Dezember 1966, am 3. Januar 1976 auch für die Bundesrepublik in Kraft getreten. Hinzuweisen ist auch auf den *Internationalen Pakt über staatsbürgerliche und politische Rechte* vom gleichen Datum, der das Recht auf Leben (Art. 6), das Verbot der Folter (Art. 7), der Sklaverei und der Zwangsarbeit (Art. 8), das Recht auf Freiheit und Sicherheit (Art. 9), die Gleichheit vor Gericht (Art. 14), das Recht auf Privatleben (Art. 17), auf Gedanken-, Gewissens- und Religionsfreiheit (Art. 18), auf Meinungsfreiheit (Art. 19), das Verbot nationaler, rassistischer oder religiöser Propaganda (Art. 20), die Versammlungsfreiheit (Art. 21), die Vereinigungsfreiheit (Art. 22), auf politische Teilhabe (Art. 25), das Recht von Minderheiten auf Pflege ihrer Kultur (Art. 27) enthält.

Die beiden Pakte sind in Kraft, wenngleich nicht von allen Ländern ratifiziert worden.[5] Ihre Durchsetzungsinstrumente freilich sind schwach: Es handelt sich bisher lediglich um Berichtspflichten der Regierungen. Viele Vertragsstaaten kommen dem nicht oder nur sehr zögerlich nach, der für den Zivilpakt zuständige UN-Menschenrechtsausschuß[6] bzw. der für den Sozialpakt zuständige UN-Menschenrechtsrat sind mit der Prüfung der vorliegenden Berichte im Rückstand. Erst mit einem Fakultativprotokoll,

---

5 Den UN-Zivilpakt haben, Stand April 2008, 104 Länder ratifiziert, darunter die USA am 5.10.1977; den UN-Sozialpakt haben 156 Staaten ratifiziert; die USA haben zwar unterschrieben, aber bis heute nicht ratifiziert.

6 http://www2.ohchr.org/english/bodies/cescr/index.htm für den UN-Sozialpakt; http://www2.ohchr.org/english/bodies/hrcouncil/ für den UN-Zivilpakt.

das die Weltkonferenz für Menschenrechte 1993[7] gefordert hat, soll es Individuen und Gruppen ermöglicht werden, sich gegen Verletzungen von Paktrechten durch Staaten zu wehren. Die Bundesrepublik z.B. hat beide Pakte ratifiziert – es aber unterlassen, dem eine ausführende Gesetzgebung folgen zu lassen. Damit ist erschwert, daß jemand auf die Idee kommt, die Bundesregierung auf Durchsetzung dieser Rechte zu verklagen.[8]

Das Recht auf Leben und körperliche Unversehrtheit ist die eigentliche Basis aller Grundrechte, das Grundrecht höchster Ordnung, weil ohne es Grundrechte auf Freiheit der Person, Meinungsfreiheit, Koalitionsfreiheit, Eigentumsfreiheit usw. unsinnig werden. Auch die Eigentums- und Gewerbefreiheit darf nicht so interpretiert werden, als berechtige sie dazu, andere in ihrer körperlichen Integrität zu schädigen, z.B. am Arbeitsplatz. Die Folgen der Atombombenabwürfe auf Hiroshima und Nagasaki 1945 und der GAU in Tschernobyl 1986 beweisen (wie die geheimen Versuche an 16.000 Menschen mit radioaktiver Bestrahlung, die die amerikanische Regierung ohne deren Wissen vornehmen ließ), daß schwerste gesundheitliche Belastungen bis hin zu Schädigungen des Erbguts Folge radioaktiver Strahlenbelastung sind; dazu kommen die Dimension möglicher Unfälle, auch die Dauer radioaktiver Strahlung in Zwischen- und Endlagern – dagegen wird man kaum ein Recht auf ausreichende Energieversorgung ausspielen können, zumal dann nicht, wenn dazu Atomkraftwerke gar nicht erforderlich sind. Es wäre absurd anzunehmen, das Recht auf Mobilität erlaube es jemandem, einen anderen im Straßenverkehr zu verletzen.

Wir haben dank der genauen Formulierung in den beiden Pakten eine sehr einfache Möglichkeit, Art und Ausmaß der Verletzung von Menschenrechten zu messen: Es wäre die Schwere der Verletzung ordinal zu bestimmen und mit der Anzahl der von dieser Verletzung betroffenen Menschen zu multiplizieren. So ließe sich ein Index konstruieren, der für jedes Land einigermaßen verläßlich geschätzt werden könnte. Er wäre in

---

7 Vienna Declaration and Programme of Action, http://www.unhchr.ch/huridocda/huridoca.nsf/(Symbol)/A.CONF.157.23.En.

8 Bernhard Schäfer, Die Individualbeschwerde nach dem Fakultativprotokoll zum Zivilpakt: Ein Handbuch für die Praxis, 2. Aufl. 2007; Norman Weiß: Der neugeschaffene Menschenrechtsrat der Vereinten Nationen, in: Menschen-Rechts-Magazin 2006, S. 80-86.

jedem Fall objektiver als z.B. die Ratings des amerikanischen Freedom House, die sich mehr nach den Wünschen und Bedürfnissen der amerikanischen Außenpolitik als nach den objektiven Verhältnissen richten.[9]

2. Probleme

2. 1. Einklagbarkeit

Bei wem wollen wir Verletzungen der Menschenrechte, etwa durch die Schädigung der biologischen Lebensgrundlagen, durch Schädigung des Erbgutes einklagen? Bei wem uns gegen den Klimawandel oder gegen die Zunahme von Allergien oder Hautkrebs wehren? Wem gegenüber das Recht auf Arbeit, auf Wohnung, auf Bildung geltend machen? Wie und gegen wen könnte eingefordert werden, wozu sich die Regierung der Bundesrepublik nicht nur in den internationalen Menschenrechtspakten, sondern auch in der Agenda 21, in der Biodiversitätskonvention, in den Zehn Verpflichtungen von Kopenhagen oder im Aktionsplan der Frauenkonferenz von Peking verpflichtet hat? Ich greife als beliebiges Beispielt nur den Art. 23 der Allgemeinen Erklärung heraus:

1. Jeder hat das Recht auf Arbeit, auf freie Berufswahl, auf gerechte und befriedigende Arbeitsbedingungen sowie auf Schutz vor Arbeitslosigkeit.
2. Jeder, ohne Unterschied, hat das Recht auf gleichen Lohn für gleiche Arbeit.
3. Jeder, der arbeitet, hat das Recht auf gerechte und befriedigende Entlohnung, die ihm und seiner Familie eine der menschlichen Würde entsprechende Existenz sichert, gegebenenfalls ergänzt durch andere soziale Schutzmaßnahmen.
4. Jeder hat das Recht, zum Schutz seiner Interessen Gewerkschaften zu bilden und solchen beizutreten.

Klarer kann man einen Rechtsanspruch schwerlich formulieren. Was aber unternimmt z.B. die Regierung der Bundesrepublik, um ihm Geltung zu verschaffen? Die Staaten haben es sorgsam vermieden, die Rechte, deren Schutz sie in internationalen Konventionen zugesagt haben, durch geeignete Folgegesetzgebung einklagbar zu machen. Es handelt sich um bloße Absichtserklärungen. Es geht hier nicht darum, daß die staatliche Garantie solcher Grundrechte nicht möglich wäre – die sozialistischen Länder hatten sie nicht nur deklamatorisch in ihren Verfassungen, sondern auch in der Praxis eingelöst – sondern daß die Regierungen insbesondere an den Weltkonferenzen des letzten Jahrzehnts, aber auch bereits vorher, Verpflichtun-

9 http://www.freedomhouse.org.

gen eingegangen sind in der klaren Absicht, dem keine praktischen Taten folgen zu lassen. Faktisch stehen die Grund- und Menschenrechte wohlformuliert auf dem Papier, aber sie sind nicht einmal bei uns durchsetzbar, gar nicht zu reden von ihrer Geltung für alle Menschen. Die Aufgabe, sie zu verwirklichen, liegt zu erheblichen Teilen noch vor uns. Zur Zeit scheinen wir auf diesem Weg eher rückwärts zu gehen.

2. 2. Direkte versus indirekte Verletzung von Menschenrechten

Während beim UN-Menschenrechtsrat[10] in Genf mit erheblichem diplomatischem Aufwand an Einzelfällen konkrete Verletzungen von Menschenrechten wie Folter, Verschleppung oder staatlichen Mord verhandelt und dabei sogar manchmal Erfolge erzielt werden (oder aus Gründen der politischen Opportunität solche Anklagen verhindert werden), sind doch die indirekten Verletzungen von Menschenrechten in gigantischem Ausmaß angestiegen und keiner Gerichtsbarkeit zugänglich. Um es einmal plakativ zu sagen: Wenn man, wie vorgeschlagen, die Zahl der Opfer, multipliziert mit der Schwere der zugefügten Leiden, zum Maßstab für die Verletzung von Menschenrechten nimmt (ich werde diesen Indikator noch öfter verwenden), dann dürfte der Internationale Währungsfonds zu den großen Verbrecherorganisationen unserer Zeit gehören. Seine Strukturanpassungsprogramme[11], geheim verhandelt und Voraussetzung für Umschuldung und internationale Kreditwürdigkeit, treiben viele Tausende ins Elend. Die Bundesrepublik hält sechs Prozent, die G-7-Länder zusammen mehr als fünfzig Prozent, die OECD-Länder zusammen mehr als sechzig Prozent der Stimmenanteile am IWF, Deutschland stellte sogar einmal dessen Generaldirektor: Sind wir alle Teil einer Verbrecherorganisation? Ist nicht die Welthandelsorganisation WTO – immer gemessen an der Zahl ihrer Opfer, multipliziert mit der Schwere der zugefügten Leiden – eine zumindest den vorhersehbaren Konsequenzen vieler ihrer Entscheidungen

10 Die VN-Generalversammlung vom 15. März 2006 entschied sich mit 170 Zustimmungen, 4 Gegenstimmen und 3 Enthaltungen für die Gründung des Menschenrechtsrats anstelle der früheren Menschenrechtskommission. Gegen die Einführung des Rates stimmten Israel, die Marshallinseln, Palau und die USA. Der Stimme enthielten sich der Iran, Venezuela und Weißrußland.

11 Die neuerliche Bezeichnung als Poverty Reduction Strategy hat substanziell wenig geändert.

nach verbrecherische Organisation? Am Verhandlungsprozeß über das Multilaterale Investitionsabkommen[12] ließen sich dafür Belege finden. Und wer dächte an dieser Stelle nicht daran, auf welche Weise die Resolutionen des Weltsicherheitsrates und das militärische Eingreifen der 28-Länder-Koalition im Golfkrieg 1990/91 von der Regierung der Vereinigten Staaten zusammengekauft worden sind? Wer hier bei uns oder weltweit die Polarisierung der Einkommen und Vermögen vorantreibt, der kann zumindest wissen, daß deren Folgen auch das Ansteigen von Kriminalität und Korruption, von Rassismus und Gewalt, von Krankheit und Drogenabhängigkeit, von politischer Apathie und Egoismus, also von sozialen Schäden sind.

Noch im 18. Jh. hat die britische Regierung Prämien für den Abschuß von Indianern in Nordamerika gezahlt, noch im 20. Jahrhundert sind indigenen Völkern in Nordamerika und Australien zwangsweise ihre Kinder weggenommen worden in der Absicht, ihre Kultur auszurotten. Heute kehren Arbeitsbedingungen der Sklaverei wieder. Die westlichen Länder haben Jahrzehnte lang die grausamsten Diktaturen mit Waffen, Geld und politischem Schutz unterstützt, wenn sie nur erklärten, gegen den Kommunismus zu sein; sie haben dafür rechtmäßig gewählte Regierungen gestürzt, Kriege angezettelt und geführt, skrupellos ihre Geheimdienste eingesetzt, gefoltert, gemordet, Todenschwadronen ausgebildet und finanziert, und darunter sind Hunderttausende von Menschen zu Grunde gegangen. Vor allem die Außenpolitik der USA seit dem Abwurf der ersten Atombomben über Hiroshima und Nagasaki im August 1945 ist eine ununterbrochene Kette von Verletzungen der Menschenrechte.[13] Ein Land, in dem die reichsten fünfzehn Prozent der Bevölkerung in Gated Communities ein Leben in militärisch geschütztem Luxus zubringen, während etwa fünf Prozent der erwachsenen männlichen Bevölkerung im Gefängnis oder unter Bewährungsauflagen lebt, treibt zynische Heuchelei, wenn es sich zum Hüter der Menschenrechte aufwirft.

---

12 http://de.wikipedia.org/wiki/Multilaterales_Investitionsabkommen.

13 Vgl. etwa den Katalog der Interventionen in anderen Ländern, den William Blum vorgelegt hat: Rogue State, Monroe 2000 (dt. Schurkenstaat, Berlin 200.); Killing Hope, Monroe 2004.

Aufgezwungene Strukturanpassungsprogramme führen zur Zerstörung von Subsistenzwirtschaften, zur Streichung von Subventionen und Sozialsystemen, zur Auslieferung nationaler Wirtschaften an transnationale Konzerne, zur Plünderung der natürlichen Ressourcen des »Schuldner«landes. Erst kürzlich haben wir aus den Bekenntnissen eines Economic Hit Man[14] erfahren, wie die Nachrichtendienste Entwicklungsländer in die Schuldenfalle getrieben haben, um dadurch die Kontrolle über ihre Wirtschaftspolitik, ihre Rohstoffe und ihre Entwicklung zu erlangen. Die Transformation der früher sozialistischen Länder hin zu kapitalistischen und demokratischen Systemen nach der Schocktherapie ist von westlich dominierten internationalen Organisationen, westlichen Regierungen und westlichen Beratern mit dem Ziel durchgesetzt worden, westlichen Unternehmen einen möglichst ungestörten Zugriff auf ihre Märkte zu ermöglichen. Sie hat in erheblichem Ausmaß zum Eindringen krimineller Strukturen in Politik und Verwaltung geführt und Arbeitslosigkeit und Armut, Hoffnungslosigkeit, Korruption und Gewalt nach sich gezogen. Der Chefökonom der Weltbank, Joseph Stieglitz, wurde von seinem Posten entfernt, als er begann, diese Politik des Westens zu kritisieren.[15]

Selbst wenn sich feststellen ließe, wer hier die wichtigen Entscheidungen getroffen und durchgesetzt hat, so kommen wir doch an einer Einsicht nicht vorbei: Wir alle haben diese Entscheider nicht nur gewählt oder dulden sie, wir alle profitieren auch persönlich von den ungerechten Weltverhältnissen und haben daher ein Interesse dran, sie nicht zu verändern. Dem entspricht die Neigung, unsere eigenen Gesellschaften in einem möglichst positiven Licht zu zeichnen und unsere Verantwortung für die Schäden an anderen zu leugnen, die Zusammenhänge möglichst zu verschweigen. Die Kolonialgeschichte liefert eine lange Liste von Verbrechen, für die – auch wenn die Täter nicht mehr dingfest gemacht werden können – Entschuldigungen noch ausstehen. Aber das Muster gilt weiterhin. Wir sollten zumindest verstehen lernen, daß andere uns keineswegs so uneingeschränkt wunderbar finden, wie wir uns selber sehen.

---

[14] Perkins, John: Bekenntnisse eines Economic Hit Man. München 2005.

[15] Die Schatten der Globalisierung, Berlin 2002.

2. 3. Fortentwicklung der Menschenrechte

Der erste Schritt zur Einführung moderner universaler Menschenrechte wurde mit der Universal Declaration of Human Rights am 10. Dezember 1948 vollzogen. Die Erklärung hat keine die Staaten bindende Wirkung, aber eine moralische Bedeutung. Die dreißig Artikel enthalten sowohl Bestimmungen über persönliche Freiheiten als auch über politische und soziale Rechte. Diese individuellen Menschenrechte werden auch als »Menschenrechte der ersten Generation« bezeichnet. Am 19. Dezember 1966 wurde mit den beiden Pakten über bürgerliche und politische Rechte und über wirtschaftliche, soziale und kulturelle Rechte der nächste Schritt eingeleitet. Beide sind für die Unterzeichnerstaaten bindend, wenn auch mit geringen Durchsetzungsmechanismen ausgestattet. Weitere Menschenrechtskonventionen auf der Ebene der VN sind etwa das Verbot der Rassendiskriminierung (1966), der Diskriminierung der Frau (1979), die Erklärung über die Beseitigung aller Formen von Intoleranz und Diskriminierung auf Grund der Religion und der Überzeugung (1981), die Folterkonvention (1984), die Konvention zum Schutz der Rechte des Kindes (1989), die Erklärung über die Rechte von Personen, welche Minderheiten angehören (1992). Diese sozialen und politischen Rechte sind gemeint, wenn von »Menschenrechten der zweiten Generation« gesprochen wird.

Der Streit um Universalität oder kulturelle Bedingtheit der Menschenrechte dauert bis heute fort und wird u.a. unter dem Begriff »Rechte der Völker« (»Menschenrechte der dritten Generation«) geführt.[16] Staaten der Dritten Welt, vor allem Afrikas, verlangen etwa ein Recht auf Entwicklung, auf die uneingeschränkte Verfügung über eigene Rohstoffe, das Recht auf gesunde Umwelt, das Recht auf kulturelle Identität, das Recht auf Frieden, das Recht auf Entwicklung u.a.[17] Demgegenüber behauptet die westliche Position, angeführt von der Regierung der Vereinigten Staaten, es könne kollektive Menschenrechte nicht geben, Menschenrechte seien nur in bezug auf Individuen vorstellbar, nur Individuen könnten Träger von Rechten

---

16 Zur Debatte in der UNESCO vgl. z.B. Jan Berting (ed.): Human Rights in a Pluralist World: Individuals and Collectivities, Westport 1990.

17 Universal Declaration of the Rights of Peoples, angenommen von einer ExpertInnenkonferenz in Algier 1976, African Charter on Human and Peoples Rights, 1981 von der Organisation für afrikanische Einheit verabschiedet.

sein. Tatsächlich standen für die ablehnende Position der westlichen Länder nicht nur der drohende Verlust vermeintlicher Ansprüche in der Dritten Welt, sondern auch die Situation ihrer ausländischen Minderheiten im Hintergrund; es sollte vermieden werden, daß denen, wenn sie denn als »Völker« definiert würden, ausdrücklich Rechte zugebilligt werden (tatsächlich sind in Art. 1 des Sozialpakts solche kollektiven Rechte bereits enthalten).

Aber dies ist nur ein Aspekt des Problems. Niemand im VN-System scheint dafür zu sorgen, daß die Konventionen der verschiedenen Sonderorganisationen, ganz zu schweigen von Verträgen und Abkommen beispielsweise der EU, der NATO oder der WTO, mit den universellen Menschenrechten konsistent und widerspruchsfrei sind und auch so gehandhabt werden. Kann die WTO Regeln einführen, die sich um beschlossene internationale Standards, z.B. der Neuen Weltwirtschaftsordnung, den Verhaltenskodex für transnationale Unternehmen oder die Konventionen der Internationalen Arbeitsorganisation, nicht scheren? Warum muß um soziale und ökologische Standards gefeilscht werden, die an anderen Stellen des VN-Systems längst beschlossen sind?

Am 4. November 1950 hat der Europarat die Europäische Konvention zum Schutze der Menschenrechte und Grundfreiheiten beschlossen.[18] Damit verpflichten sich die Mitglieder zur Einhaltung der klassischen Menschenrechte. Die Europäische Kommission für Menschenrechte, das Ministerkomitee des Europarates und der Europäische Gerichtshof für Menschenrechte sind die Organe, die wirksam werden können, wenn Menschen auf dem innerstaatlichen Rechtsweg die durch die Konvention garantierten Rechte nicht erlangen können. Die Bundesrepublik ist der Konvention am 7. August 1952 beigetreten. Diese Europäische Menschenrechtskonvention (EMRK) wurde am 18. Oktober 1961 ergänzt durch einen Katalog der wirtschaftlichen und sozialen Grundrechte, der in der Europäischen Sozialcharta[19] niedergelegt ist. Die Durchsetzung der Sozialcharta soll durch ein Kontrollverfahren erreicht werden; im Kern stehen Berichte, die die Vertragsstaaten dem Europarat alle zwei Jahre einreichen müssen. Die Rechte sind nicht einklagbar. Schon am 27. April 1979 hat das Europäi-

---

[18] In deutsches Recht übernommen, vgl. BGBl 1952 II 686.

[19] BGBl 1964 II 1262.

sche Parlament eine Entschließung verabschiedet, in der der Beitritt der EG zur Europäischen Menschenrechtskonvention gefordert wird. Erst im Vertrag von Amsterdam von 1997 geschieht das.[20] Der unter dem Vorsitz von Roman Herzog stehende Konvent hat einen Europäischen Menschenrechtskatalog entworfen, der Bestandteil einer Europäischen Verfassung werden sollte – Großbritannien und Polen haben bereits erklärt, sich diesem Teil des Lisabonner Vertrages nicht anschließen zu wollen. Die Charta ist in der Folge aus dem Vertrag herausgenommen worden. Selbst Europa also, Hort der Menschenrechte, ist außerordentlich zögerlich, wenn es darum geht, diese Rechte fortzuentwickeln.

Fazit: Wir in den reichen Ländern verletzen faktisch Menschenrechte in großem Umfang, wenn auch überwiegend indirekt. Wir vor allem sind es, die Menschen in anderen Weltregionen die Menschenrechte vorenthalten. Wir vor allem sind es, die zwar verbal die Bedeutung der Menschenrechte betonen, aber praktisch ihre Durchsetzung verweigern. Wir tun dies, weil wir nur so unseren Luxus aufrechterhalten können.

2. 4. Die Menschenrechte nach dem 11. September 2001

Eine besondere Wandlung haben die Menschenrechte nach dem 11. September 2001 erfahren. Nach wie vor ist nicht eindeutig nachgewiesen, wer für die Terroranschläge verantwortlich ist, insbesondere kann nicht endgültig ausgeschlossen werden, daß Mitglieder der heutigen US-Administration daran beteiligt waren. Auf alle Fälle hat kein anderes Ereignis derart weitreichende Folgen für die Menschenrechte gehabt. Zunächst war es Vorwand für die Kriege gegen Afghanistan und den Irak, in denen inzwischen weit mehr als eine Million Menschen, überwiegend Zivilisten, umgebracht worden sind.[21] Den afghanischen Taliban ist allerdings schon Monate vor dem 11. September Krieg angedroht worden für den Fall, daß sie dem Bau einer Pipeline vom Kaspischen Meer nach Karachi nicht zustimmen sollten.[22] Der Krieg gegen den Irak war mit falschen Argumenten begründet worden und, wie wir aus dem Downing Street Me-

---

20 Art. F Abs. 2 EUV.

21 http://www.justforeignpolicy.org/iraq/iraqdeaths.html.

22 Michel Chossudovsky: America's ›War on Terrorism‹, Pincourt, Quebec 2005, S. 79 ff.

morandum[23] wissen, eine Intensivierung der »Sanktionen«, die die USA 1991 über das Land verhängt hatten und die gar nicht unterbrochen worden waren.[24] Mit den Anschlägen wurde der »Krieg gegen den Terror« begründet, der zur Rechtfertigung für Folter und willkürliche Verhaftungen herhalten mußte. Vorab in den USA, aber auch in vielen anderen Ländern wurden die Überwachungssysteme massiv ausgebaut.[25] Immer wieder sind Menschen verdächtigt worden, mit den Attentätern in Verbindung gestanden zu haben[26]; daß sie später aus Mangel an Beweisen freigelassen werden mußten, war den Medien bedeutend weniger Aufmerksamkeit wert. Angebliche »Geständnisse« wurden unter Folter, auch von Angehörigen, erzwungen.[27] Personen, von denen jemand annimmt, sie könnten vielleicht wichtige Informationen haben, werden ohne Richter und ohne Anwalt beliebig lange ins Gefängnis geworfen; ihre Fälle werden vor Militärkommissionen verhandelt, die rechtsstaatlichen Verfahren nicht genügen.[28] Durch immer neue Attentatsdrohungen wird die Bevölkerung in Angst gehalten und zu einem hysterischen »Patriotismus« angestachelt. Viele Beobachter sehen die Vereinigten Staaten auf dem Weg zu einem neuen Faschismus. Gleichzeitig hat die derzeitige Administration die Gelegenheit genutzt, um ihre Freunde und Unterstützer vor allem in der Öl- und Rüstungsindustrie großzügig mit Aufträgen zu versorgen, für die nicht selten Gegenleistungen nicht oder nur unvollständig erbracht wurden. Alleine im Zuständigkeitsbereich des Pentagon sind Milliarden Dollar verschwunden, über deren Verbleib der Rechnungshof bisher vergeblich Auskunft verlangt hat.

---

23 Abgedruckt in Bernd Hamm: Die soziale Struktur der Globalisierung, Berlin 2006, Anhang.

24 Vgl. Die ausführliche Dokumentation bei Larry Everest: Öl, Macht und Empire. Der Irak und die globale US-Politik. Berlin 2007.

25 http://www.house.gov/paul/tst/tst2008/tst040708.htm.

26 http://tinyurl.com/6n5s8q.

27 http://www.informationclearinghouse.info/article19695.htm; http://www.informationclearinghouse.info/article19682.htm.

28 Alison Parker und Jamie Fellner: Über dem Gesetz: Der Einfluß der Exekutive nach den Anschlägen des 11. September, in: Bernd Hamm (Hg.): Gesellschaft zerstören. Der neoliberale Anschlag auf Demokratie und Gerechtigkeit. Berlin 2004.

3. Schleichende Erosion der Menschenrechte

3. 1. Die neoliberale Offensive

Entkolonialisierung und Nachkriegskonjunktur hatten überall auf der Welt zwar nicht zu gerechten Verhältnissen, aber zu relativem Wohlstand geführt. In den Vereinten Nationen wurde im Sommer 1974 eine Neue Weltwirtschaftsordnung feierlich verabschiedet (die mit dem Verhaltenskodex für Transnationale Unternehmen und dem geplanten Allgemeinen Rohstoffabkommen manches vorwegnahm, das heute von Entwicklungsländern und vielen Nichtregierungsorganisationen gefordert wird) – freilich von den reichen Ländern sogleich boykotiert. In den Industrieländern wurde die Sozialpolitik kräftig ausgebaut. Die Liquiditätsüberschüsse erlaubten es, den Entwicklungsländern und einigen sozialistischen Ländern Kredite zu günstigen Konditionen einzuräumen. Die so genannte »Studentenrevolte« führte zu einem zuvor ungekannten demokratischen Aufbruch.

Diese Entwicklung wurde jäh unterbrochen durch Ereignisse, deren tiefere Bedeutung wir damals nicht wahrnehmen konnten und die auch heute nur von wenigen völlig verstanden wird: den Ölpreisschock, die einsetzende Arbeitslosigkeit, das Ende des Vietnamkrieges, die Ermordung von Salvador Allende, das Aufkündigen des Währungssystems von Bretton Woods durch die amerikanische Regierung, und noch vieles mehr wäre hier anzufügen. Wir Zeitgenossen haben das als voneinander isolierte Einzelereignisse wahrgenommen. Tatsächlich war es eine Zeitenwende, und keine zufällige.[29]

Ab Mitte der 70er Jahre wurden die Industriestaaten durch die einsetzende Arbeitslosigkeit und steigende Kosten für das Sozialsystem belastet. Der neoliberalen Propaganda gelang es, dafür die Wirtschaftspolitik der sozialdemokratischen Regierungen verantwortlich zu machen. Staatliche Regelungswut, so wurde argumentiert, hindere die Unternehmen daran, zu investieren und Arbeitsplätze zu schaffen, und knebele den Bürger. In den frühen achtziger Jahren zeigte die Kampagne Wirkung: der Abbau des Sozialstaats begann, die keynesianische wurde von der »angebotsorientierten« Wirtschaftspolitik abgelöst und neokonservative Regierungen

---

[29] So sieht es z.B. F. William Engdahl 1992: A Century of War: Anglo-American Oil Politics and the New World Order, Wiesbaden 1992, S. 205-207.

kamen in Großbritannien, den USA, Deutschland und anderen Ländern an die Macht. Die endgültige Durchsetzung des Neoliberalismus nach 1990 wurde durch fünf zusammenwirkende Faktoren ermöglicht[30]:

1) Die neoliberale Ideologie wurde unter Einsatz immenser Mittel massiv gefördert: Denkfabriken wurden gegründet (z.B. American Enterprise Institute), Stiftungen ins Leben gerufen (z.B. Heritage Foundation, Olint Foundation[31]), wirtschafts«-wissenschaftliche« Institute gegründet, Professoren und Fernsehzeit gekauft, Bestseller produziert und Politiker »überzeugt«.[32]
2) Der so genannte Nobelpreis für Wirtschaft, in Wirklichkeit der »Preis der Schwedischen Reichsbank im Gedenken an Alfred Nobel« und weder aus Nobel's Vermögen finanziert noch durch sein Testament begründet, wurde vom Auswahlkomitee unter Assar Lindbeck jahrelang an Vertreter der Chicagoschule vergeben, um damit der neoliberalen »Theorie« die höchstmögliche wissenschaftliche Weihe zu verschaffen.[33]
3) Der »Washington Consensus«, Grundlage der Strukturanpassungsdiktate des Internationalen Währungsfonds, wurde zwischen US-Schatzamt und IWF ausgehandelt und seither stillschweigend von der reichen Mehrheit der IWF-Mitglieder mitgetragen – ein Konsens, dem Verhandlungen vorausgegangen wären, war das freilich niemals.
4) Die Entmachtung der Gewerkschaften in England und den USA durch die Regierungen, in Deutschland durch interne Korruption.[34]
5) Schließlich folgte nach 1989 der Zusammenbruch der sozialistischen Regime, bedingt durch ein Zusammenwirken innerer Widersprüche und äußerer Einflußnahmen. Dies wurde sofort benutzt, um »linke« Theorien zu diskreditieren und ihre Vertreter aus den Hochschulen, Schulen und Medien zu entfernen.

---

30 Siehe ausführlich Bernd Hamm: Die neoliberale Offensive, in: ders. (Hg.): Gesellschaft zerstören. Der neoliberale Anschlag auf Demokratie und Gerechtigkeit. Berlin 2004.

31 In Deutschland gehören bekanntermaßen das Institut der Deutschen Wirtschaft oder die Bertelsmann-Stiftung dazu, aber auch die »Initiative Neue Soziale Marktwirtschaft«, eine vollständig von Gesamtmetall, dem Arbeitgeberverband der Metall- und Elektroindustrie, finanzierte Aktion.

32 Ted Nace: Gangs of America. San Francisco: Berrett-Koehler 2003; daraus zwei Kapitel übersetzt und abgedruckt in Bernd Hamm (Hg.), op.cit.

33 Bernd Hamm: Die neoliberale Offensive, in: ders., (Hg.), S.24 f.

34 In Deutschland besorgten das die Gewerkschaften dadurch selbst, daß 1982 Funktionäre die gewerkschaftseigenen Unternehmen – Neue Heimat, Coop und andere – ausplünderten und damit ihr ökonomisches Rückgrat brachen; Hamm, op.cit, S. 29.

Alle diese Faktoren wirkten zusammen und schufen ein Klima, in dem der Marktfundamentalismus als Allheilmittel für alle sozioökonomischen Probleme propagiert werden konnte. Selten wurde bemerkt, wie sehr unsere Weltanschauung einer Gehirnwäsche und nach 1989 auch einer epistemologischen Säuberung zuerst im Osten, dann aber auch im Westen unterzogen worden ist.[35] In den sechziger Jahren stand die Frage nach einer gerechteren, besseren Gesellschaft im Zentrum der öffentlichen Diskussion. Alternative Modelle der Regulation – vom bulgarischen Sozialismus mit breitem Individualeigentum über den jugoslawischen Selbstverwaltungssozialismus und das skandinavische steuerfinanzierte Sozialstaatsmodell bis hin zu den französischen und niederländischen Systemen der Planwirtschaft – wurden als theoretische Alternativen in der Literatur, in der Wissenschaft, in den Medien und in der Öffentlichkeit behandelt.[36] Art. 15 GG hielt die Fiktion offen, daß daraus auch in Deutschland Alternativen möglich sein könnten, so denn ein demokratischer Prozeß dahin führte. Dann hat Margret Thatcher mit ihrem berüchtigten Diktum *There is no Alternative* den Rahmen des überhaupt Denkbaren auf technische Varianten des Raubtierkapitalismus eingegrenzt. Schon gar nach 1990 muß die Globalisierungskeule dafür herhalten, jedes Nachdenken über Alternativen sofort und im Keim zu ersticken. Es waren auch Sozialdemokraten – vor allem Tony Blair und Gerhard Schröder – die halfen, die neoliberale Agenda zum Regierungsprogramm zu machen. Heute wird bereits sozialistischer Neigungen verdächtigt, wer auch nur laut über eine längere Bezugsdauer des Arbeitslosengeldes nachdenkt.

Die Aufhebung von Zöllen und Handelsbarrieren im Allgemeinen Zoll- und Handelsabkommen (GATT) und in der WTO, begleitet von einer fast vollständigen Liberalisierung des Kapitalverkehrs, verhalf den großen transnationalen Unternehmen (TNUs) zu einer Macht weit über der vieler Nationalstaaten. Sie haben keine nationalen Wurzeln, sie verschieben ihre Zentralen und ihre Filialen beliebig hin und her, sie kaufen Regierungen,

---

35 In Deutschland begann das nach der Wende mit der Abwicklung der Hochschulen der ehemaligen DDR, die von ›linken‹ Positionen radikal gesäubert wurden.

36 Zwei Beispiele unter vielen: Frieder Naschold und Werner Väth (Hg.): Politische Planungssysteme. Opladen: Westdeutscher Verlag 1973; Bernhard Schäfers (Hg.): Gesellschaftliche Planung. Stuttgart: Enke 1973.

um von Steuervorteilen, geringen Umweltauflagen und Sicherheitsbestimmungen, inexistenten Gewerkschaften und Tarifverhandlungen zu profitieren und in großem Umfang Kosten zu externalisieren. Nationale Regierungen, unwillig oder unfähig, sie zu kontrollieren, sehen sich immer häufiger als Dienstleister für die TNUs. Gleichzeitig werden die Entscheidungen über Unternehmensstrategien immer mehr von institutionellen Anlegern – Banken, Versicherungen, Aktien- und Pensionsfonds – bestimmt. Der kurzfristig-maximale Gewinn wird zum entscheidenden Erfolgskriterium. Anteilseigner retten ihr Geld auf Steueroasen, die die zumindest stillschweigende Duldung der nationalen Regierungen genießen, und vermeiden damit, zur Erhaltung der Infrastrukturen, zur sozialen Gerechtigkeit beizutragen. Die Liberalisierung des internationalen Kapitalverkehrs und der zunehmende Einfluß institutioneller Anleger haben den Weg in den Kasino-Kapitalismus bereitet, indem die Finanzkreisläufe sich weitgehend von der Bindung an die realen Warenkreisläufe befreit haben. Gigantische Summen werden im Minutentakt rund um den Globus transferiert, um kleinste Wechselkursänderungen auszunutzen oder solche zu schaffen. Die großen börsennotierten Unternehmen – und in der Folge viele von ihnen abhängige kleine und mittlere – werden angetrieben durch die Erwartungen der Shareholder, die Empfehlungen der Analysten. Unter diesem Erfolgskriterium bleiben Umwelt und Menschen nurmehr Kosten, die es so weit wie möglich zu reduzieren gilt. Erfolgsprämien und Aktienoptionen als Teil der Entlohnung des Managements sorgen dafür, daß die Gier auch zum intrinsischen Motiv wird. Wenn nun öffentlich der Rückgang der Arbeitslosenzahlen und die Zunahme der Beschäftigung gefeiert werden, so wird dabei verschwiegen, daß diese überwiegend durch Lohndumping und Prekarisierung der Arbeitsverhältnisse erkauft werden.

3. 2. Recht

Staatliches Handeln äußert sich zum überwiegenden Teil in Akten der Rechtssetzung und Rechtsanwendung. Recht ist Ergebnis von Politik und damit abhängig von den Bedingungen, unter denen Politik gemacht wird. Während wir üblicherweise gerne glauben möchten, daß die Macht durch das Recht gezügelt und kontrolliert wird, und es dafür ja auch viele Belege gibt, gilt umgekehrt auch, daß es gerade die Macht ist, die »Recht« diktiert. Unübersehbar deutlich ist das im Fall von Diktaturen – es gab und gibt keine Diktatur, die sich nicht das Recht dienstbar gemacht hätte. Aber meist geschieht die Einflußnahme subtiler, informell, sorgsam vom Licht der Öffentlichkeit abgeschirmt.

Unsere Organe der Rechtsetzung sind dem unaufhörlichen Beschuß von Lobbies ausgesetzt, die das Recht im Sinn ihrer Partikularinteressen beeinflussen wollen. Das gilt besonders in Brüssel, wo ein kleiner bürokratischer Apparat, die Kommission, deutlich kleiner als die Stadtverwaltung von Köln, eine überaus komplexe Materie bearbeiten und regeln soll. Etwa 15.000 Lobbyisten sind auf die Kommission und auf das Europäische Parlament angesetzt. Die seit langem überfällige Harmonisierung der Steuersysteme, die erst die Erpressung nationaler Regierungen durch transnationale Unternehmen möglich macht, der Umgang mit Bankgeheimnissen und Steueroasen, die geringe Verfolgung und Bestrafung von Wirtschafts- und Umweltkriminalität – all dies ergibt einen Sinn unter der Vermutung, daß unsere Rechtssysteme maßgeblich von solchen Lobbies beeinflußt werden. Pro Jahr, so hat kürzlich die Gewerkschaft der Polizei erklärt, gebe es in Deutschland etwa 6.000 Anzeigen wegen Geldwäsche – aber nur eine Anklage. Längst beschränkten sich die Mafiabanden nicht mehr nur auf die klassischen Bereiche wie Raub, Erpressung, Glücksspiel, Waffen-, Menschen- und Drogenhandel oder Prostitution. Das organisierte Verbrechen ist vielmehr längst ins europäische Wirtschaftsleben eingedrungen, von der Energieversorgung bis zur Abfallbeseitigung – und: Der organisierten Kriminalität ist der Sprung in legale Strukturen wie Unternehmensbeteiligungen gelungen.[37] Diese Verwischung der Grenze zwischen Legalität und Illegalität entsteht eben auch dadurch, daß Gesetze erlassen und auf eine Art vollzogen werden, die Kriminalität begünstigen – und ganz besonders da, wo Regierungen die Chance nutzen, ein »Recht« durchzusetzen, das sie selbst vor Strafverfolgung schützt. Daß dies nicht nur in Militärdiktaturen und »Bananenrepubliken« geschieht, konnte man in Italien unter der Regierung Berlusconi und kann man zur Zeit in den USA beobachten.

---

37 Jürgen Roth, Marc Frey: Die Verbrecher-Holding. Das vereinte Europa im Griff der Mafia. München 1992.

3. 3. Politik

Im Bereich der Politik ist das Geflecht der internationalen Institutionen und Regime so dicht und bestimmend geworden, daß es die politischen Entscheidungen aller nationalen Regierungen weitgehend bestimmt. Es ist freilich wichtig, hier die *nationale* Basis politischer Akteure zu betonen. Regierungen bleiben abhängig von ihrer nationalen Wählerschaft und Klientel, die erheblichen Einfluß auf ihre Handlungsspielräume behalten. Ihre Wahrnehmung globaler Probleme und ihr Verhalten auf der *internationalen* Ebene bleibt freilich bestimmt durch eine exekutive Haltung, wenig beeinflußt von den demokratischen Kontrollmechanismen der nationalen Ebene. Sie lavieren zwischen diesen beiden Polen, indem sie die Transparenz und den Einfluß nationaler demokratischer Verfahrensweisen einschränken und ihr Verhalten durch globale Notwendigkeiten rechtfertigen. Der Vertrag über die Europäische Verfassung ist das letzte wichtige Beispiel dafür.

Der Entwurf eines EU-Verfassungsvertrags wurde 2003 von einem Europäischen Konvent erarbeitet und am 29. Oktober 2004 in Rom unterzeichnet. Die Mitglieder dieses Konvents waren nicht gewählt, wie sonst in demokratischen Staaten üblich. Trotz öffentlicher Plenarsitzungen sind seine Entscheidungen nicht öffentlich getroffen und die vorausgegangenen Präsidiumsberatungen nicht protokolliert worden. Der luxemburgische Premier Jean-Claude Juncker sagte dazu im Spiegel: »Der Konvent ist angekündigt worden als die große Demokratie-Show. Ich habe noch keine dunklere Dunkelkammer gesehen als den Konvent.« [38]

Der Vertrag sollte am 1. November 2006 in Kraft treten. Zuvor war aber seine Ratifikation in allen seinerzeit 25 Mitgliedsstaaten notwendig. In den Volksabstimmungen in Frankreich und in den Niederlanden wurde der Vertrag abgelehnt – daraufhin wurden alle anderen Referenden abgesagt. Weithin wurde bemängelt, daß die Verfassungsbefürworter deutlich mehr Geld, Unterstützung und Medienpräsenz eingeräumt bekamen als die Verfassungsgegner. Die schnelle Ratifizierung ohne Volksbefragung in Deutschland sollte eine ernsthafte Diskussion verhindern. Eine öffentliche Diskussion zu den Inhalten der Verfassung fand in den großen Medien

---

[38] Der Spiegel, 16. Juni 2003.

kaum statt. Selbst die Mitglieder des Bundestages waren schlecht informiert.[39]

Die danach ausgerufene »Reflexionsphase« endete mit dem Beschluß des Europäischen Rats vom Juni 2007, die EU-Verträge lediglich zu ändern, statt sie durch eine Verfassung zu ersetzen. Mit dem Vertrag von Lissabon, der in allen Mitgliedsstaaten außer Irland ohne Volksabstimmungen ratifiziert werden kann, soll der Inhalt des Entwurfs weitgehend ohne Veränderungen in die bestehenden Verträge eingearbeitet werden.

Die wesentlichen Kritikpunkte lauten, der Vertrag sei unsozial und undemokratisch und treibe die Militarisierung der Union voran. Weiter sei mit dem Vertrag die Chance der Demokratisierung und der Einführung einer echten Gewaltenteilung in der Union versäumt worden. Er lege die EU auf eine neoliberale Wirtschaftspolitik fest, die damit gemeinsam mit dem Wirtschaftswachstum den Rang von Verfassungszielen erhalte. Er füge gar nahezu unbemerkt wesentliche Elemente des zuvor in der OECD gescheiterten Multilateralen Investitionsabkommens in europäisches Recht ein. Statt nur einen Rahmen zu liefern, sei der Entwurf mit seinen 448 Artikeln und einem langen Anhang geprägt von Regelungswut.

Im Oktober 2007 haben die Staats- und Regierungschefs der EU den endgültigen Text des Vertrags beschlossen, ohne auf diese Kritik einzugehen; am 13. Dezember 2007 wurde er in Lissabon unterzeichnet. Die Regierungen verbünden sich gegen das Volk, um seine Mitsprache zu verhindern, und das, obgleich es sich zumindest längerfristig um unsere Verfassung handeln soll! Inzwischen hat gar das Europäische Parlament beschlossen, ein mögliches ablehnendes Votum der irischen Volksabstimmung für den Ratifikationsprozeß nicht zu berücksichtigen! Oder, in den gewohnt klaren Worten von Jean-Claude Juncker: »Wir beschließen etwas, stellen das dann in den Raum und warten einige Zeit ab, was passiert. Wenn es dann kein großes Geschrei gibt und keine Aufstände, weil die meisten gar nicht begreifen, was da beschlossen wurde, dann machen wir weiter – Schritt für Schritt, bis es kein Zurück mehr gibt.«[40] Dieser Vorgang wäre an zahlrei-

---

39 Abstimmung der Ahnungslosen – die EU-Verfassung im Bundestag. ARD Panorama, 12. Mai 2005 (am Abend der Abstimmung), abgedruckt in Bernd Hamm: Die soziale Struktur der Globalisierung, Berlin 2006, Anhang.

40 Interview in Der Spiegel Nr. 52/1999).

chen anderen Beispielen zu belegen (etwa den Abkommen der WTO, dem Bologna-Prozeß), was hier nicht nötig ist.

Die beiden Säulen der amerikanischen Macht nach 1945 sind der Dollar und das Pentagon[41], insbesondere wenn man dabei die verdeckten Operationen[42] und, nach der mexikanischen Schuldenkrise, die Strukturanpassungspolitik des IWF einbezieht. Mit dem Ende der *Entkolonialisierung* in den sechziger Jahren kamen rund einhundert neue formal unabhängige Staaten dazu (die »Gruppe der 77«, d.h. die Entwicklungsländer). Dadurch veränderte sich die Mehrheit in der Generalversammlung, und zwar immer häufiger zum Nachteil der Interessen der kapitalistischen Länder. Ihr wichtiges Forum wurde die Konferenz der Vereinten Nationen für Handel und Entwicklung (UNCTAD)[43], ihr größter Erfolg die Verabschiedung der Neuen Weltwirtschaftsordnung 1974, die zusammenfiel mit der beginnenden Weltwirtschaftskrise. Die westlichen Länder haben sowohl das Integrierte Rohstoffabkommen als auch den Verhaltenskodex für transnationale Unternehmen abgelehnt und UNCTAD schnell zur Bedeutungslosigkeit verurteilt. Stattdessen bevorzugten sie das GATT (das – außerhalb der Vereinten Nationen stehend – mit dem Ende der Uruguay-Runde 1995 zur Welthandelsorganisation umgestaltet wurde).

1975 begann die Runde der *Weltwirtschaftsgipfel*, die zur G 7 und später, mit der teilweisen Einbeziehung Rußlands, zur G 8 wurde. Die Bedeutung dieses Schrittes ist häufig unterschätzt worden: Es war der Beginn der systematischen Entmachtung der VN durch die Regierung der Vereinigten Staaten, die dabei zumindest stillschweigend von ihren westlichen Alliierten unterstützt wurde.[44] Die US-Regierung bezahlte nur noch die Minimalbeiträge, um ihr Stimmrecht nicht zu verlieren. Sie nutzte ihr Vetorecht im Sicherheitsrat, um ihre eigenen egoistischen Interessen und die ihres engsten Verbündeten, Israel, vor kritischen Resolutionen der Generalversamm-

---

41 Frank, Andre Gunder (2004), Papiertiger, Feuerdrache, in: Bernd Hamm (Hg.), op. cit., S. 358-84

42 Blum, William (2006): *Schurkenstaat.* Berlin; Blum, William (2004): *Killing Hope. U.S. military and CIA Interventions since World War II.* Monroe.

43 Die Konferenz der Vereinten Nationen für Handel und Entwicklung.

44 Beheading the UN, http://207.44.245.159/article7032.htm.

lung zu schützen.[45] Sie zog sich zunächst aus der Internationalen Arbeitsorganisation (1975), später aus der UNESCO (1984) zurück im Versuch, die Vereinten Nationen unter engere Kontrolle zu bringen. Sie verweigerte die Unterschrift unter zahlreiche Abkommen vor allem zur Rüstungsbegrenzung, boykottierte internationale Verhandlungen (wie im gesamten Rio-Prozeß, aber auch beim Internationalen Strafgerichtshof[46]) und verletzte ungestraft zahlreiche internationale Konventionen. Als sie damit nicht erfolgreich war, baute sie ein neues globales Machtzentrum jenseits jeder demokratischen Kontrolle auf, eben die G 7. Die beherrscht nicht nur den Sicherheitsrat (wenn man Rußland ins Boot bekommt und ein chinesisches Veto verhindern kann), sondern auch den IWF und die Weltbank auf Grund der Stimmverhältnisse. Sie hat überwältigende Macht in der WTO und hat schließlich mit der NATO (vor allem seit ihr neues Mandat nicht mehr die Sicherung des gemeinsamen Territoriums, sondern der gemeinsamen Interessen als Ziel nennt) auch einen militärischen Arm. Im Verlauf dieses Prozesses sind der IWF und die WTO immer deutlicher als zentrale Instrumente der amerikanischen Weltpolitik in den Vordergrund getreten, um die neoliberale Agenda (d.h. vor allem die Interessen der amerikanischen Konzerne und Finanzinstitutionen) durchzusetzen.[47]

Die G 8 ist durch den kompromißlosen Unilateralismus der Bush 2-Administration extrem strapaziert worden. Erst vor dem zweiten Irakkrieg haben einige G 8-Mitglieder ihre Zustimmung im Sicherheitsrat verweigert, und die meisten Mitglieder der »Koalition der Willigen« haben die

---

45 30 Years Of U.S. UN Vetoes: How the U.S. has Voted/Vetoed http://www.informationclearinghouse.info/article2000.htm; vgl. auch List Of U.S. Vetoes of UN Resolutions Critical of Israel: (1972-2004), http://www.jewishvirtuallibrary.org-/jsource/UN/usvetoes.html; a list of UN Resolutions against ›Israel‹ 1955-1992, http://www.middleeastnews.com/unresolutionslist.html.

46 Bush Faces Major Test at UN on Exemption from War Crimes Court, http://www.oneworld.net/article/view/88577/1/; U.S. Attempts to Exempt Troops from ICC, http://www.wagingpeace.org/menu/resources/sunflower/2004/06_sunflower.htm#9b.

47 Krüger, Lydia (2005): Forcierte Deregulierung, Finanzkrisen und Denationalisierung in Schwellenländern, Frankfurt; Wallach, Lori, and Michelle Sforza (1999): Whose Trade Organization? Corporate Globalization and the Erosion of Democracy. Washington.

US-Regierung gegen den klaren Willen ihrer Bevölkerungen unterstützt. Als Colin Powell am 5. Februar 2003 seine berüchtigte Rede im Sicherheitsrat hielt (ein Ereignis, das er selbst später als den dunkelsten Fleck in seiner Biographie bezeichnete – jene »überzeugenden Beweise«, die aus einer über zehn Jahre alten studentischen Arbeit kopiert worden waren, ohne auch nur die Tippfehler zu korrigieren[48]), war der Krieg längst im Gang; tatsächlich hatten die Bombardierungen nach 1991 niemals wirklich aufgehört; sie wurden ab Dezember 2002 erheblich intensiviert.[49] Selbst im März 2003, als der Krieg bereits seit drei Monaten im Gang war, hat Bush im Fernsehen erklärt, es gäbe keine Kriegspläne und er unternehme alles, um Krieg zu verhindern.

3. 4. Medien

Was ist denn nun am 11. September 2001 in New York, Washington und Shanksville wirklich geschehen? Nach über 5 Jahren und einigen Untersuchungsberichten[50] müßte das doch eigentlich geklärt sein. Ist es aber nicht.[51] Wie kommt es, daß die Medien weiterhin unbeeindruckt von »Präsident Bush« reden, obgleich inzwischen ausreichend Beweise dafür vorliegen,

---

48 Dossier, cited by Powell, called ›a sham‹, The Nation, 24. Februar 2003.

49 Pilger, John (2005): A People Betrayed: The 10-year Holocaust in Iraq; *The Independent*, 23. Februar 2003.

50 Sorry, Right Number: http://www.informationclearinghouse.info/article5786.htm; 9/11 Report in full: image.guardian.co.uk/sys-files/Guardian/documents/2004/07/22/0721911Report.pdf; Part of 9/11 Report Remains Unreleased; An Inquiry Is Begun: www.nytimes.com/2004/10/30/politics/30panel.html?ex=1256875200&en=0e28c6c45fc47dea&ei=5090&partner=rssuserland; Fmr. CIA Analyst and FBI Whistleblower Dissect Final 9/11 Commission Report: www.informationclearinghouse.info/article6549.htm.

51 Vgl. hierzu Walter E. Davis: Der 11. September und die Bush-Regierung: Zwingende Beweise für eine Mittäterschaft? In: Gesellschaft zerstören. Der neoliberale Anschlag auf Demokratie und Gerechtigkeit, hg. von Bernd Hamm, Berlin 2004, 110-136; www.911truth.org; www.911inquiry.org; www.unansweredquestions.org; Fox News Spins 9/11 Commission Report: www.fair.org/activism/fox-commission.html. Siehe auch Nafeez M. Ahmed: Gemeinsache 09/11, München 2003; ders.: The War on Truth, Northhampton 2005; und viele, viele andere.

daß die Wahlen von 2000 und von 2004 gefälscht worden sind?[52] Und was war mit jenen am 10. August 2006 Verhafteten, die angeblich vorhatten, Passagierflugzeuge auf Atlantikflügen mit einem Flüssigsprengstoff in die Luft zu sprengen? Die Medien sind erstaunlich schweigsam zu diesem Vorfall. Zahllose andere Beispiele ließen sich nennen von Vorgängen höchster politischer Brisanz, die aufzuklären unsere Medien nicht eben eifrig bemüht sind.

Nach der gängigen Medientheorie kann das alles gar nicht sein. Danach müssen Medien, schon um ihre Werbeeinnahmen zu maximieren, Sensationen berichten, und gerade weil sie das müssen, können die Herrschenden nicht ruhig schlafen, weil sie beständig von den Medien überwacht und kontrolliert werden.[53] Aus diesem Grund, aber auch aus journalistischer Ethik und journalistischem Selbstverständnis müßten Horden von Journalisten unermüdlich auf der Suche nach der Wahrheit sein, gerade wenn sie gute Chancen hätten, skandalöse Vorgänge aufzuklären, die Öffentlichkeit zu informieren und damit Auflage und Einschaltquote zu erhöhen. Eine informierte Öffentlichkeit aber würde nicht zögern, Fehlhandlungen der Regierenden zu ahnden[54], und jede Regierung, die das wüßte, würde sich hüten, solche Handlungen zu begehen. Deshalb ist Pressefreiheit ein unabdingbarer Begleiter der Demokratie.[55] Aber genau dieses geschieht nicht, zuweilen gar das platte Gegenteil: Der SPIEGEL z.B. beharrt gegen erhebliche Evidenz auf der offiziellen Erklärung der Angriffe des 11. September und gibt sich die allergrößte Mühe, jeden Zweifler an dieser Version lächerlich zu machen.[56]

Natürlich »manipulieren« die Medien in dem Sinn, daß sie wirkliches Geschehen gar nicht objektiv abbilden können. Das liegt einmal an der

---

52 How the Media Choose a President, www.metrotimes.com/editorial/story.asp?-id=5907; None Dare Call It Stolen: harpers.org/ExcerptNoneDare.html.

53 Under attack as never before: www.iht.com/bin/print_ipub.php?file=/articles/2004/10/15/features/rich16.html.

54 We Can Make a Difference: www.informationclearinghouse.info/article5528.htm.

55 How Free Is the US Press? snipurl.com/epr3.

56 Zwei Beispiele unter vielen anderen: Ausgabe 42, 2002, S. 76 unter dem Titel: Mythen: Die September-Lüge; Ausgabe 37, 2003, Titelgeschichte: Verschwörung 11. September. Wie Konspirations-Fanatiker die Wirklichkeit auf den Kopf stellen.

Komplexität dieses Geschehens, die zu beschreiben eine Zeitung, eine Nachrichtensendung, auch ein politisches Magazin völlig überfordern müßte. Die Auswahl- und Filterprozesse, durch die Nachrichten einfach auf Grund ihrer Produktionsbedingungen gehen müssen, sind für den Rezipienten Manipulation: Ihm oder ihr wird nicht das objektive Geschehen berichtet, sondern ein stark verkleinertes, verzerrtes Abbild. Das ist dann nicht weiter schlimm, wenn alle ideologischen Positionen eine realistische Chance haben, in den Medien ihre Sicht der Dinge darzulegen und wenn wir Rezipienten auswählen können, was wir für wahrscheinlich richtig halten, wenn wir die Dinge so auch von verschiedenen Seiten aus beleuchten können. Solange klar ist, daß der *Bayernkurier* das Sprachrohr der CSU, der *Vorwärts* das der SPD ist bzw. war und solange die das auch nicht verschleiern, bleibt die Sache transparent. Seither aber hat sich die Medienlandschaft gründlich verändert. Was ist geschehen?

Die Analyse der Bedingungen, unter denen Medien arbeiten, beginnt mit einer Trivialität: Die Medienindustrie ist fast ausnahmslos kapitalistisch verfaßt[57]. Dies alleine hat zur Folge, daß die Medien den Kapitalismus als System nicht in Frage stellen werden – es sei denn mit einer kurzfristigen Skandal- oder Katastrophengeschichte, wenn sich daran etwas verdienen läßt. Krisen dürfen schon aus diesem Grund nicht systembedingt sein.

Medien sind Wirtschaftsunternehmen[58], die nach dem Willen ihrer Eigentümer vor allem dazu da sind, Gewinne zu machen. Die kleinen Zeitungsverlage von einst haben nicht überlebt. Aus wenigen sind riesige, zuweilen weltweit agierende Konzerne geworden[59], aus den meisten Kopfblätter

57 Die wenigen Ausnahmen etwa in Deutschland lassen sich schnell aufzählen: Der TV-Sender arte, der Deutschlandfunk, die taz und die Junge Welt – selbst ARD und ZDF als öffentlich-rechtliche Anstalten finanzieren sich zu erheblichen Teilen aus Werbeeinnahmen und unterwerfen sich damit dem Diktat der Einschaltquote.

58 You have the right to be misinformed: News media are now a large part of big Business: www.atimes.com/atimes/Front_Page/FE08Aa02.html; The Time Grows Near -- Be Aware...Be Very Aware: 207.44.245.159/article7065.htm.

59 »…, a relentless series of mergers and corporate takeovers has consolidated control of the media into the hands of a few corporate behemoths. The result has been that an increasingly authoritarian agenda has been sold to the American

ohne eigene Redaktion, aufgekauft von einem der Grossen, oder ganz eingegangen. Bei weitem die meisten Fernsehsender sind privatwirtschaftlich-kommerziell und machen Umsatz und Gewinn vor allem aus Werbung. Das können sie nur, wenn sie ihre Einschaltquote steigern. Das Fernseh-Werbebudget beläuft sich auf immerhin rund vier Milliarden Euro jährlich alleine in Deutschland. Aber die Abhängigkeit von Werbeeinnahmen gilt ebenso für Zeitungen und Zeitschriften. Die Medienlandschaft hat sich gleichzeitig diversifiziert – es gibt immer mehr auf kleine Zielgruppen spezialisierte Zeitschriften und Sender – und konzentriert, d.h. die gehören immer weniger und immer größeren Unternehmen. Der Pluralismus täuscht: Da sie alle der Werbewirtschaft die geeignete Klientel anliefern müssen, richten sich alle Medien weitaus überwiegend an die kaufkräftige Mittelschicht. Deren Weltbild, deren Gesellschaftsauffassung, deren Ideale, Interessen und Erfahrungen beherrschen die Medienbotschaften durch alle Sparten hindurch.[60]

Manche Konzerne werden von einzelnen Eigentümern (News Corporation, Rupert Murdoch; Viacom, Sumner Redstone; FinnInvest, Silvio Berlusconi) oder Familien (Springer, Holtzbrinck) beherrscht. Die offenen Missionare unter den Eigentümern sind eher selten; Rupert Murdoch, auch Axel Springer sind hier zu erwähnen, und gewiß Silvio Berlusconi. Andere, wie die Bertelsmann-Stiftung, sind nicht weniger politisch aktiv, geben sich aber parteiunabhängig und ausschließlich sachbezogen. Sie alle neigen deutlich konservativen, neoliberalen politischen Positionen zu. Deshalb erscheint es gerechtfertigt, sie im jeweils passenden Zusammenhang insgesamt als *die Medienkonzerne* oder, wie in den USA üblich, als *Corporate Media* zu bezeichnen. Gewiß war keiner so schamlos darin, Medien zu kaufen und zum persönlichen Nutzen zu mißbrauchen wie der frühere italienische Ministerpräsident Silvio Berlusconi. Medienzar Rupert Murdoch wurde großer direkter Einfluß auf die Politik von Tony Blair nachgesagt[61], der

---

people by a massive, multi-tentacled media machine that has become, for all intents and purposes, a propaganda organ of the state.«: David McGowan.

60 The Awesome Destructive Power of the Corporate Power Media: www.blackcommentator.com/75/75_cover_dean_media.html.

61 Blair tells Murdoch: ›gloating‹ BBC is ›full of hatred for America‹: news.independent.co.uk/uk/politics/article313482.ece; What Tony said to Rupert – and why it

Guardian nannte ihn gar ein Mitglied in Blair's Kabinett.[62] Als Gegenleistung habe ihm Murdoch einen Sitz im Aufsichtsrat seines Medienimperiums angeboten.[63] Murdoch hat niemals einen Hehl daraus gemacht, daß ihm sein Medien-Imperium vor allem dazu dient, »seine persönlichen politischen Überzeugungen zu verbreiten«[64]. Von Fox News, seinem Nachrichtensender, berichtet ein Insider, daß das Management in einem täglichen Memorandum die Mitarbeiter darauf hinweist, welche politische Linie zu fahren sei.[65] Die enge Verbindung zwischen Politik und Ökonomie im Medienbereich ist auch deswegen kein Zufall, weil Politiker mehr als andere die Wirklichkeit durch die Medien wahrnehmen.

Sechs große Medienkonzerne beherrschen den Weltmarkt: AOL Time Warner, Disney, Vivendi, Viacom, Bertelsmann und die News Corporation. In Deutschland machen Springer, Bertelsmann, Holtzbrinck, Bauer und die WAZ-Gruppe den Großteil des Geschäfts. Übrigens haben die großen deutschen Medienunternehmen sich rechtzeitig lukrative Anteile des Mediengeschäfts in allen osteuropäischen Ländern gesichert.

Im Juli 2006 hat die liberale amerikanische Tageszeitung The Nation erklärt: »Die Nachrichten sind tot. Die Medien sind heute ein gigantisches antidemokratisches Oligopol, das vor allem den Wünschen seiner Besitzer,

---

speaks volumes: news.independent.co.uk/uk/politics/article313465.ece Blair gave Murdoch ›veto‹ over EU, says PM's ex-aide: news.independent.co.uk/uk/politics/article313480.ece; The PM, the mogul and the secret agenda: observer.guardian.co.uk/politics/story/0,,1827023,00.html.

[62] Rupert Murdoch is effectively a member of Blair's cabinet: www.guardian.co.uk/commentisfree/story/0,,1810266,00.html.

[63] Blair Gets Payoff: http://informationclearinghouse.info/article14265.htm.

[64] Rupert Murdoch's Victims. The Life and Crimes of a Global Goebbels: www.informationclearinghouse.info/article14795.htm.

[65] Miles from Fair and Balanced, www.latimes.com/features/lifestyle/la-et-rutten1-nov01181420,1,7939167.story; Unfair and Unbalanced: www.moveon.org/fox/; Australia: Media Lies: www.smh.com.au/articles/2004/06/23/1087844983212.html; Fox – the naked truth: media.guardian.co.uk/site/story/0,14173,1319956,00.-html; Murdoch and the marginals: webdiary.smh.com.au/archives/margo_kingston/000300.html. That split screen: www.atimes.com/atimes/Front_Page/FJ02Aa01.html; Turner Compares Fox's Popularity to Hitler: 207.44.245.159/article782-9.htm; OUTFOXED: 207.44.245.159/article7798.htm.

der großen Aktionäre und seiner Kumpel in der Regierung folgt.«[66] Dafür wird das gesamte Arsenal an Einflußmöglichkeiten in Stellung gebracht: Keine Regierung hat so extensiven Gebrauch gemacht von der Möglichkeit, Regierungsdokumente als geheim zu klassifizieren, wie die von Bush 2 und Richard Cheney.[67] Zensur[68], Überwachung und Einschüchterung[69] gehören zu den inzwischen üblichen Instrumenten im »Krieg gegen den Terror«. Die Bedrohung, gar die gezielte Tötung von Journalisten[70] werden aus dem Irak gemeldet. Nur durch Indiskretion wurde Bush's Idee bekannt, den Sender Al Jazeera in Katar bombardieren zu lassen, um damit eine unabhängige Nachrichtenquelle zu verstopfen.[71] Public Opinion Ma-

---

66 The Death of News: www.thenation.com/doc/20060703/crispinmiller.

67 Journalists Should Expose Secrets, Not Keep Them: www.counterpunch.-org/solomon12292005.html; Secrets, Evasions and Classified Reports: www.informationclearinghouse.info/article10692.htm; In war's name, public loses information: www.boston.com/news/nation/articles/2005/04/24/in_terror_wars_-name_public_loses_information/; What the US papers don't say: www.informationclearinghouse.info/article6114.htm; The Age of Missing Information: slate.msn.com/id/2114963/; U.S. Reclassifies Many Documents in Secret Review: www.informationclearinghouse.info/article12008.htm.

68 US TV blackout hits litany of war dead: media.guardian.co.uk/site/story/0,1417-3,1207089,00.html; Censored 2004: www.projectcensored.org/publications/2004/-index.html.

69 U.a. Freedom of the Press Under Attack: www.democracynow.org/article.pl?-sid=06/05/16/145201; In leak cases, new pressure on journalists: tinyurl.com/j2wr-q; Senator wants study of disclosure damage: www.iht.com/articles/20-06/06/28/news/data.php.

70 Why Journalists Are Being Murdered In Iraq: www.informationclearinghouse.info/article12360.htm; CNN Executive Says G.I.s in Iraq Target Journalists: 207.44.245.159/article8011.htm; Independent Media: Enemy Target: tinyurl.-com/6bx64; US troops seize award-winning Iraqi journalist: www.information-clearinghouse.info/article11499.htm.

71 At U.S. Urging, Qatar to Seek Review at Al Jazeera: www.reuters.com/newsArticle.jhtml?type=worldNews&storyID=4993740; Rumsfeld s Al-Jazeera outburst: www.timesonline.co.uk/article/0,,2089-1892464,00.html; Bush plot to bomb al-Jazeera is a conspiracy theory, says Blair: www.telegraph.co.uk/news/main.jhtml?xml=/news/2005/11/27/njaz27.xml. Press Freedom or Freedom to Bomb the Press? The Bush Plan to Bomb Al-Jazeera: www.informationclearinghouse.info/article11130.htm.

nagement, auch Strategic Communication genannt, eine Mischung aus psychologischer Kriegführung, Propaganda und Werbepsychologie, ist zum Alltag in den Medien und zu einer lukrativen Industrie geworden.[72]

Aber es gibt natürlich nicht nur den subversiven und den repressiven Weg: Journalisten werden durch Geld und allerlei Vergünstigungen[73], durch besondere Nähe zur Macht, durch Exklusiv-Interviews und Inside-Informationen gefügig gemacht.[74] In ihrer beruflichen Karriere wird sorgfältig ausgefiltert, wer schließlich als Journalist eine der wenigen gut bezahlten Festanstellungen erhalten wird.

Die Medien werden im Rahmen dieses ideologischen Musters immer mehr dazu tendieren, zwei sehr unterschiedliche Publika zu bedienen: Auf der einen Seite stehen die »Massen« (ein Ausdruck, der mir zuwider ist, der aber dennoch hier trifft), die zunehmend abgefüttert werden mit Belanglosigkeiten, Propaganda[75] und Infotainment.[76] Intensive Medienfor-

---

[72] Das bekannteste und vielleicht am besten dokumentierte Beispiel dafür war die Kampagne, mit der die (inzwischen auch in Europa tätige) PR-Firma Hill & Knowlton im Auftrag einer Amerikanisch-Kuwaitischen Stiftung 1990 die amerikanische Bevölkerung auf den Krieg gegen den Irak vorbereitete. Dazu gehörte jene – frei erfundene – Geschichte von den irakischen Soldaten, die in kuwaitischen Krankenhäusern Frühgeburten aus den Inkubatoren gerissen und auf den Boden geworfen hätten; vgl. Johan Carlisle: Public Relations: Hill & Knowlton, Robert Gray, and the CIA, Covert Action, Spring 1993, No. 44, 19-27, gekürzt abgedruckt in Bernd Hamm: Die soziale Struktur der Globalisierung. Berlin 2006, S. 367-69.

[73] US journalists face credibility gap: media.guardian.co.uk/site/story/0,14173,1224-127,00.html; The meaning of Tony Snow: tinyurl.com/pemps; Shilling for Bush: www.counterpunch.com/lindorff01272005.html; How the CIA Paid for Judy Miller's Stories: www.counterpunch.org/cockburn12102005.html.

[74] A hireling, a fraud and a prostitute: www.guardian.co.uk/usa/story/0,12271,14-16370,00.html.

[75] http://www.informationclearinghouse.info/article19696.htm.

[76] ›America kept in dark‹ as carnage escalates: www.informationclearinghouse.info/article8836.htm; ABC News: We're Not Interested in Covering the Iraq War: www.davidsirota.com/2005/05/abc-news-were-not-interested-in.html; Privatizing the Truth; Bush's war on information: www.informationclearinghouse.info/-article9975.htm; A Nation of Fools: www.informationclearinghouse.info/article1-0237.htm. The Blue Pill People: http://www.informationclearinghouse.info/art-

schung bemüht sich, möglichst genau herauszufinden, worauf diese Masse ansprechbar ist, und sie so der Werbung anzuliefern, fein säuberlich sortiert nach Geschlecht, Alter, Einkommen und Lebensstil – dem neuen Surrogat der Soziologie für soziale Ungleichheit.[77] Dies ist die Klientel, an die sich die Werbung und die werbefinanzierten Medien richten, weitgehend durchsetzt mit Propaganda. Auf der anderen Seite steht echte Information für eine kleine Minderheit, die sich selbst als Elite sieht und die spezialisierte Informationsquellen[78] nutzt, um ihre eigenen Entscheidungen (zum meist eigenen Vorteil) zu treffen.[79] Ergebnis:

1. Die Medien sind von einem Organ, das die Mächtigen kontrollieren soll, zu einem Instrument in ihren Händen geworden.
2. Neben die – unvermeidliche – Manipulation durch Auswählen und Ausfiltern tritt die Uniformierung der ideologischen Positionen, so daß kaum mehr Unterschiede in der Interpretation von Fakten übrig bleiben.
3. Die Medien tendieren zunehmend zur Entpolitisierung, Trivialisierung und Skandalisierung der »Nachrichten«; sie befördern nicht den mündigen Bürger und kritischen Rezipienten, sondern zunehmend den hirnlosen Konsumenten.
4. Das Herausfinden wirklicher Informationen wird immer mehr zu einer anspruchsvollen Aufgabe, die sich nur wenige leisten können.

4. Zukunftsperspektiven: Entwicklungen und Aufgaben

»Der Tag ist nicht mehr fern, an dem wir damit in nackten Machtbegriffen umgehen müssen. Je weniger wir dabei durch idealistische Slogans behindert werde, umso besser!« sagte George F. Kennan 1948. Vieles spricht für die Vermutung, daß wir an dieser Stelle angelangt sind.

Der merkwürdigste Punkt, fürwahr ein Paradoxon, ist freilich der: angenommen, die US-Regierung strebe tatsächlich nach Weltherrschaft[80], dann

---

icle1543.htm; He Who Controls Television Controls the Masses: www.informationclearinghouse.info/article11242.htm; Who will tell the people: www.informationclearinghouse.info/article11684.htm.

[77] z.B. Stefan Hradil: Soziale Ungleichheit in Deutschland. Opladen: Leske & Budrich 1999.

[78] z.B. die zahlreichen informellen Börsenbriefe und Wirtschaftsorgane.

[79] Elite Propaganda: The Propaganda Model of News: www.informationclearinghouse.info/article6435.htm; Why do we sell them our souls? www.informationclearinghouse.info/article10715.htm.

[80] Project for an New American Century (2000): Rebuilding America's Defenses, http://newamericancentury.org.

könnte sie dieses Ziel doch viel leichter, viel billiger und entschieden glaubwürdiger dadurch erreichen, daß sie die amerikanische Gesellschaft zu einem wirklich gerechten und demokratischen Modell umbaute und die eigene Position als *primus inter pares* mit einem klar definierten demokratischen Programm in der Familie der Vereinten Nationen akzeptierte. Als Vorreiter einer demokratischen Reform würde sie aufhören, mit zweierlei Maß zu messen und ihren eigenen Kriterien sozialer Gerechtigkeit und der Herrschaft des Rechts zu Hause und international folgen. Die Menschen überall auf der Welt würden die USA dafür lieben und ihrem Vorbild folgen wollen. Daß dies nicht der Fall ist, kann nicht mit mangelnder intellektueller Einsicht erklärt werden. Die amtierende Machtelite und ihre kriegslüsterne Haltung beweisen vielmehr jenseits aller Zweifel die Absicht, ihre Klientel in der Öl- und Rüstungsindustrie ohne Rücksicht auf die Zukunft der eigenen Gesellschaft oder die der Weltgesellschaft zu bedienen. An normalen europäischen Maßstäben gemessen ist diese Regierung zutiefst kriminell und korrupt und, bedenkt man die Wahlfälschungen, illegal.

All dies ist keineswegs neu, aber es wird durch die gegenwärtige Administration auf die Spitze getrieben. Ganz gewiß ist es den europäischen Regierungen nicht neu. Deren Argument, nur in der Allianz mit den USA sei auf deren Entscheidungen überhaupt Einfluß zu nehmen, ist einfach – und empirisch nachweisbar – naiv. Der Vasallengehorsam macht die Europäer zu Komplizen und sie sollten sich nicht wundern, wenn sie von anderen auch so wahrgenommen werden. Es ist höchste Zeit, europäische Positionen gründlich zu überdenken und zu revidieren. Der Sicherheitsrat, der IWF und die Weltbank, die WTO, die IAEA und Palästina wären die Orte, an denen entsprechende Signale auszusenden wären.

Wenn wir die erkennbaren Trends in die Zukunft verlängern, dann wird sich mit fortschreitender Konzentration und ökonomischer Globalisierung auch die sozio-ökonomische Polarisierung im globalen wie im nationalen, regionalen oder lokalen Maßstab fortsetzen. Daraus folgt eine Zunahme von sozialen Spannungen, die sich in weiteren Kriegen und Konflikten, in Gewalt und Kriminalität, in Extremismus und Rassismus äußern werden. Es ist nicht so abwegig, an der amerikanischen Gesellschaft abzulesen, was auch uns in Europa erwarten könnte. Die westlichen Regierungen werden dies als Problem des Konfliktmanagements begreifen. Sie werden die repressiven Instrumente verbessern, Militär und schnelle Eingreiftruppen nach außen, Überwachung und *zero-tolerance-Strategien* der Polizei nach innen. Wie werden auf faschistoide Zustände hinsteuern. Die neue Weltregierung, nach der manche rufen, existiert längst: Die G 7 wird ihre Macht einsetzen, um den westlichen Gesellschaften die Kontrolle über die globalen Rohstoffe zu erhalten.

Die zunehmende Skepsis, ja der Haß sind in den arabischen Ländern offensichtlich und kaum erklärungsbedürftig, nachdem die USA und ihre Verbündeten den Islam so sehr dämonisiert, Kriege angezettelt und Hunderttausende von Menschen ermordet haben. Einen guten Indikator liefert auch Lateinamerika, jahrzehntelang der Hinterhof der USA und das bevorzugte Opfer der Strukturanpassungsdiktate. Brasilien, Argentinien und Ekuador, Venezuela und Nikaragua, Bolivien und Chile haben links gewählt und amerikakritische Regierungen eingerichtet. Schon sind es zu viele, um das Problem wie 1973 durch die Ermordung eines ihrer Führer zu lösen. In Asien hat die Schanghai-Kooperationsgruppe die amerikanische Regierung aufgefordert mitzuteilen, wann sie ihre Militärbasen in der Region zu schließen gedenke. Auf dem Balkan wächst die Skepsis, und sicherlich in Georgien und in der Ukraine, wo amerikanisch gesteuerte und finanzierte »demokratische« Revolutionen amerikafreundliche und neoliberale Regierungen installiert haben, während die Bevölkerung mehr denn je unter Armut leidet. Eine ganze Reihe von Ländern hat angekündigt bzw. schon begonnen, ihre Währungsreserven von Dollar auf Euro umzuschichten, und einige ölexportierende Länder wollen ihr Öl nicht länger in Dollar, sondern in Euro (oder, im Fall von Rußland, in Rubel) handeln. Ob nun der Iran Atomwaffen anstrebt oder nicht – andere Länder, darunter Ägypten und Brasilien, haben diesen Anspruch längst angemeldet.

Innerhalb der USA scheint zwar die Christliche Rechte unangefochten, aber die sozio-ökonomische Polarisierung ist unübersehbar. Vierzig Millionen Menschen vegetieren unterhalb der offiziellen Armutsgrenze, der weltweit höchste Anteil junger Männer sitzt im Gefängnis oder unter Justizaufsicht, die Spionage-, Korruptions- und Lobbyaffären, die Einschränkung von Grundrechten unter den Patriot Acts, der öffentliche Ruf nach Amtsenthebung – sie alle wirken zusammen und schaffen eine feindselige Atmosphäre, die zu plötzlichem Wandel führen kann, vor allem wenn sich die Folgen des Doppeldefizits und des weiteren Verfalls des Dollar auswirken werden. Dazu kommt, daß die Kriege in Afghanistan und im Irak nicht zu gewinnen sind. Niemals zuvor hat eine Administration die Gesellschaft so tief in zwei gegensätzliche Lager gespalten.

Die Doharunde der WTO, die als Entwicklungsrunde angekündigt worden war, hat sich spätestens nach der Ministerkonferenz von Hongkong im Dezember 2005 als Fehlschlag erwiesen. Zum ersten Mal haben die Entwicklungsländer zu neuen Koalitionen gefunden, Entscheidungen blockiert und vom Westen verlangt, er möge nun endlich seine Agrarsubventionen einstellen und Importbeschränkungen für verarbeitete Produkte aufheben, bevor es zu neuen Verhandlungen kommen könne. Einige haben die WTO bereits für tot erklärt. Gewiß wird es nicht länger möglich sein, sie zur billigen Versorgung der reichen Länder mit den Rohstoffen der Dritten Welt zu mißbrauchen. Man stelle sich vor, was geschähe, wenn die Entwicklungsländer gemeinsam beschlössen, ihre Auslandsschulden nicht mehr zu bedienen! Sie beginnen gerade erst, ihre wahre Macht zu verstehen.

Wenn wir dies alles begreifen als Elemente in einem größeren Mosaik, dann wird auch klar, was zu tun ist. Die europäischen Regierungen müssen handeln, und die Chance dafür liegt in der strukturellen Schwäche der Amerikaner. Sie sollten ungleiche Standards (wie im Fall der iranischen Atomforschung bzw. den israelischen Atomwaffen) und ungerechte Handelsbarrieren aufgeben. Sie sollten aktiv und glaubwürdig zeigen, daß sie die egomanische Position der US-Regierung nicht teilen. Stattdessen sollten sie ehrlich dazu beitragen, ein neues Modell für eine langfristig demokratische und gerechte Weltordnung zu erarbeiten. Auf diese Weise könnte der »europäische Traum«[81] eine Chance haben, Wirklichkeit zu werden. Dann könnte Globalisierung zum Ende der egoistischen Machtspiele und zum Beginn einer wirklichen internationalen Solidarität werden.

Ich habe einen sehr einfachen Gerechtigkeitsbegriff, der schnell erklärt ist: Da alle Menschen gleich nicht an Art, aber an Wert sind, haben alle Menschen das gleiche Recht auf Glück und gutes Leben. Niemand hat das Recht, sich auf Kosten eines oder einer anderen zu bereichern, materiell oder immateriell. Meine wissenschaftliche Aufgabe ist es zu untersuchen, ob, wo und warum Theorie und Wirklichkeit auseinanderklaffen. Ich sehe keinen Grund, das zu revidieren.

---

81 Rifkin, Jeremy, 2004: Der europäische Traum. Frankfurt.

Wir sind an einer Wegscheide. Es gibt gute Gründe, die Hoffnung auf eine demokratischere Welt nicht aufzugeben, auch wenn so viele Zeichen in die andere Richtung weisen. Wir haben gar keine Wahl: Wir müssen den Weg für eine globale Demokratie bereiten – denn die Alternative wird Krieg sein: Weltkrieg.

Universalität der Menschenrechte – Oder ihre ›Orthafte Ortlosigkeit‹ unter besonderer Berücksichtigung der indischen Geistesgeschichte

von Ram Adhar Mall

1. Ein Wort zuvor

Das heutige reziproke Angesprochensein der Kulturen, Philosophien, Religionen und der diversen Weltanschauungen ist von ganz anderer Qualität als das gewesene; denn die Formen der Ansprache sind im großen und ganzen Monologe gewesen, und dies seit Alexander dem Großen, der Entdeckung Amerikas durch Kolumbus und in der langen Periode des Kolonialismus, Imperialismus und Missionarismus. Das qualitativ Neue an dem heutigen Angesprochensein Asiens, Afrikas und Lateinamerikas durch Europa und Europas durch Asien, Afrika und Lateinamerika besteht darin, daß die nicht-europäischen Kulturen mit ihren je eigenen Stimmen am heutigen Gespräch beteiligt sind. Dies führt zu einem vierdimensionalen hermeneutisch-dialektischen Dialog: 1. das Selbstverständnis Europas, 2. das Fremdverständnis Europas, 3. das Selbstverständnis der nicht-europäischen Kulturen und 4. das Fremdverständnis der nicht-europäischen Kulturen. Daß Europa heute selbst interpretierbar geworden ist, ist eine Tatsache. Dies mag Europa mehr überraschen als das Nicht-Europa. Und dies beeinflußt polyperspektivisch und grundsätzlich auch die Menschenrechtsdiskussion.

Die Menschenrechtsidee ist ein Allgemeingut der menschlichen Gattung, mögen die theoretischen und praktischen Aspekte noch so sehr variieren. Die Menschenrechtsidee besteht in einer inneren ethischen Haltung, die dem Recht, Gesetz und der Ethik bzw. Moral vorausgeht und diese eher lenkt und leitet. Zu konstatieren bleibt dennoch, daß die Menschenrechte, die die Menschenrechtsidee und die Menschenrechtswürde voraussetzen, weder in ihrer Begründung noch in ihrer universellen Anerkennung und Bedeutung eindeutig sind. Dennoch besteht eine praktikable Klarheit über Sinn und Zweck der Menschenrechtsidee, die den Sollenscharakter zu ihrem konstitutiven Merkmal zählt.

Im rechtsphilosophischen humanistischen Verständnis stehen die Menschenrechte für vor- und überstaatliche Grundrechte mit vorkonstitutioneller Geltung. Nach Locke kommen diese Rechte den Menschen von Natur aus zu, und alle Gesellschaftsverträge und Staatsformen haben die Funktion, diesen Rechten Geltung zu verschaffen. Schon im dritten Jahrhundert v. u. Z. waren die Beamten des Religionsministeriums des buddhistischen Königs Ashoka mit der Aufgabe betraut, die Werte der Religionsfreiheit und der gegenseitigen Anerkennung unter den Religionen und Menschen zu gewährleisten.

Das Problem bei der kontroversen Diskussion über die Menschenrechte besteht im Folgenden: Auf der einen Seite impliziert die Rede von den Menschenrechten eine Universalität, auf der anderen Seite möchte sie aber auch den Eigenarten der Kulturen und Religionen Rechnung tragen. Der interkulturelle Kontext heute macht diese Diskussion über die Menschenrechte noch aktueller. Mit Recht wird daher die Frage gestellt: Wie ist eine Kommunikation auch ohne den Konsens möglich? Konsens ist ein Wert und ist anzustreben, wo und wann er ohne Zwang, Manipulation und mit freiwilliger Zustimmung zustande kommt. Er ist zwar ein wichtiger Faktor, eine notwendige, aber nicht unbedingt auch die hinreichende Bedingung für einen Dialog. Der Konsens soll ein regulatives Ideal sein, darf jedoch nicht idealisiert oder gar hypostasiert werden. Die Abwesenheit von Konsens ist nicht eo ipso der Tod des Dialogs. Wer den Chauvinismus der Gleichmacherei aufgibt, macht Kommunikation möglich trotz des Dissenses. Das Menschenrecht der Meinungsfreiheit z.B. macht den Dissens der Meinungen nicht gegenstandslos, sondern handelt im Geiste des in allen Kulturen zu findenden Ethos: Was du nicht willst, das man dir tut, das füg' auch keinem anderen zu.

Eine interkulturelle Orientierung hinsichtlich der Problematik der Menschenrechte zeichnet sich durch die Einstellung aus, daß sie keinen orthaften, d.h. lokalen, Charakter ohne weiteres universalisiert, dennoch aber den Menschenrechten einen universellen Forderungscharakter zuschreibt. Die Menschenrechte sind zweifelsohne europäisch, aber nicht nur, sondern auch europäisch. So wie es das Schicksal aller Allgemeinbegriffe ist, daß sie in ihren orthaften, konkreten Beispielen immer unterschiedliche Merkmale aufweisen, gilt auch Analoges für den allgemeinen Begriff der Menschenrechte. Die ›orthafte Ortlosigkeit der Menschenrechte‹ macht gerade auf diesen Sachverhalt aufmerksam.

Eine besondere Aufmerksamkeit wurde der Idee der Menschenwürde in der Erklärung der Menschenrechte durch die UNO zuteil. So ist der Begriff der Menschenrechte im heutigen, eher verfassungsrechtlichen Kontext relativ neu. In dem Kompositum Menschenrechte ist zwar von Rechten die Rede, aber der wesentliche Zusammenhang von Ethik und Recht darf hier nicht außer Acht gelassen werden. Rechte bleiben Worthülsen ohne die Pflichten.

Daß alle Menschen gleich sind, eines der zentralen Menschenrechte bei der allgemeinen Erklärung, ist zunächst einmal die große Gemeinsamkeit, die noch allgemeiner und abstrakter, aber auch in einer Weise zutreffender nicht hätte formuliert werden können, daß alle Menschen geboren werden, eine Zeitlang am Leben bleiben und sterben. Anders ausgedrückt sind wir alle dem allgemeinen Gang der Dinge von Entstehen, Bestehen und Vergehen unterworfen. Auf dieser fundamentalen Gemeinsamkeit, die eine deskriptive Darstellung kennt, kann ohne weiteres keine präskriptive Forderung der Menschenrechte auf universale Anerkennung und Geltung abgeleitet werden. Die Vermittlung zwischen Sein und Sollen ist eine ethische Leistung.

Die orthafte Ortlosigkeit der Menschenrechte ist auch in dieser Sein-Sollen-Dichotomie begründet. Die Geburt der Menschenrechtsidee könnte, fast im Sinne eines universellen Ethos, aus der fundamentalen Tatsache des Leidens in Verbindung mit der Einsicht in die Notwendigkeit eines grenzenlosen Wohlwollens zur Überwindung eben dieses Leidens abgeleitet werden. Die vierstufige buddhistische Lehre – Feststellung, Diagnose, Therapie, Heilung – mag hier wegweisend sein.

2. Der Menschenrechtsgedanke und die Anthropologie

Welche Rechte und Pflichten die Menschen miteinander verbinden, hängt implizit oder explizit von dem Menschenbild ab, das in einer bestimmten Kultur, Philosophie und Religion am Werke ist. Wer diesen Sachverhalt nicht ignoriert, verliert die übermäßige Angst vor dem de facto bestehenden Kulturrelativismus der Menschenrechte. Ohne es eigens hier zu thematisieren, möchte ich auf einen grundlegenden Zusammenhang aufmerksam machen, der darin besteht, daß das Mensch-Sein dem Oberbegriff Natur-Sein untergeordnet ist. Menschenrechte sind dann Rechte durch den Menschen, für die Menschen und von den Menschen. Die große Natur wird hier nicht angefragt, und es ist der Mensch, der diese Rechte auch noch seine ›Naturrechte‹ nennt, wohlwissend, daß eine übertriebene anthropologische Sonderstellungsgier eher schadet als hilft. Eine recht verstandene Philosophie der Ökologie ist dem Allzumenschlichen gegenüber zurückhaltend und versteht unter dem Terminus ›Naturrecht‹ das Recht der Natur und aller Wesen in ihr, einschließlich der Menschen. Das Ethisch-Moralische kann zwar der großen Natur nicht bloß abgeguckt werden, aber es kann sich ebensowenig ganz außerhalb der Natur postieren.

Die Idee der Menschenwürde, auf der die Menschenrechte basieren, kennt unterschiedliche Verankerungen. Die Menschenwürde deutet auf die Stellung, auf den Rang eines Menschen in einer Gesellschaft hin. Dies gilt sowohl in der Ideologie des indischen Kastenwesens als auch für die Dichotomie zwischen den Griechen und den Barbaren. Die Menschwürde wird aber auch als das Merkmal angesehen, das den Menschen als Menschen zukommt, obwohl der Ausdruck Menschen als Menschen ohne jeden Bezug zur Kultur, Rasse, Religion usw. auf ein Abstraktionsniveau hindeutet, das für alle praktischen Belange nur noch einen regulativen Wert besitzt. Im christlichen Mittelalter wurde die Menschenwürde mit der Idee der Gottesebenbildlichkeit verbunden. Auch die Theologien mancher anderer Religionen kennen eine Wesensverbundenheit zwischen der menschlichen und der göttlichen Seele. In der Neuzeit dagegen ist die Vernunftbestimmung für die Entwicklung der Menschenrechte ausschlaggebend gewesen. Die Idee eines autonomen Subjekts liegt der europäischen Idee der Menschenrechte zugrunde. Die Frage ist jedoch, ob es eine Subjektautonomie jenseits der vielfältigen Einflüsse seitens der Kultur, Religion, Geschichte usw. gibt. Ferner ist auch die Frage zu stellen, wer eigentlich das Subjekt der Menschenrechte ist.

Oft las und liest man im Zusammenhang des Todesurteils (Fatwa) seitens der iranischen Regierung über Rushdie, Rushdie müsse zu Tode verurteilt werden, nicht nur und nicht in ernster Linie, weil er sein Menschenrecht von der Religionsfreiheit in Anspruch genommen habe, sondern hauptsächlich weil er die Todsünde begangen habe, das Menschenrecht über Gottesrecht zu stellen. Freilich gehen die Fatwa-Befürworter zu weit, indem sie die Gottesgerichtsbarkeit in die eigenen Hände nehmen. Aber die Frage bleibt, ob das Menschrecht der Religionsfreiheit verbunden mit der Freiheit der Meinungsäußerung auch die Leugnung Gottes mit einschließt. Muß die Säkularisierung vor Gott haltmachen? Auch wenn es Theologen gibt, die unter dem Druck unterschiedlicher Faktoren sich sehr verhalten und pragmatisch geben, nehmen sie ungern die Relativierung des Gottesrechts in Kauf. Die Spannung zwischen dem Aufklärungsideal einer totalen Vernunftautonomie und dem theologischen Anspruch eines von Gott abhängigen Menschgeschlechts ist und bleibt ein ewiges Thema. Es ist in der Tat nicht sehr lange her, daß selbst in einigen europäischen Ländern Gotteslästerung unter Strafe gestellt worden ist.[1]

In der idealistisch orientierten upanishadisch-vedantischen Tradition Indiens ist die Idee von der Wesensgleichheit zwischen der menschlichen Seele und der Gottheit (Âtman = Brahman) die Grundlage der Menschenwürde und der Menschenrechte. Die buddhistische Weltanschauung scheint die Menschenrechtsidee jenseits der Zugehörigkeit zu dieser, jener oder keiner Religion in der freundschaftlichen Haltung allen Wesen gegenüber zu verankern. Die Disposition einer solchen universellen Zuneigung ist den Menschen eigen. Die ethisch-moralischen Gedanken des Buddhismus von dem Wohl und dem Glück aller Menschen (Sarvajanahitâya/Sarvajanasukhâya) sind neben den europäischen Gedanken eine weitere Stütze für die Idee der Menschenrechte.

Alle anthropologischen Modelle, die – ob spekulativ, postulativ oder theologisch – von einer ursprünglichen wohlwollenden Menschennatur ausgehen, erleben ihre Grenze in der Tatsache der Menschenrechtsverletzungen. Und hier stellt sich die Frage nach der Richtigkeit dieser Modelle. Der Mensch scheint weder nur zum Guten noch zum Bösen verurteilt zu sein. Es ist zwar richtig, daß die Frage, was für ein Wesen der Mensch ist, nicht bloß eine empirische ist. Aber läßt man die Menschheitsgeschichte im Geiste der Empirie Revue passieren, so wird deutlich, daß ein gewisser

---

1 Vgl. Mawdudi, Abul A'la: Human Rights in Islam (Leicester: The Islamic Foundation), Leicester 1976. Und Schwartländer, J. (Hrsg.): Freiheit der Religion. Christentum und Islam unter dem Anspruch der Menschenrechte 1993.

utopischer Charakter den Menschenrechten eigen ist. So ist ein Rekurs auf die Anthropologien immer vonnöten, wenn es um einen Diskurs über die Menschenwürde und die Menschenrechte geht. Man kann das positiv Utopische von dem negativ Utopischen unterscheiden.

Das positiv Utopische definiert sich durch das grenzenlose Vertrauen auf die menschliche Vernunft, die leidenschaftliche Natur überwinden zu können. Das negativ Utopische leugnet zwar die Vernunftfähigkeit nicht ab, traut ihr jedoch nicht die volle Herrschaft zu. Die Manipulierbarkeit des Individuums und der Gruppen gibt dem negativ Utopischen recht. Die in Romanen und Zukunftsentwürfen beschriebenen Utopien werden immer auf Kosten einer nicht vorhandenen Anthropologie gehen. So wenden manche Utopien sogar gewalttätige pädagogische und institutionelle Maßnahmen an, um eine Gleichschaltung der Ansicht zu erreichen. Falsche Propheten kann es überall geben. Sollte die Quintessenz des Relativismus die Anerkennung der gleichzeitigen Präsenz der Vernunft und der Leidenschaft in dem ursprünglichen Haushalt der menschlichen Natur sein, verbunden mit der Erkenntnis von den unterschiedlichen Vorstellungen von Gott, Welt, Sinngebung, Glück, so ist der Relativismus immer präsent.

Das Anthropologische der Menschenrechtsidee kann theologischen, ethisch-moralischen, utopischen oder gar postulativ-normativen Charakters sein. So sind und bleiben die sogenannten Letztbegründungen der Menschenrechte sehr vielfältig, ferner aber auch ihre Anerkennung und Förderung, nicht zuletzt auch deren Verletzungen. Gleichheit kann vor Gott, vor dem Gesetz oder auch in und vor der Natur bestehen. Jede Absolutheit in menschlichen Dingen wird von dem Zusatz begleitet: Es sei denn! Du sollst die Wahrheit sagen, es sei denn [...] Dies mag auf die Notlüge hinweisen; Du sollst nicht töten, es sei denn [...] Dies mag auf Notwehr hinweisen. Du sollst die Menschenrechte akzeptieren, respektieren und nicht verletzen, es sei denn [...] Dies mag auf alle die Gründe hindeuten, die zu Menschrechtsverletzungen führen und geführt haben. Die Todesstrafe wird zum Beispiel in der ganzen Welt mit unterschiedlichen Argumenten entweder bejaht oder verneint.

3. Zu den Menschenrechtsdeklarationen

Die ›Allgemeine Erklärung der Menschenrechte‹ vom 10.Dezember 1948 durch die UNO ist eine großartige Leistung der Menschheit, auch wenn sie teilweise ein Programm bzw. eine Absichtserklärung darstellt. Freilich ist die UNO stets bemüht, die Menschenrechte zu schützen und sie durchzusetzen mit Hilfe einer verbindlichen Verankerung in dem Völkerrecht. Da aber die Idee des Völkerrechts sich mehr von der Legalität und weniger von der Moralität leiten läßt und die Menschenrechte mehr von der Moralität und weniger von der Legalität gespeist werden, ist ein spannungsvolles Verhältnis zwischen Ethik und Recht immer vorhanden.

Kautilya, der indische Machiavelli, entwickelte in seiner bekannten Schrift ›Arthashastra‹ die Idee einer interstaatlichen Organisation (Mandala-Theorie), und diesem Kreis der Staaten gehörten Königreiche an, die ihre Außenpolitik untereinander regelten. Indische Tradition kannte die Begriffe ›dharma-yuddha‹ (Krieg durch gerechte Mittel) und ›kuta yuddha‹ (Krieg durch Intrigen, Diplomatie und Betrug). Kautilya fügte den Begriff ›dharma-vijaya‹ (Sieg durch Gerechtigkeit) hinzu und meinte, daß gewaltlose Mittel einzusetzen sind, wenn das Ziel gleich gut durch die Gewalt auch erreichbar wäre. Er ist nicht prinzipiell gegen die Gewaltanwendung, und er hätte den EU-Einsatz in Bosnien gut geheißen.

Heute werden drei Generationen der Menschenrechte unterschieden. Die erste Generation wird eingeleitet durch die ›Allgemeine Erklärung‹, wobei es um die klassischen, zivilen Freiheitsrechte wie Religions-, Meinungs- und Pressefreiheit geht. Das Individuum beansprucht Rechte, die vorstaatlich sind und von allen Staaten und Institutionen respektiert werden sollen. Menschenrecht und Naturrecht gehen hier Hand in Hand. Die zweite Generation der Menschenrechte hebt die sozialen Rechte hervor. Das Recht auf soziale Sicherheit, auf Arbeit und Wohnung gehören hier her. Die dritte Generation der Menschenrechte trägt das Gesicht der sogenannten Entwicklungsländer, die nicht nur das Recht des Individuums, sondern auch das der Völker kodifiziert haben wollen. Das Recht auf Entwicklung steht hier im Mittelpunkt, und die reichen Industrieländer sollen für eine gerechtere Weltwirtschaftsordnung sorgen. Freilich wollen die Industrieländer diese Forderungen nicht in den Status der Menschenrechte erheben.

Schon bei der ›Allgemeinen Erklärung der Menschenrechte‹ war die Spannung zwischen Recht und Ethos deutlich zu merken, bei den weiteren Erklärungen hat diese Spannung eher zu- als abgenommen. Es ist zwar richtig, daß der Westen in der Dokumentation der Menschenrechte eine Vorreiterrolle einnimmt. Der Sache nach jedoch ist dies zu relativieren, denn die Traditionen z.B. Indiens und Chinas kennen die Werte, die den Menschenrechten zugrunde liegen.

Kurz vor der Verabschiedung der ›Allgemeinen Erklärung der Menschenrechte‹ wurde von der UNESCO eine Umfrageaktion gestartet mit dem Ziel herauszufinden, ob die kodifizierten Menschenrechte der Vielfalt der Kulturtraditionen Rechnung tragen. Es gab eine fast einhellige bejahende Antwort von Kennern der unterschiedlichen Traditionen. Dies weist auf die orthafte Ortlosigkeit der Menschenrechte hin.

4. Wünschbarkeit und Realisierbarkeit der Menschenrechte

Das Gute soll sein, auch wenn es niemals geschehe, sagt der Philosoph und Soziologe Max Scheler hinsichtlich der Frage nach der Idee des Friedens. Analoges könnte auch für die Idee der Menschenrechte gelten; denn die Wünschbarkeit einer guten Idee kann nicht und darf nicht die Garantie ihrer vollständigen Realisierbarkeit als Motivation und zur Voraussetzung haben. Was sein soll, kann sein, ist aber kein automatischer Vorgang. Wir sollen in dem Bewußtsein handeln, daß wir unsere Ideen nur schrittweise verwirklichen können.

Daß die Evolution nicht unbedingt auf der Seite der Moral steht, macht die Aufgabe der Ethik hinsichtlich der Menschenrechtsproblematik nicht leichter, eher sogar schwieriger und schicksalhafter, denn nun muß der Mensch alles daran setzen, dem moralisch Besten im Gegensatz zum biologisch Stärkeren zum Sieg zu verhelfen. Das biologisch Stärkere und das moralisch Bessere verhalten sich so wie der Blinde und der Lahme in der in vielen Kulturkreisen vorhandenen Parabel. Dem Ziel kommen sie freilich nur gemeinsam näher.

Während Moral die menschliche Praxis betrifft und notwendigerweise mit Werten zu tun hat, weist das Recht auf eine mehr oder minder institutionalisierte politische Sozialstruktur hin. Religionswissenschaftliche Begründungen können, brauchen jedoch nicht, auch eine institutionelle Legitimation besitzen. Ethik steht für Gedanken, Prinzipien und Begründungsmöglichkeiten für das menschliche Handeln. In der indischen Terminologie geht es um das Verhältnis zwischen Dharma- und Arthashâstra (Ethik und Recht). Der bekannteste sozialpolitische Denker des alten Indien, Kautilya (ca. 4.Jh. v.u.Z.), spricht von der Logik der Fische (Matsya-Nyâya) in seiner Schrift Arthashâstra und meint, daß nur das Befolgen der

Dharma-Ordnung dieses Unrecht, daß die großen Fische die kleinen fressen, lindern oder beseitigen kann.

Das Recht auf Leben ist ein zentrales Menschenrecht, und seine universelle Anerkennung setzt z.B. voraus, daß man zwischen Mord und Tötungsrecht unterscheidet. Fast in allen Kulturen ist der Tyrannenmord als ein Mittel erlaubt, während Morden immer verboten ist. Ferner setzt die universelle Anerkennung der Menschenrechte eine reziproke Bereitschaft voraus, diese Rechte zu gewähren und zugleich die damit verbundenen Pflichten zu erfüllen. Leben-Wollen mag einen starken biologischen Grund haben, das Leben-Lassen jedoch weist darüber hinaus auf einen anthropologischen und ethisch-moralischen Grund hin. Wünschbarkeit und Realisierbarkeit sind zwar keine Gegensätze, kommen jedoch nie zur völligen Deckungsgleichheit. Menschenrechte und Menschenpflichten bedingen sich gegenseitig.

Die moralische und die gesetzliche Pflicht können konvergieren, tun es aber nicht immer. Kant wußte sehr genau, daß es mit der Menschheit nicht gut bestellt sein wird, solange die Legalität nicht von der Moralität begleitet wird. So ist zwischen der gesetzlichen und moralischen Verbindlichkeit zu unterscheiden. Die UNO-Konvention hat einen politischen Konsens, zumindest formaliter, bereits bei der Unterzeichnung erreicht. Daß aber de facto eine Realisierung der Menschenrechte viel zu wünschen übrigläßt, deutet auf das Fehlen der Vermittlung zwischen Moral und Recht hin. Man hat oft gemeint, es fehle eine oberste göttliche Instanz, die die Menschenrechtsverletzungen bestraft. Eine solche Erklärung greift zu kurz; denn seit Jahrtausenden haben auch die Gläubigen und Gottesfürchtigen in aller Welt die Menschenwürde und die Menschenrechte verletzt. Locke äußerte bereits den Verdacht, daß die Menschen die Gottesgerichtsbarkeit weniger oder kaum ernst nehmen. Eher werden die weltlichen Institutionen gefürchtet. Gott mag die Menschenrechtsverletzer bestrafen, aber solange die göttliche Strafandrohung keine Wirkung im menschlichen Leben zeigt, wird sich wenig hinsichtlich der Verwirklichung der Menschenrechte ändern. Alle Verbote und Gebote, seien sie sakral oder profan, sind Muster ohne Wert, wenn ihnen die innere Zustimmung fehlt. Vergleichbar mit dem Sprachspiel Wittgensteins muß man auch das Religionsspiel spielen, indem man die Regeln der Verbote und Gebote befolgt. Freilich dürfen diese Regeln nicht gegen die elementaren Menschenrechte wie z.B. das der Religionsfreiheit sein.

Aus philosophisch-pädagogischer Perspektive möchte ich hier für die nicht nur in der indischen vedantischen Literatur vorgeschlagene dreistufige Methodologie plädieren: 1. sich informieren, hören, (Sravanam), 2. über das Gehörte nachdenken, reflektieren (Mananam) und 3. über das Nachgedachte meditieren mit dem Ziel der Selbsttransformation (Nididhyâsanam). Es ist dabei zunächst einerlei, ob die Beweggründe nur ethisch-moralisch oder/und auch religiös sind. Es ist von dem Parameter auszugehen: Der Mensch kann gut sein mit Gott, aber auch ohne ihn. Theismus und Atheismus sind keine Gegensätze, wenn sie im Ethos verankert sind. In einer Zeit, in der weder die Offenbarungstheologien noch die Vernunftanthropologien richtig greifen, sind wir zurückgeworfen auf die Entwicklung und Kultivierung einer Haltung, die über die bloße Wünschbarkeit der Menschenrechte hinaus auch ihre Einhaltung bewirkt.

5. Zur Instrumentalität der Menschenrechte

Die Menschenrechtsproblematik ist in dem Spannungsfeld Ethik und Politik angesiedelt, und selbst eine universale Anerkennung der Menschenrechte – ob im Westen oder im Osten – ist nicht gegen eine Kontextualisierung, Relativierung, gegen pragmatisch-utilitaristische Erklärungen gefeit. Es gibt jedoch ernstzunehmende Einschränkungsklauseln, die z.B. verhindern sollen, daß die liberalen Individualmenschenrechte zu liberalistisch werden und die Rechte des Gemeinwohls verletzen. Die Puristen unter den Verteidigern der Menschenrechte wollen das Befolgen der Menschenrechte als einen Selbstzweck ansehen und lehnen jede Instrumentalisierung dieser Rechte ab.

Der japanische Philosoph, Literat und Künstler Shuichi Kato ist da anderer Ansicht und schreibt: »Aber mit Verbraucherrechten verhält es sich wie mit den Menschenrechten: Man ist gezwungen, sie bis zu einem bestimmten Grad anzuerkennen, tut dies aber nicht auf der Basis moralischer oder philosophischer Erkenntnis, sondern aus rein instrumentellen Gründen.«[2]

Es mag, gesinnungsethisch betrachtet, eine unmoralische Instrumentalisierung der Menschenrechte geben, wenn Menschen, Gruppen oder Staa-

---

[2] Die Zeit, 5.5.94, S. 5.

ten die Menschenrechte manipulieren. Jenseits einer solchen verwerflichen Instrumentalisierung kann die Einhaltung der Menschenrechte ein geeignetes Mittel sein, um das Ziel eines friedlichen Zusammenlebens mit Menschen, Gruppen, Staaten und der Natur zu erreichen.

Eine reziproke Anerkennung und Befolgung der Menschenrechte – ob geboren aus dem Geist des Altruismus, der Nächstenliebe, des allumfassenden Wohlwollens oder aus dem eines aufgeklärten Selbstinteresses – ist stets zu bejahen, weil das Ziel das harmonische, gewaltfreie Miteinander der Menschen ist.

Die Lehre von den Menschenrechten ist dazu da, daß man sie anwendet, um die Ideale wie Gleichheit, Freiheit und Frieden zu erreichen. Im Geiste der Lehre Buddhas sollen wir die Menschenrechte wie ein Boot betrachten, das uns hilft, das andere Ufer voller Frieden und Freiheit zu erreichen. Das Boot der Menschenrechte ist das Mittel und nicht das Ziel. In der Neuzeit werden die Menschenrechte auch zum Instrument der politischen und sozialen Kämpfe; denn der Mensch als Geschöpf, als Vernunftwesen und als Rechtssubjekt bedarf der für ihn unveräußerlichen Rechte.

6. Eine kompensatorische Theorie der Menschenrechte

Bereits im ersten Artikel der Menschenrechtserklärung von 1948 ist von Gleichheit und Freiheit die Rede, die als angeborene Eigenschaften der Menschen betrachtet werden. Wären die Werte, die den Menschenrechten zugrunde liegen, wirklich unleugbar und universell da, so wäre die Menschenrechtserklärung entweder überflüssig oder eine bloße Wiederholung eines Tatbestandes. Der Sollenscharakter dieser Erklärung macht jedoch deutlich, daß diese Ideale keine bloßen Tatsachenbeschreibungen darstellen.

Die Menschheitsgeschichte macht deutlich, daß die Ideale wie Gleichheit und Freiheit aus dem Bedürfnis nach ihnen entstehen. Die Formulierung der Menschenrechte, die eine Unterklasse in der Diskussion um die Werte überhaupt darstellen, steht für eine Kompensation des o.g. Bedürfnisses. Wenn hier von einer Kompensation die Rede ist, so ist damit keineswegs eine Geringschätzung der Menschenrechte gemeint, eher sogar das Gegenteil. In der Sprache der Husserlschen Phänomenologie der Konstitution und der universalen noetisch-noematischen Korrelation könnte man die Menschenrechte als das noematische Korrelat der noetischen Akte ansehen.

Diese intentional konstituierten Menschenrechte haben eine intendierte Bedeutung. Die Frage nach der Erfüllung dieser Bedeutungen hängt von Faktoren ab, die anthropologischer, sozialer und institutioneller Natur sein können.

Wer die normativ kompensatorische Komponente in der Menschenrechtsidee leugnet, vergißt, daß die Ideen der Gleichheit und Freiheit immer unter Bedingungen und im Rahmen sehr unterschiedlich gearteter Gegebenheiten gelten. Diese Bedingungen und Gegebenheiten in ihren schädlichen Wirkungen zu lindern, ist die Aufgabe der Menschenrechte. Toqueville, der große Analytiker der französischen Revolution, machte einen zu großen Hang zur Gleichheit dafür verantwortlich, daß die Menschen daran scheitern.

7. Zur Problematik der Universalisierbarkeit der Menschenrechte

Auch wenn wir die Universalität der Menschenrechte mit einer möglichen und wünschenswerten Universalisierbarkeit derselben nicht verwechseln, so müssen wir dennoch feststellen, daß angesichts eines prinzipiellen Pluralismus unter den Menschen und ihren Anschauungen die Universalisierbarkeit ein diskutables Thema ist und bleibt. Dies um so mehr, wenn die Menschenrechtsvorstellungen einer bestimmten Kultur sich in den universellen Stand setzen wollen. Läßt man alle im Grunde genommen indiskutablen Manipulationsformen bei den Universalisierungsversuchen der Menschenrechte außer Acht, so ist im Geiste der Interkulturalität »von einem Menschenrecht [...] erst dann sinnvoll« zu sprechen, »wenn die nicht-monologische Ausgangssituation der Zwischenmenschlichkeit mit all ihren Chancen und Problemen unterstellt wird.«[3] Sehr zu Recht weist Roetz einen jeden bloß analytischen und semantisch-philologischen Versuch für eine interkulturelle Akzeptanz als ungeeignet zurück. Wer anstelle vieler Perspektiven nur eine einzige gelten lassen möchte, liebäugelt, nicht nur insgeheim, mit einer selbstverschuldeten Verabsolutierung eines bestimmten Kulturrelativismus.

---

[3] Vgl. Roetz, Heinz: China und die Menschenrechte, in: Traditionelle chinesische Kultur und Menschenrechtsfrage, hrsg. von G. Paul et al., Baden-Baden 1997, S. 43.

Man hat oft, und dies nicht zu Unrecht, die Frage gestellt, warum der Westen nach dem Verlust der Kolonien, der imperialen und politischen Macht nach dem zweiten europäischen Weltkrieg auf einmal so überdeutlich das Menschenrechtsthema zur Diskussion stellt und die Menschenrechte plötzlich als etwas Besonderes und nur Christlich-Europäisches anpreist. Ein Rückblick auf die europäische Geschichte macht deutlich, daß der Westen selbst nach der Deklaration der Ideale der französischen Revolution die Verletzung derselben weiter betrieb. Als die großen Philosophen wie Kant und Hegel ihre zweifelsohne großartigen Gedanken niederschrieben, wußten sie von der Freiheitsberaubung in den Kolonien, von Sklavenhandel und von anderen Verletzungen der Menschenrechte. In seinem lobenswerten, kenntnisreichen und hilfreichen Aufsatz über die Menschenrechtsproblematik macht Bielefeldt deutlich, daß Menschenrechte nicht von Anfang an Bestandteil der abendländischen Tradition gewesen sind, daß sie in der Moderne erst zum Durchbruch gelangten und daß die europäische Tradition in der frühen Neuzeit Sklaverei als eine Rechtsinstitution anerkannte.[4]

Keine Kultur, ob asiatisch, europäisch, afrikanisch oder lateinamerikanisch ist ganz freizusprechen von Verletzungen der Menschenrechte. Es gibt keinen Lehrmeister, und am wenigsten kann er Europa heißen. Roetz drückt dies pointierter aus, indem er sagt, »daß jene Kultur, die die Menschenrechte als erste formulierte, mit ihnen einen skandalösen Umgang getrieben hat.«[5]

Der Machtverlust des Westens brachte mit sich, daß das Adjektiv ›europäisch‹ seinen Universalitätsanspruch einbüßte.[6] Die hermeneutische Lage der Kulturwissenschaften änderte sich dahingehend, daß neben dem Selbst- und Fremdverständnis der europäischen Kultur die nichteuropäischen Kulturen ihr Selbst- und Fremdverständnis selbst vortrugen und den

---

[4] Vgl. Bielefeldt, Heiner: Auf dem Wege zum interkulturellen Menschenrechtskonsens, in: Jahrbuch für Pädagogik 1996. Pädagogik in multikulturellen Gesellschaften, Frankfurt/M. 1996, S. 33ff.

[5] Roetz, Heiner: China, die Menschenrechte und die Aufgabe der Sinologie, in: FF, 97, S. 7.

[6] Vgl. Mall, Ram Adhar: Meditationen zum Adjektiv ›Europäisch‹ aus interkultureller Sicht, in: Der technologische Imperativ, Zum 75. Geburtstag von H. Hülsmann, hrsg. von W. Blumberger u. D. Nemeth, München 1992 (139-150).

europäischen Universalismus als unbegründet zurückwiesen. Derrida meint, und dies nicht zu Unrecht, daß Europa seine eigene Identität mit der Universalität, zumindest mit einer möglichen Universalisierbarkeit zusammendenkt. Die europäische Rede von der Krise ist oft die Krise der europäischen Universalität. »Die europäische Kultur«, so Derrida, »ist in Gefahr, wenn diese ideale Universalität, die Identität selbst des Universellen [...] bedroht wird.«[7] Selbst der europäische Humanismus, so muß kritisch angemerkt werden, ist das, was er ist, nämlich europäisch und kann nur in seinen mit anderen Kulturen überlappenden Eigenschaften universalisiert werden. Bei Derrida ist auch daher von einem »europäischen Humanismus« die Rede.

Nicht unerwähnt bleiben darf die manipulative Universalisierungstendenz eines Denkens mit der Vorsilbe ›mono-‹, auf welchem Gebiet auch immer. Polytheismus, recht verstanden, ist in der Tat von Haus aus toleranter. Dennoch gibt es ernstzunehmende Versuche mancher monotheistischer Religionen, Menschenrechte, Demokratie und Toleranz zusammenzudenken. Hans Küngs Versuch mit seinem ›Projekt Weltethos‹ zielt erfreulicherweise auf ein Ethos, das dem Diskurs Theismus-Atheismus, Mono- und Polytheismus, Identität und Differenz vorausliegt.

Unter den Verfechtern der universellen europäischen Menschenrechte gibt es Stimmen, die den sogenannten Erfolg in der Zeit des Kolonialismus, Imperialismus und Missionarismus als ein Argument für die Stimmigkeit und Richtigkeit ihrer These ansehen. Sie vergessen dabei nicht nur die gleichzeitige Verletzung der Menschenrechte durch den Westen, sondern sie lassen auch außer Acht, daß der Menschenrechtsgedanke, trotz seiner Kulturspezifität, nicht der Besitz einer einzigen Kultur ist. Ferner wird die Universalität der europäischen technologischen Formation als ein Beleg für die Universalität des europäischen Geistes betrachtet. Man vergißt dabei die grundsätzliche Wertneutralität der technologischen Formation und verwechselt voreilig die Hardware mit der Software der Universalität. Es ist zwar richtig, daß die Welt sich ›verwestlicht‹, aber dies heißt lange nicht, daß sie sich auch ›europäisiert‹. Die Husserlsche Rede von der Euro-

---

[7] Derrida, Jacques: Kurs auf das andere Kap – Europas Identität, in: Liber, Nr. 3,1990, S. 13.

päisierung der Erde und der Menschheit bezieht sich nicht auf eine geographische, sondern auf eine intellektuell-geistige Kategorie.

Es muß zwischen einer strengen und einer schwachen Version der Universalität unterschieden werden. Angesichts der prinzipiellen Unterschiede der Kulturen, Religionen und Philosophien ist eine strenge Version im Sinne einer identischen ethisch-moralischen Empfindung unter den Menschen nicht möglich. Und es hilft der Menschenrechtsdiskussion wenig, wenn rigoristisch und formalistisch ein in einem bestimmten Kulturkreis entstandenes Menschenrechtsdenkmodell universalisiert wird. Ein solcher Eindruck entsteht, wenn heute, fast übertrieben, der Individualismus dem europäischen und der Kollektivismus dem asiatischen Geist zugeschrieben wird. Die schwache Version der Universalität der Menschenrechte gibt sich zufrieden mit den dynamisch angelegten analogischen Überlappungen, die jenseits der beiden Fiktionen einer totalen Kommensurabilität und einer völligen Inkommensurabilität zu suchen und zu finden sind.

8. Menschenrechtsdiskussion und die Notwendigkeit einer interkulturellen Historiographie

»Die westliche Philosophie«, schreibt Eliade, »kann sich nicht endlos nur innerhalb ihrer eigenen Tradition bewegen, ohne provinziell zu werden.«[8] Diese Worte Eliades gelten mutatis mutandis für alle Kulturen, Philosophien und Religionen. Daß aber der Westen seit Jahrtausenden mit beachtlichem Erfolg seine Kultur universalisiert hat, liegt nicht so sehr an der Überzeugungskunst, sondern vielmehr an außerphilosophischen Faktoren wie der politischen, ökonomischen und militärischen Macht.

Kontextualismus und Perspektivismus sind Tatsachen, und sie sind nicht schlecht. Was jedoch ein Irrweg ist, ist die Universalisierung einer bestimmten Perspektive. Die Anekdote von dem chinesischen Brunnenfrosch belegt dies. Einheit und Vielfalt sind Kategorien, die nicht aufeinander reduziert werden sollen. Es ist weniger die Frage nach der Konjunktion ›und‹ in dem Ausdruck ›Einheit und Vielfalt‹, sondern vielmehr nach Einheit angesichts der Vielfalt und die Vielfalt angesichts der Einheit. Eine einigermaßen vorurteilsfreie Beschäftigung mit der Menschenrechtsprob-

---

8 Eliade, Mircea: Die Sehnsucht nach dem Ursprung, Wien 1973, S. 208.

lematik macht deutlich, daß in allen Kulturen die Menschenrechte befolgt, verteidigt und verletzt werden.

Es ist ein Verdienst Hegels gewesen, zum ersten Mal die außereuropäischen Kulturen, Philosophien und Religionen (auch Rassen) systematisch behandelt zu haben. Ebenso groß ist auch sein Fehler gewesen, diesen Kulturen, Philosophien und Religionen das eigentliche Prädikat: Kultur, Religion und Philosophie abgesprochen zu haben. Dies mag nicht nur auf mangelhaften Kenntnissen beruhen. Sein System verlangt, daß allen anderen Kulturen in einem systemtheoretischen Gang der Geschichte ein Platz zugewiesen wurde. Die Hegelsche Metapher von dem Kindes-, Jünglings-, Mannes- und Greisenalter ist ein Allgemeingut geworden, und selbst der große Indologe, Max Müller, dem Indien zu Dank verpflichtet ist, ist von diesem Vorurteil nicht frei gewesen. Der Gedanke einer diesseitigen Vollendung ist eher europäisch als asiatisch. Und wenn die Gestalt der Vollendung in einer bestimmten Gestalt der Philosophie und der Religion dingfest gemacht wird, dann ist es mit der gleichwertigen Anerkennung anderer Kulturen und Religionen vorbei. Diese Sichtweise ist in der langen Zeit des Kolonialismus und Missionarismus am Werke gewesen. Hegels Philosophie in ihrer kultur-, religions- und philosophiegeschichtlichen Ausprägung ist heute zurückzuweisen, weil sie die historische Entwicklung auf das Christentum und auf die europäische, sprich Hegelsche Philosophie hin festlegt, diesen Gang den notwendigen Gang der Geschichte nennt und aus ihr eine universell gültige Moral ableitet.

Die eurozentrische Historiographie zeigt sich auch in der Ablehnung eines Geschichtsdenkens außerhalb Europas. Die Weltgeschichte ist europäische Geschichte, und Hegel legt auch den Gang der Weltgeschichte vom Orient zum Okzident fest. In der Euphorie des erfolgreichen Expansionismus des 18. und 19. Jh. schreibt Hegel: »Mit dem Eintritt des christlichen Prinzips ist die Erde für den Geist geworden. Die Welt ist umschifft und für die Europäer ein Rundes. Was noch nicht von ihnen beherrscht wird, ist entweder nicht der Mühe wert oder aber noch bestimmt, beherrscht zu werden.«[9]

---

9 Hegel, G.W.F.: Vorlesungen über die Philosophie der Weltgeschichte, Hamburg 1955, S. 763.

Selbst die Bücher über die Geschichte der europäischen Philosophie stehen für die Geschichte der Weltphilosophie. Darin verbirgt sich die Sichtweise, daß Philosophie nur europäisch ist und sein kann. Hegel und Heidegger sind in diesem Punkte einer Meinung. Bertrand Russell nennt seine Geschichte der Philosophie eine Geschichte der europäischen Philosophie. Es ist heute erfreulich, daß im Geiste der interkulturellen Orientierung in der Philosophie auch an eine neue Orientierung in der Historiographie der Philosophie gedacht wird. Unter den modernen Philosophen ist Karl Jaspers fast eine Ausnahme; denn er läßt die Gestalt der einen philosophia perennis nicht den alleinigen Besitz einer bestimmten philosophischen Tradition sein. »Wir sind«, schreibt er in seiner philosophischen Autobiographie, »auf dem Wege vom Abendrot der europäischen Philosophie zur Morgenröte der Weltphilosophie.«[10] Diese Worte Jaspers mögen ein wenig gestelzt erscheinen, kommen jedoch der weltphilosophischen Forderung entgegen.

Interkulturelle Orientierung lebt von einer gegenseitigen Anerkennung der Kulturen, die alle ihren je eigenen Zugang zum einen Wahren haben. Wer die Wahrheit exklusiv durch die eigene Tradition und die eigene Tradition durch die Wahrheit definiert, verhindert den Dialog, verursacht den Kommunikationsbruch und beschwört eine Konfrontation der Kulturen herauf. Huntington plädiert zwar für einen Dialog der Kulturen am Ende seines Buches über den ›Kampf der Kulturen‹, bedauert jedoch sehr den Verlust des europäischen Universalismus.

Vom »Anspruch und Elend des europäischen Universalismus« ist bei Henningsen die Rede. »Die eurozentrischen Standpunkte, die bei Kant, Hegel, Marx und Engels die Vorherrschaft Europas bewußt-bewußtlos widerspiegeln, lassen sich übrigens noch immer in der Organisation des Geschichtsstudiums an deutschen und anderen europäischen Universitäten nachweisen [...] Die Geschichte, die als alte, mittlere und neue gelehrt wird, ist europäisch [...]. Historiker leben und denken fürs Abendland.«[11]

Die internationale Konstellation von Denken und Handeln durchbricht heute die hermetische Geschlossenheit eines bestimmten Kulturkreises. Ferner das Vorurteil von geschichtslosen und kulturlosen Völkern. Inter-

---

[10] Jaspers, Karl: Philosophische Autobiographie, München 1977, S. 122.

[11] Henningsen, Manfred: Merkur, Heft 8, 1983, S. 897.

kulturelle Orientierung weist heute auf eine neue Konzeption der Historiographie hin mit dem Ziel, daß alle Formen einer ethnozentrischen Historiographie – ob europäisch oder nicht-europäisch – abzulehnen sind. Es ist zwar richtig, daß die unterschiedlichen historiographischen Standpunkte ihre je eigene Bedeutung und Berechtigung besitzen. Sie führen uns jedoch in die Irre, wenn sie sich in den absoluten Stand setzen. Die wissenschaftliche Disziplin der Historiographie mag europäischen Ursprungs sein, dies heißt jedoch nicht, daß man die offene Allgemeinbegrifflichkeit der Historiographie mit ihrer europäischen Sedimentiertheit verwechseln darf. Die orthafte Ortlosigkeit der Menschenrechte lebt von der Vernetzung dieser Offenheit mit der jeweiligen Sedimentiertheit.

9. Menschenrechtsidee in Europa und Asien

Das Bekenntnis zu den Menschenrechten gilt es heute in einen größeren Rahmen einzubetten, um so das Verhältnis der Menschen zu der Tier-, Pflanzen- und sogar anorganischen Welt zu bestimmen. Wer von der Ansicht ausgeht, daß die menschliche Gattung ihren unverwechselbaren, aber gleichwertigen Ort in dem großen Haushalt der einen allumfassenden kosmischen Natur hat, wird dem menschlichen Wissensvorsprung gegenüber bescheidener sein. Zu dieser Bescheidenheit gelangt man, wenn man einsieht, daß das Zentrum, von wo aus Rechte und Pflichten verteilt werden, nunmehr nicht der Mensch selbst, sondern die große Natur ist. Die große Natur privilegiert kein Wesen, ob klein oder groß, ob Mensch, Tier oder Pflanze. Sie ist unparteiisch. Daher sagt Lao Tze zu Recht, daß der Himmel nicht lacht und nicht weint.

Ist die Formulierung der Ideale der profanen Dreifaltigkeit der französischen Revolution – Freiheit, Gleichheit und Brüderlichkeit – noch eine Angelegenheit der westlichen Kultur, so ist die ›allgemeine Erklärung der Menschenrechte‹ nicht nur von den europäischen Staaten unterzeichnet worden. Daher wird hier die These vertreten, daß der Sache nach das Menschenrechtsdenken in allen Kulturen zu finden ist.

Der Gedanke der Menschenwürde ist in der alten indischen sozialpolitischen Geschichte mit der Idee des Dharma verbunden gewesen. Ein König verlor z.B. das Recht zu regieren, wenn er gegen die Gerechtigkeit der Dharma-Ordnung handelte. So ist in dem indischen Dharma- und Nitishâstra auch von dem Recht der Regierten zur Revolte gegen den Herrscher die Rede. Im Anushasanaparvan des indischen Epos Mahâbharata ist sogar davon die Rede, daß ein König, der seine Dharma-Pflicht verletzt, wie ein Tier getötet werden soll.

Die heute noch kontrovers diskutierte Frage, ob das Christentum der Menschenrechtsidee gegenüber positiv, negativ oder neutral gesonnen ist, möchte ich hier nicht thematisieren. Die Anerkennung einiger Menschenrechte, allen voran das der Glaubensfreiheit, ist eher in der europäischen Geistesgeschichte neueren Datums. Selbst die »Freiheit eines Christenmenschen«, die die Reformation verkündete, bezog sich hauptsächlich auf die Befreiung des Gläubigen von der Vormundschaft der damaligen Kirche. Das moderne Menschenrecht der Religionsfreiheit hatte seine Grenze dort, wo es um Gottesrecht ging. Der Mensch hat höchstens die Freiheit, irgendeine Religion zu wählen, aber nicht die Freiheit, alle Religionen abzulehnen. Es zeugt von einer zu formalistischen und raffinierten Wendung, wenn behauptet wird, daß der Begriff eines *deus absconditus* auch den Atheismus zulassen könne. Aber für einen echten Atheisten existiert auch ein *deus absconditus* nicht.

Hier wird die These vertreten, daß schon vor 1948 und vor 1789 im alten Indien zur Zeit der Ashoka-Herrschaft eine schriftliche Dokumentation einiger Menschenrechte im dritten Jahrhundert v. u. Z. geschehen ist. Es wird berichtet, daß Ashoka unter dem Einfluß der Lehre Buddhas seinen Regierungsstil entwickelte. Dabei verlangte er nicht, daß das Volk seinen Glauben annehmen müsse. Man denke nur in diesem Zusammenhang an das Prinzip: *cuius regio, eius religio!*

Ashokas verkündete seine nichtaggressiven und gewaltlosen Intentionen seinen Nachbarn sowohl im Osten als auch im Westen. Er sandte seine tolerante Dharmabotschaft durch Missionare bis nach Persien, Syrien, Ägypten und Griechenland. Seine neue Herrschaftskunst bezeichnete er als Sieg durch Dharma (Dharmavijaya). Ashoka, der sich selbst wandelte wie Saulus zu Paulus, war über seine eigenen die Menschenrechte verletzenden Taten in dem Kalinga Krieg schockiert. Er änderte sich und beschloß, Gewaltlosigkeit in jeder Form zu üben. Er ernannte Minister, Beamte und Offiziere, deren Aufgabe es war, Menschenrechtsverletzungen sofort bei ihm zu melden und diese zu ahnden.

Dharma ist in der indischen Tradition ein sehr facettenreicher Begriff und kann trotz gewisser Unterschiede mit Begriffen wie Logos, Vernunft oder

Geist übersetzt werden. Dharma kann u.a. Gesetz, Gerechtigkeit oder auch Pflicht etc. bedeuten. Der Dharma-Gedanke lag in Indien sowohl den monarchischen als auch den republikanischen Herrschaften zugrunde (Sangha/Gana). Alexanders Begleiter erwähnen das Vorhandensein von Aristokratie und Demokratie im damaligen Indien.

Ashoka war ein praktizierender Buddhist, kein Intellektueller des Buddhismus, und verstand unter Dharma eine innerweltliche Lebensform im Geiste der Lehre Buddhas. Unter Dharma verstand er das Befolgen der ethisch-moralischen Sozialtugenden wie Wahrheit, Wahrhaftigkeit, Mitleid, Wohlwollen, Freundlichkeit oder Gewaltlosigkeit. Jenseits aller metaphysischen Feinheiten empfahl er Sünden zu vermeiden und Gutes zu tun. Das Menschenrechtsdenken im Buddhismus ist jenseits aller theologischen Verankerung im engeren Sinne. Es ist durch und durch humanistisch und bezogen auf das Los des Menschen in dieser Welt.

Im Geiste der Menschenrechte, zumindest der der ersten Generation, machte er die Haltung der Toleranz, der Anerkennung und des Respekts allen Religionen gegenüber zu seinem Leitmotiv. Ashoka forderte alle Menschen auf, den Glauben der anderen zu respektieren, ihre guten Eigenschaften zu loben und sich einer vehementen Kritik anderer Standpunkte zu enthalten. Dabei wandte er hauptsächlich zwei Methoden an: zum einen die mündliche Kundgebung, zum anderen das Eingravieren der Lehre in Felsen und Säulen an geeigneten Plätzen. Dies sind die Weltbekannten Säulen- und Felsenedikte Ashokas in Aramäisch, Griechisch und Sanskrit. Das 12. Säulenedikt ist dem Menschenrecht der Religionsfreiheit gewidmet.[12]

Im Felsenedikt XII (Kalsi Text) heißt es: »Der König respektiert alle Bekenntnisse der Einsiedler oder des einfachen Volkes, macht Schenkungen, um diese gedeihen zu lassen. Es darf nicht sein, daß man den eigenen Glauben respektiert und die anderen verdammt. Die anderen Glaubensformen sollen auch anerkannt und respektiert werden. Für diesen Zweck sind Regierungsbeauftragte (Dhammamahamatras) ernannt worden.«[13] Ashoka verkündete nicht nur die Menschenrechte der ersten Generation,

---

[12] Vgl. Sanghabheda.

[13] Übersetzt vom Verfasser. Vgl. Barua, B.: Insciption of Ashoka, üb. Mit einem Glossar, hrsg. Von B.N. Chaudhury, Calcutta 1990, S. 12.

sondern sprach von den Pflichten eines gläubigen Menschen, die Religionen anderer Menschen zu respektieren.

Ashokas Säulen- und Felsenedikte sind dem humanistischen Ethos der gegenseitigen Anerkennung verpflichtet, und sie sind weder religiös noch antireligiös, sondern vielmehr areligiös. Er bevorzugte die Methode des Überzeugens und nicht die der Gewalt, der versteckten Manipulation oder des Verführens. In allem, was Ashoka nach seiner Bekehrung zum Buddhismus sagte und tat, weht der Geist der Offenheit, Wahrhaftigkeit und Freundlichkeit.[14]

In diesem Zusammenhang möchte ich die Verkündigung des »Göttlichen Glaubens« (Din-Ilahi) durch Akbar im Jahr 1582 erwähnen, deren Ziel es war, die Idee einer universellen Toleranz unter den Religionen zu üben. Gewiß war Din-Ilahi ein Synkretismus, der die besten Elemente aus den heiligen Schriften von Muslimen, Hindus, Buddhisten, Jainas, Parsen und Christen enthielt. Akbar, der an die universelle Toleranz glaubte, überließ es dem inneren Zustand der Menschen, diese Religion anzunehmen oder abzulehnen. Im indischen Kontext eines pluralistischen Denkens, ob im profanen oder sakralen Bereich, erfährt der Begriff Säkularismus eine Erweiterung.

10. Menschenrechtsidee und Interkulturalität

Der Terminus der Interkulturalität steht im Unterschied zu dem der Transkulturalität mehr für das, was die Kulturen verbindet und nicht für das, was außerhalb oder jenseits (trans-) der Kulturen ist. So ist das Ethos der Interkulturalität in erster Linie die Sache einer erlebten Haltung.

Die Rede von den Menschenrechten läßt wohlweislich die unterschiedlichen lokalen Adjektive wie europäisch, asiatisch oder afrikanisch zunächst einmal unerwähnt. Eine interkulturelle Diskussion um die Menschenrechte heute hat die schwierige und heikle Aufgabe zu lösen, die in einer möglichen Vermittlung zwischen der Universalität und der Kulturspezifität besteht. So ist der Nachweis einer orthaften Ortlosigkeit bzw. einer ortlosen Orthaftigkeit unser zentrales Thema gewesen.[15] In fast allen Kulturen gibt

---

14 Vgl. Sen, A. (ed.): Ashoka‹s Edicts, 1956.

15 Vgl. Roetz, Heiner: China, die Menschenrechte und die Aufgabe der Sinologie, FF 1/97, S. 4 ff. und Wimmer, Franz Martin: Die Idee der Menschenrechte in in-

es eine Tradition der Machtkritik mit unterschiedlichen Begründungen. Der bekannte Konfuzianer Meng Tzu (372-281 v.u.Z.) spricht von einer angeborenen Würde, die jeder Mensch besitzt und die von der Würde des Amtes zu unterscheiden ist. Diese angeborene Würde ist unveräußerlich und kann von niemandem genommen oder gewährt werden. In diesem Zusammenhang ist auch von einem gerechtfertigten Tyrannenmord in der chinesischen Tradition die Rede.

Das Dilemma der Menschenrechtsdiskussion im interkulturellen Konzert besteht in der Kunst, die beiden Extreme eines inhaltsleeren Universalismus und eines orthaften Partikularismus miteinander in Einklang zu bringen.

Am Beispiel der Menschenrechte, wie dem der Meinungs- und Religionsfreiheit, kann man zeigen, daß ohne die interkulturelle und interreligiöse Grundüberzeugung es weder den absoluten Text noch die absolute Interpretation gibt, die Rede von diesen Menschenrechten ein bloßes Lippenbekenntnis darstellt. Daher schlägt eine interkulturelle philosophische Orientierung vor, von dem gefährlichen Dogma, den Stein des Weisen allein zu besitzen, Abschied zu nehmen. Nur eine solche Haltung kann den engen, der Brunnenfroschperspektive unterliegenden Kulturalismus überwinden und eine kulturübergreifende (-überlappende) Perspektive entwickeln helfen.

Die Idee der Menschenrechte ist ein Kulturgut, eine Kulturleistung. Eine schwache Form der Universalität dieser Idee scheint durch, wenn wir sehen, daß selbst die schwersten Menschenrechtsverletzungen argumentativ belegt werden. Solche Argumente können zwar nicht restlos abgeschafft werden, ihr Absolutheitsanspruch aber muß zurückgewiesen werden, um so für eine universale Anerkennung und Geltung der Menschenrechte Platz zu schaffen. Gebe ich den Absolutheitsanspruch meiner Meinung auf, so kann ich ohne weiteres Meinungsfreiheit zulassen.

Von der Kunst des Überzeugens dürfen wir kein Wunder erwarten, wenn Überzeugtsein die Identität der Perspektiven bedeuten soll. Im Geiste einer analogischen Hermeneutik, die weder die Einheit noch die Differenz überbewertet, gilt es einzusehen, daß in der Demokratie der Meinun-

---

terkultureller Sicht, in: Studien zur interkulturellen Philosophie, Bd.1, 1993, S. 245-264.

gen jeder zwar seine Präferenzen und Argumente hat, daß aber andere Meinungen ebenso Meinungen sind. Wer sich diese Ansicht zu eigen macht, schließt Kompromisse, praktiziert Rücksichtnahme und entwickelt die Bereitschaft und die Fähigkeit, die anderen Meinungen zu tragen und falls nötig zu ertragen. Das Ideal der Gewaltlosigkeit, die ein wesentliches Merkmal der Menschenrechtsidee ist, wird dadurch möglich. Die soeben beschriebene interkulturelle Haltung ist keine übergeordnete, sondern eine überlappende Instanz, die zwar die unterschiedlichen Wertungen selbst in grundlegenden Bereichen des menschlichen Lebens anerkennt, ihnen aber ihre schädliche Absolutheit nimmt. Hierin könnte eine mögliche Antwort auf die beunruhigende Frage liegen, was zu tun sei, wenn prinzipiell verschiedene (d.h. inkommensurable) Vorstellungen vom Glück des Menschen auf Erden und im Himmel vorliegen.

Menschenrechte werden eigentlich durch die Moralisierung der Politik und nicht durch die Politisierung der Moral realisiert. Gandhis Leben und Wirken sind Beispiele dafür. Die unterschiedliche Behandlung der Länder, in denen Menschenrechtsverletzungen geschehen, deutet auf eine Politisierung der Moral hin. Dies wiederum wird durch andere Zwänge erklärt. Dennoch sind die gesellschaftlichen und sozialpolitischen Institutionen (wie die UNO) nötig, auch wenn sie nur die notwendige, nicht aber die hinreichende Bedingung für die Umsetzung der Menschenrechte darstellen. Eine weitere Schwierigkeit liegt in der mehrdeutigen anthropologischen Verfassung der menschlichen Natur, die als Kampfplatz konträrer Kräfte weder totale Siege noch völlige Niederlagen kennt. Die Hauptsache ist, die Menschenrechte zu bejahen, anzuerkennen und ihnen größere Geltung zu verschaffen. Die Begründungsvielfalt spielt eine wichtige, aber doch zweitrangige Rolle. Die Durchsetzung der Menschenrechte verlangt jedoch eine Höherstellung der Menschenrechte dem Nicht-Einmischungsgebot gegenüber. Denn dieses Primat der Menschenrechte definiert ja gerade ihre Universalität, ihre Unteilbarkeit und ihre Unverletzbarkeit.

Dem Menschenrechtsdenken kommen in einer eigentümlichen Weise sowohl die Universalität als auch eine kulturell geprägte Partikularität der Menschenrechte zu. Es gilt, eine plurale Verankerung der Menschenrechte anzuerkennen, um so einen ethischen Fundamentalismus und einen Wertenihilismus zu vermeiden. Es gibt auch kritische Stimmen, die sagen, es wäre besser gewesen, wenn die Uno an Stelle der ›Allgemeinen Erklärung der Menschenrechte‹ eine ›Allgemeine Erklärung der Menschenpflichten‹ verabschiedet hätte, zumindest mitverabschiedet hätte. Schon bei Ashoka finden wir die Erwähnung von Menschenpflichten. So ist es z.B. die Pflicht eines Gläubigen, die anderen Religionen zu respektieren.[16]

Die Menschenrechte gelten allgemein für die gesamte Gattung der Menschen. Es geht dabei nicht so sehr um etwas, was es bereits überall gibt, sondern um etwas, was es geben soll. Die Menschenpflichten dagegen sind nicht so allgemein gültig, denn für die Kinder und für Mündel können sie nicht gelten. Diese Menschen haben zwar Rechte, können aber nicht in die Pflicht genommen werden, weil sie keine Rechtssubjekte sind. Darüber hinaus könnte man angesichts der Abhängigkeit der Menschen von der großen und kleinen Natur die Frage stellen, ob es auch Tierrechte in Zukunft geben soll, obwohl klar sein dürfte, daß diese Wesen niemals Rechtssubjekte sein können. Analogisch könnte dies auch auf der Ebene der Pflanzenwelt gedacht werden.[17]

---

16 Vgl. Barua, D.K.: Eperor Asoka and Human Rights, in: Asoka 2300, Jagajjyoti: Asoka Commemoration Volue 1997 A.D./ 2541 B.E., hrsg. Von H.B. Chowdhury, Calcutta 1997, S. 117 ff.

17 Vgl. Wolf, Jean-Claude: Tierethik. Neue Perspektiven für Menschen und Tiere, Schweiz 1992.

Buddhismus und die Idee der Menschenrechte

von Karl-Heinz Brodbeck

1. Vorbemerkung

Mit der Resolution 217 A (III) vom 10 Dezember 1948 durch die Generalversammlung der Vereinten Nationen haben sich die Mitgliedstaaten verpflichtet, auf die Einhaltung eines in 30 Artikeln formulierten Katalogs von Grundrechten als »zu erreichendes gemeinsames Ideal« (Präambel) hinzuwirken.[1] Damit wurde erstmals in einem *internationalen Dokument* eine Absichtserklärung zur Einhaltung von Menschenrechten formuliert, die es bis zu diesem Zeitpunkt nur als politische Zielsetzung und in wenigen Staaten teilweise als normiertes Recht verwirklicht gab. Die Forderung nach Einhaltung elementarer Menschenrechte hatte historisch zunächst einen *revolutionär-politischen* Charakter, die in der amerikanischen Unabhängigkeitserklärung und in der *Déclaration des Droits de l'Homme* in der Französischen Revolution im Kampf gegen Fremdherrschaft und ein autoritäres Regime entwickelt wurden. Auch die Menschenrechtserklärung von 1948 ging aus den Erfahrungen mit einer totalitären Herrschaft hervor. Diese Erfahrung reflektierend, wird in der Präambel formuliert: »... damit der Mensch nicht gezwungen wird, als letztes Mittel zum Aufstand gegen Tyrannei und Unterdrückung zu greifen«. Die Charta soll es als friedliches Instrument allen Menschen möglich machen, ihre elementaren Menschenrechte in einem international anerkannten Rahmen durchsetzen zu können.

Diese UN-Erklärung wird von Buddhisten nachdrücklich unterstützt, auch wenn die Menschenrechtsidee auf den ersten Blick nur in der *europäischen* Tradition der Aufklärung beheimatet zu sein scheint. In Tibet, Burma, Kambodscha, Vietnam und anderen Ländern haben Buddhisten ihre jeweils eigene Erfahrung mit verschiedenen Formen von Gewaltherrschaft,

---

1 Die ursprüngliche Erklärung wurde durch weitere Absichtserklärungen ergänzt, so auf der zweiten UNO-Weltkonferenz über Menschenrechte in Wien 1993.

Unterdrückung und Krieg gemacht. Der dem Buddhismus eigentümliche *prinzipielle* Pazifismus und die Toleranz gegenüber anderen Religionen und ethischen Systemen harmoniert mit der in der Präambel der *Universal Declaration of Human Rights* ausgedrückten Hoffnung, Unrecht mit friedlichen Mitteln, durch global definierte und anerkannte Rechte bekämpfen zu können. Gleichwohl ergeben sich in der *Begründung* der Menschenrechte, zu der es eine weit vor deren Deklaration 1948 zurückreichende Diskussion gibt, nicht nur in der europäischen Diskussion, sondern auch innerhalb der buddhistischen Schulen verschiedene Auffassungen. Diesen Unterschieden geht der nachfolgende Text genauer nach und schlägt eine Interpretation der Menschenrechte aus dem Geist der buddhistischen Philosophie vor.

2. Zum Begriff und zur Begründung der Menschenrechte

In der Begründung der Menschenrechte läßt sich – wenn auch nicht unwidersprochen – als Hauptlinie der Versuch erkennen, *positiv* aus bestimmten Voraussetzungen allgemeine Rechte des Menschen zu deduzieren. Sieht man von einzelnen, frühen Elementen in der abendländischen Philosophie einmal ab, so kann man die Konzeption eines *allgemeinen* Menschenrechts erst auf die Neuzeit zurückführen. Das lateinische Wort für Recht – *ius* – hatte eine mehrfache Bedeutung. Die mittelalterliche Rechtslehre – genauer: Thomas von Aquin – interpretiert *ius* rein objektiv. Recht ist bei Thomas das, was auf das Gerechte (*iustum*) Bezug hat. Das Recht bestand in dieser Tradition darin, die Gesellschaft, das Herrschaftsgebiet (*dominium*) zu ordnen; es ging nicht vom Individuum, vom einzelnen Menschen aus.[2]

Hervorgehend aus einer Diskussion um das *Eigentumsrecht* entwickelte die spanische Spätscholastik in Differenz dazu eine Naturrechtslehre, die man als Vorläufer des Menschenrechtsbegriffs erkennen kann. Neben das objektive Recht trat hier der subjektive, der individuelle Anspruch. Begründet wurde dies durch die *Vernunftsausstattung* des Menschen. Aktuell wurde diese Frage durch die spanische Eroberung Südamerikas: Hatten die

---

2 Vgl. Robert Linhardt: Die Sozial-Prinzipien des hl. Thomas von Aquin, Freiburg i.Br. 1932, § 12. In der römischen Rechtssprechung wurde *ius* schon häufig auch als subjektives Recht verstanden; »konzeptionell dominierend war jedoch der objektive Aspekt, der mit *ius* das Recht als Ganzes, die objektiven rechtlichen Normen und Gewohnheiten bezeichnete.« Ernst-Wolfgang Böckenförde: Geschichte der Rechts- und Staatsphilosophie, Tübingen 2002, S. 326.

»Ureinwohner«, die »Barbaren« ein eigenes Recht? Wenn ja, wie sollte es begründet werden? In der Philosophie des spanischen Naturrechtslehrers Francisco de Vitoria[3] lag schon die später von den französischen und amerikanischen Aufklärungsphilosophen dann schließlich ausgesprochene These: Alle Menschen sind gleich und frei geboren – eine Formel, die auch die Präambel der *Universal Declaration of Human Rights* charakterisiert: »(The) recognition of the inherent dignity and of the equal and inalienable rights of all members of the human family«. Das *dominium* wird nunmehr als die Gesamtheit aller Menschen verstanden. *Träger* des Menschenrechts und damit Grund für alle legitimen Forderungen ist die menschliche Vernunft, die allen gleichermaßen von Geburt zukomme.

Anknüpfend an die Grundlagen in der Aufklärungsphilosophie sprechen Menke und Pollmann von einer »dialektischen Erzählung« der Geschichte der Menschenrechte, die durch drei Phasen gekennzeichnet sei[4]: Die erste Phase bildet die Formulierung der Idee der Menschenrechte als subjektive Individualrechte in der Philosophie des Naturrechts im 17. und 18. Jahrhundert. Mit der Idee der Menschenrechte wurde ein hypothetischer *Naturzustand* des Menschen verknüpft, der in der zivilisatorischen Entwicklung verlassen wurde und als Ideal der politischen Wirklichkeit gegenüberstand. Dieser Mangel wird in der zweiten Phase behoben, in der sich die Ideale in der Konstitution der Vereinigten Staaten von Amerika und in der Französischen Revolution *verwirklichen*. Die subjektiven Rechte wurden hier positives Recht. In der dritten Phase, die mit dem Ende des Zweiten Weltkriegs einsetzt, werden die Menschenrechte zu einem *international gültigen Rechtssystem*.

Diese Interpretation der Geschichte der Menschenrechte ist nicht nur »ein reichlich verstiegener Idealismus«, der »den historischen Kampf um die Menschenrechte als eine bloße Umsetzung bereits ausformulierter philosophischer Ideen«[5] versteht. In dieser Idealisierung liegt auch eine mehrfache Aporie, mit der sich die Praxis der Umsetzung der Menschenrechte auseinanderzusetzen hat. Erstens wurden die Menschenrechte – in der zweiten

---

3 Vgl. Ernst-Wolfgang Böckenförde: Geschichte aaO, S. 317-339.

4 Christoph Menke, Arnd Pollmann: Philosophie der Menschenrechte, Hamburg 2007, S. 12ff.

5 Christoph Menke, Arnd Pollmann: Menschenrechte aaO, S. 14.

Phase ihrer Realisierung – jeweils nur in einem Nationalstaat und darin auch nur *partiell* als Rechtsnorm umgesetzt. Das allgemeine Menschenrecht und das (nationale) Zivilrecht stimmen nicht überein. Die (durchaus mit physischer Gewalt gesicherte) Abgrenzung der Rechte im Nationalstaat widerspricht der Idee eines universellen, d.h. grenzenlosen Menschenrechts. Eine Universalisierung der Menschenrechte durch staatliche Normen würde »mit einem globalen, quasi *welt*staatlichen Mechanismus ihrer Positivierung«[6] zu versehen sein. Auf eine zweite Aporie verweist Hannah Arendt – sie spricht von den »Aporien der Menschenrechte«[7]. Die Begründung der Menschenrechte aus einer Idee des *allgemeinen Menschen* mit bestimmten Eigenschaften macht die Menschenrechte zur idealen Voraussetzung und Grundlage der positiven Gesetzgebung. Die Gültigkeit der Menschenrechte braucht sich also »auf kein anderes Gesetz oder Recht berufen«, sie wird vielmehr »axiomatisch allen anderen zugrunde gelegt«[8]. Da nun alle anderen Gesetze aus diesen grundlegenden Rechten abgeleitet werden sollen, ist es paradox, ein eigenes Gesetz, ein Zivilrecht zu ihrer *Einhaltung* zu fordern.

Diese Paradoxie läßt sich auflösen, wenn man davon ausgeht, daß die Menschen auch *tatsächlich* der Souverän sind, was letztlich auf die Forderung einer universellen Demokratie hinausläuft. Man hat immer wieder die Menschenrechte auch politisch interpretiert und mit der Forderung nach einer Demokratisierung der Gesellschaft gleichgesetzt. Doch dieser Gedanke hebt die Paradoxie nur dann auf, wenn erstens *alle* Staaten dieser Erde über eine *gemeinsame* Verfassung und demokratische Ordnung verfügen, zweitens, wenn auch *innerhalb* der Gesellschaft weitgehend alle Bereiche demokratisch kontrolliert werden. In dieser Form bleibt die Menschenrechtsidee weiterhin ein Ideal, das weitreichende Konsequenzen auch für

---

6 Christoph Menke, Arnd Pollmann: Menschenrechte aaO, S. 16. Man muß »begreifen, daß das internationale Recht mit diesem Gedanken seine gegenwärtige Sphäre überschreitet, nämlich die Sphäre zwischenstaatlicher Abkommen und Verträge; und eine Sphäre, die über den Nationen stünde, gibt es vorläufig nicht«, Hannah Arendt: Elemente und Ursprünge totalitärer Herrschaft, Frankfurt a.M. 1955, S. 479 – auch Anfang des 21. Jahrhunderts nicht; im genauen Gegenteil.

7 Hannah Arendt: Elemente aaO, S. 465.

8 Hannah Arendt: Elemente aaO, S. 467.

andere Organisationsformen der Gesellschaft (Wirtschaft, Religionen etc.) besitzt, wenn es realisiert werden sollte.

Damit stößt die *politische* Deutung der Menschenrechte sowohl auf Schwierigkeiten der inneren Begründung, wie sie mit dem Hinweis auf den Zustand unseres Planeten praktisch ad absurdum geführt werden kann. Die Schwierigkeit erwächst aus der Differenz zwischen der postulierten inneren Forderung, die durch eine Menschennatur in jedem Individuum angelegt sei und auf Anerkennung poche, und der *faktischen Geltung* als objektiv einklagbares Recht. Solch ein Recht ist bislang nur staatlich verwirklicht, enthält also die implizite Forderung nach einer *Exekutive*, die dem Recht im Zweifelsfall auch durch Gewalt Geltung verschaffen soll. Dieser Schluß ist unvermeidlich, wenn das Prinzip vertreten wird, daß »Recht nur dasjenige sei, was durch den formellen Akt der Gesetzgebung zum ausdrücklichen Willen des Staates geworden ist«[9].

Hier kommt eine weitere, wichtige Differenz ins Spiel, die man an den Begriffen »Universalisierung« (als Prozeß) und »Universalismus der Geltung« verdeutlichen kann. Was ein *Recht* genau bedeutet, läßt sich nicht apriorisch konstruieren; darauf hat schon Immanuel Kant hingewiesen: »Noch suchen die Juristen eine Definition zu ihrem Begriffe vom Recht.«[10] Wenn man den Begriff »Recht« an eine je schon universell realisierte Menschenvernunft oder eine durch Geburt erworbene Menschennatur knüpft, bleibt das Problem der *Geltung* bzw. Durchsetzung dieses Rechts ungelöst. Die Geltung eines Rechts ist immer *situativ*. »Das Recht ist nichts Feststehendes, Statisches, Dinghaftes, was man ein für allemal definieren (›eingrenzen‹) könnte, sondern es ist etwas Dynamisches, Prozeßhaftes, Geschichtliches, und daher muß jede Zeit sich ihren Begriff vom Recht selbst und immer wieder neu bilden.«[11] Folglich kann es auch keinen apriorischen Begriff der Menschenrechte geben, der mit einer universellen Weltvernunft verknüpft wäre.

---

9 Hans Kelsen: Hauptprobleme der Staatsrechtslehre, Tübingen 1923, S. 38.

10 Immanuel Kant: Kritik der reinen Vernunft, Akademie Ausgabe, Werke Bd. III, S. 479.

11 Arthur Kaufmann: Recht und Gerechtigkeit in schematischer Darstellung; in: Arthur Kaufmann, Winfried Hassemer (Hg.): Einführung in die Rechtsphilosophie und Rechtstheorie der Gegenwart, Heidelberg-Karlsruhe 1977, S. 287.

Ich möchte diese Frage an der Diskussion zwischen Edmund Burke und Thomas Paine kurz illustrieren.[12] In dieser Diskussion wird ein Mangel deutlich. Edmund Burke hat die Französische Revolution kritisiert. Für ihn setzte sich die Vernunft nur in einem gesellschaftlichen Naturprozeß durch – den er übrigens mit dem Markt gleichsetzte: »(T)he laws of commerce, which are the laws of nature, and consequently the laws of God«[13]. Er verteidigt die traditionelle Rechtsauffassung vom objektiven Recht: »Rights also play a part in Burke's political theory. But the basic political right is the right to be governed well, not the right to govern oneself. In Burke's thought, purpose and obligations are more fundamental than rights and consent.«[14] Für Burke gibt es einen Anspruch auf gerechte Behandlung; doch deren Form unterscheidet sich zwischen Staaten und Kulturen – ein Argument, das offensichtlich mit der Vorstellung von *einem* menschlichen Wesen, erschaffen durch den einzigen Gott, nicht in Einklang zu bringen ist. Paine sah dagegen die Verwirklichung der Menschenrechte untrennbar mit einer *allgemeinen* politischen Form verknüpft, die als Verfassung erst *hergestellt* werden muß und aus der Konzeption einer allgemeinen Menschennatur und Vernunft abgeleitet wird. Bei Burke ist der Mensch nur passiver Mitspieler in einer von Gott gegebenen Ordnung; Paine und die französische Aufklärung fordern dagegen die positive Herstellung von aus der Vernunft geborenen Verhältnissen, die diese Menschenrechte realisieren. Sich auf einen verborgenen, »hinter einem Vorhang« agierenden Lenker menschlicher Geschicke zu berufen, stellt die Menschenrechte auf den Kopf: »It turns the progress of the human faculties upside down.«[15] Wenn man den Vorhang lüftet – eine Metapher für »Aufklärung« –, dann kommt die Wahrheit über die Prinzipien einer »göttlichen Ordnung« ans Licht.[16]

---

12 Vgl. Thomas Paine: The Rights of Man; in: Moncure Daniel Convey (ed.), The Writings of Thomas Paine, Vol. III, New York-London 1894, S. 258ff; Edmund Burke: Reflections on the Revolution in France, Liberty Fund Indianapolis 1999.

13 Edmund Burke: Thoughts and Details on Scarcity; in: Miscellaneous Writings, Liberty Fund 1999, S. 81.

14 Francis Canavan: Editor's Foreword; Selected Works of Edmund Burke, Vol. 2, Liberty Fund 1999, S. xxix.

15 Thomas Paine: The Rights of Man aaO, S. 426.

16 »... it is, that what is called monarchy, always appears to me a silly, contemptible thing. I compare it to something kept behind a curtain, about which there is a

Gleichwohl ist damit die von Arendt genannte Paradoxie nicht gelöst. Der Streit, ob sich in den Rechtssystemen eine höhere Vernunft realisiert – ein Gedanke, der sich auch noch bei dem darin Burke nachfolgenden Ökonomen Friedrich August von Hayek findet[17] –, oder ob die Rechte jeweils staatlich durchgesetzt werden müssen, bleibt bezüglich der Menschenrechte ohne Ergebnis.

Diese Schwierigkeit ist nur aufzulösen, wenn man von der These abrückt, daß Menschenrechte *primär* juristisch-politische Formen seien und bemerkt, daß die Forderung nach einer Verwirklichung der Menschenrechte eine *moralische Norm* bleibt. Es gibt, sagt Gustav Radbruch – gegen die These von Hans Kelsen –, »Rechtsgrundsätze, die stärker sind als jede rechtliche Satzung, so daß ein Gesetz, das ihnen widerspricht, der Geltung bar ist.«[18] Recht ist in dieser Deutung nicht der »Wille des Staates«, sondern »Recht ist Wille zur Gerechtigkeit.«[19] In diesem Sinn gibt es auch so etwas, »wie ein Recht, Rechte zu haben«[20]. Solch eine Forderung kann man aber nur stellen, wenn es *vorstaatliche* Rechte gibt, und diese Rechte lassen sich nur *moralisch* begründen, nicht zirkulär aus einer positiven rechtlichen Satzung ableiten.[21]

---

great deal of bustle and fuss, and a wonderful air of seeming solemnity; but when, by any accident, the curtain happens to be open – and the company see what it is, they burst into laughter.« Thomas Paine: The Rights of Man aaO, S. 426.

17 Vgl. Linda C. Raeder: The Liberalism/Conservatism of Edmund Burke and F. A. Hayek: A Critical Comparison, HUMANITAS, Volume X, No. 1, 1997; online: http://www.nhinet.org/raeder.htm (2. März 2008).

18 Gustav Radbruch: Rechtsphilosophie, hrsg. v. Erik Wolf, 7. Aufl., Stuttgart 1970, S. 336. Kelsen spricht von einer »spezifischen Differenz zur Moralnorm«, Hans Kelsen: Hauptprobleme der Staatsrechtslehre, 2. Aufl., Tübingen 1923, S. XI. Recht ist für ihn nur durch Gesetze, nicht moralisch definierbar.

19 Gustav Radbruch: Rechtsphilosophie aaO, S. 336.

20 Hannah Arendt: Elemente aaO, S. 476. Der Artikel 6 der UN-Konvention lautet entsprechend: »Jeder hat das Recht, überall als rechtsfähig anerkannt zu werden.«

21 Thomas Payne sagt in seiner Begründung der Menschenrechte: »I know the value of moral instruction, and I have seen the danger of the contrary.« Thomas Paine: The Rights of Man aaO, S. 462.

Moralische Normen können (und sollten) durchaus auch politisch-rechtlich verankert werden. Doch sie sind, anders als das Zivilrecht, nicht an eine staatlich-juristische Form gebunden. Moralischen Forderungen kommt eine eigentümliche Unbestimmtheit zu: Sie müssen situativ jeweils neu konkretisiert werden und haben nicht eine vorausgesetzte universelle Geltung, die sich auf eine *schon verwirklichte Menschennatur* berufen kann. Es steht auch nichts im Wege, moralische Forderungen *gemeinsam*, durch Zusammenschlüsse, Organisationen, Gruppen usw. zu verfolgen und umzusetzen. Doch diese Forderungen sind dann nicht an eine bestimmte politische Institution geknüpft und können somit *gegen jede Form des Unrechts* aufgestellt werden. Zur Verwirklichung moralischer Forderungen bedarf es nur moralischer Menschen, nicht aber einer staatlichen Institution. Damit ist allerdings auch ein Mangel verbunden: Die Moral, anders als das positive Recht, hat keine staatliche Gewalt an ihrer Seite, um die Geltung ihrer Normen durchzusetzen.

3. Buddhistische Parallelen

Obwohl sich das Wort *Recht* – abgeleitet vom Lateinischen *rectus* = gerade, geradlinig, aufrecht – auf die Sanskritwurzel *rju* (in Pali: *uju*) mit demselben Wortsinn zurückführen läßt, gibt es doch weder in Sanskrit noch in Pali ein Wort, das die westliche Bedeutung von »Recht« umfassen würde.[22] Begreift man aber das subjektive Recht, das Menschenrecht als *moralische* Forderung, so kann aus dem Fehlen des Wortes nicht auf das Fehlen des Begriffs geschlossen werden. Im Gegenteil. Die *Kernaussagen* der buddhistischen Ethik stimmen ziemlich genau mit dem moralischen Gehalt der Menschenrechte überein. »They are certainly not mutually exclusive, but mutually supportive.«[23] Das bedeutet allerdings nicht, daß in und zwischen den verschiedenen buddhistischen Schulen und in der wissenschaftlichen Buddhismusforschung eine einhellige Auffassung über das Verständnis

---

22 »Despite a common Indo-European etymology, however, there is no word in Sanskrit oder Pali which conveys the idea of ›right‹ or ›rights‹, understood as a subjective entitlement.« Damien Keown: Buddhism and Human Rights; in: Damien Keown (ed.): Contemporary Buddhist Ethics, London-New York 2000, S. 62.

23 Sallie B. King: Being Benevolence. The social Ethics of Engaged Buddhism, Honolulu 2005, S. 142.

der Menschenrechte bestehen würde. Die nachfolgenden Bemerkungen unternehmen den Versuch einer Herausarbeitung der gemeinsamen Grundlage in diesen Argumenten.

Ich möchte zunächst einige Bemerkungen zum Grundverständnis der Lehre des Buddha machen, die weitgehend von allen buddhistischen Schulen geteilt wird. Der Buddhismus ist eine nichttheistische Religion. Was immer westliche Interpreten hier an Göttern etc. zu entdecken glauben – vor allem im tantrischen Buddhismus – sind stets zu verstehen als besondere *Geisteszustände*. Sie gehören, einfach gesagt, in die Psychologie, nicht in die Theologie. Der Gottesbezug spielt in der christlich-abendländischen Menschenrechtsdiskussion dagegen durchaus eine wichtige Rolle. Wenn es, so lautet der Gedanke, ein dem Menschen als Individuum – unabhängig von der Gemeinschaft und vom Staat – zukommendes Recht gibt, so sei dieses Recht zu verstehen als allgemeiner Bezug auf Gott, der *über* allen Staaten und menschlichen Gemeinschaften stehe. Die Aufklärung hat diesen Gedanken in der metaphysischen Denkform durchaus gewahrt, auch wenn der Begriff »Gott« schrittweise durch die beiden Begriffe »Vernunft« und »Natur« ersetzt wurde.

Ein vor jeder staatlichen und menschlichen Einrichtung liegendes Verhältnis zu einem Schöpfergott fehlt im Buddhismus. Obwohl es immer noch Autoren gibt, die solch eine nichttheistische Haltung mit *Nihilismus* gleichsetzen, ist dem Buddhismus jenes *andere Extrem* einer Sinnverneinung allerdings völlig fremd. Alle menschlichen Einrichtungen werden letztlich auf den menschlichen Geist, auf die Denkformen der Menschen zurückgeführt. Sie entstammen weder einer transzendenten Gottheit, noch drücken sie eine unveränderliche »Natur« aus, vor der die Menschen sich zu verneigen hätten. Die sittliche Ordnung der Gesellschaft ist das Ergebnis menschlicher Handlungen, die wiederum durch unterschiedliche – heilsame oder unheilsame – Gedanken oder Geisteszustände gelenkt werden. Der Buddhismus teilt also die Auffassung der Handlungstheorie in der abendländischen Moderne, derzufolge das menschliche Handeln als Ausfluß der *Vernunft* zu begreifen sei. Allerdings wird »Vernunft« nicht in einem wertenden Sinn interpretiert, der ihr theistisch eine Teilhabe an einer göttlichen Creatio oder naturalisiert eine gute Natur in jedem Menschen bescheinigt. Die Vernunft wird im Buddhismus als geistige *Möglichkeit* verstanden, die – abhängig von Gewohnheit und Erkenntnis – sich als

Denkform höchst unterschiedlich, zum Vor- oder Nachteil der Menschen einfärben kann. Es gibt also kein angeborenes, in »der« Vernunft liegendes Prinzip, das ohne menschliche Anstrengung, ohne Erkenntnis und ohne Bewußtsein sich realisieren könnte. Die Diagnose, daß *Menschenrechte* deshalb in der Vernunft gründen, kann von Buddhisten durchaus geteilt werden; sie fügen aber hinzu, daß sich diese Prinzipien nicht ohne Übung und Anstrengung realisieren lassen.

Im Mittelpunkt steht also im Buddhismus immer das Geistestraining jedes Individuums, damit der Apell an die Erkenntnis- und Einsichtsfähigkeit (fast) jedes Menschen gegenüber richtigen Argumenten. Es bedarf dazu aber einer erziehenden, bildenden Morallehre und vorbildlicher Lehrer, die diese Erziehungsarbeit leisten. Darin liegt die besondere Bedeutung der Mönche und Nonnen in buddhistischen Gemeinschaften. Sie sind das moralische Gewissen, das Herz dieser Erziehung. In westlichen Ländern, in denen der Buddhismus Fuß gefaßt hat, treten neben die ordinierten Buddhisten durchaus auch Laienlehrer, dem westlichen Lebensstil angemessen. Wichtig ist hierbei ein Grundprinzip, das man am besten in der *Realisierung* buddhistischer Prinzipien in einer staatlichen Ordnung verdeutlichen kann: Ich denke an das indische Reich des buddhistischen Königs Ashoka im 2. Jahrhundert v.u.Z., der seine Herrschaft als frühen Rechtsstaat, überliefert in seinen Pfeileredikten, gestaltet hat.

Buddha hatte gesagt, daß keine Institution, keine Lehre, kein Lehrer, keine heilige Schrift, aber auch kein bloßes Vernunftprinzip *von sich her* Geltung beanspruchen kann, dem sich die Menschen unterzuordnen hätten. Vielmehr sollen – so die Norm im Buddhismus – die Menschen *selber erkennen* und aus dieser Einsicht handeln. Dem Volk der Kalamer gegenüber betont Buddha: »Geht, Kalamer, nicht nach Hörensagen, nicht nach Überlieferungen, nicht nach Tagesmeinungen, nicht nach der Autorität heiliger Schriften, nicht nach bloßen Vernunftgründen und logischen Schlüssen, nicht nach erdachten Theorien und bevorzugten Meinungen, nicht nach dem Eindruck persönlicher Vorzüge, nicht nach der Autorität eines Meisters! Wenn ihr aber, Kalamer, selber erkennt: ›Diese Dinge sind unheilsam, sind verwerflich, werden von Verständigen getadelt, und, wenn ausgeführt und unternommen, führen sie zu Unheil und Leiden‹, dann o Kalamer, möget ihr sie aufgeben.«[24]

Ashoka hat dieses Prinzip in eine rechtliche Norm verwandelt. Im 7. Pfeiler-Edikt ist zu lesen: »Von moralisch wertvoller Tat und Erfüllung der sittlichen Pflichten aber kann man sprechen, wenn auf diese Weise Mitleid, Freigebigkeit, Wahrhaftigkeit, Reinheit, Milde und Güte bei den Menschen zunehmen.«[25] Diese moralischen Forderungen werden auch als Gesetz formuliert; doch Ashoka schränkt das ein – und diese Einschränkung, wiewohl sie exakt das widergibt, was Buddha lehrte, steht als Teil einer *Gesetzesnorm* historisch einzigartig da. Nachdem er darlegt, wie die Lebensführung der Menschen durch moralische, gesetzlich fixierte Normen auszusehen hätte, fährt Ashoka fort: »Diese Vervollkommnung der sittlichen Lebensführung haben die Menschen auf zweierlei Wegen erlangt, durch Moralvorschriften und durch eigene Überzeugung. Hierbei richten Moralvorschriften indes nur wenig aus, *mehr dagegen vermag die eigene Überzeugung*.«[26]

Hier wird also in der Begründung jener Normen, die zu einer menschlichen Lebensführung der gesamten Gemeinschaft führen sollen, ausdrücklich auf die *Einsicht* jedes einzelnen verwiesen und die eigene Überzeugung sogar *höher* gestellt als die rechtliche Normierung. Auch wenn der Begriff der Menschenrechte bzw. der von (subjektiven) Rechten überhaupt in der traditionellen buddhistischen Literatur nicht auftaucht, so sind also gleichwohl die grundlegenden Normen der in der *Declaration* genannten Rechte in der buddhistischen Ethik zu finden[27] – durchaus auch im Geist

24 Anguttara-Nikaya III, 66, hrsg. v. Nyanatiloka Bd. 1, Freiburg im Breisgau 1984, S. 170. Vgl. Ein Mönch ist »selbst Insel und Zuflucht«, Maha-Parinibbana-Sutta; zitiert nach: Nyanaponika: Geistestraining durch Achtsamkeit, Konstanz 1979, S. 166; »die Zuflucht wirke er selber sich!« Samyutta-Nikaya XXII, 95.

25 7. Pfeiler-Edikt; in: Die Sieben-Pfeiler-Edikte; der zitierte Text ist übersetzt und online verfügbar unter: http://www.palikanon.com/diverses/asoka/asoka2.htm.

26 7. Pfeiler-Edikt aaO; meine Hervorhebung.

27 Auch *von außen* wurde der Buddhismus bereits früh von seinen Kritikern auf eine Weise interpretiert, die faktisch in einer Aufzählung der wichtigsten Menschenrechte besteht, wie Toleranz, Gleichbehandlung der Menschen, vor allem auch von Frauen, Fürsorge, Verbot von Geiz etc.; vgl. M. Monier-Williams,

der Aufklärung und ihrer Betonung der menschlichen Einsichtsfähigkeit. Es gibt offenbar eine *innere Affinität* des Buddhismus zur Menschenrechtsidee.

4. Die Bedeutung der Menschenrechte aus buddhistischer Sicht

In der *Begründung* der Menschenrechte aus einer buddhistischen Perspektive durch zeitgenössische Buddhisten lassen sich einige unterschiedliche Erklärungslinien herausschälen, die sich in den meisten Teilen ergänzen und durchaus Parallelen zur europäischen Tradition aufweisen. Ich greife zunächst eine Rede auf, die S.H. der Dalai Lama auf der Menschenrechtskonferenz der UNO in Wien im Juni 1993 gehalten hat.[28] Seine prinzipielle Unterstützung der Menschenrechtsdeklaration beruht auf einem Blick auf die *ganze* Erde. Unser Planet wird von Menschen, unabhängig vom jeweiligen Land oder Kontinent, *gemeinsam* bewohnt: »(T)he world is becoming one community.«[29] Der Dalai Lama verwendet zwar den Ausdruck: »the same human being«. Allerdings knüpft er daran keine Vorstellung einer angeborenen Wesensbestimmung, sondern denkt an die Motivation des menschlichen Handelns: Das gemeinsam artikulierte Streben nach Glück und den Wunsch, in Frieden und Freiheit leben zu können. Dieses elementare Streben zu *behindern*, schränkt die menschliche Kreativität ein. Deshalb ist die Beachtung der elementaren Menschenrechte sowohl für die Individuen wichtig, wie sie andererseits die Entwicklung der gesamten Gesellschaft fördert.[30] Es ist das *Nichtwissen* der Menschen, das sie veranlaßt, die

---

Buddhism in its Connexion with Brahmanism and Hinduism, London, 1890; Reprint Varanasi 1964, S. 551.

[28] Abgedruckt in: Dalai Lama: Human Rights and Universal Responsibility; in: Damien V. Keown, Charles S. Prebish, Wayne R. Husted (ed.): Buddhism and Human Rights, Richmond 1998, S. xvii-xxi.

[29] Dalai Lama: Human Rights aaO, S. xx; »we have all been born on this earth as part of one great human family. [...] Therefore we have to treat each major local problem as a global concern from the moment it begins.« Dalai Lama: Imagine All the People, Boston 1999, S. 142.

[30] »But if we are prevented from using our creative potential, we are deprived of one of the basic characteristics of a human being. It is very often the most gifted, dedicated and creative members of our society who become victims of human rights abuses.« Human Rights »are of immense importance both for the indi-

Rechte anderer Menschen zu verletzen. Die Vorstellung, daß man einen Vorteil erlangen könnte, indem man anderen Menschen Gewalt oder Schmerzen zufügt, ist ein Irrtum: »In the long run causing others misery and infringing upon their peace and happiness creates anxiety, fear and suspicion for oneself.«[31] Die wirklichen Quellen für eine allgemeine positive Entwicklung einer besseren und friedlicheren Welt sind in der Motivation der Menschen zu suchen, in Liebe und Mitgefühl.

Der Dalai Lama akzeptiert ausdrücklich, begründet durch die gegenseitige Abhängigkeit aller Menschen auf dem Planeten untereinander und von der Natur, die *universelle* Geltung der Menschenrechte. Und er sagt, daß es nicht bei einem moralischen Ideal bleiben dürfe. Die Menschenrechte sollten die Grundlage für *jede* menschliche Gesellschaft sein. Alle Menschen *leiden*, wenn ihre Rechte verletzt werden. Das ist ein hinreichender Grund, ihre *globale* Einhaltung zu fordern. »We must therefore insist on a global consensus not only on the need to respect human rights world wide but more importantly on the definition of these rights.«[32]

Wenn, sagt der Dalai Lama weiter, *asiatische Werte* den Menschenrechten als andere kulturelle Tradition entgegengestellt werden, dann entspringt dies nicht aus einem nachvollziehbaren Argument, sondern dient nur als ideologische Legitimation für totalitäre Systeme: »It is mainly the authoritarian and totalitarian regimes who are opposed to the universality of human rights. It would be absolutely wrong to concede to this view. On the contrary, such regimes must be made to respect and conform to the universally accepted principles in the larger and long term interest of their own peoples.«[33] Hier wird deutlich, daß der Buddhismus in der am meisten umstrittenen Frage – ob den Menschenrechten eine universelle Geltung

---

viduals affected and for the development of the society as a whole«; Dalai Lama: Human Rights aaO, S. xvii.

31 Dalai Lama: Human Rights aaO, S. xviii.

32 Dalai Lama: Human Rights aaO, S. xviii.

33 Dalai Lama: Human Rights aaO, S. xix. Es ist hier zu beachten, daß die globale Anerkennung von Menschenrechten keine *Uniformität* ihrer konkreten Umsetzung bedeutet; vgl. auch Sallie B. King: Being Benevolence aaO, S. 122ff und 144ff. »We need a world body where each member's function is to protect humanity in general«, Dalai Lama: Imagine aaO, S. 23. Allgemeingültigkeit ist nicht Uniformität der Anwendung.

zukomme – eindeutig aus der eigenen Tradition die Position der Aufklärung verteidigt.

Auf derselben, bereits zitierten Konferenz in Wien sprach auch Silawansa Thera, ein Vertreter der Theravada-Tradition des Buddhismus in Sri Lanka. Seine Begründung kommt, in der Hervorhebung eines anderen Aspekts, zum selben Ergebnis wie die Analyse des Dalai Lama. Silawansa Thera betont, daß der Buddha von Menschen *nicht* »als Zentrum von allem, sondern von Harmonie aller Wesen der Welt« spricht. Was kein Zentrum zu sein beansprucht, hat auch keine Grenze: »Ein weiterer wichtiger Aspekt in der Lehre des Buddha ist, daß sie ohne zeitliche oder räumliche Grenze gilt.«[34] Hier wird die Gleichheit der Menschen nicht aus einer ihnen *positiv* zukommenden, einmaligen Natur deduziert, sondern aus der Tatsache, daß die Menschen im Kosmos auf *gleiche Weise* wie andere Wesen voneinander abhängen. Eine räumliche oder zeitliche Grenze läßt sich nicht feststellen. Eben dies hat der Dalai Lama in dem buddhistischen Lehrsatz ausgedrückt, daß *als Leidende* alle Menschen gleich sind. Eine Differenz zur abendländischen Tradition ist allerdings darin zu sehen, daß im Buddhismus nicht nur Menschen als leidende Wesen, sondern auch Tiere so betrachtet werden. »In buddhistischer Erkenntnis ist das Tier nichts als der minder glückliche Kamerad im Samsara.«[35] König Ashoka hat im 1. Felsen-Edikt deshalb dem Tierschutz neben dem Schutz der Menschen einen nahezu gleichen Rang eingeräumt und sogar eine medizinische Minimalversorgung von Tieren gesetzlich verfügt. Der beanspruchte Geltungsbereich der Rechte, die Glück beanspruchen und Leiden vermeiden, erstreckt sich also im Buddhismus *weiter*, als dies im Menschenrechtskatalog erfaßt ist.

Eine weitere, wichtige Begründungslinie für die Anerkennung und Verteidigung der Menschenrechte im modernen Buddhismus ist der Rückgriff auf die *fünf Regeln*, die Buddha für Laienanhänger aufgestellt hat. Diese

---

34 Silawansa Thera: Menschenrechte und die Ethik des Buddhismus. Auszüge aus einer Rede, gehalten bei der UN-Menschenrechtskonferenz in Wien im Juni 1993; www.buddhanetz.org/texte/silawans.htm.

35 Paul Dahlke: Buddhismus als Religion und Moral, München-Neubiberg 1923, S. 293; vgl. auch die frühe Kritik an Tierversuchen durch Paul Dahlke: Einiges über Vivisektion; in: Die Brockensammlung. Zeitschrift für angewandten Buddhismus, Doppelheft, Berlin-Frohnau 1927, S. 123ff.

fünf Regeln stellen eine Art Minimalmoral dar, die vorausgesetzt wird, um friedvolle, achtsame und zur Erkenntnis fähige Denkformen kultivieren zu können. Sie lauten: (1) Lebewesen nicht töten, (2) nicht stehlen, (3) keine Lüge oder verletzende Rede, (4) kein Mißbrauch der Sexualität, um anderen Menschen Schaden zuzufügen und (5) keine Trübung des Bewußtseins durch Rauschmittel. Es wurde mehrfach versucht, diese fünf Regeln in eine modernere Sprache zu übersetzen.[36] Sie wurden in direkter Beziehung zu den Menschenrechten diskutiert, so von Silawansa Thera.[37]

Auch Damien Keown und Sallie B. King haben in jüngerer Zeit die fünf Regeln unmittelbar in Beziehung zu den Menschenrechten betrachtet. Keown sieht hier eine inhaltliche Übereinstimmung, auch wenn die *Form* der Präsentation der Rechte sich unterscheidet: »I suggest, then, that the apparent differences between the moral teachings of Buddhism and human rights charters is one of form rather than substance [...]. These rights are the extrapolation of what is due under Dharma; they have not been ›imported‹ into Buddhism but were implicitly present.«[38] Auch Sallie B. King kommt zu dem Ergebnis: »The foundation of Buddhist social ethics can be located most firmly in the five lay precepts. Therein we see that Buddhist have never traditionally spoken of rights, but have emphasized responsibilities, or obligations, in a sense«.[39]

Das, was in den fünf Moralregeln für Laien als Verhaltensweise gefordert wird, so kann man diese Aussagen zusammenfassen, deckt sich mit dem

---

36 Vgl. vor allem Thich Nhat Hanh: Die fünf Gelöbnisse; http://www.kommundsieh.de/5silaTNH.html. Für die Wirtschaft vgl. Karl-Heinz Brodbeck: Buddhistische Wirtschaftsethik, Aachen 2002, S. 38ff.

37 Silawansa Thera: Menschenrechte aaO.

38 Damien Keown: Are There Human Rights in Buddhism?; in: Damien V. Keown, Charles S. Prebish, Wayne R. Husted (ed.): Buddhism and Human Rights, Richmond 1998, S. 32. Vgl. auch Damien Keown: Buddhism and Human Rights; in: Damien Keown (ed.): Contemporary Buddhist Ethics, London-New York 2000, S. 57-79.

39 Sallie B. King: Human Rights in Contemporary Engaged Buddhism; in: Roger Jackson, John Makransky (ed.): Buddhist Theology: Critical Reflections by Contemporary Buddhist Scholars, Richmond, U.K., 2000, S. 298; vgl. auch Sallie B. King: Being Benevolence. The social Ethics of Engaged Buddhism, Honolulu 2005, S. 142-144.

Geist und Inhalt dessen, was in der Menschenrechtserklärung gefordert wird. Das Tötungsverbot, das Nichtverletzen anderer untersagt nicht nur Sklaverei und Folter, sondern auch ökonomische Ausbeutung und die Beschneidung von Freiheitsrechten. Die Würde des je anderen wird durch wahrhafte Rede, Respekt des persönlichen Eigentums und der körperlich-sexuellen Integrität garantiert. Die Buddhisten teilen mit den Autoren der Menschenrechtscharta darin auch die Überzeugung, daß die Menschenrechte *für alle Menschen* Geltung haben. Weder aus der rassischen, kulturellen oder religiösen Gründen lassen sich Argumente ableiten, die in der *gemeinsamen Erfahrung* des Leidens eine qualitative Differenz zu behaupten erlauben würden. Das Ziel, Leiden zu vermeiden, wenigstens aber zu mindern, kann man als den *allgemeinen Begriff* dessen auffassen, was in der Deklaration der Menschenrechte expliziert wurde.

5. Begründung der Menschenrechte aus dem Geist der buddhistischen Philosophie[40]

Ich möchte, ungeachtet der *inhaltlichen* Übereinstimmung der buddhistischen Tradition mit dem, was in den Menschenrechten intendiert wird, die *Logik* dieser Rechte noch etwas genauer untersuchen. Denn gerade in diesem Punkt liegt, wie ich glaube, ein wichtiger, bislang kaum genutzter Beitrag der buddhistischen Philosophie zur *Begründung* von Normen, wie sie im Menschenrechtskatalog vorliegen. Zur Erinnerung: Die *philosophische* Begründung der Menschenrechte – zeitlich weit vor ihrer Festlegung als Charta der UN im Dezember 1948 – läßt vorwiegend *einen* Argumentationsstrang erkennen. Der Ausgangspunkt ist im *subjektiven Recht* als Naturrecht zu suchen. Hier betrachtete die Spätscholastik den Menschen als Geschöpf Gottes, und in dieser Natur – erkennbar an der Ebenbildlichkeit des Menschen zu Gott in seiner Vernunft – ist der Anspruch des Menschen ganz unabhängig von jeder positiven Normierung durch objektivierte Gesetze. Aus diesem Spannungsverhältnis von individuellem, göttlichem Naturrecht jedes Menschen und der Realität der Herrschaftsformen entwickelten die revolutionären Bewegungen des ausgehenden 18. Jahrhunderts

---

[40] Zur buddhistischen Philosophie und Logik vgl.: Karl-Heinz Brodbeck: Buddhismus interkulturell gelesen, Nordhausen 2005 und die dort behandelte Literatur.

die Menschenrechte als Grundlage einer neuen, demokratischen Verfassung. Die Beziehung zu Gott, später säkularisiert zur Natur, verortete die Menschenrechte in jedem Individuum, dem allein kraft seiner Geburt eine Natur zukommt, die ihm die Inanspruchnahme elementarer Rechte gewährt.

Die amerikanische Unabhängigkeitserklärung vom 4. Juli 1776 formuliert: »We hold these truths to be self-evident, that all men are created equal, that they are endowed by their Creator with certain unalienable rights«. Die gleiche Natur der Menschen wird darauf zurückgeführt, daß *ein* Gott die Menschen gleich geschaffen hat. Ohne expliziten Gottesbezug verwendet die Menschenrechtscharta der UN die Formel »inherent dignity«, also die »angeborene Würde« des Menschen. Dies kann man so verstehen, daß allen Menschen *dieselbe* Natur als Wesensmerkmal zukommt. Aus diesen *positiven* Wesensbestimmungen leitet man dann die Menschenrechte ab. *Philosophisch* steht und fällt diese Konzeption – selbst wenn man sie von ihrem metaphysischen Inhalt befreit – mit der These, daß allen Menschen *ein Wesen*, eine *Natur* zukomme. Aus dieser Prämisse leitet man dann die Gleichheit der Menschen und andere Teile der Menschenrechte (Würde, Freiheit, Privateigentum etc.) ab.

Nun gibt es im Buddhismus kein vergleichbares Konzept, das so etwas wie eine *Substanz*, eine Wesensnatur des Menschen voraussetzte.[41] Im Gegenteil. Die Kernaussage des Buddha bestand darin, allen Lebewesen und Dingen solch eine substanzielle Natur *abzusprechen*. Einige Autoren haben sich aus diesem Grund auch skeptisch zu der Möglichkeit geäußert, Buddhismus und Menschenrechte in einen Begründungszusammenhang zu bringen. So meint Craig Ihara, das Pochen auf Menschenrechte als *Individualrechte* würde die »Illusion eines Egos« nur noch verstärken, was dem Buddha-Dharma widerspreche.[42] Dieser Einwand ist indes nicht haltbar;

---

41 Allerdings postuliert Inada allgemein »a basic feeling for a larger reality in one's own experience, a kind of reaching out for a greater cosmic dimension of being, as it were.« Kenneth Inada: A Buddhist Response to the Nature of Human Rights, Journal of Buddhist Ethics 2 (1995), S. 55 – ohne damit allerdings einen metaphysischen Begriff zu verbinden.

42 Craig K. Ihara: Why There Are No Rights in Buddhism: A Reply to Damien Keown; in: Damien V. Keown, Charles S. Prebish, Wayne R. Husted (ed.): Buddhism and Human Rights, Richmond 1998, S. 51.

Sallie B. King nennt ihn treffend »a red herring«.[43] Ihr Hinweis, daß die buddhistische Ethik *ohne Konzept* eines autonomen Egos in anderen Bereichen treffend funktioniert, ist zweifellos richtig. Eine Widerlegung, damit umgekehrt eine Begründung der Menschenrechte aus der buddhistischen Philosophie ist damit aber noch nicht geleistet.

Solch eine Begründung kann an einer einfachen Beobachtung ansetzen, die von Hannah Arendt nachdrücklich betont wurde: Die Erklärung der allgemeinen Menschenrechte, ungeachtet ihrer anklingenden impliziten Philosophie einer allgemeinen Menschennatur, erfolgte als *Negation*. Sie richtete sich, herkommend aus den Erfahrungen mit totalitären Systemen, *gegen die Verletzung* von Menschenrechten. Ihre faktische und politische Begründung war also nicht eine Verwirklichung von früheren philosophischen Positionen, sondern eine *Gegenbewegung*. Die Menschenrechte gewinnen ihren positiven Inhalt durch Negation, durch die Kritik ihrer Verletzung.

Was auf den ersten Blick zirkulär klingt, ist in der buddhistischen Logik durchaus eine vertraute Denkfigur. Mehr noch, sie bildet ein Grundprinzip der buddhistischen Begründungslehre. Die buddhistische Logik von Dignaga und Dharmakirti lehnt es ausdrücklich ab, Aussagen *positiv* aus dem Hinweis auf eine Wesensnatur abzuleiten. Es ist in Wahrheit diese logische Form von Ableitungen, die notwendig zirkulär bleiben muß. Sie setzen voraus, was sie begründen wollen. Wenn man die allgemeinen Menschenrechte aus einer allgemeinen Menschennatur »ableitet«, etwa einer gemeinsamen »Vernunft«, dann liefert man keine Begründung, sondern verfällt einer *petitio principii*.[44] Nur unter der Voraussetzung, daß es eine allgemeine Menschennatur gibt, kann man eine *allgemeine* Geltung der Menschenrechte positiv ableiten. Insofern ist also der Einwand, daß solch eine allgemeine Wesensnatur bestenfalls *geglaubt*, nicht aber rational begründet werden kann, durchaus berechtigt.

---

43 Sallie B. King: Being Benevolence aaO, S. 128.

44 Daß nach dem *linguistic turn* in der abendländischen Philosophie die Idee einer universalen Vernunft, die jedem Einzelwesen und *jeder Kommunikation* vorausgeht, desavouiert ist, erwähne ich hier nur am Rande. Zu den Begründungszirkeln in Philosophie und Wissenschaft vgl. ausführlich Karl-Heinz Brodbeck: Der Zirkel des Wissens. Vom gesellschaftlichen Prozeß der Täuschung, Aachen 2002.

Wie läßt sich dieses Dilemma beheben? Die *faktische* Entstehung der Menschenrechtsdeklaration gibt einen wichtigen Hinweis: Begründungen lassen sich nur *negativ* finden. Buddhistisch formuliert: Was man als allgemeine Erfahrung als empfindendes Wesen, als Mensch machen kann, ist die Erfahrung des *Leidens,* des Erleidens vielfältiger Umstände. Dieses Leiden ist nicht homogen, sondern in sich differenziert. Es hat keine Natur. Nur eines ist sicher: Die Menschen und andere Lebewesen wollen es *vermeiden.* Das verbindet faktisch alle Lebensformen, alle Menschen. Man kann also das »positive« Recht, nicht unnötiger Weise – d.h. von anderen Menschen willentlich verursacht – leiden zu müssen, nur negativ formulieren. In der buddhistischen Logik heißt dieses Prinzip »Apoha«: Keine Kategorie, kein Begriff kann *positiv,* sondern immer nur durch Negation begründet werden. Die Menschenrechte beinhalten deshalb auch vor allem Aussagen darüber, was von Staaten oder Organisation *zu unterlassen* ist. Selbst die positiven Bestimmungen wie »Freiheit« (der Rede, des Glaubens usw.) haben als *Inhalt* eine Negation: Niemand darf daran *gehindert* werden, seine Meinung frei zu äußern, seinen Glauben zu leben etc. Ähnliches gilt für fast alle Artikel der Un-Charta, das Verbot von Sklaverei (4), Folter (5), Ungleichbehandlung vor dem Gesetz (7), unberechtigte Eingriffe in das Privatleben (12), Einschränkung der Bewegungsfreiheit (13), Entzug der Staatsangehörigkeit (15), Beraubung des Eigentums (17.2) etc.

Der Gedanke, daß keinem Ding, keinem Begriff eine eigene, nur aus ihm stammende Wesensnatur zukomme, wird im Buddhismus *Leerheit* genannt. Dieses Prinzip der *Leerheit* ist indes nur die Kehrseite der empirisch erfahrbaren gegenseitigen Abhängigkeit aller Phänomene. Wenn es gerade *keine* unabhängige Substanz gibt – weder der Begriffe, der Lebewesen, noch der Dinge –, wenn also alle Phänomene, alle Gedanken voneinander abhängen, dann ist dies auch die geeignete Grundlage zur Diagnose der Situation auf unserem Planeten. Diese Struktur zu ignorieren und auf einer *exklusiven Besonderheit* der eigenen Individualität, des eigenen Glaubens, der eigenen Rasse oder der eigenen Kultur und des eigenen Staates als *Vorrecht* zu beharren, ist *irrational.* Es ignoriert die faktische gegenseitige Abhängigkeit aller. Die *adäquate* ethische Haltung, die dieser Tatsache Rechnung trägt, ist das *Mitgefühl,* die *Liebe* zu anderen Lebewesen, zur Natur. Wenn nun wider diese Struktur gehandelt wird, wenn die Motivation diese Tatsache nicht berücksichtigt und man ein wie immer definiertes Ego als *getrenn-*

te Substanz behauptet, dann wird dadurch *potenziell* nicht nur die faktische Abhängigkeit geleugnet, es wird das Recht anderer eingeschränkt.

Da der Egoismus in seinem Nichtwissen gleichwohl unendlich vielfältig und negativ kreativ ist, kann die *Negation* des aus ihm hervorgehenden Fehlverhaltens auch nicht positiv definiert werden. Wie jedes Recht, sind deshalb auch die Menschenrechte ein offener moralischer Prozeß, der sich immer wieder neu situativ anzupassen hat an die negative Kreativität von Tyrannen oder anderen Menschen, die Leiden verursachen. Die Menschenrechte werden darin immer wieder neu definiert oder ergänzt.

Die in dieser *Negation* des Leidens liegende Tendenz zur Universalisierung ist ein offener Prozeß, der in allen erdenklichen Bereichen zur Geltung kommen kann. In der Gegenwart hat der Totalitarismus wiederum ganz neue und andere Formen angenommen, als dies im ursprünglichen Menschenrechtskatalog verankert war. Nicht mehr nur militärische Gewalt, totalitäre Willkür von Tyrannen sind das Ziel der moralischen *Negation*, vor allem in der *Wirtschaft* haben sich vielfältige Formen entwickelt, die den Menschen ihr einfachstes Lebensrecht streitig machen und die zugleich das ökologischen System des ganzen Planeten gefährden. Schon das einfache, in Artikel 23 formulierte Recht auf Arbeit, die Forderung, daß der Lohn gerecht sein und den Lohnempfänger befähigen soll, seine Familie zu ernähren, wird durch die frei gelassenen Marktprozesse der jüngeren Vergangenheit und ihre neoliberale Ideologisierung völlig ignoriert und hat zu einer neuen Armut auf dem ganzen Globus geführt. Die innere Organisation der weltweiten Finanzmärkte entzieht sich jeglicher demokratischen Kontrolle und stellt die neue Form eines Totalitarismus dar, der Menschenrechte hinter einem Schutzwall vorgeschobener Sachzwänge täglich verletzt.[45] Auch demokratische Regierungen haben sich in das Schlepptau dieses Markttotalitarismus begeben, gegen den elementare Lebensrechte der Menschen durchzusetzen, eine aktuelle und neue Dimension der Menschenrechte darstellt.

---

[45] Vgl. Karl-Heinz Brodbeck: Die globale Macht des Geldes. Die wirtschaftliche Realität der drei Gifte; Buddhismus aktuell 4 (2006), S. 6-9; ders.: Illusionen in einer globalisierten Welt. Ein buddhistischer Blick auf die Wirtschaft, Tibet und Buddhismus, Heft 71 (2004), S. 32-35.

Hier wird auch deutlich, daß die moralische Tendenz der Menschenrechte nicht auf staatliche oder politische Formen reduziert werden kann, wenn nicht die ursprüngliche Intention, das Leiden der Menschen zu mindern, in weiten Bereichen verfehlt wird. Wenn man aus der allgemeinen Geltung der Menschenrechte ableiten will, daß die Menschen aus eigener Einsicht ihr Geschick *in allen Bereichen* selbst bestimmen sollten, so führt dies in der Konsequenz nicht nur zu demokratisch-politischen Formen, sondern zu einer *direkten Negation* der globalen Verhältnisse in der Wirtschaft, die durch Ausbeutung, Ausgrenzung, Verarmung und eine völlige Ignoranz gegenüber den lokalen, privaten oder familiären Bedürfnissen zu charakterisieren ist.

Eine *moralische Interpretation* der Menschenrechte, die auf Selbstbestimmung und Selbsterkenntnis der Menschen pocht – also eine Interpretation, wie sie durch die buddhistische Tradition nahe gelegt wird –, kann die gegenwärtigen wirtschaftlichen Verhältnisse auf unserem Planeten so wenig akzeptieren wie tyrannische Herrscher oder kriegslüsterne Präsidenten. Gerade die inhaltlich *offene* Interpretation macht eine unaufhörliche Neuinterpretation der Menschenrechte – abhängig von den konkreten historischen Umständen – möglich und auch erforderlich. Der engagierte Buddhismus[46] wird in dieser Bewegung stets eine wichtige Rolle spielen, Seite an Seite mit Menschen aus anderen Glaubens-, Kultur- oder Denksystemen. Indem er den im politischen Diskurs ganz anders gemeinten Begriff einer »neuen Weltordnung« aufgreift, sagt der Dalai Lama: »that the most secure foundation for a new world order is not simply broader political and economic alliances, but each individual's genuine practice of love and compassion. These qualities are the ultimate source of human happiness, and our need for them lies at the very core of our being.«[47]

---

[46] Vgl. Christopher S. Queen, Sallie B. King: Engaged Buddhism. Buddhist Liberation Movement in Asia, New York 1996.

[47] Dalai Lama: Human Rights aaO, S. xx.

Menschenrechte in China – ein Problem der Kultur?

von Heiner Roetz

Die Menschenrechte stehen im Verdacht, Ausdruck eines nur kulturspezifischen und nicht verallgemeinerbaren ›westlichen‹ Wertesystems zu sein. Auch China zählt zu den Ländern, die im Namen ihrer Entwicklungsaufgaben, aber auch im Namen ihrer Kultur ein eigenes Verständnis von Menschenrechten reklamieren. Hierbei geht es vor allem um die Stärkung der Kollektivrechte gegenüber den Individualrechten.

Der vorliegende Beitrag versucht gegen die kulturalistische Kritik zu zeigen, daß Kulturargumente nicht gegen die Menschenrechte ausgespielt werden können. Er plädiert zum einen für die normative Priorität der Menschenrechte gegenüber der Pluralität der Kulturen. Zum anderen zeigt er am Beispiel des Konfuzianismus, wie auch eine nicht ›westliche‹ Ethiktradition in einer den Menschenrechten entgegenkommenden Weise rekonstruiert werden kann.[1]

Das Verhältnis der Menschenrechte zu den außerwestlichen kulturellen und religiösen Traditionen ist seit dem Ende des Kalten Krieges zu einem erstrangigen Thema des internationalen, politischen und wissenschaftlichen Diskurses geworden. Geht es nach manchen Stimmen aus den Debatten der letzten Jahre, so beruhte der globale Konsens von 1948, als die Allgemeine Erklärung der Menschenrechte von der Generalversammlung der Vereinten Nationen verabschiedet wurde, nicht auf einer wirklichen geteilten Überzeugung der Beteiligten, sondern nur auf der Meinungsführerschaft des Westens. Daß Saudi-Arabien der Erklärung nicht zustimmte, wirkt heute wie prophetisch, bedenkt man die massive Polemik gegen die ›westlichen‹ Menschenrechte aus dem Bereich des konservativen Islam.

---

1 Der vorliegende Beitrag ist entnommen M. Rappenecker, Hg., *Das Recht, Rechte zu haben. Menschenrechte und Weltreligionen*, Freiburg: Kath. Akademie, 2004, S. 105-126 (für die Zwecke dieses Bandes überarbeitet).

Auch die Volksrepublik China hat in den Chor jener Länder mit eingestimmt, die im Namen ihrer sich entwickelnden Wirtschaften, aber auch im Namen sog. ›kultureller Werte‹ eine eigene Position in Menschenrechtsfragen reklamieren. Besonders in den 90er Jahren des vergangenen Jahrhunderts sind Probleme aufgebrochen, die für Jahrzehnte im Schatten des Kalten Krieges verdeckt lagen. Allerdings liefert der Kampf gegen den Terror den Kritikern der Menschenrechte mittlerweile ein neues Argument, das die Sanktionierung westlicher Regierungen findet – was darauf hindeutet, daß die ›Kultur‹ keineswegs ein ausschlaggebender Faktor ist.

Die lautstarke, vornehmlich asiatische Polemik gegen das ›westliche‹ Verständnis der Menschenrechte richtet sich vor allem gegen zweierlei: zum einen gegen die Bezogenheit der Menschenrechte auf das Individuum, die die Interessen des Kollektivs unterlaufe, mit besonders gravierenden Folgen für die noch in Entwicklung begriffenen Länder, die sich dergleichen Luxus nicht leisten könnten, und zum anderen, mit dem ersten Punkt intern verbunden, gegen die Betonung der Rechte des Menschen vor seinen Pflichten. Daß hier schon immer ein Konfliktpotential lag, zeigt etwa die Afrikanische Erklärung der Menschen- und Bürgerrechte (Banjul-Charta) vom 27.6.1981, die die Pflichten des Menschen gegenüber Familie und Staat mindestens ebenso sehr wie seine Rechte hervorhebt und für die »der Genuß von Rechten und Freiheiten die Erfüllung von Pflichten impliziert« (Präambel). Die Präambel spricht ferner vom »Recht auf Entwicklung«, das seit den 60er Jahren in der Diskussion ist und im Namen dessen sich Regime der »Dritten Welt« – übrigens nicht in Einklang mit der betreffenden UN-Resolution von 1986 – gern von der Beachtung der individuellen bürgerlichen und politischen Rechte, aber auch von der Beachtung der sozialen Rechte – etwa des Rechts auf die Bildung freier Gewerkschaften – suspendieren.

Auch die chinesische Regierung verspürt diese Neigung. Trotz ihrer Unterschrift unter die Pakte Pakt für politische und zivile Rechte sowie für ökonomische, soziale und kulturelle Rechte und trotz der 2004 erfolgten Aufnahme der Menschenrechte in die Verfassung der Volksrepublik[2] ist

2 In §33 der Verfassung wurde der Satz aufgenommen »Der Staat achtet und schützt die Menschenrechte«. §51 bestimmt allerdings: »Die Ausübung von Freiheiten und Rechten darf weder die Interessen des Staates, der Gesellschaft und

ihre seit Jahren vorgetragene und schon im »Weißbuch«[3] von 1991 formulierte Position im Kern unverändert. Das Weißbuch postuliert als grundlegendes Menschenrecht jenes auf Subsistenz (*shengcunquan*), auf Sicherung der elementaren materiellen Lebensgrundlagen, das zu seiner Realisierung das Recht auf Entwicklung (*fazhanquan*) voraussetzt. Das nur kollektiv wahrnehmbare Recht auf Entwicklung bedingt wiederum das Recht auf staatliche Souveränität – womit die Menschenrechte letztlich unter die Ägide dessen geraten, wovor sie doch schützen sollen – unter die Ägide der vom Staat verwalteten ›Gemeininteressen‹. Nicht anders erklärt sich auch die Unduldsamkeit der chinesischen Regierung gegenüber den Initiatoren alternativer Parteigründungen, die ja nichts anderes in Anspruch nehmen, als ihnen dem Geist des allerdings bis heute nicht ratifizierten Pakts für politische und bürgerliche Rechte zufolge zusteht.

Die Kritik an der Allgemeinen Erklärung von 1948 wird in erster Linie entwicklungstheoretisch begründet. Aber auch kulturelle Argumente haben von Beginn an eine bedeutende Rolle gespielt. So warnte die American Anthropological Association schon 1947 noch während der Abfassung der Allgemeinen Erklärung, diese dürfe nicht auf eine »Proklamation von Rechten auf Basis der in Westeuropa und Amerika geltenden Werte« (»statement of rights conceived only in terms of the values prevalent in Western Europe and America«) hinauslaufen.[4] »Standards und Werte«, so das Glaubensbekenntnis der AAA, »sind relativ, bezogen auf die Kultur, der sie entstammen, so daß jeder Versuch, Postulate zu formulieren, die aus den Überzeugungen und Moralkatalogen einer Kultur stammen, in gleichem Maße wegführen muß von der Anwendbarkeit einer Deklaration der

---

des Kollektivs noch die gesetzlichen Freiheiten und Rechte anderer Bürger verletzen«. Die überindividuellen allgemeinen Interessen sind durch die Präambel und Teil 1 der Verfassung nach wie vor als jene der »demokratischen Diktatur des Volkes« unter der Führung der Kommunistischen Partei definiert.

3 Guowuyuan xinwenbangongshi, *Zhongguo de renquan zhuangkuang*, Beijing 1991.

4 American Anthropological Association, »Statement on Human Rights«, Submitted to the Commission on Human Rights, United Nations, by the Executive Board, American Anthropological Association, *American Anthropologist*, New Series, Vol. 49, October-December, 1947, No. 4, S. 539.

Menschenrechte auf die Menschheit als Ganzes«.[5] Auch die Banjul-Charta beruft sich in ihrer Präambel auf die spezifischen »Tugenden der historischen Tradition Afrikas und die Werte der afrikanischen Zivilisation«. Und Wu Deyao, einer der Vertreter Chinas in der Kommission, die die Allgemeine Erklärung von 1948 entwarf, äußerte sich später enttäuscht darüber, daß er sich damals mit einem wichtigen Anliegen nicht habe durchsetzen können: nämlich als Gegengewicht gegen die Rechte des Menschen auch dessen Pflichten zu betonen. Hierfür, so Wu, habe er sich »seinem Erbe getreu« (»true to my heritage«) eingesetzt – in Begriffen des Rechts statt der Pflicht zu denken sei eben nicht Sache des »East Asian«, sondern des »Western man«.[6]

Stellungnahmen von chinesischer Seite wie diese ließen sich zuhauf zitieren. Sie finden sich auch in offiziellen Positionen der Regierung der Volksrepublik. So sagte der damalige Vize-Premier Qian Qichen in einer Rede zur Eröffnung eines internationalen Menschenrechtssymposiums in Peking im Oktober 1998: »Auf der Welt existieren unterschiedliche kulturelle Traditionen, aber sie alle enthalten das Element des Respekts für die Menschenrechte. Die europäischen Staaten betonen individuelle Rechte und Werte, während die asiatischen Nationen kollektive Menschenrechte und die Verantwortung für Familie und Gesellschaft hochschätzen.«[7]

Derartige kulturalistische Bekundungen gehen über die Hervorhebung der ›Besonderheit Chinas‹, die die Kommunistische Partei schon immer vornahm, weit hinaus. Auffallend ist aber, daß sie sich in noch größerer Radikalität als im chinesischen Kulturraum selber in der westlichen Chinaliteratur finden, wo nicht selten versichert wird, das Konzept individueller Menschenrechte sei mit der chinesischen Tradition im Kern nicht kompatibel. So meint der Bonner Sinologe Sven-Uwe Müller am Ende seiner Dissertation *Konzeptionen der Menschenrechte im China des 20. Jahrhunderts* fest-

---

5 Ebd., S. 542 (»Standards and values are relative to the culture from which they derive so that any attempt to formulate postulates that grow out of the beliefs or moral codes of one culture must to that extent detract from the applicability of any Declaration of Human Rights to mankind as a whole«.)

6 Wu Teh Yao, »East Asian and Western Concepts of Rights. Their Origin and Development«, in: Wu Teh Yao, *The Confucian Way*, Singapore: The Institute of East Asian Philosophies, 1987, S. 44.

7 *Renmin ribao*, haiwai ban, 21.10.1998, S. 4.

stellen zu können, das Beispiel Chinas zeige die »kulturellen Grenzen für die westliche Form der Legitimation und Begrenzung der Staatsmacht durch unveräußerliche Menschenrechte«.[8] Auch der 1997 verstorbene Sinologe Wolfgang Bauer, der der Geschichte des chinesischen Individualismus sein Lebenswerk gewidmet hat, hat in einem späten Aufsatz paradoxerweise individuell und nicht kollektiv verstandene Menschenrechte als mit »traditionell-chinesischer Sicht« unvereinbar bezeichnet.[9] Auch manche Vertreter der amerikanischen »Chinese studies« teilen diese politisch folgenreiche Ansicht. Sie beruht allerdings nach meiner Überzeugung auf einer Fehlinterpretation, gleichsam einer Unterbietung der traditionellen chinesischen, vor allem der konfuzianischen Ethik, die den für die Entwicklung einer Menschenrechtskonzeption wohl erfolgversprechendsten Ansatz enthält, aber auch auf einem grundsätzlichen Mißverständnis der Idee der Menschenrechte.

Nun wäre es aber problematisch, die kontrastive Sichtweise einfach durch eine harmonisierende zu ersetzen. Auch die harmonisierende Sichtweise wird in China wie im Westen vertreten. So findet man bis heute in manchen konfuzianisch inspirierten Darstellungen die Behauptung, aufgrund des humanistischen Gehalts der konfuzianischen Ethik seien in China die Menschenrechte nicht nur nicht unbekannt, sondern im Grunde seit jeher verwirklicht gewesen. Hiergegen ist zum einen festzuhalten, daß der Begriff der Menschenrechte im traditionellen China in der Tat fehlte und erst im 19. Jahrhundert als westlicher Import über Japan nach China gelangt ist. Es ist ferner darauf hinzuweisen, daß gemessen am Maßstab der Menschenrechte das traditionelle China ohne jeden Zweifel in vieler Hin-

---

8 Sven-Uwe Müller, *Konzeptionen der Menschenrechte im China des 20. Jahrhunderts*, Hamburg: Institut für Asienkunde, 1997, S. 283.

9 Laut Bauer ist die Vereinbarkeit der Menschenrechte mit der »traditionell-chinesischen Sicht« nur dann ein Problem, wenn »der Mensch – wie es tatsächlich in der heutigen westlichen Vorstellung der Fall ist – als ein durch Freiheit und Gleichheit bestimmtes Individuum begriffen wird und nicht als ein primär durch die Zugehörigkeit zu einem Gesellschaftsverband, einem Stand oder einer ›Klasse‹ bestimmtes Wesen.« (»Mensch, Natur, Fremdheit: Die Idee der Toleranz im Alten und Neuen China«, in: Ingrid Krüssmann u. a., Hg., *Der Abbruch des Turmbaus: Studien zum Geist in China und im Abendland*, Nettetal: Steyler Verlag, 1995, S. 54)

sicht auf die Anklagebank gehört. Wichtiger noch erscheint mir aber, daß wir ohnehin von vornherein davon auszugehen haben, daß sich die Idee der Menschenrechte nicht in tradierte Ethosformen auflösen läßt und gar nichts anderes zu erwarten ist als eine Spannung zwischen ihr und den kulturellen Traditionen. Diese Spannung, und zugleich ein letztinstanzlicher normativer Vorrang des Menschenrechts gegenüber den kulturellen Traditionen, ebenso wie gegenüber politischen Gemeinschaften, ergibt sich m. E. aus drei Gründen:

Die Idee des Menschenrechts ist erstens ein Korrektiv für das Traditionen immer auch inhärente Unrecht – man denke nur an die Rolle der Frauen, gerade im traditionellen chinesischen Kontext. Sie ist zweitens ein Korrektiv für die bei aller möglichen Offenheit niemals wegzudenkende Binnenorientierung der Traditionen (und der politischen Gemeinschaften), deren Adressat nicht der Mensch schlechthin und damit auch der Fremde, sondern, zumindest vorrangig, das Mitglied ist. Ein Vorrang der Tradition gegenüber dem Menschenrecht verbietet sich drittens deshalb, weil Traditionen selbst in dieser eingeschränkten Gültigkeit heute vielerorts gar nicht mehr funktionieren. Denkt man an die desolaten Zustände in den Slums und auf den bewohnten Müllhalden vieler Städte der ›Dritten‹ und in zunehmendem Maße der ›Ersten‹ Welt, so ist es paradoxerweise selbst zu einer universalistischen Forderung, zu einem Menschenrecht geworden, überhaupt in einem funktionierenden, in Traditionen verwurzelten sozialen Kontext leben zu können. Insbesondere in den immer stärker werdenden globalen und innerstaatlichen Migrationsströmen – allein zwischen 150 und 200 Mill. Wanderarbeiter gibt es im heutigen China – ist gerade der entwurzelte, aus allen Kontexten herausgerissene, quasi auf sein abstraktes Menschsein zurückgeworfene Mensch zum Emblem der neuen Weltordnung geworden. Nie zuvor stand in einem solchen Ausmaß den Menschenrechten in der realen Welt ihr sozusagen reiner Adressat gegenüber. Erst von hier erschließt sich das Skandalöse der gegenläufigen Einwanderungs- und Asylpolitik all jener westlicher Staaten, die die Menschenrechte zum zentralen Teil ihrer Identität meinen erklären zu können.

Die nicht (bzw. allenfalls in einer – nicht existierenden – politischen Weltgesellschaft) aufhebbare Spannung zwischen der Idee der Menschenrechte und den kulturellen Traditionen ist also von vornherein in Rechnung zu stellen, wenn nach der Vereinbarkeit beider gefragt wird. Dies gilt allerdings nicht nur für China. Es gilt auch für den Westen selbst. Zwar haben wir uns angewöhnt, die Idee der Menschenrechte als die Quintessenz unserer eigenen Kultur zu betrachten. Doch täuscht dies darüber hinweg, daß auch in Europa der Siegeszug der – relativ spät auftretenden – Vorstellung subjektiver politischer Rechte gegenüber dem Staat sich gerade einer existenziellen Krise der europäischen Zivilisation und der sie lange Zeit tragenden Überzeugungen verdankt hat. An erster Stelle betrifft dies das Christentum bzw. die jüdisch-christliche Tradition, die wir als wichtigste Quelle der Idee der Menschenrechte zu betrachten gewöhnt sind.

Denn nicht nur in der Bibel, so der Theologe Heinrich Vogel, sind »sowohl der Begriff wie die Sache der Menschenrechte [...] schlechterdings unbekannt.«[10] Auch das stoisch-christliche Natur›recht‹ kannte weniger eigentliche Rechte des Menschen als – namentlich an die Mächtigen adressierte – Pflichten.[11] Die Kirche ist ferner bis in die frühe Neuzeit hinein selbst an eklatantesten Menschenrechtsverletzungen wie Folter und Ketzer- und Hexenverfolgung beteiligt gewesen, die in dieser Form in China kein Äquivalent haben. Bis in das 20. Jahrhundert hinein haben die christlichen Kirchen, die katholische wie die protestantische, den Menschenrechten zögerlich bis ablehnend gegenübergestanden. Weder die Geschichte des Christentums noch die der christlichen Theologie legt ein überzeugendes Zeugnis von einer Affinität des christlichen Glaubens zur Idee der Menschenrechte ab. Im Gegenteil finden sich in der einschlägigen Literatur noch weit radikalere Argumente als jene, mit denen heute aus Richtung Asien gegen die ›westlichen‹ Menschenrechte Front gemacht wird. So bezeichnet etwa Papst Gregor XVI in seiner Enzyklika *Mirari vos* von 1832 die Forderung nach Gewissens- und Meinungsfreiheit als »albernes Geschwätz« und »höchste Unverschämtheit«.[12]

---

10 Heinrich Vogel, zitiert nach H.-H. Schrey, »Wiedergewinnung des Humanum? Menschenrechte in christlicher Sicht«, *Theologische Rundschau* (48), 1983, S. 66.

11 Vgl. Heiner Roetz, »Menschenpflicht und Menschenrecht. Überlegungen zum europäischen Naturrecht und zur konfuzianischen Ethik«, in: Konrad Wegmann, Wolfgang Ommerborn, Heiner Roetz, Hg., *Menschenrechte: Rechte und Pflichten in Ost und West* (Strukturen der Macht: Studien zum politischen Denken Chinas, Bd. 9), Münster: LIT, 2001, S. 1-21.

12 Zit. nach Schrey 1983, S. 71.

Auch der protestantische Ethiker Friedrich Gogarten befürchtet in seiner 1932 erschienenen »Politischen Ethik«, die Menschenrechte führten zur Aufhebung des Staates, der alles Mögliche können, aber nichts mehr dürfen solle.[13] Der endgültig erst auf dem 2. Vatikanischen Konzil vollzogene Schritt zur Anerkennung, ja Umarmung der Menschenrechte als Inbegriff christlicher Wertorientierung hat vielleicht mehr mit dem realen gesellschaftlichen und politischen Machtverlust der Kirchen und ihrer Abdrängung in eine Minderheitenposition zu tun – aus der heraus die Forderung nach Freiheit leichter fällt – als mit einer inneren Dynamik der Lehre selber.[14]

Wenn wir die jüdisch-christliche Religion, etwa mit ihrer Lehre von der Gottesebenbildlichkeit des Menschen, gleichwohl nicht ohne Berechtigung in die Vorgeschichte der Idee der Menschenrechte stellen, so nicht im Sinne einer direkten Rückführbarkeit dieser Idee auf Elemente des jüdisch-christlichen Monotheismus oder gar einer entsprechenden tatsächlich erfolgten theologischen Bibelexegese. Damit diese Elemente eine entsprechende Wirksamkeit entfalten konnten – zudem in Konkurrenz zu anderen, widerstreitenden Elementen, insbesondere jenem der menschlichen Erbsündigkeit, also der skeptischen Seite des christlichen Menschenbildes –, bedurfte es bestimmter (durchaus zufälliger) extremer historischer Bedingungen: nämlich des explosiven, die abendländische Zivilisation zerreißenden Gemisches aus Konflikten zwischen Adel und Königen, gnadenlosen Religionskriegen und kolonialer Expansion, um nur einige der Faktoren zu nennen, die die wohl entscheidende Epoche, das europäische 16.

13 Friedrich Gogarten, *Politische Ethik* (1932), zit. nach Schrey 1983, S. 65.

14 Hierzu Schrey 1983, S. 71: »Leider vermisse ich an dieser Stelle eine sozialkritische Hinterfragung dieses Wandels. Diese hätte zum Ergebnis gehabt, daß die Kirche im Zustand der Identität mit der Gesellschaft der Forderung nach Gewissens- und Meinungsfreiheit äußerst zurückhaltend gegenübersteht, da diese auf einen zentrifugalen Pluralismus hinausläuft, während sie sich positiv zur Forderung nach Religionsfreiheit stellen kann, wenn Kirche und Gesellschaft getrennt sind und die Kirche in eine politische Minderheiten-, wenn nicht gar Märtyrersituation gedrängt wird. Ohne Frage hat der katholische Systematiker J. B. Metz recht, wenn er feststellt, daß ›die Erfahrung des bedrohten Humanen, die Erfahrung der Bedrohtheit von Freiheit, Gerechtigkeit und Frieden für die Systematik maßgebend sein muß.‹«

und 17. Jahrhundert, kennzeichneten. Einem solchen Problemdruck war China, nicht zuletzt aufgrund eines höheren Grades an religiöser Toleranz, nie ausgesetzt. Erst in dieser Zeit entwickelten europäische Autoren wie Vittoria, Suarez, Hobbes, Spinoza und Locke einen sich allmählich durchsetzenden politischen Begriff subjektiven Rechts im Sinne einer Macht, über die der Mensch selbst durch seinen freien Willen verfügt.[15]

Hobbes, der konsequenteste dieser Autoren, definiert das alte Naturrecht in einer klassischen Formulierung um: »Unter dem Naturrecht, von den Gelehrten gewöhnlich *ius naturale* genannt, versteht man die Freiheit jedes Menschen, seine Kräfte nach seinem eigenen Ermessen zu gebrauchen, um für seine Selbsterhaltung, d. h. für die Sicherheit seines Lebens zu sorgen – und folglich auch die Freiheit, alles zu tun, was ihn seinem Urteil und seinen Überlegungen zufolge dieses Ziel am besten erreichen läßt.«[16]

Zugleich hebt Hobbes als erster die theologische und naturtelologische Untermauerung des alten Naturrechts auf, indem er an ihre Stelle das kalkulierende individuelle Selbstinteresse setzt. Die Radikalität dieses Schrittes zeigt sich vor allem darin, daß an Hobbes anknüpfende Theoretiker zwar gleichfalls in Begriffen von Recht, Macht und Freiheit denken, sie aber weiter in den Rahmen des älteren Ordnungsmusters stellen.

Was aber bedeutet dann die Vorstellung des Natur›rechts‹, die bis in die griechisch-römische Antike zurückreicht? Wenn traditionelle europäische Philosophen, zumal in der Tradition der Stoa, sich auf die ›Natur‹ bezogen, dachten sie an eine allumfassende, holistische Ordnung (christlich: die Ordnung der Schöpfung), die zugleich Orientierung und Verpflichtung für ihren integralen Teil, den Menschen war. Das griechische *physei díkaion* (»das Rechte von Natur«) bezog sich auf eine überindividuelle Realitität, die festlegt, was im objektiven Sinne das Rechte und nicht, was im subjektiven Sinne rechtens oder mein Recht ist. Die Natur schreibt die Normen vor und setzt so primär Verpflichtungen. Rechte als subjektive Forderungen von Individuen waren, wenn überhaupt angedacht, Derivate dieser Verpflichtungen.

Der wirkliche Fokus des *ius naturale* ist nicht das Recht, sondern die Pflicht, das Rechte zu tun. Und wenn das Naturrecht eine Kontrolle über

---

15 Vgl. Roetz 2001.

16 Hobbes, *Leviathan*, Reinbek: Rowohlt, 1969, S. 102.

die Regierenden ausübte, dann indem es diesen auferlegte, ihrer Pflicht, vor allem ihrer Gerechtigkeitsverpflichtung, nachzukommen, nicht aber indem es den Regierten von Natur aus unveräußerliche Rechte, etwa ein Recht auf Widerstand, zusprach. Laut Josef Pieper hat »Die alte Gerechtigkeitslehre nicht den Berechtigten im Blick, sondern den Verpflichteten. Sie ist nicht Darlegung von Menschenrechten, die zustehen oder in Anspruch genommen werden können; sondern sie ist Darlegung und Begründung der Verpflichtung, Rechte zu respektieren.«[17]

Für Pieper ist die Betonung der Pflichten keineswegs defensiven Charakters; er nennt sie weit »aggressiver« und »kühner» als die Proklamation von Rechten, weil nur sie die Utopie einer »Gerechtigkeit der Zuteilung« durch »gerechte Herrschaft« aufrechterhalte.[18] All dies klingt sehr konfuzianisch. Bemerkenswerterweise hat sich Pieper selbst entsprechend zu den Worten eines chinesischen UN-Delegierten geäußert, daß er »das Verdienst der Menschenrechte anerkenne; man würde das in China aber mehr unter ethisch-moralischen Begriffen ausdrücken als unter rechtlichen«. Der chinesische Delegierte – möglicherweise Chang Peng-chun, der stellvertretende Vorsitzende der Kommission, die die Allgemeine Erklärung der Menschenrechte von 1948 entwarf – habe zum Beleg einen Satz »aus einem der chinesischen Weisheitsbücher« zitiert: »Der Himmel liebt das Volk, und der Herrscher muß dem Himmel gehorchen.«[19] »Was mich an dieser Sache interessiert«, so Pieper, »ist die Analogie zu der Gerechtigkeitslehre des Mittelalters. Da wird auch nicht formell von ›Menschenrechten‹ gesprochen; dennoch wird sehr wohl die Meinung (sogar die Glaubensüberzeugung) vertreten, daß dem Menschen als Person eine ganze Menge zustehe. Aber es wird nie gesagt: Hört einmal her, euch steht dies und jenes zu, nun seht, daß ihr es bekommt! Die Begründung der Gerechtigkeitsverpflichtung geschieht innerhalb der abendländischen Gerechtigkeitslehre nicht im Blick auf den Berechtigten, sondern auf den Verpflichteten, das heißt, auf den Herrscher.«[20]

---

17 Josef Pieper, *Über die Gerechtigkeit*, München: Kösel, 2. Auflage 1954, S. 88.

18 Ebd., S. 88 f.

19 Vermutlich eine *Shujing*- oder *Mengzi*-Paraphrase.

20 Wiedergegeben in Edward J. M. Kroker, *Die Strafe im chinesischen Recht*, Rheinisch-Westfälische Akademie der Wissenschaften, Geisteswissenschaften, Vor-

Pieper ist der Ansicht, daß es sich bei diesem traditionellen abendländischen und chinesischen Ansatz um eine »viel tiefer dringende Begründung der Menschenrechte [handelt], obwohl das Wort selbst nicht gebraucht wird.« Denn das dem Menschen Geschuldete ist »auf eine viel wirksamere Weise geschützt, wenn es in der ›Himmelsordnung‹ verankert wird.« Pieper weist allerdings auch auf die negative Seite dieser Idee hin: Sie kann ebensogut zur »Anullierung der Menschenrechte« führen, indem »das Recht des Herrschers dadurch faktisch absolut gesetzt wird, daß es dem Herrscher überlassen wird, das ›Gesetz des Himmels‹ auf seine Weise zu interpretieren.«[21]

Diese Ambivalenz dürfte der Schlüssel sein, um zu verstehen, warum die einseitige Akzentuierung der Verpflichtung der Mächtigen statt der Rechte den ihnen Untergebenen auf lange Sicht nicht als hinreichend und tragfähig erscheinen konnte und das alte Modell mit dem Schritt zum subjektiven Recht allmählich verabschiedet wurde. Eben dieser Schritt vollzieht sich, zeitlich versetzt, seit längerem auch in China, wo nicht nur mit dem Bankrott des Vertrauens in pflichtgetreue Obrigkeiten, sondern auch mit dem pluralistischen Auseinandertreten der Vorstellungen von einem richtigen Leben das Verlangen nach Menschenrechten laut geworden ist.

Ist nun dies ein Fremdkörper in einer zu schützenden ›chinesischen Kultur?‹ M. E. ist das Kulturargument an dieser Stelle aus zwei Gründen nicht stichhaltig. Es unterschlägt zum einen, daß ›Kultur‹ unter den Bedingungen moderner Pluralität gar nicht in der unterstellten Form ungebrochen in Takt bleiben könnte, wobei die Menschenrechte gerade eine Klammer sind, auch die Existenz kulturell unterschiedliche Überzeugungen in einem gemeinsamen Rahmen möglich zu machen. Zum anderen läßt sich ungeachtet dessen gerade die chinesische ethisch-politische Tradition, zumindest einer ihrer prominentesten Stränge, durchaus im Sinne einer virtuellen chinesischen Vorgeschichte der Menschenrechte rekonstruieren, wenn man sich denn auf eine solche Rekonstruktion einläßt. So lassen sich, mit erheblichen Vorteilen für ihre Durchsetzung, die Menschenrechte zumindest partiell mit der Kulturtradition versöhnen, die nicht nur ihnen Widerstrei-

---

träge G 165, Opladen: Westdeutscher Verlag.1970, S. 68 (Protokoll der Diskussion).

21 Ebd., S. 70 und 71.

tendes, sondern auch ihnen Entgegenkommendes enthält. Daß das Entgegenkommende und nicht das Widerstreitende sich entfaltet, hängt zum Teil, und u.U. höchst dialektisch, von der ›Gunst‹ historischer Umstände ab, immer aber auch von der Selbstreflexion der Tradition, d.h., einer aufgeklärten Hermeneutik. Was nun fördert eine solche aufgeklärte Hermeneutik im Falle Chinas zutage?

In der Diskussion um das Verhältnis der chinesischen Kultur zu den Menschenrechten wird an dieser Stelle mit Vorliebe auf den »humanistischen Geist« der klassischen politischen Lehren verwiesen. So wird etwa Konfuzius' (551-479) Plädoyer für eine »Regierung durch Tugend« statt durch Strafen und seine Forderung nach »Menschlichkeit« (*ren*) und Toleranz (*kuan*) angeführt, Mengzis (372-381) fortwährende Parteinahme für die Interessen des »Volkes«, das für ihn höher steht als der Staat und zumal der Herrscher, oder der auch vom ehemaligen chinesischen Parteichef Jiang Zemin bei einem Besuch in den USA zitierte, in klassischen chinesischen Texten häufiger zu findenden Satz, daß »von allen Wesen zwischen Himmel und Erde der Mensch das wertvollste« sei. Zweifellos kann all dies für eine chinesische Adaption der Idee der Menschenrechte von Bedeutung sein. Es ist aber nicht zu sehen, daß es im Prinzip über einen wohlwollenden Paternalismus hinausführte oder – und dies gilt für die »demophile« Tendenz der konfuzianischen politischen Lehre im Ganzen – ausschlösse, das mit Hilfe der Menschenrechte zu sichernde Gut vorrangig in kollektiven Interessen zu sehen. Überhaupt darf die entgegenkommende Heuristik, die ich befürworte, nicht bedeuten, die Kriterien möglichst weich zu gestalten und an China oder andere Kulturen weniger strenge Maßstäbe anzulegen als an die westliche Geistesgeschichte. Wir werden deshalb in China kaum auf echte Vorformen der Idee der Menschenrechte treffen. Sehr wohl aber treffen wir auf Anknüpfungspunkte, an denen sich eine chinesische Adaption der Menschenrechte nachträglich festmachen läßt. An einer solchen Adaption hängt keineswegs die kulturübergreifende Gültigkeit der Menschenrechte. Doch kann es die Chancen zur globalen Durchsetzung dieser Idee nur erhöhen, wenn es gelingt, sie, soweit dies möglich ist, mit dem in einer Kultur schon historisch Bekannten, wenngleich oft wieder Vergessenen, zu verbinden.

Welcher Art sind nun diese Anknüpfungspunkte? Es lassen sich sowohl materiale wie auch formale Anknüpfungspunkte identifizieren, die historisch und systematisch miteinander verbunden sind. Die materialen Anknüpfungspunkte betreffen an erster Stelle die Kritik der Macht und namentlich die Idee der vor dem Zugriff der Institutionen zu schützenden menschlichen Würde des einzelnen.

Der formale Anknüpfungspunkt – und hier würde ich von nur einem Anknüpfungspunkt sprechen – betrifft die Kritik der Tradition, d. h. die Fähigkeit zur kritischen Distanzierung des »Eigenen« und zur Aufnahme des »Fremden«, wenn denn beides gemessen an höheren normativen Standards sich als das Richtige erweist. Der zweite Gesichtspunkt, die Kritik der Tradition, erscheint gegenüber dem ersten, der Kritik der Macht, sogar insofern als der bedeutendere, als die Kritik der Tradition die kulturübergreifende Perspektive der Menschenrechte bereits teilt und für das Neue aufnahmebereit macht ganz unabhängig davon, wie es sich in das bislang verstandene »Eigene« einfügen mag. Anders gesagt: Die Punkte, an denen Kulturen über sich hinausgeblickt haben, sind zugleich die privilegierten Punkte, an denen sich transkulturelle Perspektiven verankern lassen. Da die Traditionskritik in China ihrerseits eine Tradition begründet hat, muß sie eine besondere und im Prinzip gar nicht zu parierende Herausforderung für jeden auf Abschottung zielenden Traditionalismus darstellen. Strikt kulturelle Argumente sind deshalb schon kulturell nicht sanktioniert.

An der Traditionskritik partizipiert so gut wie jede der philosophischen Strömungen Chinas, was darauf zurückzuführen ist, daß sie alle ihre Herausbildung einer tiefgreifenden Traditionskrise in der Mitte des letzten Jahrtausends v. Chr., in der von Karl Jaspers wegen ihrer grundlegenden Bedeutung für alles Spätere »Achsenzeit« genannten Epoche, verdanken. Auch der Konfuzianismus, der zweifellos ein positives Verhältnis zur Tradition hat, hat an dieser Kritik auf sublime Weise teilgehabt, wenngleich ihre Hauptprotagonisten in den konkurrierenden Schulen zu finden sind. So hat etwa Mo Di (5. Jh. v. Chr.) argumentiert, wer am Hergebrachten festhalten wolle, weil es eben das Hergebrachte ist, müsse dann auch Sitten wie den Kannibalismus oder die Tötung von Erstgeborenen und Alten befürworten, denn diese gelten bei bestimmten Völkern als gute Gewohnheiten, obwohl sie doch, so Mo Di, Menschlichkeit und Gerechtigkeit widersprechen.[22]

Argumente qua Tradition sind im alten China nicht nur aus moralischen, sondern auch aus epistemologischen, historischen, ideologiekritischen, logischen und ontologischen Gründen abgelehnt worden. Statt die einzelnen Begründungen zu referieren[23], sei hier nur eine ironische Parabel zitiert, mit der das *Lüshi chunqiu*, ein Text aus der Mitte des 3. Jh. vor Christus, die antike Debatte über die Tradition bildhaft und einprägsam resümiert: »Jemand überquerte den Jiang, als er sah, wie ein Mann ein Kind in den Fluß warf. Das Kind schrie, und so fragte er den Mann, warum er dies tue. Der Mann gab zur Antwort: ›Sein Vater ist ein guter Schwimmer.‹«[24]

Sich gegen die Menschenrechte auf die chinesische Tradition zu berufen liefe logisch und typologisch auf die gleiche Argumentation hinaus, die das alte China schon vor mehr als zwei Jahrtausenden als unhaltbar durchschaut hat. Das Argument widerspräche somit selber bestimmten Standards dessen, woran es appelliert.

Indes ist eine solche formale Selbstdistanzierung der chinesischen Tradition nicht der einzige Weg, um eine Brücke von ihr selbst zu den Menschenrechten zu schlagen. Denn China verfügt auch über eine niemals abgerissene Tradition der Machtkritik, die sich als eine materiale Basis für einen solchen Brückenschlag anbietet – material in dem Sinne, daß sie einen inhaltlichen statt formalen Möglichkeitshorizont für eine Entwicklung in Richtung auf die Menschenrechte eröffnet. Wie sehen die Argumente aus dieser Traditionslinie aus?

Das Problem der Kontrolle politischer und gesellschaftlicher Macht ist in allen Kulturen von essentieller Bedeutung gewesen. Ein verbreiteter Weg zur Erreichung dieses Ziels ist die Berufung auf Mächte gewesen, die die menschliche Welt übersteigen und dem menschlichen Handeln Grenzen

---

22 *Mozi* 25, *Zhuzi jicheng*, Hongkong: Zhonghua, 1978, Bd., 4, S. 115f. Vgl. Heiner Roetz, *Die chinesische Ethik der Achsenzeit*, Frankfurt/M.: Suhrkamp, 1992, S. 384 f.

23 Vgl. hierzu meinen Beitrag »Tradition, Moderne, Traditionskritik. China in der Diskussion«, in: Torsten Lalbig und Siegfried Wiedenhofer, Hg., *Kulturelle und religiöse Traditionen. Beiträge zu einer interdisziplinären Traditionstheorie und Traditionsanalyse*, Münster: LIT, 2005, S. 124-167.

24 *Lüchi chunqiu* 15.8, *Zhuzi jicheng*, Hongkong: Zhonghua, 1978, S. 178; vgl. Roetz 2005, S. 148.

setzen. Dies war der Fall in der westlichen Tradition des Naturrechts. Es war ebenso der Fall in der chinesischen früh-zhouzeitlichen Lehre vom »Himmlischen Herrschaftsmandat« (*tianming*), die schon Mitte des 11. Jahrhunderts v. Chr. die Politik dem Primat der Ethik unterwarf, und ihren späteren philosophischen Beerbungen, den Ethiken Mo Dis und Mengzis. Fraglos sind beide Denker weit entfernt davon, ein (schon aus soziologischen Gründen damals kaum denkbares) politisches System zu entwerfen, das auf die persönliche Freiheit, Partizipation und Entscheidungskompetenz seiner »Bürger« gebaut wäre. Gleichwohl – oder gerade deshalb – drängen sie aber darauf, daß die relativ schwache Kontrolle der Herrschaft von unten durch eine starke Kontrolle von oben ausgeglichen wird: Auch wenn sie politisch nicht über die Monarchie und die ihr entsprechende hierarchische Befehlsgewalt hinausdenken, unterwerfen sie doch den Herrscher seinerseits der Überwachung durch den »Himmel«, an dessen Willen er sich ebenso zu orientieren hat wie die ihm Untergebenen sich an dem seinen – und letzteres wird nicht ohne das erstere geschehen, wie Mengzi hinzufügt. Mengzi geht dabei über Mo Di hinaus: Er identifiziert die Kontrolle von oben mit jener von unten, insofern er »Augen und Ohren« des Volkes zum Sensorium des Himmels selbst erklärt[25] – womit die Beachtung des Auftrags des Himmels mit der Orientierung am Wohlergehen, wenn nicht den Stimmungen des Volkes zusammenfällt. Hierbei gelingt es Mengzi, die schon bei Mo Di moralisch gemeinte, aber noch in naivutilitaristische Form[26] gekleidete Argumentation auf eine explizit moralische Basis zu stellen: Wenn er sich nämlich darüber empört, daß die Herrscher seiner Zeit die Menschen wie Dinge (nämlich wie »Erde und Kraut«) oder Tiere (»wie Hunde und Pferde«) und gar noch schlimmer behandeln,[27] dann deshalb, weil der Mensch ein vom »Himmel« in besonderer Weise ausgezeichnetes Wesen ist: Er verfügt nämlich über eine ihm angeborene moralische Natur (*xing*), die ihn, wenn sie sich ungehindert entfalten kann, aus sich heraus zum rechten Handeln und Urteilen befähigt.[28]

---

25 *Mengzi* 5a:5, zit. nach *Harvard-Yenching Sinological Index Series.*

26 Vgl. Roetz 1992, S. 374 ff.

27 Vgl. *Mengzi* 4b:3, 1a:4 und 1a:7.

28 *Mengzi* 2a:6, vgl. Roetz 1992, S. 322 ff.

Die politische Herrschaft hat sich ganz in den Dienst dieser moralischen Potentialität des Menschen zu stellen und ihr die günstigsten Entwicklungsbedingungen zu verschaffen; sie hat nicht die Aufgabe, den Menschen durch starke Institutionen allererst zu einem sozialen Wesen zu formen und in Zucht zu nehmen. Die Natur des Menschen verkörpert die Normen des »Himmels«, die ihm nicht erst von außen aufgezwungen werden müssen. Die Rangordnung ist überdeutlich: Die »Würde« (*gui*) der dem Menschen eigenen moralischen Natur steht über den politischen Würden, die ein Herrscher verleihen und wieder aberkennen kann.[29] Herrschaft, die nicht dieser Rangordnung entspricht, verliert ihre Legitimation – ein Fürst z. B., der sein Volk durch Bereicherungssucht und Militarismus ins Elend und damit in die Kriminalität treibt, begibt sich auch des Rechtes, zu strafen. Als »Fallensteller« ist er vielmehr selbst verantwortlich zu machen. Er darf im Ernstfall auch nicht mit der Loyalität seiner Untertanen rechnen. So verteidigt Mengzi das Volk des Staates Zou für die Weigerung, im Krieg für seine Vorgesetzten zu sterben, da diese zuvor tatenlos mit ansahen, wie es hungerte. Im Extremfall haben die Konfuzianer sogar den Tyrannenmord gerechtfertigt.[30] Seine Legitimation liegt in der Loslösung des Herrschers von seinem Auftrag bzw. seiner Mißachtung des reziproken Verpflichtungsverhältnisses zwischen oben und unten.

So beruht Mengzis Programm einer »menschlichen Politik« m. E. sehr deutlich auf dem Gedanken der Achtung des Menschen als eines moralischen Wesens. Das chinesische Recht bzw. die Rechtstheorie enthielt bemerkenswerte Elemente, die sich zu dieser Vorstellung in Bezug setzen lassen und z. T. sogar in ihre Vorgeschichte hinein gehören. So kennt schon das frühe, von den Konfuzianern als »Klassiker« tradierte ›Buch der Dokumente‹ (*Shujing*) das Prinzip der Unschuldsvermutung, heute ein grundlegendes individuelles Menschenrecht, wenn es nämlich – in einem Appell an die Entscheidungsträger – heißt, es sei »besser, einen Schuldigen laufen zu lassen, als einen Unschuldigen zu töten«.[31] Das chinesische Recht sicher-

---

29 *Mengzi* 6a:17.

30 Mengzi 1a:7, 1b:12, 1b:8.

31 *Shujing*, Da Yu mo, Gu Jiegang, *Shangshu tongjian*, Peking: Shumu wenxian chubanshe, 1982, 03/405 ff., und *Zuozhuan* Xianggong 26, *Harvard Yenching Sinologi-*

te ferner, zumindest in der Theorie, Straffreiheit bei einer Selbstanzeige vor der behördlichen Verfolgung einer Tat zu. Dieser Bestimmung, die später der westlich inspirierten »Modernisierung« des chinesischen Rechts zum Opfer fiel, lag der Gedanke zugrunde, daß der Mensch ein zur Korrektur seiner Fehler (*gai guo*) und »Selbsterneuerung«1(*zi xin*), also zur Entwicklung fähiges Wesen ist – bis heute das stärkste Argument gegen die Todesstrafe. Das gleiche Argument motivierte die Abschaffung der Verstümmelungsstrafen durch den Han-Kaiser Wen 167 v. Chr. Das chinesische Recht kannte neben streng überwachten Pflichten des juridischen Personals weitere de facto-Rechte des Täters oder Angeklagten, der z. B. ein Geständnis mit der Begründung, es sei erzwungen worden, widerrufen konnte, woraufhin sein Fall von einer anderen Kammer neu zu verhandeln war.

Wenn sich gleichwohl aus all diesen Elementen historisch niemals die Vorstellung eines Menschenrechts entwickelte, so hat dies m. E. vor allem zwei Gründe: Der erste Grund liegt in der – trotz des oben Gesagten – zurückhaltenden Einstellung gegenüber dem Recht, das der konfuzianischen Ethik überhaupt eigen ist, und in dem hiermit zusammenhängenden für den Konfuzianismus typischen Primat der Moral. Es ist sozusagen das Markenzeichen des Konfuzianismus, so weit wie möglich in Begriffen der Person statt der Institution zu denken, und von hier müssen jede institutionelle Garantie und jedes rationale Verfahren, auch wenn ihre Unumgänglichkeit im Grundsatz anerkannt wird, prinzipiell als defizient und einer moralischen Legitimation bedürftig erscheinen. Damit betont der Konfuzianismus zugleich die moralische Verantwortung des jeweiligen Entscheidungsträgers statt der rechtlichen Absicherung des von den Entscheidungen Betroffenen – es macht sozusagen einen Teil der menschlichen Würde aus, erst gar nicht an das Recht appellieren zu müssen. Das Resultat ist der Vorrang der Pflicht gegenüber dem Recht, wie er aber auch für das vormoderne westliche Naturrecht und die auf ihm basierende Gerechtigkeitslehre des europäischen Mittelalters kennzeichnend war. Es ist allerdings nur eine Frage der historischen Erfahrung, daß sich der Schutz der Menschenwürde letztlich nicht über das Pflichtgefühl der Entscheidungsträger – vor allem der regierenden Elite – sichern läßt, um quasi arbeitsteilig Verantwortung

---

cal Index Series S. 312, gedeutet im Lichte von *Hanshu* 23, Beijing: Zhonghua, 1975, Bd. 4, S. 1110. Vgl. Roetz 1992, S. 65 f.

von der Pflicht auf das subjektive Recht zu übertragen. Von hier ergibt sich nicht etwa die Abdankung der Moral, sondern die moralische Nötigung, den Schutz des Menschen anders und besser zu organisieren: nämlich durch eine Arbeitsteilung zwischen Recht und Pflicht. Hierdurch würde eine Komplementarität explizit gemacht, die in dem älteren, pflichtzentrierten Modell bereits angelegt war. Der »neukonfuzianische« Philosoph Mou Zongsan (1909-1995) hat einen ähnlichen Gedanken mit seiner Idee einer »Selbstnegation der moralischen Vernunft« (*daode lixing zhi ziwo kanxian*) formuliert.[32]

Daß sich diese Erkenntnis erst im modernen Konfuzianismus durchgesetzt hat, läßt sich – der zweite Grund für das historische Ausbleiben der Idee des Menschenrechts – weit besser soziologisch als mit dem Fehlen der ideellen Grundlagen erklären: Solange die konfuzianische Beamtenschaft sich selbst im Besitz eines institutionalisierten moralischen Wächteramts wähnen konnte, sah sie wenig Anlaß, Verantwortung zu delegieren. Die alternative theoretische Position, die in der moralischen Anthropologie Mengzis bereitlag mit ihrer Unterstellung, ein jeder Mensch verfüge im Prinzip aus sich heraus über das Vermögen zu richtigem Handeln und Urteilen, entfaltete erst dann ihre Dynamik, als der Konfuzianismus sein ideologisches Quasi-Monopol verlor und seine Liaison mit der Macht zerbrach. Eine ähnliche Hilfestellung seitens der Geschichte benötigten offenbar die christlichen Kirchen.

Ich habe Elemente einer möglichen virtuellen chinesischen Vorgeschichte der Menschenrechte vorgestellt. Die Rekonstruktion einer solchen Vorgeschichte erscheint insofern nicht als sinnloses theoretisches Spiel, als sie die Akzeptierbarkeit der Menschenrechtsidee durch »anamnetische« Effekte noch erhöhen und das Argument ihrer kulturellen Unverträglichkeit entkräften kann. Dabei kann die Übernahme der Idee der Menschenrechte durch nicht-westliche Kulturen nicht im Sinne einer bloßen Einbahnstraße als nachträgliche kulturelle Unterfütterung eines fertig importierten Konzepts verstanden werden. Vielmehr hat die interkulturelle Verbreitung dieser Idee im Licht anderer intellektueller Traditionen auch manches Licht auf ihre spezifischen Mängel geworfen. Sie fordert zu einer neuen theoretischen Klärung der Begründung, des Status und des Inhalts der Menschen-

---

32 Mou Zongsan, *Zhengdao yu zhidao*, Taipei: Guangwen shuju, 1961, S. 58.

rechte heraus, wobei die betreffenden Argumente sich mit aus der westlichen Diskussion der letzten beiden Jahrhunderte bereits bekannten Argumenten berühren und diese verstärken. Hierbei geht es vor allem um die Frage nach der Konstitution des Individuums, das Träger des Menschenrechts sein soll. Der klassische Atomismus des Westens, vor allem in der britischen politischen Philosophie seit Hobbes, führt in die Aporie, einander gleichgültige, nur zur Verwirklichung ihrer individuellen Zwecke sich aufeinander beziehende und dadurch im strengen Sinne nur noch als Egoisten verstehbare Monaden mit den Menschenrechten noch zusätzliche Machtmittel an die Hand zu geben, deren natürlicher Eigentümer sie sein sollen. Es liegt sehr nahe, den skandalösen, immer wieder strategischen und interessengeleiteten Umgang des Westens mit den Menschenrechten, zumal gegenüber anderen Kulturen, mit dieser Reduktion des Menschenrechtssubjekts auf den monadischen Eigentümer in Zusammenhang zu bringen.[33]

Dem Atomismus ist allerdings schon seit Hegel und vollends der Philosophie der Pragmatismus die These einer sozialen statt monadischen Konstitution des menschlichen Individualität entgegengestellt worden. Verdankt aber der Mensch seine Individualität erst seiner Sozialität, so steht er von vornherein zum jeweils anderen nicht in Isolation, sondern in einer Beziehung reziproker Anerkennung.

Auch der Konfuzianer Mengzi bezog sich mit seiner Vorstellung der moralischen Natur auf einen Bereich vor der menschlichen Sozialisation. Zugleich betonten aber viele Konfuzianer, daß der Mensch ein soziales bzw. relationales, nicht ohne den anderen denkbares Wesen ist.[34] Dies allerdings nicht im Sinne einer bloßen Rollenbindung oder Heteronomie, die häufig mit der konfuzianischen Form der Sozialität assoziiert werden, sondern im Sinne einer Doppelstruktur der Ethik, die die Sozialbezogenheit an einen

---

33 Es ist in diesem Zusammenhang interessant, daß der Schutz der Menschenrechte (s. Anm. 2) zusammen mit der Unverletzlichkeit legal erworbenen Privateigentums in die chinesische Verfassung aufgenommen wurde.

34 Vgl. etwa Tu Wei-ming, »Selfhood and Otherness in Confucian Thought«, in: Anthony J. Marsella, *Culture and Self: Asian and Western Perspectives*, New York: Tavistock, 1985, S. 231 f., und Wm. Theodore de Bary, *Learning for One's Self. Essays on the Individual in Neo-Confucian Thought*, New York, Oxford: Columbia University Press, 1991, S. xi und 2 ff.

starken Begriff des »Selbst« koppelt.[35] Dieser »soziale Individualismus«[36] könnte die konfuzianische Ethik dazu prädestinieren, einen Beitrag zu der genannten Neubegründung der Menschenrechte zu leisten. Eine solche Begründung würde auch eine interne statt nur additive Verbindung individueller, sozialer und »kollektiver« Rechte möglich machen. Sie wären dann nicht länger gegeneinander auszuspielen wie heute, mit entgegengesetzten Intentionen, im asiatischen Autoritarismus und im westlichen Liberalismus.

Das zuletzt angerissene Problem zeigt, daß die außereuropäischen Traditionen, wenn denn die chinesische stellvertretend für sie stehen kann, zur Idee der Menschenrechte weder in einen absoluten Gegensatz gebracht werden noch diese nur in passiver Weise sich aneignen können. Sie können vielmehr zu einer produktiven Klärung vieler auch im Westen keineswegs ausdiskutierter Probleme des sehr komplexen und keineswegs widerspruchsfreien Programms der Menschenrechte beitragen, um es voranzubringen statt es zu blockieren. Voraussetzung hierfür ist nur der politische Wille auf allen Seiten, sich ohne Vorbehalt auf eine solche Debatte einzulassen. Es gibt keinerlei kulturelle Nötigung, sich ihr zu entziehen.

---

35 Die Unabhängigkeit des moralisch »Edlen« und seine Einsamkeit in einer ihn verkennenden Welt gehören zu den auffallendsten Topoi des zhouzeitlichen Konfuzianismus, wie etwa in Xunzis Bild von »Iris und Orchidee, die im tiefen Wald wachsen und auch dann duften, wenn niemand sie riecht« (*Xunzi* 28, *Zhuzijicheng*, Hongkong: Zhonghua, 1978, Bd. 2, S. 34; vgl. zu diesem Komplex Roetz 1992, Kap. 11 »Die moralische Person«). Sie stehen angesichts des Kontextverlustes in einer aus den Fugen geratenen Welt sogar so sehr im Vordergrund, daß der erste von den Texten vermittelte Eindruck eher der eines bereits konstituierten »Selbst« ist, das sich der Gemeinschaft aus verantwortungsethischen Gründen zuwendet – wenn es nicht gar im Rückzug von ihr »überwintert« –, statt daß es dieser seine Konstitution verdankt. Hier liegen diffizilere Probleme, als beispielsweise die in Mode gekommene kommunitaristische Deutung des Konfuzianismus vermuten läßt.

36 Vgl. de Bary, a.a.O., S. 5.

Menschenrechte in der jüdischen Tradition[1]

von Katharina Ceming

I. Das Alte Testament und die Idee der Menschenrechte

Bei der Frage nach menschenrechtlichen Aspekten im AT, ist zunächst zu berücksichtigen, daß die dem AT zugrundeliegenden Texte Sammlungen aus fast einem Jahrtausend darstellen. Diese spiegeln nicht nur verschiedene theologische, sondern auch unterschiedliche kulturelle und geistige Entwicklungen wider. Es wäre ein verfehlter Anspruch zu glauben, dort Menschenrechtskataloge vorzufinden, die der Allgemeinen Menschenrechtserklärung vergleichbar wären. Es geht vielmehr darum zu klären, ob im AT bereits Gedanken existieren, die in Richtung unveräußerlicher Rechte gehen, welche jedem Menschen unabhängig von seiner Herkunft und seiner sozialen Stellung zukommen, oder ob religiös begründet, elementare Grundrechte des Menschen negiert werden.

Ein erster Blick gilt daher dem Menschenbild der Tora. Im jüngeren Schöpfungsbericht der Genesis (Gen 1,26 ff.) wird vom Menschen, und zwar von Mann und Frau, als Gottes Ebenbild gesprochen.[2] Die Tradition der Gottesebenbildlichkeit des Menschen ist allerdings gar nicht so genuin jüdisch, wie dies in der Forschung lange Zeit behauptet wurde. Seit dem Fund der neubabylonischen Tafel VAT 17019 zeigt sich, daß der Einfluß der mesopotamischen Tradition auf die jüdische Schöpfungslehre weit größer ist, als dies bisher angenommen wurde.[3] Traditionell wurde als Besonderheit der jüdischen Tradition die Schöpfung des Menschen durch

---

1 Dieser Artikel ist eine Kurzversion eines Kapitels meiner demnächst erscheinenden Studie ›Menschenrechte und Religionen‹.

2 Das AT verfügt über zwei Schöpfungsmythen, einen jüngeren Gen 1,1-2,4a der durch die priesterliche Redaktion bearbeitet wurde, und einen älteren Gen 2,4b-ff.

3 Vgl. Gross, Walter: Gottesebenbildlichkeit, in: Lexikon für Theologie und Kirche, Kasper, Walter (hrsg.), Bd. 4, Freiburg ³1995, S. 872.

Gott und nicht durch Dämonen wie in Babylon gesehen, wo die Menschen erzeugt wurden, um für die Götter zu arbeiten. Die Schaffung des Königs in den babylonischen Mythen zeigt aber auch, daß dieser von den Göttern mit besonderen Privilegien ausgestattet wurde und seine Aufgabe nicht im Arbeiten begründet war. Was die jüdische Theologie im Folgenden tat, war, diese Königsprivilegien auf den Menschen an sich zu übertragen. Er gilt als das Werk eines guten Schöpfers, der ihn als sein Abbild schuf.

Diese Anschauung hatte bis in den Bereich der Ethik hinein weitreichende Konsequenzen. Wenn alle Wesen Geschöpfe und Ebenbild des einen Gottes sind, bedeutet z.B. die Tötung eines anderen Menschen die Zerstörung eines von Gott geschaffenen Wesens und damit letztlich auch einen Angriff auf den Schöpfer selbst.[4] Die Tötung eines Menschen wird in Gen 9,6 als Angriff auf Gott selbst verstanden. »Wer einen Menschen ermordet, der vergreift sich am Ebenbild Gottes. Damit ist im Prinzip der Gedanke eines Menschenrechts erreicht, das durch den Hinweis auf die besondere Würde des Menschen begründet wird. Menschenwürde und Menschenrecht gehören zusammen.«[5] Es darf aber auch nicht unterschlagen werden, daß dieses Tötungsverbot im AT viele Einschränkungen erfuhr.

I. 1. Soziale Rechte im AT

Zunächst ist festzuhalten, daß die ethischen und rechtlichen Gebote des Alten Testaments ihre Begründung im Exodusgeschehen, d.h. der Errettung Israels aus Ägypten haben.[6] Aufgrund der eigenen Erfahrung des Fremdseins und damit stellenweise auch der Rechtlosigkeit hat Israel ein Herz für die Fremden im eigenen Land zu haben. Gerade mit dem Verweis auf die Errettung aus der Fremde verpflichtet Gott sein Volk auf die Respektierung der Rechte der Fremden im eigenen Land. »Die Fremdlinge sollst du nicht bedrängen und bedrücken; denn ihr seid auch Fremdlinge in

---

4 Wie die auf diesem Gedanken fußenden Religionen tatsächlich mit der unverletzlichen Würde des Ebenbild Gottes umgingen, dazu Ceming, Katharina: Gewalt und Weltreligionen, Nordhausen 2005.

5 Blank, Josef: Gottes Recht will des Menschen Leben, in: Concilium 15 (1979), S. 213.

6 Vgl. Limburg, James: Die Menschenrechte im Alten Testament, in: Concilium 15 (1979), S. 210.

Ägyptenland gewesen.«[7] Israel weiß, was es heißt, fremd zu sein. Die Wahrung der Rechte des Fremden erstreckt sich sogar auf ein Asylrecht. Ein fremder Untertan, der nach Israel flieht, darf nicht an seinen Herrn ausgeliefert werden. Er genießt Asylrecht und darf sich seinen Wohnort frei wählen.[8]

Ein Punkt innerhalb der jüdischen Tradition verdient besondere Beachtung: es ist das Gebot der Sabbatruhe, die für alle, unabhängig von ihrem sozialen Status oder ihrer Herkunft gilt. Der Tag des Herrn ist ein Ruhetag auch für die Sklaven und Fremden im Lande.[9] Obwohl die Befolgung dieses Gebotes als religiöse Pflicht des Menschen Gott gegenüber formuliert wurde, ist damit natürlich implizit ein Schutzrecht des Menschen vor Ausbeutung verbunden. Einen Tag in der Woche muß alle Arbeit ruhen. So wie der siebte Tag der Woche Erholung für alle bringt, so bringt das siebte Jahr Entlastung für alle, die in der Schuldenfalle gefangen sind. Wer sich einem anderen in die Lohnknechtschaft verkauft, weil er Schulden hat, muß spätestens im Jubeljahr, d.h. im siebten Jahr entlassen werden.[10] Im Gegensatz zur Sabbatruhe, die für Juden wie Nicht-Juden gleichermaßen gilt, sind Schulden allgemeiner Art jedoch nur dem jüdischen Glaubensbruder im siebten Jahr zu erlassen. Vom Fremden dürfen sie auch dann noch eingefordert werden.[11]

Es sind aber nicht nur die Fremden, sondern auch die Armen, die Witwen und Waisen, die Jahwes besonderem Schutz obliegen. So fordert das mosaische Gesetz, die in Not Geratenen zu unterstützen. Eine entscheidende Einrichtung hierfür ist das Verbot der Nachlese in den Feldern und Weinbergen durch deren Eigentümer sowie das Aussetzen der Bestellung der Felder alle sieben Jahre.[12] Neben diesen Geboten, die dafür sorgen sollten, daß auch die Besitzlosen die Möglichkeit zum Überleben haben, wird

---

7 Ex 22,20; vgl. Ex 23,9.

8 Vgl. Dtn 23,16-17.

9 Vgl. Ex 20,10.

10 Vgl. Lev 25,39-42; Dtn 15,12.

11 Vgl. Dtn 15,2.

12 Vgl. Ex 23,10-12.

in der mosaischen Gesetzgebung zudem auf eine gerechte und sofortige Entlohnung gedrängt.[13]

Aber nicht nur die Sorge um das Auskommen stellt die Armen vor ein Problem, sondern auch ihre Rechtsansprüche stehen immer wieder zur Disposition. Man verweigert ihnen noch das Wenige, was ihnen zu steht. Deshalb wird auf die Sorgfaltspflicht den Machtlosen gegenüber verwiesen. »Du sollst das Recht des Fremdlings und der Waise nicht beugen und sollst der Witwe nicht das Kleid zum Pfand nehmen.«[14] Wer Recht spricht, hat dies unabhängig vom Ansehen und Stand der Person zu tun. Er hat sich nur nach der Gerechtigkeit zu richten.[15] Positiv fällt in diesem Kontext die Forderung nach einem fairen Gerichtsverfahren für alle auf, das in der Realität jedoch kaum gewährt wurde, was die prophetische Kritik an den Zuständen in Israel deutlich zeigt. »Du sollst das Recht deines Armen nicht beugen in seiner Sache. Halte dich ferne von einer Sache, bei der Lüge im Spiel ist. Den Unschuldigen und den, der im Recht ist, sollst du nicht töten; denn ich lasse den Schuldigen nicht Recht haben. Du sollst dich nicht durch Geschenke bestechen lassen; denn Geschenke machen die Sehenden blind und verdrehen die Sache derer, die im Recht sind.«[16]

Der rechtsverpflichtende Einsatz für die Rechtlosen – und die Nichterfüllung dieser Verpflichtung – war aber keine genuin jüdische Errungenschaft, sondern war bereits in Babylon[17] und in Ägypten bekannt. Gerade in der Zeit nach Echnaton läßt sich in Ägypten ein Zug der Ethisierung in der Religion ausmachen, der mit der Betonung der persönlichen Frömmigkeit zusammenhängt, welche die Verantwortung für den Mitmenschen zu einer religiösen Angelegenheit werden ließ. Ebenso muß darauf hingewiesen werden, daß die meisten Gebote, die ein Mindestmaß an sozialer Gerechtigkeit für alle fordern, schon in den Israel umgebenden Hochkulturen

---

13 Vgl. Dtn 24,14.

14 Dtn 24,17; vgl. Dtn 26,13; vgl. Dtn 27,19; vgl. Dt. 14,29.

15 Vgl. Dtn 16,18-20.

16 Ex 23,6-8.

17 Vgl. Röllig, Wolfgang: Der den Schwachen vom Starken nicht entrechten läßt, der der Waise Recht schafft ..., in: Kehrer, Günter (hrsg.): »Vor Gott sind alle gleich«, Düsseldorf 1983 S. 41-47.

anzutreffen waren. Dort allerdings in der Regel genauso wenig befolgt wurden wie in Israel.

I. 2. Freiheitsrechte im AT

Betrachtet man die so genannten Freiheitsrechte, so wird man in der alttestamentlichen Tradition z.T. unterschiedliche Bewertungen klassischer Freiheitsrechte wie der Religions- oder Gewissensfreiheit, der freien Wahl des Ehepartners finden. Bei der Frage nach der Gleichberechtigung herrschte zeitbedingt jedoch ein Common Sense bezüglich der Unterordnung der Frau vor. Was den Gedanken der Gleichheit aller Menschen anbelangt, lassen sich in der Tora ebenso unterschiedliche Haltungen finden. Auf der einen Seite hat die bereits genannte Gottesebenbildlichkeit (Gen 1,26) für alle Menschen Gültigkeit, was heißt, daß alle Menschen gleichwertig sind. Dies zeigt sich auch noch einmal als Gott nach der Sintflut Noah verspricht, nie mehr eine Katastrophe zu veranlassen und alle Wesen auf der Welt, nicht nur das kommende Volk Israel zu schützen (Gen 9,12-17). Auch sanktioniert Gott die Ablehnung eines Menschen aufgrund seiner Herkunft negativ (Dtn 12,1).

Auf der anderen Seite wird immer wieder die radikale Vernichtung ganzer Völker gefordert. (1 Sam 15,3; 1b Chr 4,41-43) Besonders negativ im Kontext der Freiheitsrechte steht es um die Gewährung und Respektierung von Religionsfreiheit. Intoleranz in religiösen Angelegenheiten zielt hier nicht nur auf die Angehörigen der eigenen Glaubensgemeinschaft, sondern auch auf die der anderen.[18] So heißt es unmißverständlich im Deuteronomium, daß fremde Kultstätten zu zerstören seien, nachdem ihre Anhänger vernichtet wurden.[19] Zudem muß Apostasie in den eigenen Reihen unbarmherzig verfolgt werden,[20] denn sie ist ein todeswürdiges Verbrechen, das ohne Rücksicht auf verwandtschaftliche Verhältnisse zu bestrafen ist.[21]

Es ist sicherlich zutreffend, daß diese radikalen Forderungen primär dazu dienten, einen Abfall vom Glauben an den Gott Israels zu verhindern. Zu groß waren für die jüdische Priesterkaste die Gefahr des Synkretismus

---

18 Zur Gewalt im Pentateuch vgl. K. Ceming, Gewalt und Weltreligionen, S. 11-20.

19 Vgl. Dtn 7,1-5; vgl. Dtn 12,2-3; vgl. Dtn 7,5; vgl. Ex 34,12-13.

20 Vgl. Dtn 13,13-17; vgl. 20,16-18.

21 Vgl. Dtn 13,7-12.

und die Aufweichung des jüdischen Glaubens durch Einflüsse fremder Kulte, insbesondere durch Fruchtbarkeitskulte der seßhaften Nachbarkulturen.[22] Dennoch sind die religiösen Anweisungen des Deuteronomiums weder vom Geist der Toleranz noch vom Geist der Humanität geprägt, der kennzeichnend für die Menschenrechte ist.

Dies gilt ebenso für die ausgesprochenen Strafen, die z.T. beim Überteten der verschiedenen Gebote verhängt wurden: Prügelstrafe, Steinigung, Verbrennung etc. Für die Prügelstrafe gilt jedoch, daß sie maßvoll sein muß. Als maßlos wurden mehr als vierzig Schläge betrachtet.[23] Die Todesstrafe galt aber nicht nur für das Kapitalverbrechen Mord, sondern auch für Menschenraub, Mißhandlung der Eltern, Ehebruch durch die Frau, Geschlechtsverkehr während der Menstruation, Zauberei, Inzest, Sodomie, Homosexualität, Mißachtung der Sabbatruhe, Lästerung des Gottesnamens.

Die Grausamkeit dieser Strafen waren allerdings keine jüdische Besonderheit, sondern quasi eine Universalie nahezu aller antiken Kulturen, von China bis zu den Römern. Ein Grundgedanke des jüdischen Strafrechts war die Vergeltung und Wiedergutmachung. Wer einen anderen schädigt, soll selbst geschädigt werden. Die Art der Vergeltung richtet sich nicht nur nach der Schwere des Vergehens, sondern auch nach dem Status des Opfers. Prinzipiell gilt zunächst: »Wer einen Menschen schlägt, daß er stirbt, der soll des Todes sterben«[24] Bei einem Sklaven sah die Sache jedoch schon anders aus: »Wer seinen Sklaven oder seine Sklavin schlägt mit einem Stock, daß sie unter seinen Händen sterben, der soll dafür bestraft werden. Bleiben sie aber einen oder zwei Tage am Leben, so soll er nicht dafür bestraft werden; denn es ist sein Geld.«[25]

Ein weiterer Aspekt neben der Religionsfreiheit und der Verhängung grausamer Strafen, der im Gegensatz zur Menschenrechtserklärung steht,

---

[22] Wie sehr der so gefürchtete Synkretismus jedoch die jüdische Theologie bestimmte, läßt sich in vielen Schriften des Alten Testaments deutlich zeigen. Dazu vgl. Schroer, Silvia: Der israelitische Monotheismus als Synkretismus, in: Peter, Anton (hrsg.): Christlicher Glaube in multireligiöser Gesellschaft, Immensee 1996, S. 278.

[23] Vgl. Dtn 25, 3.

[24] Ex 21,12.

[25] Ex 21,20-21.

ist die Duldung der Sklaverei, obwohl nach mosaischem Verständnis kein Israelit Sklave eines anderen Israeliten sein sollte. Was für die Strafen galt, gilt auch für die Sklaverei. Sie war in nahezu allen antiken Kulturen verbreitet und wurde für normal erachtet. Innerhalb des Judentums lassen sich allerdings auch Schutzrechte für die Sklaven ausmachen, die diese vor der totalen Willkür ihrer Herren bewahren sollten. Neben dem schon genannten Recht auf einen Ruhetag, mußten zumindest jüdische Schuldsklaven nach sieben Jahren frei gelassen werden. Auch konnte sich ein Sklave selbst oder durch seine Familie freikaufen.[26] Ferner bewirkten bestimmte Formen der Körperverletzung des Sklaven durch seinen Herrn, dessen Freilassung: »Wenn jemand seinen Sklaven oder seine Sklavin ins Auge schlägt und zerstört es, der soll sie freilassen um des Auges willen. Desgleichen wenn er seinem Sklaven oder seiner Sklavin einen Zahn ausschlägt, soll er sie freilassen um des Zahnes willen.«[27]

Betrachtet man das Verhältnis besonders der Schriften des Pentateuch zu den Forderungen der Menschenrechte so läßt sich zusammenfassend folgendes Bild zeichnen. Soziale Rechte, d.h. die so genannten 2. Generationsrechte lassen sich durchaus erkennen, was jedoch nur partiell vorhanden ist, sind die individuellen Freiheitsrechte. Hier ist die jüdische Kultur noch gänzlich in die sozialen und kulturellen Vorstellungen ihrer Zeit eingebunden. Die Tatsache, daß der Mensch als höchstes Geschöpf Gottes, ja als sein Ebenbild gilt, führt noch nicht zu einer echten Respektierung individueller Freiheitsrechte. Der Mensch, d.h. hier der Jude, ist Teil des Gottesvolkes und als solcher diesem auch ein- und untergeordnet. Er hat den Geboten seiner Religion Folge zu leisten, da diese das Zusammenleben des Volkes regeln.

II. Menschenrechte in der jüdischen Tradition

Bedingt durch die geschichtlichen Ereignisse der Zeitenwende: Zerstörung des salomonischen Tempels, damit verbunden die Unmöglichkeit des Tempelkultes, Verlust der Eigenstaatlichkeit, Vertreibung etc. vollzog sich in der jüdischen Tradition eine radikale Wende. Die Rabbinen stiegen nun zur religiösen Autorität auf und das Talmudstudium wurde immer bedeuten-

---

[26] Vgl. Lev 25,47-49.

[27] Ex 21,26-27.

der. Innerhalb der talmudischen Tradition kam es zu einigen interessanten Neuinterpretationen bestimmter religiöser Lehren und Gebote. Daß bei Weitem nicht alle Juden in diesem Sinne leben wollten, ist nahe liegend, da aber die Rabbinen nur ihre Ansichten tradierten, erschien es der Nachwelt, daß sie das Gesamt der jüdischen Welt repräsentierten.

Auch wenn der Talmud durch die Tora-Auslegung aufs Engste mit ihr verwoben ist, finden sich in ihm doch einige neue Gedanken im Hinblick auf die unveräußerlichen Rechte eines Menschen.[28] Wie man in der talmudischen Tradition die Tora verstand, wird aus dem folgenden Zitat deutlich: »Die ganze Tora beruht auf Frieden, denn es heißt: *ihre Wege sind Wege der Anmut und all ihre Pfade sind Friede*?!«[29] So bestimmte dann auch Rabbi Hillel Mitmenschlichkeit als das zentrale Gebot des Judentums, als er schlicht erklärte: »Was dir nicht lieb ist, das tue auch deinem Nächsten nicht. Das ist die ganze Tora und alles andere ist nur Erläuterung; gehe und lerne sie.«[30]

Damit hängt es vielleicht auch zusammen, daß verschiedene Talmudlehrer die Anwendung der Todesstrafe verweigerten, wo das religiöse Gesetz der Tora sie vorgeschrieben hätte.[31] Die Vernichtung eines Lebens ist so schlimm wie die der ganzen Welt. Aus diesem Grund wurde der Zeuge in einem Strafrechtsprozeß, wo es um Leben und Tod gehen konnte, noch einmal ausdrücklich daran erinnert. »Der Mensch wurde deshalb einzig erschaffen, um dich zu lehren, daß, wenn jemand e i n e israelitische Seele vernichtet, es ihm die Schrift anrechnet, als hätte er eine ganze Welt vernichtet, und wenn jemand e i n e israelitische Seele erhält, es ihm die Schrift anrechnet, als hätte er eine ganze Welt erhalten.«[32] Jeder Mensch ist gleich und damit ist der Verlust eines jeden Menschen, der Abbild Gottes ist, etwas Entsetzliches.

---

[28] Das Verhältnis des jüdischen Gesetzes zu den Menschenrechten hat Haim Cohn in einer sehr umfassenden Studie bearbeitet. Vgl. Cohn, Haim: Human Rights in Jewish Law, New York 1984.

[29] bTalmud, Gittin 59b (Talmud: Goldschmidt, Lazarus (übers.), Der Babylonische Talmud in 12 Bdn., Berlin ^{2}1966, Bd. 6., S. 382).

[30] bTalmud, Sabbat 31a (Goldschmidt, B. 2, S. 522).

[31] Vgl. bTalmud, Makkot 1,10 (Goldschmidt, Bd. 9., S. 168).

[32] bTalmud, Synhedrin 4,5 (Goldschmidt, B.8, S. 603).

Die Gleichheit aller vor dem Gesetz wird an einer anderen Stelle im Talmud noch einmal ausdrücklich betont. »So kam einst jemand vor Raba und erzählte ihm: Der Befehlshaber seines Wohnortes befahl mir, jenen zu töten, sonst tötet er mich. Dieser erwiderte: Mag er dich töten, du aber begehe keinen Mord; wer sagt, daß dein Blut röter ist, vielleicht ist das Blut jenes Menschen röter.«[33] Aber auch dort wo die Todesstrafe angewandt wurde, kam es zu Veränderungen. So wurde die biblische Strafe der Steinigung durch eine weniger grausame Art der Hinrichtung ersetzt, die es vorsah, den Delinquenten von einem Steinhaus zu stoßen, eben mit der Begründung, daß aus Nächstenliebe eine leichte Todesart zu wählen sei.[34] Allerdings trifft das so nur auf die Steinigung zu. Die anderen beiden grausamen Todesarten, Verbrennung und Strangulierung waren davon nicht betroffen.

Wo der Gleichheitsgedanke aber eine erhebliche Einschränkung erfuhr, war der Umgang mit Nicht-Juden. Anders als im Alten Testament, wo noch der Respekt vor dem Fremden aufgrund der Fremdheitserfahrung Israels in Ägypten betont wurde, kam es in der talmudischen Tradition zu einer sehr viel negativeren Bewertung des Nicht-Kultusmitglieds.

Einen zweiten großen Bruch in der jüdischen Tradition nach der Zerstörung des Tempels 70 n.Chr. stellte die sich in Europa vollziehende Aufklärung dar, da die einstmalige Geschlossenheit der kirchlich geprägten christlichen Welt, die für die jüdischen Gemeinden oftmals ein großes Problem darstellte, immer mehr aufbrach. Dies hatte natürlich auch Auswirkungen auf das jüdische Leben in Europa. Bedingt durch die Ablehnung der christlichen Umwelt und der z.T. massiven Verfolgungen hatte sich das Judentum nicht nur auf das Leben im Ghetto konzentriert, sondern war durch dieses maßgeblich geprägt. Während sich im Osten das Judentum in den Gemeinden, die in der Regel autonom waren, immer mehr eine eigene Welt schuf, kam es im Westen bedingt durch neue staatliche Gesetze, die den Juden z.T. die Bürgerrechte gewährten, zu einigen Umwälzungen in den jüdischen Gemeinden, die nicht immer konfliktfrei vor sich gingen.

Ein Teil der Juden nutzte die Gelegenheit und brach aus der engen Welt des Ghettos aus, um die neu erworbenen Freiheitsrechte zu verwirklichen.

---

[33] bTalmud, Synhedrin 74a (Goldschmidt, B.8, S. 760).

[34] Vgl. Sanhedrin 6,4.

Sie beschäftigten sich intensiv mit den Fragestellungen der Zeit und versuchten die Ideen der Aufklärung auch ins Judentum zu integrieren. Es entstand die Haskala, die jüdische Aufklärung. Ihr bedeutendster Kopf war Moses Mendelson. Die sich der Haskala verpflichtet fühlenden Juden bildeten im Lauf der Zeit die liberale Strömung des Judentums, die in Deutschland bis zur Vernichtung des gesamten Judentums durch die Nazis die prägende Richtung darstellte. Im angelsächsischen Judentum ist es dies noch heute. Die liberalen, reformierten und progressiven Gemeinden sind in der Regel in der ›World Union for Progressive Judaism‹, die 1926 unter der Mitwirkung des deutschen Rabbiners Leo Baeck gegründet wurde, vereint. Sie stehen den Menschenrechten äußerst positiv gegenüber. Ein anderer Teil der jüdischen Gemeinde konnte mit diesen neuen Ideen wenig anfangen. Er hielt weiter an den alten Religionsgesetzen und der Tradition fest. Eine Anpassung dieser Gesetze an die neue Zeit kam für ihn nicht in Frage. Im Kontext der sich ausdifferenzierenden Strömungen wurde er als Orthodoxie bezeichnet.

Sicherlich einer der interessantesten Denker innerhalb der neueren Geschichte des Judentums ist Mordecai Kaplan (1881-1983), der auf eine ganz eigene Weise versuchte, das Judentum mit der Moderne zu versöhnen. Er emigrierte im Alter von acht Jahren mit seinen Eltern 1889 von Wilna in die Vereinigten Staaten, wo er eine traditionell jüdische Ausbildung erhielt. Doch weder die orthodoxe noch die konservative oder progressive Strömung des Judentums stellten ihn zufrieden. Kaplan versuchte eine Neuinterpretation der jüdischen Tradition, aus der letztlich die vierte Richtung des modernen Judentums hervorging, der Rekonstruktionismus, dessen Grundlagen er in seinem 1935 veröffentlichen Buch ›Judaism as a Civilization‹ darlegte.

Das Leben in den Vereinigten Staaten hatte auf Kaplans Denken maßgeblichen Einfluß. Äußerst positiv bewertete er die Akzeptanz individueller Freiheitsrechte, den kulturellen Pluralismus sowie die Stellung der Frau. Alle drei Aspekte betrachtete Kaplan als Verpflichtung für das Judentum, sich diese positiven Werte zu Eigen zu machen, da sie zu einer Demokratisierung des Judentums führen könnten. Umgekehrt vertrat er die Ansicht, daß dieses der amerikanischen Gesellschaft ebenso etwas geben könne. Gerade der Kampf für Rassengerechtigkeit und gegen die Armut sei ein positiver Beitrag, den das Judentum für die amerikanische Gesellschaft leisten könne. Kaplan hoffte, daß sich die Gesellschaft letztlich so ändern werde, daß jeder Mensch als Träger der göttlichen Ebenbildlichkeit betrachtet würde.

III. Menschenrechte in Israel

Was die aktuelle Situation in Israel hinsichtlich des Verhältnisses von Judentum und Menschenrechten anbelangt, so muß zunächst darauf hingewiesen werden, daß die offizielle Politik des Staates Israel nicht einfach mit dem Judentum als Religion identifiziert werden kann, da sich Israel von seinem Selbstverständnis her als parlamentarisch-demokratischer Staat versteht, der demokratische Rechte allen Bürgern unabhängig von ihrer Religion gewähren möchte. Grund gelegt sind diese Rechte in den Grundrechten[35] und den Gesetzen des Staates. Der Schutz der Menschenrechte wird besonders durch die Rechtssprechung des Obersten Gerichts gewahrt, der einen richtigen Grundrechtekatalog entwickelte. »So beinhalten die Grundgesetze über die Bürgerrechte die Prinzipien der Berufs-, Beschäftigungs- und Handelsfreiheit, des Rechts auf Leben, der körperlichen Unversehrtheit, des Rechts auf Würde, Freiheit und Eigentum, auf freie Entfaltung der Persönlichkeit, auf die Privatsphäre und das Recht, das Land zu verlassen oder zu betreten. Die Einbeziehung des Gleichheitsgrundsatzes und der Meinungsfreiheit in diesen Katalog scheiterten am Widerstand der religiösen Parteien, die darin eine Beschneidung ihres Einflusses sahen.«[36] Ferner garantiert der Staat Religionsfreiheit im Sinne von einer Freiheit für

---

[35] Bis heute hat Israel keine Verfassung, obwohl sie in der Unabhängigkeitserklärung vorgesehen ist, was mit den Auseinandersetzungen zwischen religiösen und säkularen Juden über deren Ausrichtung zusammenhängt. Bisher sind neun so genannte Grundgesetze von der Knesset verabschiedet worden, die alles einen quasi verfassungsrelevanten Status haben. 1992 wurde zudem die Unabhängigkeitserklärung als verfassungsrechtlich relevanter Text anerkannt, sowie ein Grundgesetz zum Schutz der Würde und Freiheit des Menschen. Dieses hat jedoch erst für alle folgenden Gesetze Gültigkeit, da man befürchtete, viele ältere noch aus der britischen Mandatszeit stammende Gesetze würden diesem Anspruch nicht gerecht werden.

[36] Moyal, Yoram: Israel, Verfassungsverständnis und Verfassungsgerichtsbarkeit im internationalen Vergleich, in: http://www.haGalil.com/VerfassungIsrael/IsraelischesVerfassungsrecht.htm.

und von der Religion. Die Ausübung der Religion ist allen Religionsgemeinschaften erlaubt, ebenso die Mission.

Dennoch ist das Beziehungsgeflecht von Religion und Staat in Israel bedeutend enger als in anderen westlichen Demokratien, da Israel nicht nur den Anspruch erhebt, ein demokratischer Staat zu sein, sondern auch ein jüdischer. Dies wird u.a. daran deutlich, daß alle Juden in Israel unabhängig von ihrer religiösen Einstellung im Personenstandsrecht den orthodoxen Rabbinatsgerichten unterstehen, die u.a. für Eheschließungen und Scheidungen zuständig sind. Gerade der erste Aspekt, die Unterordnung aller Juden unter die Oberhoheit der orthodoxen Rabbinatsgerichte, birgt aber ein großes Konfliktpotential, was die Gültigkeit der Menschenrechte anbelangt.

So hat nach orthodox jüdischem Verständnis ein Ehepartner jüdischer Herkunft zu sein.[37] Wer zur Umgehung dieses Problems außerhalb Israels heiratet, dessen Ehe wird in Israel als illegitim betrachtet. Damit wird ein fundamentales Menschenrecht, das auf freie Wahl des Partners mißachtet (Art. 16 AMeE). Die Kinder aus einer solchen Ehe werden, je nachdem, welches Elternteil jüdisch ist, als Juden oder Nicht-Juden betrachtet. Da nach jüdischem Recht die Zugehörigkeit zum Judentum nur durch die Mutter weitergegeben werden kann, ist das Kind nur dann jüdisch, wenn die Mutter Jüdin ist. Allerdings gelten die aus einer religionsverschiedenen Ehe hervorgehenden Kinder nicht als Mamser, d.h. als illegitime Kinder.

Mamser sind nach jüdischem Recht Kinder aus einer ungültig geschlossenen Ehe, d.h. aus einer Ehe, bei der unüberwindbare Ehehindernisse vorlagen.[38] Ein Mamser darf selbst nie wieder eine Jüdin oder einen Juden heiraten. Innerhalb des liberalen Judentums wurde der Status des Mamser aufgrund seiner diskriminierenden Wirkung abgeschafft. Man argumentierte biblisch gegen biblisch-jüdisches Recht, daß die Sünden der Väter nicht an den Söhnen gesühnt werden dürfen (Ez 18,20). Sollte ein nach

[37] Innerhalb des AT gibt es dazu jedoch keine einheitliche Meinung. Während die konservative Richtung immer wieder versuchte, die Ehe mit Nicht-Angehörigen der jüdischen Gemeinschaft zu untersagen, begegnen uns im AT immer wieder nicht-jüdische Ehepartner. Die talmudische Tradition folgte den Anweisungen Nehemias und Esras und untersagte alle religionsverschiedenen Ehen.

[38] Vgl. bTalmud, Jabmuth 4,12-13.

orthodoxem Verständnis geltender Mamser nun nach Israel einwandern, hat er das Problem, daß die Entscheidung des liberalen Rabbinatsgerichts dort nicht anerkannt wird und er dort keinen Juden oder keine Jüdin heiraten darf.

Eine weitere Diskriminierung stellt die Scheidungspraxis dar. Bis heute gilt in Israel das orthodoxe Scheidungsrecht, wonach nur der Mann die Möglichkeit zur Scheidung hat. Die Frau benötigt zur Scheidung immer die Zustimmung des Mannes, die in Form des Scheidungsbriefes vorliegen muß. Dies kann im Extremfall dazu führen, daß ein Mann einfach verschwindet und seine Frau ohne Scheidebrief zurückläßt, was sie zu einer Aguna (an der Wiederverheiratung gehinderte) macht. Solange der Tod des Mannes nicht durch Zeugen bestätigt ist, gibt es keine Möglichkeit zur Wiederverheiratung. »Damit eine Frau durch das Scheidungsverfahren wirklich frei wird zu einer neuen Ehe, bedarf sie des Get, des Scheidebriefes, von Seiten des Mannes. Im Falle einer Verweigerung durch den Mann kann in nicht-orthodoxen jüdischen Kreisen ein Rabbinatsgericht diesen ausstellen, oder die Frau erhält auf Grund eines Zusatzes in der Kettuba (Eheurkunde) im Scheidungsfalle ihren Get. Nicht so in Israel! Da nach der Halakha der Mann freiwillig zustimmen muß, hat er die Handhabe, die Ehescheidung nach seinen Vorstellungen abzuwickeln. Viele Frauen haben sich mit hohen Darlehen freikaufen müssen, vielleicht 16000 Frauen in Israel müssen dagegen als Aguna (wörtlich: »Verankerte«), d.h. als eine Frau, die trotz Scheidung an ihren Mann gekettet ist, ein trostloses Dasein fristen.«[39] Nach der Scheidung hat die Frau zudem keinen Anspruch auf Teilung des Vermögens.

Ein weiteres diskriminierendes Element im Kontext der Ehe stellte und stellt immer noch die Leviratsehe dar. Nach dem Tod des kinderlos verschiedenen Ehemannes sollte dessen Bruder die verbliebene Schwägerin heiraten, um seinem Bruder einen Sohn zu zeugen. Sinn dieses Brauches war es zu verhindern, daß der Name und das Geschlecht des Verstorbenen auf ewig verloren gingen. Von dieser Pflicht konnte sich der Schwager nur durch eine als peinlich empfundene Zeremonie des Schuhaus-

---

[39] Loth, Heinz-Jürgen: Frau im Judentum, in: Klöcker, Michael & Tworuschka, Monika (hrsg.): Frau in den Weltreligionen, Weimar – Jena 1995, S. 30

ziehens befreien,[40] die in Israel immer noch vollzogen werden muß. Erst wenn diese veranstaltet wird, ist die Witwe nicht mehr an die Familie des Mannes gebunden und kann eine neue Ehe eingehen. Da aber der Schwager nicht zu diesem Brauch gezwungen werden kann, öffnete er erpresserischen Machenschaften Tür und Tor. So mancher Schwager ließ sich seine Zustimmung zur Zeremonie, ohne deren Vollzug die Schwägerin zur Aguna wurde, teuer bezahlen.

Die Freiheit von der Religion als geschütztem Recht erfährt darüber hinaus weitere Einschneidungen in Israel. So ist auch das Leben beim Militär vom orthodoxen Religionsverständnis geprägt. Die Militärgeistlichen sind ausschließlich orthodoxe Rabbiner. Am Sabbat haben alle Kantinen geschlossen, das Fahren jeglicher Fahrzeuge ist untersagt. Vor allen hohen Feiertagen wird von den Soldaten gefordert, an einem »spiritual revival project« teilzunehmen.[41] Aber auch das öffentliche Leben ist vom Sabbatgebot betroffen, so dürfen z.B. keine staatlichen Busse fahren.

Besonders für die nicht-jüdische Bevölkerung Israels kommt es immer wieder zu Diskriminierungen, trotz des Gleichheitsgrundsatzes, der allen Bürgern Israels unabhängig von ihrer Ethnie oder Religion gleiche Rechte zubilligt. Ein Grundstein dieses Konfliktes zwischen Juden und Nicht-Juden, d.h. in der Regel mit den muslimischen und christlichen Palästinensern war mit der zionistisch organisierten Einwanderung von Juden nach Israel Ende des 19. Jh. gelegt, da die Zionisten nicht bereit waren, die dort lebenden Palästinenser als eigene Gruppe zu betrachten. Zementiert wurde der Konflikt mit der Staatsgründung Israels, da sich Israel als Heimstätte aller Juden verstand. Im Konzept vieler Zionisten war daher kein Raum für die dort lebenden Araber vorgesehen.[42]

So sind die Zahlungen bestimmter staatlicher Zusatzleistungen zur Kinderversorgung an den Dienst in der Armee gekoppelt. Da aber alle jüdischen Gruppierungen, die nicht in der Armee waren, wie die Ultraorthodoxen oder ältere Einwanderer aufgrund von Ausnahmeregeln davon

---

[40] Vgl. bTalmud, Synhedrin 49b.

[41] Vgl. Maoz, Asher: Religious Human Rights in the State of Israel, in: Broyde, Michael & Witte, John (hrsg.): Human Rights in Judaism, Northvale u.a. 1998, S. 135.

[42] 20% der Israelis sind Araber, d.h. sie haben einen israelischen Paß.

nicht betroffen sind, bleibt als einzige Personengruppe, die diese Zusatzversorgung nicht bekommt, die Gruppe der israelischen Araber, die vom Wehrdienst freigestellt sind. Ebenso erhalten z.B. nur jüdische Landwirte aus dem Fond der Jewish Agency Unterstützung.

Ein noch größeres Problem stellt jedoch der Umgang mit der arabischen Bevölkerung in den besetzten Gebieten dar. Insbesondere durch die Partizipation religiöser Gruppierungen an der Politik, welche für eine religiöse Ausrichtung des gesamten Staates Israel und für dessen Ausweitung in den alttestamentlichen Grenzen kämpfen, ist ein wesentliches Konfliktpotential gelegt. So bediente sich z.B. Menachem Begin immer wieder der religiösen Rhetorik, wenn es um die Erweiterung der Grenzen Israels ging. Unter seiner Regierung wurde das Siedlungsprogramm in den besetzten Gebieten massiv erweitert. Die religiösen Siedler erhielten vom Staat nicht nur etliche Privilegien, sondern sie wurden und werden kaum von den Ordnungskräften gemaßregelt. Angriffe gegen die Palästinenser wurden und werden in der Regel nicht verfolgt, während jede Unmutsäußerung auf palästinensischer Seite durch die israelischen Streitkräfte z.T. mit brutalen Methoden bekämpft wird. In die Handlungen des Staates Israel den Palästinensern gegenüber mischen sich bis heute religiöse und machtpragmatische Überlegungen, auch wenn die religiösen machtpragmatisch instrumentalisiert sind.

So werden den arabischen Bewohnern Ostjerusalems gezielt Baugenehmigungen verweigert,[43] während jüdische Bauprojekte in Ostjerusalem gefördert werden. Kommt es zu illegalen An- oder Neubauten durch die Palästinenser, wird das gesamte Haus unter Bezugnahme auf das jordanische Planungsrecht Nr. 79 von 1966 zerstört.[44] Die israelische Menschen-

---

43 1980 wurde Ostjerusalem von Israel annektiert, ohne daß die arabischen Bewohner israelische Staatsbürger geworden wären. Bereits nach dem Sechs-Tage-Krieg 1967 besetzte Israel die Westbank, den Gazastreifen und die Golanhöhen, die 1981 annektiert wurden.

44 In den besetzten Gebieten, die von Jordanien bis 1968 verwaltet wurden, gilt weiterhin jordanisches Recht, das Israel durch etliche Militärzusatzverordnungen ergänzt hat, während für die jüdischen Siedlungen in den besetzten Gebieten israelisches Recht gilt. Insgesamt ist die gesetzliche Situation der Palästinenser in den besetzten Gebieten äußerst verworren, da fast alles durch Militärerlasse geregelt wird, die z.T. nicht einmal veröffentlicht oder auf arabisch verfaßt

rechtsorganisation B‹Tselem sieht dahinter eine gezielte Politik: Israel möchte die Souveränität über ganz Jerusalem erlangen. Dazu ist es nötig, die Zahl der Juden in Jerusalem zu steigern und die der Palästinenser zu reduzieren, da die Palästinenser jedoch eine höhere Geburtenrate haben, müssen sie aus Jerusalem, insbesondere aus Ost-Jerusalem verdrängt werden und zwar, indem ihnen Baugenehmigungen verweigert werden. »Die Erteilung von Baugenehmigungen fiel von 4400 im Jahr 1979/80 auf 1600 in 1985/65 und auf 400 in 1988/89 und erreichte ab 1990 zirka 250 pro Jahr; dies ist ein Zehntel des Bevölkerungswachstums.«[45] Dies charakterisiert aber nicht nur die Situation in Ost-Jerusalem, sondern auch in den anderen besetzten Gebieten.[46] Für jüdische Siedler ist es nicht nur wesentlich leichter, sondern auch wesentlich billiger, eine Baugenehmigung zu erhalten.

Auffällig ist insgesamt die enorme Landumschichtung in den besetzten Gebieten, die wiederum mit der Siedlungspolitik Israels verbunden ist. Es geht darum, so viele Siedlungen wie möglich in den besetzten Gebieten zu errichten, um die Palästinenser in unverbundenen Enklaven besser kontrollieren zu können. Immer mehr palästinensisches Land wurde und wird zu israelischem Staatsland, wovon allerdings nur ein geringer Teil käuflich erworben wurde. Der größte Teil gelangt anderweitig in israelischen Besitz. So z.B. durch ein 55 Jahre altes Gesetz, welches es Israel 1950 erlaubte, Land, das von Palästinensern während des israelischen Unabhängigkeitskrieges aufgegeben wurde, weil diese in umliegende Staaten flüchteten, entschädigungslos zu konfiszieren. Palästinensisches Land wird nun wieder zu aufgelassenem Land erklärt, so daß es enteignet werden kann, obwohl die Besitzer weiter im Land leben. Eine andere Enteignungsmethode stellt die Beschlagnahmung für militärische bzw. für öffentliche Zwecke dar oder Land wird für militärische Zwecke geschlossen, d.h. es darf nicht mehr von den Eigentümern genutzt werden.[47] Unabhängig davon, wie

werden. Zu den Rechtsgrundlagen vgl. L. Watzal, Frieden ohne Gerechtigkeit?, S. 63-78

45 Watzal, Ludwig: Frieden ohne Gerechtigkeit? Israel und die Menschenrechte der Palästinenser, Köln – Weimar – Köln 1994, S.163.

46 B‹Tselem, East-Jerusalem.

47 Zu den rechtlichen Hintergründen vgl. L. Watzal, Frieden ohne Gerechtigkeit?, S. 181-183.

Israel sein Tun gesetzlich rechtfertigt, ist das Resultat ein eklatanter Bruch der in Art. 17 der Menschenrechtserklärung niedergelegten Bestimmung, wo es heißt, niemand darf willkürlich seines Eigentums beraubt werden. Darüber hinaus werden durch die Enteignungen weitere Rechte der Palästinenser verletzt, wie das Anrecht auf den Erwerb des Lebensunterhalts oder das Recht sich frei zu bewegen.

Auch die von Israel praktizierte Zerstörung von Häusern als Antwort auf einen Verstoß gegen die Sicherheit ist ein Angriff gegen die Menschenrechte, weil es sich um eine Kollektivstrafe handelt, da auch sämtliche Familienmitglieder des Verantwortlichen durch die Zerstörung betroffen sind. Und selbst das von Israel vorgebrachte Argument, daß diese Strafe eine hohe Abschreckungswirkung habe, ist nicht bewiesen. Zerstört werden nicht nur Häuser aus ›Sicherheitsgründen‹, sondern auch solche, die ohne Baugenehmigung errichtet wurden, was in der Regel wiederum Palästinenser betrifft, da nur ihnen die nötigen Genehmigungen nicht erteilt werden. »The Israeli human rights organisation BeTselem estimates the authorities have demolished the homes of more than 16,000 Palestinians over the past 18 years for building illegally (›separate from the mass demolitions in the Gaza Strip on ›security grounds‹).«[48]

Diese Maßnahmen dienen daher nicht wie behauptet der Aufrechterhaltung der öffentlichen Ordnung, sondern sie stellen eine Machtdemonstration dar, um jede Form eines souveränen palästinensischen Staates im Keim zu ersticken. »Die Motive zur Zerstörung dieser Häuser sind rein politischer Natur und stellen eine Verletzung sämtlicher Menschenrechtsverträge dar – auch wenn ein ausgeklügeltes System von Vorschriften, Gesetzen und Verfahren dem Abbruch dieser Häuser ein legales Antlitz verleihen sollen. Das Ziel besteht darin, den Lebensraum der drei Millionen Bewohner der West-Bank, Ost-Jerusalems und Gazas auf kleine, überfüllte und verarmte Enklaven zu beschränken und damit jede lebensfähige Eigenständigkeit zu verhindern ...«[49]

---

48 McGreal, Chris: The rabbi who picks Israel‹s conscience, in: http://www.guardian.co.uk/international/story/01445288,00.html.

49 Israeli Committee Against House Demolitions, zitiert nach: Baum, Gregory Gerhard u.a. (hrsg.): Frieden für Israel. Israeli Peace-and-Human-Rights-Groups in Israel, Paderborn 2002, S. 87-88.

Ein weiteres Mittel im ›Kampf um die Sicherheit in Israel‹ stellt die Administrativhaft dar, bei der Personen, ohne Gerichtsverfahren und ohne Möglichkeit auf Verteidigung für bis zu sechs Monate inhaftiert werden dürfen. Wenn es für notwendig erachtet wird, kann die Inhaftierung um weitere sechs Monate ausgedehnt werden. Die Anwendung der Administrativhaft selbst wird durch das Völkerrecht gedeckt, damit ein Staat im Notfall eine Gefährdung seiner Sicherheit abwenden kann. Sie unterlegt aber sehr strengen Reglementierungen, die Israel mehr oder weniger alle ignoriert, wie B‹Tselem, die israelische Menschenrechtsorganisation erklärt. Israel hält Palästinenser über Jahre in Administrativhaft, ohne sie über die gegen sie vorliegenden Anschuldigen zu informieren. Auch hat Israel niemals erklärt, welche Kriterien staatliche Sicherheit ausmachen.[50]

Aber nicht nur durch die Administrativhaft sind Palästinenser bedroht, sondern auch durch Folterungen. So wurde in den 90er Jahren bekannt, daß palästinensische Gefangene während der 80er Jahre durch den Geheimdienst in israelischen Gefängnissen gefoltert wurden.[51] Aufgrund der öffentlichen Diskussion und einer eingesetzten Untersuchungskommission wurde schließlich 1999 vom obersten israelischen Gericht erklärt, daß die angewandten Methoden illegal gewesen seien und es von nun an untersagt sei, Geständnisse durch Schlafentzug bei überlauter Musik, durch Fesselung in extremen Positionen etc. zu erzielen. Seit dem Ausbruch der 2. Intifada mehren sich aber wieder die Berichte über Folterungen.[52]

IV. Religiöser Widerstand in Israel gegen Menschenrechtsverletzungen

Am Verhalten des israelischen Staates den Palästinensern gegenüber wird aber gerade auch von religiös ausgerichteten Juden heftige Kritik geübt, die in diesem ein Zeichen des Untergangs des jüdischen Charakters Israels sehen. Die bekannteste Gruppe ist sicherlich »Rabbis for Human Rights«.[53]

---

50 B‹Tselem, Administrativ detention.

51 Vgl. L. Watzal, Frieden ohne Gerechtigkeit?, S. 84-115.

52 Daß die gleichen Menschenrechtsverletzungen auf palästinensischer Seite stattfinden, ist jedoch keine Entschuldigung für das Verhalten eines Staates, der als demokratisch gilt.

53 Ein Überblick über die meisten israelischen Menschenrechtsorganisationen findet sich bei L. Watzal, Frieden ohne Gerechtigkeit? und bei G. Baum, Frieden für Israel.

»Rabbis for Human Rights is perhaps the only pluralistic religious organization in the country. It has as members rabbis from all religious streams in Judaism. It was founded to give a voice to a Jewish tradition, which speaks of a prophetic vision of social justice, equality and humanity.«[54] Die Gruppe wurde 1988 von Rabbi David J. Forman gegründet und umfaßt mehr als hundert Rabbiner unterschiedlichster Richtungen. Ihr wesentliches Anliegen ist es, aus religiöser Motivation heraus etwas für die allgemeine Menschenrechtssituation in Israel zu tun, um nicht moralisch mitschuldig zu werden an den Taten des Staates Israel. »If we do not stand up and say, ›enough‹, then we are all guilty of a morally shameful chapter in the life of Israel.«[55] Konkret heißt dies, sich meist für die Belange der Palästinenser einzusetzen, da sie am häufigsten Opfer von Menschenrechtsverletzungen des israelischen Staates sind. Damit verbunden, ist auch der Wunsch zu zeigen, daß eine Identifizierung des Staates Israel und seiner Taten mit dem Judentum an sich zu kurz greift, da die jüdische Tradition die Verpflichtung des Einzelnen auf Gerechtigkeit für alle stets betonte.

Um die Einstellung der Israelis zu den Palästinensern und ihren Bedürfnissen zu ändern, werden Schulungsprogramme in ganz Israel, sowohl an israelischen als auch an palästinensischen Schulen angeboten. »RHR members frequently appear in educational forums for soldiers and university students, lead educational tours for the general public, conduct programs for synagogues, and participate in panel discussions on human rights issues and in interfaith venues. RHR also guides groups of visitors to Israel on field seminars that examine crucial human rights issues.«[56] Ein wesentlicher Aspekt der Arbeit ist das ›Human Rights Yeshiva‹, wo israelischen Studenten die Möglichkeit gegeben wird, sich mit traditionellen und neuen Schriften im Hinblick auf die Menschenrechtssituation zu beschäftigen. Neben dem gemeinsamen Studium der Texte gehört auch eine dreistündige praktische Arbeit jede Woche zur Ausbildung.

Ein Projekt, das sehr zentral für die Arbeit von ›Rabbis for Human Rights‹ ist, ist der Versuch, die Zerstörungen von Häusern arabischer Be-

---

54 Forman, David: Rabbis for Human Rights, in: http://www.rhr.israel.net/pencraft/rabbisforhumanrights.shtml.

55 D. Forman, Rabbis for Human Rights.

56 Rabbis for Human Rights, rhr.israel.net/projects/yeshiva.html.

wohner zu stoppen, die ohne Baugenehmigung errichtet wurden oder einen weiteren Raum angebaut haben. Rabbi Arik Ascherman von ›Rabbis for Human Rights‹, wurde deshalb schon inhaftiert.[57] Bei der Zerstörung der palästinensischen Häuser wird nicht nur der illegale Teil, sondern das gesamte Haus, meist auch mit allen Bäumen des Grundstücks, vernichtet. Geht es hingegen um die Räumung illegaler Siedlungen jüdischer Siedler erfolgen in der Regel erst monatelange Verhandlungen und dann wird von einer unbewaffneten Armee, die oftmals mit Steinen bombardiert wird, die Siedlung geräumt, während die gegen die Zerstörung ihrer Häuser protestierenden Palästinenser in der Regel gleich mit Tränengas beschossen werden.[58]

Daneben stellen der Schutz von Olivenbäumen und die Ermöglichung der Olivenernte durch die palästinensischen Besitzer ein weiteres wichtiges Projekt dar, zu dem sich Freiwillige aus allen religiösen Richtungen des Judentums zusammenfinden. Oliven sind eine der wichtigsten Einnahmequellen der palästinensischen Bauern. Hier geht es primär darum, die Angriffe radikaler Siedler gegen die Bäume der Palästinenser zu unterbinden, da die Armee und Polizei in der Regel dem Tun der Siedler tatenlos zusieht. Oft lassen die Siedler auch ihre Herden auf dem Land der Palästinenser weiden, wodurch junge Bäume geschädigt werden. Auch bei der Olivenernte helfen israelische Freiwillige u.a. von ›Rabbis for Human Rights‹ mit, da die palästinensischen Bauern immer wieder attackiert und am Betreten ihres Landes gehindert werden. Besonders gefährdet sind die Bäume in der Westbank und in der südlichen Hebroner Berggegend. Besonders in der »südlichen Hebroner Berggegend scheint ein von der Regierung, den Streitkräften, der zivilen Verwaltung und den Siedlern abgestimmter Plan zu bestehen, diese ›Araber frei‹ zu machen«[59], so Rabbi David Forman. Gezielt werden arabische Häuser zerstört, Brunnen versiegelt, Obstgärten gerodet, Weiden vergiftet, die arabischen Bewohner daran gehindert, ihr Land zu bestellen und ihr Vieh zu hüten, um die palästinensische Bevölke-

---

[57] Vgl. C. McGreal, The rabbi who pricks Israels conscience.

[58] Vgl. D. Forman, David: Rabbis for Human Rights.

[59] Forman, David: Settlers, hands off the olive trees, in: http://www.rhr.israel.net-/Settlers-hands-off-the-olive-trees.shtlm.

rung, ohne eine Entschädigung zahlen zu müssen, von ihrem Land zu vertreiben.[60]

Die jüdischen Siedler rechtfertigen ihre Taten dabei unter Bezugnahme auf Artikel, Erklärungen, Verlautbarungen verschiedener Rabbiner, wie z.B. Rabbi Mordechai Eliahu, der mit bestimmten Passagen des halachischen Gesetzes operiert und damit die Taten der Siedler zu rechtfertigen versucht. Eliahus Aussagen und seine Bezugnahme auf das Gesetz sind für die Vertreter von Jewish Voice hingegen nichts weiter als ein fundamentales Mißverständnis der Tora.

Aber nicht nur die Angriffe radikaler Siedler sind ein existentielles Problem für viele palästinensische Olivenbauern, sondern der Staat Israel selbst, der mit dem Bau einer Sperrmauer begann, um sich vor Terrorangriffen besser schützen zu können, so die offizielle Begründung. Diese Mauer trennt immer wieder palästinensische Orte von den dazugehörigen Feldern, so z.B. in Biddo. Dort pflanzen die Aktivisten von ›Rabbis for Human Rights‹ hunderte von Spendengeldern finanzierte Olivenbäume, da für den Bau der Sperranlage eben so viele abgeholzt wurden.

Neben dem Schutz von Olivenbäumen kümmern sich ›Rabbis for Human Rights‹ zudem um die Opfer des israelischen Terrors in den arabischen Gegenden. Diese werden durch Lebensmittel-Spenden und medizinische Versorgung unterstützt. Daß ihre Aktivitäten in Israel nicht nur auf Zustimmung stoßen, ist nahe liegend; zu tief sitzt bei vielen Israelis die Furcht vor den Palästinensern. Diese Furcht, die auf palästinensischer Seite ebenso vorhanden ist, zu minimieren und zu zeigen, daß ein friedliches und humanes Miteinander möglich ist, ist eines der zentralen Anliegen von ›Rabbis for Human Rights‹. Mit diesem Anliegen entsprechen sie sicherlich dem Grundgedanken der Allgemeinen Menschenrechtserklärung.

---

[60] Vgl. D. Forman, Settlers, hands off the olive trees.

Das Christentum und die Idee der Menschenrechte

von Reinhard Kirste

1. Standortbestimmung

Die Menschenrechte, wie sie die Vereinten Nationen noch unter dem Eindruck der Furchtbarkeit des 2. Weltkriegs am 10. Dezember 1948 angenommen haben, können in ihrer heutigen Fassung und im Blick auf ihren universalen Charakter keineswegs auf eine lange Geschichte zurückblicken. Sie haben sich erst im Rahmen des aufklärerischen Rechts- und Staatsdenkens entwickelt und beziehen sich auf die Freiheit und Gleichheit aller Menschen ohne Ansehen von Rasse, Stand, Klasse oder Religion. Eine solche Einstellung wurde letztlich nur möglich durch die immer stärker werdende Abgrenzung des Staates von der in ihm herrschenden mehrheitlichen Religion bzw. Konfession. So wurden die Aufgaben und Grenzen des modernen Staates auch durch das Auseinandertreten von staatlicher Herrschaft und Religion markiert.[1] »Anerkennung von Glaubens- und Religionsfreiheit verlangt also nicht nur, daß der Staat auf eine gewissen Distanz zu Religion und Glauben geht, sondern sie verlangt auch noch einmal die Unterscheidung zwischen Staat und Gesellschaft.«[2]

2. Der lange Weg zur Universalität der Menschenrechte

In der Antike waren die Menschen in Stände und klar abgegrenzten Gruppen eingebunden, obwohl schon im Hellenismus, besonders durch Plato, moderne Voraussetzungen gelegt wurden. Auch das Christentum hat besonders seit der Anerkennung im Römischen Reich und durch Theodosius I. die faktische Erhebung zur Staatsreligion (380/81) das Römische Recht mehr oder minder übernommen Zwar führte der Gedanke der Gotteseben-

---

1 Vgl. die komprimierte Gesamtübersicht in: Informationen zur politischen Bildung. Nr. 297 (4. Quartal 2007), 64 S.: Menschenrechte.

2 Konrad Hilpert: Die Menschenrechte. Geschichte, Theologie, Aktualität. Düsseldorf: Patmos 1991, S. 119.

bildlichkeit eines jeden Menschen zur prinzipiellen Gleichheit vor Gott, aber im konkreten Fall hatte selbst der Apostel Paulus nicht zur Abschaffung der Sklaverei aufgerufen, sondern ermutigte nur den Sklavenbesitzer Philemon, den fortgelaufenen Sklaven Onesimus als zum Christentum Bekehrten brüderlich wieder in sein Haus aufzunehmen (Philemonbrief 12.15-16).

Überhaupt kam der Gedanke der *universalen* Menschenrechte recht spät im europäischen Denken auf.[3] Das Christentum hatte mit den 10 Geboten zwar im Prinzip zur Gleichheit aller Menschen vor Gott geführt, auch verbunden mit dem Naturrechtsgedanken, aber was wahres Menschsein ausmachte, blieb denn doch der unterschiedlich agierenden staatlichen Gewalt vorbehalten und wie sie das Gemeinwohl im einzelnen auslegte.[4] Die berühmte *Magna Charta Libertatum* von 1215 war letztlich nur ein Vertrag zwischen dem König und dem Hochadel. Sie dokumentiert allerdings schon ein gesteigertes Rechtsbewußtsein für einen Teil der Gesellschaft. Immerhin betont sie bereits den Schutz vor willkürlicher Verhaftung. Auch wenn weitere Erklärungen in dieser Richtung auf bestimmte Völker und Gruppen beschränkt blieben, so die *Petition of Right* von 1627 für die Engländer, die *Habeas-Corpus-Akte* von 1679 sowie die *Bill of Rights* von 1688, so sind dies faktisch schon Menschenrechts-Erklärungen. John Locke (1632-1709) hat diese Entwicklung philosophisch begleitet, denn er sah in der

---

[3] Die Problematik von Universalität und Partikularität der Menschenrechte wurde intensiv bei einem Kolloquium des »Centre Mondial de la Paix -Verdun« 1998 behandelt, abgedruckt in: Les Cahiers de la Paix, ed.: Centre Mondial de la Paix – Verdun, no. 6 (1999): La Déclaration universelle des droits de l'homme: origine et actualité, besonders der Beitrag von Paul Tavernier, aaO 65-73 mit den entsprechenden Interventionen der Mitwirkenden.

[4] Ausführliche Erörterungen im Kongreßband: Verein zur Förderung der Psychologischen Menschenkenntnis (Hg.) / Veranstalteter: Europäische Arbeitsgemeinschaft »Mut zur Ethik«: Mut zur Ethik. Bonum commune – Ethik in Gesellschaft und Politik. VI. Kongreß vom 4.-6. September 1998 in Feldkirch. Zürich: Verlag Menschenkenntnis 1999, besonders die Beiträge von Lothar Roos: Das Bonum commune im Denken der christlichen Gesellschaftslehre (S. 69-79) und von Ryszard Sztychmiler: Bonum commune im geltenden kanonischen Recht (S. 127-139), zur Naturrechtslehre im Blick auf das Völkerrecht der Beitrag von Rudolf Weiler (S. 37-44).

Pflicht zur Selbsterhaltung ein Recht, konkret im Blick auf das Leben, die Freiheit und das Eigentum. Hier zeigt sich auch eine beginnende von den Kirchen unabhängige Entwicklung. Die Erklärungen über die Rechte der Bürger in den nordamerikanischen Staatengründungen, allen voran die *Virginia Declaration of Rights von 1776*, ebenso wie die amerikanische Unabhängigkeitserklärung von 1776 hoben die Rechte des Einzelnen im Rahmen eines Staatsverbandes hervor. Sie fanden ihren Durchbruch in der Französischen Revolution, die sich gegen die Feudalherrschaft und die mit ihr verbündete Kirche wendete. Die Revolutionäre formulierten bereits 1789 die *Declaration des Droits de l'Homme et du Citoyen*, wobei sie sich u.a. auf philosophische Vorarbeiten Jean-Jacques Rousseau bezogen.[5]

Bereits die scholastische Theologie des Spätmittelalters und dann die nachtridentinischen Theologie mußte sich mit der Kolonisierung und Missionierung Amerikas und weiterer Länder auseinandersetzen. Berühmt wurde der Aufschrei von Bartolomé de las Casas, der mit einer Reihe anderer Theologen darauf beharrte, daß die »Eingeborenen« als Menschen anzusehen seien (sic!) und damit auch bestimmte Rechte haben müßten.[6] Die Indianermission und die Taufe der gewaltsam Bekehrten als Zeichen für das Heil, das nun auch die Indianer erlangten, brachte diesen jedoch keinerlei Rechte, und der Transport von Sklaven in die neue Welt nahm ungeheuere Ausmaße an.

Durch den Humanismus und die Aufklärung nahm die Betonung der menschlichen Vernunft auf der Grundlage einer allgemein gegebenen göttlichen Ordnung konkrete Züge an. Martin Luther hatte sich zwar im Streit mit Erasmus, der den freien Willen des Menschen postulierte *(De libero arbitrio!)* um des von Gott aus reiner Gnade gegebenen Heils willen gegen einen solchen freien Willen gewendet *(De servo arbitrio!)*. Darum hatte er die Identität des Menschen auf die alleinige Gnade Gottes und den Glau-

5 Eine übersichtliche Zusammenstellung der wichtigen Texte über »Zivil-Religion« (1762) in einer kommentierenden Anthologie die von der Bibel über das Römische Reich bis in die Gegenwart geht, in: David George Mullan (ed.): Religious Pluralism in the West. An Anthology. Malden, Mass., (USA) / Oxford (UK): Blackwell 1998, S. 185-187.

6 Mariano Delgado: Hunger und Durst nach Gerechtigkeit. Das Christentum des Bartolomé de Las Casas. Freiburg (CH): Kanisius 2001, bes. S. 72ff.

ben und nicht auf bürgerliche oder sonstige Privilegien der Christen oder die Heilsprivilegien der Kirche gestützt und allein aus der Bibel begründet *(sola gratia, sola fide, sola scriptura)*.[7] Allerdings bewirkten die Religionskriege im Gefolge der Reformation eine Spaltung der Kirche in verschiedene »Konfessionen« (Bekenntnisse), weil die im Augsburger Religionsfrieden von 1555 geschlossene Übereinkunft (»wes das Land, des der Glaube«) nicht zur Befriedung, sondern zur Durchsetzung politischer Ansprüche und zu einem unermeßlichen Flüchtlingselend der um ihres anderen Glaubens aus ihrer Heimat Vertriebenen führte. Der Kulminationspunkt dieses unsäglichen Elends wurde mit dem Dreißigjährigen Krieg (1618-1648) erreicht, in dem zwei Drittel der Bevölkerung Europas ausgerottet wurden. Zugleich hatten die Konfessionskriege faktisch ein Schema von drei großen Konfessionen verfestigt, wie dieses bereits im Augsburger Religionsfrieden von 1555 definiert worden waren: Katholiken, Lutheraner, Reformierte.

3. Aufklärung und Toleranzpolitik

Die Aufklärung hatte ein neues Toleranzverständnis zur Folge, das selbst in absolutistische (Klein)-Staaten im Sinne einer liberalen Religionspolitik durchsetzte. Am 23. Juli 1749 setzte er gegenüber der evangelischen Stadt Glogau durch, der katholische Kirche die gleichen Rechte zukommen zu lassen: »Die Religionen müssen alle tolerieret werden, und muß der Fiskal nur das Auge darauf haben, daß keine der anderen Abbruch tue, denn hier muß ein jeder nach seiner Fasson (= Konfession) selig werden.« Im gleichen Jahr heißt es auf eine Anfrage des Stadtrates von Frankfurt/Oder, ob ein katholischer Kaufmann das Bürgerrecht erwerben dürfe: »Alle Religionen sind gleich und gut, wenn nur die Leute, so sie professieren (= bekennen), ehrliche Leute sind. Und wenn Türken (= Muslime) und Heiden (= Nichtchristen) kämen und wollten das Land peuplieren (= bevölkern), so wollen

---

7 Vgl. Martin Luther: De servo arbitrio 1525 = WA 18,600-787, benutzte Ausgabe: Martin Luther Studienausgabe Bd. 3. Hg. Hans-Ulrich Delius. Berlin: EVA 1983. Der entscheidende Punkt der Auseinandersetzung mit Erasmus liegt für Luther in dessen biblischem Unverständnis, so daß er mit der Annahme des freien Willens die Heilstat Christi schmälert: «Quid tu de libero arbitrio boni aut recti scriberes, qui tantam ingnorantiam scripturae et pietatis, his verbis confiteris? Sed contraham vela, nec meis verbis hoc loco infra forte faciam sed tuis verbis agam tecum» (S. 187) ... »Per legem cognitio peccati, non virtus voluntatis ... « (S. 245).

wir ihnen Moscheen und Kirchen bauen. Ein jeder kann bei mir glauben, was er will, wenn er nur ehrlich ist.«[8]

Insgesamt entwickelte sich in der Aufklärung ein mehr und mehr kirchenkritisches Toleranzverständnis, das den Menschen in den Mittelpunkt stellt. Lessing behauptet in »Nathan der Weise« immerhin nichts Geringeres, als daß Christentum, Judentum und Islam gleichwertig seien und daß die Liebe zum Höchsten sie alle präge. *Johann Wolfgang von Goethe* verschärft diese Tendenz noch mit dem Diktum: »Toleranz sollte eigentlich nur eine vorübergehende Gesinnung sein; sie muß zur Anerkennung führen. Dulden heißt beleidigen«.[9] Und Friedrich Schiller formuliert in einem Epigramm von 1797 »Mein Glaube«: »Welche Religion ich bekenne? Keine, von allen, die du mir nennst! ‚Und warum keine?' Aus Religion.«

Die von der Aufklärung angestoßene Entwicklung ließ sich auf Dauer weder militärisch noch politisch verhindern, so daß mehr und mehr Staaten die verschiedenen Glaubensformen schließlich »tolerierten«, was aber keineswegs zu einheitlichem staatlichem Verhalten in Europa führte. So nahm die Vertreibung der Nicht-Katholiken aus den katholischen Ländern zu, was besonders für Österreich-Ungarn, die spanischen Niederlande und Frankreich gilt. Jedoch darf nicht vergessen werden, daß auch in protestantisch Ländern oder im anglikanischen England Abweichler oft nur die Chance hatten, auszuwandern, um etwa in Amerika eine neue Heimat zu finden. Ein anderer Teil neben den Katholiken kam ebenfalls bei toleranten Herrschern unter, die sich auch um Privilegien der Einwanderer kümmerten, wie z.B. Migrationssiedlungen an der Weser (Karlshafen) und in Brandenburg zeigen (Potsdam).

Erst die Französische Revolution stellte den Zusammenhang zwischen der bisher selbstverständlichen Verbindung von Religion/Konfession und Staat in Frage und läutete damit den Weg in die Säkularisierung ein, die durch die rasante Industrialisierung, das Aufkommen des Proletariats, aber auch durch philosophische Strömungen, besonders durch den Marxismus mit getragen wurde.

---

[8] Z.T. zitiert nach H. Rössler: Größe und Tragik des christlichen Europas. 1955 und wieder aufgenommen in: Christen im Dialog mit den Weltreligionen. Arbeitsblätter Sekundarstufe II. Stuttgart/Leipzig: Klett 1996, S. 13, M 2.

[9] J. W. von Goethe: Maximen und Reflexionen Nr. 545.

Mit den napoleonischen Kriegen und dem Ende des Heiligen Römischen Reiches Deutscher Nation« 1806, folgte notwendigerweise nach der Niederlage Napoleons 1815 auf dem Wiener Kongreß die Neuordnung Europas. Insgesamt verselbständigte sich die bürgerliche Kultur, und die Kritik an der Religion, die mit Renaissance und Aufklärung begonnen hatte, nahm nicht nur zu, sondern auch schärfere Formen an.

In Deutschland gelang es trotz der antibürgerlichen Gegenreaktionen 1848, in der Deutschen Nationalversammlung Grundrechte für das deutsche Volk festzuschreiben. Ihre praktische Umsetzung scheiterte jedoch teilweise wieder durch die Gründung des Deutschen Reiches 1870. Mit dem Ende des 1. Weltkriegs 1918 und der Abschaffung der Monarchie in Deutschland war allerdings auch der Monarch nicht mehr oberste Autorität der evangelischen Kirche des Deutschen Reiches, während etwa in Frankreich eine konsequente Entwicklung bei der Trennung von Staat und Kirche schon wesentlich früher zu beobachten ist. Die Weimarer Republik nach 1919 – unter dem Diktat des Versailler Vertrages stehend – hatte nicht die Kraft, die nationalen und nationalsozialistischen Kräfte bei der Zerstörung der jungen Demokratie aufzuhalten.

Der entscheidende Umschwung setzte auch in Deutschland erst nach dem 2. Weltkrieg ein. Leitbild wurde die durch die Vereinten Nationen verkündete *Allgemeine Erklärung der Menschenrechte* (1948), in deren völkerrechtlich verbindende Normen festgelegt wurden: Freiheitsrechte des Individuums, Schutz der Person, Ächtung der Sklaverei und der Rassendiskriminierung.[10] Eine wichtige Fortsetzung fand dieser umfassende und universal intendierte Impuls in einer Reihe von weiteren Erklärungen, wobei besonders die erste Sitzung des Menschenrechtsrates der UNO vom Juni 2006 ein wichtiger Markstein wurde, weil sich darin endlich – übrigens mit Unterstützung der internationalen christlichen Organisationen – ein (leider nur vorsichtiger) Kurswechsel im Völkerrecht abzeichnete, der

[10] Heiner Bielefeldt: Philosophie der Menschenrechte. Grundlagen eines weltweiten Freiheitsethos. Darmstadt: WBG 1998, und Christoph Schwöbel / Dorothee von Tippelskirch (im Auftrag der Alfred Herrhausen Gesellschaft für internationalen Dialog Hg.): Die religiösen Wurzeln der Toleranz. Freiburg u.a.: Herder 2002.

die Straflosigkeit der Verantwortlichen für Verschleppung anprangerte und verstärkt die Rechte der indigenen Völker einforderte.[11]

Der Menschenrechts-Blick auf Nachkriegsdeutschland ist geprägt durch das Grundgesetz der Bundesrepublik Deutschland vom 23. Mai 1949. Es geht von der unverletzlichen Menschenwürde aus, die den Gottesbezug (noch) voraussetzt, entsprechende – durchaus auch christlich zu begründende Werte und Normen festlegt – und die staatliche Macht entsprechend eingrenzt. Geltendes Recht wird höchstinstanzlich durch das Bundesverfassungsgericht abgesichert, so daß gerade dort, wo die Menschenrechte und damit auch die Würde von Menschen ernsthaft gefährdet ist, die dritte staatliche Gewalt als unabhängige Institution eingreifen kann.

4. Weltpolitische Umbrüche seit der 2. Hälfte des 20. Jahrhunderts

International gesehen traten nach dem 2. Weltkrieg die Migrationsbewegungen in den Vordergrund, und das Ende der Kolonialherrschaft Englands, Spaniens, Portugals Frankreichs und der Niederlande veränderte die geopolitische Landschaft in einem bis dahin nicht gekannten Maße. Parallel dazu entstanden durch die in den 60er Jahren des 20. Jahrhunderts einsetzende Gastarbeiterbewegung neue gesellschaftliche Strukturen in Europa, die weitgehend zu Inkulturationen in die autochthonen Gesellschaften führten, teilweise aber den Aufbau von »Parallelgesellschaften« begünstigten, in denen bestimmte ethnische Gruppen ein fast autarkes Eigendasein führen. Die eingewanderten Muslime (überwiegend aus der Türkei und dem Maghreb, aber auch aus Süd- und Südostasien) werden bis heute keineswegs nur als Bereicherung im Sinne einer multikulturellen Gesellschaft gedeutet.[12] Sie gelten besonders konservativen Politikern als bedenklich islamistisch, oft genug rückwärts gewandt, der Demokratie und den westlichen Freiheiten gegenüber feindlich gesinnt und nicht selten zur Gewalt bereit. Die Auswirkungen in die bisherigen Gesellschaften des Westens hinein sind bis heute nicht abgeschlossen, auch wenn schon mehrere Gene-

---

11 http://www.humanrights.ch/home/de/Schweiz/Politik/Menschenrechtsrat/idart_5301-content.html.

12 Vgl. Walter Kälin: Grundrechte im Kulturkonflikt. Freiheit und Gleichheit der Einwanderungsgesellschaft. Zürich: NZZ libro 2000.

rationen im Lande Geborener *nach* den ersten Einwanderern im Lande leben.

Ein weiterer weltpolitischer Umsturz hat sich durch den Zerfall der kommunistischen Herrschaftssysteme ereignet, weil es seitdem nur noch eine Hegemonialmacht, nämlich die USA gibt und die Regionalkämpfe etwa in der auseinander gefallenen Sowjetunion zugenommen haben. Damit kommen neben Afrika und Teilen Asiens nun auch noch die zentralasiatischen Gebiete als Unsicherheitsfaktor hinzu. Der politische und militärische Druck der USA hat darüber hinaus teilweise auch noch reaktionäre Regime in Lateinamerika, in der sog. 3. Welt überhaupt und im Mittleren Osten gestärkt. Für viele Menschen der ehemaligen Kolonialreiche entwickelte sich der Islam mit seiner Verbindung von Religion und Politik als Chance, diese Religion als gesellschaftspolitische Kraft gegen den »Westen« systematisch zu instrumentalisieren, so daß die einzelnen Gruppen »den« Islam oft genug im Sinne ihrer politischen Ideologie interpretieren und den Koran fundamentalistisch als Rechtfertigungsinstrument für Terrorismus und Gewaltanwendung benutzen.[13] Der 11. September 2001 bedeutet darum auch im Blick auf die Menschenrechte einen Einschnitt, weil ihre Universalität von fanatischen Ideologen teilweise gewaltsam bestritten wird. Gleichzeitig sind aber die Religionen herausgefordert, die in ihnen steckenden Friedenspotentiale durch Begegnung und Dialog anstelle von Konfliktverschärfung zur Wirkung zu bringen.[14] Gerade darum muß aber

---

13 Vgl. dazu: Mohamed Charfi: Islam et liberté. Le malentendu historique. Paris. Albin Michel 1998 und: Bruno Etienne: Islam, les questions qui fâchent. Paris: Bayard 2003.

14 Reinhard Kirste / Paul Schwarzenau / Udo Tworuschka (Hg.): Neue Herausforderungen für den interreligiösen Dialog. Religionen im Gespräch, Bd. 7 (RIG 7). Balve: Zimmermann 2002, sowie dies. Hg. Europa im Orient – der Orient in Europa. Religionen Im Gespräch, Bd. 9 (RIG 9). Balve: Zimmermann 2006. So hat es in Anlehnung an die Menschenrechtserklärung der UNO und verschiedener Konventionen (vgl. www.bildunsgserver.de/zeigen.html?seite=5784) auch mehrere islamische Menschenrechtserklärungen gegeben, die allerdings fast durchgängig von einem durch Gott gesetzten Recht ausgehen und damit in gewisser Spannung zu den Menschenrechtserklärungen der westlichen Welt stehen (gute Übersicht bei Wikipedia): http://de.wikipedia.org/wiki/Kairoer_Erkl%C3%A4rung_der_Menschenrechte_im_Islam. Es könnte sein, daß die im Januar 2008 in

die Verbindlichkeit des Ethischen festgehalten werden, ohne daß man auf eine bestimmte Religion zurückgreifen sollte.[15]

5. Religiöse Veränderungen durch die Säkularisierung

Die Säkularisierung hat gleichzeitig eine Pluralisierung und Individualisierung religiöser Haltungen gebracht[16], in Mittel- und Westeuropa abgesichert auf demokratischen weltanschaulich neutralen Staatsformen. Im Jahre 1993 hat der Europarat sich zur religiösen Toleranz in der demokratischen Gesellschaft geäußert[17], zumal die Religionsfreiheit grundsätzlich auch zu den Freiheitsrechten gehört. Die Empfehlung des Europarates war allerdings bestimmt durch die Problematik von Religion und religiösen Machteinflüssen, also »von der Sorge, daß religiöse Motive oft weltweite gesellschaftliche und nationale Minderheitenkonflikte verstärken oder dazu benutzt werden (Pkt. 8). Ausländerfeindlichkeit, Rassismus, religiöse Intoleranz sind Beispiele dafür«.[18] Im Jahre 2004 wurden dann die Grundrechte in einer Europa-Charta konsequent so weitergeführt, daß individuelle und gesellschaftliche Freiheiten, ebenso wie die Entfaltung von Kunst und Kultur, die Heraushebung sozialer Verantwortung und die Religionsfreiheit Schwerpunktthemen wurden.[19]

Brüssel veröffentlichte europäische Islam-Charta nun eine Art Durchbruch im Blick auf die Menschenwürde gebracht hat, obwohl die Meinungen von Nicht-Muslimen zwischen Begeisterung und Zurückhaltung schwanken: http://www.uoif-online.com/webspip/IMG/pdf/Charte_francais_def.pdf.

[15] Johannes Schwartländer (Hg.): Menschenechte – eine Herausforderung an die Kirche. München: Kaiser / Mainz: Grünewald 1979, S. 52f.

[16] Vgl. Drehsen/Häring/Kuschel/Siemers (Hg): Wörterbuch des Christentums. Gütersloh: Mohn / Zürich: Benziger 1988, S. 1107-1110.

[17] Parlamentarische Versammlung des Europarates: Empfehlung 1201 /1993), betr. Die religiöse Toleranz in der demokratischen Gesellschaft, in: Deutscher Bundstag, 12. Wahlperiode, Drucksache 12/4572. Der Europarat gibt übrigens seit 1978 regelmäßig ein »*Human rights information bulletin*« heraus, um neben grundsätzlichen Überlegungen für Europa aktuelle Entwicklungen festzuhalten und zu kommentieren: www.coe.int/T/E/Human_rights/hribe.asp.

[18] Peter Schreiner: Werte-Erziehung, Ethik – Religion in der Perspektive der Europäischen Union – Herausforderung für den Protestantismus, in: Iserlohner Con-Texte Nr. 14: Orientierung in einer sich ändernden Welt. Iserlohn 1995, S. 43.

[19] http://www.europarl.europa.eu/charter/pdf/text_de.pdf.

Daran wird deutlich, daß zur Veränderung der religiösen Situation in Europa unabweisbar nicht nur die Trennung von Staat und Religion gehört und damit die Frage von Laizität und Laizismus auf der Tagesordnung heutiger nicht nur westlicher Gesellschaften bleibt. Vielmehr müssen Staat und religiöse Organisationen auch ihr Verhältnis um der Unabhängigkeit beider Einrichtungen immer wieder prüfen und neu bestimmen. Frankreich ist in dieser Debatte das herausragende Beispiel, weil hier ein besonders strenges Laizitätsverständnis herrscht, das die Kirchen eindeutig der gesellschaftlichen Privatsphäre zuordnet.

6. Christentum, Kirchen und Menschenrechte

Wie verhalten sich nun Christentum und Kirchen in einem so in Bewegung geratenen Kontext, der in Variationen für ganz Europa zutreffen dürfte? Kirchliche Verbundenheit ist insgesamt stark zurückgegangen.[20] Religiosität von einzelnen oder Gruppen tritt verstärkt in einer Form auf, die mehr oder minder auch dem individuellen Erfahrungshorizont angepaßt ist und dem eigenen Lebensgefühl in etwa entspricht. So schwanken die Glaubensanschauungen schon erheblich innerhalb einer Konfession oder Religion. Die gesamte religiöse Szene wirkt weithin wie ein bunter Flickenteppich (»Patchwork-Religiosität«). Anders gesagt: Unsere westlichen Gesellschaften sind insgesamt durch einen Pluralismus religiöser, quasi-religiöser und nicht-religiöser Art gekennzeichnet, verstärkt durch Individualisierung und immer neue Synkretismen. So werden religiöse Anschauungen zunehmend unüberschaubarer.[21] Im Blick auf Religion und die wissenschaftliche Theologie Europas und Amerikas hat sich insgesamt ein theologisches Verständnis entwickelt, das den Begriff der Säkularisierung positiv aufzunehmen versucht. Dieser Gedanke ist ursprünglich Teil protestantisch-theologischen Denkens, besonders bei Dietrich Bonhoeffer, Friedrich

---

[20] Vgl. Gianni Vattimo: Jenseits des Christentums. Gibt es eine Welt ohne Gott? Aus dem Italienischen von Martin Pfeiffer. München: Hanser 2004, bes. S. 116ff, 128ff.

[21] Das beschreibt sehr eindrücklich: Juan José Sebreli: El asedio a la modernidad. Crítica del relativismo cultural. Barcelona: Ariel 1992; vgl. dazu: Bertelsmann Stiftung (Hg.): Religionsmonitor 2008, Gütersloh: Gütersloher Verlagshaus 2007, eine weltweit angelegte Analyse zur Religiosität der Menschen unter psychologischen, soziologischen und religionswissenschaftlichen Gesichtspunkten.

Gogarten, Harvey G. Cox und Thomas Altizer, das sich im Sinne eines erwachsenen, befreiten Christentums denken läßt.[22] Das ändert aber nichts daran, daß der Begriff »Säkularisierung« in vielen religiösen und kirchlichen Äußerungen einen negativen Beiklang (Konnotation) beibehalten hat und die Krise organisierter Religion oder rituell verfestigter Kirchlichkeit nur bestätigt.

Im postmodernen Gegenzug zur säkularen Moderne führt das Wiedererwachen des Religiösen (nicht der Kirchen) seit etwa 30 Jahren verstärkt zur Infragestellung dieser säkularisierten Gesellschaft, die sich in ihrer Abkehr von traditionellen religiösen Denkmustern selbst genug ist und einem teilweise enthemmten Materialismus und Konsumdenken huldigt, der in der Wirtschaft durch neoliberale Strömungen und teilweise einen wiedererwachenden »Raubtier-Kapitalismus« geprägt wird. Durch den Globalisierungsprozeß haben sich verändert und ändern sich die wirtschaftlichen Strukturen teilweise rapide, daß gleichzeitig Strukturen der Gewinnmaximierung beunruhigende Urständ feiern, Tendenzen, die man eher im frühen Kapitalismus der Industrialisierung im 19. und Anfang des 20. Jahrhunderts vermutete.[23] daß sich in dieser Ambivalenz äußernde enthemmte Freiheitsdenken kapitalkräftiger Gruppen und Unternehmen hat allerdings nur bedingt mit den Grundrechten und der Menschenwürde zu tun, wie sie die Artikel der meisten demokratischen Staatsverfassungen betonen.[24]

Aber auch innerhalb der klassischen Religionen finden erhebliche Veränderungen statt, die sowohl die Menschenrechte unter dem Gesichtspunkt

---

[22] Vgl. Harvey Cox: Religion in the Secular City. Toward a Postmodern Theology. Touchstone: New York 1984.

[23] POLYLOG. Zeitschrift für interkulturelles Philosophieren Nr. 14 (2005): Menschenrechte zwischen Wirtschaft, Recht und Ethik, besonders der Beitrag des koreanischen Philosphieprofessors Yersu Kim: Entwicklung von Universalität. Zur Begründung der Universalität von Menschenrechten (aaO 59-66) sowie eine E-Mail-Korrespondenz zu »Asian Values« von Bilahari Kausakin aus Singapur (a-aO 91-95).

[24] Vgl. dazu etwa den Schwerpunkt »Human Rights« auf dem 20. Weltkongreß für Philosophie (WCP = World Congress of Philosophy), der im August 1998 in Boston (USA) stattfand und wo diese Problematik intensiv diskutiert wurde: www.bu.edu/wcp/MainHuma.htm.

der Religionsfreiheit auf den Prüfstand stellen, aber auch zugleich nötigen, das Verhältnis des Christentums zu anderen Religionen und Weltanschauungen neu zu interpretieren[25], worauf Heiner Bielefeldt besonders aufmerksam macht.[26]

7. Katholizismus, Säkularisierung und 2. Vatikanisches Konzil

Johannes Schwartländer, der in den 70er Jahren des 20. Jahrhunderts das Forschungsprojekt »Menschenrechte« der Universität Tübingen begleitet hat, weist auf die lange anhaltende Frontstellung zwischen Aufklärung, Moderne und (katholischer) Kirche hin, aber: »Deshalb ist es befreiend, wenn man sich kirchlicherseits ausdrücklich von Fehlhaltungen distanziert, die die Kirche in der Vergangenheit zu den Menschenrechten eingenommen hat.«[27] Der Katholische Arbeitskreis »Entwicklung und Frieden« hat im Blick auf den 30. Jahrestag der Allgemeinen Erklärung der Menschenrechte (10.12.1978) ausführlich wichtige katholische und evangelische Begründungen herangezogen, besonders Texte des 2. Vatikanischen Konzils und päpstlicher Enzykliken. Wegweisend wirkte sich beispielsweise die Erklärung über die Religionsfreiheit aus – *»Dignitatis Humanae«* – in der es u.a. heißt: »Der Schutz und die Förderung der unverletzlichen Menschenrechte gehört wesenhaft zu den Pflichten einer jeden staatlichen Gewalt.«[28] Weiterhin entwickelt sich aus dem Gedanken der jedem von Gott gegebe-

---

[25] Vgl. dazu auch: Reinhard Kirste, Paul Schwarzenau, Udo Tworuschka (Hg.): Interreligiöser Dialog zwischen Tradition und Moderne. Religionen im Gespräch, Bd. 3 (RIG 3). Balve: Zimmermann 1994, besonders die Beiträge von Hartmut Schröter, Goltschere Jung, Marfa Heimbach, Sybille Fritsch-Oppermann, Silvia Bartelheimer, Reinhard Kirste.

[26] Heiner Bielefeldt: Philosophie der Menschenrechte, aaO 188-194, vgl. dazu den Band von Walter Kerber (Hg.): Menschenrechte und kulturelle Identität. Ein Symposium. Fragen einer neuen Weltkultur Bd. 8. München: Kindt 1991 mit Beiträgen von Otfried Höffe, Wolfhart Pannenberg, Heinrich Scholler und Wolfgang Schild.

[27] Johannes Schwartländer, aaO S. 23, vgl.: Judith Schmidt / Niels Rochlitzer: Tradition oder Mimese? Die Katholische Kirche und die Menschenrechte. MenschenRechtsMagazin Heft 1 (2006), S. 47-62.

[28] Karl Rahner / Herbert Vorgrimler (Hg.): Kleines Konzilskompendium. Sämtliche Texte des Zweiten Vaticanums. Freiburg u.a.: Herder 2004, 31. Aufl., S. 666f.

nen menschlichen Würde (aufgrund der Ebenbildlichkeit des Menschen im Blick auf Gott) ein Wertesystem, das auch den Umgang mit Menschen anderer Religionen theologisch neu ordnet.[29] So bedeutete das 2. Vatikanische Konzil für das Verhältnis der katholischen Kirche zu den nichtchristlichen Religionen einen gewaltigen Umbruch. In der Erklärung »Nostra Aetate« vom 28.10.1965 wird zum ersten Male eine Haltung freigesetzt, die die Heilswahrheit nicht für sich allein beansprucht, sondern den »Strahl jener Wahrheit« in den verschiedenen nichtchristlichen Religionen widergespiegelt sieht. Es handelt sich um jene Wahrheit, »die alle Menschen erleuchtet«.[30] Hier werden zum ersten Mal faire und ehrliche Bedingungen für den Dialog genannt, in den offensichtlich auch nicht-religiöse humanistische Strömungen ihren Platz haben. Der Wettstreit um die Wahrheit kann beginnen. Zu fragen bleibt allerdings, ob die Heilswahrheit des Christentums bzw. der katholischen Kirche – wenn auch eingeschränkt – als letztgültig weiter festgehalten wird und damit eine Minder-Wertigkeit der anderen Religionen in Kauf genommen wird, besonders wenn man die vom damaligen Vorsitzenden der Kongregation für die Glaubenslehre, Joseph Kardinal Ratzinger, dem jetzigen Papst Benedikt VI., herausgebrachte Erklärung »Dominus Iesus« als Intepretationshilfe heranzieht«[31]. Wenn hier »letzten Fragen« des Menschseins schon zugunsten der einen katholischen Kirche beantwortet sind und Menschen anderer Glaubenstraditionen damit eine Disqualifizierung erfahren, gerät die Balance von Heil und Wohl offensichtlich schnell in eine Schieflage. Das kam durch eine Konfrontation des Vatikan mit Amnesty International (AI) zutage, als dieser die Katholiken zum Boykott dieser Menschenrechtsorganisation wegen deren Haltung zur Abtreibung aufrief.[32]

---

29 In »Gaudium et Spes« aaO 449-552, bes. 459ff.

30 aaO 359, vgl. zum päpstlichen Friedensgebet vom 24.01.2002 in Assisi: Encounter ›Hg. PISAI Rom‹ No. 292, Febr./März 2003: Peace a single goal and a shared intention).

31 Michael J. Rainer (Red.): »Dominus Iesus«. Anstößige Wahrheit oder anstößige Kirche? Wissenschaftliche Paperbacks Bd. 9. Münster: LIT 2001, S. 15.

32 Im Sender n-tv am 14.06.07: www.n-tv.de/814326.html.

8. Der Ökumenischer Rat und die Menschenrechte

Mit der Gründung des Ökumenischen Rates (ÖRK, englisch: World Council of Churches [WCC]) in Amsterdam 1948 wurde gleichzeitig öffentlich gemacht, daß die Menschenrechte als universale Handlungsorientierung verbindlich für die gesamte Völkergemeinschaft gelten sollten. Der ÖRK hat das in den folgenden Jahren insbesondere durch sein Eintreten gegen Kolonialismus und gegen Rassismus (in Westeuropa mit dem von konservativen Christen abgelehnten Anti-Rassismusprogramm, besonders gegen die Apartheid in Südafrika) deutlich gemacht. Auf der 6. Vollversammlung des ÖRK in Vancouver/Kanada wurde der Gedanke von Frieden, Gerechtigkeit und Bewahrung der Schöpfung in ein Programm umgesetzt im Sinne wirtschaftlichen Aufbaus,

Wo aber Sympathie, Respekt vor dem anderen und vorausgesetzte Gleichheit der Partner sich verbinden, hat der interreligiöse Dialog eine echte Chance, weil damit die jeweiligen religiöse Tradition zum Movens für die Gleichwertigkeit und Würde aller Menschen herausgearbeitet wird. Diese Chance wurde als Leitlinie bereits 1979 (Neuausgabe, Genf 1990) konkretisiert[33]. Darum läßt sich sagen: »To enter into dialogue requires an opening of the mind and heart to others. It is an undertaking which requires risk as well as a deep sense of vocation. It is impossible without sensitivity to the richly varied life of humankind.«

9. Die Evangelische Kirche in Deutschland und die Menschenrechte

Jochen Motte hat in einem Beitrag über Kirchen und Menschenrechte von vornherein klargestellt, daß »etwa bis zur Mitte des zwanzigsten Jahrhunderts […] das Verhältnis der protestantischen Kirchen gegenüber Menschenrechten überwiegend von Skepsis und Ablehnung geprägt (war).

[33] World Council of Churches (ed.): Guidelines on Dialogue with People of Living Faiths and Ideologies. Geneva: WCC 1990, 4th revised printing, bes. S. 17-22, vgl. S. VII – noch verstärkt durch «Ecumenical Considerations for Dialogue and Relations with People of Other Religions. Geneva: WCC 2003, die an die erste Publikation der »Guidelines« und die bleibende Verantwortung für den interreligiösen Dialog im Jahre 1979 nicht nur erinnern, sondern praktisch weiterführen, deutsch: »Ökumenische Erwägungen zum Dialog und zu den Beziehungen mit Menschen anderer Religionen. 30 Jahre Dialog und überarbeitete Leitlinien. Genf: WCC 2003, bes. S. 9 und die »Leitsätze« S. 10-12.

Menschenechte galten als Produkt neuzeitlichen Denkens. Aufklärung und Säkularisation, wie sie ihren konkreten geschichtlichen Ausdruck in der französischen Revolution fanden, bildeten den aus theologischer und kirchlicher Sicht bedenklichen Zusammenhang, in dem die Gottes Geboten und Ordnungen scheinbar zuwider laufenden individuellen Menschenrechte propagiert wurden«[34]. Angesichts von Globalisierung, der Ereignisse des 11. September 2001, des Irakkrieges und der Zunahme der Folter auch in demokratisch strukturierten Staaten sind die Kirchen zu einem verstärkten Engagement herausgefordert, wie dies karitative Organisationen teilweise schon tun.[35]

So erstaunt es eigentlich nicht, daß die Evangelische Kirche in Deutschland ihre positive Stellung zur Demokratie und zu den Menschenrechten eindeutig erst in einer Denkschrift von 1985 formuliert hat. In diesem Jahr erschien »Evangelische Kirche und freiheitliche Demokratie«[36]. Sie bekennt sich klar zur Trennung von Staat und Kirche, erinnert aber daran, daß die demokratische Staatsform sich selbst Grenzen setzt.«[37]

Was aber geschieht, wenn es zu »Grenzfragen« kommt, wie derzeit im Bereich der Bio-Ethik und Gentechnologie oder zu strukturell-organisatorischen Problemen, die in Deutschland etwa mit der Besetzung der theologischen Lehrstühle an den Universitäten, der Mitwirkung in den Rundfunk- und Fernsehgremien, der Ausbildung der Religionslehrer oder der Bezuschussung kirchlicher Einrichtungen mit staatlichen Geldern zu tun haben, man denke an Kindergärten, Privatschulen, Krankenhäuser und diakonische Einrichtungen in kirchlicher Trägerschaft, kurzum, was geschieht, wenn die vertraglichen Verpflichtungen, die Staat und Kirche im gegenseitigen Interesse eingegangen sind, aus politischen Kalkül oder veränderten gesellschaftlichen Bedingungen gekündigt würden? Sicher, es bleibt unabhängig davon das christliche Engagement in der Demokratie

---

34 http://www.emw-d.de/de.root/de.archiv/de.archiv.doku/de.doku.49/index.html, S. 1 (pdf).

35 aaO 7 (pdf).

36 Kirchenamt im Auftrage des Rates der EKD (Hg.): Evangelische Kirche und freiheitliche Demokratie. Der Staat des Grundgesetzes als Angebot und Aufgabe. Eine Denkschrift der Evangelischen Kirche in Deutschland. Gütersloh: Gütersloher Verlagshaus 1985.

37 aaO 12f.

mit der Begründung göttlicher Liebe und Verantwortung für das Lebensfeld, in das Christen hineingestellt sind.[38]

So wichtig das eigene Glaubenszeugnis auch in einer säkularen Gesellschaft ist, so kann der immer wieder auftauchende Hinweis in kirchlichen Erklärungen auf die »volle Menschlichkeit«[39]., die offensichtlich nur Glaubenden zuerkannt werden kann, auch zu erheblichen Verstimmungen und Ungleichheiten führen, so daß eine Schieflage im Blick auf die gemeinsame Verantwortung in der Demokratie entsteht.

Nun sollen die Positivaussagen der offiziellen kirchlichen Erklärungen keineswegs geschmälert werden, sie deuten aber an, daß es im Blick auf das »wahre Menschsein« auch immer wieder Konfliktsituationen geben wird, weil die Begründungsvoraussetzungen der verschiedenen gesellschaftlichen Gruppenvertreter von Politik, Wirtschaft, Wissenschaft und Kirchen offensichtlich zu unterschiedlich sind, als daß sie über Mehrheitsentscheidungen zu klären wären. Solche Debatten geschehen jedoch angesichts der Tatsache, daß im Blick auf gesetzliche Regelungen die Demokratie notwendigerweise Mehrheitsentscheidungen durch die Volksvertreter fällen muß.

Eine weitere Schwierigkeit hat die Evangelische Kirche in Deutschland offensichtlich im Blick auf die Nachbarschaft zum Islam. In der jüngsten Denkschrift plädiert sie zwar für gute Nachbarschaft[40], aber offensichtlich ist der Vorwurf nicht von der Hand zuweisen, daß hier eine Profilierung

---

38 aaO 24. Wie wichtig der EKD inzwischen das Engagement für Menschenrechte ist, macht auch ihre Webseite deutlich, auf der das Menschenrechtsreferat neben grundsätzlichen Erwägungen eine Fülle von Themen und weiterführenden Informationen bereit gestellt hat: www.ekd.de/menschenrechte/844.html.

39 Kirchenkanzlei der Evangelischen Kirche in Deutschland und Sekretariat der Deutschen Bischofskonferenz (Hg.): Grundwerte und Gottes Gebot. Gemeinsame Erklärung des Rates der EKD und der Deutschen Bischofskonferenz. Gütersloh: Gütersloher Verlagshaus / Trier: Paulinus 1979, S. 44.

40 Kirchenamt der Evangelischen Kirche in Deutschland (Hg.): Klarheit und gute Nachbarschaft. Christen und Muslime in Deutschland. Eine Handreichung des Rates der EKD. EKD-Texte 86. Hannover, November 2006, 123 S., als PDF-Datei: http://www.ekd.de/download/ekd_texte_86.pdf, vgl. bes. S. 19.

auf Kosten der Muslime geschieht, wie der EKD eine Reihe renommierter Theologen aus allen drei monotheistischen Religionen vorwerfen.[41]

10. Religiöser Pluralismus und Menschenrechte – um der Dialogfähigkeit willen

Angesichts der weltweiten Herausforderungen in der Entwicklung von Säkularisierung, Moderne und Postmoderne haben die Kirchen immer noch gewisse Sonderstrukturen festgehalten, und auch die christliche Theologie tut sich insgesamt im Blick auf die Gleichwertigkeit aller Menschen im Blick auf ihre religiösen Traditionen immer noch schwer. Allerdings hat ein Teil der Theologen längst reagiert, so daß sich auch im christlichen Kontext religionspluralistische Denkmuster und Hermeneutiken entwickelt haben wie z.B. John Hick, Leonard Swidler, Paul Knitter, Raimon Panikkar. Das umfassendste Beispiel hat kürzlich der dem englischen Theologen und Religionsphilosophen John Hick nahe stehende Perry Schmidt-Leukel geliefert: Gott ohne Grenzen.[42]

Was diese theologische Denkrichtung so attraktiv und wichtig macht ist, daß nun ausdrücklich gefordert wird, Menschen anderen religiösen Glaubens auf derselben Ebene gegenüber zu treten und damit auch den Respekt vor der anderen Glaubenstradition auf dasselbe Niveau wie den eigenen Glauben zu bringen.[43] Damit wird natürlich auch akut, wie das Recht, einen anderen Glauben als den eigenen zu haben, insgesamt gesichert werden kann und nicht zu Abwertungen führt. Insgesamt drei Positionen stehen darum auf dem Prüfstand:

---

41 Jürgen Micksch (Hg.): Evangelisch aus fundamentalem Grund. Wie sich die EKD gegen den Islam profiliert. Frankfurt/M.: Lembeck 2007.

42 Perry Schmidt-Leukel: Gott ohne Grenzen. Eine christliche und pluralistische Theologie der Religionen. Gütersloh: Gütersloher Verlagshaus 2005.

43 Im Rahmen einer Weltkonferenz über Menschenrechte in Wien (25.06.1993) machten Vertreter der drei monotheistischen Religionen klar, daß die Anwendung jeglicher Gewalt gegen Menschen den in den heiligen Texten niedergelegten Friedensbotschaften im Islam, Judentum und Christentum widerspricht (Les Cahiers de la Paix, ed.: Centre Mondial de la Paix – Verdun, no. 2 [1994], S. 88-107.

1. Exklusivismus:

Im katholischen Raum blieb viele Jahrhunderte (bis zum 2. Vatikanischen Konzil 1965) die *exklusivistische* Position beherrschend: »Außerhalb der Kirche ist kein Heil«. Ihr kann man die protestantische Variante zuordnen: »Außerhalb des Christentums ist kein Heil«. Diese wird unter missionarischer Perspektive, also der Bekehrung Andersgläubiger zum Christentum teilweise immer noch – wenn auch nicht mehr so offenkundig unter postkolonialen Bedingungen – gepflegt.

2. Inklusivismus:

Die *inklusivistische* Position – wie sie das Vaticanum II. vertritt – schiebt letztlich doch ein christliches Verständnis den anderen Glaubensweisen unter, zumal das vollgültige Heil nur durch Christus und mit Christus erreicht werden kann und die Wahrheit in anderen Religionen noch nicht vollständig ans Licht gekommen ist. Diese christologische Absolutsetzungen im Sinne der Verbindlichkeit auch für andere Glaubensweisen scheinen das wirkliche Handicap der inklusivistischen Position zu sein, denn die volle Wahrheit bleibt der katholischen Kirche vorbehalten bzw. denjenigen theologischen Positionen die den christologischen Heilsweg auch für Menschen anderen Glaubens letztlich doch notwendig machen wollen.

3. Religionspluralismus:

Religionspluralistische Theologie hat durchaus verschiedenere Prägungen. Aber alle Befürworter versuchen, jeder Glaubensweise ihr Recht zu lassen und sie als eigenständigen Weg zum Heil anzuerkennen. Damit wird die Einzigartigkeit der Offenbarung in Jesus Christus für die Christen nicht ausgeblendet, aber es wird zugestanden, daß Heil und Erlösung auch in den anderen Religionen voll gültig möglich sind, so daß jede Religion ihre besondere Offenbarung hat und in diesem Sinne auch »einzig« und einzigartig ist. »Alle Religionen bedürfen einander, nicht nur in ihren Gemeinsamkeiten, sondern gerade auch in ihren Unterschieden, durch die sie einander ergänzen. Wir sollen in der eigenen Religion daheim und in der anderen Gäste sein, Gäste, nicht Fremde.«[44]

---

[44] Paul Schwarzenau in ICT 18: Gespiegelte Wahrheit. Biblische Geschichten und Kontexte anderer Religionen. Iserlohn 2003, S. 1.

Es geht mit solchen Aussagen darum, in der interreligiösen Begegnung den Gedanken von *Toleranz und Versöhnung* umfassend zu fördern. Bewahrung, Vertiefung und Förderung der eigenen religiösen Identität und Spiritualität sind dabei Grundlage eines weiterführenden Dialogs, der sich auch mit nicht-christlichen und nicht-religiösen Weltanschauungen auseinandersetzen muß. Die nicht abweisbare Frage bleibt jedoch, was die einzelnen Religionen von der Auslegung und Aktualisierung ihrer heiligen Schriften her zur Versöhnung unterschiedlich Glaubender und Denkender bereits geleistet haben oder zu leisten imstande sind. Daraus ergeben sich interreligiös gesehen für das Menschenverständnis Konsequenzen:

- Die Akzeptanz der Gleichwertigkeit der Religionen ist dialogische Vorbedingung.
- Absolutheitsansprüche können nur für den eigenen Glauben gelten, ohne diesen auf den anderen übertragen zu wollen.
- Missionierung Andersgläubiger ist nicht mehr möglich. Die Position des eigenen Glaubens muß aber im Rahmen der Religionsfreiheit, ebenso wie die Konversion zu einer anderen religiösen Tradition ohne Diskriminierung oder Gefährdung der eigenen Person möglich sein. Mission ist nur noch im Sinne eines persönlichen Zeugnisses und Engagements zu interpretieren, ohne dabei die anderen zur eigenen Glaubensweise bekehren zu wollen. Ziel muß vielmehr ein friedliches Zusammenleben verschiedener Gruppen sein.
- Weil Religionen in vielfältige Kulturen und differierende Denkweisen eingebunden sind, sollte man sie als unterschiedliche und im Prinzip gleichwertige (nicht gleiche!) Wege zum Heil zu verstehen.
- Der Anspruch der Religionen im Blick auf Sinnfindung und Wertevermittlung macht deutlich, daß es ihnen nicht nur auf das Wohl, sondern auf das Heil des Menschen ankommt. Künftiges Heil darf aber nicht von irdischer Gerechtigkeit getrennt werden oder gar auf ein Jenseits verschoben werden.

  Religionen drücken nicht endgültige Wahrheit aus. Sie sind sprachliche, rituelle und spirituelle Annäherungen an das Transzendente, an eine Wirklichkeit, die das herkömmliche Verständnis übersteigt. Religiöse Lehr-Aussagen sind immer menschliche Ausdruckweisen, darum vorläufig und bedürfen der Revision im Kontext gesellschaftlicher, politischer, sozialer und kultureller Veränderungen.
- Religionen haben sich mit den sie umgebenden Strömungen, Weltanschauungen und Ideologien und damit auch mit den Säkularisierungstendenzen der jeweiligen Gesellschaft »auf Augenhöhe« auseinanderzusetzen. Im Blick auf die Universalität der Menschenrechte sind auch nicht-religiöse und atheistische Begründungen von Humanität und Menschenwürde zu achten und als ebenso ernsthafter Lösungsvorschlag anzusehen wie religiöse Antworten zu Fragen nach dem Sinn des Lebens und den Hoffnungen der Gesellschaft.

Mögen auch die Begründungen für verantwortliches Handeln in der Gesellschaft im Sinne von »liberté, égalite, fraternité« unterschiedlich sein, so gilt doch die gemeinsame Zielrichtung in einer globalisierten Welt, nämlich *Gerechtigkeit, Frieden und Bewahrung der Schöpfung bzw. des Planets Erde.* Die Konsequenz dieser Aussage sollte und muß sein, sich nachhaltig für ein friedvolles Zusammenleben unter den Menschen einzusetzen, unabhängig von Menschen mit anderen Denkvoraussetzungen und unabhängig vom Säkularisierungsgrad der jeweiligen Gesellschaft. Nur so wird das Ziel gemeinsamer Humanität realisierbar und das andere in seinem Anderssein respektiert und akzeptiert.[45]

11. Zusammenwirken von interreligiöser Begegnung und Menschenwürde

Soll der interreligiöse Dialog so offen bleiben, daß die Dialogpartner ihre Vorurteile gegenüber unterschiedlichen Weltanschauungen und neueren religiösen Strömungen um der Sachklärung willen zurücknehmen, so bieten die Gemeinsamkeiten und Konvergenzen nicht-totalitärer und mit demokratischen Prinzipien vereinbare Ideologien und religiöse Traditionen eine Kooperationsbasis angesichts der komplizierter werdenden Probleme der einen Welt. Bedingt durch die Zunahme von Terrorismus und Gewalt in den unterschiedlichen gesellschaftlichen Strömungen gilt es, die Friedens- und Versöhnungskräfte zu bündeln und gemeinsame ethische Ziele zu formulieren und daraus folgend umfassend mit den unterschiedlichen Kooperationspartnern zu praktizieren. Die *Documenta XI* hat in diesem Zusammenhang auch auf die humanisierenden Möglichkeiten einer säkular geprägten Kunst hingewiesen.[46] Auf der anderen Seite können sich gerade Religionen als Handlungsinstrumente erweisen, um menschenverachtende politische Interessen und Hegemonialansprüche zu entlarven und ihnen ihre oft quasi-religiöse Rechtfertigung zu nehmen. Hans Küng hat mit seinem fortdauernden »Projekt Weltethos« eine Basis geschaffen, die die Menschenrechte einerseits und die Menschenwürde im Blick auf verantwortlich ethisches Verhalten in allen Gesellschaften so miteinander verbindet, daß religiöse Vorurteile gegenüber säkularen Tendenzen ad absur-

---

[45] Vgl. dazu Hans-Martin Barth. Dogmatik. Evangelischer Glaube im Kontext der Weltreligionen. Gütersloh: Gütersloher Verlagshaus 2001, bes. S. 220f, 807-816 und der Gedanke einer »integralen Anthropologie« S. 511-524.

[46] Vgl. den Zusammenhang von Streben nach Recht, Gerechtigkeit, Versöhnung und Kunst in: ENWEZOR, Okwui / BASUALDO, Carlos / BAUER, Ute Meta / GHEZ, Susanne / MAHARAJ, Sarat / NASH, Mark / ZAYA, Octavio / CANTZ, Hatje. (Hg.): Experimente mit der Wahrheit. Documenta 11_Plattform 2: Neu-Delhi, Indien. Ostfildern-Ruit: Hatje Cantz 2002.

dum geführt werden können. Gleichzeitig gelingt es ihm, die Bedeutung einer von einem humanen Ethos getragenen Religion als Basis für eine verantwortungsvolle Politik und Wirtschaft einzubringen.[47] Da in den Religionen selbst ein aggressives Potential vorhanden ist, muß verhindert werden, daß Texte göttlicher Offenbarung zur Legitimierung von Gewalt, Terrorismus und Präventivkriegen benutzt werden.

Die Geschichte der Toleranz und der Menschenwürde erinnert zum einen an das Versagen des Christentums bei der Begegnung mit anderen Religionen, zeigt aber auch den in den heiligen Texten selbst steckenden Motivationsschub durch interreligiöse Begegnung, in der niemand den anderen zur eigenen Glaubensweise bekehren will, sondern wo es gilt, Verstand und Herz den anderen gegenüber so zu öffnen, daß ein »Dienst der Versöhnung« (im Sinne des Apostels Paulus von 2. Kor 5,19.20) möglich wird. Heil und Wohl der Welt werden so nicht zu Gegensätzen, sondern die Welt wird zum Ort gemeinsamer Verantwortung von den unterschiedlichen Glaubenstraditionen her und unter Aufnahme der Frieden stiftenden Tendenzen ihres jeweiligen Wertekanons. Nur so können überhaupt Menschenrechte und Glaubensanspruch der einzelnen Religionen – und damit auch des Christentums – in eine glaubwürdige und menschenfreundliche Balance gebracht werden. Im anderen Falle droht ein Abgrenzungskurs, der es gerade der großen Zahl von Migrantinnen und Migranten weltweit unnötig schwer macht, eine neue Heimat zu finden, wo sie in Frieden mit der umgebenden Gesellschaft leben können. Wo Abgrenzungs- und Abwertungstendenzen auch theologisch noch (zumindest indirekt) legitimiert werden, liefert Religion und damit auch das Christentum in manchen Abschattungen zusätzlichen Sprengstoff, an dem sich gewalttätige Gegenkräfte aufbauen, die allzu gern und allzu schnell in der deutschen Gesellschaft mit »dem Islam« gleichgesetzt werden. Zwar können die Friedensanstrengungen religiöser Menschen und ihre handlungsfähigen Orga-

---

47 Hans Küng: Projekt Weltethos. München: Piper 1990 und ders.: Weltethos für Weltpolitik und Weltwirtschaft. München: Piper 1997, 2. Aufl., besonders zur Menschenrechtspolitik S. 123ff; zur Chance von Religion in der Staatskunst aaO 165ff. Im Blick auf die Wirtschaft verweist Küng konsequent auf den inneren Zusammenhang von globaler Marktwirtschaft und globalem Ethos, aaO. 278ff und 365ff.

nisationen wie die Kirchen gesellschaftliche Konflikte nicht vollständig beseitigen, sie können aber mithelfen, diese Gesellschaft menschenfreundlicher zu machen und die Integration gerade bei unterschiedlichen religiösen Identitäten voranzutreiben. So sind Säkularisierung und Religiosität keine unvereinbaren Gegensätze, sondern in dialogischer Begegnung können sie zu Kennzeichen wahrer Humanität und Menschenwürde werden.

Die Freimaurerei und die Menschenrechte

von Klaus-Jürgen Grün

In Amerika wurden 1776 zusammen mit der Unabhängigkeitserklärung die allgemeinen Menschenrechte formuliert. Unter ihren Autoren waren zum großen Teil Freimaurer. Benjamin Franklin war der bekannteste unter ihnen. Aber auch wenn keine Freimaurer beteiligt gewesen wären, hätten die Formulierungen kaum eine andere Form erhalten. Freimaurerei ist nicht konstitutiv für Menschenrechte, aber sie trägt maßgeblich zur Entstehung des Klimas bei, in dem die Forderung nach Menschenrechten Profil gewinnt. Sie birgt zudem eine weitgehend unberücksichtigte Begründung für deren Notwendigkeit.

Menschenrechte stammen aus der Vorstellung, daß es eine grundlegende Bestimmung des Menschen gebe, nach welcher er einen Eigenwert erhalte. Diese Vorstellung stammt aus der Forderung, Menschen nicht nur als Sachen zu verdinglichen, sondern ihnen einen Zweck an sich zuzuschreiben.

Die Forderung ist jedoch nicht unproblematisch. Denn obgleich es unseren ethisch-moralischen Gefühlen schmeichelt, daß wir bestrebt sein wollen, anderen einen eigenen Wert, einen Selbstzweck, zuzuschreiben, verbirgt sich hinter der Forderung der Besonderheit des Menschen der Ausdruck einer Überheblichkeit. Während Tiere und andere Lebewesen bloß als Sachen angesehen werden, soll der Mensch eine *Person* sein. In dem von Immanuel Kant ausgearbeiteten Begriff der Person treten die Merkmale des Besonderen, die der Mensch für sich reserviert, zur Zeit der Erklärung der Menschenrechte deutlich zutage. Kant hat dem Denken der Menschenrechte begrifflich Ausdruck verliehen. Doch zugleich verstärkt er die Tendenz, das Reich der Natur, das keine Persönlichkeitsmerkmale aufzeigt, abzuwerten.

Kant zufolge ist der Mensch das Subjekt der intelligiblen Welt. Dies bedeutet, daß Menschen sich im Denken orientieren und diese Orientierung mit ihren Artgenossen teilen können. Weiterhin verbindet er den Begriff der Person mit der Freiheit des Willens. Person sei die Triebfeder und der Gegenstand der Freiheit. Schließlich ist für Kant die Persönlichkeit das Vermögen der Person, dem von der Vernunft gegebenen Gesetz selbst folgen zu können, sich also selbst zu bestimmen.

Eine Person erreicht im moralischen Gesetz Autonomie, die Kant »Selbstzwecklichkeit« nennt. Seine Unterscheidung zwischen Person und Sachen führt Kant dann auch zu einer strikten Trennung zwischen subjektiven Zwecken (Triebfedern der individuellen Begehrlichkeit) und objektiven Zwecken, die für alle vernünftigen Wesen gelten sollen. Erstere bilden den hypothetischen, letztere den kategorischen Imperativ. Nur letzterer ist von moralischer Bedeutung.

Die subjektiven Zwecke verbinden den Menschen mit dem Tierreich. Hier sei der Mensch nicht frei. Er setze sich seine Ziele nicht durch den Gebrauch der Vernunft, sondern werde von Naturtrieben blind geleitet. Neigung, Lust, Vorlieben und Bequemlichkeiten sind im subjektiven Zweck die Ursachen des Begehrens.

Ganz anders dagegen die Vorstellung von den objektiven Zwecken. Der Mensch erhebe sich aus dem Tierreich durch die Fähigkeit, objektive Zwecke zu setzen. Aber was sind objektive Zwecke und gibt es sie unter Menschen tatsächlich?

Objektive Zwecke sind ein Produkt reiner Denktätigkeit. Ein objektiver Zweck tritt mit dem Zwang in unseren Gedanken auf, daß wir ihm als einem zu erreichenden Gut zustimmen müssen. Logische Gesetze sind ebenfalls von diesem Zwang begleitet. Wer sagt, entweder ist es Tag oder Nacht, ein Drittes gibt es nicht, löst diesen Denkzwang aus, der uns Allgemeingültigkeit verspricht. Die Kraft, dem Gesagten zustimmen zu müssen, stammt nicht aus subjektiver Neigungen oder Bequemlichkeit, sondern aus der Vernünftigkeit der Aussage selbst.

Vor allem für moralische Gebote sei es nun wichtig, Formulierungen so zu wählen, daß sie mit dem Beigeschmack des unbedingt Gültigen wirken könnten. Dadurch drücken sie ihren Charakter der Allgemeingültigkeit aus.

Weil wir Menschen aus vernünftiger Einsicht in die unbedingte Gültigkeit ethisch-moralischer Forderungen – dies nennt Kant die »Pflicht« – handeln könnten, könnten wir nicht als Sachen, sondern müßten stets als

Personen betrachtet werden. Nur das Handeln aus vernünftiger Einsicht mache den Menschen autonom. Es bedürfe nicht des Zwanges von außen, um eine richtige Entscheidung zu treffen, sondern das Wirken der Vernunft könne das Richtige in jedem Individuum zu Geltung bringen. Ausdruck dieser Überzeugung ist der Terminus »Sittengesetz«.

Im Handeln der Menschen soll sich die Einsicht in die unbedingte Gültigkeit moralischer Forderungen zeigen. Sie sollen also das Sittengesetz verwirklichen.

Unmittelbarer Reflex der Logik moralischen Urteilens im Sinne der Philosophie Kants findet sich in der heute zumeist verwendeten Begründung der Gültigkeit von Menschenrechten. Im Ausdruck der Menschenrechte bestätigen wir das Wissen von der Autonomie des Individuums durch den Vollzug des Rechts. Menschenrechte sollten jedem Menschen die Gewißheit bringen, daß er niemals vollständig zum Mittel für die Zwecke anderer herangezogen werden dürfe. Weder durch äußere Merkmale wie Rasse, Hautfarbe, Religion und Bildungsstand noch durch persönliches Handeln und Verstöße gegen das Recht könne der Mensch diese Autonomie verwirken. Die Bedeutung der Menschenrechte zeigt sich etwa dadurch, daß wir selbst gegen Menschen, die in verwerflichster Weise Recht gebrochen haben, nicht die Forderung erheben, ihre Menschenrechte verwirkt haben zu können. Die Würde des Menschen ist unantastbar. Sie kann in keiner Weise in den Mechanismus von Mitteln und Zwecken eingebunden werden. Menschenrechte stehen daher für unser Denken außerhalb der Mechanismen der Beziehungen von Sachen. Die Logik der Menschenrechte setzt die Logik der Zweck-Mittel-Relationen außer Kraft. Niemals kann in der Logik der Menschenrechte ein Satz Gültigkeit beanspruchen, der sagte: »Wenn du 20 Menschen grausam umgebracht hast, dann hast du auch deine Menschenrechte verloren.« Es mag dem Rachebedürfnis vieler Menschen widersprechen, aber in solchen Forderungen zeigt sich die durch Menschenrechte erreichte Errungenschaft.

Doch gleichwohl zahlen wir für diesen Fortschritt in der Humanität durch die Logik der Moralphilosophie Kants einen hohen Preis. Denn durch die Fähigkeit, außerhalb der Relation von Mitteln und Zwecken zu stehen, erhebt sich der Mensch einerseits über das Tierreich hinaus und erklärt es andererseits für legitim, sich des Tierreiches und überhaupt der gesamten Natur als Mittel zu bedienen. Mit demselben Anspruch, mit dem der Mensch sich selbst Eigenwert und Eigenzweck zuschreibt, kann er dies gegenüber den Gegenständen der Natur nicht tun; denn ihr unterstellt er, nicht aus Pflicht, sondern nur aus Trieb und natürlicher Notwendigkeit zu wirken und gewirkt werden zu können. Es ist das kausalmechanische Prinzip, daß in der Natur unwiderruflich gelte.

Während also durch den kategorischen Imperativ der Mensch zu unbedingter Pflicht fähig sei und dadurch zu einem absoluten Wert werde, also einem Zweck an sich, bleibe Natur immer bloß das Reich der relativen Zwecke – alles ist dort nur Mittel für andere Zwecke.

Vernünftige Wesen heißen Personen, andere Wesen heißen Sachen, sie sind immer nur Mittel für andere Zwecke. So bildet sich Kants kategorischer Imperativ als die Pflicht zur unbedingten Würde der Person: »Handle so, daß du die Menschheit sowohl in deiner Person, als in der Person eines jeden andern jederzeit zugleich als Zweck, niemals bloß als Mittel brauchst.«

Kant will im moralischen Handeln ein Interesse an der Person als Person entwickeln. Weil die Person auch der Sinnenwelt angehört, ist die Vernunft von Hindernissen in ihrer Entfaltung gehemmt. Sie muß sich der Hemmungen entledigen. Dadurch erhält die kantische Moral etwas Naturfeindliches.

Die in dieser Logik enthaltene Befriedigung eines gefährlichen Narzißmus des Menschen stützt sich auf eine Abwertung des Natürlichen. Indem sich der Mensch als Person fühlen darf, bildet er zugleich auch – ohne sich dies bewußt machen zu müssen – einen Charakter der Feindseligkeit aus. Dieser ist die Quelle von Vorurteilen und Diskriminierung.

Eine ethisch-moralische Grundhaltung, die nicht eine Abwertung und Diskriminierung von Sachen voraussetzt, wie sie Natur und menschliche Leidenschaften, Bedürfnisse sowie das Streben nach Glück darstellen, muß eine Charakterbildung leisten. Zur Ausbildung einer charakterlichen Tüchtigkeit ist die bloße Belehrung und intellektuelle Einsicht in die Logik moralischer Urteile wenig hilfreich. Betrachten wir die humanitäre freimaurerische Praxis, so erkennen wir, daß sie von vorn herein einen anderen Weg als die Kantische Bildungslogik moralischer Urteile einschlägt.

Obgleich Freimaurerei sich auf das Sittengesetz ausdrücklich beruft und sie Moral als eine grundlegende Voraussetzung betrachtet, weicht ihre Beziehung zu den Menschenrechten von einer rein formalen Betrachtung ab. Während sich in der Tradition der kantischen Ethik eine Verschmelzung zwischen Recht und Ethik vollzogen hat, steht in der Freimaurerei nicht ein abstrakter Kodex oder ein Dogma am Anfang einer Lehre.

Stellen wir neben die rationale Herleitung der Menschenrechte bei Kant die Praxis der Freimaurerei, dann erkennen wir, daß das Sittengesetz nicht notwendig einen intellektuellen Zwang oder eine aus Erkenntnis gewonnene Pflicht voraus setzt. Zudem sehen wir, daß Freimaurerei auch den Gegensatz zwischen Person und Sachen so wenig voraussetzt wie den zwischen Natur und Mensch. Statt den Akt des rationalen Denkens an den Anfang zu stellen, tritt in der Freimaurerei eine Wert erzeugende Praxis in den Vordergrund. Humanitäre Freimaurerei leitet die allgemeine Gültigkeit unveräußerlicher Würde des Menschen nicht aus reiner Vernunft ab, sondern betrachtet sie als Resultat der Erfahrung und Beobachtung menschlichen Handelns.

Diese freimaurerische Praxis prägt auch das anfängliche Verständnis neuzeitlicher Demokratie. »Praxis« bedeutet nichts anderes als die vor den Anfang der Reflexion gestellte Tätigkeit des Umgangs mit Menschen. In den Logen der Blütezeit der Aufklärung treffen sich Männer verschiedener Stände und Berufe, sogar verschiedener Religionen und Kulturen am selben Tisch. Ihre Praxis ist der friedliche Umgang miteinander, obwohl sie – politisch und religiös betrachtet – aus einander feindlich gesinnten Lagern stammen können. Unter der Voraussetzung, die feindlichen und trennenden Aspekte nicht zu berücksichtigen, gewinnen sie durch die Erfahrung im Gedankenaustausch und im gemeinsamen Ritual wechselseitig Anerkennung. Es zeigt sich schnell, daß Menschenrechte dem natürlichen Bestreben erwachsen, daß Menschen sich gegenseitig Anerkennung erweisen wollen und hierbei die trennenden sowie feindseligen Momente vermindern müssen. Die vernünftige Einsicht in die Gültigkeit des Sittengesetzes erweist sich bei der Betrachtung freimauerischer Tempelarbeiten als das Ergebnis des Umgangs von Menschen miteinander, nicht als dessen Voraussetzung.

Dabei spielt das rituelle Handeln eine Hauptrolle. Es bedient sich der Wirkungsweise, daß wir in der Wiederholung von Handlungen ein Gespür erzeugen für das, was Menschen für moralisch wertvoll erachten. Auch hier ist es nicht die theoretische Lehre, die uns sagt, was im moralischen Sinn gut oder schlecht ist. Vielmehr ist das Gespür für das Gehörige und

Ungehörige das Resultat der Erfahrung mit demjenigen, was Menschen schätzen und was sie verachten. Der Umgang miteinander erzeugt das Richtige und das Falsche, nicht eine theoretisch vorausgesetzte Kenntnis des »Guten« und des »Bösen«. So wird die freimaurerische Praxis der Tempelarbeiten zur Voraussetzung für das Bewußtsein vom Wert des Menschen.

Die letztlich wieder gültige Forderung, Menschen nicht als Sachen zu behandeln, sondern als Personen, stammt vor diesem Hintergrund nicht aus einer abstrakten Vernunft, sondern aus dem Umgang miteinander in der Praxis. Vorbild der Praxis ist die Arbeit. Durch Arbeit stellt der Mensch nicht nur Produkte und Waren her, sondern vor allem auch sich selbst – und das heißt seine Würde. Durch Arbeit und nicht durch Denken allein arbeitet sich der Mensch aus dem bloßen Dasein einer passiven Lebensfunktion heraus und macht sich zur Person. Menschen zu verweigern, an sich arbeiten zu können, ist der erste Akt der Inhumanität. Wir versagen ihnen dann Bildung.

Die aus dem Arbeitsprozeß stammenden Symbole der Freimaurerei und die Bedeutung der Tempelarbeit verweisen ebenso auf das aus der Tätigkeit des Menschen sich bildenden Bewußtseins vom Wert des Menschen. Daß wir andere Menschen nicht als Sachen, sondern als Personen achten sollen, kann daher auf anderem Weg als aus dem Zwang, einer vermeintlichen Logik der Vernunft folgen zu müssen, gewonnen werden. Erst in einem zweiten Schritt entsteht in der Vernunft die Überzeugung und der Begriff der Würde des Menschen, weil sie als ein Reflex der Erfahrung durch menschliche Praxis zuvor schon erworben wurde. Der Erkenntnis geht in der Freimaurerei die Praxis voraus. Und an ihren Taten, nicht an ihrem Denken und Glauben, wollen Freimaurer den Menschen erkennen.

So stellen die Menschenrechte zwar auf der Ebene des Rechts den Reflex dar, daß Menschen einander würdig begegnen wollen. Aber die Sphäre des Rechts kann den Anspruch der Menschen, dieses tun zu wollen, nicht überzeugend aus sich selbst generieren. Auf der Ebene des Rechts und der Pflicht, das Handeln unter das Sittengesetz zu stellen, folgt als Antwort auf das »Warum« stets nur das »Weil du sollst«. Die Begründung der Menschenrechte aus reiner Vernunft bleibt zirkulär. Der Grund, warum sie gelten sollen, führt letztlich zurück auf das Sollen und die Pflicht. Wir haben demnach die Pflicht, unser Handeln unter das Gesetz zu stellen, weil wir die Pflicht haben.

Diese Zirkularität der Begründung von Ethik und Moral durch reine Vernunft beruht auf der falschen Annahme der Autonomie reiner Vernunft. Es mag zwar gedanklich eine Notwendigkeit zur Annahme einer Autonomie der Vernunft geben, aber für unser Handeln in der Welt, das die absehbaren Folgen in der sinnlichen Wirklichkeit kalkulieren muß, spielen gedachte Notwendigkeiten eine untergeordnete Rolle. Es bleibt bedenklich, die Grundlagen unseres Handelns allein auf den Schein gedachter Verbindlichkeiten stützen zu wollen. Begründungen durch sich selbst tragen allesamt diese Zirkularität in sich.

Vernünftige Gebote der Pflicht erscheinen wie das Gewissen als durch sich selbst begründet. Auch unser Gewissen rechtfertigt nicht, warum es da ist. Ohne Rechtfertigung stellt es sich ein und nimmt Einfluß auf unser Handeln. Es trägt den Schein der Verbindlichkeit bei sich, aber auch den Schein der Freiheit. Dieser Schein läßt sich beispielsweise am Lügenverbot veranschaulichen.

Das Lügenverbot besagt, daß die bewußte Falschaussage moralisch nicht zu rechtfertigen sei. Ähnlich wie das Gebot, daß Versprechen zu halten seien, spiegelt uns unser Begriff von Vernunft die Gültigkeit dieses Gebots aus der Logik des Sprechens zurück. Wir glauben, daß ein Versprechen deswegen zu halten sei, weil es in der Eigenlogik des Versprechens liege, mit dem Aussprechen des Satzes einzuwilligen in die von Grammatik vorgezeichnete Verpflichtung, das Versprechen auch zu halten. Der Grund für das Gebot, daß Versprechen zu halten seien, und für das Lügenverbot steckt demnach wieder in der Logik und Grammatik des Sprechens. Es sind die Geltungsansprüche, in deren Gültigkeit jeder Sprecher von vorn herein durch den Gebrauch der Sprache eingewilligt habe. Die Vernünftigkeit ethisch-moralischer Forderungen, wie sie in den Menschenrechten zum Ausdruck kommen, stützt sich demnach auf die Vernünftigkeit der Sprache, die ihrerseits auf der selbstverständlichen Gültigkeit der rationalen Gründe beruht. Diese Gültigkeit wird weder in Frage gestellt, noch wird sie aus natürlichen Grundlagen abgeleitet. So steht die Begründung der Menschenrechte auf dem alten und wackeligen Fundament der Annahme, daß es in der Welt und vor allem im Handeln der Menschen rein vernünftig zugehen könnte.

Schauen wir uns aber die alltägliche Praxis des menschlichen Umgangs miteinander an, dann werden wir bereits aufmerksam auf eine auffallende Dissonanz in der Begründung des Gebots, daß Versprechen zu halten seien. Es sieht nicht so aus, als hielten sich die Menschen an das Gebot, daß Versprechen zu halten seien, rein deswegen, weil die Logik und vernünftige Rationalität der Sprache dies gebiete. Vielmehr stoßen wir in der Lebenspraxis der Menschen auf eine so nüchtern wie plausible utilitaristische Begründung des Gebots, daß Versprechen zu halten seien. Wir sehen nämlich, daß die Mitglieder einer Gesellschaft sehr wohl verstehen, daß es ihrem reibungslosen Zusammenhalt abträglich ist, wenn sich die Gewohnheit einschleicht, daß Versprechen in der Regel nicht gehalten werden.

Unser Handeln geschieht nicht aus pflichtethischen Gründen, sondern aus verantwortungsethischen oder utilitaristischen Gründen. Aus Sicht der zu erwartenden Folgen ist das Brechen eines Versprechens nicht zu verantworten, obgleich die Versuchung, dies zu tun, hin und wieder bestehen kann. Die kantische Logik einer reinen Vernunft will dem entgegen vermeiden, die Gültigkeit des Lügenverbots aus den zu erwartenden Folgen zu begründen. Sie verlegt dogmatisch seinen Grund in die Logik der Sprache, deren ich mich bediene, wenn ich etwas verspreche. Hinsichtlich dieser Begründung, die ihre Verbindlichkeit in der durch Sprechen zum Ausdruck gebrachten Gesinnung sieht, spielen die Folgen des Handelns keine oder nur eine zutiefst untergeordnete Rolle.

So unterscheidet sich die von den Folgen des Handelns auf die Begründung verlegte Gültigkeit moralischer Gebote diametral von den Grundlagen der Ethik Kants. Nichts ist Kantianern verhaßter als der Utilitarismus, der von den Folgen auf die Begründung schließt. Kantische Ethik wird zu Gesinnungsethik, weil sie im strengen Sinn ohne Rücksicht auf die Folgen den Wert der Handlung allein aus reiner Vernunft bestimmen möchte.

Aus verschiedenen Gründen werden wir uns in Zukunft von der Überbewertung der Kantischen Vernunft in der Ethik verabschieden müssen. Es erweist sich mehr und mehr die Vermutung als richtig, daß unser Handeln grundsätzlich nicht wegen der Vernünftigkeit der Argumente ausgeführt wird, sondern eine auszuführende Handlung mit vernünftigen Argumenten nachträglich gerechtfertigt wird. Wenn die zwingende Logik und Grammatik nicht als der Grund und die eigentliche Motivation des verbindlichen ethisch-moralischen Handelns betrachtet werden können, dann gewinnen ethisch-moralische Forderungen wie die Menschenrechte ihre Verbindlichkeit in erster Linie aus der Betrachtung der allgemeinen Lebensinteressen und Bedürfnissen der Menschen.

Aus der Betrachtung der Praxis humanitärer Freimaurerei, die sich als ein ethischer Bund versteht, gewinnen wir wichtige Einsichten in die elementaren Bedürfnisse und Interessen, wie wir bereits gezeigt haben. Doch warum versteht sich eine Vereinigung von Männern – und manchmal auch Frauen – als ethisch, obwohl nicht ein einziges ethisches Gebot oder Verbot im Sinne einer Lehre dort vermittelt wird? Böswillige Menschen könnten der Freimaurerei vorwerfen, sie betreibe Etikettenschwindel, indem sie genau das auf ihre Eingangstore schreibe, was hinter diesen nicht zu finden sei.

Schauen wir aber auf die freimaurerische Praxis, so erscheint sie uns auch als eine Antwort auf die Frage, woher wir die Verbindlichkeit ethisch-moralischer Normen nehmen sollen. Gebote und Verbote stehen nicht am Anfang der Umgangsweise der Menschen miteinander, sondern sie folgen als Resultat. Humanitäre Freimaurerei leitet das ethisch Wertvolle aus den Bedürfnissen des Menschen ab, nicht umgekehrt; sie betreibt daher nicht die Anpassung der Bedürfnisse an einen abstrakten Normenkatalog. Die Bedürfnisse und Interessen des Menschen – und zwar die diesseitigen – stehen in der Freimaurerei am Anfang. Sie sind nicht das Ergebnis einer semantischen oder logischen Kalkulation, sondern allenfalls eine aus eigener Wahrnehmung gewonnene Vermutung.

Zunächst folgen Freimaurer dem ersten humanitären Bedürfnis: der Abschwächung trennender Umstände zwischen Menschen. Diese folgt der Regel: Wenn wir nicht wollen, daß Menschen sich entzweien, gegenseitig töten und aufgrund verschiedener Hautfarben, Religionen und kulturellen Eigenarten wechselseitig diskriminieren, dann müssen wir Menschen mit all den verschiedenen Eigenschaften und Herkunften in einer gemeinsamen Praxis miteinander verbinden. Die trennenden Aspekte zwischen Menschen verschwinden in dem Maße, wie wir sie teilhaben lassen an gemeinsamen Ritualen, an gemeinsamen Arbeiten, an gemeinsamen Erlebnissen.

Weiterhin haben wir es – anders als in der kantischen Philosophie – nicht mit »transzendentalen« Personen zu tun, sondern mit wirklichen Menschen. Der Mensch wird nicht von seiner Vernunft beherrscht, sondern er ist durch Ängste, widerstreitende Emotionen und Unsicherheiten im Umgang mit anderen Menschen vorbelastet. Das hieraus erwachsende Mißtrauen schwächt sich jedoch ab durch die in den drei Graden der Johannis-Maurerei – Lehrling, Geselle, Meister – geübte Korrektur der Selbsteinschätzung. Die Rituale der drei Grade dienen auch dem Zweck, den Brüdern Angst zu nehmen – Angst vor sich selbst, Angst vor den Anderen, Angst vor dem Tod.

Die Befreiung von der Angst vor dem Tod steht in der Freimaurerei an oberster Stelle. Ihr ist das Ritual des Meistergrads der Johannislogen gewidmet. In der Ausführung des Rituals erkennen wir, daß der Bruder sich mit der Endlichkeit seines eigenen Daseins vertraut machen soll. Insbesondere erkennen wir, daß die Erwartungen für die Zeit nach dem Tod keine bestimmten Strukturen aufweisen. Es gibt innerhalb der humanitären Freimaurerei in diesen Szenen des Meistergrades kein jüngstes Gericht, kein Fegefeuer, keine Hölle, keinen lohnenden und strafenden Gott, die den Menschen ängstigen könnten.

Auch hier erkennen wir wieder die Rolle der Praxis. Angst vor dem Tod und was danach folgen könnte, verlieren wir nicht, indem uns jemand sagte: »Fürchte dich nicht!« Angst ist eine Emotion, der wir durch bloße Rationalität nicht beikommen können. Emotionen lösen sich auf in gegensätzlichen Emotionen. Das Ritual des Meistergrades schafft einen Zustand der Gegenwart der eigenen Endlichkeit, die die Brüder erleben, ohne ein einziges Angst verbreitendes Element. Die Botschaft: »Fürchte dich nicht!«, vermittelt sich somit nicht durch das Wort, sondern durch die Praxis.

Die Wirkung des Bewußtseins des eigenen künftigen Todes baut sich nicht durch ein Wissen von dem, was danach folgen könnte, auf. Das Bewußtsein der eigenen Endlichkeit stellt sich vielmehr dar als die Aufforderung, sich die Einmaligkeit des Daseins bewußt zu machen. Nicht vor einer höheren Macht, deren Lohn und Strafe uns nach dem Tod erwarten könnten, machen das Ethisch-Moralische unserer Handlungen aus, sondern der verantwortungsvolle Weitblick für die Folgen unter den Betroffenen.

Auch bewirkt das besonnene Feingefühl freimaurerischen Umgangs mit Religion für die Bildung des Menschen zum Subjekt und Objekt der Menschenrechte. Es ist der grundlegende Aspekt der Menschenrechte, daß Menschen keine Nachteile erfahren oder verfolgt werden, weil sie einer anderen Religion angehören. Der Boden der Intoleranz ist durchsetzt von der Kraft der Angst vor dem Anderssein. Toleranz löst diese Angst auf. Wir brauchen uns unserer Individualität nicht zu fürchten. Wir verlieren unseren Wert als Mensch auch dann nicht, wenn wir uns nicht zu Auserwählten zählen dürfen.

Überhaupt erfordert es die Praxis der Freimaurerei, daß der Mensch seinen Wert nicht aus der vermeintlichen oder wirklichen Auserwähltheit durch Gott erfährt. Auch spielt seine Vorstellung von der Liebe Gottes, der sich ein Individuum sicher zu sein noch so sehr glauben kann, keine Rolle für das freimaurerische Menschenbild. Entscheidend für den Freimaurer ist allein die Fähigkeit, verstehen zu können, wie wichtig eine Gottesvorstellung für Menschen ist, und daß Missionierung sowie dogmatische Religionsverständnisse zu Ursachen verderblichster Auseinandersetzungen zwischen Menschen werden können.

Das durch Menschenrechte in rationale Forderungen gegossene Bedürfnis nach religiöser Toleranz unter den Menschen stellt sich ein, wenn in der Praxis ein Zustand zwischen Menschen hergestellt wird, in dem die jeweils eigenen Vorstellungen der Individuen von einem liebenden, strafenden, auswählenden Gott für das Wertebewußtsein nicht von Bedeutung sind. Auch sollen Menschen sich nicht verletzt fühlen in ihrer eigenen Gottesvorstellung. In der freimaurerischen Praxis verschwindet der Unterschied zwischen den Religionen. Es ist verständlich, daß solche Regime, die keine anderen Regime und Religionen neben sich dulden, in der Freimaurerei ihre ärgste Feindin sehen. Freimaurerei ist eine Praxis, in der jeder Einzelne erlebt, daß es für die Achtung der Menschen untereinander unerheblich ist, welcher Religion ein Individuum angehört. Der Anspruch der humanitären Freimaurerei bei der Formulierung des Allgemein-Menschlichen steht im krassen Gegensatz zu jeder kirchlich-religiösen Vorstellung von einer Auserwähltheit einer bestimmten Volksgruppe. Religionen, die es für ihr Fortbestehen als wichtig erachten, die Mitglieder anderer Religionsgemeinschaft missionieren zu müssen, sind den Voraussetzungen der Menschenrechte ebenso schädlich wie Religionen, die allein ihre Mitglieder als von Gott auserwählt ansehen.

Nach diesen Ausführungen können wir die nach dem Vorbild der Kantischen Pflichtethik in den Menschenrechten bewußt und rational ausgesprochenen Forderungen aus freimaurerisch-humanitärer Sicht nicht als eine Voraussetzung für Humanität ansehen. Vielmehr erweisen sie sich als ein Resultat. Sie sind der bewußt gewordene Reflex einer Erfahrung, die sich einstellt, wenn hemmende und trennende Schranken in einer Praxis des Umgangs miteinander beseitigt werden. Der Grund zur Beseitigung solcher hemmenden Schranken hat ebenso wenig seine Wurzeln in der Pflicht. Vielmehr zeigt sich, daß wir im Umgang mit Menschen die uns stets auch bekannten und vorhandenen feindseligen Aspekte als störend empfinden. Die Forderung, feindselige Hemmungen abzubauen, beruht nicht auf Pflicht, sondern auf der natürlichen Neigung unseres menschlichen Sozialverhaltens, die in bestimmten Situationen als störend empfundenen Feindseligkeiten zu vermindern. Wie verbindet sich dieser Anspruch der Praxis mit der Forderung nach Menschenrechten?

Im Bestreben, Menschenrechte mit universaler Gültigkeit zu formulieren, spielen Freimaurer stets eine Hauptrolle. Ihre Erbschaft aus dem Geist der Aufklärung vom Beginn ihrer institutionellen Existenz stellt sie vor die Aufgabe, das Allgemein-Menschliche zu formulieren. In den 1776 erstmals mit der Unabhängigkeitserklärung der Vereinigten Staaten von Amerika festgeschriebenen Menschenrechten verbinden sich politisch-kulturelle Ansprüche der Siedler mit aufklärerisch-freimaurerischer Geisteshaltung. »Wir erachten es als selbstoffenbare Wahrheit«, in der Erklärung, »daß alle Menschen gleich geschaffen sind, daß sie von ihrem Schöpfer mit gewissen unveräußerlichen Rechten begabt sind; daß zu diesen Leben, Freiheit und Glück gehöre; daß, diese Rechte zu sichern, Regierungen unter den Menschen eingesetzt sind, welche ihre gerechten Befugnisse von der Einwilligung der Regierten ableiten, daß, so oft eine Regierungsform gegen diese Ziele zerstörend wirkt, es das Recht des Volkes ist, sie zu ändern oder abzuschaffen, eine neue Regierung einzusetzen und sie auf solche Grundsätze zu bauen ihre Befugnisse solchergestalt einzurichten, als sie ihm am meisten geeignet erscheint, seine Sicherheit und sein Glück zu bewirken.«

Die problematische Aussage in dieser Erklärung liegt in der Formulierung einer »selbstoffenbaren Wahrheit« in Verbindung mit einem Schöpfer. Weil wir heute wissen, daß der Islam dieselbe Rechtfertigung für seine Existenz verwendet wie das Christentum, und daß selbst fundamentalistische Suizidattentäter sich auf durch ihren Schöpfer verbürgte selbstoffenbare Wahrheiten berufen, kann die Gültigkeit der in der Aussage gestellten Forderung nicht als eine humanitäre Forderung eines bestimmten Gottes einer bestimmte Religion angesehen werden. Und überhaupt sollte der

Mensch moralische Forderungen nicht deswegen für verbindlich halten, weil sie Götter oder religiöse Autoritäten verkündigt haben könnten. Diese Haltung führt nicht zur Ausbildung eines moralischen und verantwortungsvollen Bewußtseins, sondern in erster Linie zur Autoritätsgläubigkeit und zum Abwenden der Verantwortlichkeit auf vermeintlich höhere Instanzen.

Die in der Erklärung getroffene Aussage macht es jedoch auf der anderen Seite nicht unbedingt erforderlich, ihre Gültigkeit durch den Bezug auf Religion und Gott zu begründen. Vielmehr enthält sie den entscheidenden säkularen Anspruch, der dem offenen Konflikt mit Ungläubigen und Andersgläubigen diplomatisch aus dem Weg geht. Eine Wahrheit, die »selbstoffenbar« ist, benötigt keine weiteren Legitimationen. Sie schließt sie freilich nicht aus und beweist auch nicht ihre Unmöglichkeit. So sind weitere Legitimationen etwa durch Glaube und Religion jederzeit möglich. Allerdings sind alle weiteren Legitimationen weder als notwendige noch als hinreichende Bedingung zu betrachten. Das Entscheidende ist die Selbstevidenz. Für den frommen Menschen ist sie zwar durch Gott und seine Schöpfung verbürgt; für den Vernunftenthusiasten Kant ist sie durch reine Vernunft verbürgt und in der Freimaurerei bildet sie sich durch gemeinsam geteilte Erfahrungen im Umgang mit anderen Menschen.

Eine formale Eigenheit, die die Unabgeschlossenheit der Formulierungen signalisiert, entdecken wir zudem bei genauer Betrachtung sowohl im Wortlaut der Erklärung der Menschenrechte als auch in der Toleranzformel der freimaurerischen Konstitution von 1723, die der Dissenterprediger James Anderson niedergeschrieben hatte. Ein Kernsatz der Menschenrechtserklärung lautet: »All men are equal.« Die Intension der Autoren hatte die Bedeutung des Satzes jedoch anders im Sinn als sie bei Betroffenen ankam. Die Autoren waren sich einig, daß es nur heißen könnte, »All *white* men« und daß *women* nicht notwendig in der Formulierung eingeschlossen sind. Doch der Wortlaut reichte weiter als der Verstand der Autoren, denn die zahlreichen Freiheitsbewegungen von Schwarzen, Frauen und von Minderheiten, haben dem alle Menschen umfassenden impliziten Sinn der Aussage zu expliziter Bedeutung verholfen.

In gleicher Weise begreift die Formulierung der *Alten Pflichten* von Anderson – »to oblige them to that religion in which all Men agree« – die christliche Religion als diejenige, die für alle Menschen verbindlich sei.

Diese eng gefaßte Intension des Autors verfehlte das für Freimaurerei zentrale Prinzip religiöser Toleranz um Weiten. Erst die Praxis im Verlauf der Ausübung der Rituale brachte das Bewußtsein hervor, daß das richtige Verständnis dieser Formulierung nur in der Bedeutung zu finden sei, daß Freimaurer das, was allen Religionen gemeinsam sei, befördere, statt die trennenden Aspekte eine bestimmten Religion zu unterstreichen.

Humanitäre Freimaurerei und die Idee der Menschenrechte begegnen sich in dem Bemühen, den allgemeinen Wert des Menschen zum Ausdruck zu bringen. Sie sind gleichermaßen nicht die bloß rationale Erfindung einzelner Menschen, sondern das stets offene, aber sich beständig konkreter fassende Resultat gelebter Praxis, die sich zunächst vorläufig an einer leitenden Vorstellung orientierte.

Menschenrechte in der islamischen Tradition

von Ahmed Ginaidi

Die Problematik des Abendlandes

Man erinnere sich an die Zeit, in der es Kommunisten gegeben hat. Damals drosch das Abendland auf die Kommunisten. Heute haben wir keine Kommunisten mehr, dafür sind die Muslime an deren Stelle getreten. Mit anderen Worten, das Abendland benötigt andere Kulturen, andere Religionen, um sich die eigene Schönheit zu beweisen. Daß das Unglück im Abendland manifestiert ist, beweisen die folgenden Daten. Laut dem Bericht von Peter Anderson und Ben Baumberg für die Europäische Kommission im Juni 2006 sterben jährlich 195 000 Menschen in Europa an Alkoholismus, davon sind es ca. 70 000 Deutsche. Die Drogenabhängigkeit hat in Deutschland 11-jährige Kinder erreicht und die Scheidungsrate liegt bei 54%. Womit hängt das alles zusammen? Die Antwort ist relativ einfach.

Das Bedürfnis zu glauben ist genauso alt wie die Menschheit. Nicht umsonst haben Menschen lange vor den Offenbarungen Gottes eigene Götter erfunden. Man denke an die alten Ägypter, wo der Pharao gleichzeitig Gott war oder die alten griechischen und römischen Götter. Mir persönlich tut es weh, wenn ich sehe, wie der Mensch im Abendland seinen Weg zu Gott verlassen hat. Das verdankt man leider der kirchlichen Dogmatik, z.B. die Gottessohnschaft Christi, die mit dem Dreifaltigkeitsdogma im Jahr 325 in Nicäa als Dogma verabschiedet wurde oder die Gottesmutterschaft Marias, die im Jahr 431 zum ersten Mal als Dogma manifestiert wurde.

Man hat im Abendland alles, Autos, Häuser, eine wunderschöne Natur und niemand muß hungern. Trotzdem ist das Unglück hier beheimatet. Außer der Befriedigung dieses oben erwähnten tiefsitzenden Bedürfnisses hat man es noch mit einem grausamen Entfremdungsprozeß zu tun dank der Moderne. Die Wirtschaft steuert die Medien und diese sagen dem Individuum, was gut schmeckt, was schön macht und was man denken soll.

Die Religion wird in keiner Weise in positiver Sicht berührt. Deshalb dürfen keine anderen Religionen und Kulturen oder ein anderes Volk schöner sein als die Völker des Abendlandes. Man hat heute vergessen, daß nach der Vertreibung der Mauren von Spanien im Jahr 1492 ein Identitätsfindungsprozeß in Europa begann. Man denke an den 30-jährigen Krieg, an die Kirchenspaltung, einen der Ersten und einen Zweiten Weltkrieg oder die ersten beiden Atombomben, die faktisch auf Menschenköpfe herabgefallen sind. Ich könnte behaupten, daß diese Taten christliche Taten sind. Der Islam ist aber die einzige abrahamische Religion, die Christus voll anerkennt, denn er verkörpert für die Muslime die Liebe Gottes zur Kreatur. Er ist als Jesus koranisch 27mal und als der Sohn Marias 19mal erwähnt. Unser eigener Prophet ist im Koran nur ganze 6mal namentlich aufgeführt.

Da die Muslime heute nach der Befreiung von den Kolonialmächten endlich frei sind, befinden sie sich auf dem Pfad der Identitätsfindung. Man nimmt leider die Religion bei den Fundamentalisten als Ersatz für die eigene Glaubenslehre. Im Abendland verwechselt man das Menschenverhalten mit deren Religion. Daß die Menschenrechte seit 610 n.Chr. koranisch manifestiert sind, will im Abendland niemand wissen. Und nun zum Thema:

Das Thema der Menschenrechte ist derzeit zweifellos zu einem der meistdiskutierten und aktuellsten Themen geworden. In den verschiedenen Teilen der Welt bildeten sich viele Organisationen für Menschenrechte, welche den Menschen, die hervorragendste Schöpfung Gottes auf der Erde, verteidigen wollen.

Wir können die allgemeinen Menschenrechte auf zwei Hauptrechte zurückführen, nämlich das Recht des Menschen auf Gleichheit und sein Recht auf Freiheit. Beide Rechte besitzt er aufgrund seiner Menschlichkeit von Geburt an. Alle anderen Menschenrechte lassen sich hiervon ableiten. Wenn wir die Quellen des Islam, nämlich den Koran und die authentische Überlieferung des Propheten, näher betrachten und richtig verstehen, können wir feststellen, daß der Islam die Rechte des Menschen auf Gleichheit und Freiheit in sehr klarer und deutlicher Weise anerkennt, und ebenso die anderen Menschenrechte, die sich davon ableiten lassen. Doch betont der Koran die Begründung aller dieser Rechte in der letztlichen, zu realisierenden Brüderlichkeit aller Menschen bzw. in ihrer Menschlichkeit.

Das Recht auf Gleichheit

Das Recht des Menschen auf Gleichheit läßt sich koranisch von der grundsätzlichen Einheit des Menschengeschlechts her beweisen. Denn die Menschen sind alle von einer Seele erschaffen worden. Dazu heißt es Sure 4, Vers 1: »1 Ihr Menschen! Fürchtet euren Herrn, der euch aus einem einzigen Wesen (d.h. aus dem ersten Menschen, nämlich Adam) geschaffen hat, und aus ihm das ihm entsprechende andere Wesen, und der aus ihnen beiden viele Männer und Frauen hat (hervorgehen und) sich (über die Erde) ausbreiten lassen! Fürchtet Gott, in dessen Namen ihr einander zu bitten pflegt, und die Blutsverwandtschaft (d.h. und gebt acht, daß ihr nicht gegen die Bindungen der Blutsverwandtschaft verstoßt! Oder: Fürchtet Gott, in dessen Namen – und in dem der Blutsverwandtschaft – ihr einander zu bitten pflegt)! Gott paßt auf euch auf.« Alle Menschen stammen aus derselben Quelle, nämlich von Adam und Eva ab und sind deshalb gleichwertig. Es gibt nach der islamischen Lehre keine Kasten, Schichten, Rassen oder Völker, die anderen gegenüber durch ihre Natur bevorzugt sind. Allen Menschen wurde bei ihrer Geburt die gleiche Würde verliehen, allen Kindern Adams, wie der Koran sie nennt. »... und sie vor vielen von denen, die wir (sonst noch) erschaffen haben, sichtlich ausgezeichnet«(S.17, V.70). Die Menschen haben vor vielen anderen Geschöpfen, so sagt dieser Koranvers, eine bevorzugte Stellung erhalten. Worin besteht diese Würde?

Alle Menschen sind grundsätzlich gleich, abgesehen von sekundären Unterschieden wie Rasse, Hautfarbe usw. Insofern ist ein brüderliches Verhältnis zwischen ihnen eigentlich die natürliche Einstellung. Diese wird aber durch die völkischen, kulturellen und religiösen Unterschiede überlagert. Die eigentliche Menschlichkeit erlangt der Mensch erst durch Erziehung und Bildung. Sie befähigt ihn, seinen Mitmenschen mit echter Toleranz gegenüberzutreten und ihre Rechte zu respektieren.

Islamisch gesehen gibt es einen einzigen Unterschied zwischen den Menschen, der allerdings letzten Endes für ihr Schicksal entscheidend ist. Dies ist das, was der Koran die Frömmigkeit und an anderen Stellen die guten Taten des Menschen nennt. So heißt es in einer Sure des Korans: »Ihr Menschen! Wir haben euch geschaffen (indem wir euch) von einem männlichen und einem weiblichen Wesen (abstammen ließen), und wir haben euch zu Verbänden und Stämmen gemacht, damit ihr euch (auf Grund der genealogischen Verhältnisse) untereinander kennt. (Bildet euch aber auf eure vornehme Abstammung nicht zu viel ein!) Als der Vornehmste gilt bei Gott derjenige von euch, der am frömmsten ist. Gott weiß Bescheid und ist (über alles) wohl unterrichtet.«(S. 49, V.13)

Während bekanntlich für gewöhnlich äußerliche Macht, materieller Reichtum und soziales Prestige als erstrebenswert gelten, gilt bei Gott ein anderer Maßstab. Dieser ist der innere Reichtum des frommen Menschen und seine damit verbundene spirituelle Position, die er durch seine guten Taten erlangt hat. Ihm verspricht Gott Seine Hilfe. Doch besteht selbstverständlich diese Frömmigkeit in einem echten Verhältnis zu Gott und den daraus resultierenden Anstrengungen im Kampf für die Gerechtigkeit zum Wohl seiner Mitmenschen.

Der Fromme sucht Gottes Wohlgefallen, Sein Antlitz, wie der Koran das auch nennt, und den Nutzen für seine Mitmenschen. Alle Menschen sind gleich wie die Zähne eines Kammes, betonte der Prophet Mohammed in seiner Abschiedsrede. Daher ist es ungerecht, sie so zu behandeln, als ob sie aufgrund ihrer Geburt von Anfang an bereits ganz verschieden wären. Das Prinzip der Gleichheit aller Menschen führte im Islam zu der Lehre von der Gleichheit vor dem Recht, das keinen Unterschied zwischen arm und reich, den Herrschern und den Bürgern machen darf.

So berichtet eine Überlieferung z.B. davon, daß der Prophet die Fürbitte von Osama Ibn Zaid abgelehnt hat, der sich für den Freispruch einer Frau aus einem angesehenen Haus einsetzte, obwohl sie schuldig war. Der Prophet verurteilte das scharf und sagte, wenn seine Tochter Fatima irgendein Verbrechen begehen würde, müßte sie auch genauso bestraft werden wie jeder andere.

Auch der zweite Kalif Omar betonte in seiner Antrittsrede mit aller Entschiedenheit die Gleichheit aller Menschen vor dem Gesetz. Und es gibt zahlreiche andere Beispiele in der islamischen Geschichte, daß Muslime sich mit aller Entschlossenheit für die Gleichheit und eine gerechte Behandlung aller Menschen einsetzten.

Daß dies unbedingt notwendig ist und beklagenswerterweise doch so oft nicht geschieht, wird in dem bekannten Ausspruch des zweiten Kalifen Omar deutlich, der sagte: »Wie habt ihr die Menschen versklavt, und ihre Mütter haben sie doch frei zur Welt gebracht!«

Dies sagte er anläßlich einer Begebenheit, die den ägyptischen Statthalter Amr Ibn-al-Aas betraf. Ein Ägypter hatte sich bei dem Kalifen über die Ungerechtigkeit des Statthalters beklagt. Denn dessen Sohn hatte ihn völlig ohne Berechtigung geschlagen, und sein Vater, anstatt ihm Gerechtigkeit zukommen zu lassen, steckte ihn daraufhin ins Gefängnis, damit es ihm nicht möglich war, sich bei dem Kalifen zu beklagen. Aber er konnte aus dem Gefängnis ausbrechen und ging zum Kalifen, um ihm alles zu berichten. Der Kalif bestellte daraufhin den Statthalter und seinen Sohn zu sich. Als er feststellte, daß die Klage des Ägypters berechtigt war, gab er ihm seinen eigenen Stock in die Hand mit der Aufforderung, den Sohn von Ibn-al-Aas damit zu schlagen. Dies geschah. Dann sagte der Kalif, er solle nun auch den Vater mit diesem Stock schlagen, da der Sohn nur dank der Macht seines Vaters ihn hatte quälen können. Aber der Ägypter sagte, daß er den geschlagen habe, der ihn geschlagen habe, und das genüge ihm.[1]

Der Grundsatz der Gleichheit aller Menschen vor dem Gesetz gilt nicht nur für die Muslime, sondern ebenso für ihre nichtmuslimischen Mitmenschen. Hierfür gilt der islamische Rechtsgrundsatz: »Sie haben die Rechte, die wir haben, und sie haben die Pflichten, die wir haben.« Der Prophet Mohammed hat, wie wir aus seinen Überlieferungen ersehen können, oft dazu aufgerufen, die Nachbarn gut zu behandeln. So sagte er z.B.: »Wer satt übernachtet und einen Nachbarn hat, der hungrig ist, der gehört nicht zu uns.« Diese Vorschrift gilt auch für die nichtmuslimischen Nachbarn. So soll auch Ibn Abbas seinem Diener, der ein Schaf schlachtete, gesagt haben: »Vergiß unseren jüdischen Nachbarn nicht.«

Nach islamischem Recht sind auch die nichtmuslimischen Bedürftigen berechtigt, vom Staat versorgt zu werden. Aus diesem Grunde verordnete der zweite Kalif Omar, als er einen alten Juden in Medina betteln sah eine Staatspension für ihn. Der Islam betont auch die Gleichheit von Mann und Frau, da zwischen ihnen menschlich gesehen überhaupt kein Unterschied besteht. In bezug auf die menschliche Würde gibt es nichts, was sie voneinander unterscheidet. Beide sind Kinder Adams, denen Gott die gleiche Würde verliehen hat. Sie sind gleich verpflichtet, sich durch Lernen um ihre Entwicklung zu bemühen. Die Heirat ist anzusehen als ein Mittel,

---

1 Tantawi, Ali u.a. *Akhbar Omar, S.* 182 ff, Damaskus 1959.

»Liebe und Barmherzigkeit« (S. 30, V. 21) zwischen Mann und Frau zu erzeugen. Was ihre Taten anbelangt, so werden diese von Gott gleich bewertet: »Ich lasse keine Tat verlorengehen, die einer von euch getan hat, ob Mann oder Frau«, heißt es im Koran (S. 3, V. 195). »Die einen stammen ja von den anderen.«

Männer und Frauen erhalten auf die gleiche Weise für die Erfüllung ihrer Pflichten den ihnen zustehenden Lohn. (S. 4, V. 32) Der Islam gibt der Frau das Recht, selbständig mit ihrem Vermögen umzugehen, das der Mann nicht antasten darf. Verboten ist es auch, eine Frau zur Heirat mit jemandem zu zwingen, den sie nicht mag.

Es gibt nur in bezug auf die Natur zwischen Mann und Frau Unterschiede, sowie in der Hinsicht, daß der Mann gegenüber seiner Frau und seinen Kindern finanzielle Verpflichtungen hat. Im Übrigen sind Mann und Frau einander ebenbürtig und es besteht zwischen ihnen volle Gleichheit.

Das Recht auf Freiheit

Was das zweite Hauptrecht des Menschen angeht, nämlich das Recht auf Freiheit, ist zu sagen, daß der Islam dem Menschen das Recht auf Freiheit in allen ihren Aspekten zugesteht. Das heißt, er gibt ihm grundsätzlich politische, geistige, religiöse und zivile Freiheit.

Jeder Mensch, der mündig ist und bei gesunder Vernunft, hat das Recht, sich an der Wahl des Staatsoberhauptes und seiner Vertreter, die ihn repräsentieren, zu beteiligen. Er kann für dieses Amt auch selber kandidieren. Die Form der Regierung oder Beratung kann frei gewählt werden. Bedingung ist nur, daß sie auf Gerechtigkeit beruht und demokratisch ist.

Die Begrenzung der Macht des Staatsoberhauptes wurde bereits von den beiden Kalifen Abu Bakr und Omar als notwendig erkannt und verlangt. Daher verlangten sie auch in ihren Antrittsreden bei ihrer Machtübernahme, daß die Muslime sie bei der Regierung unterstützen sollten, wenn dies nötig wäre, sie aber auch, falls sie im Unrecht wären, korrigieren sollten. In dieser Weise wurde im Islam schon früh die Notwendigkeit einer Kontrolle bei der Verwaltung des Staates erkannt.

Wie es im Koran heißt, wurde sogar der Prophet Mohammed, der allen Muslims als Vorbild hingestellt wurde, aufgefordert, sich mit den anderen Muslimen zu beraten. So sagt der Koran: »Und zieh sie zu Rat in den Angelegenheiten.« (S. 3, V. 159). Und daher heißt es an einer anderen Stelle im Koran, daß die Gläubigen »ihre Angelegenheiten durch Beratung regeln« sollen (S. 42, V. 38).

Was die geistige Freiheit betrifft, hat der Islam den Menschen das Recht auf Meinungsfreiheit garantiert. Die Wissenschaftler haben in bezug auf den gesamten Kosmos, einschließlich des Menschen, Freiheit der Forschung. Der Koran bezeichnet nicht zufällig den Wissensdrang des Menschen und seine Fähigkeit, sich Wissen über alle Dinge, die es gibt, zuzulegen, als das, was den Menschen vor allen anderen Lebewesen auszeichnet. Vorbedingung dafür ist allerdings, wie er immer wieder betont, ein kritisches und auch selbstkritisches Denken. Denn dies ermöglicht ein selbständiges Verstehen und ein schöpferisches Handeln. Er begrenzt den Raum der Forschung in keiner Richtung. Überall, im Himmel, auf der Erde und zwischen beiden, so ermahnt der Koran uns, und auch im Menschen selber, gilt es Wissen zu sammeln und die erkannten Gesetze zum Nutzen der Menschheit anzuwenden. »Wer sich auf den Weg macht, um nach Wissen zu suchen, dem ebnet Gott dafür den Weg ins Paradies«, (Muslim) sagt eine Überlieferung des Propheten. In bezug auf die Religionsfreiheit stellte der Islam die folgenden wichtigen Prinzipien auf:

1. Niemand darf gezwungen werden, seine Religion abzulegen und den Islam anzunehmen. »In der Religion gibt es keinen Zwang« (S. 2, V. 256), heißt es dazu im Koran. An einer anderen Stelle sagt er: »Wer nun will, möge glauben, und wer will, möge ungläubig sein.« (S.18, V. 29). Aus diesem Grund garantierte auch der zweite Kalif Omar den christlichen Einwohnern von Jerusalem die Sicherheit »für ihr Leben, ihre Kirchen und ihre Kreuze. Und keiner von ihnen darf wegen seiner Religion einem Zwang unterworfen werden, und keinem von ihnen darf man Schaden zufügen.«
2. Der Islam fordert die Freiheit in den religiösen Diskussionen. Daher sagt der Koran: »Ruf zum Weg deines Herrn mit Weisheit und schöner Ermahnung, und diskutiere mit ihnen auf die beste Art.« (S.16, V. 125). An einer anderen Stelle heißt es: »Und diskutiere mit den Leuten des Buches auf die beste Art.« (S. 29, V.46).
3. Der echte Glaube ist auf Überzeugung und Gewißheit aufgebaut, nicht aber auf bloßer Nachahmung oder Zwang. Zusammenfassend kann man also sagen, daß der Islam dazu aufruft, in Fragen der Religion gründlich zu überlegen und nachzudenken und nur echte Beweise zu akzeptieren. Was schließlich die zivile Freiheit anbetrifft, verlangt der Islam, daß man mündig sein muß, bevor man Verträge abschließt und alle anderen Dinge seines Lebens selbständig regelt, wie Kauf, Verkauf, Spenden, Heirat, die Abfassung seines Testaments usw.

Mit den vorangehenden Erörterungen versuchten wir darzustellen, daß die Menschenrechte im Islam bereits zur Zeit des Propheten verankert wurden, und zwar nicht als bloße Theorie, sondern im Handeln. Wichtig ist in diesem Zusammenhang allerdings die Tatsache, die ich deshalb hier noch einmal betonen möchte, daß der Islam die entscheidende Rolle der Menschlichkeit dafür, daß Gerechtigkeit sich durchsetzt, herausstellte. Die Barmherzigkeit den Mitmenschen gegenüber, die man auch als Brüderlichkeit bezeichnen kann, ist nach seiner Lehre die Voraussetzung dafür, daß Gerechtigkeit geschieht. Wichtig ist daher die Erziehung des Menschen zur Menschlichkeit, welche die Aufgabe der Religion ist, die lehrt, was der Mensch ist. Er ist allen anderen Menschen durch das Band der Menschlichkeit verbunden.

Die christliche Nächstenliebe, die im Grunde genommen von Christus nur theoretisch verlangt wird, praktiziert der Islam durch seine religiösen Vorschriften: »Wer sich der Menschen nicht erbarmt«, sagt daher eine Überlieferung des Propheten, »dessen erbarmt sich Gott nicht.« (Bukhari). Die Hauptbetonung liegt im Islam auf dem verantwortungsbewußten Handeln des Individuums. Dieses hat die Rechte des Menschen, die seine Würde schützen, seinen Mitmenschen gegenüber sowohl für sich wie auch für sie selbst zu vertreten und zu schützen. Daher ist auch das Ziel des islamischen Rechts (der Scharia) von Anfang an der Schutz des Menschen. Ausdrücklich werden sein Leben, seine Religion, seine Vernunftbetätigung, sein Eigentum und seine Familie durch die islamischen Rechte gesichert. Diese Sicherung kann jeder Mensch beanspruchen.

Doch bekanntlich steht jedem Recht eine Pflicht gegenüber. Wenn man daher seine Rechte bewahren will, muß man auch seine Pflichten erfüllen. Jeder trägt in seinem Handeln die Verantwortung seinen Mitmenschen gegenüber, wodurch die Rechte der anderen geschützt werden. Es genügt also islamisch gesehen nicht, daß man nur seine eigenen Rechte schützt und dem Elend anderer zuschaut, die dazu nicht in der Lage sind. Daher sagt der Koran: »Was hindert euch daran, zu kämpfen auf dem Weg Gottes und (um) der Unterdrückten (willen), Männer, Frauen und Kinder?« (S. 4, V. 75).

Abschließend muß ich darauf aufmerksam machen, daß es im Laufe der islamischen Geschichte Zeiten gab, in denen die Menschenrechte nicht geschützt wurden. Dies gilt in verschiedenen Teilen der Welt auch für unsere heutige Zeit. Aber diese Tatsache berechtigt auf keinen Fall dazu, dem Islam vorzuwerfen, er sei gegen die Menschenrechte. Die authentischen Quellen des Islam weisen diese Beschuldigung strikt zurück. Denn der Islam stellt die Menschenwürde in den Mittelpunkt seiner Lehre vom Menschen und lehrt, daß der Mensch seine Würde durch seinen Kampf für Gerechtigkeit und Barmherzigkeit und das heißt für die Menschlichkeit des Menschen erwirbt.

Ich muß allerdings zugeben, daß auch heute viele Muslime sich nicht ganz an diese islamischen Lehren halten, sei es, daß sie sie nicht richtig verstehen oder daß sie sie mißachten. Es gibt keinen Zweifel darüber, daß die Muslime, wenn sie wollen, daß ihre Religion respektiert wird und sie sich in unserer Welt durchsetzen und in ihr hochkommen, ihre Religion nicht nur richtig verstehen müssen, sondern sich auch in ihrem Handeln nach ihren Lehren richten müssen. Dann werden sie auch fähig sein, die Menschenrechte der Muslime zu schützen, die in unserer Zeit in verschiedensten Teilen der Welt auf barbarische Weise verletzt werden: »Gott verändert nicht den Zustand eines Volkes«, lehrt uns der Koran (S. 13, V. 11), »bis sie selbst ihren eigenen Zustand verändern.« Denn, so heißt es ebenfalls im gleichen Koranvers: »... sie haben außer Ihm keinen Schutzherrn« und müssen dies erkennen. Die Gerechtigkeit wie auch die Barmherzigkeit sind Namen Gottes. Die Menschlichkeit verpflichtet den Menschen, als Stellvertreter Gottes auf dieser Erde für die Gerechtigkeit und Barmherzigkeit einzutreten, bis sie geschehen.

Religionsfreiheit und Menschenrechte im Islam[2]

Zweifellos eines der wichtigsten Probleme in unserer gegenwärtigen Welt ist die Frage der Menschenrechte und insbesondere der Religionsfreiheit. Da die Lösung dieses Problems einen hohen Kulturstandard voraussetzt, handelt es sich hierbei also eigentlich um ein kulturphilosophisches Problem bzw. um die Frage, inwiefern die Religion, welche einer jeden Kultur bekanntlich zugrunde liegt, noch lebendig und wirksam ist.

Im Folgenden möchte ich einige Gedanken bezüglich der islamischen Lösung äußern, welche die Eigenart der islamischen Lösungsversuche betref-

---

2 Vortrag. Tagung: *Menschenrechte ohne die monotheistischen Weltreligionen?* Katholische Akademie in Berlin e. V., 17.-18. September 1999.

fen. Hierbei werde ich mich natürlich weitgehend auf die Darstellung und Erklärung der islamischen Hauptprinzipien bezüglich dieser Fragen beschränken müssen.

Der Islam proklamierte die Notwendigkeit einer Durchsetzung der Menschenrechte für ausnahmslos alle bereits vor 1400 Jahren, und zwar auf der Grundlage der grundsätzlichen Gleichheit sowie der angeborenen Würde und Freiheit aller Menschen. Und wie die Geschichte zeigt, verkündete er nicht nur die Menschenrechte, sondern setzte sie auch mit erstaunlichem Erfolg durch in all den Ländern, in denen die Muslime zur Zeit der Hochblüte des Islam regierten. Dies war u. a. deswegen möglich, weil der Islam ausdrücklich das Recht eines jeden Menschen auf Freiheit sowie die friedliche Koexistenz der Kulturen und Religionen – mit anderen Worten einen Kulturpluralismus – befürwortet.

Wie ich im Einzelnen erläutern werde, gehört die Religionsfreiheit zu den allgemeinen Menschenrechten, die vom Islam als entscheidende Prinzipien und Grundlagen einer gerechten gesellschaftlichen Ordnung gelehrt werden. Sie ist nach islamischer Auffassung ein natürliches Prinzip. Das heißt also, es gehört zur Natur des Menschen, daß ihm freizustellen ist, zu glauben oder auch nicht zu glauben, sowie zu glauben, was er will. Durch die Ausübung seiner Freiheit wird ihm Selbstbildung ermöglicht, und damit die Ausübung wahrer Religiosität.

Doch damit ist die Frage der Religionsfreiheit noch nicht erschöpft. Denn bei näherer Betrachtung stellt sich heraus, daß die Triebfeder zu der Entscheidung für den Glauben an Gott genau genommen doch außerhalb des Zugriffs der menschlichen Willkürfreiheit steht. Das heißt also, das wesentliche Moment der Religionsfreiheit ist damit noch nicht gegeben, daß man die Freiheit in der Wahl der Religion hat. Denn es geht ja darum, daß man sich der Religion frei zuwendet. Es ist eines der Hauptanliegen des Islam, darauf hinzuweisen.

Um diese islamische Auffassung zu verstehen, ist es hilfreich, wenn man das Menschenbild im Islam betrachtet, wonach der Mensch nicht – wie in der westlichen Auffassung – autonom ist, sondern nur ein bestimmtes Maß an Freiheit besitzt. Wird der Mensch sich selber überlassen, d. h. erhält er keine spirituelle Führung – so lehrt der Islam – dann neigt er für gewöhnlich dazu, sein Freiheitspotential zu verschwenden, sich allzusehr treiben zu lassen und infolgedessen übermäßig durch seine Umgebung beeinflußt zu werden. Dies verhindert in einem gefährlichen Maße seine für die Persönlichkeitsentwicklung nötige Selbstbildung.

Die Vernachlässigung der religiösen Erziehung (diese natürlich im besten Sinne genommen) führt oft zu Aufsässigkeit und Selbstverherrlichung. Der Koran äußert sich hierzu folgendermaßen: »... der Mensch zeigt ein Übermaß an Frevel, daß er meint, er wäre auf niemanden angewiesen. Zu deinem Herrn erfolgt die Rückkehr.« (S. 96, V. 6-8).

Im Anschluß an diesen Vers wird auf die Notwendigkeit der Religionsfreiheit hingewiesen mit dem Bericht davon, daß einem Diener verboten worden war, zu beten, was doch zweifellos ganz ungerecht ist. Denn jedem Menschen sollte es freigegeben werden, seine Religion, die er selbst gewählt hat, auszuüben. Niemand darf ihn daran hindern oder ihn zwingen, eine andere Religion anzunehmen, denn der Koran betont: »Es gibt keinen Zwang in der Religion.« (S. 2, V. 256).

Das heißt also, daß niemand in irgendeiner Weise zur Religion gezwungen werden darf, weil zu ihr die Freiheit als unablösbarer Bestandteil gehört. Aber wenn der Mensch also einerseits frei ist, zu glauben oder nicht zu glauben sowie zu glauben, was er will, so ist er doch andererseits von Natur aus zur Religion bestimmt, auch dann, wenn ihn Unwissenheit über seine eigentliche Bestimmung, Herrschsucht, Materialismus, Selbstdünkel oder was auch immer daran hindern sollten, dies zu verstehen: »O Mensch«, fragt daher der Koran, »was hat dich gegen deinen edelmütigen Herrn betört, der dich erschaffen und gebildet und zurechtgeformt hat, und dich in der Gestalt, die er wollte, zusammengefügt hat?« (S. 82, V. 6-8).

Erst in der Erkenntnis seiner Erschaffenheit, also der Tatsache, daß er nicht willkürlich und zufällig aus irgendeinem Nichts entstanden ist, kann der Mensch zu seiner religiösen Bestimmung befähigt werden. Diese ermöglicht ihm Selbstbildung und eine schöpferische Persönlichkeitsentwicklung. Damit komme ich zu der Frage der schöpferischen Freiheit.

Religionsfreiheit und schöpferische Freiheit

Der Islam lehrt, daß der Mensch nur dann, wenn er seiner eigentlichen Berufung folgt, genügend Großzügigkeit besitzt, anderen die gleichen Freiheiten und Rechte zuzugestehen, die er für sich selbst wünscht. Hier ist eine der drei Hauptbedingungen, welche islamisch betrachtet die Durchsetzung der Menschenrechte möglich machen.

Der Koran spricht im Zusammenhang mit der Frage einer gerechten Gesellschaftsordnung von drei Geschenken Gottes an die Menschheit (S. 57, V. 25). Diese sind 1) das Buch (d.h. die schriftlichen Offenbarungen), 2) die Waage (Symbol der Gerechtigkeit und 3) das Eisen (Symbol für die Stärke der Gesetzgebung im Lande sowie auch die Waffen aus Eisen im Kampf gegen Aggressionen).

Alle diese drei Faktoren sind nötig, damit die Menschenrechte und Freiheiten durchgesetzt werden, die für eine gerechte Gesellschaftsordnung nötig sind, welche den Mitgliedern der Gesellschaft eine natürliche Entwicklung ermöglicht. Der wichtigste Teil hiervon ist die Offenbarung der »reinen Religion«, auf die ich im Folgenden noch näher eingehen werde.

Religionsfreiheit ist eine unerläßliche Bedingung für eine gerechte Gesellschaftsordnung. Sie besteht darin, daß die Menschen, obwohl sie zur Religion berufen sind, doch freigelassen werden müssen, dieser Berufung zu folgen oder auch sie abzulehnen. Niemand kann zur Religion gezwungen werden, da sie ein Akt der Freiheit ist, und sogar Gott selbst überläßt, wie der Koran sagt, den Menschen, an Ihn zu glauben oder auch nicht an Ihn zu glauben, obwohl er aufgrund seiner Allmacht entscheiden könnte, daß alle Menschen auf der Erde zum Glauben übergehen: »Wenn dein Herr wollte«, sagt der Koran, »würden die, die auf der Erde sind, alle zusammen gläubig werden.« (S. 10, V. 99).

Wenn also Gott selbst den Menschen die Freiheit zum Glauben läßt, wie kann dann ein Mensch versuchen wollen, sie zum Glauben zu zwingen, fragt der Koran folgerichtig: »Bist du es etwa, der die Menschen zwingen kann, gläubig zu werden?« (S. 10, V. 99). Der Mensch ist frei, zu glauben – zum Glauben gehört diese Freiheit: eine von außen her nicht regulierbare Spontaneität. Im Koran heißt es: »Wer nun will, schlägt einen Weg zu seinem Herrn ein.« (S. 76, V. 29).

Derjenige, der sich zum Glauben entschieden hat, handelt im gleichen Moment nicht mehr willkürlich. Er hat einen bestimmten Weg gewählt, der seine spirituelle Natur fördert, denn er wird mit schöpferischer Freiheit begabt. Der Mensch ist also frei, zu glauben, und ist gleichzeitig doch zum Glauben bestimmt. Der Koran nennt diesen Glauben den »reinen Glauben«: »Und richte dein Gesicht auf die Religion als Anhänger des reinen Glaubens«, sagt der Koran in diesem Zusammenhang. »Das ist die Schöpfung Gottes, die Er für die Menschen festgelegt hat. Die Schöpfung

Gottes kann nicht abgeändert werden. Das ist die richtige Religion. Aber die meisten Menschen wissen nicht Bescheid.« (S. 30, V. 30).

Wenn der Mensch in seiner natürlichen Entwicklung nicht gehemmt wird, lehrt also der Islam, dann wendet er sich ganz von selbst dem reinen Glauben zu. Diese »reine Religion« wurde nach der Lehre des Islam im Laufe der Menschheitsgeschichte immer wieder von neuem durch die verschiedenen Propheten verkündet (u.a. S. 42, V. 13-15). Sie ist die eine Religion, welche allen Religionen zugrunde liegt: »Gott erwählt dazu«, sagt der Koran, »wer sich (Ihm) reumütig zuwendet.« (S. 42, V. 13). In den vorangehenden Erläuterungen habe ich versucht, darzustellen, inwiefern die Verkündigung des Islam also praktisch identisch ist mit dem Aufruf, gerecht zu handeln, d.h. im Prinzip sich für die Rechte und Freiheiten der Mitmenschen ebenso energisch wie für die eigenen Rechte einzusetzen. So war es auch, sagt der Koran, die Aufgabe des Propheten Mohammed, »Gerechtigkeit zu üben«. (S. 42, V. 15).

Nun ist Gerechtigkeit ein sehr umfassender Begriff. Was unter ihr zu verstehen ist, daß sie etwas ist, was der Mensch unter gewissen Gesichtspunkten selbst frei erschafft, und was ihn frei macht, wird in einem der Aussprüche (Hadithe) des Propheten Mohammed ganz einfach und klar ausgedrückt: »Wer vom Höllenfeuer entfernt und ins Paradies geführt werden will«, sagt er, »... der tue den Menschen das an, was er wünscht, daß man es ihm selbst antut.« (Bukhari).

Im Koran wird immer wieder betont, daß der Mensch der freie Schöpfer seines eigenen Schicksals und daß er konsequenterweise für seine Taten verantwortlich ist. Diese Tatsache ist der Kern der Botschaft des Islam. Sie macht polemische religiöse Dispute überflüssig. Infolgedessen heißt es auch im Koran: »Wir haben unsere Werke, und ihr habt eure Werke (zu verantworten). Es gibt keinen Streitgrund zwischen uns und euch. Gott wird uns zusammenbringen. Und zu Ihm führt der Lebensweg.« (S. 42, V. 15).

Daß der Mensch die Verantwortung für seine Taten trägt (was sein Gewissen – sofern es wach ist – ihm klarmacht), weist darauf hin, daß er ein freies Wesen ist. Diese Tatsache wird aber oft übersehen. Damit kommen wir zu einer weiteren wichtigen und oft verkehrt verstandenen Frage der islamischen Glaubenslehre, nämlich der Frage, wie die vom Islam gelehrte

Souveränität Gottes mit der Freiheit des Menschen vereinbart werden kann.

Ich habe in meinen obigen Ausführungen bereits darauf hingewiesen, daß die Triebfeder zu der freien Entscheidung des Menschen für den Glauben an Gott doch im Grunde genommen außerhalb seiner Willkürfreiheit steht. Jeder, der einmal vergeblich versucht hat, zu glauben (und wie oft passiert das gerade modernen Menschen!), und zwar mit Überzeugung zu glauben, wird diese Tatsache bestätigen können. Daher ist es in dieser Fragestellung notwendig, zwischen der einfachen Willkürfreiheit und einer anderen, höheren Form von Freiheit zu unterscheiden. Diese nennt man am besten schöpferische Freiheit, da sie in die Lage setzt, Neues zu erschaffen, also etwas zu erschaffen, was vorher nicht da war.

Der Koran spricht von dieser schöpferischen Freiheit, wenn er darauf hinweist, daß in der Entscheidung zum Glauben zwei Faktoren wirksam sind: einmal die Entscheidung des Menschen, der sich entscheidet, zu glauben, und zum anderen die Entscheidung Gottes, der entscheidet, daß der Mensch glaubt. So ist also die Entscheidung des Menschen, den Weg zu seinem Herrn zu gehen, gleichzeitig die Entscheidung Gottes, der ihn zu diesem Weg führt. Der Koran drückt diese Tatsache folgendermaßen aus: »Wer nun will, schlägt einen Weg zu seinem Herrn ein. Aber ihr wollt nicht, es sei denn Gott will es.« (S. 76, V. 29/30).

Der Islam lehrt, daß der Mensch, der Gott gehorcht im reinen Glauben, durch seinen ihm von Gott eingehauchten Geist (S. 15, V. 29) mit seinem Schöpfer spirituell verbunden und daher durch Ihn inspiriert wird. Sein Handeln ist in diesem Augenblick ein Akt schöpferischer Freiheit. Durch die vielen Jahrtausende der Menschheitsgeschichte hindurch wurden immer wieder Leistungen auf den verschiedensten Gebieten der humanen und der anderen Wissenschaften sowie der Kultur mit Hilfe der menschlichen schöpferischen Freiheit vollbracht, die man eigentlich nur als Wunder bezeichnen kann, und die nur dank der immer wieder zutage tretenden Begeisterungsfähigkeit einzelner begabter Menschen möglich waren.

Von diesen Erörterungen über die Genesis des Glaubens und die schöpferische Freiheit her betrachtet, wird auch deutlicher, warum im Islam alle spirituellen Eigenschaften wie Gerechtigkeit, Barmherzigkeit, Frieden und andere als Eigenschaften Gottes betrachtet werden, da der Mensch ihrer nur dann teilhaftig wird, wenn er sich über sich selbst erheben kann.

Durch den Islam wird der Mensch dazu angeleitet, das Rechte zu suchen und sich auf Gott zu verlassen. Denn islamisch betrachtet spielt die Barmherzigkeit Gottes die entscheidende Rolle für das Schicksal des Menschen. So heißt es auch in einem Ausspruch (Hadith) des Propheten Mohammed: »Sucht die goldene Mitte und das Rechte, und wißt, daß keiner von euch aufgrund seiner Taten gerettet wird. Sie sagten: Nicht einmal du, O Gesandter Gottes? Er sagte: Nicht einmal ich, es sei denn, Gott umhüllt mich mit Barmherzigkeit und Huld von ihm.« (Muslim). Über die islamische Barmherzigkeitslehre gibt es einen anderen bekannten Ausspruch des Propheten Mohammed. Er lautet: »Wer sich anderer nicht erbarmt, wird keine Barmherzigkeit finden.« Es wird auch in diesem Hadith deutlich, daß der Mensch der Schmied seines Schicksals ist und dieser Tatsache islamisch betrachtet nicht ausweichen kann.

Von diesem Gesichtspunkt der Verantwortlichkeit des Menschen für sein Handeln in dieser Welt her betrachtet erscheint die Lehre von der Allmacht Gottes – dessen Thron auch die Erde umfaßt (S. 2, V. 255) – wieder in einem anderen Licht. Aber sie wird oft im Sinne einer göttlichen Willkürherrschaft mißverstanden und führt dann zu einem fatalistischen und unfruchtbaren Denken. Solche verkehrten Interpretationen sind aber immer nur dann möglich, wenn man die einzelnen Koranverse aus ihrem Zusammenhang löst, sie also von ihrem Kontext isoliert betrachtet. Der Koran gibt Hinweise darauf, worin die Ursachen liegen, daß seine Botschaft verkehrt interpretiert wird, wenn es in ihm heißt: »Diejenigen nun, die in ihrem Herzen (vom rechten Weg) abschweifen, folgen dem, was in ihm (in dem Koran) mehrdeutig ist...« (S. 3, V. 7).

Es gehört aber zu den Glaubenspflichten, die islamischen Lehren aufmerksam zu studieren und sie richtig zu verstehen. Diese Suche nach Wissen – wie überhaupt die Suche nach jeder Art von Wissen und Verständnis – wird islamisch gesehen so hoch eingeschätzt, daß es in einem Ausspruch des Propheten Mohammed heißt: »Wer sich auf den Weg macht, um nach Wissen zu suchen, dem ebnet Gott dafür den Weg ins Paradies.«

Am besten wird das Zusammenwalten von Gottes souveränem Willen und dem Willen des Gläubigen in der islamischen Lehre von der Erwählung des Menschen zum Stellvertreter Gottes auf Erden illustriert. Alles in der Welt, sagt der Koran, wurde dem Menschen untertan gemacht und zu seiner Verfügung gestellt, damit er an nichts Mangel habe. Aber dies unter der Bedingung, daß er – in der Abwesenheit seines Herrn (S. 57, V. 25) – seine Dankbarkeit zeigt und sich daher (jeder innerhalb seines Lebenskreises) um seine Mitmenschen und seine Umwelt in verantwortungsvoller Weise kümmert. Ebenso wie der Stellvertreter eines Königs in dessen Abwesenheit den Wünschen und Gesetzen seines Königs gemäß, aber dennoch selbstverantwortlich und in schöpferischer Weise handeln muß, so trägt der Mensch innerhalb seines Lebenskreises die Verantwortung für seine Taten und wird darüber früher oder später vor seinem Herrn Rechenschaft ablegen müssen.

Es ist nicht genug, Gerechtigkeit, Barmherzigkeit oder auch die allgemeinen Menschenrechte zu proklamieren. Ja, die Proklamierung von Wahrheit ohne Ausübung von Gerechtigkeit ist geradezu ungerecht, sagte einmal der zweite Kalif Omar.[3] Durch das vorbildliche Handeln wird die Wahrheit verdeutlicht und nähergebracht. Von dem gleichen Kalifen stammt der berühmte Ausspruch, daß der Mensch, obwohl er von seiner Mutter frei geboren wurde, immer wieder versklavt wird. Die Religion ruft dazu auf, den Menschen von dieser Versklavung zu befreien. Und islamisch betrachtet sind die Glaubens- und Religionsfreiheit eine unerläßliche Bedingung der Religion. Ohne sie verkümmert ihre Botschaft.

Die Verteidigung der Menschenrechte als religiöse Aufgabe

Die Forderungen nach den Menschenrechten im Islam sind auf andere Weise konzipiert als in der westlichen Welt. Aber die im Westen proklamierten Menschenrechte sind im Prinzip die gleichen Menschenrechte, welche der Islam schützt. So garantiert die islamische Gesetzgebung den Schutz des Lebens, der Vernunftbetätigung, der Familie, der Religion und des Eigentums.

Die Ursachen für die Forderung nach allgemeinen Menschenrechten und ihr Kontext sind in den beiden Kulturen verschieden. Denn im Gegensatz zu der westlichen Welt, welche in der Neuzeit den Säkularismus und die Autonomie des Menschen verkündete, hat in der islamischen Welt eine solche Spaltung zwischen Religion und Weltlichkeit nicht stattgefunden. Sie war nicht nötig. Von Anfang an lehrte der Islam die Hinwendung des

---

[3] Wafi, *Human Rights* in einem der Briefe des Kalifen an Abu Moussa Al Ashary bezüglich der Frage der Gerechtigkeit.

Gläubigen zur Welt als seinem Tätigkeitsfeld, das seiner Verantwortung übergeben wurde. Der Gläubige hat sich unmittelbar vor Gott für seine Taten zu verantworten. Der Islam lehrt ihn als seine wichtigste Aufgabe die energische Verteidigung sowohl seiner eigenen Rechte wie die seiner Mitmenschen.

Denn nach islamischer Lehre sind alle Menschen gleich und von ihrem Ursprung her verwandt und haben daher alle den gleichen Anspruch auf Freiheit und Würde. Darüber hinaus haben sie alle die gleiche Aufgabe: die Verwaltung der Erde, die ihrem Schutz übergeben wurde. Alle Menschen stammen von einer einzigen Seele ab und sind Teile dieser einen Seele, und allen wurde bei ihrer Geburt die gleiche Würde und Freiheit verliehen, allen Kindern Adams, wie der Koran sie auch nennt. Daher wäre eigentlich eine brüderliche Einstellung unter ihnen die natürliche Folge.

Doch durch einen ins Negative umgeschlagenen Wettbewerbsgeist, durch eine verkehrte Erziehung, infolge der verschiedenen Lebensumstände sowie der rassischen, kulturellen und religiösen Unterschiede wird die prinzipielle Gleichheit unter ihnen verdeckt. Der an sich natürliche und sehr wertvolle Wettbewerbsgeist (der Motor für die Entwicklung), den der Islam fördert und empfiehlt (S. 5, V. 48), schlägt daher leicht um in Aggressivität und Materialismus.

Erst durch eine gründliche religiöse Erziehung und die dadurch möglich werdende Selbstbildung (die ja islamisch betrachtet den einzigen wichtigen Unterschied zwischen den Menschen schafft), können die für eine wirklich humane, d.h. auch kulturpluralistische Gesellschaft nötigen Eigenschaften entwickelt werden, wie ein selbständiges Denken, Verständnisbereitschaft, eine aktive Toleranz und vor allem ein aktives Gewissen. Diese sind das Ziel der islamischen Erziehung, wenn sie richtig verstanden wird.

Heterogen und Kontrovers

Die innerislamische Debatte zum Thema Menschenrechte

von Christine Schirrmacher

Einführung

Die Menschenrechte und die Religionen – fast zu einlinig klingt eine solche Formulierung. Haben Menschenrechte überhaupt etwas mit den Religionen zu tun? Ist es nicht eher die Politik, der Menschenrechtsverletzungen zuzuschreiben sind? Und sind die Menschenrechte nicht universal definiert und anerkannt, unabhängig von den jeweiligen Kulturen, Traditionen und Religionen vor Ort?

Selbstverständlich sind Menschenrechte nicht von einer bestimmten Region, Kultur, Epoche oder Religion zu vereinnahmen oder ihre Verletzung einer anderen zur Last zu legen. Menschenrechtsverletzungen sind gewissermaßen universal zu nennen, die Gewährung umfassender Menschenrechte jedoch leider nicht. Einige Menschenrechtsdokumente aus der Feder islamischer Organisationen stellen selbst insofern eine Verbindung zwischen Religion und Menschenrechten her, als daß sie die Religion des Islam als Quelle aller Menschenrechte definieren und abseits von der – orthodox-politisch interpretierten – Religion keine andere Begründung für die Gewährung von Menschenrechten gelten lassen wollen.

Dieser Engführung auf den Islam als Begründer und Vermittler wahrer Menschenrechte in diesen Dokumenten stehen – ebenfalls von muslimischen Autoren formulierte – reformorientierte Gegenentwürfe gegenüber, die mit und ohne religiöse Begründung für die Gewährung umfangreicherer Menschenrechte eintreten. Gerade in Ländern mit mehrheitlich muslimischer Bevölkerung existiert eine intensive Debatte zur Menschenrechtsthematik. Dort wird für die Menschenrechte von zahlreichen, weltanschaulich sehr unterschiedlich geprägten Gruppierungen und Einzelpersonen gekämpft, was in der westlichen Welt allerdings in dieser Intensität häufig nicht wahrgenommen wird.

Unverkennbar ist, daß in islamisch geprägten Ländern gleichzeitig mutmachende wie deprimierende Entwicklungen in Menschenrechtsfragen zu verzeichnen sind. In welche Richtung wird diese Entwicklung fortschreiten – zu einer stärkeren Einschränkung von Freiheit und Menschenrechten im Namen der Scharia oder zu einer Verbesserung der Menschenrechtslage gerade für Minderheiten und Andersdenkende?

Einerseits existieren prominente islamische Menschenrechtserklärungen wie die »Allgemeine Erklärung der Menschenrechte im Islam« des Islamrates in Europa von 1981 sowie die »Kairoer Erklärung der Menschenrechte« von 1990, deren Definitionen von Menschenrechten sich inhaltlich teilweise erheblich von westlichen Menschenrechtsdokumenten unterscheiden. Orthodoxe Religionswächter verteidigen apologetisch die Schariazentrierung dieser Dokumente, während sich insbesondere im Internet, aber auch in internationalen Foren eine Vielzahl von kritischen Stimmen aus islamisch geprägten Ländern zu Wort meldet, die eine Erweiterung oder inhaltlich grundlegende Neuorientierung in der Menschenrechtsthematik einfordert.

Die »Allgemeine Erklärung der Menschenrechte im Islam« von 1981

Die »Allgemeine Erklärung der Menschenrechte im Islam« von 19. September 1981 stammt aus der Feder des Islamrates von Europa, einer nichtstaatlichen Organisation mit Sitz in London, die als private Institution keinerlei Gefolgschaft beanspruchen kann. Die Erklärung kam auf Initiative des saudischen Königshauses zustande und stand unter der einflußreichen Mitwirkung von Wissenschaftlern aus dem Sudan, Pakistan und Ägypten.[1]

Die Menschenrechte werden hier einlinig auf den Islam zurückgeführt bzw. mit dem Islam begründet und von ihm beansprucht. Schon in der Präambel heißt es: »Vor 14 Jahrhunderten legte der Islam die ›Menschenrechte‹ umfassend und tiefgründig als Gesetz fest.«[2] Die Universalität des

---

1 So Anne Duncker. Menschenrechte im Islam. Eine Analyse islamischer Erklärungen über die Menschenrechte. Wissenschaftlicher Verlag: Berlin, 2006, S. 27.

2 Allgemeine Erklärung der Menschenrechte im Islam. http://www.dadalos-d.org/deutsch/Menschenrechte/Grundkurs_MR2/Materialien/dokument_8.htm. (19.05.2007), S. 1.

Anspruchs des Islam wird zugleich aus der Präambel deutlich, wenn dort auf die Pflicht zur Verbreitung des Islam durch seine Propagierung (arab. da'wa) hingewiesen wird, denn die Propagierung des Islam sei ein »aufrichtiger Beitrag zur Rettung der Welt aus allen Übeln [...] und [...] Befreiung der Völker von mannigfaltigen Plagen«. Im gesamten Text wird der Islam als »wahre Religion« absolut gesetzt, unter deren Führung allein es dem menschlichen Verstand möglich sei, das diesseitige Leben zu bewältigen.

Dies sei der Fall, weil es unter dem Islam keinerlei »Privilegierung und Diskriminierung aufgrund von Herkunft, Rasse, Geschlecht, Farbe, Sprache oder Religion« gäbe. Ferner betont die Präambel die Unverletzlichkeit bzw. Unaufhebbarkeit der Scharia, die Pflicht des Herrschers zur Umsetzung der Scharia, die Notwendigkeit zur Homogenität einer Gesellschaft, die dadurch erreicht wird, daß sich alle zur (islamischen) Religion bekennen sowie die »Sicherheit, Freiheit Würde und Gerechtigkeit« für jeden Menschen, die dadurch erlangt wird, daß die Scharia zur vollen Umsetzung kommt.

In den folgenden 23 Artikeln wird eine Lebensform erörtert, die einzig auf der Scharia basiert. Das Recht auf Leben und Freiheit wird thematisiert (Art. 1 und 2) sowie die Gleichheit aller Menschen (Art. 3); ein Recht, das allerdings in Art. 2 mit dem Hinweis eingeschränkt wird, daß die »Frömmigkeit« – also die Zugehörigkeit zum Islam – einen Menschen vor einem anderen einen Vorrang einräumt, was eine Rangordnung der Menschheit gemäß ihres Religionsbekenntnisses bedeutet. Auch die im selben Art. 3 verwendete Formulierung aus der islamischen Überlieferung »Das Blut der Muslime ist gleichwertig« läßt auf die Frage, ob auch das Blut von Nichtmuslimen dem von Muslimen »gleichwertig« sei, eine negative Antwort vermuten. Das derzeitige iranische Strafrecht konkretisiert diese Vermutung, wenn dort gesetzlich geregelt ist, daß das Blutgeld für einen Totschlag eines nichtmuslimischen Staatsbürgers geringer ist als für einen Muslim.[3]

Art. 4 spricht allen Menschen das Recht zu, »nur nach der Scharia« beurteilt zu werden und alles abzulehnen, was der Scharia entgegensteht. Wei-

3 Silvia Tellenbach. Strafgesetze der Islamischen Republik Iran. Walter de Gruyter: Berlin, 1996, 4. Buch, 2. Kapitel, Art. 297-300.

tere Artikel behandeln das Recht auf ein gerechtes Gerichtsverfahren (Art. 5) und Machtmißbrauch (Art. 6), das Recht auf Schutz vor Folter (Art. 7) und den Schutz der Ehre (Art. 8), das Recht auf Zuflucht (Art. 9) und die Rechte der Minderheiten (Art. 10), die nicht anders als durch die Scharia definiert werden – was de facto eine rechtliche Einschränkung der Rechte von Minderheiten bedeutet.

Art. 11 widmet sich der Thematik der Teilnahme am öffentlichen Leben, das allen Muslimen das Recht gibt, »öffentliche Stellungen und Ämter zu übernehmen«, was vermuten läßt, daß Nichtmuslimen der Zugang zu diesen Ämtern verwehrt wird. Art. 12 garantiert Gedanken-, Glaubens- und Religionsfreiheit, die ebenfalls durch die entsprechenden Schariabestimmungen begrenzt werden, also Werbung für einen anderen Glauben als den Islam unter Muslimen verbietet, den Abfall vom Islam verurteilt oder sogar verfolgt, ebenso wie ganz allgemein disloyales Verhalten gegen Staat, Staatsgemeinschaft und (islamische) Religion: »Nicht erlaubt ist die Verbreitung von Unwahrheit und die Veröffentlichung dessen, was der Verbreitung der Schamlosigkeit oder Schwächung der Umma [der Gemeinschaft der Muslime] dient«.

Es folgt das Recht auf religiöse Freiheit (Art. 13), das Recht auf Engagement in der Gesellschaft (Art. 14), das Recht auf Eigentum (Art. 15), das allerdings als öffentliches Eigentum »dem Interesse der Umma« dienen muß, womit wiederum impliziert wird, daß Nichtmuslime hier nicht eingeschlossen sind, und so haben denn auch nur »die Armen der Umma [...] einen zugestandenen Anspruch auf das Vermögen der Reichen«.

Art. 16 behandelt den Schutz des Eigentums, Art. 17 und 18 Rechte und Pflichten des Arbeiters, Art. 19 das Recht auf Gründung einer Familie, in dem die Überordnung des Mannes über der Frau mit erwähnt wird. Art. 20 behandelt die Rechte der Ehefrau (Wohnung, Unterhalt, Eigenvermögen, Scheidung, Erbe, Ehre), Art. 21 das Recht auf Erziehung der Kinder, Art. 22 den Schutz der Privatsphäre und Art. 23 das Recht auf Bewegungs- und Aufenthaltsfreiheit jedes Menschen.

Die »Kairoer Erklärung der Menschenrechte« von 1990

Die »Kairoer Erklärung der Menschenrechte« wurde am 4. August 1990 von 45 Außenministern der insgesamt 57 Mitgliedsstaaten der am 25. September 1969 in Rabat gegründeten »Organisation der Islamischen Konferenz« (OIC[4]) verabschiedet und am Tag darauf dem Hochkommissar für Menschenrechte der Vereinten Nationen überreicht.[5]

Auch in der Kairoer Erklärung wird die Scharia als einzige Grundlage für die Gewährung von Menschenrechten bezeichnet, während westliche Menschenrechtserklärungen, wie die Allgemeine Menschenrechtserklärung vom 10. Dezember 1948 als jüdisch-christliches Konstrukt säkularer und daher menschengemachter Gesetze, abgelehnt werden. Die iranische Regierung hob bereits im Jahr 1981 hervor, daß eine solch »säkulare Interpretation der jüdisch-christlichen Tradition« bei Muslimen keinerlei Gültigkeit besäße. Und 1984 verkündete der iranische Repräsentant Rajaie-Khorassani gegenüber der UN-Generalverammlung, daß der Iran sich lediglich an das Gesetz Gottes gebunden sehe, nicht an von Menschen gemachte Gesetze. Daher würde der Iran nicht zögern, die UN-Menschenrechte im Konfliktfall zu verletzen. Schließlich ließ der iranische Außenminister anläßlich einer Feierlichkeit zum 50. Jahrestag der UN-Erklärung in Genf am 17. März 1998 verlauten, daß die UN-Menschenrechtserklärung von 1948 »revidiert« werden müsse. Seitdem hat der Iran diese Position mehrfach unterstrichen.[6]

Daß es der »Kairoer Erklärung der Menschenrechte« nicht um Toleranz und Anerkennung von Nichtmuslimen auf Augenhöhe geht, sondern um die Einforderung einer durch die Offenbarung des Islam begründeten Vorherrschaft, wird bereits in der Präambel deutlich, die in Anlehnung an Sure 3,110 betont, daß »die islamische Umma [muslimische Weltgemeinschaft] […] von Gott als die beste Nation geschaffen wurde und […] der Menschheit eine universale und wohlausgewogene Zivilisation gebracht hat.«[7]

Die Mitglieder der OIC betonen zudem »die Rolle, die diese Umma bei der Führung der durch Konkurrenzdenken und Ideologien verwirrten

---

4 Die OIC steht in enger Verbindung zur Islamischen Weltliga (Muslim World League) in Mekka (www.muslimworldleague.org/name.htm – 1k.).

5 So Anne Duncker. Menschenrechte im Islam. Eine Analyse islamischer Erklärungen über die Menschenrechte. Wissenschaftlicher Verlag: Berlin, 2006, S. 62.

6 David Littman. Universal Human Rights and »Human Rights in Islam«. in: Midstream Febr/March 1999 und unter http://www.dhimmitude.org/archive/universal_islam.html (27.05.2007), S. 1-2; 5-6.

7 Kairoer Erklärung der Menschenrechte. (http://www.aidlr.org/german/mag/36_-1%20-5.pdf (19.05.2007), S. 1.

Menschheit und bei der Lösung der ständigen Probleme dieser materialistischen Zivilisation übernehmen sollte. Die Präambel fährt fort, daß die OIC ihren Beitrag dazu leisten möchte, den Menschen ein »Recht auf ein würdiges Leben in Einklang mit der islamischen Scharia« zu ermöglichen – was unmittelbar die Frage nahelegt, ob ein Leben, das sich nicht im Einklang mit der Scharia befindet, ebenfalls ein »würdiges Leben« sein kann.

Die übrigen Artikel befassen sich mit der Gleichheit aller Menschen (Art. 1), mit dem Recht auf Leben und körperliche Unversehrtheit (Art. 2), dem Recht auf Begrenzung von Krieg (Art. 3), dem Recht auf Ehre (Art. 4) und der Gründung einer Familie (Art. 5), mit den Rechten von Frauen (Art. 6) und Kindern (Art. 7), mit der Rechtsfähigkeit der Menschen (Art. 8), mit der Bildung (Art. 9), der Religion (Art. 10), der Freiheit (Art. 11) und Freizügigkeit (Art. 12), der Arbeit (Art. 13) und der Einkünfte (Art. 14), mit Fragen des Eigentums (Art. 15) und des Gewinns (Art. 16), mit der Frage der Erlangungen von Reinheit in der Gesellschaft (Art. 17) und Sicherheit der Religion und der Privatsphäre (Art. 18), mit der Gleichheit vor dem Gesetz (Art. 19), mit dem Schutz vor Willkür (Art. 20) und Geiselnahme (Art. 21), mit der freien Meinungsäußerung (Art. 22) und dem Schutz vor Autoritätsmißbrauch (Art. 23).

Schon in der Überschrift (oder besser: Unterschrift) zur Kairoer Erklärung in Art. 24 und 25 wird das oberste Prinzip zur Auslegung dieser Menschenrechtserklärung genannt: »Alle Rechte und Freiheiten, die in dieser Erklärung genannt werden, unterstehen der islamischen Scharia« (24) und in Art. 25 heißt es noch genereller: »Die islamische Scharia ist die einzige zuständige Quelle für die Auslegung oder Erklärung jedes einzelnen Artikels dieser Erklärung.« Dieses Auslegungsprinzip der Überordnung der Scharia wird in jedem einzelnen der übrigen 23 Artikel der Erklärung deutlich:

So wird in Art. 1 zwar betont, daß alle Menschen »gleich an Würde, Pflichten und Verantwortung« sind, augenfällig aber bleibt, daß hier nicht von den gleichen Rechten die Rede ist. Zudem ergänzt die Kairoer Erklärung, daß der »wahrhafte Glaube [...] die Garantie für das Erlangen solcher Würde« sei. Hier drängt sich die Frage auf, ob diese Würde möglicherweise nur dann erlangt werden kann, wenn der »wahrhafte Glaube« (des Islam) angenommen wird. Dies scheint zumindest Art. 1b) nahezulegen, wenn es dort heißt: »[...] niemand ist den anderen überlegen, außer an

Frömmigkeit oder guten Taten;« eine Formulierung, die an die im Koran erwähnten Kennzeichen des wahren Gläubigen erinnert (vgl. z. B. Sure 19,96).

Ebenso wird der Schutz und die Unversehrtheit des Lebens durch die Scharia mit Art. 2a) begrenzt: »[…] es ist verboten, einem anderen das Leben zu nehmen, außer wenn die Scharia es verlangt« – wie im Fall von Ehebruch oder Apostasie. Damit wird die Scharia über jede weltliche Gesetzgebung erhoben und ihr vorgeordnet.

In Bezug auf die Gleichberechtigung der Frau vermerkt die Kairoer Erklärung, daß eine Frau »durch keinerlei Einschränkungen aufgrund der Rasse, Hautfarbe oder Nationalität« von einer Heirat abgehalten werden sollte (Art. 6). Die freie Wahl des Ehepartners unabhängig von dessen Religion wird nicht erwähnt, was den Hintergrund der Schariabestimmung, daß eine muslimische Frau nach klassischer Auslegung und nach in arabischen Ländern geltendem Recht keinen nichtmuslimischen Mann heiraten darf, widerspiegelt. Zudem heißt es hier nur, daß die Frau »dem Mann an Würde gleich« ist – offensichtlich nicht aber an Rechten, was sich in der Gesetzgebung mehrerer arabischer Länder im Erb-, Ehe- und Scheidungsrecht niederschlägt. Allerdings wird dies in der Kairoer Erklärung nicht als Diskriminierung der Frau aufgefaßt, denn es herrscht eine »göttlich bestimmte Ungleichheit zwischen Mann und Frau«[8] und »Gleichheit vor Gott bedeutet […] nicht notwendig Gleichheit vor dem Gesetz«[9].

Schariabestimmungen schimmern ebenso in Art. 7 durch, wenn dargelegt wird, daß ein Kind Anrecht auf seine »richtige Pflege und Erziehung« hat, so »[…] daß die Erziehung mit den ethischen Werten und Grundsätzen der Scharia übereinstimmt« – also kein muslimisches Kind von einem Nichtmuslim erzogen werden darf. Dies kommt auch in Art. 9 zum Ausdruck, in dem es heißt, daß das Ziel jeder Erziehung sei, daß der »Glaube an Gott

---

8 So formuliert Hans-Georg Ebert. Das Personalstatut arabischer Länder. Problemfelder, Methoden, Perspektiven. Leipziger Beiträge zur Orientforschung, Bd. 7. Peter Lang: Frankfurt, 1996, S. 44.

9 So Gudrun Krämer. Islam, Menschenrechte und Demokratie: Anmerkungen zu einem schwierigen Verhältnis. Herta Benz Vorlesung 20. Ladenburg, 10.7.2003. http://www.daimler-benz-stiftung.de/home/events/lecture/all/bbv20_kraemer.pdf (27.05.2007), S. 28.

gestärkt wird«, eine atheistisch oder christlich ausgerichtete Erziehung also gar nicht zur Disposition steht.

Problemfelder der Menschenrechtserklärungen von 1981 und 1990

a) Absolutsetzung der Scharia

Eine besondere Problematik dieser beiden Menschenrechtserklärung sind nicht nur die beschränkten Freiheitsrechte für Muslime (und noch mehr für Nichtmuslime), sondern vor allem die Überordnung der Scharia über alle anderen Lebensentwürfe, denn *»Gottesrecht bricht Menschenrecht – so lautet dann für Konfliktfälle die Interpretationsregel.«*[10] Daraus folgt die Erhebung des nach Scharianormen definierten Islam zur einzigen, wahren Religion und Lebensordnung, der *»die Menschen einlädt, die niedere Ebene des tierischen Lebens zu überschreiten, um in die Lage versetzt zu werden, die bloßen Bande zu zerreissen, die durch Blutsverwandtschaft, rassische Überlegenheit, sprachliche Arroganz und wirtschaftliche Privilegien begünstigt werden.«*[11] D. h., daß ein Leben außerhalb des Islam als eine *»niedere Ebene tierischen Lebens«* betrachtet wird, gezeichnet von Rassismus, wirtschaftlicher Machtausübung und Arroganz – Formulierungen, aus denen sich wahrhaftig keine Gleichheit unter Menschen aufgrund ihres Menschseins ableiten läßt.

b) Fehlende Konkretisierungen

So sehr die Scharia als oberstes Prinzip vorgeordnet wird, so vage und unbestimmt bleiben die Formulierungen im Einzelnen, wie man sich die Ausgestaltung der Menschenrechte konkret vorzustellen hat. Ein Grund dafür liegt in jedem Fall in der Tatsache, daß es »die Scharia« als kodifizier-

---

[10] Gerhard Höver. Grundwerte und Menschenrechte im Islam. in: Bernhard Mensen SVD (Hg.). Grundwerte und Menschenrechte in verschiedenen Kulturen. Akademie Völker und Kulturen St. Augustin/Steyler Verlag: Siegburg, 1988, S. 37-51, hier S. 44.

[11] Human Rights in Islam. Institute of Islamic Information and Education (III & E): Human Rights in Islam, Brochure Series; No. 7. http://www.usc.edu/dept/MSA-/humanrelations/humanrights/ (19.05. 2007), S. 3 im Originalwortlaut: »by inviting mankind to transcend the lower level of animal life to be able to go beyond the mere ties fostered by the kinship of blood, racial superiority, linguistic arrogance, and economic privileges.«

tes Gesetzbuch, als fest umrissenen und eindeutig definierten Kanon von Gesetzen ja gar nicht gibt, sondern nur eine Vielzahl von Interpretationen von Texten des Korans und der Überlieferung durch maßgebliche Theologen, vor allem aus einer Zeit bis zum 10. Jahrhundert n. Chr.

Daher ist Hans Zirker recht zu geben, der zur Kairoer Erklärung kritisch bemerkt, daß sie in zahlreichen Punkten zwar allgemeine moralische Forderungen erhebt, aber keine »realisierbaren Normen und gültige, einklagbare Rechtssätze« formuliert.[12] Damit werden Menschenrechte zwar in allgemeiner Weise proklamiert, aber gleichzeitig durch ihre metaphysische Ausrichtung auf Gott und seine Gesetzgebung der menschlichen Prüfung und Einklagbarkeit entzogen.

c) Einseitig religiöse Begründungen der Menschenrechte mit dem Islam

Weil die Scharia im Unterschied zu jedem von Menschen gemachten Gesetz göttlichen Ursprungs sei, *»von Allah verliehen«*[13], sei sie absolut gerecht, denn Allah übe Gerechtigkeit mit seinen Geschöpfen und habe auch ihnen befohlen, miteinander in Gerechtigkeit umzugehen.[14] Deshalb stehe *»die Scharia als göttliches Recht letztlich nicht zur Disposition«*[15]. Aus diesem Grund beanspruchen diese Erklärungen Gültigkeit auch für Nichtmuslime, denn *»der Islam setzt einige allgemeingültige Grundrechte für die Menschheit als Ganzes fest, die unter allen Umständen eingehalten und geachtet werden müssen, unabhängig davon, ob der Mensch innerhalb oder außerhalb des Territoriums des islamischen Staates lebt.«*[16] Finden Menschenrechte aber eine allein religiöse Begründung und ordnen eine bestimmte Religion als einzig voll anerkannte Religion allen anderen Religionen über, können die so definierten Menschenrechte dem Atheisten oder Andersgläubigen letztlich nicht wirklich im vollen Umfang zugestanden werden.

---

12 Hans Zirker. Die Kairoer Erklärung der Menschenrechte im Islam, in: Moslemische Revue 21 (76. Jg.), Jan-März 2000, S. 54-66, hier S. 65.

13 Die Menschenrechte im Islam. http://www.enfal.de/insan-ha.htm (27.05.2007), S. 2.

14 So z.B. die Argumentation bei Ja'far Abdul Salam Ali. Human Rights in islam. in: The Muslim World League Journal, Vol. 32, No. 7, September 2004, S. 11-16, hier s. 15.

15 Murad Hofmann. Der Islam und die Menschenrechte. http://www.way-to-allah.com/themen/Menschenrechte.html (27.05.2007), S. 8.

16 Die Menschenrechte im Islam. http://www.enfal.de/insan-ha.htm (27.05.2007), S. 1.

Wer also nicht unter der Leitung der Scharia steht, wird nach diesem Vorverständnis nicht wirklich in der Lage sein, verantwortlich und ethisch zu handeln, da die einzig gesellschaftserhaltende und gerechtigkeitsspendende Ethik aus dem – in dieser Weise interpretierten – Islam kommt.

d) Fehlende Rechte

Problematisch sind nicht nur die Definitionen der Rechtsbereiche, die in den islamischen Menschenrechtserklärungen genannt werden, problematisch sind auch die Dinge, die nicht genannt werden:

In beiden genannten Erklärungen ist nicht von der Gleichberechtigung aller Menschen, von der Rechtsgleichheit von Mann und Frau oder des Konvertiten und unabhängig davon von der vollen und selbständigen Rechtsfähigkeit der Frau die Rede. Ebenso fehlt ein allgemeines und umfassendes Bekenntnis zur vollen (auch negativen) Religions- und Gewissensfreiheit, zur ungehinderten, öffentlichen Praktizierung einer Religion oder Weltanschauung, zu umfassenden Freiheitsrechten, zur politischen Willensbildung und der Brüderlichkeit und Gleichheit aller Menschen über die Grenzen der »umma« hinweg.

Problematisch ist nicht nur die Über- und Höherordnung der Scharia vor allen anderen Gesetzen (und damit unausgesprochen auch vor allen staatlichen Gesetzen), problematisch ist auch das Schweigen hinsichtlich der in der Scharia angeordneten Körperstrafen wie Amputation von Hand und Fuß bei Diebstahl oder die Auspeitschung bzw. Steinigung bei Unzucht und Ehebruch. Allerdings kommen diese Körperstrafen in den wenigsten islamisch geprägten Ländern tatsächlich je zur Anwendung, obwohl ihr theoretischer Geltungsanspruch nach der traditionellen Auslegung voll aufrechterhalten wird. Daher ist in dieser Frage in der Tat eine »paradoxe Verbindung von theoretischem Geltungsanspruch und tatsächlicher Nicht-Anwendung der Körperstrafen«[17] zu beobachten.

---

17 Heiner Bielefeldt. Menschenrechte in der islamischen Diskussion. http://www.kompetenz-interkulturell.de/userfiles/Grundsatzartikel/Menschenrechte%20Islam.pdf?SID=0c78d056429965b651a59ae0c9ab957c (19.05. 2007), S. 6.

e) Fehlende konkrete Konzepte

Problematisch an diesen Menschenrechtserklärungen nach Scharia-Vorgaben ist darüberhinaus das Fehlen konkreter Konzepte zur Behebung bekannter gesellschaftlicher Mißstände. Wie sollten die allgegenwärtige Bildungsmisere (besonders die hohe Analphabetenrate), die verbreitete Landflucht, mangelhafte Infrastruktur, Überbevölkerung und Wohnungsnot, die Auslandsverschuldung, Unterentwicklung und Armut durch die Einführung der Scharia konkret beseitigt werden? Oder, wie einer der grundsätzlichsten Kritiker dieser Scharia-Entwürfe, der 1992 von Extremisten ermordete ägyptische Intellektuelle Farag Fouda formulierte: »*Der Islam wird den Herausforderungen des Fortschritts nicht dadurch gerecht, das unsere Jugend pakistanische Kleidung trägt und sich mit den Namen alter Prophetengefährten anspricht. Man wird nicht den Anschluß an den Fortschritt der Wissenschaft finden, indem man Zahnhölzer statt Zahnbürsten benutzt [...] indem man seine Zeit im Streit darum vergeudet, [...] wann wohl der ersehnte Messias und wo der falsche Messias erscheinen wird [...] Soll dies das wahre Gesicht des Islam sein, sollen wir so dem 21. Jahrhundert begegnen?*«[18]

Aus der Argumentation, daß Gott derjenige sei, der die Menschenrechte verleiht, wird geschlußfolgert, daß sie von Menschen nicht gegeben und nicht genommen werden können, sie also keine verhandelbare Masse darstellten. Dies mag in der Theorie wohl klingen, die alltägliche Erfahrung insbesondere von Kritikern und Regimegegnern – und dies gerade auch in islamisch geprägten Staaten – ist, daß Menschenrechte sehr wohl von Menschen entzogen und mißachtet werden. Wo können in einem solchen Fall die von Gott verliehenen Menschenrechte eingeklagt werden? Ihre Enthebung aus dem irdischen in den metaphysischen Bereich machen sie zu Größen, die von Praxis und Realität abgetrennt sind.

Gleichzeitig gilt jedoch auch, daß es nicht immer die Religion und ihre machtpolitisch etablierten Vertreter sein müssen, die eine Verbesserung der Menschenrechtslage verhindern, sondern ebenso einfach diktatorische Regime oder auch eine säkular begründete Staatsgewalt, die, wie in der Türkei sichtbar wird, die Gewähr umfangreicherer Rechte für Minderhei-

---

18 Farag Foda. Die vergessene Tatsache. in: Erdmute Heller; Hassouna Mosbahi (Hg.). Islam, Demokratie, Moderne. Aktuelle Antworten arabischer Denker. C. H. Beck: München, 1998, S. 167-192, hier S. 185-186.

ten aus nicht-religiösen Beweggründen derzeit unmöglich macht. Das Bild erhält noch eine weitere Facette, wenn man bedenkt, daß unter den meisten islamisch legitimierten Regierungen nicht nur politisch oder weltanschaulich oppositionelle Gruppen, sondern auch islamistische Gruppierungen Willkür und Repressionen beklagen.

Muslimische Stimmen abseits offizieller Menschenrechtserklärungen

Abweichend von der oben genannten orthodoxen Sichtweise kann eine Vielzahl von kritischen Stimmen ausgemacht werden, vorwiegend von Einzelpersonen wie Juristen, Intellektuellen, Schriftstellern oder Journalisten, die für eine prinzipielle Neuorientierung in der Menschenrechts- und Demokratiedebatte eintreten. Diese Stimmen werden häufig als die »Liberalen« oder die »Reformer« bezeichnet, also als *»Individuen, die sich außerhalb der herrschenden Eliten situieren und sich vom Islamismus, arabischen Nationalismus und den verschiedenen, noch existierenden Spielarten kommunistischer Residuen abgrenzen.«*[19] Unterschieden werden kann zwischen solchen Stimmen, die den Islam grundsätzlich als unvereinbar mit westlichen Menschenrechtskonzepten betrachten und Stimmen, die der Auffassung sind, daß der Islam an sich mit Menschenrechten und Demokratie vereinbar sei, die Problematik sich auf eine irrige Interpretation und Umsetzung des Islam beschränke.

Konzepte zur Vereinbarkeit von Islam und Menschenrechten

a) Shirin Ebadi

Eine prominente Vertreterin der letzteren Argumentation ist etwa die am 10.12. 2003 mit dem Friedensnobelpreis ausgezeichnete iranische Juristin Shirin Ebadi (geb. 1947), die durch ihre Verteidigung von Regimekritikern und Dissidenten im Iran den vielfachen Zorn religiöser Autoritäten auf sich lud. Menschenrechtsfeindliche Regierungen markieren für Ebadi zwar Rückständigkeit und Unterdrückung, aber dem Islam könnten sie ihrer Auffassung nach ebenso wenig zur Last gelegt werden wie die Unterdrückung der Frauen. Shirin Ebadi mahnt zu Mäßigung und Geduld, wenn sie

---

[19] Ulrich Vogt. Die Demokratisierungsdebatte. in: Sigrid Faath (Hg.) Politische und gesellschaftliche Debatten in Nordafrika, Nah- und Mittelost. Deutsches Orient-Institut: Hamburg, 2004, S. 273-294, hier S. 284.

vertritt, daß Menschenrechte, Demokratie und islamische Prinzipien miteinander vereinbar seien. Sie bejaht zwar, daß im Iran in Bezug auf die Menschenrechtslage – z. B. die Gleichberechtigung der Frau oder die Meinungsfreiheit – bestimmte Schwierigkeiten beständen, betont aber auch die Verbesserung der gegenwärtigen Verhältnisse im Vergleich zu einer Zeit vor 25 Jahren.[20]

b) Mohammed Shabestari

Der zeitgenössische iranische Theologe, Reformer und Verfechter von Demokratie, Menschenrechten und Meinungsfreiheit, Mohammed Shabestari (geb. 1936), betrachtet Menschenrechte und Demokratie grundsätzlich als von Menschen ersonnene Größen, über die der Koran keine Aussagen träfe. Daher widersprächen weder Demokratie noch Menschenrechte dem Islam, nein, beide sind für Shabestari ganz im Sinne des Islam, dem in jedem Fall Folge geleistet werden muß. Demokratie und Menschenrechte seien lediglich zeitgenössische Umsetzungen der im Koran niedergelegten Prinzipien einer gerechten Herrschaft auf Erden.[21]

c) Abdolkarim Soroush

Noch bekannter als Shabestari dürfte der iranische Intellektuelle und Philosoph Abdolkarim Soroush (geb. 1945) sein. Er ist einer der bedeutendsten oder vielleicht sogar der führende Vertreter der gegenwärtig geführten religiösen Reformdebatte im Iran. Er vertritt zwar die Meinung, daß im Islam zwischen unaufgebbaren, sozusagen ewig gültigen Prinzipien, ethischen Geboten und zeitbedingten Anweisungen zu unterscheiden sei, also nicht alle Aussagen gleichbedeutend nebeneinander ständen. Aber Soroush verbindet diese Forderung nach Reform der – im orthodoxen Islam ahistorischen – Betrachtungsweise der Offenbarung sowie einer zeitgemäßen Auslegung der Scharia nicht mit einer grundsätzlichen Kritik am Islam oder der Scharia als solcher. Vielmehr fügt er die Religion in ein System ein, in dem das oberste Prinzip die Vernunft ist.

---

[20] Shirin Ebadi; Juju Chang. Islam and Human Rights, in: Council on Foreign Relations. June 7, 2004. http://www.cfr.org/publication.html?id=7093 (19.05. 2007), S. 2.

[21] Roman Seidel. Mohammad Shabestari. http://www.quantara.de/webcom/show_article.php/_c-575/_nr-3/_p-1/i.html?PHPSESSID=133099777 (28.05.2007).

Für Soroush ist es vernünftig und daher das Gebot der Stunde, Menschenrechte und Demokratie aus anderen (nichtislamischen) Staaten zu übernehmen. Die Vernunft erlaubt eine neue Deutung der islamischen Quellen, denn das, was aus der Perspektive der Vernunft gut ist, kann nicht im Gegensatz zum Islam stehen. Notwendiges Ziel ist für Soroush die Entstehung einer religiös begründeten Demokratie, also einer Demokratie, in der jeder Bürger seinen Glauben leben kann, aber nicht durch Gewalt dazu gezwungen wird.[22]

Die Ablehnung der Vereinbarkeit von Islam und Menschenrechten

Andere muslimische Intellektuelle verwerfen den Gedanken der Kompatibilität von Scharia und Menschenrechten grundsätzlich und sprechen sich für eine grundsätzliche Abkehr von der Scharia als Voraussetzung für die Einführung von Menschenrechten und Demokratie aus:

a) Mahmud Muhammad Taha

Eines der prominentesten Beispiele dafür dürfte der Gründer der Republikanischen Bruderschaft, Mahmud Muhammad Taha (geb. 1909 oder 1911), sein. Aus seiner Sicht war der Islam mit Frieden, Gleichberechtigung von Mann und Frau, Demokratie und Freiheit geradezu gleichzusetzen. Der Schlüssel für eine solche Entwicklung innerhalb des Islam lag für ihn darin, nur den mekkanischen (unpolitischen) Frühislam der Jahre 610-622 n. Chr., nicht aber die medinensische (politische) zweite Lebensepoche Muhammads 622-632 n. Chr. als normativ gelten zu lassen. Dies war selbstverständlich ein frontaler Angriff gegen den klassischen Scharia-Standpunkt; Taha wurde im Januar 1985 kurz vor der Absetzung des damaligen sudanesischen Präsidenten Jafar Muhammad an-Numeiri trotz seines hohen Alters von rund 75 Jahren öffentlich hingerichtet.

b) as-Sadiq an-Naihum

Einen etwas anderen Weg beschreitet der Libyer as-Sadiq an-Naihum, der die seiner Auffassung nach am Streben nach Macht und Unterdrückung schuldigen Scharia-Juristen und ihre Interpretationen anprangert. Für ihn

---

[22] Vgl. die Angaben zu Leben und Werk von Abdolkarim Soroush auf seiner eigenen Homepage: http://www.drsoroush.com/English.htm (28.05.2007).

ist die Versöhnung von Islam und Demokratie denkbar, wenn nur der Koran, nicht aber die Sunna (die in Rechtsfragen viel ausführlichere und unflexiblere Überlieferung) als Rechtsquelle gelten würde. Muhammad habe nämlich gesagt »*Heute habe ich meine Religion an euch vollendet*« (Sure 5,3); er habe nie von einer zweiten Rechtsquelle neben dem Koran gesprochen.[23] an-Naihum glaubt, daß es ohne Überlieferungstexte erheblich schwieriger, wenn nicht unmöglich ist, einen dezidierten Scharia-Standpunkt als oberste Richtschnur für Politik und Gesellschaft zu begründen.

c) Muhammad Sa'id al-'Ashmawi

In ähnlicher Weise vertritt der ägyptische Jurist Muhammad Sa'id al-'Ashmawi (geb. 1932), daß der Islam aufgrund seiner Offenheit für Interpretationen geradezu zu einer freiheitlichen Demokratie hinführen müsse, denn es »*könne auch keiner für sich in Anspruch nehmen, im Besitz der absoluten Wahrheit zu sein […] Vielmehr müsse ein freier Disput auf der Grundlage der Freiheit und Gleichheit aller Menschen gewährleistet werden, der den Islam vor seiner Politisierung […] auch ausgezeichnet habe.*«[24]

Andere Intellektuelle und Theologen, die von einer inhaltlichen Kompatibilität von Islam und Menschenrechten ausgehen, betonen die Entwicklungsfähigkeit des Islam, der von Gott dazu entworfen worden sei, den Menschen zu dienen, und wenn dies am besten mit einer Demokratie geschähe, stände dem aus islamischer Sicht nichts entgegen.

Dies alles sind Modelle, die die Scharia in ihrer Reichweite zur Einschränkung von Freiheiten und Menschenrechte begrenzen, ebenso wie die Möglichkeiten zur Anwendung von Körperstrafen und die Begrenzung von Frauenrechten.[25] Allerdings sind diesen Ansätzen bisher nicht die Vertreter der Hochburgen der einflußreichen Theologie führender Universitä-

---

23 Lorenz Müller. Islam und Menschenrechte. Sunnitische Muslime zwischen Islamismus, Säkularismus und Modernismus. Deutsches Orient-Institut: Hamburg, 1996, S. 262.

24 Zitiert nach: Lorenz Müller. Islam und Menschenrechte. Sunnitische Muslime zwischen Islamismus, Säkularismus und Modernismus. Deutsches Orient-Institut: Hamburg, 1996, S. 230 und 210ff.

25 Weitere Beispiele für Alternativentwürfe muslimischer Theologen zur Relativierung der orthodoxen Scharia-Interpretation s. bei Katerina Dalacoura. Islam, Liberalism and Human Rights. I. B. Tauris: London, 2003², S. 58ff.

ten, Lehrstätten und Moscheen gefolgt; die Diskussion ist allerdings in Bewegung. Wer heute solche moderaten Auffassungen offensiv und öffentlich vertritt, leidet häufig unter Diskriminierung und Verfolgung, dem Verbot seiner Schriften, dem Entzug seiner Lehrerlaubnis oder steht aufgrund von Drohungen unter Personenschutz, wenn er nicht sogar ins westliche Exil fliehen muß, um sein Leben zu retten.

d) Taslima Nasrin

Für die grundsätzliche Unvereinbarkeit von Islam, Demokratie und Menschenrechten votiert die Ärztin, Menschenrechtsaktivistin und Publizistin Taslima Nasrin (geb. 1962) aus Bangladesh. Für sie ist die grundsätzliche rechtliche Ungleichbehandlung von Muslimen und Nichtmuslimen sowie von Männern und Frauen nach Schariarecht, wie sie teilweise die Gesetzgebung, häufiger aber noch das Rechtsdenken großer Teile der Bevölkerung in Ländern mit überwiegender muslimischer Bevölkerung prägen, Ursache für die dortige mangelhafte Menschenrechtslage. Auch fehle dort die Trennung von Staat und Religion, was sie als weitere Ursache für die fehlende Demokratie betrachtet.[26] Taslima Nasrin verließ aufgrund massiver Drohungen von Vertretern des politischen Islam 1994 Bangladesh und floh nach Europa.

e) Mohsen Kadivar

Ähnlich grundsätzlich urteilt der iranische Philosoph Mohsen Kadivar (geb. 1959). Er erkennt in der traditionellen Interpretation des Islam und der Scharia und den so begründeten Menschenrechten keinerlei Raum für Demokratie und ebenbürtige Rechte aller Menschen unabhängig von ihrer Religion, ihrem Geschlecht und ihrer gesellschaftlichen Position.[27] Kadivar äußert sich kritisch über die benachteiligte Stellung der Frau in islamisch geprägten Gesellschaften. Grundsätzlich erkennt er Widersprüche zwi-

---

[26] Ein Vergleich zwischen einzelnen Artikeln der Allgemeinen Erklärung der Menschenrechte und den Grundlagen der Scharia findet sich z. B. in: Taslima Nasrin. Demokratie und Menschenrechte im Islam. Aufklärung und Kritik 2/1996, S. 108-114 und: http://www.gkpn.de/nasrin_islam.htm (27.05.2007).

[27] Bahman Nirumand. Anpassung an zeitgemäßge Lesarten des Islam. http://www.qantara.de/webcom/show_article.php?wc_c=272&wc_id=8&printmode=1 (27.5.2007), S. 1.

schen bestimmten Aussagen des Korans, der Überlieferung und der Thematik der Menschenrechte. Für Kadivar liegt die Lösung daher darin, bestimmte Regelungen der heiligen Schriften lediglich als zeitbedingt gelten zu lassen. Im Jahr 1999 wurde Mohsen Kadivar aufgrund seiner kritischen Äußerungen zu 18 Monaten Gefängnisstrafe im berüchtigten Teheraner Evin-Gefängnis verurteilt.

Bemühungen um die Verbesserung der Menschenrechtssituation in islamischen Ländern

Der Protest gegen die in islamischen Ländern vielfach problematische Menschenrechtslage erschöpft sich jedoch nicht in den mehr oder minder grundsätzlichen Alternativkonzepten muslimischer Intellektueller. Zu diesen Protesten hinzuzurechnen sind auch die zahlreichen Einzelpersonen, Initiativen und Institutionen, die sich auf praktischem Weg für eine Verbesserung der Menschenrechtssituation einsetzen, indem sie öffentlich – heute besonders häufig per Internet – auf Machtmißbrauch, Willkür und konkret geschehenes Unrecht aufmerksam machen. Ihre Arbeit erstreckt sich weiter auf die Unterstützung Betroffener (Folteropfer, Inhaftierte, Opfer von Willkürmaßnahmen) sowie auf eine Sensibilisierung der Öffentlichkeit. Es muß rund 200 Menschenrechtsorganisationen in islamisch geprägten Ländern mit unterschiedlicher Ausrichtung, Größe, Finanzierungsrahmen, und Arbeitsweise geben, die häufig unter massiven Behinderungen durch die jeweiligen Regierungen und ihre Vertreter arbeiten und unterschiedliche weltanschauliche Ausrichtungen verfolgen. Von den zahlreichen Organisationen zum Schutz und der Verteidigung der Menschenrechte sollen drei Initiativen exemplarisch vorgestellt werden.

a) Die »Versöhnungskommission« in Marokko

Da sind zum einen staatliche Initiativen wie etwa die im Jahr 2004 von König Mohammed VI. eingesetzte »Versöhnungskommission« zur Untersuchung der Menschenrechtslage in Marokko. Über 20.000 Anträge mit der Bitte um Untersuchung und Wiedergutmachung erlittenen Unrechts sollen bei dieser Kommission in wenigen Jahren eingegangen sein, wobei die Dunkelziffer sogar noch höher liegen soll.[28]

Am 10.4. 2004 war durch ein königliches Dekret die Arbeitsweise und Zuständigkeit der Kommission, der »Instance Equité et Réconciliation« (IER), festgesetzt worden. Schwerpunkt der Arbeit der Kommission sollte die Feststellung von Menschenrechtsverletzungen vergangener Jahrzehnte sein. Es ging besonders um den Zeitraum ab der Erlangung der Unabhängigkeit 1956 bis zum Jahr 1999, als eine erste Entschädigungskommission für Opfer staatlicher Willkür, die »Instance Indépendante d'Arbitrage« (IIA) zur Feststellung von Unrecht in staatlicher Verantwortung eingerichtet worden war. Auch die IER konzentrierte ihre Arbeit ab 2004 auf Menschenrechtsverletzungen durch staatliche Organe, klammerte jedoch Privatpersonen aus. Zudem besaß die IER keinerlei juristische Entscheidungsfunktion. Trotzdem fand die Arbeit der IER große Beachtung in der Bevölkerung, und dies nicht zuletzt deshalb, weil ihre Mitglieder Menschenrechtsaktivisten sowie frühere Opfer von Willkür und Verhaftung waren.

Ab 2004 wurden außerdem öffentliche, politische Diskussionen und Kolloquien organisiert, die Menschenrechtsverletzungen in Marokko thematisierten – also trotz der genannten Beschränkung eine Aufsehen erregende Aktion zur Aufarbeitung der Vergangenheit.[29]

Allerdings muß hinzugefügt werden, daß die Einsetzung der Kommission bisher nicht zu einer grundsätzlichen Reform und Neuorientierung der Institutionen der Macht (Polizei, Gerichte, Geheimdienste) und der Verfassung geführt haben, so daß kritische Stimmen von bloßer äußerer Kaschierung des täglichen Unrechts sprechen. Dennoch wird die kritische Reflexion erfahrenen Unrechts das öffentliche Bewußtsein und die politische Wahrnehmung dauerhaft verändern.

---

[28] Diese Zahl nennt der Bericht von Hinnerk Berlekamp. Marokko. Die Folteropfer erhalten das Wort, http://www.berlinonline.de/berliner-zeitung/archiv/.bin/dump.fcgi/2004/1224/politik/0034/index.html (29.05.2007), S. 1.

[29] So der Bericht von Bettina Dennerlein: Nicht umblättern, sondern lesen. Die Versöhnungskommission Instance Equité et Réconciliation hat für Marokko viel geleistet, aber was kommt nun?, 09.01.2006, Frankfurter Rundschau online unter http://www.fr-aktuell.de/ressorts/nachrichten_und_politik/dokumentation/?cnt=782246, zitiert nach: Zentrum Moderner Orient, Pressespiegel, unter http://www.zmo.de/pressekit/material/FR_Dennerlein.pdf (29.05.2007).

b) The Arab Organization for Human Rights (AOHR)

Die Gründung der »Arab Organization for Human Rights«, ein »*Meilenstein der arabischen Menschenrechtsbewegung*«[30], datiert auf den 01.12.1983 in Limassol/Zypern. Es handelt sich hier um einen Dachverband verschiedener regionaler Menschenrechtsorganisationen. Mittlerweile sind in Marokko, Algerien, Tunesien, Jordanien, Libanon, Jemen, Bahrain und Kuwait Ableger und Partnerorganisationen ins Leben gerufen worden, die mit der AOHR verbunden sind.[31]

Ziel der AOHR ist es, sich für die Menschenrechte aller Bewohner der arabischen Länder auf Grundlage der universalen Erklärung der Menschenrechte einzusetzen. Besonders im Fokus der Arbeit stehen Menschen, die unrechtmäßig inhaftiert oder von Einschränkungen und Repressionen aufgrund ihrer Religion, ihres Geschlechts, ihrer politischen Überzeugungen, ihrer Rasse, Hautfarbe oder Sprache bedroht oder betroffen sind.

Die Arbeit des in weltanschaulicher Hinsicht besonders zu Beginn breitgefächerten Vorstands, der Mitglieder aus dem national-liberalen, nasseristischen und gemäßigt islamistischen sowie marxistischen Lager umfaßte[32], konzentriert sich auf Bemühungen zur Befreiung politischer Gefangener, auf ihre Verteidigung, die Unterstützung ihrer Angehörigen und, wo ein direktes Eingreifen nicht möglich ist, auf die Beobachtung und Dokumentation der Verletzung von Menschenrechten durch Veröffentlichungen, Konferenzen und Seminare.[33]

---

30 So Carsten Jürgensen. Demokratie und Menschenrechte in der arabischen Welt. Positionen arabischer Menschenrechtsaktivisten. Deutsches Orient-Institut: Hamburg, 1994, S. 33.

31 Carsten Jürgensen. Die Menschenrechtsdebatte. in: Sigrid Faath (Hg.). Politische und gesellschaftliche Debatten in Nordafrika, Nah- und Mittelost. Deutsches Orient-Institut: Hamburg, 2004, S. 295-318, hier S. 296.

32 Carsten Jürgensen. Demokratie und Menschenrechte in der arabischen Welt. Positionen arabischer Menschenrechtsaktivisten. Deutsches Orient-Institut: Hamburg, 1994, 35.

33 Vgl. die Selbstdarstellung: The Arab Organization for Human Rights. http://www.aohr.org (29.10.2006).

c) The Egyptian Organization for Human Rights

Die »Egyptian Organization for Human Rights« (EOHR) ist eine der ältesten Nicht-Regierungsorganisationen mit Beobachterstatus bei den Vereinten Nationen, Mitglied der »l'Organisation Mondiale contre la Torture« (OMCT), der »Arab Organization for Human Rights« (AOHR), der »Féderation International des Ligues des Droits de l'Homme« (FIDH) und der »International Commission of Jurists« (ICJ). Die weitvernetzte EOHR nimmt in ihrem Einsatz für die Wahrung der Menschenrechte in Ägypten eine Wächter- und Dokumentationsaufgabe wahr und soll im Jahr 2006 2.300 Mitglieder und 17 Zweige in allen Provinzen Ägyptens gehabt haben.[34]

Lange litt die EOHR unter ihrer fehlenden staatlichen Anerkennung. Erst nach zähem Ringen erhielt sie schließlich am 24.6. 2003 vom ägyptischen Sozialministerium eine offizielle Registriernummer und damit den Status einer legal tätigen NGO. Bereits im Jahr 1985 war die EOHR als ein Zweig der »Arab Organization for Human Rights« gegründet worden; ihre offizielle Registrierung war jedoch wiederholt verweigert und schließlich erst 18 Jahre nach ihrer Gründung erkämpft worden.

Die EOHR widmet sich der Dokumentation von Menschenrechtsverletzungen in Ägypten und führt Klage, und zwar sowohl dann, wenn der Verantwortliche für die betreffende Menschenrechtsverletzung ein Vertreter des Staates ist als auch in den Fällen, in denen es um Privatpersonen geht. EOHR-Berichte dokumentieren mehrere Dutzend Fälle von Folter und Mißhandlung, die in einigen Fällen zum Tod der Opfer führten. Dabei dokumentiert die EOHR im Zusammenhang mit den Mißhandlungen auch die Beteiligung von Sicherheitskräften innerhalb von ägyptischen Polizeistationen anhand eigener Untersuchungen, anhand forensischer Berichte, Polizeiberichte, Zeugenaussagen, Klagen und Gerichtsverhandlungen gegen beteiligte Polizeikräfte. Ein weiterer Arbeitsschwerpunkt der EOHR sind die Dokumentation von Diskriminierungen gegen Frauen und die Unterstützung von Flüchtlingen.

Mit der Arbeit der EOHR wird nicht nur Menschen Hilfe geleistet, sondern auch ein Tabu gebrochen, wenn diese im gesellschaftlichen und poli-

---

[34] Vgl. die Selbstdarstellung: The Egyptian Organzisation for Human Rights: http:/-/www.eohr.org/info/about.htm (29.10.2006).

tischen Leben als sensitiv betrachteten Informationen Gegenstand eines öffentlichen Diskurses werden und zudem Solidarität und Hilfeleistung für die Opfer angemahnt werden. So versucht die EOHR, durch Pressearbeit ein öffentliches Bewußtsein für die vorhandene Problematik zu schaffen und durch die Werbung von Partnern unter privaten Institutionen Unterstützer für ihr Anliegen zu gewinnen.

Wenn die EOHR als eins ihrer Ziele die *»Reform der ägyptischen Gesetzgebung bzw. Verfassung«* benennt und wenn sie die Unabhängigkeit der Gerichte und die Abschaffung von Diskriminierungen aufgrund von Religionszugehörigkeit fordert[35], dann zeigt das, wie grundsätzlich die EOHR die Problematik angeht. Es scheint diese grundsätzliche Frage nach den etablierten Machtstrukturen und der Verfassung sowie nach den ihr übergeordneten Werten zu sein, die langfristig über den grundsätzlichen Erfolg der Arbeit dieser und ähnlicher Menschenrechtsorganisationen in islamisch geprägten Ländern entscheiden wird.

Menschenrechtsarbeit – wohin?

Insgesamt hat sich die Menschenrechtsdebatte in islamisch geprägten Ländern in den vergangenen 10 bis 15 Jahren intensiviert. Die Zahl und die Aktivitäten von Menschenrechtsorganisationen und -aktivisten ist deutlich gestiegen und es sind Erfolge und Fortschritte zu verbuchen. Die Forderungen dieser Gruppierungen und Einzelpersönlichkeiten stehen in der Praxis allerdings in den meisten islamisch geprägten Ländern in teilweise erheblichem Gegensatz zur Realität, in der Menschenrechtsgruppierungen noch immer zahlreiche Behinderungen in ihrer Arbeit seitens islamistischer Gruppen sowie repressiver Regime hinnehmen müssen. Eine Problematik für die Öffentlichkeitsarbeit und die Werbung um Unterstützung aus weiteren Kreisen der Bevölkerung stellt auch die Tatsache dar, daß es angesichts eines höchst beschränkten Zugangs zur zudem weithin zensierten Presse schwierig ist, das Anliegen von Menschenrechtsorganisationen öffentlich bekannt zu machen.

Ergänzend erwähnt werden muß in diesem Zusammenhang der Einsatz arabischer Feministinnen wie Fatima Mernissi oder Nawal al-Saadawi und

---

35 The Egyptian Organzisation for Human Rights: http://www.eohr.org/info/about.htm (29.10.2006), S. 1.

zahlreicher Frauenrechtsorganisationen, deren Engagement sich nicht nur auf den Einsatz für Frauenrechte beschränkt. Häufig werden in diesem Zusammenhang auch die Debatten um Menschenrechte und Demokratie mit berührt. Im Ehe- und Familienrecht wurden in den vergangenen Jahren in mehreren arabischen Ländern – auch aufgrund der unermüdlichen Arbeit von Frauenrechtsorganisationen – Reformen durchgeführt, die auf eine Verbesserung der rechtlichen Stellung der Frau abzielten. Häufige Themen waren dabei z. B. die Heraufsetzung des Heiratsalters, eine Erschwerung der Scheidung für den Ehemann, eine erschwerte Möglichkeit zur Schließung einer Zweit- oder Mehrehe oder die Abschaffung des im traditionellen Eherecht verankerten Gehorsamsprinzips der Frau. Auf die weiteren Entwicklungen darf man gespannt sein.

Die Menschenrechte: Idee, Begründung und Universalitätsanspruch[1]

von Koo van der Wal

Die Menschenrechte als Prinzipien politischer Ethik

Die Menschenrechte nehmen im heutigen Denken über Gemeinschaft und Gemeinschaftsordnung eine prominente Stellung ein. Auf nationalem sowie auf internationalem Niveau spielen sie eine führende Rolle, wenn es darum geht, Normen zur Beurteilung der Annehmbarkeit der gesellschaftlichen Ordnung zu formulieren. Anders gesagt, sind es in unserer Zeit vor allem die Menschenrechte, die den Begriffsrahmen bilden, in dem die alte Frage der ›guten Gesellschaft‹ diskutiert wird.

Was die nationalen Gesellschaften anbelangt, haben, wie bekannt, im späteren 18. Jahrhundert zuerst die sich von England lossagenden amerikanischen Staaten und danach Frankreich eine auf Respekt vor den natürlichen, angeborenen und unveräußerlichen Rechten der Menschen qua Menschen ruhende politische Ordnung verkündet. Im Gefolge von Amerika und Frankreich hat dann im 19. und 20. Jahrhundert eine wachsende Anzahl von Staaten einen Katalog von Grundrechten in ihre Verfassung aufgenommen, dessen Funktion darin besteht, die Grundlage anzugeben, worauf das ganze politisch-soziale System beruht. Der große Wert, der auf die Grund- und Menschenrechte gelegt wird, kommt schon darin zum Ausdruck, daß sie in der Regel an die Spitze der Verfassung gestellt worden sind. Kurz, die Normierung des Zusammenlebens geschieht im Idiom der Menschen- und Grundrechte.

Möglicherweise noch eindrucksvoller als auf der nationalen Ebene ist der Hergang auf dem internationalen Niveau. Als 1945 die Vereinten Nationen

---

1 Der Autor dankt Herrn Prof. Dr. Dr. h.c. Heinz Kimmerle für seine konstruktiven Bemerkungen zu einer früheren Fassung.

ins Leben gerufen wurden, wurde diese Weltvölkerorganisation laut ihrer Charta im »Vertrauen auf die fundamentalen Rechte des Menschen« errichtet. Ihre Ausarbeitung bekam diese Aussage dann in der *Allgemeinen Erklärung der Menschenrechte* von 1948, der 1966 zwei Internationale Pakte folgten, die als Fortsetzung, nähere Ausarbeitung und Bekrönung dessen gedacht waren, was durch die Allgemeine Erklärung eingeleitet worden war. Auch die Weltgesellschaft, organisiert in der ›Gemeinschaft der Völker‹, ruht also nach fast allgemeinem Dafürhalten auf der Grundlage der Menschenrechte, bzw. gelten diese als das ideelle Fundament der internationalen Ordnung und des internationalen Rechts.

Es hat deshalb den Anschein, daß das Idiom der Menschenrechte als allgemein akzeptierte gemeinsame Sprache zur Formulierung von Maßstäben gelten kann, denen eine Gesellschaft, ob national oder international, zu genügen hat, um das Prädikat human, menschenwürdig oder zivilisiert führen zu können – stärker noch: um überhaupt Gesellschaft heißen zu können. Bedenken wir weiterhin, daß die Politik jenen Bereich des menschlichen Daseins bildet, in dem es um bewußte, zielgerichtete Ordnung des Zusammenlebens geht, so verkörpern die Menschenrechte vor allem Standards für das politische Handeln. Welche Bedeutung ihnen sonst noch zukommen mag – es handelt sich dann zum Beispiel um die Frage, ob sie auch eine ›horizontale Wirkung‹ haben, d.h. auf den Verkehr der Bürger untereinander, im nicht-politischen Bereich also, anwendbar sind –, in erster Linie sind sie Prinzipien der politischen Ethik, Grundsätze also, die anzeigen, worin Humanität im politischen Bereich, namentlich im Verhältnis von Regierung und Bürgern, besteht.

Die Idee der Menschenrechte impliziert damit, daß Macht immer grundsätzlich gebundene Macht ist, bzw. zu sein hat, und hängt so unmittelbar mit der Idee des Rechtsstaats zusammen. Die französische *Déclaration des droits de l`homme et du citoyen* von 1789 behauptet sogar, das Ziel *aller* Staatenbildung (und politischen Machtsausübung also) sei »der Erhalt der natürlichen und unabdingbaren Rechte des Menschen« (Art. 2). Im gleichen Sinne hatte auch schon die amerikanische *Bill of Rights* (1776) die angeborenen Rechte jedes Menschen »zur Grundlage und zum Fundament des Staats« erklärt. Auf diese Weise werden also die Menschenrechte zum Maßstab für die Rechtmäßigkeit des Regierungshandelns. In Übereinstimmung damit zählen sowohl die französische wie auch die amerikanische

Erklärung das Recht auf Widerstand gegen Unterdrückung zu den fundamentalen Rechten[2]. Damit schließen sie an ein zentrales Lehrstück der politischen Philosophie klassisch-naturrechtlicher Prägung an, nämlich an die Tyrannislehre, deren wichtigste Motive Friedrich Schiller in seinem *Wilhelm Tell* folgendermaßen zusammenfaßt: »Nein, eine Grenze hat Tyrannenmacht./ Wenn der Gedrückte nirgends Recht kann finden,/ Wenn unerträglich wird die Last – greift er/ Hinauf getrosten Mutes in den Himmel/ Und holt herunter seine ew'gen Rechte,/ Die droben hängen unveräußerlich/ Und unzerbrechlich wie die Sterne selbst.« (2. Aufzug, 2. Szene).

Die Anatomie des Rechtsbegriffs

Menschenrechte bieten, wie gesagt, einen Begriffsrahmen zur Formulierung von Basisnormen der politischen (und juristischen) Moral. Wie die Ethik, die Theorie der Moral also, im Allgemeinen, kennt auch die politische Ethik eine Anzahl von ›Sprachspielen‹ oder ›Dialekten‹, jeweils mit einem eigenen Vokabular. Alle repräsentieren sie ein bestimmtes Paradigma, handhaben also eine ethische Figur, mittels deren die moralischen Phänomene auf bestimmte Weise konzeptualisiert und interpretiert werden. Die wichtigsten dieser ethischen Theorien oder Betrachtungsweisen sind der Utilitarismus, die deontologische Pflichtethik, die Tugendethik und so auch die Ethik der Rechte. Der zentrale organisierende Begriff ist in letztgenanntem Fall also der eines Rechts. Unter einem Recht versteht man im Allgemeinen einen gerechtfertigten Anspruch auf eine bestimmte Sache, die der Rechtsträger gegenüber Anderen geltend machen kann. Das formale Schema dieser Rechtsfigur ist eine dreigliedrige Relation, bei der *A* als *Träger* des fraglichen Rechts einen gerechtfertigten Anspruch auf *B*, den *Inhalt des Rechts*, gegenüber dem *Adressaten C* geltend machen kann. Das Recht von *A* gegenüber *C* beinhaltet dann eine entsprechende Verpflichtung von *C* gegenüber *A*.

---

2 In Deutschland ist bekanntlich ein Widerstandsrecht ins Grundgesetz aufgenommen worden (Art. 20, Abs. 4) und weiter in die Verfassungen von Bremen (Art. 19), Berlin (Art. 23, Abs. 3) und Hessen (Art. 147, Abs. 1). Zum ganzen Thema, siehe z.B. die reiche Aufsatzsammlung A. Kaufmann (Hg.), *Widerstandsrecht*, WBG, Darmstadt 1972.

Ich mache zu dieser formalen Charakterisierung der Rechtsfigur einige Bemerkungen:

a) Rechte richten sich an Andere, von denen ein bestimmtes Handeln oder Unterlassen gefordert wird. In diesem Sinne sind Rechte ohne das Pendant von Verpflichtungen Anderer bedeutungslos: ihrer Natur nach verlangen sie nachweisbare Adressaten, an die sie gerichtet sind.

b) Rechte zielen auf bestimmte Sachen hin, den Inhalt jener Rechte. Dabei verkörpern sie kräftige Forderungen. Rechte haben deshalb in der Regel Bezug auf Sachen, die für die Betreffenden von wesentlichem Interesse sind. Und sie sollten auch für solche Fälle reserviert bleiben, d.h. eine Wucherung von Rechten sollte unterbunden werden.

c) Rechte, schließlich, gehören bestimmten Subjekten als Trägern jener Rechte. Daher stammt auch die Bezeichnung ›subjektive Rechte‹. Sie stehen ihnen als den Besitzern jener Rechte zu, über die sie deshalb auch verfügen können. Besonders können sie als Inhaber jener Rechte auf deren Ausübung verzichten und Andere von ihren entsprechenden Verpflichtungen entheben. Diese ›diskretionäre Kompetenz‹ ist für den Besitz von Rechten wesentlich und macht eine oft versuchte Zurückführung vom Rechts- auf den Pflichtendiskurs unmöglich.

Neben diesen sich unmittelbar aus dem logischen Schema des Rechtsbegriffs ergebenden Strukturmerkmalen sei noch auf zwei weitere Punkte hingewiesen, die dem Begriff zwar nicht so direkt abgelesen werden können, nichtsdestoweniger aber unlöslich damit verbunden sind:

d) Bei Rechten handelt es sich, wie gesagt, um berechtigte, begründete Ansprüche. Ein unbegründetes Recht ist eine Absurdität. Es ist also sehr wesentlich, nach dem Grund zu fragen, auf dem ein bestimmtes Recht beruht.

e) Rechte bieten Garantien im zwischenmenschlichen Verkehr, wo ohne sie die Dinge offenbar nicht problemlos verlaufen. Rechte haben mit anderen Worten nur einen Sinn, wo wenigstens eine potentielle Bedrohung der Sachen, um die es sich handelt, vorliegt. Sie setzen, noch anders ausgedrückt, ihrer Natur nach eine potentielle Konfliktsituation voraus. In einer harmonischen Welt, wo nichts schützbedürftig ist, sind sie überflüssig. In einer nicht-harmonischen Welt ist ihre Funktion der Schutz und die Versicherung von Sachen, die für die Betreffenden von großem Wert sind.

Anwendung auf die Idee der Menschenrechte

Wir wenden diese allgemeine Analyse des Rechtsbegriffs jetzt auf die Idee der Menschenrechte an – die Menschenrechte stellen ja eine ganz besondere Kategorie von Rechten mit ganz speziellen Merkmalen dar. Sie sind, wie ihr Name schon andeutet, grundlegende Rechte, die Menschen aufgrund ihres Menschseins zukommen. Sie gründen also in der menschlichen Natur und sind deshalb – wie eines der viel gebrauchten Prädikate lautet – ›unverlierbar‹. Aus diesem Grund wurden sie auch, vor allem im 18. Jahrhundert, oft als ›natürliche Rechte‹ bezeichnet.

Das Thema ›Menschenrechte‹ stellt so ein ursprüngliches Kapitel des Naturrechtsdenkens dar, wird hier doch die Auffassung vertreten, daß die Basisprinzipien zur Ordnung zwischenmenschlicher Beziehungen – vor allem auf dem Gebiet der Politik und des Rechts – bereits in der menschlichen Natur grundgelegt sind. In dieser Eigenschaft erweisen sich die Menschenrechte auch als vor- oder überpositiv, d.h. ihre Geltung hängt nicht von der Entscheidung eines Gesetzgebers ab. Sie werden nicht ›erfunden‹, sondern ›gefunden‹. Ihre Positivierung stellt daher keine Rechtssetzung dar, sondern ist nur ein Akt der Anerkennung vorgegebener Normen. Umgekehrt haben positive Normen den überpositiven Basisprinzipien zu genügen oder dürfen sie ihnen zumindest nicht widersprechen. Will es ›gerechtes Recht‹ sein, so muß das Recht in Übereinstimmung mit dem Naturrecht stehen. Wenn die Menschenrechte seit dem 18. Jahrhundert als überpositive Basisprinzipien jeder Gesellschaftsordnung angesehen werden, so können sie, wie gesagt, einen Begriffsrahmen bieten, in dem die alte Frage nach dem guten Zusammenleben auf aktuelle Weise diskutiert zu werden vermag.

Menschenrechte kommen, wie oben gesagt, Menschen aufgrund ihres Menschseins zu, oder, spezifischer, aufgrund ihres Personseins. Den Menschenrechten liegt also eine ganz bestimmte Sicht des Menschen zugrunde, bei der das Menschliche am Menschen vor allem im Personsein liegt – im Begabtsein mit einer eigenen Einsicht, einem eigenen Willen und einem eigenen Gefühlsleben, im Vermögen, das eigene Leben von sich her zu gestalten und eine eigene Identität zu wählen, kurz, in der persönlichen Seinsweise, die als solche respektiert und deren Würde nicht verletzt werden soll.

1) *Träger* von Menschenrechten sind also alle Menschen aufgrund ihres Personseins. Als solche sind sie als selbständige Akteure zu denken, die von sich aus Ansprüche geltend machen können, die also Handlungssubjekte sind und nicht nur Objekte des Handelns Anderer. Es ist nämlich sehr wohl möglich, für Andere gut zu sein (als Politiker, Arzt, Lehrer usw.), alles zu tun, was ihrem Wohlergehen förderlich ist, ohne ihnen jedoch Raum zu eigenen Entscheidungen zu lassen. Eine solche ›paternalistische‹ Haltung (die freilich im Falle von ›Handlungsunfähigkeit‹, zum Beispiel

von Kindern oder geistig schwer Behinderten, unumgänglich ist) ist mit dem Denken in Termini von Menschenrechten unvereinbar. Es beinhaltet eben die Anerkennung des Inhabers von Rechten als Subjekt, als Person also, die als solche ernst genommen und auf deren Meinung und Willen Rücksicht genommen werden soll.

›Gewöhnliche‹ oder spezielle Rechte setzen, wie angedeutet, selbständige Akteure voraus, aber immer als Privatpersonen (oder private Rechtspersonen), die durch Vereinbarung mit anderen Privatpersonen ein Anrecht auf eine bestimmte Sache erwerben. Solche Rechte stehen also auch nur den an einer Absprache Beteiligten zu und betreffen auch nur die konkrete Sache, um die es sich in dieser bestimmten Beziehung zwischen Parteien handelt – daher auch der Name ›spezielle Rechte‹. Sie danken ihre Existenz auch nur der Vereinbarung zwischen bestimmten Personen oder Gruppen, haben unabhängig von einer solchen Willensentscheidung auch keinerlei Geltung. Und obwohl solche Rechte handlungsfähige Subjekte voraussetzen, stellen sie doch in erster Linie die Sache, die es zu sichern gilt, in den Mittelpunkt.

Bei den Menschenrechten jedoch geht es um die Sicherung des Subjekt- oder Personseins selbst[3]. Und weil, wie gesagt, dieses Person- oder Subjektsein das Menschliche am Menschen ausmacht und eben kein akzidentelles, sondern ein substanzielles Merkmal darstellt, sind Menschenrechte – wie die bekannten Prädikate lauten – ›natürlich‹, ›angeboren‹, ›unverlierbar‹, ›unverjährbar‹ und ›unveräußerlich‹ (mit Letzterem ist gemeint, daß man auf seine Menschenrechte ebenso wenig verzichten kann wie auf sein eigenes Personsein). Der Zweck der Menschenrechte besteht also, kurz und gut, darin, das fundamentale Merkmal des Menschseins – oder vielleicht besser, dessen fundamentale Voraussetzung –, nämlich das Personsein, zu sichern. Man kann das auch so ausdrücken: Die Vorstellung der größtmöglichen Selbstbestimmung des Menschen muß als Kern der Menschenrechtsidee angesehen werden. Das Vermögen zur eigenen Willensbestimmung ist nun auch der Grund, warum man dem Menschen, oft im Unterschied zum

3 So auch H.L.A. Hart, ›Are There Any Natural Rights?‹, in: R.E. Flathman (ed.), *Concepts in Social and Political Philosophy*, Macmillan, New York 1973, 440 ff. Und R. Wasserstrom, ›Rights, Human Rights, and Racial Discrimination‹, in: A.I. Melden (ed.), *Human Rights*, Wadsworth, Belmond/Calif. 1970, 96 ff.

Tier, ›Würde‹ zugeschrieben hat. Nach allgemeiner Auffassung besitzen die Menschenrechte ihre Wurzel in der menschlichen Würde, aus der sie sich – wie es in der Präambel der beiden internationalen Pakte von 1966 heißt – dann auch ›herleiten‹[4].

2) Da die Menschenrechte, im Gegensatz zu speziellen Rechten, nicht an besondere Beziehungen geknüpft sind, können als *Adressaten* im Grunde all jene betrachtet werden, die auf die personalen Entfaltungsmöglichkeiten der Anderen mehr als bloß marginalen Einfluß ausüben. Es ist jedoch alles andere als Zufall, daß der Staat von Anfang an als wichtigster Adressat der Menschenrechte betrachtet wurde. Ist er doch die Instanz, die – jedenfalls in modernen Gesellschaften – über die Machtmittel verfügt, das Leben der Bürger nachhaltig zu bestimmen. In der Idee der Menschenrechte kehrt also, wie oben schon gestreift wurde, der schon im Mittelalter präsente Gedanke von einer gebundenen und normierten Macht zurück. Machtkonstitution und Machtausübung verlangen nach einer Rechtfertigung, die letztlich nur darin bestehen kann, daß sie die Voraussetzungen dafür schaffen, daß alle, vor allem aber die am meisten Verletzbaren einer Gesellschaft, sich als Person entwickeln können. Ich habe die Menschenrechte vorhin in erster Linie, was sie weiter auch sein mögen, als Prinzipien politischer Humanität charakterisiert. Ihr Sinn besteht also darin, daß auf gesellschaftlichem Niveau Bedingungen geschaffen werden für die Entfaltung des als Personsein verstandenen Menschseins. Aus diesem Grunde wenden sich die Menschenrechte an erster Stelle auch an diejenigen, die in einer Gesellschaft öffentliche Macht ausüben. Folglich werden in dem Maße, wie große nationale oder transnationale Unternehmen oder Instanzen einen Teil dieser Rolle übernehmen, auch sie zu Adressaten von Menschenrechtsansprüchen.

---

4 So auch das deutsche GG, Art. 1, Abs. 1 und 2: »Die Würde des Menschen ist unantastbar. Sie zu schützen ist Verpflichtung aller staatlichen Gewalt. Das Deutsche Volk bekennt sich darum [!] zu unverletzlichen und unveräußerlichen Menschenrechten als Grundlage jeder Gemeinschaft, des Friedens und der Gerechtigkeit in der Welt.«

Der Inhalt der Menschenrechte

3) Dem Menschenrechtsdenken liegt, wie gesagt, die Vorstellung zu Grunde, daß Menschsein Personsein bedeutet. In der politischen Schaffung von Garantien für das Leben aller als Person liegt darum der *Inhalt* der Menschenrechte. Einzelne Menschenrechte bilden dann die Operationalisierung dieses zentralen Gedankens. So ist beispielsweise unmittelbar einsichtig, inwiefern sich diese Vorstellung in einer Reihe von Bürgerrechten niederschlagen muß (die oft als *negative Rechte* oder *Abwehr-* bzw. *Nicht-Interventionsrechte* angedeutet werden, weil sie primär, wenn auch nicht ausschließlich, Nichteinmischung in die persönliche Lebenssphäre fordern). Menschen nach dem Leben zu trachten, sie als Sklaven zu halten, zu mißhandeln, zu foltern, willkürlich zu verhaften, zu deportieren, staatenlos und rechtlos zu machen, all das sind Handlungsweisen, über Andere zu verfügen und sie zu Sachen, gewissermaßen zu einem Spielball, zu degradieren, also das Gegenteil dessen, was es heißt, dem Mitmenschen seine Würde und sein personales Existenzrecht zu belassen. Dasselbe geschieht auch, wenn andere daran gehindert werden, ihr Leben gemäß den eigenen religiösen, politischen oder moralischen Überzeugungen zu gestalten und so ihre eigene Identität bewußt zu entfalten.

Neben den Bürgerrechten bilden die *politischen Rechte* oder *Partizipationsrechte* eine weitere Spezifikation des menschenrechtlichen Grundgedankens. Der Zweck dieser Gruppe von Rechten besteht darin, politische Maßnahmen, die den Kurs der Gesellschaft als ganzer betreffen, den Mitgliedern nicht einfach aufzuzwängen, sondern sie einen direkten oder indirekten Einfluß auf die Entscheidungen ausüben zu lassen und ihnen, sofern sie dafür qualifiziert sind, auch den Zugang zu politischen Ämtern zu eröffnen. Das Augenmerk dieser Rechte richtet sich also darauf, daß die Bürger Subjekt der Politik sein können.

Was nun nach einer gängigen Unterscheidung die Gruppe der *sozialen, ökonomischen und kulturellen Rechte* betrifft, so geht es hier um Minimalvoraussetzungen eines menschenwürdigen Daseins, sofern sie durch staatliches Handeln gewährleistet werden können. Zu denken ist hier an Maßnahmen wie Armutsbekämpfung, Gesundheitsvorsorge, Altersversorgung, Bildungseinrichtungen, öffentliche Sicherheit usw. Denn wenn Leute schwer unter Armut und Not zu leiden haben, so daß sie nicht wissen, womit auszukommen, wenn sie unter erbärmlichen Umständen arbeiten müssen (oft schon als Kinder), wenn sie im Alter verkümmern, wenn sie ohne Unterricht und Bildung unterprivilegiert bleiben, Leute der zweiten Garnitur, usw., dann fehlen elementare Bedingungen einer menschlichen Existenz im vollen Sinn. Eine Gesellschaft, die über die Mittel verfügt, diese Bedingungen schaffen zu können, aber das unterlassen würde, kann nicht als eine humane Gesellschaft bezeichnet werden, wie effizient und rational sie sonst auch eingerichtet sein mag, weil sie den Betreffenden nicht mit dem nötigen Respekt begegnet und ihnen nicht die minimalen Mittel verschafft, sich als Person zu entfalten. Es geht also darum, all jenen die Mittel zur vollmenschlichen Entwicklung zur Verfügung zu stellen, die dazu selbst nicht in der Lage sind. Die Idee der Menschenrechte besagt, daß sie schon aufgrund ihres Menschseins darauf einen Anspruch haben.

Neben den bisher genannten Rechten, deren Träger ausschließlich Individuen sind, wird seit den sechziger Jahren auch über *kollektive Menschenrechte* diskutiert (man spricht hier wohl von der dritten Generation von Menschenrechten). Solche Rechte wurden vor allem durch die ehemaligen Kolonialstaaten der ›Dritten Welt‹ propagiert. Hierbei geht es um Rechte wie das Recht auf nationale Selbstbestimmung, auf Entwicklung, Frieden, eine saubere Umwelt, auf Verfügung über die eigenen Bodenschätze usw. Vor allem von westlicher Seite wurde gegen die Denkfigur kollektiver Menschenrechte Widerspruch eingelegt. Wenn es sich dabei tatsächlich um einen eigenständigen Rechtstyp handelt, was m. E. durchaus vertretbar ist[5], dann lassen sich derlei Rechte nicht auf individuelle Rechte reduzieren. Das ist in der Tat nicht der Fall, wenn es sich beim entsprechenden Rechtsgegenstand um kollektive Güter handelt, d.h. um Güter, die nicht teilbar und somit auch nicht individuell zuteilbar sind (beliebte Beispiele sind Straßenbeleuchtung und nationale Sicherheit).

Um fundamentale Kollektivrechte würde es sich somit genau dann handeln, wenn die kollektiven Güter für den Fortbestand und das Florieren einer Gemeinschaft wesentlich sind, also Friede, äußere Sicherheit, Entwicklung, saubere Umwelt usw. Offenbar handelt es sich hier um Güter,

---

5 Ich habe diese Ansicht verteidigt in einem Artikel ›Collective Human Rights: A Western View‹, in: Jan Berting et al. (eds.), *Human Rights in a Pluralist World: Individuals and Collectivities*, Meckler, Westport/London 1990, 83 ff.

die nur gemeinschaftlich genossen werden können und auf diese Weise eine Voraussetzung auch für das individuelle Wohlergehen der Mitglieder bilden. Als Träger derart fundamentaler Kollektivrechte können in erster Linie ›natürliche‹ Gemeinschaften gelten wie ›Völker‹ oder Nationen, von denen Staaten ja nur die juristischen Repräsentanten sind. Als Adressaten kommen Staaten, regionale Staatenverbände oder die Weltgemeinschaft in Betracht.

Das Problem der Universalität der Menschenrechte

Ich sagte eingangs, daß es den Anschein hat, daß das Idiom der Menschenrechte als allgemein akzeptierte gemeinsame Sprache zur Formulierung von Maßstäben gelten kann, denen eine Gesellschaft zu genügen hat, um das Prädikat human, menschenwürdig oder zivilisiert führen zu können. Anders gesagt, hat es den Anschein, daß den Menschenrechten allgemeine Geltung zuerkannt wird. In der Tat ist die Allgemeingültigkeit der Menschenrechte vielmals ausgesprochen worden. So wird in der Präambel der Allgemeinen [!][6] Erklärung der Menschenrechte gesagt, daß sie gemeint ist »als das von allen Völkern und Nationen zu erreichende gemeinsame Ideal« und wird daselbst gesprochen von den gleichen und unveräußerlichen Rechten *aller* Mitglieder der menschlichen Familie. Im gleichen Sinn behauptet die Schlußerklärung der 1993 in Wien abgehaltenen Weltkonferenz über die Menschenrechte: »Alle Menschenrechte sind universal, unteilbar und gegenseitig abhängig und zusammenhängend.« Um dem, jeden Zweifel ausschließend, hinzuzufügen, daß »die universale Gültigkeit von elementaren Rechten und fundamentalen Freiheiten in der Tat außer Frage ist«.

Einige Zeilen nach dem oben zitierten Satz (daß alle Menschenrechte universal, unteilbar usw. sind) folgt in der Wiener Erklärung jedoch die Aussage, »daß die Bedeutung von nationalen und regionalen Besonderheiten und die verschiedenen historischen, kulturellen und religiösen Hintergründe in Betracht gezogen werden müssen.« Offenbar lassen die universa-

6 *Allgemeine* Erklärung, und zum Beispiel nicht Erklärung der Vereinten Nationen (United Nations Declaration). So Philip Alston, ›The United Nations and the Elliptical notion of the Universality of Human Rights‹. In: *Is Universality in Jeopardy?* UN Publication, New York 1987, 51.

len, unteilbaren und gegenseitig abhängigen Menschenrechte eine Interpretationsmarge zu, je nachdem sie in verschiedenen sozialen, kulturellen und religiösen Zusammenhängen funktionieren. Und die Frage ist, wie man diesen Interpretationsspielraum von Menschenrechten in unterschiedlichen Kontexten beurteilen soll. Mindestens taucht damit das Problem einer Anwendung doppelter Standards bei der Implementierung von Menschenrechten auf, darüber hinaus droht aber die Gefahr, daß es sich nicht mehr um ›dieselben‹ Menschenrechte oder gar nicht mehr um Menschenrechte handelt – zumindest in den letzten beiden Fällen kann von einer universalen Gültigkeit der Menschenrechte nicht die Rede sein.

Nun fallen die Probleme bezüglich der Universalität der Menschenrechte keineswegs vom Himmel: sie spielten von Anfang an eine nicht zu unterschätzende Rolle. Bei der Abstimmung über die Allgemeine Erklärung am 10. Dezember 1948 gab es neben den 48 Jastimmen zwar keine Gegenstimmen, aber es enthielten sich, wie bekannt, 8 Länder der Stimme, nämlich die kommunistischen Staaten, Saudi-Arabien (als einziges islamisches Land, das damals Mitglied der Vereinten Nationen war) und Süd-Afrika.

Die Stimmenthaltung des kommunistischen Blocks deutete auf eine tiefgreifende Meinungsverschiedenheit mit den eine dominante Position innehabenden westlichen Ländern in Bezug auf die Natur und Bedeutung der Menschenrechte hin. Dies selbstverständlich im Zusammenhang mit der Divergenz in der Gesellschaftsauffassung im Allgemeinen. Diese Meinungsverschiedenheit belastete bekanntlich die Verhandlungen über eine zustande zu bringende internationale Menschenrechtskonvention (als Nachfolgerin und Bekrönung der Allgemeinen Erklärung) so sehr, daß sich schließlich *ein* Vertrag als unrealisierbar erwies und zwei Konventionen herauskamen, eine über staatsbürgerliche und politische und eine über wirtschaftliche, soziale und kulturelle Rechte. Bekanntlich wurde Ersteres von westlicher Seite propagiert, Letzteres besonders von Seiten der kommunistischen Staaten, dabei oft unterstützt von den ständig an Zahl wachsenden Staaten der sogenannten Dritten Welt. Diese drückten obendrein den Konventionen ihren eigenen Stempel auf, indem sie sich stark machten für einen neuen Typus von Menschenrechten, die schon erwähnte dritte Generation der Rechte von Kollektivitäten. Als erstes Recht in dem Sinne formuliert Artikel 1 [!] von beiden [!] Konventionen das Recht aller Völker auf Selbstbestimmung, in den nachfolgenden Dezennien dann gefolgt von den Rechten auf Entwicklung, Frieden, eine saubere Umwelt u.a.

Aber schon die Stimmenthaltung Saudi-Arabiens bei der Abstimmung über die Allgemeine Erklärung hatte in dieselbe Richtung gewiesen. Kritischer Punkt war da namentlich Artikel 18 über das Recht auf Gedanken-, Gewissens- und Religionsfreiheit, besonders das Recht, seine Religion zu wechseln, ein Schritt, der nach traditionell islamischer Auffassung individuellen Personen nicht zusteht. Dahinter verbirgt sich eine ganz andere Auffassung als die in Artikel 18 der Erklärung implizierte über die Natur der Religion, ihre Stellung in der Gesellschaft sowie über die Natur der Gesellschaft als solcher. Für genannten Artikel 18 sind nämlich die Trennung von Staat und Kirche, der wesentlich persönliche und private Charakter der Religion und überhaupt eine ›individualistische‹ Auffassung von Mensch und Gemeinschaft kennzeichnend. Eigentlich beschränkt sich deshalb das Bedenken Saudi-Arabiens gegen die Allgemeine Erklärung nicht auf eines oder einige der explizit formulierten Rechte, sondern betrifft die ganze der Erklärung zugrunde liegende Idee der Menschenrechte. Ob dies den Saudiern, wenigstens denjenigen, die die politischen Entscheidungen trafen, damals nicht klar war oder es von ihnen als politisch inopportun erachtet wurde, eine solche fundamentale Kritik vorzubringen, lasse ich dahingestellt.

Drei Konzeptionen der Menschenrechte

Es ist in Bezug auf wichtige Begriffe nicht ungebräuchlich, einen Unterschied zwischen dem *Begriff* (›concept‹) als solchem und unterschiedlichen *Konzeptionen* oder *Interpretationen* (›conceptions‹) davon zu machen[7]. Zum Beispiel kann man von der Idee der Demokratie, der Gerechtigkeit, der Freiheit usw. sprechen im Unterschied zu verschiedenen Auffassungen dieser Ideen. (Selbstverständlich muß es eine minimale Übereinstimmung zwischen diesen Konzeptionen geben, um noch von verschiedenen Interpretationen desselben Begriffs sprechen zu können.) Im Fall der Menschenrechte hätten wir aufgrund des Obenstehenden mit wenigstens drei Konzeptionen zu tun, im großen und ganzen jenen der ersten, zweiten und

---

[7] Siehe z.B. Ronald Dworkin, *Taking Rights Seriously*, Duckworth, London 1977, 134 ff.

dritten Welt. Wenn wir davon ausgehen, daß Menschenrechte immer eine Angelegenheit der Freiheit sind – nicht von ungefähr wird oft in einem Atemzug von fundamentalen Rechten und Freiheiten gesprochen –, so handelt es sich bei den drei Konzeptionen jeweils um Freiheit *gegenüber* der Gemeinschaft, *durch* die Gemeinschaft oder um die Freiheit *der* Gemeinschaft als solcher. Geht es in den beiden erstgenannten Fällen um individuelle Freiheit und Selbstentfaltung, so werden diese nach westlich-liberaler Auffassung vor allem durch die Erschaffung und Garantierung eines eigenen, gegen die Einflüsse der Gesellschaft abgeschirmten Entscheidungsraums ermöglicht, während aus kommunistischer und sozialistischer Sicht jene Freiheit und Selbstentfaltung nur im Medium einer gut eingerichteten Gesellschaft möglich sind. In der dritten Konzeption geht es dann zu allererst um die Freiheit und das Florieren der Gemeinschaft als solcher.

In Bezug auf die letztgenannte Kategorie oder ›Generation‹ von Menschenrechten, denen von Völkern oder Nationen, sind, wie schon erwähnt, immer wieder, vor allem von westlicher Seite, Bedenken angemeldet worden. Es geht, jedenfalls nach Ansicht der Kritiker, dann nicht um Bedenken gegen eine bestimmte Auslegung der Menschenrechte, um eine Meinungsverschiedenheit, anders gesagt, in der Ebene kollidierender Konzeptionen. Im Gegenteil geht es um die Frage, ob es sich bei diesen Rechten überhaupt um Menschenrechte handelt – nach der Auffassung der Kritiker ist das offensichtlich nicht der Fall. Der Disput betrifft mit anderen Worten den Begriff als solchen. So spricht zum Beispiel Jack Donnelly in einem regelmäßig zitierten Artikel ›Human Rights and Human Dignity: An Analytic Critique of Non-Western Conceptions of Human Rights‹ im Zusammenhang des Rechts auf nationale Selbstbestimmung, auf Frieden, Entwicklung u.a. von »a clear and rather explicit redefinition of the concept [of human rights].«[8] Mit der Anerkennung dieser Rechte hat sich mit anderen Worten das Profil und die Kernbedeutung des Begriffs selbst tiefgreifend geändert. Ob und warum dem so ist, ist selbstverständlich für die Frage der Universalität der Menschenrechte von großem Gewicht.

Wenn auch in geringerem Maße, ist das genauso der Fall bezüglich der nie entschiedenen und immer wieder auflodernden Diskussion über das Verhältnis der ersten und zweiten Generation der Menschenrechte und wie

---

8 *American Political Science Review*, vol. 76 (1982), p. 311, note 22.

dabei die Prioritäten liegen. Zwar geht es dann, wie gesagt, in beiden Fällen um die Freiheit der individuellen Person, aber wird dabei unter Freiheit etwas ganz Verschiedenes verstanden (in Isaiah Berlins Terminologie jeweils negative oder positive Freiheit) und wird im Zusammenhang damit einer verschiedenen Auffassung von Personsein und vom Verhältnis von Person und Gemeinschaft gehuldigt. Auch diese Meinungsdifferenz legt auf die Frage der Allgemeingültigkeit der Menschenrechte eine beträchtliche Hypothek.

Menschenrechte und Modernisierung. Individualisierung und Säkularisierung

Soweit die Exposition der Probleme in Bezug auf die Universalität der Menschenrechte. Wenn die vorhin gegebene Analyse der Idee der Menschenrechte in Hauptzügen stimmt, so liegen ihr wenigstens zwei Voraussetzungen zugrunde, die charakteristisch sind für die moderne Kultur, d.h. für den Gesellschaftstypus, der den Modernisierungsprozeß durchlaufen hat, nämlich Individualisierung und Säkularisierung. Damit ist also gesagt, daß die Idee der Menschenrechte in einem wesentlichen Zusammenhang mit jenem Modernisierungsprozeß steht.

Was das erste der soeben genannten Merkmale betrifft, Individualisierung deutet auf die Situation hin, daß durch den für die Moderne charakterischen Prozeß der gesellschaftlichen Diferenzierung die traditionellen ›organischen‹ Gemeinschaftsverbände in höherem oder geringerem Maße der Erosion unterworfen sind. Anders ausgedrückt: die Solidarität der kleinen, übersichtlichen Gemeinschaften, in denen Menschen geborgen waren und jedem in gewissem Sinne seine Stelle garantiert war, wird unterhöhlt. In dieser Entwicklung zu einer ›offenen‹ Gesellschaft bekommt das Individuum einen größeren Spielraum. Andererseits besteht die keineswegs eingebildete Gefahr der Anomie, der Tatsache also, daß durch die Desintegration der sozialen Strukturen und Lebensweisen größere Gruppen von Menschen von ihren Bindungen losgerissen werden und nun richtungslos und ungeschützt im sozialen Raum umhertreiben.

Das zweite Merkmal, Säkularisierung, beinhaltet, daß in modernen Gesellschaften die Religion nicht länger das ganze Dasein überwölbt, sondern mit der allgemeinen Differenzierung der Gesellschaft ein Sektor inmitten anderer wird. Aus diesem Grund büßt sie im öffentlichen Bereich immer mehr an Einfluß ein und wird sie allmählich immer mehr in die private Domäne abgedrängt.

In beiden Hinsichten unterscheiden sich prämoderne Gesellschaften tiefgreifend von der modern-abendländischen[9]. Kein Wunder, daß ihrerseits die wesentlich auf modernen Prämissen beruhenden Menschenrechte immer wieder auf heftige Kritik gestoßen sind.

Um die Kritik noch kurz zu erläutern: der ›individualistische‹ Charakter der Menschenrechte ist ein fortwährender Stein des Anstoßes für viele Afrikaner, Asiaten und andere Vertreter nicht-westlicher Kulturen. So schreibt zum Beispiel Asmarom Legesse, daß ein »wesentlicher Unterschied zwischen der afrikanischen und der westlichen Tradition das Interesse betrifft, das dem individuellen Menschen zugemessen wird. In den liberalen Demokratien der westlichen Welt ist die menschliche Person der Träger von Rechten. Dem Individuum wird ein Status zuerkannt von etwas, der faktisch heilig ist. Es gibt da eine in unseren [afrikanischen] Augen an eine Zwangsvorstellung gemahnende Bekümmernis um die Würde des Individuums, dessen Wert, Autonomie und Eigentum.«[10] Beachtung des Gemeinschaftselements im menschlichen Dasein hätte nach Legesses Meinung beträchtliche Konsequenzen für den Inhalt der Allgemeinen Erklärung gehabt. »Wenn die Afrikaner die einzigen Verfasser der Allgemeinen Erklärung gewesen wären, hätten sie wohl die Rechte von Gemeinschaften über die von Individuen gestellt und ein kulturelles Idiom ge-

---

9 Der niederländische Historiker Jan Romein meint, daß die prämodernen Kulturen, wie äußerlich verschieden sie auch sind, eine gemeinsame Tiefenstruktur besitzen, die er als das Allgemein Menschliche Muster (AMM; auf niederländisch ›Algemeen Menselijk Patroon‹, AMP) bezeichnet. Von diesem AMM bzw. AMP ist dann die moderne Kultur die große Ausnahme. Jan Romein, ›De Europese geschiedenis als afwijking van het Algemeen Menselijk Patroon‹ [Die europäische Geschichte als Abweichung vom AMM], in: Ders, *In de ban van Prambànan*, Amsterdam 1954, 23-57.

10 A. Legesse, ›Human Rights in African Political Culture‹, in: Kenneth W. Thompson (ed.), *The Moral Imperatives of Human Rights: A World Survey*, Univ. Press of America, Lanham/New York/London 1980, p. 124. Im gleichen Sinn Obinna Okere, ›The Protection of Human Rights in Africa and the African Charter on Human and Peoples‹ Rights: A Comparitive Analysis with European and American Systems‹, in: *Human Rights Quaterly* 6 (1984), p. 148 ff.

handhabt, das sich fundamental von der Sprache, in der die Ideen jetzt formuliert sind, unterscheidet.«

Aber das Bedenken, daß die Menschenrechte ein individualistisches Menschenbild spiegeln, ist nicht nur von Vertretern nicht-westlicher Kulturen, sondern ebenso innerhalb der westlichen Kultur angemeldet worden, besonders in der Kritik an der ›Déclaration des droits de l'homme et du citoyen‹, dem Basisdokument der Französischen Revolution. In dieser Polemik ist der Terminus ›Individualismus‹ sogar entstanden[11]. Die Kritik am individualistischen Menschenbild, das in den Menschenrechten seinen Ausdruck findet, kommt im späten 18. und im 19. Jahrhundert von mindestens vier Seiten, nämlich seitens des Christentums, des Konservatismus, des Utilitarismus und des Marxismus[12]. Immer wieder stellt die Kritik, wie unterschiedlich auch der Hintergrund, aus dem sie stammt, ist, auf dieselben Punkte ins Zentrum: die einseitige Beachtung des Individuums auf Kosten der zwischenmenschlichen Beziehungen und der Gemeinschaft im allgemeinen, denen aus dieser Sicht eine nur sekundäre und abgeleitete Seinsweise zukommen kann; und die egozentrische (›egoistische‹) Ausrichtung des Individuums auf sein Eigeninteresse und auf seine eigene Freiheit, wodurch alle Beziehungen zwischen jenen Individuen äußerlich und legalistisch werden. Der Vorwurf, kurzum, ist der einer harten und kühlen Gesellschaft, in der Selbstsucht den Ton angibt.

Der andere Punkt, der der Säkularisation, d.h. des Rückgangs des öffentlichen Status der Religion, spitzt sich in Bezug auf unser Thema auf den Grund der Geltung von Normen zu. Nach prämoderner Auffassung rührt die Ordnung der Welt und also auch die des menschlichen Lebens und Zusammenlebens von einer außermenschlichen, in der Regel göttlichen Instanz her. Damit ist sie autoritativ festgelegt, ein Gegebenes für den Menschen, dem er sich nicht entziehen kann. Er kann, noch anders ausgedrückt, sein Dasein nicht von sich her gestalten und normieren. Auf dieser Linie lag 1948 das Problem der Saudier mit der Religionsfreiheit: daß die

---

11 Siehe Koenraad W. Swart, ›Individualism‹ in the Midnineteenth Century, in: *Journal of the History of Ideas* 23 (1962), 78.

12 Dazu ausführlicher mein Aufsatz ›The Individualism of Human Rights‹, in: *Nederlands Tijdschrift voor Rechtsfilosofie en Rechtstheorie* 18/3 (1989), 195-206.

Lebensauffassung mit allem, was darin an praktischen Richtlinien enthalten ist, auf der Wahl von Individuen beruhen sollte.

Die Moderne aber bedeutet, daß die Dinge nicht länger durch Traditionen bestimmt werden, sondern durch die Wahl von uns selbst bedingt sind. Peter Berger hat das mal sehr bündig ausgedrückt: »Modernization is a shift from givenness to choice on the level of meaning.«[13] Was die Dinge zu bedeuten haben, nicht zuletzt in normativer Hinsicht, darüber entscheidet der Mensch selber. Die Menschenrechte bringen das in der Weise zum Ausdruck, daß die fundamentalen Normen im Menschsein selbst verankert sind, nicht länger abhängig von einer außer- oder übermenschlichen Instanz, und daß sie, wie oben gesagt, alle den Zweck haben, das Dasein maximal unter die eigene Kontrolle und Regie der Betreffenden zu bringen, bzw. den Menschen soviel wie möglich Souverän im eigenen Leben sein zu lassen. Kurzum, um früher Gesagtes zu wiederholen, das Prinzip der (größtmöglichen) Selbstbestimmung kann als der Kern der Idee der Menschenrechte betrachtet werden.

Nach gängiger religiöser Auffassung ist der Mensch jedoch kein Souverän im eigenen Dasein. Das wird zum Beispiel vom islamischen Autor Allahbuksh Brohi wie folgt formuliert: »[...] strictly speaking, all rights belong to God and all men can have are their correlates, viz. duties [...] In the Islamic conception of things, therefore, strictly speaking, there are no human rights; there are only duties [...]«[14] Dieselbe Überzeugung, daß, wenn wir ganz präzise sprechen (›strictly speaking‹), der Einzige, der wirklich Souverän ist und in vollem Sinn entscheiden und normieren kann, Gott ist, ist vielmals von christlicher Seite ausgesprochen worden[15]. Im Einklang damit erwog 1877 eine Gruppe liberaler [!] Katholiken eine Proklamation der Rechte Gottes als Antwort auf die ›Déclaration des droits de l'homme et du citoyen‹. Vor diesem Hintergrund ist die Reserve, welche die christlichen Kirchen in Bezug auf die Menschenrechte lange an den Tag gelegt haben,

---

13 Peter Berger, *Pyramids of Sacrifice. Political Ethics and Social Change*, Pelican, Harmondsworth 1977, 196.

14 A.K.Brohi, ›Human Rights and Duties in Islam‹, in: Salem Azzem (ed.), *Isalam and Contemporary Society*, London 1982, 233.

15 Siehe dazu z.B. W. Huber & Ed. Tödt, *Menschenrechte*, Kreuz, Stuttgart 1977, Kap. 2: ›Die Theologie und die Menschenrechte‹.

nicht unverständlich. Und wenn sie diese Reserve mittlerweile aufgegeben haben – die römisch-katholische Kirche seit dem *aggiornamento* von Papst Johannes XXIII –, so entsteht die Frage, ob wir es nicht mit einer teilweise pragmatischen Wendung zu tun haben.

›Relative‹ Allgemeingültigkeit der Menschenrechte. Normative und faktische Aspekte

Also nochmals: wie ist es im Lichte des eben Gesagten um die Universalität der Menschenrechte bestellt? Es hat in der Tat den Anschein, daß Jack Donnelly recht hat, wenn er die Menschenrechte »relatively universal«[16] nennt. Aber es geht dann selbstverständlich darum, was dieses »relatively« näher bedeutet und welche Konsequenzen daran geknüpft werden müssen.

Die ›Relativität‹ der Allgemeingültigkeit der Menschenrechte kann meines Erachtens mittels folgender Überlegungen näher bestimmt werden. Normen haben immer einen prinzipiellen und einen faktischen Aspekt. Beziehungsweise es geht dann um das im eigentlichen Sinne normative Moment von Normen, und um die Tatsache, daß eine Norm immer mehr umfaßt, nämlich den Hinweis auf die reale Situation, für die sie gilt, der dann auch die Einkleidung der betreffenden Norm mitgestaltet.

Auf die Menschenrechte angewandt geht es in Bezug auf ihren normativen Gehalt um das Maß der Konsequenz, mit der die Idee der Selbstbestimmung wirklich akzeptiert wird. Aus mindestens drei Gesichtswinkeln wird diese Idee relativiert (oder sogar bestritten) – ich greife damit teilweise auf schon Gesagtes zurück –:

Erstens von den Individuen und Gruppen, die den Menschen nicht als letztendlichen Gesetzgeber seiner selbst auf moralischem Gebiet betrachten, sondern fundamentalen Normen eine übermenschliche Geltung zuerkennen. Das ist – ich erinnere an die oben zitierte Aussage Peter Bergers – die Sichtweise, die für prämoderne Kulturen kennzeichnend ist, aber ebenso sehr für viele religiöse Gruppen innerhalb der modernen Gesellschaft.

Zweitens wird der Souveränitätsgedanke wegen des in ihm enthaltenen radikalen Individualismus kritisiert. Die Kritik lautet in dieser Beziehung also nicht, daß der Mensch faktisch kein Souverän im eigenen Dasein ist

---

16 Jack Donnelly, *Universal Human Rights in Theory and Praxis*, Cornell Univers. Press, Ithaca/London 1989, 124.

(das könnte ein Ideal sein), sondern daß das radikal individualistische Menschenbild in normativer Hinsicht höchst problematisch ist, weil es kein Auge hat für positive Aspekte von Gemeinschaftsbanden und zwischenmenschlichen Beziehungen, welche laut dieser Kritik die Entwicklung eines ausgewachsenen Selbst sogar erst ermöglichen. Diese Kritik am solitären Individuum wird, wie schon angedeutet, regelmäßig von nichtwestlicher Seite vorgebracht, aber sie lebt ebenfalls in breiten Kreisen der westlichen Kultur, wo sich in den letzten Dezennien besonders der sogenannte Kommunitarismus zu ihrem Sprachrohr gemacht hat[17].

Eine dritte Form prinzipieller Kritik kommt von Seiten des sogenannten ›dekonstruktiven‹ Postmodernismus, der den Gedanken eines klar profilierten und kohärenten Subjekts mit großen Fragezeichen versieht. Auch dieser Postmodernismus bleibt jedoch auf dem Boden der Moderne[18], aber mit einem offenen Auge für deren problematische Seiten. Soweit er also die Personsidee nicht radikal ›dekonstruiert‹ und damit zugleich der Idee eines Handlungssubjekts und Zentrums der Zuschreibung von Verantwortung und Rechten den Boden entzieht, hält auch er an den Grundprämissen der Moderne und damit auch an der der Menschenrechte fest, nur in mehr oder weniger abgeschwächter Form.

Was die beiden anderen Punkte betrifft, die der Säkularisierung und der Individualisierung: in einer säkularisierten Gesellschaft ohne eine Instanz, die über eine allgemein anerkannte Autorität in geistigen bzw. moralischen Sachen verfügt, haben wir keine andere Wahl als wenigstens so zu tun, als ob die Normen menschlicher Herkunft sind. Damit ist es Menschengruppen keineswegs verwehrt, sie mit einer höheren Autorität zu bekleiden. Für Andersdenkende können daran jedoch keine Konsequenzen geknüpft werden. Anders gesagt: in einer weltanschaulich pluriformen Gesellschaft

---

17 Es gibt radikale Kommunitaristen, für die die Menschenrechte so sehr mit dem Menschenbild des solitären Individuums zusammenhängen, daß ihre Kritik daran auch die Idee der Menschenrechte als solche trifft. Siehe z.B. A. MacIntyre, *After Virtue*, Duckworth, London 1981, S. 67: »[...] the truth is plain: there are no such [natural or human] rights, and belief in them is one with belief in witches and in unicorns (...) Natural or human rights, then, are fictions [...]«

18 Siehe dazu z.B. Wolfgang Welsch, *Unsere postmoderne Moderne*, Akademie Verlag, Berlin 2002[6], 84, 101 ff, 109, 185 (»daß die Postmoderne die heutige Form der Moderne ist«), u.a. Schon der Titel des Buches ist vielsagend.

können wir Menschen nicht anders als sich selbst bestimmende Wesen betrachten, wenn sie sich selbst auch in anderem Lichte sehen.

Und was das Bedenken bezüglich des Individualismus betrifft, es ist unbestreitbar, daß der Kontext, innerhalb dessen die Idee der Menschenrechte im 17. und 18. Jahrhundert aufgekommen ist, der des ontologischen Individualismus ist. Aus dieser Sicht sind die letzten Bausteine der Gesellschaft voneinander unabhängige, gewissermaßen ›vorsoziale‹ Individuen, die dann aus Gründen der Sicherheit und des Eigeninteresses die Gesellschaft stiften – die bekannte, für die frühmoderne politische und soziale Philosophie bestimmende Idee des Sozialvertrags.

Aber die Person braucht nicht, stärker: kann auf glaubwürdige Weise nicht nach dem Modell des ontologischen Individualismus gedacht werden. Besonders die Philosophie des vergangenen Jahrhunderts hat klar gemacht, daß das Mitsein bzw. die Intersubjektivität für eine menschliche Existenz im vollen Sinn konstitutiv sind, daß mit anderen Worten das menschliche Personsein die dialogische und kommunikative Beziehung voraussetzt. Menschen sind nicht von Haus aus ausgewachsene Personen, sondern evozieren einander zum Personsein. Kurzum, die Person ist vielmehr eine Relations- als eine Substanzkategorie.

Das hat schwerwiegende Konsequenzen für die Auffassung der Menschenrechte, vor allem für die darin enthaltene Idee der Freiheit, die nicht so sehr eine dem Anderen abgewonnene Freiheit ist (so in der Tat die ›geschlossene‹ Freiheit des ontologischen Individualismus von Hobbes bis Sartre), sondern eine zusammen mit dem Anderen erworbene, ›offene‹ Freiheit[19]. Die Menschenrechte tragen wegen der organisierenden Kategorie der Person tatsächlich einen unauslöslich ›individualistischen‹ Stempel, freilich derart also, daß darin kommunautäre und solidaristische Konnotationen mitenthalten sind. Auch entbehren die Menschenrechte nicht eines (oft implizit bleibenden) Moments von Verbundenheit, insofern sie nämlich *moralische* Prinzipien sind, die ihrer Natur nach durch ein ›altruistisches‹ Element uneigennütziger Sorge um das Wohlergehen Anderer charakterisiert sind. Schließlich verliert das Bedenken bezüglich des Indivi-

---

19 Siehe dazu das zweite Kapitel ›Offene und geschlossene Freiheit: zwei Freiheitsauffassungen‹ meines Buches *Die Umkehrung der Welt. Über den Verlust von Umwelt, Gemeinschaft und Sinn*, Königshausen & Neumann, Würzburg 2004, S. 41-72.

dualismus beträchtlich an Gewicht, wenn wir in Erwägung ziehen, daß die Menschenrechte nur eine minimale Ethik für den öffentlichen Bereich bilden, den Bereich also der kühleren und distanzierteren Beziehungen. Die lassen zugleich reichlich Raum für Verhältnisse, die durch Freundschaft, Wohlwollen und dergleichen, kurz durch eine ›warme‹ Ethik der privaten Domäne gekennzeichnet sind.

Der faktische Aspekt

Normen haben, wie gesagt, neben dem genuin normativen einen faktischen Aspekt: immer beziehen sie sich auf eine bestimmte (Art von) Situation, für die sie gemeint sind. Die Menschenrechte spiegeln in dieser Hinsicht den Modernisierungsprozeß und die Frage ist, ob wir bei der Anwendung auf prämoderne (oder nur teilweise modernisierte) Gesellschaften nicht auf anachronistische Weise Normen, die modernisierte Lebensumstände voraussetzen, auf nicht-modernisierte Gesellschaften zurückprojizieren. Anders gesagt, ob nicht prämoderne Vorstellungen menschlicher Würde an diesbezüglich modernistischen Auffassungen gemessen werden.

Ich glaube tatsächlich, daß dem so ist, insofern die prämoderne Lebens- und Denkungsart (überwiegend) intakt geblieben ist und die Betreffenden sich damit identifizieren. Wenn der Kern der Menschenrechtsidee im Gedanken der individuellen Selbstbestimmung gelegen ist, so ist das Problem, daß die Selbstbestimmung in diesem Fall keine individuelle Angelegenheit ist, wie in jener Idee vorausgesetzt wird. Insoweit kommt in den Formulierungen der Allgemeinen Erklärung, daß »jeder Mensch« das Recht auf Leben, Freizügigkeit, freie Meinungsäußerung, angemessene Entlohnung, Bildung usw. hat[20], der moderne Tenor der Menschenrechte zum Ausdruck. Mit anderen Worten: die Definition des ›Selbst‹ in Selbstbestimmung, die den Menschenrechtsdokumenten unterliegt, ist im Gegensatz zu der der vorhin genannten Kulturen typisch modern.

Das vorliegende Problem ist faktisch unlösbar wegen der Tatsache, daß die Vorstellungsrahmen auf unvereinbaren Prämissen beruhen und also

---

20 Art. 3,6,8,10,13,17 und passim. Gleicherweise die Europäische Konvention zum Schutz der Menschenrechte, passim, die Internationalen Verträge über staatsbürgerliche und politische und über wirtschaftliche, soziale und kulturelle Rechte, passim, u.a.

inkompatibel sind. Wenn der Kern der Menschenrechtsidee ist, daß jeder soviel wie möglich gemäß den eigenen Anschauungen und Definitionen leben kann, so kann jene Idee viele Fälle umfassen, aber kaum solche, in denen die ›eigenen Definitionen‹ nicht die von Individuen, sondern von Kollektivitäten sind. Wenn wir dafür innerhalb des Menschenrechtsschemas doch möglichst viel Raum schaffen, in der Form kollektiver Rechte nämlich, so ist das in der Tat eine Ausdehnung der ursprünglichen Idee (eine *redefinition of the concept*, wie wir Donnelly sagen hörten), aber eine, die soviel wie möglich dem Selbstverständnis der Betreffenden entgegenkommt. Man könnte sagen, daß paradoxalerweise auf diesem Wege eine Absicht des Menschenrechtsdenkens honoriert wird, die auf gespanntem Fuß mit der modernistischen Einkleidung der Idee steht.

Das Problem, das wir hier im Fall von auf großer Distanz zur Moderne stehenden Gruppierungen vor uns haben, ergibt sich in vielerlei Abstufungen. Die Modernisierung greift in aller Welt um sich, aber in beträchtlich verschiedenem Tempo und Umfang. Und Letzteres sowohl in objektiver wie in subjektiver Hinsicht. Das heißt, daß objektive Züge der Modernisierung (Technisierung, Rationalisierung, Bürokratisierung, Pluralisierung, Zunahme der horizontalen und vertikalen Mobilität, usw.), aber ebensowohl deren subjektive Merkmale auf der Ebene von Mentalitäten, Haltungen und Denkweisen (z.B. das alles im Prinzip machbar, lenkbar, planbar usw. ist) noch sehr ungleichmäßig über den Planeten verbreitet sind. Das hat einerseits Folgen für die Anwendung der Menschenrechte auf faktische Situationen. Aber ebensosehr für die Verinnerlichung der Idee der Menschenrechte, die Art und Weise also, wie Menschen in unterschiedlichen Gesellschaften sich mit der Idee identifizieren.

An dieser Stelle muß das Mißverständnis abgewehrt werden, als gäbe es eine fix und fertige Menschenrechtsidee, die von ›Neulingen‹ nur übernommen werden könnte. Ebensowenig – das wissen wir mittlerweile nach gut einem halben Jahrhundert sogenannter gemeinschaftlicher Entwicklungshilfe – wie die Modernisierung überall nach demselben Muster verläuft, obwohl sie bestimmte gemeinsame ›Familienmerkmale‹ aufweist wie die früher genannte Differenzierung, Säkularisierung, Rationalisierung, Individualisierung usw. In derselben Weise hat die Menschenrechtsidee einen ›harten Kern‹, der aber noch mehrerlei Ausgestaltungen zuläßt. Anders gesagt: zwar rührt die Idee der Menschenrechte ursprünglich von westlicher Seite her, weil die abendländische Gesellschaft als erste mit dem Modernisierungsprozeß konfrontiert wurde. Aber die Art und Weise, wie sie das tat und ihre spezifischen kulturellen Eigenheiten haben die Idee auf eine Weise mitbestimmt, die nicht unbedingt allgemeingültig ist. In dieser Hinsicht kann die Menschenrechtsidee nur das Ergebnis eines andauernden Lernprozesses sein, in den auch die Erfahrungen nicht-westlicher Gesellschaften mit dem Modernisierungsprozeß einbezogen zu werden dienen. In diesem Lichte bildet auch die oben gegebene Charakterisierung der Idee der Menschenrechte einen Vorschlag für eine transkulturelle Diskussion über die Frage, worin die menschliche Würde besteht und wie sie unter modernen Umständen Hände und Füße bekommt.

Schluß

Die Konsequenz des Obigen kann keine andere sein als daß die Idee der Menschenrechte, ebenso wie eine ganze Reihe anderer fundamentaler Begriffe (Demokratie, Gerechtigkeit, usw.) ein ›wesentlich umstrittener Begriff‹ (*essentially contested concept*) ist, um W.B.Gallies Ausdruck zu verwenden. Dennoch ist sie, welche Schwierigkeiten ihr auch anhaften, in der heutigen Situation unentbehrlich, weil sie unter modernisierten Umständen, wo die alten Solidaritätsverbände stark an Gewicht eingebüßt haben, minimale Bedingungen einer menschenwürdigen Existenz formuliert und einen Raum abgrenzt, der in einer pluralistischen Gesellschaft jedermann die Möglichkeit bietet, den eigenen Ansichten gemäß zu leben.

Und nicht nur, daß die Menschenrechte in dieser Weise unentbehrlich sind, es existiert trotz der vielen Probleme auf der theoretischen Ebene dennoch in der Praxis ein erhebliches Maß an Übereinstimmung, welche Formen staatlichen Handelns als schwere Verstöße gegen die menschliche Würde oder als grobe Verletzungen der Menschenrechte zu betrachten sind: Sklaverei, Genozid, Folter und dergleichen. Das ergibt ein Argument für einen pragmatischen Umgang mit den Menschenrechten in der Praxis, anders gesagt, für ein Benutzen des Konsenses, der es in diesem Zusammenhang in praktischer Hinsicht zwischen den verschiedenen Kulturen gibt. Zugleich kann jener praktische Konsens als Ausgangspunkt für eine theoretische Diskussion über die Bedeutung und Reichweite der Idee der Menschenrechte funktionieren.

Der aufhaltsame Sieg der Menschenrechte

von Dieter Senghaas

Am 10. Dezember 1948, also vor nunmehr 60 Jahren, wurde mit der Resolution 217 (III) der Generalversammlung der Vereinten Nationen die *Allgemeine Erklärung der Menschenrechte* verabschiedet.[1] Schon die Vorgeschichte dieser Erklärung war durch erhebliche Kontroversen geprägt. Im wesentlichen kollidierte das liberale und das realsozialistische Verständnis von Menschenrechten; einige islamische Staaten hatten vor allem Vorbehalte gegen den Artikel 18 der *Erklärung*, in dem das Recht jedes Menschen auf Gewissens- und Religionsfreiheit festgehalten wurde, auch die Freiheit, »seine Religion oder seine Überzeugung zu wechseln«.

Diese Kontroversen setzten sich in den nachfolgenden achtzehn Jahren fort, während derer die Menschenrechtskommission an völkerrechtlich verbindlichen Übereinkommen arbeitete, die dann 1966 in Gestalt von zwei Menschenrechtskonventionen, dem *Bürgerrechtspakt* (über bürgerliche und politische Rechte) und dem *Sozialpakt* (über wirtschaftliche, soziale und kulturelle Rechte) verabschiedet wurden. Da die beiden Jahrzehnte nach 1948 in der internationalen Politik durch den Kampf um Dekolonisierung und also das Recht auf Selbstbestimmung der Völker sowie auf eine eigenständige wirtschaftliche, soziale und kulturelle Entwicklung geprägt wurden, fanden entsprechende Forderungen ebenfalls Eingang in die genannten Dokumente. Beide Pakte beginnen wortgleich in Artikel 1 mit der Feststellung: »Alle Völker haben das Recht auf Selbstbestimmung«. Neben vielen anderen Aussagen deutet allein schon dieser erste Satz darauf hin, daß Menschenrechte nicht nur eine individual-, sondern auch eine kollektivrechtliche Dimension haben.

---

1 Bundeszentrale für politische Bildung (Hg.): Menschenrechte. Dokumente und Deklarationen, Bonn 1995[2]. In diesem Band finden sich auch die im folgenden zitierten Dokumente.

I

Ausgehend von diesen frühen Kontroversen, die sich auch nach 1966 fortsetzten, läßt sich inzwischen der operative Stellenwert von Menschenrechten in politischen und gesellschaftlichen Prozessen innerhalb von Gesellschaften und auf internationaler Ebene wie folgt festhalten: Der Verweis auf Menschenrechte, insbesondere natürlich auf die bürgerlichen und politischen Rechte, hat zum Ziel, *staatliche Willkür abzuwehren*. Entsprechende Rechte dienen der Sicherung individueller Autonomie, letztendlich der Unantastbarkeit »menschlicher Würde«. In dieser Argumentationsfigur wird eine Rechtsgemeinschaft vorausgesetzt, weil vorgängig die potentielle Willkür von Privaten gegen Private durch die »Herrschaft des Rechts« und damit die Existenz eines Gewaltmonopols des Staates als beseitigt gilt.

Die Herrschaft des Rechts und das Gewaltmonopol sind aber nur dann Inbegriff und Ausdruck einer Rechtsgemeinschaft, wenn Recht auf demokratischem Wege zustande kommt und es verfassungsmäßig festgelegte Vorkehrungen gibt, das einmal vorhandene Recht im Lichte neuer Bedürfnisse weiterzuentwickeln.[2] Die immer erneut erforderliche, wenngleich notwendigerweise kontrovers bleibende Verwirklichung von Menschenrechten ist damit auf die Existenz eines gewaltenteiligen demokratischen Verfassungsstaates angewiesen. Folglich ist der Kampf um Menschenrechte immer auch ein Kampf um Institutionalisierung moderner Demokratie, die trotz identischer Prämissen (Gewaltenteilung, Prinzip der Öffentlichkeit, Versammlungsfreiheit, etc.) ganz unterschiedliche Ausprägungen kennt.[3]

Neben dem Schutz vor staatlicher Willkür und der rechtsstaatlich geordneten Weiterentwicklung von Recht dient der Verweis auf Menschenrechte heute vor allem auch dazu, Diskriminierungen jeglicher Art zu identifizie-

---

2 Über den Zusammenhang von »Rechtsunruhe« und »Rechtsfortbildung« im Kontext einer die Rechtsfortbildung erlaubenden Rechtsordnung siehe die hellsichtigen Überlegungen von Sigmund Freud in seinem Brief vom September 1932 an Albert Einstein, wiederabgedruckt in Albert Einstein: Über den Frieden, Bern 1975, S. 208 ff.

3 Ich habe einschlägige historische und strukturelle Gesichtspunkte über den angesprochenen Sachverhalt im sog. »Zivilisatorischen Hexagon« zusammengefaßt. S. Dieter Senghaas: Zum irdischen Frieden, Frankfurt a.M. 2004.

ren und zu überwinden. Der Menschenrechtsdiskurs ist in dieser Hinsicht, übrigens ganz im Sinne der *Erklärung* von 1948 und der beiden Pakte von 1966, zu einem *Antidiskriminierungsdiskurs* geworden. Dabei geht es nicht nur um politische Diskriminierung, sondern um die solcher zugrunde liegender sozialen, ökonomischen und kulturellen Benachteiligung: Ziel ist die Überwindung einer institutionell verfestigten Ordnung, die Ungleichheiten systematisch produziert und damit der Chancengleichheit von Menschen elementar zuwiderläuft. Damit wird in realen Lagen chronischer Benachteiligung der Verweis auf Menschenrechte zu einem Hebel des Protests und gegebenenfalls der Befreiung.[4] So legt beispielsweise der Artikel 27 des *Bürgerrechtspaktes* fest: »In Staaten mit ethnischen, religiösen oder sprachlichen Minderheiten darf Angehörigen solcher Minderheiten nicht das Recht vorenthalten werden, gemeinsam mit anderen Angehörigen ihrer Gruppe ihr eigenes kulturelles Leben zu pflegen, ihre eigene Religion zu bekennen und auszuüben oder sich ihrer eigenen Sprache zu bedienen.«

An Bestimmungen wie dieser hat man oft die »kollektivistische« Orientierung kritisiert. Aber diese Kritik ist unzutreffend, denn wie die Geschichte lehrt, läßt sich wie im Falle von diskriminierten Minderheiten kollektive Diskriminierung in aller Regel nicht allein durch Individualmaßnahmen beheben. Vielmehr sind gerade dann gruppenrechtliche Vorkehrungen und Kollektivmaßnahmen erforderlich, um dem individualrechtlich orientierten Artikel 2 der *Erklärung* Genüge zu tun: »Jeder Mensch hat Anspruch auf die in dieser Erklärung verkündeten Rechte und Freiheiten, ohne irgendeine Unterscheidung, wie etwa nach Rasse, Farbe, Geschlecht, Sprache, Religion, politischer und sonstiger Überzeugung, nationaler oder sozialer Herkunft, nach Eigentum, Geburt oder sonstigen Umständen.«

Der Schutz des Individuums läßt sich rechtlich fixieren, so auch das Verbot von Diskriminierung. Diskriminierung kann überdies durch entsprechende Verfassungsregelungen (wie der Sicherung von Minderheitenrechten), aber auch durch allgemeine Fördermaßnahmen überwunden werden.[5]

---

[4] S. hierzu auch Norberto Bobbio: Das Zeitalter der Menschenrechte. Ist Toleranz durchsetzbar?, Berlin 1998; S. auch (grundlegend) Thomas H. Marshall: Bürgerrechte und soziale Klassen, Frankfurt a.M. 1992.

[5] S: hierzu Ulrich Schneckener: Auswege aus dem Bürgerkrieg, Frankfurt a.M. 2002; Michael Walzer: On Toleration, London 1997.

Jenseits dieser wichtigen und grundlegenden Orientierungspunkte stehen Menschenrechte im allgemeinen für eine gesellschaftliche Ordnung, in der es gezielte Vorkehrungen dafür gibt, daß die Würde des Menschen in politischer, rechtlicher, ökonomischer, sozialer und kultureller Hinsicht überhaupt eine Chance hat. Die grundlegenden Menschenrechtsdokumente lassen keinen Zweifel darüber aufkommen, daß ihnen die Vorstellung einer *»menschenwürdigen Gesellschaft«* zugrunde liegt. Schon in der *Erklärung* von 1948 ist von vielem, manche würden sagen von zu vielem, die Rede: so von der Freiheit der Eheschließung und dem Schutz der Familie, von sozialer Sicherheit und dem Recht auf Arbeit und gleichen Lohn, sogar vom »Anspruch auf Erholung und Freizeit sowie auf eine vernünftige Begrenzung der Arbeitszeit und auf periodischen, bezahlten Urlaub« (Art. 24). Schließlich finden sich Bestimmungen über die Freiheit des Kulturlebens, wenn es in Art. 27 heißt: »Jeder Mensch hat das Recht, am kulturellen Leben der Gemeinschaft frei teilzunehmen, sich der Künste zu erfreuen und am wissenschaftlichen Fortschritt und dessen Wohltaten teilzuhaben.«

Solche allgemeinen Festlegungen bedürfen natürlich der Konkretion. Daß es im Hinblick auf Vorstellungen über eine menschenrechtlich inspirierte »menschenwürdige Gesellschaft« unendlich viele Kontroversen gibt, ist nun nicht von Nachteil, sondern erweist sich für die Idee der Menschenrechte geradewegs als Lebenselixier. Die Erweiterung und Vertiefung der Menschenrechtsidee – von den Rechten zum Schutze des Individuums und gegen die Diskriminierung von Gruppen bis hin zu den positiven Vorstellungen einer Gesellschaft, auch einer internationalen Ordnung auf der Höhe von Menschenrechten – wären niemals zustande gekommen, wenn es jemals eine in sich kohärente Blaupause für Menschenrechte gegeben hätte. Je länger der Menschenrechtsdiskurs anhält und je internationaler er wird, umso mehr konkretisieren sich Menschenrechte über die Kontroversen, die sie provozieren. Diese Entwicklung ist durchaus zu begrüßen.[6]

II

Nun hat man innerhalb des Westens, aber auch jenseits des Westens, dann allerdings mit antiwestlichem Affekt, Menschenrechte als ein typisches Gewächs europäischer Kultur interpretiert. Diese Selbstwahrnehmung und

---

6 S. hierzu Johan Galtung: Menschenrechte – anders gesehen, Frankfurt a.M. 1994.

Interpretation von außen sind in der Tendenz korrekt, denn Menschenrechte, wie sie heute verstanden werden, sind ein Produkt europäischer Entwicklung. Aber was heißt hier »europäische Kultur« oder »europäische Entwicklung«? Läßt man die europäische Kultur mit der griechischen Antike beginnen, so wäre sie in etwa 2500 Jahre alt. Aber nur in den letzten 250 Jahren spielte die Idee der Menschenrechte für die europäische Kulturentwicklung eine entscheidende Rolle.

Auch der politische Kampf um die Durchsetzung von Menschenrechten ist auf diesen Zeitraum begrenzt. Und da es dabei um einen wirklichen Kampf ging, ist die These nicht abwegig, derzufolge die Menschenrechte *gegen die eigene Tradition*, die sich in den Jahrhunderten davor formiert hatte, durchgesetzt werden mußten. Was wir heute mit Menschenrechten inhaltlich verbinden, ist also ganz offensichtlich nicht in die ursprüngliche »Kulturgrenze« Europas eingepflanzt gewesen.

Der größte Teil europäischer Geschichte, auch der Kulturgeschichte, dokumentiert keine besonderen Sympathien für das, wofür Menschenrechte heute prinzipiell und in operativer Hinsicht stehen. Und es ist auch ziemlich abwegig zu unterstellen, die europäische Geschichte hätte aus innerer Logik zwangsläufig in einen Sieg der Idee der Menschenrechte münden müssen.

Allein schon die Geschichte der Menschenrechte selbst dokumentiert, daß dem nicht so ist. So sprechen die Menschenrechtserklärungen des späten 18. Jahrhunderts zwar von *dem* Menschen. Aber in Wirklichkeit wurde mit diesem Begriff immer nur ein Ausschnitt der Menschheit gemeint: Lange Zeit war nicht gemeint, wer nicht über Bildung und Eigentum verfügte; nicht gemeint waren die Frauen, auch nicht die Kinder, schon gar nicht Farbige oder Sklaven. Ohne Skrupel blieben sie alle einfach ausgegrenzt; manchmal gab es jedoch in Philosophie und politischer Theorie besonders aufwendige Begründungen für solche Ausgrenzung, an die man sich ebenfalls als einen Ausdruck europäischen Kulturgutes erinnern sollte.[7] Und was ausgrenzend einsetzte, wurde nicht inklusiv, weil es von

---

[7] Eine diesbezügliche Fundgrube über die merkwürdigsten Konzeptualisierungen der Rechtsstellung von Frauen in europäischen Gesellschaften, auch der skandalös-langsamen und widerborstigen Zugeständnisse im Hinblick auf die

Ausgrenzung zur Inklusion eine innere Logik gibt, sondern weil im Laufe der Zeit die Ausgeschlossenen nicht länger bereit waren, ausgeschlossen zu bleiben, und sie vielmehr gleiche Rechte einforderten – bis schließlich die Idee obsiegte, daß bei einem Verweis auf Menschenrechte *alle* Menschen ungeachtet ihrer konkreten Ausprägungen gemeint sind.

Was für uns heute also für selbstverständlich gilt und was durch Verweis auf die christliche Vorstellung von der Gottesebenbildlichkeit des Menschen für die europäische Geschichte als immer schon selbstverständlich geltend behauptet wird, war während neunzig Prozent dieser Geschichte überhaupt nicht geschichtsbestimmend: Die alteuropäische öffentliche Ordnung Europas war autokratisch-ständisch geprägt, überdies korporatistisch-kollektivistisch[8]; über viele Jahrhunderte hinweg sucht man in ihr vergebens das »autonome Individuum«, wie es in modernen Menschenrechtsdokumenten Eingang gefunden hat.[9] Und noch weit in das 19. Jahrhundert hinein waren viele europäische Gesellschaften trotz der Revolutionen am Ende des 18. Jahrhunderts durch eine standesmäßige Gliederung mit jeweils nach Ständen unterschiedlich definierten Rechten und Pflichten der Individuen gekennzeichnet.

Das *abstrakte Individuum* des Art. 1 der *Erklärung* von 1948 (»Alle Menschen sind frei und gleich an Würde und Rechten geboren«), also das Individuum ungeachtet von Geschlecht, Alter, Hautfarbe usf., existierte im größten Teil europäischer Geschichte überhaupt nicht. Die Idee eines solchen Individuums *qua Rechtsfigur* entstand erst in Auseinandersetzung mit unerträglich werdenden gesellschaftlichen Verhältnissen der Ungleichheit, angesichts von krasser Privilegierung und krasser Ausbeutung, von protzigem Reichtum und Armut, aber auch angesichts neuer allermeist bürgerlicher Schichten, die die überkommene ständisch-feudale Ordnung, das *ancien régime,* als mit den eigenen Aspirationen unvereinbar empfanden.

---

rechtliche Emanzipation von Frauen ist Ute Gerhard (Hg.): Frauen in der Geschichte des Rechts. Von der Frühen Neuzeit bis zur Gegenwart, München 1997.

8 S. zusammenfassend den eindrucksvollen Artikel von Thomas Nipperdey: Der Umbruch zur Bürgerlichen Gesellschaft seit der Amerikanischen und Französischen Revolution, in Klaus W. Hempfer und Alexander Schwan (Hg.): Grundlagen der politischen Kultur des Westens, Berlin 1997, S. 169-189.

9 S. hierzu die Beiträge von Thomas Göller und Matthias Kaufmann in Thomas Göller (Hg.): Philosophie der Menschenrechte, Göttingen 1999.

Aus solcher Konstellation erwuchs jene kulturelle und politische Sprengkraft *wider die eigene europäische Tradition*, die schließlich und endlich die Menschenrechtsidee als geschichtsmächtig werdende *politische Kraft* auf den Weg brachte.

Natürlich hat jede weitreichende Idee punktuelle geistige Vorläufer. Aber erst in einer relativ späten Phase europäischer Entwicklung gelang es, in Geist und danach in politischer Realität den standesmäßig verorteten Menschen, der nur eine standesmäßig vorgezeichnete *ungleich* definierte Freiheit und Würde besaß, zum Menschen per se zu befreien. Erst dann, und wie gesagt, in völligem Kontrast zur langen Geschichte Europas wurden alle Menschen als *prinzipiell* gleich und frei begriffen.[10]

Die Menschenrechtsidee bezeichnet damit auch in der europäischen Geschichte eine tiefgreifende Zäsur. Sie ist viel tiefgreifender, als in jenen Argumenten unterstellt wird, die die Menschenrechte – ihre Verankerung in Verfassungsordnungen und in Gesellschaftspolitik – als Ausdruck immerwährender europäischer Kultur, ja geradewegs als finales Ergebnis immer schon uranfänglich angelegter Kulturmerkmale beschreiben. Demgegenüber ist festzuhalten: Die Menschenrechte waren Europa nicht in die Wiege gelegt, so daß nur zu warten war, bis irgendwann einmal Europa das Stadium des Erwachsenseins erreicht haben würde. Sie waren vielmehr in Zeiten eines tiefgreifenden Umbruchs das Ergebnis öffentlicher Erregungen *auf Massenbasis*: das Werk von Umstürzlern in Geist und Tat und von sozialrevolutionären Bewegungen, einst des Bürgertums, dann der Arbeiterbewegung an ihrer Spitze. Frauen und Randgruppen folgten.

Das also ist die wirkliche Geschichte der Menschenrechtsidee und ihrer Übersetzung in eine öffentliche Ordnung, die wir heute als »typisch europäisch-westliche« begreifen.[11] Diese Ordnung hat sich im Bereich der OECD-Gesellschaften erst nach 1945 stabilisiert, und sie ist erst danach samt der ihr zugrunde liegenden politischen Kultur zu einer Selbstverständlich-

---

10 S. hierzu Hans Maier: Wie universal sind die Menschenrechte?, Freiburg 1997.

11 S. hierzu jetzt auch die eindrucksvolle Monographie von Heiner Bielefeldt: Philosophie der Menschenrechte. Grundlagen eines weltweiten Freiheitsethos, Darmstadt 1998.

keit geworden. *Davor hat jede der westlichen Gesellschaften auf je eigene Art einen Kampf gegen die eigene Tradition durchfochten.*[12]

Eigentlich müßte es gerade in Deutschland leichtfallen, sich dieses Tatbestandes zu erinnern, da es doch hier bis in die 1950er Jahre markante Geistesströmungen und politische Bewegungen gab, die sich ausdrücklich gegen die Errungenschaften einer politischen Kultur aussprachen, die wir heute als »westlich« begreifen. So war beispielsweise Thomas Mann kein Exzentriker, sondern ziemlich repräsentativ für eine heute anachronistisch anmutende vorherrschende Geistesströmung in Deutschland, wenn er 1918 über den Gegensatz Deutschlands zum Westen schrieb, daß Demokratie dem deutschen Wesen »fremd und giftig sei«: »Ich bekenne mich tiefüberzeugt, daß das deutsche Volk die politische Demokratie niemals wird lieben können, und daß der vielverschrieene ›Obrigkeitsstaat‹ die dem deutschen Volk angemessene, zukömmliche und von ihm im Grunde gewollte Staatsform ist und bleibt.« Und weiterhin heißt es bei diesem damals schon weltberühmten Schriftsteller dieses Landes: »Wessen Bestreben es wäre, aus Deutschland einfach eine bürgerliche Demokratie im römisch-westlichen Sinne und Geiste zu machen, der würde ihm sein Bestes und Schwerstes, seine Problematik nehmen wollen, in der seine Nationalität ganz eigentlich besteht. Der würde es langweilig, klar, dumm und undeutsch machen wollen und also ein Anti-Nationalist sein, der darauf bestünde, daß Deutschland eine Nation in fremdem Sinne und Geiste würde«.[13] Das war vor 90 Jahren so geschrieben – von einem der angesehensten Vertreter »deutschen Geistes«, und selbst in den 1950er und 1960er Jahren hatte eine solche Argumentation immer noch eine gewisse, dann glücklicherweise versiegende Resonanz.

III

Eine realistische Betrachtung der europäischen Entwicklung, die den europäischen Konflikt um Menschenrechte gegen die eigene Tradition wahr-

---

[12] S. Dieter Senghaas: Zivilisierung wider Willen. Der Konflikt der Kulturen mit sich selbst, Frankfurt a.M. 1998[2] (engl. Ausgabe: The Clash Within Civilizations. Coming to Terms with Cultural Conflicts, London: Routledge 2001).

[13] Thomas Mann: Betrachtungen eines Unpolitischen (1918), Frankfurt a.M. 1956, S. 29, 46f.

nimmt, ist auch für ein Verständnis der Menschenrechtsproblematik außerhalb Europas und des Westens von Bedeutung. Dort wiederholen sich nämlich die aus der jüngsten europäischen Geschichte bekannten Auseinandersetzungen. Alle außereuropäischen Gesellschaften befinden sich heute in einem tiefgreifenden Umbruch. Darüber pluralisieren sie sich intern. Die Folge davon ist, daß Traditionen wegbrechen und Neuorientierungen überfällig werden. Es entstehen innere Kulturkonflikte, bei denen es letztlich um die Zukunft der öffentlichen Ordnung geht. Die Menschenrechtsproblematik gewinnt darin eine besondere politische Brisanz.

Die Konfliktfronten liegen dabei relativ klar: Manche wollen Europa imitieren, andere die alte Tradition revitalisieren. Wieder andere glauben, moderne Technologien mit alten Werten kombinieren zu können. Auf wenig erstaunliche Weise wiederholen sich auch die Argumentationsfronten, die im späten 18. und während des 19. Jh. in Europa zu beobachten waren: Individuelle Menschenrechte werden als eine Bedrohung überkommener Werte, eigener Kultur und Tradition, vor allem aber auch von gängiger Wohlanständigkeit begriffen. Demgegenüber sind die Verfechter von Menschenrechten nicht mehr bereit, sich autokratischen oder despotischen Regimen, ökonomischer Ausbeutung oder auch sozialer und kultureller Diskriminierung zu beugen.

Es sind Mißstände gravierender Art, die die Idee der Menschenrechte jeweils vor Ort auf die Tagesordnung bringen, und darüber geraten auch außerhalb Europas die althergebrachten Ordnungen und Kulturen mit sich selbst in Konflikt. In Ostasien, Südostasien, Südasien und im weiten Bereich islamischen Einflusses werden Kulturen korporatistisch-kollektivistischer, patriarchaler und paternalistischer Ausrichtung fragwürdig. Hier wiederholt sich eine geschichtliche Erfahrung Europas.[14]

Der Vorgang ist nicht geschmeidig und schon gar nicht folgt er einer Linearität. Er läßt widerborstige fundamentalistische Bewegungen entstehen, denen Menschenrechte allermeist zuwider sind.[15] Aber gleichzeitig verbrei-

---

[14] Kulturell betrachtet sind die einschlägigen Problemlagen in den diversen Kulturbereichen durchaus unterschiedlich gelagert. S. hierzu meine Überlegungen in Teil I des in Anmerkung 12 zitierten Buches.

[15] S. hierzu den vorzüglichen, weltweit beobachtbare Empirie aufarbeitenden Beitrag von Christoph Marx: Fundamentalismus und Nationalstaat, in: Ge-

ten sich auch politische Bewegungen, die sich die Verwirklichung von Menschenrechten, Rechtsstaatlichkeit und Demokratie zum Ziel gesetzt haben.[16] Natürlich sind in Gesellschaften mit relativem Entwicklungserfolg die Aussichten für Menschenrechte und Demokratie größer als in Gesellschaften, die sich in einer chronischen Entwicklungskrise ohne derzeitige Aussicht auf Lösung befinden. Darin liegt der Unterschied, beispielhaft formuliert, zwischen Taiwan und Ägypten.

IV

Noch weit in dieses Jahrhundert hinein wurden in Deutschland antiwestliche »deutsche Werte« verfochten. Auch wurden im Realsozialismus »sozialistische Werte« gegen bürgerliche ausgespielt. In islamischen Gesellschaften werden heute »islamische Werte« propagiert. Und die Autokraten Asiens, aber auch die fundamentalistischen Autoren im arabisch-islamischen Raum argumentieren heute genauso wie Thomas Mann einst. Bei letzteren gibt es überdies eine erstaunliche Übereinstimmung in der Argumentation mit der sogenannten »theokratischen Konterrevolution« katholischer Provenienz, die sich in der ersten Hälfte des 19. Jh. heftig gegen das humanistische Geschichts-, Kultur- und Menschenbild der französischen Revolution und natürlich gegen jede Form des Liberalismus aussprach.[17]

Die weltweite Kulturkampfszene, zu dessen Kern heute der Menschenrechtsdiskurs gehört, ist also wohlvertraut. Ihr wirklicher Schauplatz sind einzelne Gesellschaften *innerhalb* der jeweiligen Kulturbereiche. In ihnen wird ein »clash within civilizations« durchgefochten; der »clash of civilizations«, wie ihn Huntington prognostizierte, bleibt demgegenüber eine Chimäre.[18] Dieser Sachverhalt hat einen bemerkenswerten Seiteneffekt:

---

schichte und Gesellschaft, Bd. 27, 2001, S. 87-117. Ebenfalls Wolfgang Reinhard (Hg.): Die fundamentalistische Revolution. Partikularistische Bewegungen der Gegenwart und ihr Umgang mit der Geschichte, Freiburg 1995.

16 S. Rainer Tetzlaff (Hg.): Menschenrechte und Entwicklung, Bonn 1993; Thomas Risse u.a. (Hg.): The Power of Principles. International Human Rights Norms and Domestic Change, Cambridge 1999.

17 S. hierzu Johann Baptist Müller: Religion und Politik, Berlin 1997, Teil IV.

18 S. hierzu auch Carl Gershman: The Clash Within Civilizations, in: Journal of Democracy, Bd. 8, Nr. 4, 1997, S. 165-170 – eine Kritik an Huntington, die mit meiner eigenen völlig in Übereinstimmung ist (s. Anm. 12, Kap. 7). Die diesbe-

Erleichtert wird der internationale Kulturdialog, weil in ihm nämlich nicht länger in sich stimmige, gewissermaßen monolithhafte oder homogene Kulturen aufeinander treffen, sondern Kulturen, die mit sich selbst in Konflikt geraten sind.

Ob schließlich und endlich an vielen Orten der Welt die Idee der Menschenrechte obsiegen und diese Idee sich in erschütterungsfeste menschenrechtsfreundliche politische Ordnungen übersetzen wird, das sind Fragen, deren Antwort offen ist. Aber wie einst in Europa, so wird auch außerhalb Europas die Antwort nicht von uralten kulturellen Vorprägungen abhängen, die einen solchen Übergang vermeintlich erleichtern oder behindern. Entscheidend werden politische Kräftekonstellationen im Kontext von Entwicklungsprozessen sein, die erfolgreich sind oder aber mißlingen – oder, was häufiger zu beobachten sein wird, die sich in der Spannung zwischen Erfolg und Mißerfolg bewegen. Darin, nicht in der kulturellen Erblast ist das unsichere weitere Schicksal der Menschenrechte begründet.

---

züglichen Inkonsistenzen in den Publikationen von Samuel Huntington arbeitet Jacob Heilbrunn in dem Artikel The Clash of Samuel Huntingtons, in: The American Prospect, Nr. 39, 1998, S. 22-28 heraus.

Europa und die Idee der Menschenrechte

von Reetta Toivanen

Einleitung

Wer die Idee der Menschenrechte analysieren mag, sollte die eigene Position hierzu verdeutlichen, indem er die eigenen Einschränkungen von Menschenrechten thematisiert. Die Geschichte der Menschenrechte kann man unterschiedlich erfassen. Während einige Autoren über eine fast natürliche Evolution des Menschen und der Menschenrechte schreiben[1], weisen andere eher auf die Zufälle und Mißerfolge der politischen Ordnungen Europas als die entscheidenden Auslöser für die Entwicklung von Menschenrechtsstandards hin.[2] Wird der Begriff Europa mit der Idee der Menschenrechte zusammengebracht, denken die meisten an die christlich-abendländischen Traditionen, die griechische antike Philosophie und die Aufklärung, die ideologisch eine Grundlage der Revolutionen in Frankreich und Amerika waren.[3]

Die geschichtliche Herleitung der Idee der Menschenrechte wird oft chronologisch aufgezeichnet und ihre Entwicklung über Jahrtausende weg nachgezeichnet, um dort anzulangen, wo sie heute steht.[4] Wer sich eher um eine diachronische Analyse der Ursprünge der Idee der Menschenrechte bemüht, hat mit dem Inhalt des Begriffs zu kämpfen: Menschenrechte set-

---

1 Kühnhardt, Ludger. 1987. Die Universalität der Menschenrechte. Studie zur ideengeschichtlichen Bestimmung eines politischen Schlüsselbegriffs, München.

2 Zur kritischen Analyse gegenwärtiger Menschenrechtsentwicklungen siehe Chandler, David. 2006. On the Limits of the Human Rights Approach, in Brosig, Malte (Hrsg.) Human Rights in Europe – A Fragmented Regime. Frankfurt am Main: 275-304.

3 Siehe hiezu Bielefeldt, Heiner. 2006. Philosophie der Menschenrechte. Darmstadt: 2. Aufl.

4 Siehe Donelly, Jack. 2003. Universal Human Rights in Theory and Practice. Ithaca NY: Cornell University Press, 2nd ed.

zen ein Menschenbild voraus, ein Verständnis von Humanität, von deren Eigenschaften und Handlungspotentialen.[5] Wenn der Begriff Menschenrecht nicht erwähnt wird, kann man trotzdem über ein Menschenrechtsdenken sprechen? Wenn in Texten nur über Rechte der Bürger oder über Rechte von Männern mit gewissen gesellschaftlichen Statuspositionen die Rede ist, kann man wirklich behaupten, es handele sich um ein ›Evolutionsstadium‹ der Idee der Menschenrechte?

In meinem Beitrag werde ich ideenhistorische Prozesse ausblenden und einen eher Arendtschen Ausgangspunkt[6] wählen: Menschen werden nicht, auch nicht in Europa, mit gleichen Rechten geboren. Sie verfügen jedoch über das Potential, gemeinsam den Weg zu wählen, sich dafür zu entscheiden, einander gleich zu behandeln und zu respektieren. Diesen Ansatz wähle ich nicht deshalb, weil ich die elementare Wichtigkeit der ideengeschichtlichen Prozesse nicht anerkennen mag, sondern da sie in diesem kurzen Beitrag nicht angemessen und kritisch genug beleuchtet werden können.

Statt einer teleologischen Betrachtungsweise, die unabdingbar folgt, wenn nach Wurzeln einer Idee gesucht wird, wird in diesem Beitrag die Analyse der derzeitigen Institutionalisierung der Idee der Menschenrechte fokussiert. Zunächst wird die europäische institutionelle Umsetzung der Menschenrechte beleuchtet, danach diskutiert, wie europäisch das Menschenrechtdenken ist, bzw. welche Merkmale dafür bezeichnend sind. Am Ende folgt eine Beschäftigung mit dem Pendeln zwischen den Ideen oder Idealismen des europäischen Menschenrechtsdenkens und des praktischen oder realen Menschenrechtshandelns.

Gleichzeitig ist es wichtig zu betonen, daß die Idee und ihre Verwirklichung nicht unbedingt zwei Seiten einer Medaille sind, auch wenn nach dem Zweiten Weltkrieg die abendländischen Traditionen in der Welt mit der Gründung der Vereinten Nationen als die ideologischen Gewinner schienen. Die aufklärende Modernisierung der Staaten Europas konnte seine Bürger nicht davor schützen, genauso die fürchterlichsten Menschen-

---

5 Ignatieff, Michael. 2001. Human Rights as Politics. New Jersey: Princeton University Press.

6 Arendt, Hannah. 1973 (1951). The Origins of Totalitarism. New York. Harcourt Brace Jovanovich, S. 310. New edition with added prefaces.

rechtsverletzungen auszuführen wie die Staaten, die sich diesen humanistischen Ideologien nicht anschließen. Insofern scheint es eine falsche Vermutung zu sein, Menschenrechte seien in Europa selbstverständlicher zu Hause als an anderer Stelle auf unserem Globus. Wie Michael Ignatieff bemerkt, sehen die Staaten Europas und die USA keinen Widerspruch darin, sich einerseits an der Ausformulierung universeller Rechte zu beteiligen, anderseits aber im eigenen Land die Rechte der Menschen zu verletzen.[7]

Heiner Bielefeldt zufolge haben Menschenrechte immer eine Protestbewegung gegen konkret erfahrenes Unrecht dargestellt.[8] Die Proteste richteten und richten sich gegen strukturelle Unrechtserfahrungen, die mit dem Umbruch der Gesellschaft zur Moderne und damit verbundenen Krisen und Turbulenzen zusammenhängen.[9] Menschenrechte bieten Schutz gegen Willkür durch den Staat. Die globale Verbreitung des Menschenrechtsdiskurses hat damit zu tun, daß sie die Interessen der Machtlosen vorantreiben. Menschenrechte sind deswegen ein globales Phänomen, da sie sich von einem ›westlichen Menschenrechtsdenken‹ lösen und in die lokale historische, kulturelle und politische Situationen flexibel ›übersetzt‹ werden können.[10]

Europa und die Idee der Menschenrechte werden häufig als natürlich sich ergänzende und sich womöglich gegenseitig befruchtende Substrate zusammengeführt. Hier darf nicht vergessen werden, inwieweit hinter den Versuchen, Menschenrechte als etwas natürlich Europäisches zu vereinnahmen, politische Interessen stehen. Gerade in der Gegenwart, wenn die Euphorie, die nach der ›Wende‹, nämlich dem Zusammenbruch der Sowjetunion und der sozialistischen Regimes, entstand, langsam bröckelt, wird eindeutig, daß niemals eine monolithische ›Menschenrechtsidee‹ hinter den europäischen Menschenrechtspolitiken und -praktiken gestanden hat. Das

7 Ignatieff, op. cit. Fn. 5, S. 6-7.

8 Heiner Bielefeldt. 2007. Ideengeschichte(n) der Menschenrechte, in Janz, Nicole und Thomas Risse (Hrsg.) Menschenrechte – Globale Dimension eines universellen Anspruchs, Frankfurt a.M.:, 117-185, hier S. 178.

9 Ibid. http://www.flwi.ugent.be/cie/bielefeldt3.htm – N_6_#N_6_

10 Bielefeldt, ibid.; Ignatieff op. cit. FN. 5, S.7-8. Siehe auch Merry, Sally Engle. 2006. Transnational Human Rights and Local Activism: Mapping the Middle. American Anthropologist (108) 1, 38-51.

Beispiel von Rußland zeigt, wie empfindlich das heutige Menschenrechtssystem ist. Die europäischen Menschenrechtsorganisationen stehen vor der Frage, ob die erreichten Standards sinken werden oder ob vielleicht ganz neue, unerwartete ›Ideen‹ die früher als stabil bedachte Basis des Menschenrechtsdenkens ersetzen werden.

1. Die europäischen Menschenrechtsschutzsysteme

Was sind Menschenrechte und wo und wie werden ihre Inhalte definiert? Nach Thomas Risse können Menschenrechte universale Gültigkeit nur dann erlangen, wenn sie positiv verrechtlicht sind; legalisiert in internationalen Abkommen und Institutionen.[11] Aus juristischer Perspektive betrachtet, bilden die Allgemeine Erklärung für Menschenrechte aus 1948 und die zwei internationalen Pakte, der Internationale Pakt über bürgerliche und politische Rechte und der über wirtschaftliche, soziale und kulturelle Rechte aus 1966, in denen die Artikel der Erklärung juristisch verbindlich festgelegt und präzisiert wurden, die Grundlage der Menschenrechte. Sie werden *International Bill of Rights* genannt. Die Vereinten Nationen nehmen international die Vorreiterrolle in der Entwicklung der Menschenrechte ein. Die Rahmen von Menschenrechten können als inklusiv und expansiv bezeichnet werden. Hiermit wird darauf hingewiesen, daß menschenrechtliche Schutzmechanismen auf immer mehr Themen und Bereiche angewandt werden können. Die letzte neue Konvention behandelte die Rechte der Behinderten und wurde in Rekordzeit verabschiedet.[12] Doch viele neue Konventionen, die z.B. die Rechte der Indigenen oder sexueller Minderheiten schützen sollen, gehen nur schleppend voran. Große politische Anstrengungen sind notwendig, um einen Kompromiß über die Themen und vor allem die Inhalte von Rechten zu erreichen. Bei der Formulierung der Rechte sind vor allem Mitgliedsländer der UNO beteiligt, Experten und heutzutage zunehmend die zivilgesellschaftlichen Akteure.

---

[11] Risse, Thomas. 2007. Menschenrechte als Grundlage der Weltvergemeinschaftung? Die Diskrepanz zwischen Normanerkennung und Normeinhaltung, in Janz, Nicole und Thomas Risse (Hrsg.) Menschenrechte – Globale Dimensionen eines universellen Anspruchs. Baden-Baden: S. 17-37.

[12] http://www.un.org/disabilities/, besucht im April 2008.

Auf dem europäischen Kontinent haben sich inzwischen alle Staaten den völkerrechtlichen Bestimmungen der UNO unterworfen. Zusätzlich zu den internationalen Menschenrechtssystemen gibt es regionale Institutionen. Das regionale Menschenrechtsorgan Europas ist der Europarat. Zusätzlich zu seinen teilweise rechtlich verbindlichen Richtlinien und Verträgen werden Menschenrechte in der Organisation der Sicherheit und Zusammenarbeit in Europa und in der Europäischen Union weiter umgesetzt, wie auf der Ebene der Diplomatie als Rechtsgut.

Der Europarat wurde gleich nach dem Zweiten Weltkrieg gegründet. Zu seinen wichtigsten Aufgaben gehören der Schutz und die Stärkung der Prinzipien der Demokratie, der Menschenrechte und der Rechtsstaatlichkeit in seinen Mitgliedstaaten. Die Konferenz über Sicherheit und Zusammenarbeit in Europa (OSZE) wurde im Jahr 1975 in Helsinki gebildet. Ihr Ziel ist die Sicherung des Friedens und der Wiederaufbau nach Konflikten. Heute gehören 56 Mitgliedstaaten der OSZE an. Die Europäische Union (früher die Europäische Gemeinschaft) strebt eine Friedenversicherung durch Prosperität und gemeinsames Handeln an. Spielten anfangs die Menschen an sich und Menschenrechte im Besonderen keine nennenswerten Rollen in der Organisation, so hat die EU nach und nach die Menschenrechte in ihrer Agenda aufgenommen. Seit Anfang März 2007 wurde aufbauend auf der Europäischen Stelle zur Beobachtung von Rassismus und Fremdenfeindlichkeit eine Agentur der Europäischen Union für Grundrechte errichtet. Heute sind 27 Staaten Mitglieder der EU.

Europarat

Der Europarat wurde bald nach dem Ende des Zweiten Weltkriegs im Jahr 1949 gegründet. Das Ziel dieser Organisation ist »eine engere Verbindung zwischen seinen Mitgliedern zum Schutze und zur Förderung der Ideale und Grundsätze, die ihr gemeinsames Erbe bilden, herzustellen und ihren wirtschaftlichen und sozialen Fortschritt zu fördern.«[13] Als Bedingung zur Mitgliedschaft stellt der Europarat die Verpflichtung für jedes Mitglied fest, »den Grundsatz der Vorherrschaft des Rechts und den Grundsatz an[zuerkennen], daß jeder, der seiner Hoheitsgewalt unterliegt, der Men-

---

[13] Statut des Europarates, Angenommen in London am 5. Mai 1949, Kapitel I, Art 1 (a).

schenrechte und Grundfreiheiten teilhaftig werden soll.«[14] Da eine Grundsatzverpflichtung auf die Menschenrechte bereits in der Satzung festgeschrieben ist, existiert eine klare politische Bindung zwischen der Mitgliedschaft und der Zustimmung zu den geltenden Menschenrechtsbestimmungen.[15]

Die Konvention zum Schutze der Menschenrechte und Grundfreiheiten des Europarats (EMRK)[16] wurde im Jahr 1950 verabschiedet und trat bereits drei Jahre danach in Kraft. Die EMRK basiert in vielerlei Hinsicht auf der Allgemeinen Erklärung der Menschenrechte der Vereinten Nationen (UN).[17] Doch anders als bei den Vereinten Nationen gab es in Europa den politischen Willen, eine Konvention zu schaffen, die die Vertragsstaaten zur Unterordnung verpflichten. Artikel 46 der EMRK lautet: »Die Hohen Vertragsparteien verpflichten sich, in allen Rechtssachen, in denen sie Partei sind, das endgültige Urteil des Gerichtshofs zu befolgen.« Eckart Klein kommentiert: »Der EMRK kommt eine zentrale Bedeutung für die Freiheitsgewährleistung der Menschen im europäischen Rechtsraum zu.«[18] In der Konvention wurden bürgerliche und politische Rechte betont, soziale Rechte sind mit einer getrennten Konvention, der Europäischen Sozialcharta, abgedeckt.[19]

Mit der EMRK wurde der Europäische Gerichtshof für Menschenrechte gegründet, der 1949 seine Arbeit aufnahm. Der Gerichtshof überwacht die Einhaltung der Konvention durch die Mitgliedstaaten. Ferner sollte ein ständiger Gerichtshof geschaffen werden, der nach Erschöpfung des inner-

---

14 Ibid. Kapitel II, Art. 3.

15 Tomuschat, Christian. 1996. Menschenrechte und Minderheitenschutz, in Neuhold, Hanspeter und Simma, Bruno (Hrsg.) Neues europäisches Völkerrecht nach dem Ende des Ost-West Konfliktes? Baden-Baden: 89-110, hier S. 93. Nichtsdestoweniger konnten auch Staaten wie die Türkei oder Rußland, in denen Menschenrechte bisher nicht zum politischen Alltag gehören, Europaratsmitglieder werden.

16 Verabschiedet im Rahmen des Europarats am 4.11.1950, in Kraft seit 1953.

17 Resolution 217 A (III) vom 10.12.1948, http://www.unhchr.ch/udhr/lang/ger.htm (abgerufen im April 2008).

18 Klein, Eckart. 2000. Menschenrechte in Europa, Menschenrechts-Magazin, Themenheft: 50 Jahre Europäische Menschenrechtskonvention, 8-20.

19 ETS 163 – European Social Charter (revised), 03.05.1996.

staatlichen Instanzenzuges zuständig ist und über Individualbeschwerde oder Staatenbeschwerde angerufen werden kann. Die Pläne wurden erst mit dem Protokoll 11 vollständig.[20] Zusätzlich zu der EMRK hat der Europarat inzwischen 200 weitere Übereinkommen, Abkommen oder Konventionen zum Schutz der Menschenrechte in verschiedenen Lebensbereichen verabschiedet.[21]

Die Stelle eines Menschenrechtskommissars wurde im Jahr 1999 mit einer Resolution vom Ministerrat eingeführt.[22] Der Kommissar hat die Aufgabe, Reformen und neue Methoden zum Schutz von Menschenrechten zu entwickeln und zu fördern. Als nicht-juridische Institution kann er keine Individualfälle behandeln, darf dagegen aber unabhängig, auf der Basis von eindeutiger Evidenz, generelle oder einzelne Individuen betreffende Menschenrechtsverletzungsthemen aufgreifen und behandeln. Eine wichtige Aufgabe des Mandats ist die Förderung eines Bewußtseins, d.h. Menschenrechtsbildung. Dabei wurde den mittel- und osteuropäischen Staaten große Aufmerksamkeit gewidmet, den ›westlichen‹ Mitgliedstaaten jedoch weniger.[23]

Organisation für Sicherheit und Zusammenarbeit in Europa (OSZE)[24]

»Die Teilnehmerstaaten betonen, daß Fragen der Menschenrechte, Grundfreiheiten, Demokratie und Rechtsstaatlichkeit ein internationales Anliegen

---

20 Protokoll Nr. 11 zur Konvention zum Schutze der Menschenrechte und Grundfreiheiten, über die Umgestaltung des durch die Konvention eingeführten Kontrollmechanismus SEV-Nr.: 155. Das Protokoll wurde am 11. Mai 1994 in Straßburg zur Unterzeichnung aufgelegt und trat am 1. November 1998 allgemein in Kraft. Es wurde von allen Mitgliedsstaaten unterzeichnet und ratifiziert.

21 Für eine vollständige Auflistung, siehe http://conventions.coe.int/Treaty/Commun/ListeTraites.asp?CM=8&CL=GER (abgerufen im April 2008).

22 RESOLUTION (99) 50 on the Council of Europe Commissioner for Human Rights, adopted by the Committee of Ministers on 7 May 1999 at its 104th Session.

23 Mahler, Claudia. 2004. Menschenrechtsbildung des Europarates, in Mahler, Claudia und Mihr, Anja (Hrsg.) Menschenrechtsbildung – Bilanz und Perspektiven, Wiesbaden: 105-116, hier S. 114.

24 Die offizielle Umbenennung der Konferenz über die Sicherheit und Kooperation in Europa wurde am 1. Januar 1995 wirksam (entschieden während des KSZE-Treffens in Budapest im Dezember 1994).

sind, da die Achtung dieser Rechte und Freiheiten eine der Grundlagen der internationalen Ordnung darstellt.«[25]

Der diplomatische Austausch zwischen den Regierungen der beiden militärischen Organisationen der NATO und des Warschauer Paktes während einer europäischen Sicherheitskonferenz resultierte im Jahr 1975 in der Annahme der Helsinki-Schlussakte.[26] In diesem Dokument wurde erstmalig der Versuch unternommen Frieden, Sicherheit und den Respekt und die Einhaltung der Menschenrechte miteinander zu verknüpfen. In den Folgekonferenzen für Sicherheit und Zusammenarbeit in Europa entwickelte man verschiedene Instrumente zur Stabilisierung Europas und der Friedensarbeit weiter. Für die sozialistischen Länder brachte die Organisation die Anerkennung der Grenzen der Nachkriegsordnung und einen stärkeren wirtschaftlichen Austausch mit dem Westen. Im Gegenzug machte der ›Ostblock‹ Zugeständnisse bei den Menschenrechten.[27] Nach dem Zusammenbruch der Sowjetunion Anfang der 1990er Jahre, als sich die Angst um Sicherheit in Europa verstärkte, wurde die ›menschliche Dimension‹ der KSZE verstärkt. Zur vertieften Behandlung der Menschenrechtsperspektive sind vor allem das Kopenhagener Dokument vom 1990[28] und das Dokument von Moskau vom 1991[29] besonders zu erwähnen. Hier wird vertieft über die menschliche Dimension referiert, und die Mitgliedstaaten haben sich geeinigt, die gemeinsame Sicherheit und den Schutz der Menschenrechte als legitime Angelegenheit aller Mitgliedstaaten zu betrachten.

Das Büro für Demokratische Institutionen und Menschenrechte (ODIHR) wurde ursprünglich mit der Charta von Paris als Büro für freie Wahlen

---

[25] Dokument des Moskauer Treffens der Konferenz über die Menschliche Dimension der KSZE, vom 10. September bis 4. Oktober 1991 in Moskau, http://www.-osce.org/documents/odihr/1991/10/13995_de.pdf, (abgefragt im März 2008).

[26] OSZE / KSZE 1975, Helsinki Schlussakte, Bulletin 102/1975, Presse- und Informationsamt der Bundesregierung.

[27] Narten, Jens. 2006. The Human Dimension: The OSCE's Approach to Human Rights, in Brosig, Malte (Hrsg.) Human Rights in Europe – A Fragmented Regime. Frankfurt a. M.: 102-117.

[28] Dokument des Kopenhagener Treffens der Konferenz über die Menschliche Dimension der KSZE, vom 5. bis 29. Juni 1990 in Kopenhagen, http://www.-osce.org/documents/odihr/1990/06/13992_en.pdf, abgefragt im März 2008.

[29] Op. Cit. Fn. 25.

gegründet. Im Jahr 1992 wurde das Mandat erweitert und mit der Namensänderung die Erweiterung des Mandats unterstrichen. Das ODIHR ist die operative Institution der OSZE im Bereich der menschlichen Dimension. Die Einhaltung der Verpflichtungen der Mitgliedstaaten wird jährlich überprüft. Die OSZE ist hauptsächlich damit befaßt, politische und diplomatische Maßnahmen zur Konfliktprävention, zur Vermeidung von ethnischen und nationalen Konflikten in Ost- und Mitteleuropa zu entwickeln.[30] Der OSZE wird immer wieder vorgeworfen, Doppelstandards einzuführen, da einige der westlichen Staaten die Aktivitäten z.B. des Hochkommissars für Nationale Minderheiten in ihren Hoheitsgebieten untersagt haben.

Europäische Union (EU)

»Menschenrechte, Demokratie und Rechtstaatlichkeit sind grundlegende Werte der Europäischen Union. Sie sind in den Gründungsverträgen verankert und wurden durch die Annahme einer Grundrechte-Charta weiter gestärkt. Länder, die der EU beitreten wollen oder Handels- und sonstige Abkommen mit der EU geschlossen haben, sind zur Einhaltung der Menschenrechte verpflichtet.«[31]

Wenn die Europäische Union heute mit Nachdruck den Stellenwert der Menschenrechte betont, so war dies zu Beginn ihres Bestehens anders. Noch zur Zeit der früheren Europäischen Gemeinschaft schienen soziale und kulturelle Anliegen gegenüber der Verwirklichung eines einheitlichen Binnenmarktes von zweitrangiger Bedeutung. Im Vertrag von Amsterdam hat die EU die Inhalte und Verpflichtung der Europäischen Konvention über Menschenrechte anerkannt.[32] Im Vertrag über die Europäische Union (EUV) wird ausdrücklich festgestellt, daß die Menschenrechte zu den Grundsätzen gehören, die allen Mitgliedsstaaten der Union gemeinsam

---

30 Toivanen, Reetta. 2004. Organisation für Sicherheit und Zusammenarbeit in Europa: Menschenrechtsbildung als Mittel zum Frieden, in Mahler, Claudia und Mihr, Anja (Hrsg.) Menschenrechtsbildung – Bilanz und Perspektiven, Wiesbaden: 93-103.

31 Kurz gefasst: Über die Tätigkeitsbereiche der Europäischen Union. Menschenrechte, http://europa.eu/pol/rights/overview_de.htm, (abgefragt im April 2008).

32 Estébanez 1997, 158; *Maria Estébanez*, The Protection of National or Ethnic, Religious and Linguistic Minorities, in: Nanette Neuwahl / Allan Rosas (Hrsg.), The European Union and Human Rights, The Hague 1995, S. 133-163, S. 136.

sind und auf denen die Union beruht. Artikel 6 Absatz 1 EUV befaßt sich ausführlich mit den Grundsätzen der Demokratie, der Achtung von Menschenrechten und Grundfreiheiten sowie der Rechtsstaatlichkeit.[33] In der Charta der Grundrechte der Europäischen Union[34] ist zum ersten Mal in der Geschichte der Europäischen Union in einem einzigen Text die Gesamtheit der bürgerlichen, politischen, wirtschaftlichen und sozialen Rechte der europäischen Bürger sowie aller im Hoheitsgebiet der Union lebenden Personen zusammengefaßt. Dadurch könnte die konkreter verfaßte Charta die vage Bestimmung des Artikels 6 EUV, die für alle Mitgliedstaaten gilt, mit Leben erfüllen.[35] Die Rechte in der Charta sind in sechs große Kapitel unterteilt: Würde des Menschen, Freiheiten, Gleichheit, Solidarität, Bürgerrechte und justizielle Rechte. Die Charta der Grundrechte der EU enthält auch ein eindeutiges Nichtdiskriminierungsgebot in Art. 21 und Art. 22, nach dem die Union die Vielfalt der Kulturen, Religionen und Sprachen zu achten hat.[36]

Seit Anfang März 2007 wurde aufbauend auf der Europäischen Stelle zur Beobachtung von Rassismus und Fremdenfeindlichkeit eine Agentur der Europäischen Union für Grundrechte errichtet.[37] Deren Ziel besteht darin, den relevanten Organen und Einrichtungen der Gemeinschaft und ihrer Mitgliedstaaten bei der Durchsetzung des Gemeinschaftsrechts in Bezug auf die Grundrechte Unterstützung zu gewähren und ihnen Fachkenntnisse bereitzustellen, um ihnen die uneingeschränkte Achtung der Grundrechte zu erleichtern. Selbst wenn die Agentur bestimmte Bereiche beobachtet und überwacht (Diskriminierung, Rassismus, Xenophobie, Frauenrechte), die durch Menschenrechtsverträge geschützt sind, verwendet die EU die

---

33 Nowak, Manfred. 2001. Einführung in das Internationale Menschenrechtssystem. Vienna.

34 Charter of Fundamental Rights of the European Union. Official Journal of the European Communities. C 364, 18. Dezember 2000.

35 Siehe Mahler, Claudia und Toivanen, Reetta. 2004. Nationale und ethnische Minderheiten im Prozeß der Erweiterung der Europäischen Union, Europa Ethnica, 1-2/2004, 16-20.

36 Ibid.

37 Verordnung (EG) Nr. 168/2007 des Rates vom 15. Februar 2007 zur Errichtung einer Agentur der Europäischen Union für Grundrechte, Amtsblatt der Europäischen Union, 22.2.2007, L53.

Formulierung Grundrecht statt Menschenrecht, was als ein strategische Entscheidung wahrgenommen werden kann.

Für Staaten wie etwa Kroatien, die Türkei und die ehemalige jugoslawische Republik Mazedonien, die sich momentan um eine Mitgliedschaft in der EU bemühen, gelten die so genannten ›Kopenhagener Kriterien‹. Der Europäische Rat hatte diese im Jahr 1993 für die künftige Erweiterung der Union ausformuliert. Demnach muß ein Beitrittskandidat als Voraussetzung für die Mitgliedschaft nachfolgende Kriterien erfüllen:

- Stabilität der Institutionen, Demokratie, Rechtsstaatlichkeit, Menschenrechte sowie Achtung und Schutz der Minderheiten (politisches Kriterium);
- funktionierende Marktwirtschaft (wirtschaftliches Kriterium);
- die Übernahme der gemeinschaftlichen Regeln, Standards und Politiken, welche die Gesamtheit des EU-Rechts darstellen (Kriterium der Übernahme des Besitzstandes der Gemeinschaft, *acquis communautaire*).

Der gesamte *acquis communautaire* umfaßt 80.000 Seiten Rechtsgut. Es handelt sich hauptsächlich um wirtschaftliche und administrative Regelungen, welche die Beitrittsländer umsetzen müssen. Die Regelungen zum Menschenrechtsschutz sind im *aquis* auf einem rudimentären Niveau. Gerade diese Kriterien haben Kritik hervorgerufen, da die gleichen Forderungen nicht für die Mitgliedstaaten gelten. Es stellt sich die Frage, wie die EU von den neuen Mitgliedstaaten höhere Standards verlangen kann als die jetzigen Mitglieder anbieten.

2. Europäische Merkmale der Menschenrechte

Wie der vorige Abschnitt verdeutlicht, proklamieren alle Interregierungsorganisationen Europas heute Menschenrechte. Auch wenn Staaten wie Deutschland und Österreich nicht an der Formulierung der Allgemeinen Erklärung der Menschenrechte beteiligt waren, wird davon ausgegangen, daß das zugrunde liegende Menschenbild ein westliches, inter alia europäisches und christlich-abendländisches sei. Alle Organisationen, wie der Europarat, die OSZE und die EU, begründen ihre Existenz und Aufgabenbereiche mit dem Respekt für Menschenrechte. Insofern sind Menschenrechte eindeutig eine Idee, die auf dem europäischen Kontinent breite Zustimmung findet. Menschenrechte zu proklamieren ist ›in‹ in europäischen Organisation. Fraglich ist, mit welcher Motivation und Wirkung die Proklamierung eines einheitlichen Rechtsraums Europa vollzogen wird. Wo werden die Grenzen des ›Europäischen‹ gezogen, geschieht dies auf Kosten derer, die nicht eingeschlossen werden? Eine Betrachtung der heutigen Bemühungen um eine gemeinsame Immigrationspolitik in Europa läßt den Eindruck entstehen, die Idee der Menschenrechte sei ein Wort ohne große Bedeutung.

Unterscheiden sich die Organisationen anderswo in der Welt von den europäischen Organisationen? Die Afrikanische Union, die im Jahre 1963 ins Leben gerufen wurde, richtete sich auf Selbstbestimmung der Staaten gegen Kolonialismus und Rassismus aus.[38] Die Anstrengungen im Bereich der Menschenrechte waren eher gering.[39] Die Afrikanische Charta der Rechte der Menschen und Völker (Banjul Charta) wurde erst nach massiven öffentlichen Druck von Seiten der Vereinten Nationen, Nichtregierungsorganisationen und einzelnen afrikanischen Staaten verfaßt und trat 1986 in Kraft.[40] Diese wie ebenfalls die Gründungscharta der Organisation der Amerikanischen Staaten (OAS) vom Jahr 1948 schenkt den Menschenrechten kaum Aufmerksamkeit.[41] Die Amerikanische Menschenrechtskonvention, die 1978, neun Jahre nach ihrer Verabschiedung, in Kraft trat, hat zum Ziel, die persönlichen Freiheiten und soziale Gerechtigkeit auf der Grundlage der Achtung der wesentlichen Menschenrechte zu schützen. Interessanterweise spricht die Präambel nicht über die Völker Amerikas, sondern über die amerikanischen Staaten.[42] Der Amerikanische Gerichtshof für Menschenrechte kann nicht direkt von Einzelpersonen aufgerufen werden.[43] Im arabischen Raum hat die Liga der Arabischen Staaten 1994 die Arabische Charta der Menschenrechte verabschiedet. Die Charta stellt in ihrer Präambel einen Bezug zur Allgemeinen Erklärung der Menschenrech-

---

38 Nmehielle, Vincent O. 2001. The African Human Rights System. Dortrecht u.a. S. 67ff.

39 Toivanen, Reetta und Mahler, Claudia. 2006. Menschenrechte im Vergleich der Kulturen. Nordhausen: S. 56.

40 Ibid. S. 56-57.

41 Kokott, Juliane. 1986. Das interamerikanische System zum Schutz der Menschenrechte, Beiträge zum ausländischen öffentlichen Recht und Völkerrecht, Band 92. Berlin.

42 American Convention on Human Rights, adopted at the Inter-American Specialized Conference on Human Rights, San José, 22. November 1969, 18. Juli 1987 in Kraft getreten.

43 Toivanen und Mahler op. Cit. Fn. 39, S. 64.

te der UNO her. Dennoch sind dort mehrere Artikel zu finden, die aus der Perspektive der Menschenrechte problematisch sind, auch fehlt bspw. ein Artikel über Religionsfreiheit.[44] Die Charta ist mangels ausreichender Ratifikationen noch nicht in Kraft. Ein Vergleich anderer regionaler Bemühungen, Menschenrechte zu verankern mit den europäischen, bestätigt die Annahme, Menschenrechte seien, anders als sonst wo auf der Erde, ein Teil der Idee oder Ideologie Europas.

Justus Schönlau (hinweisend auf Andrew Williams, 2004) verweist auf eine spezifische europäische Narrative oder einen Mythos über Menschenrechte, mit dem die Europäische Union Definitionsmacht über die politischen Weltbeziehungen vorantreibt. Schönlau zufolge hat die Europäische Union eine zwiespältige Beziehung zu den Menschenrechten: diese werden einerseits als eine europäische Idee und ein Teil der gemeinsamen Traditionen der Mitgliedstaaten Europas angeführt, die Europa und damit den Europarat und die Europäische Union zusammen hält. Andererseits sind Menschenrechte ein wichtiger Bestandteil der EU-europäischen Außenpolitik geworden; mit ihnen werden viele der politischen Aktionen der EU legitimiert.[45]

Dieser Zwiespalt zeigt sich auch in den Berichten von Amnesty International: Alle der derzeit 27 EU-Mitgliedstaaten werden im Bericht von 2007 als Staaten angeführt, in denen erhebliche menschenrechtliche Probleme zu Tage treten.[46] Kennzeichnend sind die Menschenrechtsdialoge, die seit einigen Jahren von der EU führt werden. Zielländer sind Länder wie Rußland, China und der Iran. Gegen Serbien, Burma (Myanmar) und Simbabwe hat die EU bereits Sanktionen wegen Menschenrechtsverletzungen verhängt.[47] Um ihrem Engagement für die Menschenrechte weltweit Ge-

---

44 Übersetzt und gedruckt in: Menschenrechte – Dokumente und Deklarationen. 2004. Bundeszentrale für Politische Bildung, Schriftenreihe 397. Bonn.

45 Schönlau, Justus. 2007. Courts, Charters and Conventions: The Institutionalisation of Human Rights Protection in the European Union, in Brosig, Malte (Hrsg.) Human Rights in Europe – A Fragmented Regime. Frankfurt a. M.: 85-101, hier S. 99. Siehe auch Andrew Williams. 2004. EU Human Rights Policies: A Study in Irony. Oxford: Oxford UP.

46 Amnesty International Report 2007, www.thereport.amnesty.org.

47 Siehe unter http://ec.europa.eu/external_relations/human_rights/doc/ghd12_01.-htm (abgefragt in April 2008).

wicht zu verleihen, finanziert die EU seit 1994 die Europäische Initiative für Demokratie und Menschenrechte.[48] Für den Zeitraum 2007-2013 stehen für diese Initiative über 1,1 Milliarden Euro bereit. Das Ziel der Initiative ist, langfristig die Achtung der Menschenrechte und die Stärkung der Demokratie zu fördern. Die Arbeitsbereiche sind unter anderem die Stärkung der Demokratie (Zusammenarbeit mit der Zivilgesellschaft zur Förderung der politischen Vielfalt; freie Medien, funktionierendes Rechtssystem), die Abschaffung der Todesstrafe, die Bekämpfung der Folter durch Prävention und die Bekämpfung von Rassismus und Diskriminierung.

Seit 1992 enthalten alle Handels- und Kooperationsabkommen mit Drittländern eine Klausel, der zufolge die Menschenrechte wesentlicher Bestandteil der Beziehungen zwischen den Parteien sind. Über 120 solcher Abkommen sind bereits geschlossen worden.[49]

3. Pendel zwischen Idealismus und Realismus

In folgenden Bereichen verstoßen europäische Staaten unter anderem regelmäßig gegen Menschenrechte: Asylrecht, Diskriminierung, Menschenhandel, Gewalt gegen Frauen, Anti-Terrorismus-Gesetze und -politik. Die europäischen Organisationen wie der Europarat konnten das Problem nicht lösen, was getan werden soll, wenn eigene Mitglieder permanent anerkannte Menschenrechte verletzen. Ende 2007 waren alleine von Rußland 20.300 Verfahren beim Europäischen Gerichtshof für Menschenrechte anhängig, d.h. eingeleitet, aber noch nicht entschieden. Wenn die große Zahl an anhängigen Verfahren über den Erfolg des Europäischen Menschenrechtsgerichtshofs Auskunft gibt – Menschen haben gelernt ihn zu benutzen, insgesamt waren Ende 2007 80.000 Verfahren auf der Warteliste –, machen die Zahlen gleichzeitig deutlich, wie lange die potentiellen Opfer auf die Entscheidungen warten müssen. Insofern besteht, aus einer rechtlichen Perspektive betrachtet, in Europa eine Diskrepanz zwischen versprochenen und gegebenen Menschenrechten, dem was die Staaten und Staatengemeinschaften vereinbart haben, und dem, was sie ›anbieten‹.

---

48 Siehe mehr unter http://europa.eu/scadplus/leg/de/lvb/r10110.htm (abgefragt im April 2008).

49 Kurz gefaßt: EU. Op. Cit. Fn. 31.

Die europäischen Interregierungsorganisationen haben ihre thematischen Schwerpunkte: Sicherheit und Frieden (OSZE), Demokratie und Menschenrechte (Europarat), Freihandel und ähnliche Lebensstandards (EU). Was alle Organisationen teilen, ist das Selbstbild, eine Institution zu sein, die Menschenrechte fördert. Dies zeigt sich insbesondere bei der Behandlung dritter Länder, die nicht Mitglieder sind. Insofern scheint die Feststellung angemessen, die Europäische Idee der Menschenrechte werde oftmals als ein Exportgut gehandelt. Insbesondere im Bereich Entwicklungshilfe oder Menschenrechtsdialoge scheinen die wirtschaftlichen Interessen die humanitären oft zu überbieten.

Europäische eigene Menschenrechtsprobleme wie wachsender Antisemitismus, Rassismus und Diskriminierung oder unangemessene sicherheitspolitische Entscheidungen im Namen des Anti-Terrorismus, Verletzungen im Bereich Privatsphäre, Familie oder die Gewährung fairer Verfahren, sind nicht im Zentrum der Menschenrechtspolitik dieser europäischen Organisationen.

Es bleibt bei einer eher pessimistischen Schlußfolgerung: Menschenrechte sind auch in Europa eine erst zu verwirklichende Kategorie. Trotz der Erklärungen in Gremien der Europäischen Union, in der OSZE, dem Europarat und den einzelnen Mitgliedsländern ist Menschenrechtsbildung kein konsequenter Umsetzungsschwerpunkt geworden.[50] Die einzelnen Bildungsprogramme sind zu sporadisch und zu schwach koordiniert, daß die Menschenrechte, selbst wenn sie definitiv als ein Grundwert der Idee ›Europa‹ angesehen werden können, ihre Inhalte und Mechanismen auch in Europa nicht in allen Bereichen gepflegt werden. Solange für die Bevölkerung Europas diese Standards nicht gelten, ist ihr Einsatz für eine Einhaltung in anderen Regionen ein fragliches Unterfangen.

50 Mahler, Claudia, Mihr, Anja und Toivanen, Reetta. 2008. The UN Decade for Human Rights Education 1995-2004 and its contribution on the furtherance of the rights of national minorities in Europe, in ders. (Hrsg.) The United Nations Decade for Human Rights Education and the Inclusion of National Minorities, Frankfurt a.M.

Die neuzeitliche Idee der Menschenrechte in ihrer geschichtlichen Entwicklung

von Uwe Voigt

Vorbemerkung

Von der geschichtlichen Entwicklung einer Idee zu sprechen scheint paradox zu sein. Gehört es nicht zum klassischen Begriff der Idee, daß sie unveränderlich ist?[1] Als etwas Unwandelbares, das sich selbst immer gleich bleibt, scheint eine Idee daher keine wie auch immer geartete Entwicklung durchlaufen zu können. Anders verhält es sich jedoch, wenn es sich bei einer bestimmten Idee um einen Komplex von Ideen handelt, der als solcher schon nicht mehr vollkommen einfach ist[2]. Liegt eine Vielzahl von Ideen vor, so impliziert dies die Möglichkeit einer Entwicklung zumindest in dem Sinne, daß diese vielen Ideen aus je verschiedenen Perspektiven erfaßt werden können, was ihre wechselseitigen Beziehungen jeweils anders hervortreten läßt.

Auf eine exemplarische Weise trifft dies auf »die« Idee der Menschenrechte zu. Wie bereits der Sprachgebrauch nahe legt, treten die Menschenrechte stets im Plural auf. Zudem werden sie gleichnishaft gerne als individuelle Sterne an der Himmelssphäre verortet. Indem etwa Antigone in der gleichnamigen Tragödie des Sophokles ihr Recht darauf einfordert, ihren Bruder zu bestatten[3], beruft sie sich auf die schöne und zugleich rechte Ordnung des Kosmos, in den das ungeschriebene Gesetz als Vorläufer der neuzeitlichen Menschenrechtsideen eingeschrieben ist[4]. »Wenn der Ge-

---

1 Vgl. Platon, Symposion, 210 E 4 ff.; ders., Phaidon, 78 D 1 ff.

2 Vgl. ders., Sophistes, 251 A 5 ff.

3 Vgl. Sophokles, Antigone, in: ders., Werke in zwei Bänden, Bd. 1, übers. u. hg. v. Dietrich Ebener, S. 226 (Verse 450-460).

4 Vgl. Nikolitsa Georgopoulou-Nikolakakou, Die Geburt des Menschenrechtsgedankens in der europäischen (griechisch-römischen) Antike, in: Verf. (Hg.), Die

drückte nirgends Recht kann finden, / Wenn unerträglich wird die Last – greift er / Hinauf getrosten Mutes in den Himmel / Und holt herunter seine ew'gen Rechte, / Die droben hangen unveräußerlich / Und unzerbrechlich wie die Sterne selbst«, läßt Friedrich Schiller den Stauffacher im »Wilhelm Tell« sagen[5].

Der in der irdischen Wirklichkeit bedrängte, um sein Recht betrogene Mensch blickt und greift dort hinauf, im Vertrauen darauf, daß die himmlischen Wesenheiten allen zugänglich, aber keinem korrumpierenden Einfluß ausgesetzt sind. Die einzelnen Menschenrechte bilden dabei zusammengenommen gewissermaßen ein Sternbild, eine Konstellation[6]. Und wie im Fall der Sternbilder kann auch die von den Menschenrechten gebildete Struktur auf unterschiedliche Weisen erkannt werden – was für die einen der Große Wagen ist, halten die anderen für eine große Schöpfkelle. Wie wir heute zudem wissen, sind Sternbilder nicht unveränderlich. Ihre Gestalt wandelt sich aufgrund der Eigenbewegung der Gestirne unmerklich über erdgeschichtliche Epochen hinweg. Die »wahre« Gestalt der Konstellationen kann daher erst von einer Vielzahl von Standpunkten her ermittelt werden, die über Raum und Zeit verteilt sind: Die vielen möglichen Perspektiven leisten jeweils ihren Beitrag dazu, den Ort und den einzelnen Impuls der Sterne herauszufinden und auf dieser Grundlage zu berechnen, wie sich der Anblick des jeweiligen Sternbildes allmählich kinematisch verändert.

Von einer Entwicklung der Idee der Menschenrechte im skizzierten Sinne zu reden, führt also nicht zu einem radikalen Pluralismus (ebenso wenig freilich zu einem plumpen Objektivismus). Diese Rede legt es vielmehr nahe, daß jede einzelne der vielen Perspektiven notwendig ist, um das Gesamtphänomen auf eine möglichst objektive Weise in den Blick zu bekommen – auch wenn dabei jeweils nur, bzw. immerhin, eine asymptoti-

---

Menschenrechte im interkulturellen Dialog, Frankfurt am Main u.a. 1998, S. 63-72, dort S. 63 f.

5 Vgl. Friedrich Schiller, Wilhelm Tell, hg. v. Gerd Ebersberg, Hollfeld 1997, S. 47 (Zweiter Aufzug, zweite Szene, Verse 1275-1280).

6 Zu Ideen als Konstellationen bzw. Konfigurationen vgl. Walter Benjamin, Ursprung des deutschen Trauerspiels, hg. v. Rolf Tiedemann, Frankfurt am Main 1978, S. 17 ff.

sche Annäherung an eine allgemein verbindliche Erkenntnis geleistet werden sollte und der Erkenntnisprozeß dabei für das Einnehmen neuer, noch nicht berücksichtiger Perspektiven offen bleibt. In der Folge soll die Untersuchung dieses Prozesses auf die okzidentale Neuzeit begrenzt bleiben, nicht zuletzt deshalb, weil die heute geltenden Menschenrechtsdokumente in einer Phase politisch-ökonomischer Dominanz der westlichen Kulturen entstanden sind. Damit soll nicht behauptet werden, diese Kulturen hätten einen »privilegierten Zugang« zum Phänomen der Menschenrechte; ihr Standpunkt ist lediglich als derjenige eines bislang übermächtigen Mitgestalters von gewissem Interesse.

Was zeichnet sich innerhalb der genannten Grenzen als vorläufiges Resultat dieses Erkenntnisprozesses ab? In der Folge wird die These vertreten, daß sich die geschichtliche Entwicklung der Idee der Menschenrechte in der europäischen Neuzeit nach den Elementen der bekannten Parole der Französischen Revolution »Freiheit – Gleichheit –Brüderlichkeit« strukturiert. Zwar ist dieser Slogan bekanntlich auf eher zufällige Weise zustande gekommen[7]. Aber daraus zu folgern, daß sich deshalb darin nur kontingente Gehalte ausdrücken, wäre ein genetischer Fehlschluß. Auch ein Satz, der sich durch das zufällige Arrangement von Buchstaben auf Spielsteinen ergibt, kann eine bestimmte Bedeutung besitzen, die durch jenes zufällige Entstehen nicht entwertet wird.

1. Die Phase der Freiheit (14.-18. Jh.)

In der frühen Neuzeit vertieft sich in Europa das Bewußtsein einer Freiheit, die primär als negativ erfahren wird: als Freiheit des Menschen gegenüber der Natur, gegenüber seinen Mitmenschen und gegenüber den religiösen Traditionen. Die »Würde des Menschen« besteht dabei gerade darin, nicht von vornherein an eine bestimmte Ordnung gebunden zu sein und daher all seine Bindungen freiwillig eingehen und auch wieder revidieren zu können. Diese Befreiung wird unterstützt von einer Technologie, die keine streng verpflichtenden Vorgaben mehr kennt, weil sie im Zuge des spät-

---

7 Vgl. Mona Ozouf, Freiheit – Gleichheit – Brüderlichkeit. In: dies., Das Pantheon / Freiheit – Gleichheit – Brüderlichkeit. Zwei französische Gedächtnisorte. Dt. v. Hans Thill, Berlin 1996, S. 39-93, insbes. 45ff.

mittelalterlichen Nominalismus die Annahme vorgegebener Wesensformen zurückweist[8].

Durch die technische Arbeit an der Natur manifestiert der Mensch seine eigene »Herrlichkeit« und besteht deshalb darauf, auch seinerseits von seinen Mitmenschen nicht als bloßes Objekt behandelt zu werden. Prinzipiell jeder Mensch kann und soll vielmehr den Anspruch erheben, in seiner subjektiven Eigenständigkeit anerkannt zu werden. Dies gilt insbesondere im Bezug zu Institutionen und Traditionen, die nunmehr als Hervorbringungen des menschlichen Geistes gelten und diesem gegenüber daher keine überlegenen Rechte besitzen können. Das Individuum hat Recht – im Zweifelsfall auch und gerade gegen die Instanzen, die das öffentliche Zusammenleben prägen. Die herrschenden Institutionen geraten zunehmend unter den Verdacht, die Freiheit des Menschen zu gefährden, weil auch sie nicht mehr an verbindliche Vorgaben gebunden sind. Dieser Verdacht betrifft selbst die kirchlichen und staatlichen Hierarchien, insofern sie nur noch als menschliche Machtmittel verstanden werden. Die in ihrem Bestand bedrohten Hierarchien versuchen ihrerseits, sich als harte politische Realitäten zu etablieren, was wiederum den Widerstand gegen sie verschärft. Diese Entwicklung erfährt ihre erste Eskalation bereits 1378, als ein Papstschisma die religiöse Einheit Europas jahrzehntelang zerrüttet und der Tod Karls IV. die allmähliche Auflösung der politischen Ordnung des Spätmittelalters einleitet[9].

Die sich herausgefordert fühlende Freiheit wendet sich nun gegen alles, was sie potenziell einschränken oder gar vernichten könnte. Daher realisiert sie sich als eine Menge negativer Freiheiten, als deren primärer Träger immer mehr das Individuum herausgearbeitet wird. Zunächst geschieht dies noch innerhalb der ständischen Ordnung des Mittelalters als ein Streben nach »Freiheiten« für die einzelnen Stände[10]. Je länger, desto intensiver

---

8 Vgl. dazu Verf., »Freiheit – Gleichheit – Brüderlichkeit«: Die Entwicklung des Menschenrechtsgedankens in der Neuzeit unter geschichtsphilosophischem Aspekt, in: ders. (Hg.), Die Menschenrechte im interkulturellen Dialog, Frankfurt am Main u.a. 1998, S. 83-104, v.a. 86f.

9 Vgl. Karl Seibt, Karl IV. Ein Kaiser in Europa 1346 bis 1378, Nachdr. d. 5. Aufl., München 1994, S. 398ff.

10 Vgl. Gerhard Oestreich, Geschichte der Menschenrechte und Grundfreiheiten im Umriß, Berlin ²1978, S. 27.

wendet sich das Freiheitsstreben jedoch gegen die vorgefundenen Ordnungen als solche, die als Erbe mittelalterlichen Hierarchiedenkens auch von den neuzeitlichen Institutionen angegriffen werden und daher von zwei Seiten her unter Druck geraten. In der Aufklärungszeit zielen die Rechtsgarantien schon nicht mehr auf die Stände ab, sondern darauf, den Einzelnen aus der Standesordnung herauszubrechen[11].

Durch die schrittweise Entfaltung seiner Freiheiten gegen alle Hemmnisse erlebt sich der neuzeitliche Mensch also selbst. Aus diesem Erleben heraus artikuliert er seine Menschenrechte als Freiheiten. Bei Martin Luther begegnet zunächst die »Freiheit eines Christenmenschen«. Es ist dies die Freiheit des Menschen, den die göttliche Gnade aus dem bloß natürlichen, nach wie vor von Herrschaftslogik geprägten Bereich der Natur heraushebt. Diese primär religiöse Freiheit bringt jedoch auch politische Freiheiten mit sich: Religionsfreiheit und Freizügigkeit als Rechte des Einzelnen Reichsbürgers gegenüber seiner Territorialherrschaft. Ab 1555 dürfen Individuen im Römischen Reich Deutscher Nation einen Herrschaftsbereich verlassen, dessen Konfession sie nicht teilen. Jean Calvin fordert darüber hinaus das Recht auf freie Mitgestaltung des politischen Lebens, allerdings noch vor dem Hintergrund der mittelalterlich-ständischen Lehre vom Recht auf Widerstand gegen eine ungerechte Obrigkeit[12].

Die Erfahrungen mit institutioneller Gewalt, von denen die frühe Neuzeit geprägt ist – Religionskriege, Standeskriege, Durchsetzung des absolutistischen Staates – führen daher zu einem Ringen um »Menschenrechte … als Abwehrrechte«[13]. Exemplarisch schlagen sich diese Bemühungen in der englischen Habeas-Corpus-Akte von 1679 nieder, die Schutz vor willkürlicher Verhaftung gewährt und dabei – anders als vorausgehende mittelalterliche Dokumente – für englische Staatsbürger beliebigen Standes und sogar in den Kolonien gilt[14]. Sie verbürgt dem Einzelnen insbesondere das

---

[11] Vgl. Gerd Kleinheyer, Gleichheit in Aufklärung und Vormärz. In: Ernst-Wolfgang Bockenförde u.a. (Hg.), Von der ständischen Gesellschaft zur bürgerlichen Gleichheit, Berlin 1980, S. 7-31.

[12] Vgl. G. Oestreich (wie Anm. 10), S. 30ff.

[13] Vgl. Frank Pietzcker, Entstehung und Entwicklung der Menschenrechte, Frankfurt am Main 1981, S. 20.

[14] Vgl. Wolfgang Heidelmeyer (Hg.), Die Menschenrechte. Erklärungen, Verfassungsartikel, Internationale Abkommen, Paderborn u.a. [4]1997, S. 53f.

Recht auf körperliche Unversehrtheit und garantiert ihm dadurch die dauerhafte Beheimatung in seiner Lebenswelt, aus der ihn Folter herauszureißen droht[15]. Dieser zunächst englische Menschenrechtsdiskurs reichert sich im Lauf der Zeit an um das explizite Recht auf Sicherheit der Person, das Recht auf Eigentum und das Recht auf Freiheit (»life, liberty, property«) als die drei prinzipiell und absolut gültigen Menschenrechte[16].

Heute gelten diese Menschenrechte als Freiheitsrechte (Unversehrtheit von Leib und Leben). Freiheit wird hier in Gestalt von negativen Freiheiten konkret, die auch ohne revolutionäre Umschwünge dem jeweiligen Staat abgetrotzt und eingeschrieben werden können. Der zunächst absolute Machtanspruch des Staates wird dabei durch die Gegenmacht der Rechtsstaatlichkeit (»rule of law«) begrenzt[17]. Dadurch sollen individuelle Freiräume entstehen, die jeglicher obrigkeitlicher Willkür entzogen bleiben.

Aus dieser Freiheits-Bewegung heraus ist auch die Gründung der Vereinigten Staaten von Amerika zu verstehen. Deren Grunddokument, die ›Virigina Bill of Rights‹, verkündet die von Natur aus gegebene Freiheit und Unabhängigkeit aller Menschen und entwirft auf dieser Grundlage die Konzeption eines Staates, in dem sich individuelle Freiheit ungefährdet und möglichst uneingeschränkt vollziehen kann[18]. Der Staat wird dadurch in einem konstituiert und restringiert; so ist eher die Rede davon, was ein Staat unterlassen sollte, als von seinen positiven Zielbestimmungen. »Life, liberty and pursuit of happiness« des Individuums bilden den Kerngehalt des amerikanischen Traums. Die erste Phase des neuzeitlichen Menschenrechtsdenkens erlebt ihren Höhepunkt demnach auf dem Boden der »Neuen Welt«.

Natur, Gesellschaft und Religion stellen sich demzufolge in der europäischen Neuzeit immer mehr als Erfahrungssphären menschlichen Freiheitsstrebens dar; der letzte Sinn dieser Sphären scheint eben darin zu bestehen, menschlicher Freiheit zu dienen. Zwar sprachen auch vorneuzeitliche

15 Vgl. Gustav Keller, Die Psychologie der Folter, Frankfurt am Main 1981, S. 51ff.

16 Vgl. Ludger Kühnhardt, Die Universalität der Menschenrechte, Bonn ^{2}1991, S. 48ff.; Manfred Bröcker, Die Grundlegung des liberalen Verfassungsstaates. Von den Levellern bis zu John Locke, München 1995.

17 Vgl. G. Oestrreich (wie Anm. 10), S. 64.

18 Vgl. W. Heidelmeyer (wie Anm. 14), S. 15 f.

Denkrichtungen dem Menschen Freiheit zu, banden diese aber gleichzeitig wieder an philosophische oder theologische Ordnungsvorstellungen zurück. Nun dreht sich diese Perspektive um: Die Freiheit ist das Wesen des Menschen[19], woraus alle anderen seiner Bestimmungen erwachsen.

Im Kontext dieser Freiheit stehen auch die beiden in der frühen Neuzeit vorherrschenden philosophischen Strömungen: Der *Rationalismus* sieht im Menschen ein geistiges Subjekt spontaner Handlungen, das die Sinnstrukturen der erfahrbaren Welt erst hervorbringt und daher über den innerweltlichen Bedingungen steht[20]. Der Mensch wird so »Herr und Eigentümer der Natur«[21], der selbst keinem Sach-Zwang unterworfen ist. Für den *Empirismus* ist der Mensch das jeweilige Zentrum konkreter Erfahrungen und Willensakte, die sich nicht durch als rein sekundär geltende Allgemeinbegriffe oder Ideen erfassen lassen, und soll sich dementsprechend als ein derartiges Zentrum bewahren[22]. Gegen die Subsumierung des konkre-

---

19 Vgl. Giovanni Pico della Mirandola, De hominis dignitate / Über die Würde des Menschen. Lat.-dt., übers. v. Norbert Baumgarten, hg. v. August Buck, Hamburg 1990, S. 4/5 ff.; G. Oestreich (wie Anm. 10), S. 65.

20 Vgl. René Descartes, Discours de la Méthode / Von der Methode des richtigen Vernunftgebrauchs und der wissenschaftlichen Forschung. Frz.-dt., übers. u. hg. v. Lüder Gäbe, Hamburg 1960, S. 66/67 (V, 1); ders., Meditationes de prima philosophia / Meditationen über die Grundlagen der Philosophie, hg. v. Lüder Gäbe, Hamburg ²1977, S. 78/79-82/83 (III, 19-21); dazu Jordino Assis dos Santos Marques, Einige Aspekte des Menschenbildes bei Descartes, o.O., o.J. (Diss. Freiburg im Breisgau), v.a. S. 188 ff.

21 R. Descartes, Discours (wie Anm. 20), S. 101 (VI, 2).

22 Vgl. Francis Bacon, Neues Organon. Lat.-dt., Teilbd. 2, hg. v. Wolfgang Krohn, Hamburg 1990, S. 280/281; John Locke, Versuch über den menschlichen Verstand, Bd. I-II, Hamburg ⁴1981, v.a. Bd. 1, S. 11; dazu Wolfgang Röd, Die Philosophie der Neuzeit 2. Von Newton bis Rousseau, München 1984, S. 32 ff., v.a. S. 34; Willi Zimmermann, Vom Bewußtsein zum Diskurs. Eine Untersuchung zum Verhältnis von Erkenntnistheorie und politischer Theorie am Beispiel der empirisch-analytischen Theorie von John Locke und David Hume, Zürich 1980, S. 440 ff.; Peter Zerb, Zur Semantik gesellschaftlicher Freiheit. Eine Analyse des Freiheitsbegriffs bei Thomas Hobbes, John Locke, Jean-Jacques Rousseau, Thomas Paine und John Stuart Mill, Frankfurt am Main 1987, S. 11 ff.; Siegfried König, Zur Begründung der Menschenrechte: Hobbes – Locke – Kant, München 1990, S. 69 ff.

ten Individuums unter verfremdende Allgemeinbegriffe richtet sich etwa bei Locke und Voltaire der Appell an die öffentliche Meinung angesichts ganz bestimmter Menschenrechtsverletzungen[23]. Die Gestaltung dieser Position variiert abhängig von den jeweiligen Erfahrungen der Theoretiker[24]: Teils lassen sie mit Hobbes das Recht des Menschen lediglich darin bestehen, sich gegen extreme Einschränkung und Auslöschung seines Lebens wehren zu dürfen[25]; teils schreiben sie dem Menschen das Recht darauf zu, sein Leben in individueller Freiheit auf der Grundlage selbst erworbenen Eigentums[26] innerhalb einer von ihm selbst bestimmten Staatsform[27] zu führen.

Auch und gerade bei Immanuel Kant, der Rationalismus und Empirismus zu einer Synthese bringt, artikuliert sich das neuzeitliche Freiheitsbewußtsein im Gegenüber zur Natur. Ihm zufolge lehrt die erwachende Vernunft den Menschen, »er sei eigentlich Zweck der Natur, und nichts, was auf Erden lebt, könne hierin einen Mitbewerber gegen ihn abgeben. Das erstemal, daß er zum Schafe sagte: der Pelz, den du trägst, hat dir die Natur nicht für dich, sondern für mich gegeben, ihm in abzog, und sich selbst anlegte …: ward er eines Vorrechts inne, welches er, vermöge seiner Natur, über alle Tiere hatte, die er nun nicht mehr als seine Mitgenossen an der Schöpfung, sondern als seinem Willen überlassene Mittel und Werkzeuge

23 Vgl. W. Röd (wie Anm. 22), S. 171 ff.

24 Vgl. Hermann Schmidt, Seinserkenntnis und Staatsdenken. Der Subjekts- und Erkenntnisbegriff von Hobbes, Locke und Rousseau als Grundlage des Rechtes und der Geschichte, Tübingen 1965; Gerhard Streminger, David Hume. Sein Leben und sein Werk, Paderborn u.a. 1994, S. 341 ff.

25 Vgl. Wolfgang Röd, Die Philosophie der Neuzeit 1. Von Francis Bacon bis Spinoza, München 1978, S. 164 ff.; S. König (wie Anm. 22), S. 84 ff.; Peter Cornelius Mayer-Tasch, Thomas Hobbes und das Widerstandrecht, Tübingen 1965, S. 83 ff.

26 Vgl. John Locke, Two Treatises of Government. A Critical Edition With an Introduction and Apparatus Criticus by Peter Laslett, Cambridge 1964, S. 303 ff. (Treat. II, Chap. C: »Of Property«); dazu Johannes Hahn, Der Begriff des *property* bei John Locke. Zu den Grundlagen seiner politischen Philosophie, Frankfurt am Main u.a. 1984; S. König (wie Anm. 22), S. 150 ff.

27 Vgl. G. Streminger (wie Anm. 24), S. 220 f.

zu Erreichung seiner beliebigen Ansichten ansah«[28]. Mit der ›Natur *des* Menschen‹ meint Kant dabei die rein formale Vernunftanlage, deren Entfaltung den Menschen aus den ihn umgebenden naturalen Bindungen löst[29]. Im Anschluß an Kant thematisieren auch Johann Gottlieb Fichte[30] und Friedrich Wilhelm Joseph Schelling[31] den Menschen als Person, d.h. als ein von Freiheit gekennzeichnetes Wesen, das zum einen der Welt überlegen gegenübersteht und zum anderen stets in eine konkrete innerweltliche Situation eingebunden ist. In dieser Situation hat sich die individuelle Freiheit jeweils angesichts der Freiheit der anderen innerweltlich begegnenden Personen einzuschränken und deren gleiche Freiheit anzuerkennen. Damit stehen diese Ansätze des Deutschen Idealismus für eine Wende des Menschenrechtsdenkens, die sich Ende des 18. und Anfang des 19. Jahrhunderts vollzieht und neben der Freiheit die Gleichheit in den Mittelpunkt des Interesses rückt.

---

28 Immanuel Kant, Mutmaßlicher Anfang der Menschengeschichte, in: Werke in sechs Bänden, hg. v. Wilhelm Weischedel, Darmstadt 1975, Bd. IV, S. 90 f.

29 Vgl. ebd., S. 88 ff.; siehe dazu Friedo Ricken, Homo noumenon und homo phaenomenon. Ableitung, Begründung und Anwendbarkeit der Formel von der Menschheit als Zweck an sich selbst, in: Otfried Höffe (Hg.), Grundlegung zur Metaphysik der Sitten. Ein kooperativer Kommentar, Frankfurt am Main ²1993, S. 234-252; S. König (wie Anm. 22), S. 186 ff.

30 Vgl. Johann Gottlieb Fichte, Wissenschaftslehre movo methodo. Kollegnachschrift K. Chr. Fr. Krause 1798/99, hg. u. eingel. v. Erich Fuchs, Hamburg 1982, S. 49 ff. (§§ 3 ff.); dazu Wolfgang H. Schrader, Empirisches und absolutes Ich. Zur Geschichte des Begriffs Leben in der Philosophie J. G. Fichtes, Stuttgart-Bad Cannstatt 1972, v.a. S. 83 ff.; Adalbert Meyer, Freiheit als Prinzip des Bewußtseins. Vergleichende Untersuchung zur einheitsstiftenden Funktion des Freiheitsbegriffs in den Schriften J. G. Fichtes, Frankfurt am Main u.a. 1990, S. 13 ff.

31 Vgl. Friedrich Wilhelm Joseph Schelling, System des transzendentalen Idealismus, eingel. v. Walter Schulz, Hamburg 1986, S. 238 ff.; dazu Joseph A. Bracken, Freiheit und Kausalität bei Schelling, Freiburg-München 1972, S. 19 ff.; Siegbert Peetz, Die Freiheit im Wissen. Eine Untersuchung zu Schellings Konzept der Rationalität, Frankfurt am Main 1995, S. 130 ff.

2. Die Phase der Gleichheit (von der Französischen Revolution bis zum Zweiten Weltkrieg)

Die zunehmende Betonung der Gleichheit der Menschenrechte beruht gerade auf dem Triumph des Freiheitsstrebens, der die immanenten Probleme des Freiheitsgedankens zutage treten läßt: Die französische Erklärung der Menschen- und Bürgerrechte von 1789 war auch dazu gedacht, den freiheitlichen Duktus der früheren amerikanischen Dokumente noch zu übertreffen. Freiheit wurde nunmehr zu einem für Staat und Gesellschaft konstitutiven Prinzip erhoben. Daraus resultierte aber auch ein zunehmendes Bewußtsein der Probleme des in die politische Wirklichkeit umgesetzten Freiheitsbegriffs[32]. Gerade dadurch, daß die Freiheit zum höchsten Prinzip erhoben wurde, fiel es zunehmend schwer, ihre vorhergehende implizite Einheit mit Gleichheit und Brüderlichkeit zu bewahren[33].

Vor allem entstand dadurch folgendes Dilemma: Entweder mußte die Gleichheit zur bloßen rechtlichen Funktion der Freiheit erklärt werden und damit als rein formale Größe dazu dienen, faktisch bestehende Ungleichheiten zu sanktionieren; oder aber, gerade um derartige Ungleichheiten bekämpfen zu können, mußte die Gleichheit gewissermaßen materialisiert, d.h. als je konkreter Anspruch auf die gerechte Teilhabe an bestimmten Gütern verstanden werden[34], was wiederum die Freiheit zu gefährden drohte. Der Kampf gegen vorhandene Ungleichheit führt sogar zu dem Paradoxon, daß die Freiheit im Namen der Freiheit eingeschränkt wird – was wiederum Ungleichheiten heraufbeschwört. Beispielsweise verzichtet die Französische Verfassung von 1791 im Namen der Freiheit auf die Gleichheit des Wahlrechts für alle Zensusklassen, um Stimmenkauf zu vermeiden[35].

---

[32] Vgl. G. Oestreich (wie Anm. 10), S. 63.

[33] Vgl. Ulrich Scheuner, Begriff und rechtliche Tragweite der Grundrechte im Übergang von der Aufklärung zum 19. Jahrhundert, in: E.-W. Böckenförde (Hg.), Von der ständischen Gesellschaft zur bürgerlichen Gleichheit, Berlin 1980, S. 105-110, v.a. S. 107.

[34] Vgl. M. Ozouf (wie Anm. 7), S. 51.

[35] Vgl. E. Jacobi, Freiheit – Gleichheit – Brüderlichkeit. Vorgeschichte und Verlauf der Französischen Revolution von 1789, Frankfurt am Main 1989, S. 66 f.

Die der Theorie und der Verfassung nach Freien, konkret aber ihrer Freiheit Beraubten bzw. deren Vertreter wie die Jakobiner und der Kreis um Babeuf versuchen nun, gleiche Freiheit für alle mit Hilfe des Staates zu erringen[36]. Der Staat wird jetzt nicht mehr als bedrohliche Gegeninstanz der Freiheit erfahren, sondern als ein Instrument zur Abwehr von Bedrohungen der Gleichheit, die aus dem außerstaatlichen Bereich stammen[37]. Dies geht so weit, daß die Jakobiner planen, die Freiheit von in irgendeiner Hinsicht überlegenen Individuen staatlich zu begrenzen, damit sie ihre weniger begabten Mitbürger nicht unterdrücken können. Bezeichnenderweise rangiert in Robespierres Verfassungsentwurf von 1793 Gleichheit vor Freiheit[38]. Im Namen dieser Gleichheit soll der Staat die Opfer gesellschaftlicher Mißstände entschädigen und ein freies Bildungswesen gewährleisten. Die Folgezeit, das 19. und frühe 20. Jahrhundert, ist geradezu vom Kampf um Gleichheitsrechte geprägt: Benachteiligte Gruppen, etwa Arbeiter und Frauen, fordern die ihnen vorenthaltenen Rechte ein, etwa volle Koalitions- und Partizipationsrechte und das allgemeine Stimmrecht[39].

Die zuvor naive, da weitgehend im Hinblick auf ihre faktische Begrenztheit nicht reflektierte Freiheit tritt sich nun gleichsam selbstkritisch gegenüber. Zuvor bedeutete relative Gleichheit eine Voraussetzung der Inanspruchnahme der Freiheit; nun wird die Freiheit zu einem Moment der Gleichheit. Die vorher erstrebte Freiheit war Nicht-Unfreiheit und damit ein unendlicher, positiv beliebig zu bestimmender Begriff. Die jetzt geforderte Gleichheit besteht in einem exakt bestimmbaren Maß an Freiheitsrechten, die sich zunehmend positiv füllen. Dabei handelt es sich nicht mehr nur um Abwehrrechte im Interesse der bürgerlichen Freiheit, sondern auch um Ansprüche einzelner Individuen und Gruppierungen auf je gleiche Chancen zu freier Selbstbestimmung[40].

---

36 Vgl. M. Ozouf (wie Anm. 7), S. 49.

37 Vgl. G. Oestreich (wie Anm. 10), S. 9.

38 Vgl. W. Heidelmeyer (wie Anm. 14), S. 59; dazu M. Ozouf (wie Anm. 7), S. 45.

39 Vgl. F. Pietzcker (wie Anm. 13), S. 47.

40 Vgl. Claus-E. Bärsch, Die Gleichheit der Ungleichen. Zur Bedeutung von Gleichheit, Selbstbestimmung und Geschichte im Streit um die konstitutionelle Demokratie, München 1979, v.a. S. 43 ff.

Diese Ansprüche richten sich an die Gesellschaft und verwenden den Staat als Instrument ihrer Durchsetzung, weil die Situation der Modernisierung einen neuen Typ von Rechtsanspruch hervorbringt: »Das allgemeine Recht auf gleiche subjektive Freiheiten konnte in einem ... veränderten gesellschaftlichen Kontext nicht mehr allein über den negativen Status der Rechtssubjekte gewährleistet werden. Es erwies sich vielmehr als notwendig, einerseits die bestehenden Privatrechtsnormen inhaltlich zu spezifizieren und andererseits eine neue Kategorie von Grundrechten einzuführen, die Leistungsansprüche auf eine gerechtere Verteilung des gesellschaftlich produzierten Reichtums (und einen wirksameren Schutz vor gesellschaftlich produzierten Gefahren) begründen«[41].

In der für diese Periode exemplarischen Verfassung der Französischen Republik von 1848 finden sich dementsprechend unter anderem die Rechte auf Teilhabe am freien Elementarunterricht (Art. 9), Schaffung menschengerechter Verhältnisse auf dem Arbeitsmarkt und soziale Fürsorge (Art. 13) aufgelistet[42]. Anders als 1789 handelt es sich bei diesen Rechte nun allerdings nicht mehr als allgemeine *Menschen*rechte, sondern um *Bürger*rechte, die nur innerhalb des jeweiligen Staates gelten, da nur dieser in seinem Binnenraum Gesellschaft und Wirtschaft entsprechend regulieren kann. Auch die Grundrechte der Verfassung des Deutschen Reiches, die von der Verfassungsgebenden Nationalversammlung in Frankfurt am Main (der »Paulskirche«) 1849 verkündet wurden, kamen lediglich »jedem Deutschen« bzw. »allen Deutschen« zu[43]. Immerhin wird darin zukunftsweisend auch den »nicht deutsch redenden Volksstämmen Deutschlands« das Recht eingeräumt, ihre kulturelle Identität zu bewahren[44].

Zwar berufen sich die Advokaten der Gleichheit immer auch auf die Idee der Freiheit, die gerade durch die Gleichheit aller Freien universal verwirklicht werden soll. Doch stößt dieser Versuch an eine Grenze: Rechtsstaatli-

---

41 Jürgen Habermas, Faktizität und Geltung. Beiträge zur Diskurstheorie des Rechts und des demokratischen Rechtsstaats, Frankfurt am Main [4]1994, S. 485; dazu auch Eibe Riedel, Menschenrechte der dritten Dimension, in: Europäische Grundrechte Zeitschrift 16 (1989) 9-21.

42 Vgl. W. Heidelmeyer (wie Anm. 14), S. 69 f.

43 Vgl. ebd., S. 73-80.

44 Vgl. ebd., S. 79.

che Gleichheitsforderungen lassen sich eben nur im Rahmen eines konkreten Staats durchsetzen. Als Gleichheitsrechte werden die Menschenrechte daher gewissermaßen verstaatlicht: Die einzelnen Staaten deklarieren jeweils in ihrem Territorium geltende Grundrechte, aber keine vor- und überstaatlichen Menschenrechte[45].

Diese Tendenz ist eng mit zwei philosophischen Strömungen des 19. Jahrhunderts verflochten: dem Idealismus Georg Wilhelm Friedrich Hegels und dem Positivismus auf dem Gebiet der Rechtswissenschaft. Laut Hegel vermag sich der abstrakte, von allen konkreten Gegebenheiten absehende Freiheitsanspruch des Einzelnen in der Neuzeit nur als Terror gegen eben diese Gegebenheiten realisieren, wodurch die Freiheit der anderen und letzten Endes auch die je eigene Freiheit vernichtet wird[46]. Erst indem sie sich selbst auf die rechtliche Ordnung im Rahmen eines Staates verpflichtet, gewinnt die individuelle Freiheit Bestand[47]. Das positive Recht des Staates dient dazu, angesichts der vielfältigen Unterschiede unter den Menschen die je gleiche Personwürde des Einzelnen zu schützen: »Der *Mensch gilt* so, *weil er Mensch ist,* nicht weil er Jude, Katholik, Protestant, Deutscher, Italiener usf. ist«[48]. Der Rechtsstaat, unter dem Hegel die konstitutionelle Monarchie versteht, hat die Rechtssicherheit zu wahren und dadurch dafür zu sorgen, daß alle Untertanen einander gleiche Freiheits-

45 Vgl. L. Kühnhardt (wie Anm. 16), S. 77, 87 ff.

46 Vgl. Georg Wilhelm Friedrich Hegel, Phänomenologie des Geistes, neu hg. v. Hans-Friedrich Wessels und Heinrich Clairmont, Hamburg 1988, S. 385 ff. (»Die absolute Freiheit und der Schrecken«).

47 Vgl. ders., Grundlinien der Philosophie des Rechts oder Naturrecht und Staatswissenschaft im Grundrisse, hg. v. Eva Moldenhauer, Frankfurt am Main ^{4}1995, v.a. S. 34 ff. (§ 3) und S. 297 f. (§ 149).

48 Ebd., S. 360 (§ 209); zu diesem viel zitierten Satz vgl. Lothar Dorn, Recht, Moralität und Sittlichkeit in der Sozialphilosophie von Hegel, Münster 1981; Heinz Kimmerle, Die Staatsverfassung als »Konstituierung der absoluten sittlichen Identität« in der Jenaer Konzeption des »Naturrechts«. Der spekulative Charakter von Hegels politischer Philosophie, in: Hans-Christian Lucas / Otto Pöggeler (Hg.), Hegels Rechtsphilosophie im Zusammenhang der europäischen Verfassungsgeschichte, Stuttgart-Bad Canstatt 1986, S. 129-147; Peter Schaber, Recht als Sittlichkeit. Eine Untersuchung zu den Grundbegriffen der Hegelschen Rechtsphilosophie, Würzburg 1989, v.a. S. 65 ff.

spielräume gewähren[49]. Der Positivismus wiederum erklärt nur solche Rechte für gültig, die von einer empirisch greifbaren Instanz – eben dem Staat – verkündet worden sind; »Ungeschriebenes« gilt ihm als unwirklich[50].

In der Phase der Gleichheit erscheint es demnach als geboten, Menschenrechte zu staatlich gewähren Grundrechten zu transformieren. Aus dem Universalitätsanspruch der Menschenrechte wird so das »Selbstbestimmungsrecht der Völker«[51], das es den Völkern einzelner Staaten anheim stellt, welche Grundrechtskataloge sie für sich jeweils wählen.

3. Die Phase der Brüderlichkeit bzw. Geschwisterlichkeit (seit 1945)

»Da ... die Verkennung und Mißachtung der Menschenrechte zu Akten der Barbarei führten, die das Gewissen der Menschheit tief verletzt haben«[52], wurden seit 1945 neue Wege des Schutzes der Menschenrechte gesucht und beschritten. Ausgangspunkt dieser Suchbewegung waren nach wie vor die beiden ersten, in der europäischen Neuzeit entwickelten Dimensionen der Menschenrechte: Freiheits- und Gleichheitsrechte[53]. Diese sollten in zahlreichen Dokumenten für die Staatengemeinschaft verbindlich festgeschrieben werden. Dabei war die Akzentuierung (Freiheit oder Gleichheit) zwischen den Blöcken des Kalten Krieges umstritten: Als Repräsentant des neuzeitlichen Freiheitsstrebens vertraten die USA schon mit der Deklaration der »Vier Freiheiten« von 1941 gleichsam den Freiheitspol[54]; die Staaten des Ostblocks sahen sich als Vorkämpfer sozialer Gleichstellung im Inneren und politischer Gleichberechtigung vor allem der bisherigen Kolonialvölker nach außen. Bei der Konferenz, die zur Allgemeinen Erklärung der Menschenrechte führen sollte, »zeigten sich die gewaltigen Spannungen in

49 Vgl. G. W. F. Hegel (wie Anm. 47), S. 398 ff. (»Dritter Abschnitt: Der Staat«).

50 Vgl. Arthur Kaufmann, Problemgeschichte der Rechtsphilosophie, in: ders. / Winfried Hassemer (Hg.), Einführung in die Rechtsphilosophie und Rechtstheorie der Gegenwart, Heidelberg ^{5}1989, S. 25-142, dort S. 111 ff.

51 Vgl. L. Kühnhardt (wie Anm. 16), S. 87 ff.

52 Allgemeine Erklärung der Menschenrechte vom 10. Dezember 1948, Präambel, in: W. Heidelmeyer (wie Anm. 14), S. 209.

53 Vgl. Felix Ermacora, Menschenrechte in der sich wandelnden Welt, Bd. I: Historische Entwicklung der Menschenrechte und Grundfreiheiten, Wien 1974, S. 539.

54 Vgl. W. Heidelmeyer (wie Anm. 14), S. 31.

der Welt. Die Gegensätze zwischen West und Ost trafen in der Frage aufeinander, ob die klassischen Freiheiten vom Staat oder die ökonomischen und sozialen Ansprüche an den Staat als Basis eines solchen universalen Katalogs anzusetzen seien. Das Rededuell zwischen der freiheitlich-demokratischen und der kommunistischen Welt spitzte sich zu in den beiden Sätzen, hier des Engländers ›Wir wollen freie Menschen, nicht wohlgenährte Sklaven‹, dort des Vertreters der Sowjetunion: ›Freie Menschen können verhungern‹«[55].

Trotz dieser Polarisation kam es zur Allgemeinen Erklärung der Menschenrechte von 1948, die 1966 durch die »UN-Pakte über staatsbürgerliche und politische Rechte« (»Zivilpakt«) sowie »über wirtschaftliche, soziale und kulturelle Rechte« (»Sozialpakt«) ergänzt wurden[56]. Damit erhielten, mit Ausnahme der Garantie des Eigentums, alle zentralen Forderungen der Allgemeinen Menschenrechtserklärung von 1948 völkerrechtliche Verbindlichkeit[57].

Diese drei UN-Dokumente gelten als »Universal Bill of Rights«[58]. In ihnen und insgesamt in der neuesten Geschichte des Menschenrechtsgedankens setzen sich die Errungenschaften, damit aber auch die immanenten Spannungen des neuzeitlichen Ringens um und zwischen Freiheit und Gleichheit fort[59]. Immerhin boten diese Dokumente die Grundlage für Ausgestaltungen auf regionaler Ebene, wobei insbesondere die »Europäische Konvention zum Schutze der Menschenrechte und Grundfreiheiten« zu nennen ist. Durch sie »wurde der internationale Schutz der Menschenrechte und Grundfreiheiten Bestandteil der Völkerrechtsordnung« und »wandelte sich das Individuum zum Völkerrechtsubjekt, und schließlich wurde ein wirksames Rechtsschutzsystem gebaut«[60], das in der Europäischen Menschenrechts-Kommission und in dem Europäischen Gerichtshof für Menschenrechte gipfelt[61].

---

55 G. Oestreich (wie Anm. 10), S. 120.

56 Vgl. W. Heidelmeyer (wie Anm. 14), S. 235 ff.

57 Vgl. F. Ermacora (wie Anm. 53), S. 541 ff.; E. Riedel (wie Anm. 41) 12.

58 Ebd.

59 Vgl. G. Oestreich (wie Anm. 10), S. 120.

60 Ebd., S. 122.

61 Vgl. ebd.

Darüber hinaus erlangt der Menschenrechtsgedanke »am Ende des 20. Jahrhunderts eine neue Dynamik«, denn »der Neuanfang im Rahmen der Vereinten Nationen eröffnete die Möglichkeit, den Menschenrechtsschutz von der nationalen auf die internationale Ebene zu heben und damit die Staaten selbst international verantwortlich zu machen«, weil nun der Mensch und nicht mehr der Staat die Grundlage des Völkerrechts darstellt[62]. Nach ihrer vorstaatlichen Universalität und der darauf folgenden einzelstaatlichen Implementierung in Gestalt von Grundrechten gewinnen die Menschenrechte dadurch eine neue überstaatliche Universalität, die auf der Verpflichtung aller Staaten durch das Völkerrecht beruht.

Nach der Französischen Revolution ließ der (zumindest theoretische) Erfolg des Prinzips der Freiheit das Problem entstehen, daß Freiheit konkret nur im Hindurchgang durch die Gleichheit zu erreichen war. Enthielten nach dem Ersten Weltkrieg die westlichen Siegermächte den farbigen Völkern noch die Anerkennung ihrer Gleichheit vor und verhinderten dadurch, daß eine Menschenrechtscharta des Völkerbundes zustande kam, so sind heute die Ansprüche auf Freiheit und Gleichheit aller Menschen völkerrechtlich verbrieft. Wieder drängt das erfolgreiche Prinzip – diesmal die Gleichheit – jedoch über sich selbst hinaus. Gerade außerhalb des westlichen Kulturkreises macht sich die Einsicht breit, daß Freiheits- und Gleichheitsrechte nur dann angemessen wahrgenommen werden können, wenn das Menschenrecht auf eine umfassende Entwicklung hinzukommt[63]. Diese Forderung richtet sich konstruktiv auf eben jene drei Bereiche, die auf eher negative Weise auch den Beginn des neuzeitlichen Menschenrechtsdenkens in Europa charakterisierten: auf die Erhaltung und Regenerierung der Natur, auf die Bewahrung und Weiterentwicklung der gesellschaftlichen Be-

---

62 Ebd., S. 9; siehe auch Bardo Fassbender, Der Schutz der Menschenrechte als zentraler Inhalt des völkerrechtlichen Gemeinwohls, in: Europäische Grundrechte Zeitschrift 30 (2003) 1-16.

63 Vgl. Johannes Hoffmann (Hg.), Die Vernunft in den Kulturen – das Menschenrecht auf kultureigene Entwicklung, Frankfurt am Main 1995; Holger Scharpenack, Das »Recht auf Entwicklung«. Eine völkerrechtliche Untersuchung der konzeptionellen und normativen Strukturen eines »Menschenrechts auf Entwicklung«, Frankfurt am Main u.a. 1996; Oliver Neß, Das Menschenrecht auf Entwicklung. Sozialpolitisches Korrektiv der neoliberalen Globalisierung, Münster 2004.

ziehungen sowie auf den Schutz und die Entfaltung des kulturellen und religiösen Erbes[64].

In diesen drei Bereichen sah übrigens bereits der mährische Universalgelehrte Johann Amos Comenius (1592-1670) die drei »res humanae«, die Aufgaben, denen sich die Menschheit um der Erhaltung und Entfaltung des Menschseins willen zu widmen habe. Sein zentraler Gedanke war dabei das universale Menschenrecht auf Bildung und Erziehung, das alle Menschen befähigen solle, sich diesen Aufgaben in »allgemeiner Beratung« zu stellen[65].

Auch die heute im westlichen Kulturkreis vorherrschenden philosophischen Ansätze zur Fundierung der Menschenrechte gehen vom Faktum einer verbindlichen Verbundenheit aus. John Rawls leitet dies als eine minimale Menge von Fairnessregeln aus einem Urzustand her, in dem die real bestehenden Ungleichheiten hinter einem »Schleier des Nichtwissens« verborgen bleiben[66]. Rawls weiß darum, daß er dabei mit kulturell geprägten Grundannahmen arbeitet. Er setzt jedoch darauf, daß sich westliche Menschenrechtsstandards durch einen Prozeß des Ausgreifens auf die jeweils strukturell am nächsten stehenden anderen Kulturen weltweit durchsetzen können[67]. Jürgen Habermas beruft sich dagegen auf die Analyse verständigungsorientierter rationaler Kommunikation, die allen Kulturen zugrunde liegt[68]. Beiden Positionen gemeinsam ist die Zentrierung um das in der westlichen Geschichte freigesetzte individuelle Subjekt, wie

---

64 Vgl. Otfried Höffe, Vernunft und Recht. Bausteine zu einem interkulturellen Rechtsdiskurs, Frankfurt am Main 1996, S. 46.

65 Vgl. Verf., »Allen alles auf allseitige Weise lehren« (Johann Amos Comenius). Das Menschenrecht auf Bildung als Bedingung und Inhalt eines interreligiösen Dialogs, in: Manfred Brocker / Mathias Hildebrandt (Hg.), Friedensstiftende Religionen? Religion und die Deeskalation politischer Konflikte. Wiesbaden 2008, 85-97.

66 Vgl. John Rawls, Eine Theorie der Gerechtigkeit, dt. v. Hermann Vetter, Frankfurt am Main [8]1994, v.a. S. 140 ff.

67 Vgl. ders., Das Völkerrecht, in: Stephen Shute / Susan Hurley (Hg.), Die Idee der Menschenrechte, übers. v. Michael Bischoff, Frankfurt am Main 1996, S. 53-103.

68 Vgl. J. Habermas, Faktizität und Geltung. Beiträge zur Diskurstheorie des Rechts und des demokratischen Rechtsstaats, Frankfurt am Main [4]1994, v.a. S. 151 ff.

insbesondere Kritiker aus außerwestlichen Kulturkreisen betonen[69]. Um eine umfassende Konzeption solidarischer Verbindlichkeit – von Brüderlichkeit bzw. korrekter Geschwisterlichkeit – zu entwickeln, ist daher der Dialog mit anderen Sichtweisen des Menschen dringend geboten, wie sie in außerwestlichen Kulturen anzutreffen sind. Diese Dringlichkeit verschärft sich noch dadurch, daß die gleiche Freiheit von Vertretern aller Kulturen wiederum zu neuen Konflikten führt, die seit einiger Zeit als Konflikte der Kulturen interpretiert[70] und in harte politische und militärische Realität umgesetzt werden. Eine Konsequenz dieser Entwicklung ist eine drastische Vorsorgepolitik auf nationaler wie internationaler Ebene, wodurch die geltenden Menschenrechte unter dem – möglicherweise durchaus ernst gemeinten – Vorsatz ihrer Erhaltung drastische Einschränkungen erfahren[71].

Für den erforderlichen Dialog stehen dem Westen zunehmend selbstbewußte Gesprächspartner zur Verfügung. Überwunden ist die Episode, in der die »*Länder der ›Dritten Welt‹* ... zunächst eine formelle, unkritische Anpassung der Menschenrechte an den allgemeinen Denkstandard des Abendlandes mehr gezwungen als selbsttätig [vollzogen], ohne auf die Realantagonismen in ihren verschiedenen hergebrachten Gesellschaftsstrukturen Bedacht zu nehmen und ohne die inneren Widersprüche der Kataloge überdacht zu haben«[72]. Heute sind sich diese Länder der inneren Widersprüchlichkeit westlicher Menschenrechtskataloge sowie der Bedeutung ihrer eigenen kulturellen Traditionen wohl bewußt. Im Gegenzug ist auch innerhalb der westlichen Kultur die Erkenntnis anzutreffen, daß die

---

69 Zu Rawls vgl. Antonio Pérez Estévez, Interkultureller Dialog als Weg zu den Menschenrechten. Eine Auseinandersetzung mit John Rawls aus lateinamerikanischer Perspektive, in: Verf. (Hg.), Die Menschenrechte im interkulturellen Dialog, Frankfurt u.a. 1998, S. 341-349; zu Habermas vgl. Raúl Fornet-Betancourt (Hg.), Die Diskursethik und ihre lateinamerikanische Kritik. Dokumentation des Seminars: Interkultureller Dialog im Nord-Süd-Konflikt. Die hermeneutische Herausforderung, Aachen 1993.

70 Vgl. Samuel P. Huntington, Der Kampf der Kulturen. Die Neugestaltung der Weltpolitik im 21. Jahrhundert, übers. v. Holger Fließbach, München u.a. 1996.

71 Vgl. Cass R. Sunstein, Gesetze der Angst. Jenseits des Vorsorgeprinzips, übers. v. Robin Celikates u. Eva Engels, Frankfurt am Main 2007.

72 F. Ermacora (wie Anm. 53), S. 604.

Menschenrechte zwar in dieser Kultur, immer aber auch gegen erheblichen Widerstand immanenter kultureller Faktoren erkannt und artikuliert worden sind und daher keinen unablösbaren Besitz jener Kultur darstellen[73].

Die anzustrebende Verbindung von Freiheit und Gleichheit auf der Grundlage des gemeinsamen und gemeinsam zu bewahrenden Menschseins gerade in seiner kulturellen Vielfalt eröffnet eine neue Perspektive der Geschwisterlichkeit. Diese besteht im Einsatz der je eigenen Freiheit, die es sich zum Ziel setzt, das gleichberechtigte Anderssein des Anderen zu wahren und zu entfalten. Dies entspricht den ethischen Postulaten, die führende Vertreter der Postmoderne aufgestellt haben[74] – auch wenn diese Vertreter sich nicht als Teilnehmer des Menschenrechtsdiskurses betrachten, da sie diesen nur im Hinblick auf seine potenziell repressiven und anti-pluralistischen ersten beiden Phasen zur Kenntnis nehmen.

Da Freiheit diese Verantwortung nur als freie Antwort übernehmen kann, läßt sich dieses positive Ziel der Freiheit nicht als eine einklagbare rechtliche Bestimmung aufstellen; es ist und bleibt eine moralische Soll-Bestimmung. Diese Erkenntnis drückt sich schon in der Allgemeinen Erklärung der Menschenrechte aus: »Alle Menschen *sollen* einander im Geiste der Brüderlichkeit begegnen«, besagt deren erster Artikel; jedem Menschen gesteht sie den »*Anspruch*« – nicht das *Recht* – »auf eine soziale und internationale Ordnung« zu, »in welcher die in der vorliegenden Erklärung angeführten Rechte und Freiheiten voll verwirklicht werden können« (Art. 28)[75].

Die entsprechenden »Menschenrechte der dritten Dimension« sind aus dem dynamischen Wechselspiel der beiden zuvor entfalteten Dimensionen hervorgegangen und dürfen daher nicht als deren Konkurrenten erachtet werden. Daher ist die Bezeichnung »Menschenrechte der dritten Generation« unglücklich, da sie das allmähliche Absterben der ersten beiden Gene-

---

73 Vgl. Heiner Bielefeldt, Philosophie der Menschenrechte. Grundlagen eines weltweiten Freiheitsethos, Darmstadt 1998, v.a. S. 115 ff.; ders., Menschenrechte in der Einwanderungsgesellschaft. Plädoyer für einen aufgeklärten Multikulturalismus, Bielefeld 2007, S. 43 ff.

74 Vgl. z.B. Jean-François Lyotard, Der Widerstreit, übers. v. Joseph Vogl, München 1987; Emmanuel Lévinas, Humanismus des anderen Menschen, übers. v. Ludwig Wenzler, Hamburg 1989.

75 Zit. nach W. Heidelmeyer (wie Anm. 14), S. 209 u. 214 (Hervorh. Verf.).

rationen, der Freiheits- und Gleichheitsrechte, nahe legt[76]. Geschwisterlichkeit ohne Freiheit ist jedoch genauso absurd wie Geschwisterlichkeit ohne Gleichheit; Geschwisterlichkeit ist vielmehr die wechselseitige Verwirklichung von Freiheit und Gleichheit.

Bezog sich das Freiheitsstreben der ersten Phase auf ein überpositives, vorstaatliches Recht und das Gleichheitsstreben der zweiten Phase auf größtmögliche Positivierung, so entspricht es der Intention der »neuen« Menschenrechte, die bereits erreichten Positivierungen in einen offenen interkulturellen Dialog einfließen zu lassen. Dieser Dialog kann und soll von keiner einzelnen Seite vorherbestimmt werden; sofern er überhaupt stattfindet, ist er selbst schon der Ort, an dem sich die Menschenrechte als gelebte Praxis in ihrem formalen Rechtscharakter selbst übersteigen[77]. Damit ist die Geschwisterlichkeit das vollendende Ideal der Entwicklung der Idee der Menschenrechte, wie wir sie bisher kennen. Zugleich stellt sie gleichsam einen Horizont dar, in dem die schon erreichten Menschenrechte verwirklicht und weiter entwickelt werden können.

4. Ausblick

Im späten 19. Jahrhundert wurde die Sequenz »Freiheit – Gleichheit – Brüderlichkeit« als ein konventionelles Bildungsgut kanonisiert[78] und dadurch zugleich banalisiert[79]. Im Hinblick auf die Entwicklung der Idee der Menschenrechte erweist sich diese Trias allerdings, wie gesehen, als alles andere als banal. Dies erschließt sich jedoch erst aus einer interkulturellen Perspektive bzw. richtiger: einer interkulturellen Vielfalt von Perspektiven. Das Potenzial zur Bewahrung und weiteren Entwicklung der Menschenrechte, das in der westlichen Kultur nach wie vor enthalten ist, läßt sich nur als ein Erbe der gesamten Menschheit auf umfassende Weise erkennen und nutzen. Der Westen, wie er sich in der Neuzeit herausgebildet hat, kann und muß sich zugestehen, daß er die Pflicht dazu und das Recht darauf

[76] Vgl. E. Riedel (wie Anm. 41), passim.

[77] Vgl. O. Höffe (wie Anm. 64), S. 54.

[78] Vgl. M. Ozouf (wie Anm. 7), S. 82.

[79] Vgl. ebd., S. 39 f.

besitzt, sich auch von anderen ergänzen zu lassen und zugleich anderen die Teilhabe an den eigenen Errungenschaften zu ermöglichen[80].

Die Fähigkeit des Westens, dies zu tun, zeigt sich deutlich an den NGOs (»non-governmental organizations«), die sich gegenwärtig in aller Welt für die Menschenrechte engagieren. Sie sind zwar westlichen Ursprungs, haben diesen aber hinter sich gelassen und zugleich integriert. Sie sind damit zu globalen Organisationen geworden, in denen sich der überstaatliche Charakter der Menschenrechte manifestiert. Beispielsweise war es ein britischer Rechtsanwalt, der amnesty international 1961 gründete, zunächst als eine britische Insitution. In den 90er Jahren des 20. Jahrhunderts hatte amnesty international mit Pierre Sané einen Afrikaner als Generalsekretär und verzeichnete zunehmende Aktivitäten der außerwestlichen Mitglieder[81]. Derartige weltweite Netzwerke stellen den Ansatz einer neuen, zivilgesellschaftlichen Weltöffentlichkeit dar[82], die den geeigneten Rahmen für den geschwisterlichen Menschenrechtsdialog der Weltkulturen bieten könnte.

Auch wenn, besser: gerade weil die rein neuzeitlich-westliche Entwicklungsphase der Idee der Menschenrechte an ihr Ende gekommen ist, steht diese Idee heute auf interkultureller Ebene an einem neuen Anfang. Dies trägt dazu bei, daß die innere Vielfalt und der Reichtum jener Konstellation von immer mehr Menschen erkannt und in eine menschenfreundliche Wirklichkeit umgesetzt werden kann.

---

80 Vgl. Jürgen Habermas, Vergangenheit als Zukunft. Das alte Deutschland im neuen Europa? Ein Gespräch mit Michael Haller, München 1993, S. 127 f.

81 Vgl. amnesty international Jahresbericht 1997, S. 581.

82 Vgl. Jürgen Habermas, Kants Idee des ewigen Friedens – aus dem historischen Abstand von 200 Jahren, in: ders., Die Einbeziehung des Anderen. Studien zur politischen Theorie, Frankfurt am Main 1996, S. 192-236, dort S. 205 f.

Menschenrechte.
Zur Transformation moralischer in juridische Rechte

von Hans Jörg Sandkühler

Menschenrechte sind – im Unterschied zu bestimmten als Grundrechte an die Staatsbürgerschaft gebundenen Bürgerrechten – »Rechte, welche einem jeden Menschen ungeachtet aller seiner sonstigen Eigenschaften allein kraft seines Menschseins zukommen (sollen).«[1]

Bereits mit dieser allgemeinen Begriffsbestimmung verbinden sich Probleme, die sich daraus ergeben, daß das, was ›zukommt‹, zugleich ›gesollt‹ wird: Es handelt sich nicht um eine deskriptive Sachverhalts-Definition, sondern um eine normative Aussage. Mit dem Problem der ethischen und/oder juridischen normativen Begründung der Menschenrechte sind alle Erklärungen des Menschenrechtsbegriffs konfrontiert. Wie ihre Entstehung, Entwicklung und Begründung zeigen, ist das Verständnis der als ›Menschenrechte‹ bezeichneten moralischen Rechtsansprüche und positivrechtlichen Normen in einem solchen Maße von Voraussetzungen abhängig, daß eine allgemein akzeptierte *philosophische* Definition weder existiert noch erwartet werden kann. Was Menschenrechte *sein sollen,* ist sowohl auf der Ebene moralischer Einstellungen, Überzeugungen und Werte als auch auf der Ebene ethischer und rechtsphilosophischer Begründung strittig. Was Menschenrechte *sind,* ist auf der Ebene des Rechts definierbar und vorbehaltlich möglicher Veränderungen im internationalen positiven Recht definiert. Die Menschenrechte haben eine Entwicklung durchlaufen und werden sich weiter entwickeln, wobei über ihre normativen Gehalte, die

---

1 Tomuschat, Ch. (Hg.), 1992, Menschenrechte. Eine Sammlung internat. Dokumente z. Menschenrechtsschutz, Bonn, 1.

mit ihnen verbundenen Sanktionen und die institutionellen Formen[2] der Menschenrechtsverwirklichung Konflikte bestehen (werden).

Auch Philosophien der Menschenrechte[3] unterscheiden sich entsprechend ihren Antworten auf folgende Fragen: (a) Welcher Begriff des Menschen wird zugrundegelegt?[4] (b) Was sind die Gründe dafür, daß das ›dem Menschen Zukommende‹ nicht von jeher ›zugekommen‹ ist – daß, wie J.J. Rousseau in *Du Contrat Social* feststellt, ›der Mensch frei geboren wird und dennoch in Ketten liegt‹? (c) Welcher Begriff von Rechten ist grundlegend? (d) Was wird als Quelle der Menschenrechte angenommen? (e) Welche Rechte sollen welchen Menschen in welchem Umfang ›zukommen‹? (f) Von wem, mit welcher Legitimation und wie darf das, was den Menschen unmittelbar ›zukommen soll‹, mittelbar in der Form von Normen positiven internationalen, transnationalen und nationalen Rechts durchgesetzt und geschützt werden? Die Antworten auf diese u.ä. Fragen waren und sind abhängig von historisch-sozialen und kulturellen Vorverständnissen und Selbstverständigungen darüber, was Menschen sind und was ihnen zukommt; Bedürfnisse, soziale/politische Interessen, Wissenskulturen und soziokulturelle Besonderheiten, die miteinander konfligieren (können), bilden Kontexte der Antworten.[5]

Von Begriffsbestimmungen zu ›Menschenrechten‹ ist zu erwarten, daß sie angeben, was unter der Menschenrechtszuschreibung ›ungeachtet aller sonstigen Eigenschaften des Menschen‹ verstanden werden soll. Breites

---

2 Vgl. Brieskorn, N., 1997, Menschenrechte. Eine hist.-philos. Grundlegung, Stuttgart/Berlin/ Köln, 122-128.

3 Vgl. Bielefeldt, H., 1998, Philosophie der Menschenrechte. Grundlagen eines weltweiten Freiheitsethos, Darmstadt; vgl. auch Ricœur, P. (ed.), 1986, Philosophical Foundations of Human Rights, Paris; Worms, F., 1993, Droits de l'homme et philosophie. Une anthologie (1789-1914), Paris; Göller, Th. (Hg.), 1999, Philosophie der Menschenrechte: Methodologie, Geschichte, kultureller Kontext, Göttingen; Menke, Ch./A. Pollmann, 2007, Philosophie der Menschenrechte zur Einführung, Hamburg.

4 Vgl. Alexy, R., 1998, Die Institutionalisierung der Menschenrechte im demokratischen Verfassungsstaat. In: Gosepath, S./G. Lohmann (Hg.), 1998a, Philosophie der Menschenrechte, Frankfurt/M.

5 Vgl. Steiner, H.J./Ph. Alston (ed.), 1996, International Human Rights in Context. Law, Politics, Morals. Text and Materials, Oxford.

Einvernehmen besteht bei der Bestimmung: Menschenrechte sind »Rechte, die [...] allen Menschen kraft ihres Menschseins und unabhängig von ihrem Alter, ihrer Hautfarbe, ihrem Geschlecht, ihrer Staatsangehörigkeit oder ihrer sozialen Herkunft gemeinsam sein sollen [...] Rechte, die durch ihren ursprünglichen und unveräußerlichen Charakter damit auch nicht verweigert, die grundsätzlich nicht entzogen werden können, auf die aber auch niemand (freiwillig oder gezwungenermaßen) verzichten kann.«[6] Eine darüber hinausgehende Bestimmung bezieht das Verhältnis von moralischen und juridischen Rechten mit ein: »Menschenrechte sind eine Untermenge moralischer Rechte. Menschenrechte sind sogenannte generelle Rechte, die Menschen qua Menschsein haben, das heißt, ohne notwendig schon in einer bestimmten Beziehung zu anderen Menschen stehen zu müssen, aus denen sich sogenannte spezielle Rechte ergeben. Der Status der Menschenrechte hängt nicht von vorhergegangenen Handlungen (zum Beispiel Versprechen) oder Einwilligungen (Verträgen) oder anderen sozialen Beziehungen (Mitgliedschaft in irgendeiner partikularen Gemeinschaft) ab. Menschenrechte gelten qua Mitgliedschaft in der Menschengemeinschaft, eine Mitgliedschaft, die keinem Menschen mit guten Gründen verweigert werden kann. Insofern kann man sagen: Ein erstes allgemeines Prinzip oder eine allgemeine Grundlage für die Herleitung und Begründung von spezifischen Menschenrechten ist das Recht, als Mensch wie alle anderen gleichermaßen respektiert zu werden oder, mit anderen Worten, gleichberechtigtes autonomes Mitglied der weltweiten Menschengemeinschaft zu sein.«[7]

Implikationen des Menschenrechtsbegriffs sind:

i) Die aus geschichtlicher Unrechtserfahrung entstandenen, in Aufständen und Revolutionen eingeklagten und im 20. Jh. v.a. unter dem Eindruck der Verbrechen des Nationalsozialismus, Faschismus, Militarismus und Stalinismus formulierten Menschenrechtsansprüche beziehen sich auf die Menschenwürde, Gleichheit, Gerechtigkeit und Freiheit aller Menschen; sie sind gerichtet auf weltbürgerrechtliche Lebensverhältnisse.

ii) Die Menschenrechte haben einen moralischen Inhalt, eine positivrechtliche Form und eine sowohl juridische als auch moralische Funktion der Verhaltensorientierung. (a) Als individuelle und kollektive (Gemeinschafts-, Gruppen-, Minderhei-

---

[6] Arndt, C., ²1981, Die Menschenrechte, Hamburg, 25.

[7] Gosepath, S., 1998, Zu Begründungen sozialer Menschenrechte. In: Gosepath-/Lohmann 1998, 149f.

ten-)Rechte der Menschen haben sie – unabhängig von gewohnheitsrechtlichen Üblichkeiten, besonderen institutionellen Ordnungen und Regelungen, Überzeugungen, Religionen, Kulturen – Geltung als positives internationales, nationalem Verfassungsrecht übergeordnetes Recht; sie begründen Verwirklichungsansprüche gegenüber nichtstaatlicher – v.a. ökonomischer – Gewalt und gegenüber den Staaten, deren Rechtssysteme im Interesse bestmöglicher Grundrechte-Verwirklichung auf den je höchsten Entwicklungsstand der Menschenrechte verpflichtet sind. (b) Sie sind auch dann moralisches Verhalten verpflichtende Normen, wenn sie nicht im innerstaatlichen Recht positiviert sind; sie verlangen nicht nur rechtskonformes Verhalten, sondern die Anerkennung und Achtung der Menschenwürde und der aus ihr abgeleiteten Ansprüche auf ein menschenwürdiges Leben.

iii) Die den Menschen zukommenden Rechte sind individuell und kollektiv unveräußerlich: »Auf seine Freiheit verzichten, heißt auf sein Menschsein, auf die Menschenrechte [droits de l'humanité], ja selbst auf seine Pflichten verzichten.« (J.J. Rousseau[8]).

iv) Menschenrechte sind weder eine Gabe der Staaten noch können sie von diesen verwehrt werden.

v) Die Menschenrechte bilden, abgeleitet vom fundamentalen moralischen Wert und von der basalen Rechtsnorm ›Menschenwürde‹, in der Hierarchie der Normen das Fundament des Rechtsnormensystems und begründen die Grundrechte sowie alle weiteren aus diesen abgeleiteten Normen; sie legitimieren den Rechtsstaat.

vi) Aus dem Menschenrechte-Recht[9] ergeben sich (a) Freiheits- und Gleichheitsrechte, (b) Gerechtigkeits- und Solidaritätspflichten und (c) Sanktionen bei Vorenthaltung von (a) durch Staaten und bei individuellem und kollektivem Mißbrauch von (a) sowie allgemein bei Verstößen gegen (b).

Neuere Menschenrechte-Erklärungen betonen zunehmend *Bedingungen der Realisierbarkeit* der Menschenrechte. So heißt es in der Präambel des Internationalen Pakts über bürgerliche und politische Rechte vom 19. 12. 1966 (IPbpR, 1976 in Kraft getreten), »daß im Einklang mit der Allgemeinen Erklärung der Menschenrechte [vom 10. 12. 1948] das Ideal freier Menschen, die frei von Furcht und Not sind, nur erreicht werden kann, wenn Verhältnisse geschaffen werden, unter denen jeder seine wirtschaftlichen, sozialen und kulturellen Rechte sowie seine politischen und Bürgerrechte genießen kann.« Nicht anders als von den Grundrechten geht auch von den Menschenrechten eine Rundumwirkung aus: Die individuelle Freiheitsgewährleistung und die kollektive Freiheitsgestaltung sollen in der sozialen Demokratie eine Einheit bilden. Menschenwürde, Gleichheit, Freiheit, Ge-

---

8 Rousseau, J.J., 1962, Du Contrat Social ou Principes du droit politique, Paris, 240.

9 Vgl. Sieghart, P., 1983, The International Law of Human Rights, Oxford.

rechtigkeit und Solidarität bilden die Glieder *einer* Kette der Menschenrechte; die Herauslösung eines Gliedes zerstört alle anderen. Pflichten sind den Menschenrechten eingeschrieben; sie müssen nicht eigens ›erklärt‹ werden, sondern ergeben sich aus der wechselseitigen Grundrechtegewährung der Menschen und der damit verbundenen Begrenzung der Individualrechte.

Im 18. Jh. waren die Menschenrechte als Abwehrrechte gegen den Staat durch Konzentration auf die Ansprüche der Individuen als ›negative Freiheitsrechte‹ gekennzeichnet (Schutz religiöser Überzeugungen, der Meinung usf. vor staatlicher Bevormundung). Mit der Vervielfachung der für schutzwürdig gehaltenen Rechtsgüter und der Erweiterung der Menschenrechte durch soziale Rechte hat sich eine andere Sichtweise durchgesetzt: (a) Soziale Rechte können nicht ohne Einschränkung von Rechten einzelner geschützt werden; (b) Abwehrrechte gegenüber dem Staat und Menschenrechtsschutz durch den Staat stehen in einem komplementären Verhältnis zueinander. Das normative Menschenbild hat sich verändert: vom isolierten Ich zum Individuum in der Perspektive des Anderen, vom Individualismus in Richtung Altruismus.

Obwohl die Menschenrechte den Menschen unmittelbar zukommen und deshalb nicht verliehen werden, sind sie weder ›ewig‹ noch selbstherstellend; sie müssen ›erklärt‹ und als Rechtsnormen positiviert werden. Menschenrechte sind Rechte, die individuell bzw. kollektiv vor Institutionen des Menschenrechtsschutzes (Menschenrechtsorganen, Kommissionen und Gerichtshöfen) einklagbar sind[10]; gegen Menschenrechtsverletzungen sind Menschenrechtsverfahren institutionalisiert.[11]

1. Die Dynamik und Offenheit der Menschenrechtsentwicklung

Die Menschenrechte sind nicht statisch, sondern in historischer Dynamik[12] zu dem geworden, als was wir sie heute verstehen; die Menschenrechts-

[10] Zu Institutionen, Standards und Prozeduren des Menschenrechtschutzes vgl. Symonides, J./V. Volodin (eds.), A Guide to Human Rights. Institutions, Standards, Procedures, UNESCO Paris.

[11] Zu Menschenrechtsverfahren vgl. Hüfner, K./W. Reuther/N. Weiss, 22004, Menschenrechtsverletzungen: Was kann ich dagegen tun? Menschenrechtsverfahren in der Praxis, UNO-Verlag Bonn.

[12] Zur Geschichte der Menschenrechte vgl. Jellinek, G., 1904, Die Erklärung der Menschen und Bürgerrechte, Leipzig; Birtsch, G. (Hg.), 1981, Grund- und Frei-

ideen haben sich in der Verrechtlichung von Idealen und Hoffnungen zum Recht der Menschenrechte entwickelt; sie sind für zukünftige Entwicklung offen.

Die Unrechtserfahrungen des 20. Jh. haben dazu geführt, daß das Recht der Menschenrechte nicht mehr bloß deklamatorisch ist.[13] Dies zeigt (i) die ›Allgemeine Erklärung der Menschenrechte‹ (1948), die »als der bisher größte historische Beweis für den ›consensus omnium gentium‹ hinsichtlich eines bestimmten Wertesystems erachtet werden« kann.[14] In der Präambel der ›Allgemeinen Erklärung‹ werden zwei für das Verständnis der Menschenrechte wesentliche Aspekte miteinander verknüpft: (a) Die Menschenrechte werden erklärt, »da die Anerkennung der angeborenen Würde und der gleichen und unveräußerlichen Rechte aller Mitglieder der Gemeinschaft der Menschen die Grundlage von Freiheit, Gerechtigkeit und Frieden in der Welt bildet, da die Nichtanerkennung und Verachtung der Menschenrechte zu Akten der Barbarei geführt haben, die das Gewissen der Menschheit mit Empörung erfüllen, und da verkündet worden ist, daß einer Welt, in der die Menschen Rede und Glaubensfreiheit und Freiheit von Furcht und Not genießen, das höchste Streben des Menschen gilt«. (b) Die Aussage zur »Anerkennung der angeborenen Würde« darf nicht im Sinne der Ontologie einer ›immer-schon-gegebenen Würde‹ mißverstanden werden. Weil weder die Menschenwürde noch die Menschenrechte ›gegeben‹ sind, ist es »notwendig [...], die Menschenrechte durch die Herrschaft des Rechtes zu schützen«.

Die Einsicht in die Notwendigkeit des Schutzes der Würde und der Menschenrechte durch das Recht ist v.a. das Ergebnis des Terrors in der ersten

---

heitsrechte im Wandel von Gesellschaft und Geschichte, Göttingen; Commichau, G. (Hg.), 1985, Die Entwicklung der Menschen und Bürgerrechte von 1776 bis zur Gegenwart, Göttingen; Schmale, W., 1997, Archäologie der Grund und Menschenrechte in der Frühen Neuzeit, München. Zur Bibliographie vgl. Birtsch, G./ M. Trauth/ I. Meenken, 1991ff., Grundfreiheiten, Menschenrechte 1500-1850. Eine internationale Bibliographie, Stuttgart.

13 Vgl. Campbell, T. et al. (eds.), 1986, Human Rights, From Rhetoric to Reality, Oxford/New York; Cassese, A., 1994 (1990), Human Rights in a Changing World, Cambridge.

14 Bobbio, N., 1998 (1992), Das Zeitalter der Menschenrechte. Ist Toleranz durchsetzbar? Aus d. Ital. v. U. Hausmann, Berlin, 9.

Hälfte des 20. Jh.[15] Die ›Allgemeine Erklärung der Menschenrechte‹ wurde vorbereitet durch Beschlüsse der Anti-Hitler-Koalition, so durch die ›Atlantik-Charta‹ (14. 8. 1941), die »nach der endgültigen Zerstörung der Nazi-Herrschaft [...] die Gestaltung eines Friedens« einforderte, »der es allen Völkern ermöglicht, innerhalb ihrer Grenzen in Frieden zu leben und der allen Menschen in allen Ländern ein Leben frei von Not gewährleistet«. Auf der Konferenz von Jalta (4.11. 2. 1945) wurde diese Forderung bekräftigt, deren Verwirklichung nun in die Hände der zu gründenden ›United Nations Organisation‹ (UNO) gelegt wurde. Für die Verrechtlichung der Menschenrechte entscheidend wurde die von nun an für das Völkerrecht wegweisende Formulierung neuer Straftatbestände. Entsprechend der Moskauer ›Erklärung über deutsche Grausamkeiten im besetzten Europa‹ (30. 10. 1943) verhandelten anlässlich der Konferenz von San Francisco (Mai 1945) diplomatische Vertreter Frankreichs, Großbritanniens, der Sowjetunion und der Vereinigten Staaten über die Errichtung eines Internationalen Militärgerichtshofes zur Aburteilung der europäischen Kriegsverbrecher. Im Londoner Viermächte-Abkommen (8. 8. 1945) wurde das ›Abkommen über die Verfolgung und Bestrafung der Hauptkriegsverbrecher der europäischen Achse‹ unter Einschluß des ›Statuts für den internationalen Militärgerichtshof‹ unterzeichnet. Im Nürnberger Hauptprozeß (20. 11. 1945 bis 1. 10. 1946; es folgten weitere Verfahren gegen bestimmte Berufs und Funktionsgruppen) ergingen gem. ›Statut‹ Urteile wegen (a) »Verbrechen gegen den Frieden«, (b) »Kriegsverbrechen« und (c) »Verbrechen gegen die Menschlichkeit«, d.h. »Mord, Ausrottung, Versklavung, Deportation oder andere unmenschliche Handlungen, begangen an irgendeiner Zivilbevölkerung vor oder während des Krieges, Verfolgung aus politischen, rassischen oder religiösen Gründen, begangen in Ausführung eines Verbrechens oder in Verbindung mit einem Verbrechen, für das der Gerichtshof zuständig ist, und zwar unabhängig davon, ob die Handlung gegen das Recht des Landes verstieß, in dem sie begangen wurde, oder nicht.« In Tokyo wurde vom ›Internationalen Militärgerichtshof für den Fernen Osten‹ wegen »Verschwörung gegen den Weltfrieden«, »Mord«

---

[15] Vgl. Paech, N./ G. Stuby, 2001, Völkerrecht und Machtpolitik in den internationalen Beziehungen. Ein Studienbuch, Hamburg.

und »Kriegsverbrechen und Verbrechen gegen die Menschlichkeit« verhandelt (3. 5. 1946 bis 12. 11. 1948).

Die mit diesen Prozessen verbundene Rechtsrevolution war auch die Grundlage der ›Charta der Vereinten Nationen‹ (26. 6. 1945): »Wir, die Völker der Vereinten Nationen – fest entschlossen, Geschlechter vor der Geißel des Krieges zu bewahren, die zweimal zu unseren Lebzeiten unsagbares Leid über die Menschheit gebracht hat, unseren Glauben an die Grundrechte des Menschen, an Würde und Wert der menschlichen Persönlichkeit, an die Gleichberechtigung von Mann und Frau sowie von allen Nationen, ob groß oder klein, erneut zu bekräftigen, Bedingungen zu schaffen, unter denen Gerechtigkeit und die Achtung vor den Verpflichtungen aus Verträgen und anderen Quellen des Völkerrechts gewahrt werden können, den sozialen Fortschritt und einen besseren Lebensstandard in größerer Freiheit zu fördern [...]«. Im Unterschied zum ›Völkerbund‹ gaben sich die Völker nun mit ›Kap. VII: Maßnahmen bei Bedrohung oder Bruch des Friedens und bei Angriffshandlungen‹ in Art. 42 das Recht, unter Einschluß militärischer Intervention »die zur Wahrung oder Wiederherstellung des Weltfriedens und der internationalen Sicherheit erforderlichen Maßnahmen durch[zu]führen«. Als von Staaten anzurufende Institution des Rechtsschutzes und als »Hauptrechtsprechungsorgan der Vereinten Nationen« (Art. 92) wurde 1946 der ›Internationale Gerichtshof‹ in Den Haag als Nachfolger des von 1922 bis 1946 bestehenden ›Ständigen Internationalen Gerichtshofs‹ eingerichtet.

Zu den als revolutionär zu bezeichnenden Veränderungen im Rechtssystem nach 1945 gehört auch die Einschränkung des Prinzips *nulla poena sine lege*, dem zufolge niemand wegen einer Handlung oder Unterlassung verurteilt werden kann, die zur Zeit ihrer Begehung nach nationalem oder internationalem Recht nicht strafbar war. Dieses z.B. in der ›Europäischen Konvention zum Schutze der Menschenrechte und Grundfreiheiten‹ (EMRK, 1950) durch Art. 7 (1) bekräftigte Prinzip gilt nun nicht mehr uneingeschränkt; der Grund liegt in der Erfahrung damit, daß politische Führer sich bisher darauf hatten berufen können, sie hätten aufgrund von ›Gesetzen‹ gehandelt und seien persönlich keiner Verbrechen schuldig, und daß Kriegsverbrecher in Militär, Polizei und Terrorverwaltung sich auf einen ›Befehlsnotstand‹ beriefen. Art. 7 (2) legt die menschenrechtliche Grenze des Art. 7 (1) fest: »Durch diesen Artikel darf die Verurteilung oder

Bestrafung einer Person nicht ausgeschlossen werden, die sich einer Handlung oder Unterlassung schuldig gemacht hat, welche im Zeitpunkt ihrer Begehung nach den allgemeinen, von den zivilisierten Völkern anerkannten Rechtsgrundsätzen strafbar war.«

Der ›Allgemeinen Erklärung‹ von 1948 folgten zahlreiche weitere Konventionen der Vereinten Nationen und – z.T. unter Berufung auf Eigenrechte der Kulturen – transnationalregionale Deklarationen und Konventionen wie z.B. die ›Declaración Americana de los Derechos y Deberes del Hombre‹ (1948), die (Europäische) ›Konvention zum Schutz der Menschenrechte und Grundfreiheiten‹ (1950), die ›Convención Americana sobre Derechos Humanos‹ (1969), die (Afrikanische) ›Banjul Charta der Rechte der Menschen und Völker‹ (1981) oder die Erklärungen der Menschenrechte im Islam (1981, 1990, 1994); sie haben eine nahezu unübersehbare Zahl nichtstaatlicher, z.B. von Religionsgemeinschaften verabschiedeter Erklärungen und ständige Menschenrechtsinterventionen von NGOs (Nichtregierungsorganisationen wie z.B. amnesty international) nach sich gezogen.

2. Die Menschenrechte in der Hierarchie der Rechtsnormen

2. 1. Fundamentalität der Menschenwürde

Die Menschenrechte sind integriert in die Hierarchie eines allgemeinen, Personen, Gruppen, Gesellschaften und Staaten verpflichtenden Rechtsnormensystems. Daß sie jedem Menschen ›von Natur aus‹ zukommen, bestimmt ihren Ort in diesem System. Will man naturalistische oder metaphysische Mißverständnisse vermeiden, so kann ›von Natur aus‹ nur bedeuten: vor ihrer Positivierung durch den Staat. ›Vor‹ bezeichnet nicht die Genesis dieser Rechte, sondern ihren Geltungsgrund; sie werden nicht vom Staat ›gewährt‹. Der Grund der vorpositiven Geltung der Menschenrechte ist der fundamentale Wert und die basale Norm ›*Menschenwürde*‹[16], deren

[16] Vgl. zur Menschenwürde in philosophischer, theologischer und juristischer Sicht Sandkühler, H.J. (Hg.), 2007, Menschenwürde. Philosophische, theologische und juristische Analysen, Frankfurt/M. et al.; Zur verfassungsrechtlichen Interpretation vgl. AKGG, Kommentar zum Grundgesetz für die Bundesrepublik Deutschland. Bd. 1, Bearb. v. R. Bäumlin et al., 2. Aufl., Neuwied 1989, Podlech, Art. 1 Abs. 1, Rz. 12-82; vgl. auch Kretzmer, D./ E. Klein, 2002, The Concept of Human Dignity in Human Rights Discourse, The Hague/London/New York.

Konkretisierung sowohl die moralischen als auch die juridischen Rechte sind. Menschenwürde, die »in den interpersonalen Beziehungen reziproker Anerkennung, im egalitären Umgang von Personen miteinander« beruht[17], steht als in eine Norm des positiven Rechts transformierter Wert an der Spitze der Hierarchie des Rechtsnormensystems.

Der Satz über die ›Unantastbarkeit der Menschenwürde‹ entfaltet erst als *Rechtssatz* – als »Verfassungsnorm des objektiven Rechts«[18] – seine Personen, Gruppen, Gesellschaften und Staaten zwingend verpflichtende Wirkung.[19] Jenseits der Fronten des philosophischen, wissenschaftlichen und politischen Streits über moralische Begründungen wird die Würde so zur letzten Grundlage von Ansprüchen, auf die Menschen ein Recht haben, dessen Schutz interindividuell und kollektiv, politisch, sozial und kulturell als unbedingt garantiert werden muß. Von ihr sind die Menschenrechte auf der Ebene des internationalen Rechts abgeleitet, und auf der Ebene der Verfassung ist sie die Basisnorm für die nachfolgenden Grundrechte.[20] Das Würde*prinzip* ist zwar für ethische Reflexion offen; die Würde*norm* aber bleibt hiervon in ihrem Kern unberührt; in Deutschland ist sie durch die ›Wesensgehaltssperre‹ des Art. 79 (3) des Grundgesetzes (GG, 1949) geschützt: Als Bedingung der Demokratie ist die Würdenorm politischer Verfügung entzogen.

›Würde der menschlichen Person‹ bezeichnet, was im Menschen menschlich und deshalb schützenswert ist. Alles, was zur Entmenschlichung führt, gilt als Beschädigung der Würde. Der Mensch muß als Person respektiert werden und darf nicht zum bloßen Objekt staatlichen Handelns werden. Für das deutsche Verfassungsrecht wegweisend hat G. Dürig 1956 die Frage, was den Schutz der Menschenwürde ausmacht, mit der kantianischen

---

[17] Habermas, J., 2001, Die Zukunft der menschlichen Natur. Auf dem Weg zu einer liberalen Eugenik? Frankfurt/M., 67; vgl. Habermas, J., 1998, Zur Legitimation durch Menschenrechte. In: Ders., Die postnationale Konstellation. Polit. Essays, Frankfurt/M.

[18] AKGG-Podlech 2. Aufl. Art. 1 Abs. 1, Rz. 60.

[19] Vgl. zur Transformation moralischer Rechte in positives Recht Sandkühler, H.J., 2007, Menschenwürde und die Transformation moralischer Rechte in positives Recht. In: Sandkühler 2007.

[20] Die ersten Aufnahmen der Würdenorm in Verfassungstexte erfolgten in der Portugiesischen Republik (1933) und in Irland (1937).

›Objektformel‹ *ex negativo* (vom Eingriff her) beantwortet: »Die Menschenwürde ist getroffen, wenn der konkrete Mensch zum Objekt, zu einem bloßen Mittel, zur vertretbaren Größe herabgewürdigt wird.«[21] Die Menschenwürde ist betroffen u.a. durch Folter, Sklaverei, Ausrottung bestimmter Gruppen, Geburtenverhinderung oder Verschleppung, Unterwerfung unter unmenschliche oder erniedrigende Strafe oder Behandlung, Brandmarkung, Vernichtung so genannten unwerten Lebens oder durch Menschenversuche. Die Schutzfunktion charakterisiert das Würdeprinzip als subjektives Grundrecht, als Abwehr und Anspruchsrecht. Es bezeichnet den Standard dessen, was einem Menschen zugemutet werden darf, und die Grenze nicht nur für inhumanes Handeln (etwa Folter, Versklavung, Todesstrafe), sondern auch für inhumanes Unterlassen (etwa Verhungernlassen, Hinnahme der Verfolgung von Minderheiten).

Die Fundierungsfolge im Rechtsnormensystem kann so bestimmt werden: Menschenwürde → Internationales Menschenrechte-Recht: Allgemeine Erklärung der Menschenrechte → nachfolgende Menschenrechtspakte → spezielle Konventionen, z.B. gegen Völkermord, gegen Folter, zum Schutz der Frauen, zum Schutz der Kinder etc. → nationale Verfassungen: allgemeine Grundrechtsnormen → spezielle Normen → Gesetze → Verordnungen usf.

2. 2. Jus cogens, peremptory norms, erga omnes

Von besonderer Bedeutung ist in diesem Kontext eine das bisherige Völkergewohnheitsrecht erweiternde Veränderung im Völkerrecht. Alle Staaten sind einem internationalen System des Rechts unterworfen, in dem bestimmte menschenrechtliche Normen *erga omnes* (gegenüber allen) unbedingt gelten: *peremptory norms*, zwingende Rechtsnormen (*jus cogens*) als

---

[21] Dürig, G., 1956, Der Grundrechtssatz von der Menschenwürde. Entwurf eines praktikablen Wertsystems der Grundrechte aus Art. 1 Abs. I in Verbindung mit Art 19 Bs. II des Grundgesetzes. In: Archiv d. öffentl. Rechts, Bd. 81, 127. Zur ›Objektformel‹ und zu ›Universalität‹, ›Justiziabilität‹ und ›intuitive Kompatibilität‹ als Kriterien, denen ein Menschenwürdebegriff genügen muß, vgl. Tiedemann, P., 2005, Zum Begriff der Menschenwürde. Philosophische Grundlagen und juristische Anwendung. In: Ethica 13/ 4, 360f.

fundamentale Prinzipien des internationalen Rechts[22]; ihre Geltung betrifft die Staatengemeinschaft als Ganze. Während das Völkergewohnheitsrecht das Zustimmung von Staaten zu Verträgen voraussetzte, dürfen *peremptory norms* unabhängig von Zustimmung von keinem Staat verletzt werden. Gemäß dem Wiener ›Übereinkommen über das Recht der Verträge‹ (1969, 1980 in Kraft getreten) und dem Wiener ›Übereinkommen über das Recht der Verträge zwischen Staaten und internationalen Organisationen oder zwischen internationalen Organisationen‹ (1986), ist jeder Vertrag, der eine *peremptory norm* verletzt, null und nichtig. Art. 53 ›Treaties conflicting with a peremptory norm of general international law (jus cogens)‹ bestimmt: »A treaty is void if, at the time of its conclusion, it conflicts with a peremptory norm of general international law. For the purposes of the present Convention, a peremptory norm of general international law is a norm accepted and recognized by the international community of States as a whole as a norm from which no derogation is permitted and which can be modified only by a subsequent norm of general international law having the same character.«

Das *jus cogens* verbietet nach Auffassung der UN-Völkerrechtskommission (2001) Verbrechen gegen die Menschlichkeit, Völkermord, Angriffskriege, Versklavung, Rassendiskriminierung und Apartheid, Folter; es gebietet Grundnormen des humanitären Völkerrechts und das Recht auf Selbstbestimmung. Bezüglich Zivilpersonen gelten Verbote mit zwingendem Rechtscharakter wie das der vorsätzlichen Tötung, Folterung oder unmenschlichen Behandlung, der vorsätzlichen Verursachung großer Leiden, der rechtswidrigen Verschleppung oder Verschickung, der rechtswidrigen Gefangenhaltung, der Verweigerung eines ordentlichen Gerichtsverfahrens, der Geiselnahme sowie der ungerechtfertigten, in großem Ausmaß rechtswidrig und willkürlich vorgenommenen Zerstörung und Aneignung von Eigentum.

Bei Verletzung zwingender Völkerrechtsnormen ergeben sich Rechte und Pflichten für alle Mitglieder der Staatengemeinschaft (*erga omnes*): Mit der Annahme der Resolution 56/83 (2001) haben die Mitglieder der UN-Generalversammlung die 22 *Draft Articles* der UN-Völkerrechtskommission

---

[22] Vgl. Klein, E., 2005, Menschenrechte und Jus cogens. In: Internat. Gemeinschaft und Menschenrechte. FS f. G. Ress z. 70. Geb., Köln.

zustimmend zur Kenntnis genommen. Sie stellen ›*basic rules*‹ des humanitären Völkerrechts‹ und Bestandteile des *jus cogens* dar. Staaten sind nach Art. 41 (1) verpflichtet, der schwerwiegenden Verletzung einer Verpflichtung aus einer zwingenden Rechtsnorm kollektiv »mit rechtmäßigen Mitteln ein Ende zu setzen«; nach Art. 41 (2) darf kein Staat einen Zustand, der durch eine schwerwiegende Verletzung im Sinne des Art. 40 herbeigeführt wurde, als rechtmäßig anerkennen.

Nicht legitimiert sind ›humanitäre Interventionen‹, wie sie im Rahmen einer Re-Moralisierung des Völkerrechts mit den Menschenrechten und Prinzipien des ›gerechten Krieges‹ begründet werden, aber als angemaßte Polizei bzw. Militäroperationen gegen ›*peremptory norms*‹ und gegen die Normen der UN-Charta verstoßen.

3. Menschenrechte – Moral, Recht und Staat

Menschenrechte tragen als in Rechtsnormen transformierte moralische Rechte »ein Janusgesicht, das gleichzeitig der Moral und dem Recht zugewandt ist. Ungeachtet ihres moralischen Inhalts haben sie die Form juristischer Rechte. Sie beziehen sich wie moralische Normen auf alles, ›was Menschenantlitz trägt‹ [...]. Anders als in der Moral besteht hier kein Vorrang der Pflichten vor den Rechten. Weil sich Rechtspflichten erst aus der wechselseitigen Begrenzung von berechtigten Freiheiten ergeben, ist allemal von Menschenrechten und nicht von Menschenpflichten die Rede.«[23]

Menschenrechte sind nicht nur Teil des Rechtsnormensystems, sondern Teil legitimer staatlicher (nationaler, transnationaler, internationaler) Ordnung.[24] Wenn Menschenrechte als moralische Rechte zwar einklagbar, aber nicht allein moralisch durchsetzbar sind und wenn deshalb die für die Durchsetzung der Menschenrechte unverzichtbare Instanz der Staat ist, dann gibt es »ein Menschenrecht auf den Staat. Durch die Einrichtung eines Staates als Durchsetzungsinstanz werden die moralischen Rechte, die die einzelnen gegeneinander haben, in inhaltsgleiche Rechte des positiven

---

23 Habermas, J., 1999, Der interkulturelle Diskurs über Menschenrechte. In: Brunkhorst, H./ W.R. Köhler/ M. Lutz Bachmann (Hg.), 1999, Recht auf Menschenrechte. Menschenrechte, Demokratie und internationale Politik, Frankfurt/M., 216.

24 Seidel, G., 1996, Handbuch der Grund- und Menschenrechte auf staatlicher, europäischer und universeller Ebene, Baden-Baden.

Rechts transformiert. Zusätzlich entstehen als neue Rechte die Rechte der einzelnen gegen den Staat auf Abwehr, Schutz und Verfahren.«[25] Es ist deshalb wichtig, über die Differenzierung der Menschenrechte in Abwehrrechte und Schutzrechte, bei denen der Staat das Individuum gegen Eingriffe anderer zu verteidigen hat, sowie in politische Teilnahmerechte und soziale, das Existenzminimum sichernde, Rechte hinaus als fünfte Kategorie die *Verfahrensrechte* einzubeziehen, welche die Art der Durchsetzung der Menschenrechte regeln. Die Prozeduralisierung der Rechtsverwirklichung im Rechtsstaat als ›Rechtswege-Staat‹ ist ein Mittel gegen die Willkür staatlicher (und nichtstaatlicher) Herrschaft.

Staat und Recht bilden aber nicht a priori eine harmonische Einheit. Daß Staat und Recht potenziell Gegenpole bilden, macht die Ambivalenz der Verortung der Menschenrechte in ihnen aus. Von ihrem Ursprung als individuelle Abwehrrechte her ist »der Staat gewissermaßen ihr natürlicher Gegner. Traurige Beispiele der Gegenwart belegen weltweit, daß dieses Konzept noch nicht überholt ist. Zugleich hat die Analyse aber gezeigt, daß Staaten und Staatengemeinschaften auch die unentbehrlichen und allein wirkmächtigen Beschützer der Menschenrechte sind. Sie sind es um so mehr, je mehr die Inhalte der Menschenrechte auf staatliche Leistungen gerichtet sind. Wirksamen Schutz wird es letzten Endes nicht gegen, sondern nur in Übereinstimmung mit der jeweils betroffenen staatlichen Gewalt geben. Er schwindet oder wächst mit der gesamten Rechtskultur eines Volkes.«[26]

Die immer mögliche Deformation des Rechtsstaats zum Macht- und Gewaltstaat stellt eine permanente Gefährdung der Menschenrechte dar. Deshalb ist die Ausbreitung staatlicher Herrschaft seit den Revolutionen gegen das ›ancien régime‹ mit Bemühungen verbunden, den Staat durch das Recht zu domestizieren. Diese Ambiguität läßt sich auf eine einfache Formel bringen: Je mehr Freiheit, desto mehr Bedarf an Recht; je mehr Recht,

---

[25] Alexy, R., 1998, Die Institutionalisierung der Menschenrechte im demokratischen Verfassungsstaat. In: Gosepath, S./G. Lohmann (Hg.), 1998a, Philosophie der Menschenrechte, Frankfurt/M., 254.

[26] Denninger, E., 1994, Menschenrechte zwischen Universalitätsanspruch und staatlicher Souveränität. In: ders., Menschenrechte und Grundgesetz, Weinheim, 99.

desto mehr Bedarf an Staat; je mehr Staat, desto größer die Gefährdung der Rechte; je größer die Gefährdung durch den Staat, desto mehr Bedarf an dessen Domestizierung durch das auf die Menschenrechte verpflichtete Recht. Gleichwohl entspricht der Ruf nach ›weniger Staat‹ nur unter totalitären Bedingungen dem Bedürfnis nach Durchsetzung der Menschenrechte. Sowohl im stalinistischen wie im neoliberalen Konzept führt die Begrenzung der Staatsfunktionen zur Abschaffung des öffentlichen Raumes und zur Ermächtigung von Interessen, die in pluralistischen Gesellschaften zu keinerlei Privilegien berechtigt sind. Mit der delegitimierenden Kritik des Staates geht oft eine Legitimation des Terrors des Partikulären einher.

Sobald aber der Staat seine Legitimität durch Verletzung der Menschenrechte und Grundfreiheiten selbst ruiniert, ist menschenrechtlich begründeter Widerstand notwendig und im Verfassungsrahmen auch möglich.[27] Zu Beginn des 21. Jh. zeigt sich eine der brisanten Folgen der faktischen oder behaupteten Gefährdung demokratischer Gesellschaften durch neue Formen von Konflikten in der Aushöhlung der Menschenrechte durch das einseitig favorisierte ›Recht auf Sicherheit‹, dessen Vorrang vor der Freiheit im ›Kampf gegen den Terrorismus‹ behauptet wird. Kofi Annan hat als Generalsekretär der Vereinten Nationen in seinem Bericht ›In größerer Freiheit: Auf dem Weg zu Entwicklung, Sicherheit und Menschenrechte für alle‹ unter dem Titel ›Freiheit, in Würde zu leben‹ betont: »Menschenrechte sind für Arm und Reich von gleichermaßen grundlegender Bedeutung, und ihr Schutz ist für die Sicherheit und Prosperität der entwickelten Länder ebenso wichtig wie für die der Entwicklungsländer. Es wäre falsch, die Menschenrechte so zu behandeln, als müßten sie gegen andere Ziele wie Sicherheit oder Entwicklung aufgewogen werden.«[28]

Das ›Aufwiegen‹ der Menschenrechte bzw. ›Abwägungen‹ zwischen ihnen verstößt gegen die Wahrung der für sie konstitutiven Einheit. Der Verstoß entspringt in aller Regel besonderen weltanschaulichen, ethischen oder politischen Präferenzen. Dagegen ist geltend zu machen: Partikuläre materiale Interpretationen von Recht und Menschenrechten (etwa seitens

---

27 GG Art. 20 (4): »Gegen jeden, der es unternimmt, diese Ordnung zu beseitigen, haben alle Deutschen das Recht zum Widerstand, wenn andere Abhilfe nicht möglich ist.«

28 UNDok. A/59/2005 (2005).

des Christentums, des Islam, konservativer bzw. neoliberaler Politik etc.) taugen nicht zur Begründung einer demokratischen Rechtsordnung und zur Sicherung des Ganzen der Menschenrechte. Weil der Pluralismus[29] und das mit den Menschenrechten verbundene Recht auf Dissens auch für Antworten auf die Frage nach dem ›richtigen Recht‹ Folgen hat, ist zu fragen, welche Begründungen des Rechts und welche Legitimation des Staates Chancen einer möglichst breiten Anerkennung eröffnen. Weder eine Weltanschauung noch eine Ethik, weder eine Religion noch eine Partei sind berufen, innerhalb einer Kultur oder mit interkulturellem Geltungsanspruch ein einziges Verständnis von Recht und Staat zu oktroyieren und allgemeine Zustimmung zu verlangen. Die moderne Demokratie verlangt nach formalen, den Weltinterpretationen gegenüber neutralen Prinzipien der Würde, Gleichheit, der Gerechtigkeit und der Allgemeinheit des Rechts. Dieser formale Charakter kennzeichnet das System der *positivierten* Menschenrechte und der aus ihnen begründeten Grundrechte; sie gebieten den Schutz dieser Prinzipien, ohne sie material zu definieren. Es sind die positiven Menschenrechte und Grundrechte, die in der Demokratie »die Kommunikationsbedingungen für eine vernünftige politische Willensbildung institutionalisieren«.[30]

Als Rechtsnormen gebieten die Menschenrechte ein durch Legalität bestimmtes Verhalten; dem Verstoß gegen sie soll die Sanktion folgen. Soll nicht gegen sie verstoßen werden, so müssen sie Element und Maß der unter Bedingungen pluraler Gesellschaften und der Pluralität der Kulturen jeweils lebensweltlich präferierten Einstellungen und Überzeugungen sein. Ungeachtet unterschiedlicher rechtskultureller Verständnisse hat die Rechtsförmigkeit der Menschenrechte eine für das Handeln der Individuen wichtige Funktion: Rechtsnormen, auch die Menschenrechtsnormen, verschieben »die normativen Zumutungen vom moralisch entlasteten Einzelnen auf die Gesetze, die die Kompatibilität der Handlungsfreiheiten si-

---

29 Vgl. Sandkühler, H.J., 1998, Rechtsstaat und Menschenrechte unter den Bedingungen des ›faktischen Pluralismus‹. In: W. Goldschmidt (Hg.), Kulturen des Rechts, Hamburg.

30 Habermas 1998, 175.

chern«.[31] Genauer: »Das Rechtssystem entzieht den Rechtspersonen in ihrer Adressatenrolle die Definitionsmacht für die Kriterien der Beurteilung von Recht und Unrecht. Unter dem Gesichtspunkt der Komplementarität von Recht und Moral bedeuten das parlamentarische Gesetzgebungsverfahren, die gerichtlich institutionalisierte Entscheidungspraxis und die professionelle Arbeit einer Rechtsdogmatik, die Regeln präzisiert und Entscheidungen systematisiert, für den Einzelnen eine Entlastung von den kognitiven Bürden der eigenen moralischen Urteilsbildung.«[32]

4. Der Zusammenhang politischer, sozialer, ökonomischer und kultureller Menschenrechte

Die Menschenrechtsentwicklung wird in ›Generationen‹ beschrieben. Als erste Generation gelten die klassischen Bürger- und Freiheitsrechte, die seit den *Bills of Rights* des 18. Jh. allgemeine Rechts- und Verfassungsnormen geworden sind; die ›Allgemeine Erklärung der Menschenrechte ‹ und die ihnen folgenden internationalen und transnationalregionalen Pakte und Konventionen sind die heute maßgebenden völkerrechtlichen Dokumente. Die Menschenrechte umfassen zunächst Abwehrrechte (negative Freiheitsrechte und individuelle Schutzrechte) gegenüber dem despotischen Staat, in dem – so K.H.L. Pölitz in Die Staatswissenschaft im Lichte unserer Zeit (^{2}1827) – ›den Mitgliedern des Staates weder der Besitz ihrer Menschenrechte (der persönlichen Freiheit, des Eigentums usw.) noch ihre Bürgerrechte‹ gesichert sind. Es geht bei den Menschenrechten der ersten Generation auch um Gestaltungsrechte (positive Teilnahmerechte, politische Partizipationsrechte) im Sinne des Selbstbestimmungsrechts der Menschen im Bereich des Politischen; sie enthalten auch schon dem Sozialstaatsprinzip entsprechende soziale Leistungsrechte (positive Teilhaberechte). Die Erweiterung der sozialen Rechte kennzeichnet die zweite Generation der Menschenrechte.

Die Menschenrechte sind nach 1948 immer detaillierter positiviert worden. In demselben Maße ist der Zusammenhang politischer, sozialer, ökonomischer und kultureller Rechte unauflöslich geworden. Es war zwar in

---

[31] Habermas, J., ^{4}1994 [1992], Faktizität und Geltung. Beitr. z. Diskurstheorie d. Rechts u. d. demokratischen Rechtsstaats, Frankfurt/M., 110.

[32] Ebd., 147.

der Phase des ›Kalten Krieges‹ aufgrund des Vorrangs der sozialen und ökonomischen Rechte für den ›Osten‹ und der politischen Rechte für den ›Westen‹ nicht möglich, diesen Zusammenhang in Form eines einzigen Menschenrechtspaktes deutlich zu machen. 1966 wurden der ›Internationale Pakt über wirtschaftliche, soziale und kulturelle Rechte‹ (IPwskR) und der ›Internationale Pakt über bürgerliche und politische Rechte‹ (IPbpR) verabschiedet; sie sind 1976 in Kraft getreten. Die beiden durch die Päambeln aufeinander bezogenen Pakte enthalten differenzierte Menschenrechtskategorien, denen detaillierte Menschenrechte zugeordnet sind: (i) wirtschaftliche Rechte wie das Recht, sich zu ernähren und vor Hunger geschützt zu sein, das Recht auf einen angemessenen Lebensstandard, das Recht auf Arbeit und Rechte in der Arbeit; (ii) soziale Rechte wie das Recht auf soziale Sicherheit, die Rechte von Familien, Müttern und Kindern und das Recht auf körperliche und geistige Gesundheit; (iii) kulturelle Rechte wie das Recht auf Bildung und Teilnahme am kulturellen Leben und wissenschaftlichen Fortschritt; schließlich (iv) bürgerliche Rechte wie das Recht auf Anerkennung und Gleichheit vor dem Gesetz, Rechte von Gefangenen, das Verbot der Folter, der Sklaverei, der willkürlichen Verhaftung, das Recht auf Freizügigkeit, Schutz von Ausländern im Falle der Ausweisung, das Recht auf Meinungsfreiheit, Gedanken, Gewissens- und Religionsfreiheit und das Recht auf Teilnahme am politischen Leben. Diese Normenkataloge zeigen, daß die Menschenrechte nicht nur ideale Forderungen sind, sondern *Rechtstitel*. Es handelt sich auch bei den sozialen Menschenrechten nicht um Maximalansprüche, sondern um »Mindestbedingungen für ein Leben in Gemeinschaft«[33], d.h. ein Leben in jener Menschenwürde, deren Unantastbarkeit normativ erklärt und deren faktische Antastbarkeit offensichtlich ist.

Von einer dritten Generation wird gesprochen, seit mit der Resolution 41/128 der Generalversammlung der Vereinten Nationen vom 4. 12. 1986 das – v.a. von Staaten der sog. Dritten Welt eingeklagte – ›Recht auf Ent-

---

[33] United States Catholic Conference, 1987, Economic Justice for All: Pastoral Letter on the Catholic social Teaching and the Economy of the United States, D.C.: National Conference of Catholic Bishops, § 7.

wicklung‹ (Selbstbestimmung der Völker) anerkannt ist.[34] Bereits in der Begründung der Resolution 32/130 der Generalversammlung der Vereinten Nationen vom 16. Dezember 1977 über die Beziehung der politischen und sozialen Menschenrechte war gefordert worden, »daß beim Herangehen an die künftige Arbeit der Vereinten Nationen in Fragen der Menschenrechte die Erfahrungen und die allgemeine Lage der Entwicklungsländer sowie ihre Anstrengungen zur Verwirklichung der Menschenrechte und Grundfreiheiten gebührend berücksichtigt werden sollten«. Es wurde auf die Notwendigkeit hingewiesen, »unter Berücksichtigung der Erfahrungen und Beiträge der entwickelten Länder wie der Entwicklungsländer die bestehenden Probleme auf dem Gebiet der Menschenrechte einer Gesamtanalyse zu unterziehen«. Die Generalversammlung beschloß: »(a) Alle Menschenrechte und Grundfreiheiten sind unteilbar und wechselseitig voneinander abhängig; der Verwirklichung, der Förderung und dem Schutz sowohl der bürgerlichen und politischen als auch der wirtschaftlichen, sozialen und kulturellen Rechte ist gleiche Aufmerksamkeit und dringliche Beachtung zu schenken. b) ›Die volle Verwirklichung der bürgerlichen und politischen Rechte ohne Verwirklichung der wirtschaftlichen, sozialen und kulturellen Rechte ist unmöglich; die Erzielung dauerhafter Fortschritte bei der Verwirklichung der Menschenrechte ist abhängig von einer vernünftigen und wirksamen nationalen und internationalen Politik der wirtschaftlichen und sozialen Entwicklung‹, wie in der Erklärung von Teheran 1968 anerkannt wird. c) Alle Menschenrechte und Grundfreiheiten der menschlichen Persönlichkeit und der Völker sind unveräußerlich. d) Deshalb sind Menschenrechtsfragen als Ganzes zu untersuchen unter Berücksichtigung sowohl des Gesamtzusammenhangs der verschiedenen Gesellschaften, in denen sie auftreten, als auch der Notwendigkeit, der Förderung der vollen Würde der menschlichen Persönlichkeit sowie der Entwicklung und des Wohls der Gesellschaft«.[35]

---

34 Vgl. Tomuschat, Ch., 1982, Das Recht auf Entwicklung. In: German Yearbook of Internat. Law, Jb. f. internat. Recht, Vol. 25, Berlin.

35 Die Resolution erhielt 132 Ja-Stimmen von beinahe allen Ländern der ›Dritten Welt‹, von den skandinavischen Ländern und der sozialistischen Staatengemeinschaft; die Länder Westeuropas (außer Portugal), Israel und die U.S.A. enthielten sich der Stimme.

Die Resolution 41/128 zum ›Recht auf Entwicklung‹ geht davon aus, »daß Entwicklung ein umfassender wirtschaftlicher, sozialer, kultureller und politischer Prozeß ist, der die ständige Steigerung des Wohls der gesamten Bevölkerung und aller Einzelpersonen auf der Grundlage ihrer aktiven, freien und sinnvollen Teilhabe am Entwicklungsprozeß und an der gerechten Verteilung der daraus erwachsenden Vorteile zum Ziel hat«. In Teil I, Art. 1 heißt es: »(1) Alle Völker haben das Recht auf Selbstbestimmung. Kraft dieses Rechts entscheiden sie frei über ihren politischen Status und gestalten in Freiheit ihre wirtschaftliche, soziale und kulturelle Entwicklung. (2) Alle Völker können für ihre eigenen Zwecke frei über ihre natürlichen Reichtümer und Mittel verfügen, unbeschadet aller Verpflichtungen, die aus der internationalen wirtschaftlichen Zusammenarbeit auf der Grundlage des gegenseitigen Wohles sowie aus dem Völkerrecht erwachsen. In keinem Fall darf ein Volk seiner eigenen Existenzmittel beraubt werden. (3) Die Vertragsstaaten, einschließlich der Staaten, die für die Verwaltung von Gebieten ohne Selbstregierung und von Treuhandgebieten verantwortlich sind, haben entsprechend den Bestimmungen der Charta der Vereinten Nationen die Verwirklichung des Rechts auf Selbstbestimmung zu fördern und dieses Recht zu achten.«

5. Universalisierbarkeit und Universalität der Menschenrechte

In der gesellschaftlichen und politischen Wirklichkeit verbinden sich die Menschenrechte mit unterschiedlichen Rechtskulturen und konkurrierenden sozialen, ökonomischen, politischen und kulturellen Bedürfnissen und Interessen. Rechte, z.B. individuelle Freiheitsrechte und soziale Leistungsrechte, und Strategien der Implementierung der Menschenrechte können miteinander kollidieren. Dabei sind die Gründe für die Interpretation der Menschenrechte nicht allein von sozialen und politischen Kontexten abhängig, sondern auch von kulturellen Traditionen, Prinzipien der Ethik, Wissenskulturen und von Welt- und Selbstbildern der Autoren und Adressaten der Menschenrechtsnormen.

D. Henrich hat in ›Über einige Voraussetzungen der Verstehbarkeit von Rechten der Menschen‹ Bedingungen thematisiert, unter denen den Menschenrechten Bedeutung zugeschrieben wird. Es müssen, neben praktischen, ideelle Bedingungen erfüllt sein, wenn sie als Normen »in wirklichem Handeln angenommen und wirksam werden sollen«. Zu unterscheiden sind »drei Bedingungstypen [...] als die Bedingungen der Relevanz, der Applikanz und der Akzeptanz von Normen«. Als relevant können Menschenrechte erst gelten, wenn sie im Horizont von »Gedanken von der richtigen Ordnung von Weltverhältnissen« verstanden werden. Die Bedingungen ihrer Anwendung (Applikanz) hängen wesentlich von der »Variabilität der Selbstbeschreibungen des Menschen und seiner Weltbilder« ab; »Normtypen« und »Typen von Selbstbeschreibungen« bilden eine Einheit, und Unterschiede in der Selbstbeschreibung des Handelnden ergeben sich daraus, »ob er (a) die Welt als intentionalen Gehalt seines Handelns ansieht, ob er (b) in ihr nur Ordnungen als Rahmen für sein Handeln vorgezeichnet sieht oder ob er (c) die Welt insgesamt nur als den Bereich auffaßt, der nach Normen zu strukturieren ist und in dem darum Normen zur Geltung zu bringen sind. Das dritte Verhältnis zur Welt als solcher ist für den Gedanken von Rechten der Menschen konstitutiv.« Erst das Weltbild (c) bietet angemessene Bedingungen der Akzeptanz menschenrechtlicher Normen, die ein ihnen angemessenes Verhalten motivieren. Die »Weltorientierung der Person, die Menschenrechte als Grundnorm zu verstehen vermag«[36], ist von entscheidender Bedeutung.

Was freilich Personen wie verstehen, ist von Traditionen und gegebenen kollektiven epistemischen und praktischsozialen Kulturen nicht unabhängig. Ungeachtet der »Möglichkeiten zu einer individuellen Variation« ist festzustellen, »daß vor aller Individualisierung zunächst ein kollektiver Besitz symbolischer Traditionen besteht, der einen gemeinsamen Bestand grundlegender Einstellungen garantiert. Die Praktiken, die sich aus diesen Einstellungen heraus im Umgang miteinander entwickeln, wirken ihrerseits wieder als eine praktische Bestätigung der symbolischen Traditionen, so daß man tatsächlich von einer kollektiven Identität reden kann, nämlich dem wechselseitigen Bestätigungsverhältnis der symbolischen Traditionen, gemeinsamen Praktiken und Einstellungen, die in einer Gesellschaft bestehen.«[37]

---

36 Henrich, D., 1990, Über einige Voraussetzungen der Verstehbarkeit von Rechten der Menschen. In: ders., Ethik zum nuklearen Frieden, Fft./M., 282ff.

37 Schwemmer, O., 2005, Kulturphilosophie. Eine medientheoretische Grundlegung, München, 258.

Dies ist einer der wesentlichen Gründe dafür, daß die Frage nach der Universalisierbarkeit bzw. Universalität der Menschenrechte im Zentrum kontroverser Menschenrechtsdiskurse steht. Der ›Westen‹ (bzw. ›Norden‹), so wird oft gesagt, klage in liberalistischer und individualistischer Perspektive die Würde, die unveräußerlichen Rechte und die Freiheiten des Individuums ein, während der ›Süden‹ und der ›Osten‹ mit kommunitaristischer Orientierung die Pflichten gegenüber der Gemeinschaft betone. Deshalb seien die im ›Abendland‹ entstandenen Menschenrechte für nichtwestliche Kulturen nicht geeignet. Diese kulturrelativistische These mißversteht (i) die Entwicklung der Menschenrechte im Westen und verwechselt (ii) die abendländische Genesis der Menschenrechte mit der Geltung der positivierten Menschenrechte, die darauf beruht, daß sie zwischen Staaten – nicht ohne Einfluß der Zivilgesellschaften – ausgehandelt wurden und de facto als internationales Recht universalisiert sind; (iii) spielt die (Selbst)Kritik der Menschenrechte als ›westlich‹, die mit »einer kulturalistischen Reduzierung der menschenrechtlichen Mißstände in den nichtwestlichen Regionen auf deren kulturelle Ursprünge und mit einem damit verbundenen zynisch-resignativen Lob der Differenzen« verbunden ist, »den jeweils herrschenden Machteliten« in die Hände, die den ihrer Herrschaft Unterworfenen die Menschenrechte vorenthalten.[38] Die durch Universalität und Offenheit für Entwicklung gekennzeichneten Menschenrechte sind zwar im Westen entstanden, aber sie sind längst nicht mehr ›westlich‹; sie haben sich als zur Implementierung in andere Kulturen geeignet bewährt.

Bezogen auf den Westen ist die Geschichte der Interpretation und Verwirklichung von Menschenrechten die Geschichte einer »Dezentrierung« der Sichtweise und die Geschichte von Kämpfen um und Widerstände gegen die Menschenrechte. Zu betonen ist: »Die Menschenrechtsidee bezeichnet [...] auch in der europäischen Geschichte eine tiefgreifende Zäsur. [...] Die Menschenrechte waren Europa nicht in die Wiege gelegt, so daß nur zu warten war, bis irgendwann einmal Europa das Stadium des Erwachsenseins erreicht haben würde. Sie waren vielmehr in Zeiten eines tiefgreifenden Umbruchs das Ergebnis öffentlicher Erregungen auf Mas-

---

[38] Vgl. Mishima, K., 2005, Menschenrechte als Tradtionsbruch und Abschied von der Gewalt. In: Kühnhardt, L./ M. Takayama (Hg.), 2005, Menschenrechte, Kulturen und Gewalt, BadenBaden, 127f.

senbasis: das Werk von Umstürzlern in Geist und Tat und von sozialrevolutionären Bewegungen, einst des Bürgertums, dann der Arbeiterbewegung an ihrer Spitze. Frauen und Randgruppen folgten.«[39]

Das heutige Menschenrechte-Recht ist als – die Verschiedenheit der Kulturen berücksichtigendes – Normensystem moralisch und rechtlich universalisierbar; es ist universell im Sinne seiner die Menschen, Gesellschaften und Staaten *juridisch* verpflichtenden Allgemeinheit. Zugleich verlangt die Berücksichtigung der kulturellen Voraussetzungen des Verstehens von Menschenrechten nach einem differenzierteren Verständnis ihrer Universalität. Es gehört intrinsisch zum Prinzip sowohl der Menschenwürde als auch der Menschenrechte, daß niemand Dritten eine bestimmte *Bedeutung und Begründung* oktroyieren darf. Deshalb kann Kulturen, Gesellschaften und Staaten ein Verständnis- und Interpretationsspielraum nicht abgesprochen werden.

Differenzierungsverbote und Differenzierungsgebote, die den Erfordernissen der Gerechtigkeit und schützenswerter Ungleichheit entsprechen, gelten auf der Ebene der Menschenrechte, wie sie für nationales Recht gelten. Der normative Begriff der Gleichheit umfaßt (i) *Verbote* wie das Willkürverbot, das Verbot menschen- und grundrechtlicher sowie verfassungswidriger Differenzierung, das Verbot sozialer, gegen Menschen und Grundrechte verstoßender Ungleichheit, das Verbot der Diskriminierung der Frauen und der Diskriminierung von Ausländern; er schließt (ii) *Gebote* ein wie die Gebote der Gleichbehandlung, Chancengleichheit und Gleichverteilung, die Gleichbehandlung durch die Gesetzgebung; und das Gleichheitsprinzip ermöglicht bzw. gebietet (iii) entsprechend der Gerechtigkeitsnorm ›*suum cuique*‹ Differenzierungsziele, Differenzierungskriterien und Differenzierungsgebote. Bezieht man das Gleichheitsprinzip auf das Problem der Universalisierbarkeit der Menschenrechte unter je besonderen kulturellen Bedingungen ihrer Akzeptanz und Implementierung, dann begrenzen Differenzierungsverbote und eröffnen Differenzierungsgebote Auslegungsspielräume. Die Kriterien der Beurteilung der Angemessenheit der Auslegung und die Maßstäbe der Kritik bei Menschenrechtsverletzun-

---

39 Senghaas, D., 2001, Der aufhaltsame Sieg der Menschenrechte. In: FornetBetancourt, R./ H.J. Sandkühler (Hg.), 2001, Begründungen und Wirkungen von Menschenrechten im Kontext der Globalisierung, Frankfurt a.M./London, 171.

gen sind aber ungeachtet kulturell unterschiedlicher moralischer Üblichkeiten im positivierten Menschenrechte-Recht zu finden. Weltweit werden die Menschenrechte verletzt; Verletzung von Differenzierungsverboten und Differenzierungsgeboten werden im ›Westen‹ wie in der übrigen Welt festgestellt. Es handelt sich um Verletzungen von *jus cogens*-Normen und von Normen des internationalen Rechts, denen sich Staaten durch Verträge verpflichtet haben, sowie von Normen nationalen Verfassungsrechts.

Das Universalitätsproblem hat zwei Dimensionen:

i) *Universalität der Normadressaten*: Bei der Frage, wer Menschenrechtsverletzungen begeht und gegen wen rechtlich eingeschritten werden soll, darf der Kreis der Norm- und Sanktionsadressaten nicht auf Institutionen und ›Offizielle‹, auf ›Funktionsträger‹ und ›autorisierte‹ Personen eingeschränkt werden. Die Menschenrechte verpflichten die ›privaten‹ Individuen als moralische Rechte. Daß sie als juridische Normen Drittwirkung haben, d.h. ihre Schutzwirkung nicht nur im Verhältnis zwischen Bürger und Staat, sondern auch im Verhältnis zwischen Bürger und Bürger entfalten, und unmittelbar Pflichten für ›Private‹ begründen, liegt in der ›Logik‹ der Universalität der Menschenrechte: Ihre »universelle und wirksame Anerkennung und Einhaltung« (EMRK, Präambel) kann nicht nur für staatliche Institutionen gelten; Bestimmungen wie die in EMRK Art. 3 (»Niemand darf der Folter oder unmenschlicher oder erniedrigender Strafe oder Behandlung unterworfen werden.«) können nicht nur für Personen gelten, die ›auf Befehl‹ foltern, sondern betreffen die moralische und juridische Verantwortlichkeit des ›privaten Individuums‹, das foltert. Wenn gem. EMRK Art. 7 (2) die ›*nullum crimen, nulla poena sine lege*‹-Norm so eingeschränkt wird, »daß jemand wegen einer Handlung oder Unterlassung verurteilt oder bestraft wird, die zur Zeit ihrer Begehung nach den von den zivilisierten Völkern anerkannten allgemeinen Rechtsgrundsätzen strafbar war«, dann sind nicht nur ›Offizielle‹, sondern auch ›Private‹ Adressaten der Menschenrechtsnormen und Sanktionsadressaten des internationalen und nationalen Strafrechts.

ii) *Transkulturelle Universalität*: Die Geltung der *jus cogens*-Normen und der positivierten Menschenrechte ist unbedingt und läßt keine Relativierung im Namen der Eigenrechte von Kulturen zu. Unterschiede gibt es bezüglich der Rahmenbedingungen institutioneller Menschenrechtsverletzungen: (a) Menschenrechtsverletzungen trotz politisch-rechtlicher Anerkennung des universalen Normensystem. (b) Menschenrechtsverletzungen, die scheinbar durch eine offen erklärte, teils kulturalistisch, teils gesellschaftspolitisch begründete Absage an die Verpflichtung zum Schutz der Menschenrechte in ihrer Gesamtheit legitimiert sind; ein Beispiel hierfür ist der Anspruch der VR China, den ökonomischen und sozialen Menschenrechten einen Vorrang vor den politischen Menschenrechten einzuräumen. (c) Menschenrechtsverletzungen, für die ›Menschenrechtserklärungen‹ eine fragwürdige normative Grundlage schaffen; ein Beispiel hierfür ist die ›Kairoer Erklärung zu den Menschenrechten im Islam‹ (5. 8. 1990), die mit Art. 25 nicht zuletzt die Diskriminierung von Frauen ermöglicht: »Die islamische Scharia ist der einzige Bezugspunkt für die Erklärung oder Erläuterung eines jeden Artikels in dieser Erklärung.«[40] Relevant sind die in Eigenrechten der Kulturen gründenden Unterschiede nur auf der Ebene des ›Verstehens‹ der Ursachen von Menschenrechtsverletzungen; sie berühren nicht deren rechtliche Beurteilung.

Der faktische Pluralismus der Voraussetzungen, Kontexte und Begründungen führt – dies zeigt die Praxis – bei kulturrelativistischer Interpretation und Implementierung zu einer Schwächung der positiv-rechtlich universalisierten Menschenrechtsnormen. Kulturrelativismus ist im internationalen Menschenrechte-Recht nicht vertretbar: Aus dem Kulturen und Einstellungspluralismus sowie aus der Kontextualität der Menschenrechte folgt kein *Rechts*relativismus. »Die Strategie der alternativen Begründung der Menschenrechte, welche die homogene Intaktheit der einheimischen Kultur trotz der massiven Einwirkung des Abendlandes absichern möchte, [ist] zweifelhaft. Der Grund dafür findet sich nicht nur in den Optionen des globalisierten Kapitalismus. Es fragt sich, ob wir für die Realisierung der Menschenrechte eine alternative Begründung der Menschenrechte brauchen, die wesentlich auf die kulturelle Besonderheit der Tradition zurückgreift. [...] Mögliche Differenzen der institutionellen Implementation der Menschenrechte oder deren Hintergrundüberzeugungen können nicht als Gründe für die kulturrelativistische Interpretation der Menschenrechte geltend gemacht werden.«[41]

Der interkulturelle Vergleich zeigt, daß sich die Menschenrechte in dem Maße in ihrer *transkulturellen* und nicht etwa ›westlichen‹ Universalität normativ bewähren, wie regionale Menschenrechtserklärungen und natio-

---

[40] Zum Dokument zu Erläuterungen vgl. Al-Midani, M.A, 2003, Les droits de l'homme et l'Islam. Textes des organisations arabes et islamiques, édité par l'Association des Publications de la Faculté de Théologie Protestante, Université Marc Bloch de Strasbourg.

[41] Lim, H.-B., 2001, Menschenrechte im Zeitalter der Globalisierung im Kontext der koreanischen Kultur. In: R. Fornet-Betancourt/H.J. Sandkühler (Hg.), Begründungen u. Wirkungen von Menschenrechten im Kontext d. Globalisierung, Frankfurt a.M./London, 142f. Zur Frage der kulturellen Relativierung von Menschenrechten vgl. Hoffmann, J. (Hg.), 1994, Universale Menschenrechte im Widerspruch der Kulturen, Frankfurt/M.; vgl. auch Galtung, J., 2000, Menschenrechte, Vision: Verständigung zwischen den Kulturen, Frankfurt a.M./New York; Bell, L.S./ A.J. Nathan/I. Peleg (eds.), 2001, Negotiating Culture and Human Rights, New York.

nale bzw. transnationale Verfassungen das international ausgehandelte Recht der Menschenrechte auf dem Niveau der ›Allgemeinen Erklärung der Menschenrechte‹ und der ihnen folgenden Pakte und Konventionen implementieren. Daß die normative Bewährung nicht ›automatisch‹ eine Bewährung in der Praxis bedeutet und Menschenrechte faktisch verletzt werden, mindert die normative Geltung nicht. Die universelle Bedeutung der Menschenrechte als juridische Normen wird auch nicht dadurch geschmälert, daß das ›Recht, Rechte zu haben‹ (H. Arendt) an institutionelle (transnationale und nationale) Durchsetzung gebunden ist: Das Argument H. Arendts, die »Aporien der Menschenrechte«[42] ergäben sich aus der faktischen Entuniversalisierung der Menschenrechte zu – an Nationalstaaten gekoppelte – Bürgerrechten, war bereits mit Blick auf die ›Allgemeine Erklärung der Menschenrechte‹ unzutreffend, deren Art. 6 bestimmt: »Jeder hat das Recht, überall als rechtsfähig anerkannt zu werden.« Die Verengung der Perspektive auf den (National-)Staat würde heute dazu führen, zu verkennen, in welchem Maße nichtstaatliche, v.a. ökonomische Gewalt Urheber von Menschenrechtsverletzungen ist.

Aus der Tatsache der Menschenrechtsverletzungen folgt die Notwendigkeit des Engagements für Verhältnisse, in denen – frei von Armut, Furcht und Not[43] – »jeder seine wirtschaftlichen, sozialen und kulturellen Rechte sowie seine politischen und Bürgerrechte genießen kann«. Derartige Verhältnisse setzen (i) den Staat als demokratischen, menschenrechtlich verfaßten Rechts- und Sozialstaat voraus, (ii) die Beherrschung nichtstaatlicher Gewalt durch das Recht und (iii) verwirklichte transnationale Solidarität und Gerechtigkeit. In diesem Kontext bleibt auch der interkulturelle Diskurs über die Aushandlung des mit Kulturen Verträglichen eine ständige Aufgabe. Das Ziel ist die Stärkung und weitere Entwicklung transkulturell anerkannter Prinzipien und Normen, die Verteidigung der Menschenrechte gegen Verletzungen – wo auch immer.

---

[42] Vgl. Arendt, H., ^{9}2003, Elemente und Ursprünge totaler Herrschaft. Antisemitismus, Imperialismus, totale Herrschaft, München, Kap. 9.

[43] Vgl. Pogge, T., 2002, World Poverty and Human Rights, Cambridge.

Globalisierung – Macht – Menschenrechte

von Aziz Fooladvand

Einleitender Gedanke

Die Menschenrechte sind Thema von Politik, Recht, Religion und Massenmedien. Zu den akademischen Disziplinen, die sich mit ihnen befassen, zählen Politologie, Soziologie, Psychologie, Rechtswissenschaft, Religionswissenschaft, Theologie, Ökonomie, Kulturwissenschaften wie Sinologie und Islamistik und eben auch die Philosophie oder Analysen des interkulturellen Miteinanders. Aber die Menschenrechte gehören zu jenen Themen, die eine kontinuierliche Auseinandersetzung verlangen. Dies jedenfalls dann, wenn die Diskussion dazu beitragen soll, das Leid zu mindern, das sich die Menschen seit jeher zufügen. Die Wirkung mag gering sein. Sie mag zeitlich verzögert und vielfach vermittelt eintreten. Aber das macht die Auseinandersetzung nicht wirkungslos.

Es gibt zureichende Gründe, sich dafür einzusetzen, daß Erniedrigung, Folter, Mord und Totschlag endlich aufhören. Beim Thema Menschenrechte werden zwei gegensätzliche Größen augenscheinlich: Zum einen: Menschenrechte werden von den dominierenden kapitalistischen Staaten instrumentalisiert[1], um ihre Hegemonialansprüche zur Etablierung einer Wirtschaft- und Gesellschaftskonzeption rund um den Globus zu legitimieren. Zum anderen: Bemerkenswert ist die Tatsache, daß parallel zu dieser

---

1 Ein Beispiel liefert uns die Vergabe des Friedennobelpreises an die iranische Anwältin Shirin Ebadi. Gleichzeitig wird jedoch das ernstzunehmende Engagement Hunderter von international renommierten Frauen in Indien, der arabischen Welt, Afrika. Lateinamerika, Asien bewußt ausgeblendet. Um nur einige Namen zu nennen: *Nawal El Saadawi (Ägypten), Medha Patkar* (Indien), Roni Hammermann (Israel), Lydia Jusupowa (Rußland, Kandidatin für den Friedsnobelpreis), Elvida (Ache, Indonesien), Tadschigul Begmedowa (Turkmenistan), Jennifer Latheef (Maledevien), Hina Jilani (Pakistan), Rebiya Kadeer (China).

Entwicklung in ihren eigenen Gesellschaften zivilgesellschaftliche und sozialstaatliche Errungenschaften Schritt für Schritt eliminiert und die Menschenrechte ihrer eigenen Bürger beschnitten werden. Klarer formuliert: Der Verweis auf demokratische und menschenrechtliche Prinzipien dient zur Durchsetzung einer bestimmten ökonomischen, sozialen und politischen Ordnung in der ganzen Welt.

Im Zeitalter der neoliberalen Expansion werden Menschenrechte zur Rechtfertigung kapitalistischer Herrschaft mißbraucht. Das primäre Ziel dieser Gesellschaftsordnung liegt darin, die eigenen Grenzen nach außen gegen Flüchtlingsströme, Migration, soziale Proteste, »Schurkenstaaten« und »unzivilisierte und undemokratische Kräfte« zu zementieren. In dieser unscharf definierten Begriffswelt wird ein stark diskriminierender und nationalistisch gefärbter Legitimationsdiskurs vorangetrieben und etabliert.

Der Begriff der Menschenrechte büßt seinen zentralen emanzipativen Inhalt ein und dient zur Legitimation einer internationalen ökonomischen Machtstruktur. Demokratie und Menschenrechte sind lediglich auf dem Boden von Marktwirtschaft und Monopolisierung erfüllbar und denkbar, so die Argumentation. Auf der anderen Seite des Spektrums ragt eine konträre Position empor: Sie tritt jeder Ausbeutung, Intoleranz, Gewalt und Kriegsführung entgegen. Menschenrechte werden als Gegenstand demokratischer und sozialer Bewegungen angesehen, welche bemüht sind, mit demokratischen Mitteln die Hegemonie der weltweiten ökonomischen Strukturen in Frage zu stellen und diese zu kontrollieren. Das weltweite zivilgesellschaftlich organisierte Netz der Menschenrechtsaktivisten, Umweltorganisationen, Frauenbewegungen, Gewerkschaften, Anwaltverbände, Kritischen Journalisten, Akademiker, progressiven Denker gehören zu dieser Bewegung.

Im herrschenden politischen Diskurs ist unverkennbar, daß der Begriff der Menschenrechte sich auf die in den Metropolen dominierende Lebensweise reduziert. Menschenrechte werden schlicht mit jenen ökonomischen und politischen Herrschaftsverhältnissen identifiziert. Diese Art des Diskurses konstruiert eindeutig Züge eines »menschenrechtlichen Fundamentalismus«. Da dieser vom Neoliberalismus forcierten Lebensart globale Armut, Ausbeutung, Massenflucht und massive Menschenrechtsverletzung zugrundeliegen, formiert sich der Menschenrechtsbegriff zu einer simplen Legitimationsgrundlage für neoliberale Hegemonie. Bei dieser diskursiven Ebene handelt es sich um die Sicherung höchst materieller »Werte«. Die Menschenrechte als universelle Werte werden völlig ignoriert. Innerhalb der gegenwärtigen Menschenrechtskontroverse wird auf kuriose Art die Kernfrage, nämlich »Rechte der Menschen«, außer Acht gelassen.

Fazit: Menschenrechte sind keine unanfechtbare kodifizierbare Rechtskonstruktion. Sie stellen eine Kampfarena voller Widersprüche dar. Zentral ist die Feststellung, daß die Menschenrechte nicht simplifizierend als neoliberale Marktfreiheiten und »zivilisierte Werte« proklamiert werden dürfen. Um den emanzipativen Gehalt des Begriffes Menschenrecht zu retten, ist es unerläßlich, eine globale, starke, mutige und autonome Menschenrechtsbewegung zu etablieren, die bürgerorientierte ökonomische und soziale Konstellationen als Grundlage für die Umsetzung der Menschenrechte betrachtet. Als reale Chance zur Verwirklichung dieser großen Ideale braucht diese Bewegung dann eigene handlungsfähige Strukturen und Institutionen.

Soziologie der Macht

Macht – so Max Webers bekanntes Diktum – ist im Gegensatz zu Herrschaft »soziologisch amorph«. Dieses soziologisch brisante Phänomen kann verschiedenartigen Voraussetzungen entspringen, es kann sich als Eigenschaft sozialer Beziehungen, als relationales, traditionales, charismatisches Phänomen auf verschiedenste Art und Weise manifestieren. Und Macht ist hinsichtlich ihrer Wirkungen und Effekte keineswegs ausschließlich negativ einzuschätzen, sondern ist in ihrem sozialen Gestaltungspotential ambivalent. Aus soziologischer Sicht ist auch zu klären, in welchem Verhältnis Macht zu Herrschaft und beides zu Autorität, Zwang und Gewalt steht.

Dieser politisch-soziologische Grundbegriff kann für Abhängigkeits- oder Überlegenheitsverhältnisse verwendet werden. Macht stellt die Möglichkeit dar, ohne Zustimmung, gegen den Willen oder trotz Widerstandes anderer die eigenen Ziele durchzusetzen und zu verwirklichen, wobei die Akteure dieser Machtausübung Personen, Gruppen, Organisationen oder auch Staaten sein können. Wirtschaftlich, technisch, rechtlich, kulturell-religiös geprägte Strukturen zählen ebenfalls zu diesen Akteuren.

Macht wird als die Fähigkeit von Personen oder Gruppen zur Einflußnahme auf das Denken und Handeln von anderen verstanden. Nicht nur Subjekte treten als Machtquelle auf, auch organisierte Gruppen können machtvoll handeln. Dazu zählen staatliche Institutionen (Militär, Bürokratie, Verwaltung) sowie der wirtschaftliche Sektor, der enorme Wirtschaftsmacht ausüben kann. Neben dieser Machtquelle ist ebenso auf Medienkonzerne zu verweisen, die je nach Reichweite, Reputation und Glaubwürdigkeit erhebliche Wirkung auf die Bevölkerungsmassen entfalten.

Der Kapitalismus ist nur unter dem Gesichtspunkt überlegen, daß eine bestimmte Klasse die Gesellschaft möglichst unbemerkt und anonym beherrschen will, so die Marxsche Konzeption. Die Massen würden in einer anonymen Herrschaft nicht merken, daß sie »in Ketten« liegen. Im Kapitalismus werden die Bürger durch die »Macht« von Massenmedien »gewaltsam« indoktriniert.

Die kapitalistische Gesellschaft sei ein von der herrschenden Oligarchie geschaffenes Systems zur Optimierung ihrer Macht und Maximierung ihrer Profite. Ausgangpunkt zur Analyse der Macht in der Marxschen Machtsoziologie ist die Aneignung des produzierten »Mehrwerts« seitens der Kapitalisten und die Ausbeutung der Arbeiterklasse. Das Spezifikum der Epoche des globalen Kapitalismus liegt nach diesem marxistischen Gesichtspunkt darin, daß Menschen den eisernen Gesetzmäßigkeiten der kapitalistischen Ordnung machtlos unterworfen sind. Diese anonyme Macht sei ein modernes, suggestives Phänomen. Das spezifische Merkmal der »kapitalistischen Produktionsweise« ist die »Verschlüsselung« der Macht. Die soziologische Theorie Marxscher Prägung stellt den Versuch dar, latente Mechanismen der Machtausübung des Kapitalismus zu dechiffrieren.

Entgegen diesem Verständnis gehen John Mearsheimer und Claus Offe[2] von einer politischen Definition der Macht aus. Militärische Gewalt ist nach Offe das universelle Machtpotential. Sie ist die bedeutendste gesellschaftliche Ressource. Susan Strange prägte bei dem Versuch, Macht zu analysieren, den Begriff der strukturellen Macht. Stranges Modell zur Erklärung der Macht ist sehr vielschichtig und komplex. Es bezieht sich auf globalsoziale Interaktionen und schafft es daher, eine Vielzahl von Größen der ak-

---

2 Claus Offe: Die vielen Gesichter der Macht..

tuellen wirtschaftlichen und politischen Entwicklung zu vereinen, und in ein machttheoretisches Konzept einzubauen.

Nach Hannah Arendt wird der Begriff »Macht« positiv als das Zusammenwirken von freien Menschen im »politischen Raum« zugunsten des Gemeinwesens verstanden. Dieses Verständnis von Macht entwickelt Arendt in ihrer Studie ›Macht und Gewalt‹. Bei Arndts Verständnis von Macht handelt es nicht um die Durchsetzung privater Interessen. Vielmehr schließen sich diese zu einem gemeinsamen »Handeln und Sprechen« zusammen, obwohl die Individuen unterschiedliche Ansichten vertreten und pluralistisch handeln. Die Macht verschafft sich Zugang zu Verfassungen, Institutionen etc. und kann sie somit verändern. Arendts Machtkonzeption geht nicht von gemeinsamen Auffassungen, Prämissen oder Weltanschauungen der beteiligten Menschen aus. Nach dieser Machtdefinition bestünde die Möglichkeit, daß in jeder neuen Generation freie Individuen unter den gegebenen politischen Rahmenbedingungen immer wieder neue, den Gegebenheiten angemessene Vereinbarungen treffen und umsetzen.

Ein prägnanter Satz von Elias beschreibt Macht als eine Struktureigentümlichkeit aller menschlichen Beziehungen. In diesem Sinne kann nur eine mit Macht ausgestatte Zivilgesellschaft den mächtigen globalen Monopolen entgegentreten.

Neue Weltstruktur

Nach dem Kalten Krieg sind wir mit einer neuen Situation konfrontiert. Sowohl die internationale Staatengemeinschaft als auch die Akteure der globalen Zivilgesellschaft erheben den Anspruch, sich für die Einhaltung der Menschenrechte einzusetzen, die uneingeschränkte Souveränität von Nationalstaaten zu durchbrechen und von jenen Schutz und Respekt von Menschenrechten einzufordern. Gigantische Wirtschaftsinteressen errichten ein zynisches Hindernis gegen dieses Engagement. Saudi-Arabien stellt nur einen eindrucksvollen Beleg dafür dar, wie internationale Wirtschaftsinteressen mit Erdöldiktatoren umzugehen pflegen.

Das weite Spektrum gravierender Menschenrechtsmißachtungen hat sich verlagert. Staat als ein Akteur von Menschenrechtsverletzung ist nicht mehr die einzig mögliche Option. Die Handlungsfähigkeit von Nationalstaaten ist in vielen Ländern erodiert. Private Akteure begehen gröbste Menschenrechtsverletzungen wie noch nie zuvor. Eine Garantie physischer

Unversehrtheit durch staatliche Organe ist heute in vielen Regionen nicht mehr gewährleistet.

Die Allgemeine Erklärung der Menschenrechte der UNO macht sich die soziale und wirtschaftliche Sicherheit der Menschen zur Aufgabe. Die Art. 22 bis 28 widmen sich den wirtschaftlichen, sozialen, kulturellen sowie bürgerlichen und politischen Rechten des Individuums. Die sozialen, wirtschaftlichen sowie kulturellen Rechte, die als »Menschenrechte der zweiten Generation« bezeichnet werden, erhalten ihre völkerrechtliche Verbindlichkeit insbesondere durch den Sozialpakt von 1966. Substantielle Maßnahmen zu Gunsten der Menschenrechte sind leider auch noch mehr als 50 Jahren nach der Verabschiedung der Allgemeinen Erklärung der Menschenrechte und fast 42 Jahre nach der Ratifizierung des Sozialpakts durch die Beitrittsstaaten unerläßlich. Die Menschenrechtslage in vielen Bereichen ist katastrophal. Dies betrifft nicht allein die bürgerlichen und politischen Rechte, darüber hinaus ist die massive weltweite Verletzung der wirtschaftlichen, sozialen und kulturellen Menschenrechte besorgniserregend.

Das Schutzsystem für diese Menschenrechte ist leider noch nicht stark genug etabliert. Der Sozialpakt kennt lediglich eine schwache Form des Menschenrechtsschutzes. Die Beitrittsstaaten haben keine effektiven Rahmenbedingungen zum Schutz der im Sozialpakt verankerten wirtschaftlichen, sozialen und kulturellen Menschenrechte angeordnet, obwohl der Art. 2 des Sozialpakts zum Schutz dieser Menschenrechte alle zumutbaren Anstrengungen verlangt.

Auf die Verletzung der im Sozialpakt von 1966 festgelegten Menschenrechte weisen die jährlichen Berichte des Internationalen Bundes Freier Gewerkschaften (ICFTU) – seit Oktober 2006 IGB – hin. Amnesty International prangert auch in ihrem diesjährigen Jahresbericht die weltweite Verletzung der wirtschaftlichen, sozialen und kulturellen Menschenrechte an. In den ärmsten Ländern der Welt sind die häufigsten Menschenrechtsverletzungen zu verzeichnen, dort wo die Schere zwischen Arm und Reich weit auseinander klafft.

Globale Macht der Globalisierung Menschenrechte in Gefahr

Im Zeitalter der Globalisierung gelten nicht nur die Staaten als Akteure der Menschenrechtverletzungen. Die multinationalen Konzerne können sich diesbezüglich ebensowenig rühmen. Ihr Beitrag zu Menschenrechtsverletzung gilt als erwiesen.

Einbeziehung der Entwicklungsländer in einen globalen Kapitalismus und Einbindung der einzelstaatlichen Ökonomien in eine global agierende Weltwirtschaft laufen nicht freiwillig und demokratisch ab, sondern finden vielmehr unter Anwendung von »struktureller Gewalt« statt. Der Einflußbereich und die Politik des Nationalstaates werden vom neoliberalen Kapitalismus beeinträchtigt. Transnationale Unternehmen sowie andere Internationale Organe wie Weltbank und Währungsfonds (IWF) drängen die Entwicklungsländer, Rahmenbedingungen für optimales und rasches Wachstum zu schaffen. Dieses »Wachstum« ist im Zeitalter der Globalisierung ausschließlich durch Anreize von Privatinvestitionen realisierbar. Parallel dazu werden diesen Ländern umfangreiche Strukturanpassungsmaßnahmen mit sukzessiver oder aggressiver Gewaltanwendung aufgezwungen.

Die bisherigen Erfahrungen mit der Liberalisierung des Welthandels und mit regionalen Freihandelsabkommen heben die Auswirkungen der Marktöffnung, Privatisierung sowie Abschaffung von Subventionen sowohl für die Umwelt als auch hinsichtlich der Hunger- und Armutsbekämpfung rund um den Globus. Für ihren mißglückten Beitrag hinsichtlich der Entwicklung im Süden wurden sowohl die Weltbank als auch der Internationale Währungsfonds (IWF) vielfach scharf kritisiert.

Aufgrund der übermächtigen Einflußnetze der multinationalen Konzerne sind die Nationalstaaten ihnen unterlegen, so daß sie leicht die nationalstaatlichen Schranken überwinden können. Entwicklungsländer bieten unter diesen Umständen eine Konkurrenzarena für multinationale Unternehmen. Der Kampf um Profitmaximierung ist schon längst ausgebrochen. Und an diesem Kampf Unbeteiligte gehören zu den Opfern: Einheimische und die Ärmsten der Armen. Die kontinuierliche Zunahme an Importen und von billigen subventionierten Nahrungsmitteln in eine Vielzahl von Ländern hat katastrophale Folgen für den Marktzugang von Kleinbauern auf ihre lokalen Märkte. Subventionierte Importwaren aus dem Norden verdrängen mit einem hohen Maße an Aggressivität Kleinbauern und lokale Gemeinschaften. Agrarsektor und Nahrungsmittelproduktion werden ruiniert. Als Folge dieser dramatischen Entwicklung vermehren sich die

Elendsviertel, die Zahl der Massenflüchtlinge steigt explosionsartig, ebenso wie Unterernährung und Krankheiten: Ein Teufelkreis der Armut.

Globalisierung konnte ihr in den neunziger Jahren verbreitetes Versprechen, nämlich die Armutsbekämpfung, nicht realisieren. Weder wurde Armut verringert noch Stabilität gewährleistet. Die Angst, daß eine Finanzkrise epidemieartig den gesamten Globus erfassen könnte oder daß der massive Verfall der Währung eines Schwellenlands verheerende Dominoeffekte in anderen Ländern auslösen könnte, schwebt über der Welt. Der einzige nicht regulierte Markt ist der Finanzmarkt: Eine kuriose Vereinbarung, die für Geldinstitute, Fonds und Wirtschaftsunternehmen die Möglichkeit eröffnet, massive Währungsspekulationen zu betreiben und so innerhalb kürzester Zeit Millionengewinnen zu erzielen.

Die finanzkräftigen Banken des Nordens profitieren von der Öffnung der Kapitalmarktkotrollen in Lateinamerika und Asien mit erschütternden Auswirkungen für diese Länder, da kurzzeitig große Mengen von Spekulationsgeldern (hot money) überraschend abgezogen wurden. Dieser schlagartige Geld-output löste einen massiven Währungsverfall in diesen Regionen aus. Das Banksystem wurde stark geschwächt und in eine Krise gestürzt.

Diese rechtslosen Rahmenbedingungen nutzen die Finanzspekulanten für ihre Profitmaximierung weltweit zulasten des Südens und zugunsten der »Global Players« des Nordens aus. »Gleichzeitig werden nationalstaatliche Sozialleistungen in Nord und Süd zulasten der sozial Schwachen, insbesondere der weiblichen Bevölkerung reduziert.«[3] Staatliche Kontrollen schrumpfen, während sich der Wirtschaftssektor zu einem mächtigen Imperium formiert hat.

Es wurde den Entwicklungsländern prophezeit, daß Markwirtschaft einen überraschend großen Wohlstand bescheren würde. Das Gegenteil wurde erreicht: Das neue glorifizierte Wirtschaftssystem trieb Millionen Menschen in Verzweiflung und Elend. Die Anzahl der Armen ist um 100 Millionen angestiegen, während im »gleichen Zeitraum das gesamte Welteinkommen im Schnitt um 2,5 Prozent jährlich« zugenommen hat.[4] In vie-

---

3 Karin Lukas: »Wirtschaftliche Globalisierung und sozio-ökonomische Menschenrechte…«, in: Menschenrechte 2003, S. 159-167.

4 Joseph Stiglitz: Die Schatten der Globalisierung, Goldmann, 2004, S. 20.

len ehemaligen Kolonialgebieten blieben die Träume (soziale Gerechtigkeit, Bildung, Alphabetisierung, Stabilität und Sicherheit) nach der Entkolonialisierung unerfüllt. Der Afrikanische Kontinent ist ein Synonym für Elend, Krankheit und Verzweiflung; eine Schande für die Menschheit.

Globalisierungskritiker werfen den Industrieländern vor, arme Länder dazu gedrängt zu haben, ihre Handelshemmnisse abzubauen, während sie gleichzeitig Protektionismus betreiben. Aus dieser Handelspolitik resultieren katastrophalen Folgen für Agrarprodukte aus Entwicklungsländern. Intrigant dieser Politik sind die Vereinigten Staaten. Joseph Stiglitz hat als Vorsitzender des Wirtschaftsverständigungsrats unter dem Präsidenten Bill Clinton einen denkwürdigen Kampf gegen diese »Heuchelei« geführt. »Meine Bemühungen blieben leider allzu oft erfolglos. Sonderinteressen der Handels- und Finanzwelt setzten sich durch.«[5]

Die Monopolisierung und die Multinationalisierung stellen die fundamentalen Größen des Neoliberalismus dar. Der Prozeß der »Refeudalisierung«, der Autonomisierung des Kapitals sowie die Kristallisierung der übermächtigen Finanzwelten fordern das allgemeine Interesse, Autonomie des Nationalstaats sowie seine Autorität heraus. Die Zahlen sprechen für sich: die Gesamtreserven der 347 größten transkontinentalen Konzerne belaufen sich auf 555 Milliarden Dollar, die seit 2003 um 11% angewachsen sind. Weltweit galten 7,7 Millionen Menschen im Jahr 2003 als Dollarmillionäre; Tendenz steigend. 2005 lag die Zahl der Reichen in Afrika bei 100.000. Das Privatvermögen der finanzkräftigen Afrikaner liegt bei 600 Milliarden Dollar; im Vergleich zum Vorjahr ein Zuwachs von 100 Milliarden Dollar. Trotz miserabler Wirtschaftlage, unfaßbarem Hunger und katastrophaler medizinischer Versorgung und maroden Schulsystems investieren die reichen Afrikaner ungern in ihre Herkunftsländer. Von Profitmaximierung geleitet spekulieren sie an der New Yorker Börse oder mit Immobilien in europäischen Ländern, lediglich um höchste Erträge zu erzielen.

Medico international vermerkt in seinem jüngsten Rundschreiben: Die auch und gerade vom IWF und von der Weltbank vorangetriebene Globalisierung hat zu einer historisch nie zuvor gekannten Verarmung und Vertreibung von Millionen geführt. Nach Angaben des Flüchtlingskommissa-

---

5 Ebenda, S. 22.

riats der UNO sind weltweit ca. 200 Millionen Menschen auf der Flucht (Umwelt-, Wirtschafts- und politische Flüchtlinge, Binnen-, Klima- und Bürgerkriegsflüchtlinge), in der Mehrzahl Frauen und Kinder.[6] Dem UNHCR-Bericht zufolge besteht ein nicht unbeträchtlicher Teil dieser Massenflüchtlinge aus Asylsuchenden. Nur einer kleinen Gruppe von Asylsuchenden gelingt es, den europäischen Kontinent zu erreichen. Millionen bleiben auf ihrem Kontinent oder werden von nicht europäischen Ländern aufgenommen (afrikanische Länder, Pakistan, Iran, Syrien, Jordanien, Libanon etc.): Die »Freie Welt« nimmt diese dramatische Situation oft tatenlos hin (Genozid in Ruanda).

Armut

Nach dem neuesten Bericht der *Interamerikanischen Entwicklungsbank* muß ein Drittel der lateinamerikanischen Bevölkerung, das entspricht 150 Millionen Menschen, von weniger als zwei Dollar täglich leben, während sich 40 Prozent des Bruttosozialprodukts in der Hand von einem Prozent der Bevölkerung konzentrieren.

In den neunziger Jahren des 20. Jahrhunderts entfielen nur 1,5 Prozent der Direktinvestitionen auf Afrika, etwa drei Viertel der weltweiten Direktinvestitionen, deren Gesamtniveau im Jahr 2000 circa 440 Milliarden US-Dollar betrug, werden in den OECD-Ländern getätigt. Der Anteil der Dritten Welt-Länder am Welthandel beziffert sich auf 25%, wobei in diesem Teil der Welt 85% der Weltbevölkerung leben. 1,8 Milliarden Menschen leben in unserer Welt in »Absoluter Armut« (der Definition nach: Verfügbarkeit von 1 Dollar pro Tag für die Befriedigung der Lebensbedürfnisse). Während der Verdienst von 1% der reichsten Menschen dem Einkommen von 57% der Ärmsten entspricht. Die Zahl der erwachsenen Analphabeten liegt bei 850 Millionen. 325 Millionen Kinder weltweit haben keine Chance, eingeschult zu werden.

Es gibt andere Behauptungen: Die neoliberale Form der Globalisierung und die allgemeine Durchsetzung von Marktwirtschaft und liberaler Demokratie hätten die Voraussetzungen für eine weltweit friedliche, humane politisch-soziale Ordnung geschaffen. Die Begriffe der *Weltzivilgesellschaft*

---

[6] UNHCR: State of the World's Refugees: Human Displacement in the New Millennium, vom 23 March 2006, Oxford University Press.

oder *Staatengemeinschaft* seien Ausdruckformen dieser Epoche. Diese Sichtweise marginalisiert die katastrophalen Folgen der Globalisierung. Percy Barnevik vom World Economic redet von einigen »unangenehme[n] Nebenwirkungen« der neoliberalen Globalisierung. Oben haben wir einige Beispiele dafür gesehen.

In dieser Menschen entwürdigenden und bestürzenden Lage findet erstaunlicherweise der Begriff »Menschenrechte« bei der Rechtfertigung von »Präventivkrieg« und Gewaltanwendung sowie »Terrorismusbekämpfung« seine Anwendung.

Multinationale Konzerne – Akteure der Menschenrechtsverletzung

Die zunehmende Globalisierung und wachsende Macht der transnationalen Unternehmen und Finanzinstitutionen geht mit Menschenrechtsverletzungen einher. Die radikale Umstrukturierung der globalen Wirtschaft hat zur grundlegenden Umwandlung der Rolle des Nationalstaates in der Frage des Menschenrechtsschutzes geführt. Die Politik des Nationalstaates als traditionellen Adressaten zur Einhaltung der Menschenrechte wird auf prekäre Weise durch die multinationalen Konzerne beeinflußt. Transnationale Unternehmen sind zunehmend in der Lage, nationalstaatliche Schranken zu überwinden. Der Konkurrenzdruck zwischen den Staaten, die mit billigeren Arbeitskräften und Steuervergünstigungen um ausländische Investitionen werben, wächst.

Wesentliche Indikatoren für die wachsende Globalisierung sind u.a. schnelles Wachstum des Welthandels, zunehmende grenzübergreifende Investitionen und globale Finanzströme. Die weltweite vernetzten Produktionsprozesse und die totale Mobilmachung des Kapitals drängen zum Abbau tarifärer und nicht tarifärer Handelshemmnisse, sowie zur Deregulierung der Finanzmärkte. Diese weitgreifende Internationalisierung verursacht radikale Veränderungen in den Ländern des Südens und erhöht den Anpassungs- sowie Modernisierungsdruck, dem diese Länder strukturell nicht gewachsen sind.

Globalisierung und globaler Wettbewerb erhöhen den Druck auf Löhne und Arbeitsnormen. Nationalstaatliche Kontrollsysteme werden eliminiert, die »Erpreßbarkeit« der Staaten durch transnationale Konzerne wächst. Regierungen in vielen Regionen der Welt wenden Repressalien an, um sich in der Konkurrenz um billige Arbeitskräfte und günstige Arbeitsbedingungen behaupten zu können. Dies sind reizvolle Bedingungen für ausländische Investitionen und Kreditinstitute, um Großprojekte vorantreiben zu können. Dieses Phänomen ist im asiatisch-pazifischen Raum zu beobachten, in dem dieses sogenannte »Wirtschaftswunder« mit Hilfe autoritärer Politik aufgebaut wurde.

Multinationale Konzerne interessieren sich für Aufträge und Investitionen, gelockt werden sie mit der Aufhebung des Streikrechts und Verbot von Gewerkschaftsbildung. Profitmaximierung und niedrige Löhne werden gefördert, damit sie auf internationaler Ebene wettbewerbsfähig bleiben und somit ihren Anteil am Welthandel ständig verbessern können. Die Freihandelszonen sind weitere Rahmenbedingungen zur Sicherung der Profite der multinationalen Konzerne, in denen das nationale Recht, Sozial- und Arbeitsbedingungen abgeschafft bzw. verschlechtert werden.

Die dämonische Vorrangstellung von *global players* und ihre Rolle in Fragen der Menschenrechte ist offensichtlich: Drei Viertel der globalen Produktionskapazitäten fallen unter den Kontrollbereich der 200 transnationalen Konzerne. Bei Investitionsverhandlungen mit Regierungen, insbesondere in Entwicklungsländern, sind diese gigantischen Wirtschaftsmächte tonangebend, zumal der überwiegende Teil dieser Unternehmen einen »gewerkschaftsfreien Raum« vorzieht.[7]

Der damalige UN-Generalsekretär Boutros-Ghali erklärte während der Wiener Weltmenschenrechtskonferenz der Vereinten Nationen im Juni 1993 die Menschenrechte als »die gemeinsame Sprache der Menschen«. Das Abschlußdokument der Konferenz, die sogenannte »Wiener Erklärung und Aktionsprogramm«, hat keinen bindenden Charakter, trotzdem ist es aber gleichwohl als wichtiges Dokument einzustufen. Es enthält viele Empfehlungen an die Regierungen und an andere Akteure der internationalen Gemeinschaft, die die Verbesserung der Menschenrechtssituation zum Ziel haben. »Die Förderung und der Schutz aller Menschenrechte und grundlegender Freiheiten muß, in Übereinstimmung mit ihren Bestimmungen und Prinzipien, als vorrangiges Ziel der Vereinten Nationen betrachtet werden, im Besonderen mit der Bestimmung zur internationalen Zusammenarbeit.«

---

7 Karin Lukas: »Wirtschaftliche Globalisierung und sozio-ökonomische Menschenrechte…«, in: Menschenrechte 2003, S. 161.

Ein nationaler Aktionsplan zum Schutz der Menschenrechte basierte auf der Überlegung, daß jedes Land Strategien zur Förderung der Menschenrechte entwickeln sollte. Doch sieht sich der »wahre Geist unserer Zeit« mit der bitteren Wirklichkeit konfrontiert. »Die Zukunft der Menschenrechte wie der Menschheit insgesamt sieht nicht gerade viel versprechend aus.«[8] Substantielle Maßnahmen zu Gunsten der Menschenrechte sind leider auch noch mehr als 50 Jahre nach der Ratifizierung der Allgemeinen Erklärung der Menschenrechte notwendig. Die Menschenrechtslage ist in vielen Ländern katastrophal. Eine weltweite ökonomische Struktur droht die Früchte des langwierigen unermüdlichen kollektiven Einsatzes zur Verwirklichung und Einhaltung von Menschenrechten zu vernichten.

Folge der Globalisierung

Herrschaft des Rechts gilt als eines der zentralen Grundprinzipien des Zeitalters der Menschenrechte. Die rasante »Anschwellung« des globalen Handels- und Investitionsmechanismus hat geradezu eine weltweite Rechtlosigkeit forciert.

Die Privatisierung hat die staatliche Deregulierung zur Folge. Die Fähigkeit der Regierungen, ihrer Pflicht im Hinblick auf den Schutz der Menschenrechte gegenüber mächtigen Unternehmen nachzugehen, wird ständig eingeschränkt. Prämisse des Handlungsmechanismus für transnationale Konzerne ist Gewinnmaximierung um jeden Preis. Gewissenlosigkeit und Mangel an Pflichtbewußtsein in der Unternehmenskultur hat epidemische Dimensionen erreicht. »Abwesende Regierung« ist kein imaginärer Ausdruck mehr. Der Übergang von ökonomischen Gütern wie medizinische Versorgung, Wasser-, Strom- Vorsorge in private Verfügungsrechte veranschaulichen dieses Phänomen. Es gibt keine staatliche Preiskontrolle.

Der Zugang zur Grundversorgung wird mit Wucherpreisen lediglich den Finanzkräftigen gewährt. Im Namen der Privatisierung büßen die Regierungen ihre Funktion als Hüter der Menschenrechte ein. Eine Marginalisierung des Staats ist in allen Funktionen zu verzeichnen. Eine Erosion des staatlichen Schutzsystems in zwei Richtungen ist zu beobachten. Einerseits führt die wachsende Erwerbslosigkeit dazu, daß viele Menschen sich keine

---

8 Clarence J. Dias: »Auswirkung der Globalisierung auf die Menschenrechte«, in: Menschenrechte 2001, S. 145.

arbeitsgebundene Sozialversicherung mehr leisten können. Andererseits bedeutet diese für Menschen dramatische Entwicklung die Untergrabung der Fähigkeit der Regierungen, für einen angemessenen sozialen Schutz zu sorgen. Da die Regierungen auf rigide Strukturanpassungsmaßnahmen zurückgreifen, wird dieser Prozeß beschleunigt.

Aus dem globalen Widerstand gegen die Handelsliberalisierung kann geschlossen werden, daß diese ihre verkündete Zielsetzung nicht einlösen konnten. Gegen ihre Behauptung entstand ein hohes Maß an Arbeitslosigkeit. Selbst in Industrieländern ist dieses Phänomen besorgniserregend. Die »Heuchelei« der Befürworter dieser weltweiten Liberalisierung hat durch die Art und Weise, wie sie die Liberalisierung vorantreiben, nicht nur die Ängste in der Bevölkerung geschürt. Jamaika liefert uns ein Bespiel: Diesem Land wurde 1992 eine rasante Liberalisierung aufoktroyiert. Die aus den Vereinigten Staaten eingeführte subventionierte Billigmilch ruinierte die Existenz der einheimischen Milchbauern.

Weltbank und IWF haben »mit einer verengten ideologischen Perspektive«[9] die Privatisierung forciert. Dieses Heilmittel sollte unverzüglich, um jeden Preis und weltweit angewendet werden. Die gescheiterte Privatisierung hat das Konzept in Mißkredit gebracht. Monopolisierung stößt weltweit auf massiven Widerstand, weil sie oft zu Massenentlassung führt. Diese sozialen Kosten werden in den Industrieländern zeitweise durch soziale Sicherheitsnetze (Sozialleistungen, Arbeitslosengeld, Krankenversicherung usw.) entschärft. Doch verfügen nur wenige Entwicklungsländer über ein effektives öffentliches Unterstützungsnetzwerk. Deswegen entstehen in diesen Ländern oft drastische soziale Kosten: Gewaltkriminalität, zunehmende Verbrecherzahlen sowie sozialen und politischen Unruhen. Globale massive Arbeitslosigkeit als Produkt der Monopolisierung verursacht ungeheure soziale Kosten. Die Liste dieser Kosten ist besorgniserregend. Dazu zählen weit verbreitete allgemeine Verunsicherung, Entfremdungsgefühl, Kinderarbeit.

Liberalisierung und Monopolisierung haben viele Dimensionen. Selbst der IWF sieht sich gezwungen, sein Fehlverhalten einzuräumen. Mittelbare Folge der Handelsliberalisierung ist die Vernichtung von Arbeitsplätzen. Aufgrund der kargen Bankfinanzierung in den Entwicklungsländern ist

---

9 Joseph Stiglitz: Die Schatten der Globalisierung, Goldmann, 2004, S. 79.

eine Beschaffungen von neue Arbeitsplätzen nicht möglich. Der IWF trägt die Verantwortung für die Verschlimmerung der miserablen sozioökonomischen Situation in diesen Ländern, weil seine »fiskalischen Austeritätsprogramme oftmals zu so hohen Zinsen führten, die manchmal zwanzig Prozent, manchmal fünfzig Prozent und gelegentlich sogar hundert Prozent überstiegen.«[10]

Die verheerenden Folgen der Öffnung des Kapitalmarktes nehmen verheerende Dimensionen an. Die Liberalisierung des Finanzmarktes führt zu einer Beseitigung nationaler Kontrollmaßahmen. Die spekulativen Finanzströme (hot money) geraten außer Kontrolle. Langfristige Investitionen sind für Unternehmen nicht attraktiv, da die Spekulationsgelder mit hohen Risiken behaftet sind. Aus diesem Grund schrumpfen permanent Investitionen Infrastruktur, Arbeitsplätze und Fabriken.

Die der Entscheidungsbefugnis von Nationalstaaten auf internationale Kredit- und Wirtschaftseinrichtungen nimmt tendenziell zu. Politische Partizipation der Bürger an den für ihr Leben bedeutenden Entscheidungen ist gefährdet oder findet kaum statt. Außer diesen flüchtig aufgezählten Nebenwirkungen der Globalisierung zeichnen die Strukturen der internationalen Konzerne und mächtigen globalen Wirtschaftszentren sich durch einen undemokratischen Aufbau aus.

Konzepte zum Schutz der Menschenrechte: Macht der Zivilgesellschaft

Die dominierende Form der neoliberalen Monopolisierung stößt ebenso innerhalb der Zivilgesellschaft auf immer größere Kritik. Zugleich wächst aber auch die Bedeutung von Menschenrechten als Gegenstand demokratisch-sozialer Bewegungen, die sich gegen Ausbeutung, Gewalt und die zunehmend stabilisierende Herrschaft der kapitalistischen Metropolen richten. Das heißt, mit der »Globalisierung« nehmen auch radikale Protestbewegungen zu.

Menschenrechtsorganisationen wie Amnesty International haben derweil ihre Mandate ausgeweitet. Amnesty International setzt sich energisch für die Einhaltung der sozio-ökonomischen Menschenrechte ein. Die internationale Zivilgesellschaft und global vernetzte NGOs verstehen sich als Gegenkraft zum Turbokapitalismus. Das Recht auf Ernährungssicherheit, das

---

10 Ebenda, 2004, S. 86.

Recht, sich gewerkschaftlich zu organisieren und einen gesetzlich verankerten Anspruch auf einen Mindestlohn zu erheben, gehört ebenso zu den Menschenrechte, wie Meinungsfreiheit. Aus dieser Perspektive heraus sind die Auswirkungen der neoliberalen Wirtschaftskonzeption als Verletzungen der menschlichen Würde anzusehen. Wenn die menschliche Würde das Fundament aller Menschenrechte darstellt, ist globaler Einsatz für die Wahrung dieser Würde eine unverzichtbare Pflicht des Einzelnen und jeder sozialen Bewegung.

Artikel 1 der Allgemeinen Erklärung der Menschenrechte hebt die »Würde und Rechte« aller Menschen hervor. Die Allgemeine Erklärung universalisiert die Menschenrechte als angeborenes und unveräußerliches Gut. Ferner appelliert die Allgemeine Erklärung der Menschenrechte an »jeden Einzelnen und alle Organe der Gesellschaft«, sich für Einhaltung und Schutz der Menschenrechte global einzusetzen. Dem wirtschaftlichen Sektor, als zentrale gesellschaftliche Institution, kommt die unausweichliche Aufgabe und Verpflichtung zu, die Menschenrechte zu schützen und zu ihrer Förderung beizutragen. Gerade im Zeitalter der neoliberalen Globalisierung sind die international tätigen Unternehmen mit den Menschenrechtsverletzungen konfrontiert. Großkonzerne können sich leider auf keine ruhmreiche Kultur hinsichtlich der Förderung oder des Schutzes der Menschenrechte stützen. Sie haben entweder die Menschenrechte ignoriert, mit autoritären Regimes kollaboriert oder waren selbst in Menschenrechtsverletzungen involviert.

Multinationale Konzerne tragen direkt Verantwortung dafür, daß die Menschenrechte im Rahmen ihrer wirtschaftlichen Agitation respektiert und eingehalten werden. Ferner müssen sie ihren Einfluß zur Förderung und Wahrung aller Menschenrechte einsetzen. In den von Amnesty International verfaßten »Menschenrechtsgrundsätzen für Wirtschaftsunternehmen« heißt es: »Unternehmen sollen zur Schaffung eines Umfeldes beitragen, in dem die Menschenrechte verstanden und geachtet werden. Unternehmen sind zuweilen in Ländern tätig, in denen die Menschenrechte in großen Umfang verletzen oder in denen die Gesetzgebung, die Handlungsweise der Regierung oder sonstige Einschränkungen es notwendig machen, bestimmte Mißstände und Übergriffe anzusprechen und neue

Wege zu suchen, die Achtung der Menschenrechte zu fördern und zu sichern.«[11]

Die Rolle der Wirtschaft zur Wahrung und Achtung der Menschenrechte gewinnt zunehmend Bedeutung. Dank internationalem Engagement der Nichtregierungsorganisationen wie Amnesty International erklärte sich die Wirtschaft bereit, ihrer Verpflichtung zur Förderung der Menschenrechte nachzugehen und diese anzuerkennen. Weiterhin bestehen jedoch große Defizite in diesem Bereich. Die Bandbreite der Mißachtung und der verheerenden Verletzung der Menschenrechte durch die Wirtschaft belegt die Notwendigkeit des konkreten und aktiven Handelns gegen die Willkür des mächtigen Etablissements. Blumenhandel, Kinderarbeit, Frauenhandel, gigantische Staudammprojekte, Kleinwaffenhandel, Fortpflanzungsmedizin, Biomedizin, Patentierung der Medikamente sind nur einige Bespiele für Verstöße der Konzerne gegen die universellen Menschenrechte. Amnesty International widmet sich dem Thema der Menschenrechtsverletzung durch die Wirtschaft mit folgenden Fragestellungen:

- Die Verpflichtung der Wirtschaft im Zeitalter der Globalisierung zum Schutz und zur Förderung der Menschenrechte. Wie kann sie diese Verpflichtung wahrnehmen?
- Die Rolle der Nichtregierungsorganisationen im Hinblick darauf, daß die Wirtschaft ihre Rolle und Pflicht für Wahrung der Menschenrechte ernst nimmt und dieser »effizient und überprüfbar«[12] nachkommt.

In diesen Fragestellungen kommt die tiefe Sorge hinsichtlich der Zukunft der Menschenrechte zum Ausdruck. Unerläßlich sind die Suche nach einem Regelwerk, mit dem den Opfern von Menschenrechtsverletzungen wirksame Unterstützung zur Verfügung gestellt wird und ihr Schutz vor massiven menschenverachtenden Übergriffen.

Fest steht: Die Förderung und der Schutz der Menschenrechte hat mit der rasanten Entwicklung der weltweiten ökonomischen Strukturen nicht Schritt halten können. Multinationale Konzerne sind Hauptgewinner der globalen Monopolisierung. Ein Drittel des privaten Produktivvermögens fällt unter ihre Kontrolle. Sie üben größeren Einfluß auf das weltweite

---

[11] Amnesty international: Menschenrechtsgrundsätze für Wirtschaftsunternehmen, in: Menschenrechte, Herausforderung und Verpflichtung für die Wirtschaft, (Hrsg.) Amnesty International, 2000, S. 90.

[12] Ebenda, S. 7.

Wirtschaftsgeschehen als viele Nationalstaaten aus. Allein die Anzahl der im Ausland tätigen deutschen Unternehmen beträgt 20.000. Mehr als 2,5 Millionen Arbeitskräfte[13] sind weltweit für sie tätig. Ungeachtet der weltweiten Proteste bezeugen zahlreiche Vorkommnisse die entwürdigende Verletzung der Grundrechte des Menschen. Die Schwachen und Entrechteten werden rund um den Globus gnadenlos der Ausbeutung ausgesetzt. Erinnert sei an Millionen Kinder, die in Zwangarbeit gehalten werden oder an Millionen Menschen, die sich weltweit für die Einhaltung der Grundnormen der Arbeitswelt einsetzen und dabei verhaftet, gefoltert, eingesperrt, unterdrückt und ermordet werden.

Ein eklatantes Beispiel für Menschenrechtsverletzung ist die sogenannte »freie Exportzone« in der das Arbeitsrecht des aufnehmenden Landes vertragsgemäß außer Kraft gesetzt wird und Gewerkschaften verboten sind und jede Autorität der nationalen Aufsichtssysteme ausgeschaltet werden. Hier könnten die Kontrollmechanismen der Internationalen Arbeitsorganisation (IAO) effektiv eingesetzt werden. IAO kann mit Befugnissen ausgestattet werden, um zu kontrollieren, inwieweit systematische Menschenrechtsverletzungen vorliegen und Menschenrechte mißachtet werden. Die Gewerkschaften stehen an der Spitze der weltweiten Bemühungen, die fundamentalen sozialen Rechte in internationalen Handelsverträgen zu verankern. Ferner fordern sie ein »differenziertes Überwachungs-, Anreiz- und Sanktionssystem«.[14]

In einem von Amnesty International veröffentlichen Dokument empfiehlt die Organisation die folgenden Eckpfeiler als mögliches Instrumentarium zur Wahrung der Menschenrechte in der Wirtschaft:

- Verankerung der Menschenrechte in der Unternehmungskultur
- Schutz der Menschenrechte bei der Durchführung von Sicherheitsmaßnahmen von Konzernen
- Abschaffung der Diskriminierung
- Verbot der modernen Form der Sklaverei
- Verbindliche Haftung für Sicherheit und Bereitstellung von medizinischer Versorgung am Arbeitsplatz
- Gewährleistung gerechter und sicherer Arbeitsbedingungen

---

13 http://www.fdm.de/content/news-full.php?nr=1090238826.

14 Amnesty international: Menschenrechtsgrundsätze für Wirtschaftsunternehmen, 2000, S. 35.

- Recht auf Gewerkschaftsbildung
- Achtung und Förderung der Menschenrechte [15]

Achtung vor Menschenrechten gewinnt immer wieder mehr an Gewicht auf der internationalen Ebene. Der weltbekannte Börsenspekulant George Soros, der mit dem Hannah-Arendt-Preis ausgezeichnet wurde, fordert den IWF auf, die Vergabe von Krediten an Gläubiger mit einer Bedingung zu verknüpfen: Wahrung der »grundlegenden Menschenrechte«.[16]

Je größer die Schere zwischen Arm und Reich wird, desto nachhaltiger müssen sozio-ökonomische Rechte eingefordert und eingehalten werden. Die Beobachtung und Publikmachung von sozio-ökonomischen Menschenrechtsverletzungen durch NGOs im Süden und Norden nimmt verstärkt zu. Ansichten wie »die Globalisierung sei ein Schicksal und »Naturgesetz« oder »Globalisierung hat gewisse unangenehme Nebenwirkungen« werden nicht länger akzeptiert. Es steht fest: Unabhängig davon in welche Richtung sich Globalisierung entwickeln mag, sind sozio-ökonomische Rechte endgültig im Bewußtsein der Menschen erwacht und werden den Kurs richtungsgebend mitbestimmen.

Die Stärkung sozio-ökonomischer Menschenrechte ist dringlicher denn je. Selbst die Weltbank hat in ihrem Bericht zur Globalisierung, Wachstum und Armut (2001) eingestanden, daß die Beseitigung der Handelshemmnisse (Zoll) ohne Begleitmaßnahmen, wie etwa das Recht aller auf Bildung, zur Verstärkung der Ungleichheit beiträgt. Wirtschaftliches Wachstum kommt ohne die Einhaltung der Menschenrechte nur einem kleinen Teil der Welt zugute.

Die Zeit scheint also reif für einen Paradigmenwechsel zu sein. Durch die derzeitige Form der Globalisierung gibt es zu viele Menschen auf der Verliererseite und zu wenige auf der Gewinnerseite. Durch die globale Vernetzung der Zivilgesellschaft hat sich diese Tatsache weltweit verbreitet und globalen Widerstand geweckt.

Die Umsetzung von Menschenrechten darf nicht als Staatenaufgabe betrachtet werden. Diese fungieren längst als politisches Medium ökonomischer Macht- und Herrschaftsverhältnisse. Ein zivilgesellschaftlicher

---

[15] Menschenrechtsgrundsätze für Wirtschafsunternehmen in: Menschenrechte, 2000, S. 86ff.

[16] Karin Lukas, ebenda.

Machtapparat ist erforderlich, um den neuformierten sozio-ökonomischen Machtzentren entgegenzuwirken. Ferner wäre die Etablierung einer »internationalen Menschenrechtsgerichtsbarkeit« notwendig.[17]

[17] Joachim Hirsch: Die Globalisierung der Menschenrechte, in Freitag 04, vom 19.01.2004.

Menschenrechtsrealitäten Palästinas in der Westbank

von Christiane Nagel

Warum sollte man etwas über Palästina schreiben, wenn darüber schon so oft berichtet wurde? Man sagt, die Wahrheit liege im Auge des Betrachters. Dies würde im Umkehrschluß jedoch bedeuten, daß kein Thema zu oft besprochen werden kann, da jeder Darstellung ein gewisses Maß an Subjektivität innewohnt. Ist dies der Fall? Bekommen wir verzerrte Informationen? Die voranzustellende Frage dazu ist, ob wir wirklich mehr als die Spitze des Eisberges wahrnehmen können oder wollen? Sobald der Name Palästina fällt, assoziieren wir Gewalt, Terror oder eine erneute Friedenskonferenz weit ab von der Realität vor Ort.

Ist das alles? Darf man das Leben in Palästina darauf reduzieren? Wo bleiben die Zivilgesellschaft und ihre soziale und ökonomische Entwicklung? Es sind in jedem Falle zu viele Aspekte des Lebens in Palästina, die in den täglichen halbaktuellen Medien keinen Platz finden.

Dieser Artikel will versuchen jenen Mangel auszugleichen, indem Menschenrechte und die Bedeutung ihrer Verletzung diskutiert und mit Hilfe von Fallbeispielen aus dem sozialen und ökonomischen Alltag in Palästina belegt werden. In der folgenden Bewertung/Diskussion um die Menschenrechtslage in Palästina soll mit der Betonung eines universalistischen und interkulturellen Menschenrechtsverständnisses die Verbindung zu anderen Beiträgen dieses Bandes hergestellt werden. Hinzuweisen ist hierbei auf das Auge des Betrachters, denn es werden zwar Primärquellen und Sekundärliteratur zur Argumentation herangezogen, aber Grundlage der vertretenen Meinung zur Menschrechtslage in Palästina bilden die eigenen Erlebnisse in der Westbank.

Das Konzept der Menschenrechte und ihre Mißachtung

Menschenrechte sind abstrakt und praktischer Natur zugleich. Sie setzen Mindeststandards für den Umgang von Menschen mit anderen Menschen, sind universell, unhierarchisch und aufeinanderbezogen.[1] Allerdings wird diesem hohen Anspruch oft eine zu schwache rechtliche Verankerung mit oftmals unzureichenden Instrumentarien zur Durchsetzung jener Rechte gegenübergestellt. Dabei besitzen Menschenrechte angesichts ihres essentiellen Beitrages zum menschlichen Selbstverständnis unserer Zeit eine starke Relevanz. Formelle Verankerungen jener unteilbaren Werte und Rechte des Menschseins finden sich in der Allgemeinen Menschenrechtserklärung der Vereinten Nationen von 1948, des Internationalen Paktes über Bürgerliche und Politische Rechte, sowie dem Internationalen Pakt über Ökonomische, Soziale und Kulturelle Rechte. Zusammengenommen auch als Internationales Menschenrechtsgesetz bezeichnet, werden sie von weiteren Menschenrechtsschutzdokumenten ergänzt, die ihre Unterzeichner an jene Werte bindet. Auch Israel ist als Unterzeichner des internationalen Menschenrechtsgesetzes an humanitäres Völkerrecht gebunden.[2] Die Brisanz dieser Feststellung ergibt sich beim Blick auf die Regeln der Genfer Konventionen und ihrer Zusatzprotokolle, welche umfangreiche Bestimmungen für das Verhalten einer Besatzungsmacht, wie das Verbot der forcierten Fremdbesiedlung besetzter Gebiete enthalten.[3] Aus dem genannten rechtlichen Status ergibt sich das Erfordernis der Anpassung nationaler Gesetzgebung zur Kohärenz mit dem Völkerrecht. Hinzu kam meine Vorstellung über die menschliche Befähigung aus dem Grauen der Geschichte zu lernen und dem Vernunftprägenden Erlebnis des Leidens im Holocaust, die auf das Verständnis und auf den Schutz der Menschenrechte wirken müßten.

Diese Annahmen erwiesen sich als genauso fragwürdig wie die Umsetzung des Volksstatus der Palästinenser, deren rechtliche Grundlage das Selbstbestimmungsrecht der Völker in Art. 1 § 1 des Paktes über bürgerli-

---

1 Siehe wissenschaftliche Meinungen wie Harrell-Bond, Barbara in: Towards the economic and social integration of refugee population in Histcountries in Afrika, Einleitung S. 2.

2 Israel ratifizierte die Pakte 1991 mit Reservation zu Artikel 23 und 1991 ICAT mit Reservation zu Art. 20, 30.

3 Hager Gesetze und Genfer Konventionen z.B. Verbot ihre »Zivilbevölkerung in das von ihr besetzte Gebiet [zu] verschleppen« Art. 49 4.Genfer Konvention. Art 49 + Anerkennung des unveränderbaren Status der Westbank im Oslo Abkommen.

che und politische Rechte (Zivilpakt) ist.[4] Trotz jener Rechte und ihrer wiederholten Einforderung wie durch den Internationalen Gerichtshof[5], kann die Lage in Palästina durchaus als humanitäre Katastrophe bezeichnet werden. Die Diskrepanz zwischen dem Anspruch auf das Recht einerseits und der realen Ausübung seines Schutzes andererseits wird somit augenscheinlich und die momentane Situation in der Westbank weißt darauf hin, daß diese Kluft weiterhin aktiv verbreitert wird.

Über diese Situation für die Zivilbevölkerung und ihrer Rechte, sowohl die der Palästinenser als auch die der Israelis, möchte ich als Freiwillige eines europäischen Friedens- und Partnerschaftsprojektes hier berichten. Zusammen mit 14 weiteren Freiwilligen der Organisation Youth Action for Peace konnte ich einige Monate für Nichtregierungsorganisationen in der Umgebung von Jerusalem und Ramallah arbeiten. Diese Zeit hat mein Verständnis für Menschenrechte und ihre Verletzung nachhaltig verändert. Oft drängte sich mir der Verdacht eines langfristig geplanten israelischen Genozidprojektes gegenüber den Palästinensern und friedensorientierten, zivilgesellschaftlichen Kräften auf.[6]

Menschenrechtsverletzungen in den besetzten Gebieten haben viele Gesichter, auch wenn in den Medien nur die direkte Gewalt zumindest zeitweise eine Rolle spielt. Meinem Empfinden nach sind subversivere Formen von Gewalt und Erniedrigung die vorherrschende Alltäglichkeit für die Menschen in der Westbank. Johann Galtung beschreibt sie in Form der strukturellen Gewalt und bezieht sich damit auf ökonomische, politische

---

4 Das Problem im Falle Palästinas ist die Umstrittenheit bzgl. der Erfüllung der Vorgaben: Selbstregierung und Unabhängigkeit, die laut UN-Charta zur Selbstbestimmung gehören. Besonders im Bereich der realen Machtausübung, d. h. kultureller, ökonomischer und rechtlicher Souveränität, befindet sich Palästina in einer Grauzone zwischen Staatlichkeit und Besatzung. Dennoch spricht die Internationale Gemeinschaft mehrheitlich den Palästinensern den Volksstaats und die damit verbundenen Rechte zu.

5 Der Internationale Gerichtshof stellt in seinen Entscheidungen wiederholt die Verletzung der Rechte der Palästinenser durch die israelischen Siedlungen und Sperranlagen in der Westbank fest (z. B 9.Juli 2005).

6 Dieser Standpunkt scheint radikal, aber öffentliche Parolen wie »Araber in die Gaskammern« sind dies nicht minder (Spruch unter Wandschmierereien in Hebron).

und/oder soziale Marginalisierung und Diskriminierung.[7] Durch die vermeidbare Beeinträchtigung grundlegender menschlicher Bedürfnisse werden Individuen daran gehindert ihr Potential zu entfalten.

Die Ausübung struktureller Gewalt durch Israel äußert sich beispielsweise in offenen Bestrebungen zur selektiven Förderung wirtschaftlicher Entwicklung für jüdisch-israelische Staatsbürger.[8] Die Umsetzung jener Politik läßt sich an der Wirtschaftssituation vieler Palästinenser beobachten, wenn man bedenkt, daß »two-thirds of Palestinians are living in poverty, a rise of 30% on last year.«[9] Ein wirtschaftlicher Abstieg wird auch durch die Verschlechterung sozialer Indikatoren wie die Prävalenz chronischer Krankheiten oder Unternährung angezeigt (Anstieg unterernährter Kinder unter 5 Jahren zwischen 2004 und 2006 um 3 %). Hinzu kommen entwicklungshemmende Maßnahmen, wie z. B. das Verursachen von Umweltverschmutzung und Wassermangel (zwischen 2000 und 2007 wurde der Zugang der Palästinenser zu sauberem Trinkwasser um 8% reduziert).[10]

Elemente struktureller Gewalt

Israel kontrolliert die Palästinensische Wirtschaft über die Regulation und Besteuerung der Im- und Exporte, sowie durch Beeinflussung des Arbeitsmarktes, was zu einer Reduzierung des Prokopfeinkommens seit 1999 führte.[11] Die israelische Währung ist zwangsweise gültiges Zahlungsmittel

---

7 Vgl. Galtung, Johan: »*Strukturelle Gewalt.*« Beiträge zur Friedens- und Konfliktforschung, Hamburg 1975.

8 Beispielhaft sind Aussagen in der Ha'arezt 17.11.2000.

9 s. Mahdi, Sarah: »*Lebanon and the Near East: new challenges, old dilemmas*«, in: Humanitarian Exchange a HPN, publication Number 37, March 2007, S. 4.

10 Ein bis zu fünffacher Wasserverbrauch der Siedlungen gegenüber palästinensischen Haushalten wurde festgestellt; u.a. durch die Weltbank. Daten am 25.11.-2007 zuletzt abgerufen unter: http://web.worldbank.org/WBSITE/EXTERNAL/-COUNTRIES/MENAEXT/WESTBANKGAZAEXTN/0,,menuPK:294374~pagePK-:141132~piPK:141107~theSitePK:294365,00.html.

11 Außerdem konstatiert die Weltbank eine Kontraktion des Bruttoinlandsproduktes um 9% im Jahre 2006 und um 4,2% im Jahre 2007. Daten letztmalig abgerufen am 25.11.2007 unter: http://web.worldbank.org/WBSITE/EXTERNAL/COUNTRIES/MENAEXT/WESTBANKGAZAEXTN/0,,menuPK:294374~pagePK:141132~-piPK:141107~theSitePK:294365,00.html.

und es können selbständig keine Kredite aufgenommen oder Schuldverschreibungen emittiert werden. Alle Palästinenser sind verpflichtet Steuern an Israel zu zahlen, was einer Besatzungsmacht rein rechtlich auch zusteht. Allerdings ist Israel im Gegenzug verpflichtet einen Teil dieser Erlöse an die palästinensische Autonomiebehörde zur Deckung von Staatsausgaben (eingeplante Deckung 50%) zurückzuerstatten, was jedoch regelmäßig verweigert wird (seit März 2006 stehen $65 Million aus).[12] Die Folgen sind soziale Unruhen und Armut, da die palästinensische Autonomiebehörde aus Geldmangel die Stundung der Gehälter für Angestellte im öffentlichen Dienst bis aufs äußerste ausgereizt hat. Die Freiwilligen unseres Teams, die mit Bildungseinrichtungen in der Umgebung von Jerusalem und Ramallah arbeiteten, erlebten massive Unterrichtsausfälle aufgrund von Streiks der Lehrkräfte bis Mitte 2007. So warteten Polizisten, Krankenschwestern oder wie im Fall einer Kollegin, die daher bei einer NGO wie YDD in Dienst trat, mehrere Monate auf ihr Gehalt. Dies erklärt auch die steigenden Arbeitslosigkeits- und Armutsraten, wie sie die UNRWA in ständig aktualisierten Daten herausgibt.[13] Dieser beschleunigte Abwärtstrend im BIP, läßt sich durch internationale Hilfe nur bedingt kompensieren.[14]

Die Zersetzung der Infrastruktur und die daraus folgende Verletzung ökonomischer Rechte

Die steigende Armut ist u.a. das Ergebnis der Störung von Wasser- und Lebensmittelversorgung. Diese wird auch verursacht durch die Schwächung der Infrastruktur mit der Einrichtung von militärischen Sperrgebieten wie im Jordantal, einer sonst intensiv landwirtschaftlich genutzten Region. Dort läßt sich beobachten, daß nach der Einrichtung dieser Zonen auf dem konfiszierten, ehemals palästinensischen Land israelische Plantagen

---

[12] Poston, Mark; »Aid in occupied Palestinian territories: a donor perspective«, in: Humanitarian Exchange a HPN publication Number 37 March 2007 S. 20.

[13] Angemerkt sei die klare Aussage des internationalen Rechts in Form des Artikel 52 der vierten Genfer Konvention zur Untersagung der Förderung von Arbeitslosigkeit durch die Besatzungsmacht.

[14] Beispielsweise wurde der Geldtransfer verschiedener Geberländer auch an palästinensische Nichtregierungsorganisationen (NROs) eingestellt nach der Wahl 2006 und es scheint sich ein Trend der »Schwarzen Listen« herausgebildet zu haben.

für Monokulturen eingerichtet werden. Zu den sozialen Folgen der Vertreibung kommen durch wasserintensive Landwirtschaft und Umweltschäden die ökonomischen Folgen des bedrohlich steigenden Wassermangels für die Westbank hinzu.

Es gibt weitere infrastrukturell begründete Methoden der ökonomischen Schwächung durch Israel. Die für uns sichtbarsten waren die Mauer und die Umgehungsstraßen. In Gegenden wie Jayyous werden die Menschen durch diese Barrieren von ihren Feldern getrennt und oft wird nur den alten und schwächeren Familienmitgliedern erlaubt, es noch zu bearbeiten. Es werden auch aktiv Anbauflächen geschädigt, indem Jahrzehnte alte Olivenbäume entwurzelt oder Ernten vernichtet werden, beispielsweise durch die Umleitung ungeklärter Abwässer von Siedlungen auf Felder.

Neben den Makroökonomischen Folgen einer eingeschränkten Grundversorgung bedeutet dies für viele betroffene Familien nicht nur den Wegfall ihrer Lebensgrundlage, sondern – im Fall der Rohdung der Bäume – auch einen Verlust ihrer jahrhundertewährenden agrargeprägten Identität.

Neben der direkten Konfiszierung von Land aus »Gründen der Sicherheit« wendet Israel trickreich Gesetze zur Enteignung der Palästinenser an. Beispielsweise kann die Nichtbearbeitung des Agrarlandes – unabhängig der Tatsache, daß dies erzwungen wurde – nach einer Frist eine »Nutzung« diese Landes ermöglichen.[15] Dies kommt den Plänen einiger israelischer Unternehmer entgegen, Palästinensische Arbeitskräfte für sich zu nutzen, welche durch die Enteignungspolitik arbeitslos geworden sind. Von Arbeitslosigkeit in Industriezonen wie Atarot gedrängte Palästinenser werden oft als billige Arbeitskräfte ausgebeutet. Allerdings sind diese Arbeitsplätze den Launen der Sicherheitsbehörden unterworfen, da aus Sicherheitsgründen Arbeitsgenehmigungen jederzeit wieder einkassiert werden können. Aber nicht nur Bauern und Industriearbeiter sind vom Entzug ihrer Lebensgrundlage betroffen. Viele Menschen müssen auf ihren täglichen Wegen zur Arbeit, zum Einkauf, zu Krankenhäusern oder zu Schulen große Umwege machen, die oft mehr als das doppelte der Zeit beanspruchen. Selbst als Fremder kann man in den ewigen Warteschlangen der Check-

---

15 UN SC Resolution 478 of 1980 erklärt die Annektionen Israels zu einer Verletzung des internationalen Rechts sowie die Eu dies in ihrer Venedig Erklärung ebenfalls feststellt.

points und den Straßensperren nachfühlen[16] wie intensiv Israelische Politik auf die Beschränkung der Potentiale des palästinensischen Volkes abzielt.

Ein Fall der mir persönlich sehr nahe geht, ist das Schicksal des kleinen Dorfes Beit Duqqo zwischen Jerusalem and Ramallah, zu dem man heute von beiden Städten aus je fast eine halbe Tagesreise unternehmen muß, um es zu erreichen. Die Familien leben hauptsächlich vom Verkauf ihrer Handarbeiten und Olivenprodukte. Doch durch check-points, Straßensperren, Mauer etc. sind sie regelmäßig von ihren Märkten abgeschnitten. Außerdem hatte die Bevölkerung Tote zu beklagen, als sie sich mit friedlichen Protesten gegen die Beschlagnahmung ihres Landes wehrte, auf dem heute zwei militärische Häuser als Vorhut einer geplanten Siedlung stehen, die entgegen israelischer Versicherungen nicht temporär sein wird.[17]

In Gesprächen mit den Menschen schwang die Sorge mit, daß auf ihrem sanften Hügel, einer generationenlangen Quelle des Einkommens und der Erholung, ein Steinklotz von Siedlung entsteht. Mitgefühl steigt auf, wenn man den Blick von ihren Dächern auf das Meer schweifen läßt und ihre Sehnsucht bemerkt nach einem Ort am Horizont den man sehen kann, wohlwissend, daß es ihnen nie gestattet sein, wird den Strand von Tel Aviv zu besuchen. Dies wissen auch die Menschen nicht, die auf der breiten Straße auf dem kürzesten Wege durch die Westbank nach Tel Aviv rauschen. Sie werden mit Sichtschutzwänden vor dem Anblick palästinensischer Dörfer, denen die nur für Israelis nutzbare Autobahn 443 vor die Nase gesetzt wurde, geschützt. Diese Umgehungsstraßen werden, der Mauer ähnlich, ins Herz der Westbank gepflanzt und die Palästinenser somit bewußt zu Umwegen gezwungen, so wie die rout 443 den direkten Weg nach Ramallah versperrt.[18]

---

16 Monko, Marcin: »*The ICRC in the Palestinian territories: double role, single aim*«, in: Humanitarian Exchange, a HPN publication, Nummer 37, März 2007, S. 24.

17 Anstieg der von den israelischen Behörden genehmigten Siedlungen um 63% im Vergleich zu den letzten 10 Jahren in OCHA Statement: »Humanitarian Impact of Israeli Settlements and other Infrastructure in the West Bank«, Juni 2007.

18 Anfang Januar 2008 wurde von befreundeten Mitgliedern von Yesh Gvul eine Demonstration gegen diese Straße organisiert. Diese Menschen, selbst jüdische Staatsbürger Israels, verurteilen den Bau und veröffentlichten am 02.01.2008 folgendes Statement: »Road 443 is one of the main throughways of the West Bank. Its overall length is 25.5 KM, 14 out of which run through the heart of the West

Die Mauer in Form von stahlverstärktem Beton, Elektrozäunen, Gräben oder Patroullienstraßen, wird von den Palästinensern als Apartheid Mauer bezeichnet.[19] Sie schlängelt sich oftmals abseits der von den Vereinten Nationen definierten Grenze, der sogenannten »Green Line«, durch palästinensische Dörfer. So werden Nachbarschaften geteilt und ganze Gemeinden in ausgestorbene Gegenden verwandelt, was die schon angespannte Lage in den Flüchtlingscamps weiter verschärft. Dies hängt nicht nur mit der Enteignungspolitik und Wirtschaftsdestruktionspolitik Israels zusammen, sondern auch mit der Einkesselung der Menschen durch Siedlungen. Wie ich im Qalandiacamp erleben konnte, wird mit einem Bauverbot die Expandierung des Camps in Richtung angrenzender Siedlungen verhindert. Mit steigender Bevölkerungszahl werden Häuser immer enger aneinander und unsicherer in die Höhe gebaut, wodurch Armut und soziale Spannungen weiter ansteigen.

Hinzu kommt die verstärkte Migrationsbewegung aufgrund des Mauerbaus in Richtung Ramallah, das im Rücken von Qalandia liegende Ballungszentrum. Händler, die in den Vororten von Jerusalem (wie im Übergangsgebiet Dahiet und Beit Hannina) Geschäfte machten, drohen nun von jenen abgeschnitten zu werden, da ihre Verkaufsorte nun Jerusalem zugerechnet werden, indem der Mauerbau die ›Grenze‹ weiter in die Westbank hineinverlegt hat. Im Bewußtsein zukünftiger Abgeschnittenheit und im Wegzug alter Stammkundschaft von Ar Ram, orientieren sie sich zur quasi neuen Hautstadt der Westbank, Ramallah. Nicht nur Händler zogen wegen der drohenden Fertigstellung der Mauer in Dahiet/Ar Ram aus unserer Wohngegend weg, um nicht völlig von Jerusalem abgeschnitten zu wer-

---

Bank [...] From the year 2000 on Israel started restricting Palestinian movement on the road, with the restrictions turning into complete prohibition of Palestinian movement in 2002, practically making the road into a Jewish-only one. 443 is one of the most prominent and upsetting apartheid roads in the West Bank. Approximately 40,000 Israeli citizens travel on it on a daily basis.[...and] it is safe to assume that the vast majority of them are unaware to the fact that they are travelling through the Occupied Territories [...] in many parts the road is surrounded by a wall, decorated by picturesque murals, blocking the Palestinian villages victimized by the road even from sight.«

19 Jeff Halper und Israeli Committee Against House Demolition (ICAHD) http://www.icahd.org/eng/.

den. Unsere Freiwilligengemeinschaft konnte förmlich spüren wie sich unsere Umgebung zu einer Sackgasse entwickelte: der Bau von Gebäuden wurde gestoppt, in regelmäßigen Abständen wurden Läden und offizielle Behörden geschlossen, auch zwei unserer NGOs überlegten zum Wohle ihrer Angestellten die Verlegung des Standortes. In einer Mondlandschaft aus verlassenen Straßen und Gebäudegerippen konnte man das tägliche Wachstum der Sicherheitsbarriere – so wie Israel sie nennt – beobachten. Solange die Barriere noch nicht geschlossen ist, bahnen sich viele Menschen für ein kurzes Freitagsgebet in Jerusalem den Weg durch Abwasserröhren als Abkürzung zum Beit Hannina check point, anstatt den großen Terminal in Qalandia zu passieren.[20] Das Argument totaler Sicherheit durch den Bau der Mauer wird zur Farce; wenn man Jugendliche aus Jenin am Strand von Tel Aviv trifft, ahnt man, daß die Mauer für potentielle Attentäter keinerlei Hindernis bietet, egal wie hoch sie ist, sondern daß sie lediglich der Kontrolle und Behinderung der Menschen dient. Die Bewegungsfreiheit der palästinensischen Bevölkerung wird durch unbegründbare Grausamkeiten bei der Abfertigung an den Checkpoints, durch die willkürliche Errichtung von Straßensperren und häufige Anordnungen von Ausgangssperren täglich beschnitten. Das extreme Beispiel von Bethlehem zeigt den besondern Zynismus israelischer Gettoisierungspolitik. Die Stadt muß durch ein sogenanntes Terminal (ein Checkpoint mit Körperabtastung etc.) betreten werden. Inmitten der Anlage hängt das Willkommensschild des Tourismusministeriums »Friede sei mit dir«, damit man während der Wartezeit ohne sanitäre Möglichkeiten einen kleinen Trost im Auge behalten kann. Entlassen wird man in eine verarmte, stille Stadt mit der nun die Arbeitslosigkeit und nicht der Frieden ist, da kaum noch Touristen nach Bethlehm finden, welche die Einkommensqualle vieler Ladenbesitzer war.

Das Entwürdigung und wirtschaftlicher Abstieg oft Hand in Hand gehen wurde mir in Bethlehem besonders deutlich. Ein befreundeter Lehrer der

---

20 Solange die Mauer noch nicht ganz geschlossen, ist schlüpfen täglich viele Menschen durch diese Stelle um das große Abfertigungsterminal in Qalandia zu umgehen, oder die hohen Mietpreise in Beit Hanina zu vermeiden, wohl wissend um das tägliche Risiko der Gefangennahme oder einer für immer verweigerten Rückkehr; siehe auch Rubinstein, Danny: »*Looking for a home in Pisgat Ze'ev*«, 19/12/2007.

Al Quz Universität berichtete von erniedrigenden stundenlangen Kontrollen, deren Ergebnis trotz umfassender Ausstattung mit Papieren eine Verweigerung der Passage sein kann. Angestellte können oft nicht zur Arbeit in Jerusalem erscheinen, so wie eine Kollegin des Saraya Center, die in Abu Dis wohnte und manchmal mehrere Checkpoints abklappern mußte, oder der die Einreise nach Jerusalem gänzlich verweigert wurde. In manchen Gegenden wie Qualqilia sind die Menschen regelrecht eingeschlossen, d. h. sie erreichen alltägliche Ziele nur während der »Öffnungszeiten« (zwei mal am Tag für ein paar Stunden). Umgehungsstraßen, Siedlerwege und militärische Zufahrten begrenzen die nutzbaren Straßen für Palästinenser immer weiter, mit ähnlich dramatischen Auswirkungen wie der Mauerbau.

Bereits 312 km dieser gesperrten Strecken existieren in der Westbank! Sie verlängern Wege, trennen Menschen von Gesundheits- und Bildungssystem sowie von Besitztümern und Familienangehörigen. Für ihre Fortbewegung müssen Palästinenser oft Wege benutzen, die es nicht Wert sind, Straßen genannt zu werden und die oft durch zusätzliche Hindernisse wie Erdwälle aufhalten. Das Reisen auf solchen Buckelpisten ist eine zeitraubende Anstrengung, welches durch den Fensterblick auf die Abhänge der Siedlungsfestungen einen besonderen Beigeschmack bekommt. Die Instandhaltung oder gar der Ausbau dieser »Straßen« ist oft verboten oder restriktiert, da Israelische Behörden spontan deren Schließungen oder Verlegung, z.B. wegen Siedlungsbau, anordnen. Selbst israelische Menschenrechtler sprechen von einem »system of separation (that) divides the West Bank into fragmented enclaves[21] and practically [...] any option for a normal life.«[22]

Grausamkeiten in Hebron

Südlich von Bethlehem liegt die Stadt Hebron im Herzen der Westbank, ebenfalls eine Stadt voller Geschichten über Vertreibung und Armut. Von dem Dach einer der wenigen Familien, die noch in der Altstadt Hebrons

---

21 Die Karten von UNOCHA zeigen die Trennung in Kontrollzonen A (palästinensische Kontrolle), B (geteilte Kontrolle) und C (100% unter der Kontrolle Israels), was die Gettoisierung und die extreme Schrumpfung des realen Lebensraumes um mehr als 2,5 Million Menschen verdeutlicht.

22 Yes Gvul newsletter vom 02.01.2008.

ausharren, konnte ich die Einkreisung der Stadt durch festungsartige Überwachungsposten beobachten. Ihre Türme schauen auf die Stadt hinab wie auf einen Gefängnisinnenhof. Selbst mitten am Tag kann man in den Gassen der Altstadt kaum Geräusche vernehmen. Von verschiedenen Märkten, die bis zu 300.000 Menschen von Stadt und Umgebung versorgten, sind nur vereinzelte Läden in der Altstadt geblieben. Nur das wilde Treiben der Vororte wie Hal Hul bis vor die Tore der Altstadt läßt erahnen, daß es vor der Ansiedlung von ca. 400 jüdischen Siedlern eine lebendige Zeit gegeben haben mußte. In den Schulen und Wohnungen, aus denen Palästinenser verdrängt wurden, sind Siedler etabliert worden. Wenn man unter den Käfigen, die die Straßen der Altstadt schützen, entlangläuft, ist man nicht nur verbalen Angriffen ausgesetzt. Neben dem Bewerfen mit Steinen und Abfall, kommen nach Medienberichten auch Schußwaffen zum Einsatz. Die wenigen verbliebenen Hebroniten benötigen gar Sondergenehmigungen, um über bestimmte Straßen ihre Häuser zu erreichen, weil sie für Siedlernutzung prioriesiert wurden. Aus diesem Grund gibt es ein internationales Beobachterteam TIPH und verschiedene Nichtregierungsorganisationen (NROs) wie EAPPI, die versuchen Schutz zu bieten, was die ökonomische Misere jedoch nicht schmälert.[23]

Für die meisten Bewohner Hebrons ist die Altstadt ein Bermudadreieck, da nur wenige Straßen zur Nutzung freigegeben sind und es von Zeit zu Zeit zu kompletten Aus- und Zugangsperrstunden kommt. Es dürfen keine Autos benutzt werden und man muß sich durch zeitraubende 15 Checkpoints und 44 Straßensperren schlagen. Die Menschen sind gezwungen das gesamte Gebiet (H2 Gebiet –Altstadt) zu umfahren, was oft mehr als das doppelte des Weges und der Zeit kostet. Initiativen zum Widerstand und zur Reaktivierung des Altstadtlebens, wie die Arbeit des Rehabilitationskommitees (HRC), werden oft nach Kräften durch die Sicherheitsbehörden behindert. Auf einer Führung durch ihre Restaurationsprojekte an den Gebäuden der Altstadt erzählte mir ein Mitarbeiter des HRC von den alltäglichen Schikanen z.B. im Bezug auf Transport und Nutzung von

23 Verteilung von 127 Tonnen Mehl und Hygieneprodukten an 1.800 bedürftige Familien durch das Internationale Rote Kreuz, s. dazu Monko, Marcin: »*The ICRC in the Palestinian territories: double role, single aim*«, in: Humanitarian Exchange a HPN publication, Nummer 37, März 2007, S. 24.

Baumaterial. Auch wenn das HRC und andere NRO-Projekte von internationalen Gebern gefördert werden, erfordert diese psychologisch schwierige Lage viel Motivation und Durchhaltevermögen und bietet keine physischen Schutz.[24] Dies gilt auch für Gemeinden wie Al Mahawar, die außerhalb der Altstadt leben, aber an Siedlungen wie die Kiryat Arba angrenzen. Denn auch dort schrecken Siedler nicht davor zurück, das Fenster eines Kinderzimmers mit Steinen einzuwerfen.

Der ewige Zankapfel Jerusalem

Nicht nur als Haupteinsatzort, sondern auch als Lebensmittelpunkt wuchs mir Jerusalem und das Schicksal seiner Menschen ans Herz. Diese allen drei großen Schriftreligionen heilige Stadt war schon immer ein Ort der Zusammenkunft und Koexistenz, vitales regionales Zentrum des Handels, sozialer Dienste und Kultur. Sowohl veröffentlichte Pläne Israels, die von einer demografischen Bedrohung durch die Palästinenser sprechen, als auch die Rhetorik der Knesset zielen auf die Schaffung demografischer Fakten zur »Reinigung ihrer Stadt« ab.[25] Die kontinuierliche Politik infrastruktureller Marginalisierung und Diskriminierung der Palästinenser, sowie die internationalen Bewertungen dieses Sachverhaltes machen deutlich, daß es sich dabei nicht um eine leere Drohung handelt.[26] Der scheinbar wirre Verlauf der Mauer wird unter Annahme eines Zieles der Landkonfiszierung um Jerusalem verständlicher. Der Mauerbau scheint Nachbarschaf-

---

24 Siedler aus Hebron gelten als eine der radikalsten Gruppierungen. Sie sind bekannt dafür, Ausländer und Palästinenser oft anzugreifen oder zu belästigen (wie von UNOCHA in relief web am 15.11.07 berichtet wurde beim Fest zum Leben der Sarah in der H2 area).

25 Eine Kampagne, gemanagt von Ateret Cohainim Gesellschaft (Kol Ha'ir, 4.5.02) verbunden mit dem Städtebebauungsplan ›United Jerusalem‹, setzt das Ziel eines Verhältniswechsels zwischen Israelis und Palästinensern zu 60:40 bis zum Jahr 2020 (veröffentlicht durch den Bürgermeister von Jerusalem am 13.09. 2004, siehe Passia, April 2007, S. 14).

26 Das innerministerielle Komitee für Jerusalem entschied bereits 1973 (!) die Entwicklung der palästinensischen Jerusalemer einzudämmen, wohingegen die Sicherheitsratsresolution 478 (1980) verlangt, daß »all [...] measures and actions taken by Israel, the occupying power, which have altered or purport to alter the character and status of the Holy City Jerusalem[...] are null« and to avoid.

ten zu trennen, nicht nur um weitläufige Eingemeindungen vorzunehmen, sondern offensichtlich auch um Zugänge zur Stadt einzuschränken. Dies ist gekoppelt an die Vergabe verschiedener Ausweis- und Aufenthalsberechtigungspapiere. Der Bevölkerung aus den Vororten von Jerusalem wie in Ar Ram wird mit der Vergabe eines grünen Westbank-Ausweises definitiv die Möglichkeit entzogen, die Stadt zu betreten, während sie früher zumindest bis zu einem innersten Checkpoint gelangen konnten. Somit werden frühere Nachbarn, Geschäfte oder Schulen unerreichbar.[27] Die Palästinenser, die zwar in Jerusalem registriert sind, also einen blauen Ausweis haben, aber aus Kosten- und Platzgründen weit in die Vororte gezogen sind, müssen mit der Mauerschließung umziehen, um ihre Rechte als Resident nicht zu verlieren. Alte Grundstücke und soziale Bindungen müssen oft zurückgelassen werden und trotz eines oft begleitenden Verarmungsprozesses, ist dies notwendig, um den Zugang zur Lebensgrundlage und Öffentlichen Diensten in Jerusalem nicht zu verlieren.[28]

Die erzwungene Expansion des Gebietes Jerusalem Stadt (als Zone C = gänzlich unter israelischer Kontrolle anstatt früher Übergänge mit theoretisch gemischten Kontrollstatuts) trennt und verarmt nicht nur, sondern schafft gleichzeitig auf verlassenem Gebiet auch Platz für zukünftigen Siedlungsbau.[29] Der Siedlungsbau, wie der Nof Zions, bedeutet für die angrenzenden palästinensischen Nachbarschaften wiederum immer beengtere Verhältnisse, wie ein Freund dies als Lehrerassistent in Jabal Mukkaber erlebte.

Innerhalb des Stadtgebietes bedeutet der Zuzug von Palästinenser gleichfalls Platzmangel, da neben der Landkonfiszierung an den Rändern der

---

27 CCDPRJ (the Civic Coalition for Defending the Palestinian Rights in Jerusalem) gab bekannt, daß es im Jahre 2004/5, 72.109 Schüler in Jerusalem gab, von denen aber laut dem Artikel vom 06.10.2007 in der Haaretz nur knapp die Hälfte in städtischen Schulen Unterbringung fanden. S. dazu Golan, Dafna: *»No room for Palestinian students in Jerusalem's schools«*, abgerufen unter http://imeu.net/news/-article006662.shtml.

28 Denn es ist nicht selten, daß ein Vorwand gesucht wird um den Bewohnerstatus zu streichen, wie es in 3.874 Fällen von 1967 bis 1996 und 2.722 bis 1999 laut Jerusalem Center for Social and Economic Rights der Fall war.

29 Von denen es mittlerweile über 13 gibt. Vgl. dazu UNOCHA Karten der West Bank 2006.

Stadt auch ein ungeschriebener Baustop für Palästinenser in Jerusalem besteht. Sowohl der Erwerb von Bauland als auch Bebauung, Umbau werden durch gezielte Behördenpolitik (die Weitergabe von Informationen und stetig steigende Immobiliensteuern spielen dabei eine Rolle) und ein trickreiches Rechtsystem behindert.[30] Die Gesetze ermöglichen die Deklaration von Bauland zu strategisch wichtigen und damit unbebaubaren Bereichen auf Basis der »Defence Regulations« (1945) oder des »Development Authority Law« (1950) und »Absent property Law« (1950).[31] Beispielsweise nutzt Israel die Kennzeichnung ökologischer Regenerationsflächen, den sogenannten »green areas«[32], als Bauverbotsmechanismus, zumindest solange kein jüdischer Israeli eine Genehmigung beantragt. Ein bekannter Fall ist Jabal Abu Ghneim, ein traditionelles Naturreservoir und landwirtschaftlich genutzte Fläche für angrenzende Dörfer wie Beit Sahour, Sur Baher, Um Tuba und Bethlehem. Trotz seiner Klassifizierung als »green area« 1968 wurde der Berg gerodet, bebaut und 2002 von ersten Siedlern bezogen.[33] Neben dem indirekten gibt es auch den direkt verordneten Baustop bis hin zu Abrißverfügungen aus »Sicherheitsgründen«, was oft genutzt wird, wenn innerstädtische Siedlungen erweitert, oder der jüdischer Privaterwerb von Land erleichtert werden soll. All jene Praktiken führen zu einer regelrechten Zusammenpferchung der verbleibenden Palästinenser in der Altstadt Jerusalems mit bis zu 8 Personen durchschnittlich pro Haus.

Der Zustand der überforderten Bausubstanz der Altstadt wird durch die Restriktionen baulicher Veränderungen (Erweiterungen oder Renovierung) von Seiten der israelischen Behörden weiter verschlimmert. Um einen völligen Verfall zu verhindern, ignorieren die Familien jedoch oft die Vorschrift und halten die Bauten instand. Dies wiederum zieht Abrißverfügungen nach sich, die allerdings wegen der engen Gassen und der wabenförmigen Bebauungsstruktur der Altstadt schlecht umgesetzt werden kön-

---

30 CCDPRJ recorded that 98% of housing units build were for Jewish Citizens.

31 Obwohl internationales Recht wie die Vierte Genfer Konvention und verschiedene Resolutionen der Vereinten Nationen (Nummer: 242 442 452 ...) dieser nationalen Gesetzgebung widersprechen.

32 Dies gilt laut CCDPRJ für bis zu 52% des Landes.

33 S. Passia Monatliches Infoblatt April 2007 »Jerusalem« Seite 12.

nen. Oft wird jedoch nichts unversucht gelassen, um Gebäude unbewohnbar zu machen indem beispielsweise Löcher in Dächer geschlagen werden. Langfristig bringt das neben menschlichen Tragödien auch die Zerstörung des architektonischen Erbes der Altstadt mit sich. Die überfüllten Märkte und Gassen mögen für Touristen szenisch wirken, in Wahrheit jedoch sind sie eine ernsthafte infrastrukturelle Belastung mit desaströsen Auswirkungen auf die öffentliche Gesundheit und das soziale Klima.

Soziale Spannungen zeigen sich besonders bei Jugendlichen, deren Alttag oft von Arbeitslosigkeit geprägt ist.[34] Lernt man die Jerusalemer und ihre Lebensgeschichten näher kennen, versteht man die Bedeutung der wenigen verblieben Maßnahmen, die helfen ihre Not zu lindern. Für ihre Entwicklung sind Ausbildung, Arbeit und Möglichkeiten für Freizeitaktivitäten essentiell. Ein wichtiger Anlaufpunkt und der größte freie Spiel- und Sportplatz im palästinensischen Stadtteil zugleich, ist das Jugendzentrum Burj al Luq Luq, in dem ein Freiwilliger unseres YAP Teams arbeitete. Nicht nur aufgrund sozialer Rollenverteilung bringt die beengte Lage besondere Herausforderungen für Mädchen und Frauen, die das Saraya Zentrum für weibliche Bildung betreut. Diese wichtigen sozialen Refugien werden jedoch zunehmend von Behörden und Einzelpersonen bedroht. Beim Besuch des Burj hörten wir von der Abrißverfügung gegen das Jugendzentrum und im Saraya Institut konnten Freiwillige einen Angriff aus dem von Siedlern bewohnten Nachbarhaus mit eigenen Augen beobachten. Die radikale Siedlergruppe, die sich im Nachbarhaus eingekauft hatte, versuchte in einer Nacht und Nebel Aktion durch eine Trennwand zur Terrasse durchzubrechen. Ihre Aktivitäten auf dem Grundstück von Saraya konnten durch Zufall noch rechtzeitig entdeckt und die Wand mit Brettern versperrt werden, bevor eine Besetzung stattfinden konnte. Außerdem wurde unter Nachbarn und befreundeten NROs ein Alarmnetzwerk ausgelöst, mit dessen Hilfe es gelang, die Siedler vom Entern des Hauses abzuhalten und die Polizei zu verständigen (auch wenn bekannt ist, daß jene sich oft mit dem Verweis auf den Rechtsweg ihrer Verantwortung entziehen). Im Gespräch mit den Menschen wurde oft über Zermürbetechniken,

---

[34] Jüngste Fernsehbilder von Ausschreitungen in der Westbank zeigen oft die Jugendlichkeit der Steinewerfer und auch in Kriminalitätsstatistiken hat diese Altersgruppe ihren Platz.

wie z. B. extreme Wartezeiten beim öffentlichen Service (z.B. israelische Elektrizitätswerke) und steigende Arbeitslosigkeit geklagt.[35] Diese Beispiele können als Indizien für direkte und indirekte Maßnahmen gelten, die darauf gerichtet sind die Lebensqualität der Menschen einzuschränken.

Soziale und kulturelle Menschrechtsverletzungen

Neben sichtbaren Gewalttaten gegen die Zivilbevölkerung[36] und die Mitleidlosigkeit selbst gegenüber den Schwächsten wie Schwangeren, die an Checkpoints gebären müssen, weil man Krankenwagen nicht passieren läßt, lassen sich Verletzungen der Würde und Identität erahnen. Auch wenn diese weniger offensichtlich sind als direkte Wunden sind, sie nicht minder schwerwiegend, wenn man ein Verständnis vom Menschen als ganzheitliches Wesen besitzt. Das heißt unsere Rechte ergeben sich aus unserer Persönlichkeit und gehen somit über die elementaren Lebensrechte hinaus.[37] Menschen werden durch Gewalt traumatisiert und alltäglichen Diskriminierung und Ignoranz von Leid untergraben stetig das Selbstbewußtsein der Menschen.

Die Ausübung von Kultur und Traditionen scheint hingegen einen Orientierungspunkt zu liefern und die Zivilgesellschaft zu stärken, deren Strukturen, besonders in der arabischen Kultur eine Rolle zu spielen scheinen. Hier können spezielle Konfliktlösungsmechanismen als ein Bereich angeführt werden, in dem, wie ein befreundeter Journalist recherchierte, Klanstrukturen an die Stelle ungenügend funktionierender Sicherheitsbehörden treten und für Vermittlung sorgen.[38]

Die Wahrnehmung kultureller und sozialer Rechte äußert sich neben der Arbeit von gesellschaftlichen Organisationen wie dem Rozana Verein in bestimmten Mustern kollektiver Identitätsbildung. Es ist beobachtbar, daß Palästinenser ihre Kraft für den Alltag scheinbar aus einer, auf Gemein-

---

35 Nach Angaben von CCDPRJ werden nur 5% der Städtischen Gelder für Service verwendet und die Armutsrate unter den Jerusalemern ist bis auf 50% gestiegen.

36 Informationen des Sonderberichterstatters der Menschenrechtskommission der VN zu »life ammunition, rubber-coated metal bullets and teargas against civilians and bystanders of demonstrations« März 2001.

37 Im internationalen Recht sind kulturelle und soziale Rechte in der internationalen Konvention der wirtschaftlichen, sozialen und kulturellen Rechte verbrieft.

38 http.//uk.reuters.com/article/reutersEdge/idUKNOA14648620070221 (28.10.2007).

schaftsgefühl basierenden, identitätsstiftenden Kultur ziehen. Die mobilisierende Wirkung der gemeinsamen Identität findet sich in einer fast zwanghaft positiven Einstellung, einer Verortung in der Opferrolle, sowie das gemeinsame Gedenken an historische Ereignisse in Form von Gedenktagen und Kulturfesten. So wurden manche Flüchtlingscamps nach den ehemaligen Heimatstädten (vor 1948) benannt.[39]

Das international verbriefte Recht auf Selbstbestimmung darf also nicht auf die politische Komponente beschränkt werden, sondern ist eng mit der Ausübung von Bräuchen und dem Erhalt sozialer Strukturen verbunden. Dies wurde mir während meiner Tätigkeit für die Rozana Gesellschaft bewußt, in der ich erfuhr wie viele Ereignisse kultureller Art gepflegt werden und wie oft sie eine Brücke zu Verständigung und Frieden schlagen, indem sie sowohl intern zusammenhaltende als auch extern repräsentative Funktion haben.[40] Es mag sein, daß in politisch schwierigen Zeiten der Zugang zur Bevölkerung über Hilfsprojekte im humanitären oder kulturellen Bereich einfacher ist. Eine Alternative ist oftmals nur das cocooning als entpolitisierter, völliger Rückzug ins Private, was teilweise auch stattfindet.

Die Bedeutung der gesellschaftlichen Schutzmechanismus durch die Ausübung kultureller Rechte wird angesichts der hohen Traumatisierungsrate oder des Drogenmißbrauches in Jerusalem von Kinder[41] und Jugendlichen (der von israelischen Sicherheitsbehörden unangetasteten oder teilweise gefördert wird) immer wichtiger.

Der Fall des Burj Al Luq Luq erweckt den Eindruck, daß es – drastisch gesprochen – nicht um Sicherheitsfragen, sondern um die kollektive Bestrafung eines Volkes geht. Die klimatischen Bedingungen machen die Konstruktion einer Überdachung für den Spielplatz im Jugendzentrum unumgänglich. Mit dem Argument einer notwendigen Einsichtbarkeit des Geländes zur Kontrolle dieser »Gefahrenzone« wurde eine Baugenehmigung jedoch verweigert wurde. Auf die Errichtung von Sonnenschutz und einem Zelt aus Plastik wurde mit einer Abrißverfügung reagiert. Auch mit

---

39 Randa, Fahra: »*Western Sahara and Palestine: shared refugee experiences*«, in: Forced Migration Review, No. 16, S. 21.

40 Randa, Fahra: »*Western Sahara and Palestine: shared refugee experiences*«, in: Forced Migration Review Nr. 16, S. 22.

41 S. »partnership«, Zeitung von Islamic Relief, Ausg. 31, Herbst 2006 S. 12.

Zwangsschließungen von Jugendzentren, Schwarzen Listen für NROs[42] und den Mechanismen der Besatzung im Allgemeinen wird so von israelischer Seite aus versucht, soziale Strukturen unter Spannung zu setzen und subversiv die palästinensische Identität schwächen.[43] Diese Intention läßt sich auch außerhalb der Westbank wahrnehmen wenn Menschen, die offiziell in den Staat Israel integriert sind, die Auslebung ihrer Identität zu großen Teilen verwehrt wird. Organisation wie Baladna in Haifa, die sich um die Bewahrung der palästinensischen Kultur bemühen, werden observiert und ihre Aktivitäten restriktiert (scheinen gar als größeres Sicherheitsproblem eingestuft zu werden als manche Jerusalemer Organisation).[44] Die Bedeutung von Kulturaspekten scheint den israelischen Behörden bewußt, denn die Neudefinierung traditioneller Speisen oder Tänze der Region zu einer ausschließlich jüdisch-israelischen Kultur gehörig, schien bewußt verfolgt. Daneben dürfen aktive Diskriminierungen der Nachfahren der Palästinenser von 1948 nicht vergessen werden. Sie werden einerseits in die Anforderungen des Systems z.B. im Bereich Bildung gepreßt, anderseits als Nichtjuden oft stigmatisiert, wie die Schließung der Frauenhäuser zum Schutz muslimischer Mädchen oder »ethnisch-kulturell« getrennte Siedlungsgebiete in Nazaret zeigen. Neben dem Gefühl der Ausge-

---

[42] Nach Angaben verschiedener NROs in Jerusalem werden Schwarze Listen erstellt, die die Kooperation für die Organisationen mit internationalen Gebern erschweren sollen (Medienbildfrage gegen über Organisationen die angeblich Kontakte zur Hamas unterhalten oder politische Ziele verfolgen).

[43] Hamid Reza Yousefi hat mit Sarah Ginsburg in eine umfassende Studie auf diese grundlegende Problematik in der Weltpolitik hingewiesen. Vgl. Yousefi, Hamid Reza und Sarah Ginsburg: *Kultur des Krieges.* Amerikanismus – Zionismus – Islamismus, Nordhausen 2007.

[44] Bei gemeinsamen Treffen zwischen EVS Israel und EVS Palästina im YAP Freiwilligenprogramm gab es Diskussionen zur persönlichen Sicherheitslage der Volontäre auf beiden Seiten. Es kam zur Sprache daß Freiwillige unter den Generalverdacht »subversiver/staatsfeindlicher« Tätigkeiten gestellt und in Haifa teilweise stärkeren Repression von israelischen Sicherheitsbehörden ausgesetzt waren. Ein Freiwilliger erzählte mir er sei beispielsweise er sei vor seiner Haustür auf den harten Asphalt gestoßen und gefesellt worden, weil er seinen Ausweise nicht vorzeigen konnte, danach hätten sich die Uniformierten Zugang zur Wohnung verschafft ohne hereingebeten worden zu sein.

schlossenheit und des Bürgertums zweiter Klasse kommt es besonders unter Jugendlichen oft zu Identitätskrisen. Dies führt zum Phänomen der Parallelgesellschaften, was uns in Verbindung mit der Integrationsproblematik unseres Landes als ein Nebeneinander statt einem Miteinander bekannt ist.

Parallelgesellschaften in Jerusalem

Im Schmelztiegel Jerusalems läßt sich die Entwicklung von Parallelgesellschaften leider sehr stark beobachten, auch als von Israel forciertes Phänomen. Bei genauer Betrachtung der Stadtplanung fällt auf, daß Nachbarschaften heute noch ausgeprägter voneinander getrennt sind.[45] So werden nur die Hauptmagistralen gemeinsam genutzt, ansonsten existiert ein intern separates Straßennetz.[46] Siedler können die von Palästinensern bewohnten Gebiete per Umgehungsstraße um- oder auch überfahren. Ein getrenntes System der öffentlichen Verkehrsmittel und Gesundheitsdienste wurde etabliert, damit Überschneidungen im Alltag vermieden werden kann, wodurch sonst Eindruck der Normalität des Lebens auf der »anderen« Seite entstünde, was wiederum die Infragestellung entmenschlichender Politik und Dämonisierung des »anderen« durch Staatspolitik bedeuten könnte. So fiel im Gespräch mit Israelis verschiedenster religiöser Couleur auf, daß aufgrund des mangelnden Kontaktes und der Unwissenheit die Angst vorherrschend bleibt. Im Hinblick auf kulturelle Rechte soll auf Praktiken des Ausschlusses von privaten Konservatorien, die Aufnahmebeschränkungen an Jerusalemer Universitäten, oder das finanzieren archelogischer Ausgrabungen an heiligen Städten der Muslime verwiesen werden. Die Stätte des Felsendom/Tempelberg sollte als historisches Symbol der religiösen Interferenz anerkannt werden und zu gegenseitiger Achtung mahnen, doch leider ist das Gegenteil der Fall.

---

45 »When I was a young girl we lived together in one street. My memories are hope for the futur.« Cedar Duaybis im Interview mit EAPPI dem ökumenische Begleitprogramm (in ihrer Zeitung »chainreaction« S. 18).

46 Praktisch bedeutet das, man sollte an einer Haltestelle von Pisgazev nicht nach einer Straße in Beit Hannina fragen, auch wenn die nur eine Straßenkreuzung entfernt liegen.

Zeichen der Hoffnung

Die Begegnungen mit den Menschen beider Seiten verdeutlichten mir die Bedeutung von Würde und Menschenrechten. Es gibt mir Hoffnung festzustellen, daß es Menschen gibt, die sich aus einer interkulturellen Haltung heraus für die Überwindung von Parallelgesellschaften und das Anklagen von Unrecht einsetzen. So wurden im Fall der Organisation »Frauen in Schwarz« entgegen privater und staatlicher Drangsalierung im jüdischen Stadtgebiet Jerusalems unermüdlich Passanten angesprochen und Demonstration abhalten. Neben der Wirkung die die hohe Politik entfaltet, können auch interne Fragen Organisationen blockieren, wie im Fall der Konferenz zur Wiedereröffnung einer palästinensischen Vertretung und Serviceorganisation »Orient House« in Jerusalem (die den politischen Interessen eines pateranalistischen Netzwerkes im Wege stand). Dennoch überraschte während der Orient House Konferenz Vorbereitung die über bloße Solidarität hinausgehende, aktive Unterstützung israelischer Friedensaktivisten bei dem Projekt.[47]

So ergeben sich viele »windows of opportunities« durch eine steigende Zahl hartnäckig arbeitender zivilgesellschaftlicher Initiativen. Diese reichen von Akteuren, die gegen die Mauer oder den Abriß von Gebäuden arbeiten (z.B. ICAHD), über Müttergruppen, die das Verhalten der Soldaten am Checkpoint beobachten oder andere, die sich um Deserteure der Israelischen Armee kümmern, die der Vertreibung (Naqba) von 1948 gemeinsam mit dem Holocaust gedenken bis hin zu ökumenischen Aktivitäten und gemischten Familienorganisationen, die gemeinsam im Konflikt verlorener Kinder gedenken, um nur einige Beispiele zu nennen.[48]

Die Zivilgesellschaft kann und muß also der Ansatzpunkt eines veränderten Denkens hin zu universellen Menschenrechten sein, auch wenn die Widerstände noch groß und die Auswirkungen auf die menschliche Psyche von einem Lebensgefühl dauerhaften Konfliktes nicht zu unterschätzen

---

[47] Dabei ist Gefährlichkeit des Widerstandes gegen staatliche Politik auf beiden Seiten nicht zu unterschätzen (oft wird jedoch nur der Tod internationaler Friedensaktivisten wie Rachael Corrier 2003 oder Tom Hurndall 2004 bekannt)

[48] GEO »Ist Frieden Möglich« Ausg. August 2007 S. 38-39 Versöhnungszirkel früherer Mitglieder von Hamas, Fatah und der israelischen Armee, sowie der »Parents cicle – Families Forum« werden erwähnt.

sind. Sie tragen aktiv zur Etablierung und Überwachung menschenrechtlicher Standards bei, indem ihre Präsenz an »hot spots« die Verübung von Gewalt eindämmen kann. Mit der Bildungsarbeit, die sie innerhalb und außerhalb ihrer Gemeinschaft leisten, kommt ihnen außerdem die Rolle eines Multiplikators zu. Schließlich bereiten sie den Weg für den Friedensprozeß insgesamt, denn mit Aktionen wie »Radeln für den Frieden« eines Radclubs aus Ramallah und interkulturellen Musikfestivals in Jerusalem werden Brücken zwischen den Gesellschaften geschlagen. Dies eröffnet die Möglichkeit, Druck auf die politische Ebene zu entfalten.[49]

In ihrem gewaltfreien Ansatz liegt der Weg in eine nachhaltige Deeskalationstrategie als Teil eines Konfliktlösungsansatzes für eine bessere Zukunft aller Menschen in Palästina und Israel. Auch wenn man die Bedeutung einer Lösung faktischer Probleme sowie die Notwendigkeit der Einbeziehung aller Akteure im Hinterkopf behalten muß, darf das Potential der Zivilgesellschaft und der Individuen nicht unterschätzt werden. Dieser Aspekt des Friedens scheint unserer westlichen Perspektive nur all zu oft verborgen zu bleiben und, wie zu Beginn hinterfragt, oft zu einer unvollständigen Darstellung der Lage Palästinas zu führen. Somit wird deutlich, daß jene Perspektivenerweiterung von der Betrachtung des Menschenrechtlichen Engagements geleistet werden kann und welch essentieller Bedeutung der einheitlichen Wahrnehmung und dem Schutz von Menschenrechten zukommt.

---

[49] Wie das Internationale Rote Kreuz dessen zweitgrößte Wirkungsort Palästina ist (Monko, Marcin: »*The ICRC in the Palestinian territories: double role, single aim*«, in: Humanitarian Exchange, a HPN publication, Number 37, März 2007, S. 22) in einer diplomatisch strategischen Aktion den Roten Davidstern und den Roten Halbmond gleichzeitig in die Organisation aufnahm um Proteste der jeweiligen Seite gegen die Aufnahme des anderen zu verhindern, obwohl auf lokaler Ebene schon lange zusammen gearbeitet wird. Besonders im Stadtbereich Jerusalem, in dem die verrückte Situation entstünde, daß palästinensische Patienten dem Roten Davidstern übergeben werden müßten, da ihre Zuständigkeit zwangsweise auf Israelischem Gebiet (als das Israel die Stadt Jerusalem definiert, obwohl das im Osloer Vertrag ausdrücklich offen bleibt) endet. In der Realität unterbleibt dies jedoch oft zum Wohle der Patienten, oder Fahrer und Wagenbezeichnungen werden flexibel gehandhabt.

Menschenrechte und Würde auch für Tiere?

von Ulrike Peters

Würde – Nur ein menschliches Spezifikum?

Würde (etymologisch verwandt mit dem Wort »Wert«) meint im juristischen und politischen Sinn »jenen normativen Kern, den jede Person an Respekt und Schutz im Verfassungsstaat voraussetzungslos, im Namen ihrer Existenz, von der Rechtsgemeinschaft fordern kann. Sie entspricht dem elementarsten menschenrechtlichen Gegengewicht gegen jede Arroganz von Macht […], entzieht sich aber in der Offenheit ihrer Erscheinungsform einer abschließenden positiven Festlegung.«[1] Aus der Würde des Menschen ergeben sich entsprechende Rechte, dementsprechend gilt die Würde des Menschen als Voraussetzung für Menschenrechte. Und somit ist auch bei Tierrechten zu fragen, ob und inwiefern den Tieren eine Würde zugesprochen wird bzw. werden kann. Gerade im Christentum gilt die Würde des Menschen (Dignitas) als Kriterium für die Differenz zwischen Mensch und Tier sowie als Argument, Rechte von Tieren abzulehnen. Und andererseits gilt gerade der Eigenwert (im Sinne der Würde) der Tiere für Tom Regan, neben Singer der bedeutendste Protagonist der Tierrechtsbewegung, als Grundlage und als Argument, den Tiere Rechte zuzusprechen. Dieses Verhältnis soll hier näher beleuchtet werden.

Der Begriff der Menschenwürde, wie er sich heute in der »Allgemeinen Erklärung der Menschenrechte« der Vereinten Nationen von 1948 sowie in den Grundrechtsverfassungen verschiedener Staaten (z.B. GG Artikel 1 der Bundesrepublik Deutschland, oder Art. 120, Abs. 2 der Schweizerischen Bundesverfassung, der ausdrücklich die Würde der Tiere mit einbezieht) oder internationalen Organisationen findet, geht zum einen auf die christli-

---

1 *Antoine F. Goetschel, Würde der Kreatur als Rechtsbegriff und rechtspolitische Postulate daraus*, in: Martin Liechti (Hg.), Die Würde des Tieres, Erlangen 2002, 141-180, 146.

che Vorstellung von der Würde (dignitas) als Wesensmerkmal des Menschen zurück, die ihn als Ebenbild Gottes auszeichnet (Gen 1,26ff). Verbunden damit ist die Idee, daß der Mensch mit Seele und Vernunft ausgestattet ist sowie mit einen freien Willen, der ihn zu sittlich verantwortungsvollen Handeln befähigt. Zum anderen wurde der Begriff der Würde von Kant geprägt, der diese – meritorisch – als sittliche Verpflichtung (in Kants Formulierung auch »Pflicht«) und daraus resultierend als sittlichen Verdienst des Menschen verstand. Für Kant spielt dabei die Autonomie des Menschen aufgrund seiner Vernunft eine wichtige Rolle. Er differenziert zwischen Preis und Würde des Menschen[2], d. h. zwischen instrumenteller und sittlicher Vernunft: Eine Bewertung des Menschen als Mittel nach seinem Marktpreis ist nicht sittlich. Kant setzt dem die sog. »Selbstzweckformel« bzw. den Kategorischen Imperativ entgegen: »Handle so, daß du die Menschheit, sowohl in deiner Person, als in der Person eines jeden anderen, jederzeit zugleich als Zweck, niemals bloß als Mittel brauchest.«[3] Kants Bewertung der Tiere als empfindungsfähige Lebewesen, aber nicht als Personen bzw. moralische und rechtliche Subjekte und nicht als Verpflichtungspartner ist bis heute in der Theologie aktuell. So lehnt man selbst in der katholischen Theologie die biologische Ähnlichkeit zwischen Mensch und Tier nicht mehr ab, beruft sich aber auf das Argument, daß Tiere keine Verpflichtungspartner seien.[4]

---

2 *Immanuel Kant, Grundlegung zur Metaphysik der Sitten* BA 77.

3 Ebd. A 66f. als ein Beispiel der verschiedenen Versionen des Kategorischen Imperativs.

4 So *Michael Rosenberger* (hier als einer der wenigen katholischen Theologen, die sich mit Tierschutzethik beschäftigen und dazu eine sehr positive Einstellung haben ausführlicher zitiert) in einer E-Mail an die Autorin vom 25.1.2008: »[…] Aus der Perspektive der Substanzmetaphysik (!) gibt es nur einen graduellen = quantitativen, keinen qualitativen Unterschied zwischen Mensch und Tier, und im Blick auf die Menschenaffen ist sogar dieser gering. Aber aus der Beziehungsperspektive einer »Relationsmetaphysik« gibt es einen qualitativen Unterschied: Wir Menschen verpflichten uns untereinander gegenseitig auf bestimmte Regeln, nach denen wir einander behandeln. Solche wechselseitigen Selbstverpflichtungen können wir mit Tieren, auch mit Menschenaffen, nicht treffen. Und das ist dann kein gradueller, sondern ein qualitativer Unterschied. Und der begründet die stärkeren Schutzpflichten gegenüber anderen Menschen.«

Danach bestehen gegenüber den Tieren keine direkten moralischen *Achtungs*pflichten, sondern nur indirekt Pflichten »in Ansehung« der Tiere: »In Ansehung des lebenden, obgleich vernunftlosen Teils der Geschöpfe ist die Pflicht des Menschen gegen sich selbst weit inniglicher entgegengesetzt, weil dadurch das Mitgefühl an ihrem Leiden im Menschen abgestumpft und dadurch eine der Moralität im Verhältnis zu anderen Menschen, sehr dienliche natürliche Anlage geschwächt und nach und nach ausgetilgt wird [...].«[5]

Die Würde und damit Rechte der Tiere werden in der christlichen Theologie (und teilweise auch in der Philosophie) abgelehnt, in denen man ihnen eine bestimmte Eigenschaft abspricht, vor allem die biologische Ähnlichkeit (Werkzeugherstellung und -gebrauch, Bewußtsein bzw. Selbstbewußtsein, Sprache und die Fähigkeit zur Kultur). Andererseits wird ihnen ein sittlich-moralischer Wert aberkannt bzw. Vernunft und moralische Verantwortung, indem man mit Kant argumentiert. Die biologische Ähnlichkeit mit der Fähigkeit zu Technik, Sprache und Kultur ist heute bei den Menschenaffen und auch etlichen anderen Tierarten eindeutig durch die biologische Forschung belegt und kann somit nicht mehr als Argument angeführt werden. An dieser Stelle ist noch zu erwähnen, daß andererseits heute die Neurowissenschaft dem Menschen Eigenschaften wie Persönlichkeit bzw. »Ich« oder freien Willen abspricht.[6] In der sog. Mind-Brain-Debatte zwischen Neurowissenschaft, Philosophie und neuerdings auch Theologie geht es um die These der Neurobiologie, daß das Gehirn und seine »geistigen« Leistungen von neurologischen bzw. physikalisch-chemischen Prozessen bestimmt wird. Daraus ergibt sich, daß die Vorstellung des Menschen als personales »Ich« mit Willens- und Handlungsfähigkeit eine Illusion ist.

---

5 *Immanuel Kant, Tugendlehre* § 17.

6 So z.B. Roth: »Das Gehirn generiert mit der Ausbildung eines Ich einen ›virtuellen Akteur‹, dem ein Körperschema und ein Ort im Raum zugeschrieben wird und der zum scheinbaren Träger der Willkürhandlungen wird.« Zit. in: P. Neuner, Naturalisierung des Geistes – Sprachlosigkeit der Theologie? Freiburg 2003, 70.

Die Würde des Menschen als Ebenbild Gottes – christlicher Anthropozentrismus und die Abwertung des Tieres

Als Ebenbild Gottes hat der Mensch nach christlicher Vorstellung eine Sonderstellung innerhalb der Schöpfung.[7] Dementsprechend kommt ihm als Dialogpartner[8], Repräsentant und Stellvertreter Gottes die Aufgabe der verantwortungsvollen Herrschaft über die Schöpfung zu. So Schlitt, der hier als Paradebeispiel der anthropozentrischen Mainstream-Vorstellung im Christentum angeführt sei.[9] Gemeinsam ist Mensch und Tier, daß sie Geschöpfe Gottes bzw. Kreatur sind[10]. Aber Schlitt lehnt ansonsten eine Betonung der Ähnlichkeit zwischen Mensch und Tier strikt ab[11]. Der Mensch unterscheidet sich vom Tier dadurch, daß er als Person unsterblich ist[12], durch Vernunft (d.h. mit der Fähigkeit zur Reflexion und Ich-Transzendenz), Moral und Würde gekennzeichnet ist.[13] Das Tier dagegen ist ein unvollkommenes und unvernünftiges Wesen ohne freien Willen und ohne Interessen (d. h. auch ohne Lebenswillen[14]). Schlitt räumt dem Tier zwar einen gewissen Eigenwert, eine »*geschöpfliche Gutheit*«[15], zu, der aber dem absoluten Wert des Menschen als Endzweck der Schöpfung untergeordnet ist, so daß der Mensch Tiere auch »nutzen« und töten kann. Tiere können zwar Schmerz empfinden, es fehle ihnen aber die Fähigkeit zu

---

7 *Michael Schlitt, Umweltethik.* Philosophisch-ethische Reflexionen – Theologische Grundlagen – Kriterien, Paderborn 1992, 137.

8 Ebd. 137.

9 Ebd. 140. Diese Sicht ist bis heute in der katholischen Theologie präsent, so z.B. auch bei *Rainer Hagencord. Diesseits von Eden. Verhaltensbiologische und theologische Argumente für eine neue Sicht der Tiere,* Regensburg 2005. Hagencord befürwortet zwar in gewissem Umfang eine Tierschutzethik, aber letztlich unter denselben Prämissen wie Schlitt – daher ist es auch keine »neue Sicht der Tiere«, wie der Titel propagiert.

10 Ebd., 137.147.

11 Ebd. 34.

12 Ebd. 157. Es ist zu vermuten, daß der Begriff Person für Schlitt mit dem von ihm nicht verwendeten Begriff Seele identisch ist.

13 Ebd. 34.

14 Ebd. 108.

15 Ebd. 147.

leiden, da dies Reflexion voraussetze.[16] Tiere seien durch Instinkte und Triebe determiniert.[17] Schlitt lehnt Rechte für Tiere ab, da ihnen ein freier Wille zum sittlichen Handeln und Interessen fehlen. Dies entspricht ganz der Kantschen Philosophie, von der Schlitt beeinflußt ist. Schlitt wörtlich: »im christlichen Abendland steht der mit Vernunft begabte Mensch im Mittelpunkt der ethischen Begründung. Nur das menschliche Leben hat eine Würde [...]. Allein den Menschen gegenüber bestehen moralische Verpflichtungen, ebenso wie allein Menschen moralische Rechte besitzen und in Anspruch nehmen können.«[18]

Auch der »Katechismus der Katholischen Kirche« betont den Menschen als Ebenbild Gottes, der sich als Person durch eine unsterbliche Seele, Vernunft und freien Willen vom Tier unterscheidet.[19]

Ein Blick in die Religionsgeschichte zeigt, daß sich in der Welt der Religionen das anthropozentrische und das holistische Weltbild gegenüberstehen mit ihrer unterschiedlicher Bewertung der Tiere: Zum einen ein Anthropozentrismus im Judentum, Christentum und Islam, der von einem substantiellen, wesentlichen Unterschied und somit einer Trennung zwischen Mensch und Tier ausgeht. Zum anderen ein holistisches Denken im Hinduismus, Buddhismus, Jainismus, in den sog. Naturreligionen sowie in der modernen Esoterik, das von einem graduellen Unterschied zwischen Mensch und Tier und von einem verwandtschaftlichen Zusammenhang zwischen allen Lebewesen ausgeht. In den Religionen des Hinduismus, Buddhismus und Jainismus ergibt sich durch das Zusammenspiel von

---

16 Ebd. 70, vgl. 63-65.

17 Ebd. 111.

18 Ebd. 29. Wesentlich ausführlich, differenzierter und einen Tierschutz in gewissen Umfang befürwortend, setzt sich N. Brieskorn mit der Frage der Tierrechte auseinander, auch wenn er als katholischer Theologe Rechte für Tiere ebenso wie Schlitt ablehnt. Vgl. *Norbert Brieskorn, Menschenrechte und Tierrechte,* in: Andreas Brenner (Hg.), Tiere beschreiben, Erlangen 2003, 153-174. Übrigens begründen Gegner der Tierrechte in der Philosophie ähnlich wie Schlitt ihre Ablehnung der Rechte für Tiere, vgl. z.B. *Dietmar von der Pfordten, Tierwürde nach Analogie der Menschenwürde?* in: Andreas Brenner (Hg.), Tiere beschreiben, Erlangen 2003, 105-123; *Norbert Hoerster, Haben Tiere eine Würde?* Grundfragen der Tierethik, München 2004.

19 Vgl. Katechismus der Katholischen Kirche 1701, 1702,1704 sowie 2417.

samsara (Wiedergeburt) und *karma* (Tat) nicht nur eine Verbundenheit und Gemeinsamkeit, sondern auch eine Verwandtschaft aller Lebewesen. Pflanzen wird teilweise, Tieren prinzipiell eine Beseeltheit zuerkannt.[20] Gerade diese Vorstellungen hatten maßgeblichen Einfluß auf A. Schopenhauer, A. Schweitzer und die moderne Esoterik.[21]

Die anthropozentrische Einstellung hat im Christentum eine lange Vorgeschichte[22], auch wenn einige Theologen die Abwertung der Tiere nicht als genuin christliches Phänomen, sondern als Folge des Einflusses der modernen Naturwissenschaften sehen.[23] Schon in der Antike dominierte der anthropozentrische Standpunkt, der mit dem nur dem Menschen zugeschriebenen Besitz von Vernunft und Seele begründet wurde. Systematisch fundiert wurde die Idee der Sonderstellung des Menschen durch Aristoteles mit seiner hierarchischen und für die folgenden Epochen, ja teilweise bis heute maßgebenden Einteilung der Lebewesen in Pflanzen, Tiere und Mensch (De anima II, 4): Alle Lebewesen besitzen eine *anima vegetativa,* die für die Ernährung und das Wachstum verantwortlich ist, Tiere und der Mensch besitzen zudem eine *anima sensitiva,* der Empfindung und Bewegung zugeordnet ist. Der Mensch aber ist den anderen Lebewesen überlegen mit der nur ihm eigenen *anima rationalis,* d.h. Vernunft bzw. geistige Tätigkeit. Pflanzen und Tiere sind für den Menschen geschaffen. Eine noch stärkere Anthropozentik vertrat die Stoa (vor allem Poseidonios, Cicero und Seneca): Tiere sind zwar fühlende Wesen, auch ein geringes Selbstbewußtsein wird ihnen zugestanden, aber sie haben keine Vernunft und ihr Handeln wird von Instinkten geleitet. Folgenreich war die Vorstellung der

---

20 Vgl. hierzu ausführlicher und mit Literaturangabe: *Ulrike Peters, Tiere / Tierschutz,* in: Peter Eicher (Hg.) Neues Handbuch Theologischer Grundbegriffe 4, München 2005, 306-320 und *dies., Tier,* Religion in Geschichte und Gegenwart 8, Tübingen 2005, 400-402.

21 Vgl. hierzu *Ulrike Peters, Esoterik,* Köln 2005.

22 Vgl. hierzu *Ulrike Peters, Tiere / Tierschutz,* in: Peter Eicher (Hg.) Neues Handbuch Theologischer Grundbegriffe 4, München 2005, 306-320.

23 *Hans Kessler, Die Gründe der »christlichen Anthropozentrik«.* Eine Auseinandersetzung, in: Mechthild Herberhold, Caspar Söling (Hg.), Menschenrechte für Menschenaffen? Was Tier und Mensch unterscheidet, Paderborn 2003, 129-153, hier 129-144 oder *Michael Rosenberger, Im Zeichen des Lebensbaums.* Ein theologisches Lexikon der christlichen Schöpfungsspiritualität, Würzburg 2001, 160.

Stoa, daß der Mensch keinerlei rechtliche Verpflichtung gegenüber den Tieren hat, da diese als vernunftlose Wesen keine Personen und somit nicht rechtsfähig sind und deshalb ohne Bedenken als Sachen genutzt werden können. Diese Auffassung wurde Bestandteil des römischen Rechts und ist bis heute noch aktuell.[24]

Das Christentum betonte von Anfang an die Überlegenheit des Menschen und seine Herrschaft über die Tiere aufgrund der entsprechenden Auslegung des AT (»Dominum terrae« in Gen 1,26ff; 9,23) und der zum Allgemeingut gewordenen anthropozentrischen Vorstellungen der Antike. Diese Linie wurde von den Kirchenvätern, vor allem Augustinus und Origenes, fortgeführt und verschärft. Nach dieser Vorstellung besitzt allein der Mensch als Ebenbild Gottes Vernunft und eine unsterbliche Seele. Dies unterscheidet ihn wesenhaft und fundamental vom – zur Sache degradierten – Tier und begründete seine Herrschaft über die Natur und ihre Ausbeutung. Der Scholastiker Thomas von Aquin geht in seiner Ontologie von einer von Gott gegebenen Ordnung allen Seins aus: Alles Seiende hat seine Stellung und sein Ziel durch Gott zugewiesen bekommen. Auf Aristoteles aufbauend stuft auch Thomas von Aquin die Lebewesen bzw. Wesenheiten in Pflanzen, Tiere, Mensch und – zusätzlich – Engel ein. Ähnlich wie bei Aristoteles sind Pflanzen durch Leben, Tiere durch Leben und Sinneswahrnehmung, der Mensch außerdem durch Vernunft und die Engel durch Geist gekennzeichnet. Für die christliche Theologie der Folgezeit bis hin zur Gegenwart sollten diese Vorstellungen maßgebend bleiben.

Die vom Christentum tradierte anthropozentrische Sicht wurde in der Neuzeit von René Descartes noch weiter ausgebaut und beeinflußte seinerseits wiederum das Christentum: Er betonte den wesensmäßigen Unterschied zwischen Mensch (als *res cogitans*) und Tieren (*res extensa*) und begründete ihn damit, daß Tiere keine Vernunft, keine Seele und keine Sprache besäßen. Populär wurde seine These, daß Tiere kunstvolle Maschinen bzw. Automaten seien, die nach den Gesetzen der Physik bzw. Mechanik

---

[24] Allerdings sind auch Beispiele der Sensibilität für Tiere zu nennen. So ging die Idee der Seelenwanderung bei Pythagoras, Empedokles und Platon von einer engen Verwandtschaft zwischen Tier und Mensch sowie einem Wechsel zwischen beiden Seinsformen aus, wenn auch dabei die tierischen Seinsformen als unvollkommene Durchgangsstufen angesehen wurden.

funktionieren. Während Descartes den Tieren noch ein gewisses Empfindungsvermögen zuschrieb – wenn auch nur auf der körperlichen Ebene, d.h. nicht bewußt bzw. reflektiert – sprach der spätere Cartesianismus den Tieren jegliche Empfindungsfähigkeit ab. Dagegen erhoben sich aber auch Stimmen, die einen Schutz der Tiere postulierten, wie z.B. der Pietismus, der Karl Barth und Albert Schweitzer beeinflußte (s. u.), aber auch in der Philosophie. So steht der englische Philosoph Jeremy Bentham (1748-1832) am Beginn des englischen und Arthur Schopenhauer am Beginn des deutschen Tierschutzes. Arthur Schopenhauer (1788-1860), der für das westliche Europa die Schriften des Buddhismus und Brahmanismus entdeckte, betonte die Idee der Wesensgleichheit von Mensch und Tier und des Mitleidens mit dem Tier als kennzeichnende Unterschiede der Religionen Ostasiens zu Judentum und Christentum.

Für die Würde und Rechte der Tiere: Peter Singer, Tom Regan und die Tierrechtsbewegung

Jeremy Bentham kann letztlich auch als Begründer der Tierrechtsbewegung gelten. Bentham vertritt den Utilitarismus, der das größtmögliche Glück und den größtmöglichen Nutzen für alle zum Ziel hat und dabei auch die Tiere mit einbezieht aufgrund ihrer Empfindungs- und Leidensfähigkeit. Bentham steht für den Beginn des englischen Tierschutzes, so wie Schopenhauer für den Anfang des deutschen Tierschutzes – und dies allein durch eine Fußnote in seinem Werk »An Introduction to the Principles of Morals and Legislation« (London 1789, Anm. 412): »Die Frage ist nicht: können sie verständig denken? noch: können sie sprechen?, sondern: können sie leiden?«

Populär wurde die Tierrechtsbewegung in der Gegenwart durch den Bioethiker Peter Singer und ein ausführlich philosophische Theorie zur Tierrechtsbewegung lieferte Tom Regan. Unterscheiden sich vor allem Singer und Regan in ihrem Ansatz, so sind sie sich hinsichtlich der Forderungen und des Zieles einig, nämlich Rechte für die Tiere.[25]

---

[25] Als weiterführende Literatur seien hier beispielhaft genannt: *Ursula Wolf, Das Tier in der Moral,* Frankfurt a. M. 1990; *B. Sitter-Liver, Tier-Rechte und ihre Grenzen,* Universitas, 49,2, 119-132.*Janelle Rohr, Animal Rights.* Opposing Viewpoints, San Diego 1989; *Jan C. Joerden, Bodo Busch (Hg.), Tiere ohne Rechte,* Frankfurt a. O.

Singers zentrale These ist, »daß die Diskriminierung von Lebewesen lediglich aufgrund ihrer Spezies ebenso von Vorurteilen zeugt, unmoralisch und unhaltbar ist wie die Rassendiskriminierung.«[26] Er verwendet dabei, analog zu den Begriffen Rassismus und Sexismus, den Ausdruck Speziesismus. Ferner spricht er von »nichtmenschlichen Tieren« im Unterschied zum Menschen. Singer geht von dem Grundprinzip der Gleichheit aus, das nicht bedeutet »Gleichsein« und daraus folgende »gleiche oder identische *Behandlung*, sondern gleiche Berücksichtigung. Die gleiche Berücksichtigung unterschiedlicher Wesen kann aber auch zu unterschiedlicher Behandlung und zu unterschiedlichen Rechten führen.«[27] Entscheidend für Singer ist die Tatsache, daß Tiere leiden, Schmerzen und Freude empfinden können und somit Interessen haben. Singer: »Ich behaupte nicht, daß Tiere moralisch handeln können, sondern daß der moralische Grundsatz der gleichen Berücksichtigung von Interessen auf sie ebenso anzuwenden ist wie auf Menschen. Unsere Behandlung kleiner Kinder und anderer Menschen, die aus irgendwelchen Gründen nicht die geistigen Fähigkeiten haben, um zu verstehen, was eine moralische Entscheidung ist, zeigt, daß es oftmals richtig ist, in die Sphäre der gleichen Interessenberücksichtigung auch Lebewesen einzuschließen, die selbst keine moralischen Entscheidungen treffen können.«[28] Singer zeigt ausführlich den Mißbrauch von Tieren bei Tierversuchen und in den »Tierfabriken« auf. Singer stellt den Wert und Nutzen der Tierversuche in Frage und sieht darin primär einen individuellen Selbstzweck der Forschung. Als Alternative zu den Tierfabriken verweist Singer auf eine vegetarische Lebensweise. Singers Fazit: Tiere sind zwar »keine Menschen«, »aber sie sind auch keine Maschinen zur Um-

---

1999; *Helmut F. Kaplan, Tierrechte.* Die Philosophie der Befreiungsbewegung, Göttingen 2000; *Steven M. Wise (Ed.), Rattling the Cage.* Toward Legal Rights of Animals, Cambridge 2000; *Helena Röcklingsberg, Das seufzende Schwein.* Zur Theorie und Praxis in deutschen Modellen der Tierethik, Erlangen 2001; *Auriana Ojeda (Ed.), The Rights of Animals,* Farmington Hill 2004; *Jean-Claude Wolf, Tierethik.* Neue Perspektiven für Menschen und Tiere, Erlangen 2005.

26 *Peter Singer, Animal Liberation.* Die Befreiung der Tiere, Reinbek bei Hamburg 1996, 386.

27 Ebd. 29.

28 Ebd. 360

wandlung von Futter in Fleisch und auch keine Werkzeuge für die Forschung.«[29]

Tom Regan geht davon aus, daß Tiere wie Menschen ein Seelenleben haben: »Perception, memory, desire, belief, self-consciousness, intention, a sense of the future – these are among the leading attributes of the metnol life of nrmal mammalian animals aged one or more. Add to this list the not unimportant categories of emotion (e. g. fear and hatred) and sentience, understood as the capacity to experience pleasure and pain […].«[30]

Der Unterschied zwischen Tier und Mensch ist graduell, nicht substantiell.[31] »Both animals and humans have preference- und welfare-interests, some biological, some psychological, some social; both ar capable of acting intentionally in pursuit of what they want; both may be benefited or harmed […]; both have lives that are characterized by pleasure or pain, satisfaction or frustation […]«[32] Sie sind – und das ist entscheidend – autonom. Zwar nicht im Sinne von Kant, aber im Sinne einer »preference autonomy«[33], d.h. die Fähigkeit zu handeln, um bestimmte Wünsche oder Ziele zu erfüllen. Wie stark sie diese Autonomie verwirklichen können ist entscheidend für ihr Wohlergehen. Der Mensch kann dieses Wohlergehen fördern oder den Tieren schaden. Der Schaden kann einmal durch Leiden bzw. Schmerzen erfolgen, aber auch durch Verlust bzw. Ignorierung ihrer biologischen, psychologischen und sozialen Interessen bzw. Bedürfnisse (z.B. eines Lebens in Freiheit) – auch wenn sie sich dessen nicht bewußt sind.

Ein solcher Schaden ist auch der durch den Menschen herbeigeführte vorzeitige Tod eines Tieres: »Death is the ultimative, the irrevesible harm because death is the ultimative, the irrevesible loss, forclosing every opportunity to find any satisfaction.«[34]

Denn auch wenn sich das Tier der zukünftigen Möglichkeiten nicht bewußt ist, heißt dies nicht, daß es keine hat. Regan unterscheidet zwischen

---

29 Ebd. 359.

30 *Tom Regan, The Case For Animal Rights,* Berkeley, Los Angeles 1983, 81.

31 Ebd. 83.

32 Ebd. 119.

33 Ebd. 85.

34 Ebd. 117.

zwei Ansätzen, den der indirekten und den der direkten Pflichten. Den Ansatz der indirekten Pflichten vertritt bekanntermaßen vor allem I. Kant. Ein Beispiel sind z.B. Gemälde, denen gegenüber wir indirekte Pflichten haben, d. h. Pflichten in bezug auf, aber nicht gegenüber den Gemälden selbst. Regan unterscheidet weiter zwischen »moral agent« und »moral patient«. Während »moral agents« moralisch urteilen und handeln können (Beispiel: normale erwachsene Menschen), fehlt den »moral patients« die Fähigkeit, moralisch zu urteilen und zu handeln (Beispiel: Kleinkinder, geistig Behinderte, aber auch Tiere). Gegenüber letzteren bestehen nur indirekte Pflichten, gegenüber ersteren direkte Pflichten.

Regan lehnt diesen Ansatz ab und führt stattdessen die Idee des Schadensprinzips (»harm principle«) ein, die besagt, daß eine direkte Pflicht besteht, keinem Individuum Schaden zuzufügen, unabhängig davon, ob sie »moral agents« oder »moral patients« sind. Denn auch »moral patients« haben ein Wohlergehen, das geschädigt werden kann. Der Ansatz der direkten Pflichten besagt zwar, daß man auch gegenüber »moral patients« direkte Pflichten hat, aber gesteht diesen keine individuellen Rechte zu. Regan führt für den Ansatz der direkten Pflichten zwei Paradebeispiele an: 1. den »cruelty-kindness view«, wie er z.B. vom traditionellen Tierschutz vertreten wird. Dabei wird Grausamkeit gegenüber Tieren abgelehnt und eine »freundliche« Behandlung postuliert (aber eben keine Rechte der Tiere). 2. den Utilitarismus, konkret den Präferenzutilitarismus. Regan wirft dem Utilitarismus vor, daß das Gesamtergebnis für alle nicht unbedingt das Beste für das Individuum ist, für dieses sogar Unrecht bedeuten kann. Nach Regan ist der Utilitarismus inkonsequent, denn die Nützlichkeit als Basis des Utilitarismus und das Gleichheitsprinzip lassen sich nicht immer miteinander vereinen.

Denn »the notion of equality is distorted since the equality or inequality of any two interests (or pleasures, etc.) must depend on these pleasures or interests themeselves, not on the utility of counting them as equal or unequal.«[35] »Similarly deficient is the claim that the equality principle is a formal principle, since those who are not utiliians can advance moral principles without first accepting the utilitatarian interpretation of equality.«[36]

---

35 Ebd. 229.

36 Ebd. 230.

Bei der utilitaristische Maximierung der Interessen aller Betroffenen (das Erlebnis des größten Glücks und geringsten Leides für alle), kann es leicht zu Ungerechtigkeiten für den Einzelnen kommen. Regans Ansatz der Tierrechte geht dagegen von einem inhärenten Wert der Individuen aus. Denn: »Individuals are subjects of a life if they are able to perceive and remember; if the have beliefs, desires or goals; if they are able to act intentionally in pursuit of their desires or goals; if they are sentient and have an emotional life; if they have a sense of future, including a sense of their own future; if they have a psychophysical identity over time; and if they have an individual experiential welfare that is logically independent of their utility for, and the interests of, others.«[37]

Daraus ist eine respektvolle Behandlung (»respect principle«[38]) abzuleiten: »[...] like us, animals have certain basic moral rights, including in particular the fundamental right to be treated with the respect that, as possessors of inherent value, they are due as a matter of strict justice.«[39] Daraus ergibt sich die Abschaffung der heutigen Form der Tierfleischindustrie, der Schutz der Wildtiere vor Jagd und die Abschaffung der Tierversuche.[40]

Menschenrechte für die Menschenaffen? Das Great Ape Project

Das Great Ape Project setzt sich für die Gültigkeit der Menschenrechte auch für die großen Menschenaffen (Schimpansen, Gorillas und Orang-Utans) ein und zwar aufgrund der großen Ähnlichkeiten zwischen Mensch und Menschenaffen als intelligente Lebewesen mit einem »vielschichtigen sozialen und emotionalen Leben«[41]. Das Great Ape Project wurde von Paola Cavalieri und Peter Singer mit der von ihnen herausgegebenen Publikation »The Great Ape Project. Equality beyond humanity« 1993 ins Leben gerufen. Die »Deklaration über die Großen Menschenaffen« fordert die Erweiterung der »Gemeinschaft der Gleichen«, so daß sie Menschen, Schimpansen und Orang-Utans einschließt. »›Die Gemeinschaft der Glei-

---

37 Ebd. 264. Regan führt ausführlich auf, daß die genannten Kriterien auf Säugetiere zutreffen, 1-120.

38 Ebd. 265.

39 Ebd. 329.

40 Ebd. 330-398.

41 *Paola Cavalieri, Peter Singer (Hg.), Menschenrechte für die Großen Menschenaffen.* »Das Great Ape Project«, Gütersloh 1993, 8.

chen‹ ist die moralische Gemeinschaft, innerhalb derer wir bestimmte moralische Grundsätze oder Rechte anerkennen, die unsere Beziehungen untereinander regeln und die gerichtlich einklagbar sind.« Konkret werden folgende Grundsätze genannt: 1. Das Recht auf Leben, 2. der Schutz der individuellen Freiheit und 3. das Verbot der Folter.[42] Dies bedeutet in der Praxis für die Menschenaffen primär, daß sie nicht gejagt, in Gefangenschaft (Zoo, Laboratorium) gehalten oder für Tierversuche mißbraucht werden dürfen. Dem Argument, daß die Menschenrechte zuerst für die Menschen realisiert werden sollten, wird erwidert, daß dies eine Diskriminierung der Menschenaffen bzw. einer anderen Spezies sei und daß »der Aufschub wohl sehr lang sein würde.«[43] Die Frage, warum nur Rechte für Menschenaffen postuliert werden, wird folgendermaßen beantwortet: »Es gibt verhältnismäßig wenig große Menschenaffen auf der Welt, und wenn wir das Prinzip der Gleichheit auf sie ausdehnen, würde dies eine weitaus bescheidene Umstellung unseres Lebens erfordern, als etwa die Ausdehnung auf alle Säugetiere.«[44] 1999 führte Neuseeland als erster Staat die Menschenrechte für die großen Menschenaffen ein – wenn auch eingeschränkt –, nämlich das Verbot der Tötung und der Folterung von Menschenaffen für wissenschaftliche Zwecke.[45]

Tierschutzkonzepte im Christentum – eine kritische Bestandaufnahme

Lehnt die Tierrechtsbewegung den christlichen Anthropozentrismus und die damit verbundene Abwertung der Tiere ab, ist sie andererseits aber gerade auch von den Tierschutzideen des inoffiziellen Christentums beeinflußt (vor allem A. Schweitzer) und postuliert auch den christlichen Wert der Würde für das Tier. Deshalb soll an dieser Stelle der Blick auf die Tierschutzkonzepte gerichtet werden, die sich außerhalb des offiziellen Christentums entwickelt haben.

Biblische Tierschutzethik. In der Diskussion um eine christliche Tierschutzethik wird heute von der Theologie gerne auf die Bibel verwiesen als Beispiel und Beleg für eine christliche Tierschutzethik. In der Tat finden

---

42 Ebd. 1993, 8f.

43 Ebd. 14.

44 Ebd. 8.

45 Amendment 85.

sich im Alten Testament (das Neue Testament hat hier kaum etwas anzubieten, mit Ausnahme des bekannten Satzes von Paulus in Röm 8,18ff.[46]) eine ganze Reihe von tierfreundlichen Stellen, die durchaus – neben dem Buddhismus (vgl. die Tierschutzbestimmungen des Ashoka) – als eines der frühesten Beispiele für Tierschutzbestimmungen gelten kann.[47] Seit den 1990er Jahren hat sich das Interesse an Tieren theologischerseits auf den biblischen Bereich verlagert.[48] Einerseits bot sich dies als neue Thematik der biblischen Forschung an, zum anderen ist die historisch-philologische Disziplin der biblischen Exegese mit einer »Distanzierung von der Gegenwart, ja man könnte sagen einer *erkenntnisfördernder Verfremdung* verbun-

---

[46] »Ich bin überzeugt, daß die Leiden der gegenwärtigen Zeit nichts bedeuten im Vergleich zu der Herrlichkeit, die an uns offenbar werden soll. Denn die ganze Schöpfung wartet sehnsüchtig auf das Offenbarwerden der Söhne Gottes…V 22: Denn wir wissen, daß die gesamte Schöpfung bis zum heutigen Tag seufzt und in Geburtswehen liegt.«

[47] So Ex 20,8-11; 21,28-32; 23,19b; Lev 22,28; Dtn 22,6f.; 22,10; 25,4 und auch Spr 12,10 (in der ev. Tierschutzethikdebatte zum Leitsatz geworden). Tiere werden in den Gottesbund einbezogen und stehen unter Gottes Schutz (Gen 9,8-17; Ps 36,6-10; Hos 2,20; Ez 34,25; Jona 3,3b-10). Tiere sind Teil der Schöpfung und Mitgeschöpfe des Menschen (Gen 1,20-31; 2,18-20; Ps 8,5-9; 104,10-26; Ijob 38,39-39,18; 40,15-24), die auch oft bewundert werden (Jer 8,7; Ijob 12,7-11; Prov 6,6-11; 30,24-28). Öfters wird das gemeinsame Schicksal bzw. die Verbundenheit von Mensch und Tier betont: Gen 2,18-20; 6,5-8; 7,1-5; Ps 104,27-30; Koh 3,18-21. Bei Jes wird expressis verbis die Teilnahme der Tiere am eschatologischen Frieden erwähnt: Jes 11,6-8; 32,15-20; 35,8-10; 65,23-25. Nach Gen 1,29 war die menschliche Ernährung im Paradies vegetarisch (Dtn 12,20 dagegen erlaubt den Fleischverzehr).

[48] Maßgebend hierbei war die Publikation von *Bernd Janowski, Ute Neumann-Gorsolke und Uwe Gleßmer (Hg.), Gefährten und Feinde des Menschen.* Das Tier in der Lebenswelt des alten Israel, Neukirchen-Vluyn 1993. Nachfolgend sind zu nennen *Florian Schmitz-Kahmen, Geschöpfe Gottes unter der Obhut des Menschen.* Die Wertung der Tiere im Alten Testament; *Bernd Janowski / Peter Riede (Hg.), Die Zukunft der Tiere.* Theologische, ethische und naturwissenschaftliche Perspektiven, Stuttgart 1999 sowie *Ohtmar Keel / Thomas. Staubli, Im Schatten Deiner Flügel.* Tiere in der Bibel und im Alten Orient, Freiburg CH 2001.

den«[49]. Die biblischen Texte sind im Kontext ihrer Zeit zu verstehen, werden aber heute in unterschiedlicher Weise gedeutet.

Das Alte Testament enthält durchaus Tierschutzbestimmungen und tierfreundliche Stellen, die im Christentum nicht berücksichtigt werden. Aber es ist auch zu fragen, ob diese Stellen einen Schutz der Tiere aufgrund ihres Eigenwertes (also im Sinne heutiger Tierschutzethik) postulieren oder ob nicht die landwirtschaftliche bzw. existentielle Bedeutung der Tiere entscheidend dafür war (deutlich z.B. beim Gebot, den Ochsen am siebten Tage ruhen zu lassen, um ihn so als weitere Arbeitskraft zu »erhalten« und sich so die Lebensgrundlage zu sichern). Und schließlich stellen sich einige Probleme heutiger Tierschutzethik, wie z.B. die Massentierhaltung, in den biblischen Texten erst gar nicht.[50] Trotz der neuen Einblicke und Erkenntnisse über die Verbundenheit von Mensch und Tier im alten Israel lassen sich diese kaum fruchtbar machen für eine aktuelle Tierschutzdebatte in unserer heutigen Industriegesellschaft. Phänotypisch dafür ist auch, daß die Frage nach der Stellung des Tieres in der Bibel bzw. im alten Israel zwar in der christlichen Theologie Beachtung findet, Arbeiten zur aktuellen Tierschutzethikdebatte aber ignoriert werden.

Tiere als Personen in Tierprozessen. Fast exotisch erscheinen heute die seit dem 13. Jh. belegten und teilweise bis ins 19. Jh. in westeuropäischen Regionen durchgeführten Tierprozesse. Dabei wurden Tiere juristisch wie Menschen angeklagt und – meist mit dem Todesurteil – bestraft. Während die weltlichen Gerichte gegen Haus- und Nutztiere (vor allem Schweine) vorgingen, die in irgendeiner Form Schaden angerichtet hatten, übernahmen die geistlichen Gerichte die Prozesse gegen Ungeziefer (Mäuse, Ratten, Würmer etc.). Die Urteile, die damit begründet waren, daß sie anderen Tieren zur Warnung und Abschreckung dienen sollten, setzen eine Personifizierung der Tiere voraus.

Brüderlichkeit bei Franziskus von Assisi. Der heilige Franziskus von Assisi und seine Idee der Brüderlichkeit von Mensch und Tier wird gerne als Beispiel einer christlichen Tierschutzethik herangezogen und als »eine die

---

[49] *Jean-Claude Wolf, Gerechtigkeit für Tiere,* in: Bernd Janowski / Peter Riede (Hg.), Die Zukunft der Tiere. Theologische, ethische und naturwissenschaftliche Perspektiven, Stuttgart 1999 Stuttgart 1999, 155-171, 167.

[50] Ebd.

Artgrenze überschreitende Zusammengehörigkeit«[51] gedeutet. Franziskus wurde zum Patron der Natur- und Umweltschützer[52] und sein Tag im Heiligenkalender der katholischen Kirche am 4.10. ist auch der Tag des Tierschutzes. Zur Zeit des Franziskus hatten die Tiere im Christentum eine besondere Relevanz als Symbole. Und in diesem Zusammenhang stellt sich die Frage, ob bei Franziskus die Brüderlichkeit im Sinne einer Emphatie für Tiere als Lebewesen mit Eigenwert im Mittelpunkt seines Denkens und Handelns stand oder ob für ihn die Tiere doch letztlich nur in ihrer Bedeutung als Paradigmen und Beweise der Herrlichkeit Gottes relevant waren.[53]

Barmherzigkeit im Pietismus. Die Entwicklung eines ethischen Tierschutzkonzeptes im Christentum erfolgte erstmals im 18. Jh. im Pietismus, der eine gute Behandlung von Haus- und Nutztieren propagierte, wenn auch aus Nützlichkeitserwägungen. Der Pietismus postulierte ein pflichtgemäßes Verhaltens sowie Barmherzigkeit und Brüderlichkeit gegenüber Tieren. In seiner Schrift »Bitte der armen Thiere, der unvernünftigen Geschöpfe, an ihre vernünftigen Mitgeschöpfe und Herrn, die Menschen« (1822) beschäftigt sich Christian Adam Dann (1758-1837) mit dem Leiden von Tieren und wendet sich dabei auch konkret – fast vorausschauend – sowohl gegen grausame Behandlung von Nutztieren, ihre Transporte und Schlachtung sowie gegen die Jagd und Tierversuche. In seiner Schrift »Das ängstliche Harren der Kreatur« (1843) fordert Dann Barmherzigkeit für die Tiere. Die Ideen Danns zeigten in der Folge eine große Breitenwirkung, denn Dann und ebenso der pietistische Theologe Albert Knapp (1798-1864) stehen am Beginn des deutschen Tierschutzes. Kann Dann somit als Wegbereiter des praktischen Tierschutzes gelten und hatte er auch schon die Idee, einen entsprechenden Verein zu gründen, so wurde die Gründung des ersten deutschen Tierschutzvereines in Stuttgart 1837 erst von Knapp in die Tat umgesetzt, entsprechende Gesetze folgten. Seine Idee der Barmherzigkeit, die weitgehend dem heutigen Begriff der Mitgeschöpflichkeit

---

51 *Gotthard M Teutsch, Lexikon der Tierschutzethik,* Göttingen 1987, 37. Teutsch setzt die Idee des Franziskus auch als theozentrische »Schöpfungsethik« von der sonst üblichen anthropozentrischen Sicht des Christentums ab.

52 Vgl. die *Acta Apostolicae Sedis* von Johannes Paul II., 1979, 1509.

53 So *Peter Dinzelbacher, Mittelalter,* in: Peter Dinzelbacher (Hg.), Mensch und Tier in der Geschichte Europas, Stuttgart 2000, 181-292, 283ff.

entspricht, wird nicht zu Unrecht als »'Mutter' aller tierschutzethischen Konzepte auf christlicher Grundlage einschließlich Humanität und Gerechtigkeit«[54] gesehen. Allerdings forderte schon Schopenhauer Gerechtigkeit für die Tiere statt Barmherzigkeit: »Der Gerechte erbarmt sich seines Viehs. – ›Erbarmt!‹ – welch ein Ausdruck! Man erbarmt sich eines Sünders, eines Missethäters, nicht aber eines unschuldigen treuen Thieres, welches oft der Ernährer seines Herrn ist und nichts davon hat als spärliches Futter. ›Erbarmt!‹ Nicht Erbarmen, sondern Gerechtigkeit ist man dem Thiere schuldig – und bleibt sie meistens schuldig [...].«[55]

Ehrfurcht vor dem Leben bei Albert Schweitzer. Als Höhepunkt der Entwicklung einer christlichen biozentrischen Tierschutzethik ist Albert Schweitzer zu nennen. Albert Schweitzer geht mit seinem Prinzip »Ehrfurcht vor dem Leben« – radikal – von einer Gleichwertigkeit aller Lebewesen aus. Damit stellt er in der christlichen Tierschutzethik eine Ausnahme dar, die bis heute ohne Nachfolger blieb. Schweitzers Ansatz läßt sich durchaus auf einer Ebene mit der Tierrechtsbewegung vergleichen und er dürfte erheblichen Einfluß auf Singer und Regan gehabt haben, obwohl er bei beiden nicht erwähnt wird. »Ehrfurcht vor dem Leben« bedeutet bei Schweitzer mehr als nur Mitleid mit dem Tier.[56] Denn: »Wie weit reicht die Grenze des bewußten, fühlenden Lebens? Niemand kann es sagen. [...] Ist nicht jeder Lebensvorgang, bis hinab zur chemischen Verbindung zweier Elemente, mit etwas wie Fühlen und Empfinden verbunden? Dann muß uns jedes Sein heilig sein.«[57]

Theologisch begründet er sein Postulat der artübergreifenden Gerechtigkeit mit dem Liebesgebot Jesu, welches für ihn Grundlage der menschlichen Sittlichkeit und Moral ist.[58] Die Ehrfurcht vor dem Sein, die Liebe zur Kreatur ist nach Schweitzer das »Mittelstück zwischen der Liebe zu Gott und der Liebe zu den Menschen«[59]. Die Ehrfurcht vor dem Leben steht aber

---

54 *Gotthard M. Teutsch, Lexikon der Tierschutzethik,* Göttingen 1987, 27.

55 *Arthur Schopenhauer, Parerga und Paralipomena II,* 15, § 177.

56 *Albert Schweitzer, Was sollen wir tun?* 12 Predigten über ethische Probleme, Heidelberg 1986, 40.

57 Ebd. 47f.

58 Ebd. 17-30.

59 Ebd. 25.

im Gegensatz zur Realität des Überlebenskampfes der Natur, des Kampfes »des Lebens gegen das Leben«[60], dies leugnet auch Schweitzer nicht »Ich bin Leben, das leben will, inmitten von Leben, das leben will.«[61] Wenn der Mensch im praktischen Alltagsleben in solch einer Situation des Überlebenskampfes entscheiden muß, soll er im Einzelfall nach seinem Gewissen handeln und nach dem Prinzip »Leben erhalten, wo es möglich ist«[62].

Die Idee der »Ehrfurcht vor dem Leben« ist bei Schweitzer bereits im September 1915 nachweisbar und im Februar 1919 macht er sie erstmals in einer Predigt publik. Das Konzept der »Ehrfurcht vor dem Leben« ist vor dem Hintergrund der hinduistischen und buddhistischen Religion zu sehen, die zur Jahrhundertwende in der Wissenschaft (Entstehung der Indologie als eigenes Fach) und in der Öffentlichkeit auf großes Interesse stießen. Zur Popularisierung ostasiatischer Philosophie trug vor allem aber auch Schopenhauer bei.

Schweitzer hatte Theologie und Philosophie studiert, so daß sich schon von daher eine Beschäftigung mit Schopenhauer ergibt. Schweitzer hat sich aber nicht nur über Schopenhauer, sondern auch direkt mit der Religion des Hinduismus und Buddhismus auseinandergesetzt und darüber Vorlesungen gehalten.[63] Auch dies zeigt sich in seinen Erklärungen zum Konzept der »Ehrfurcht vor dem Leben«: »Überall, wo du Leben siehst – das bist du!«[64] Dies entspricht fast wörtlich dem Grundsatz »Tat tuam asi« (= »Das bist du selbst«) der All-Einheitslehre der Upanishaden, der die Identität des eigenen »atman« mit dem Absoluten meint.

Von dem Liebesgebot als zentralem Wesen des Christentums ausgehend kommt Schweitzer zu einer mystischen und letztlich holistischen und biozentrischen Weltsicht, verbunden mit dem Ziel der Erkenntnis. Schweitzers Weltverständnis war einerseits durch die ostasiatischen Religionen beeinflußt und beeinflußte wiederum die moderne Esoterik.[65] Und entsprechend

---

60 Ebd., 52.

61 *Albert Schweitzer, Gesammelte Werke in fünf Bänden 2*, München o. J., 377.

62 *Albert Schweitzer, Was sollen wir tun?* 12 Predigten über ethische Probleme, Heidelberg 1986, 55.

63 So über »Das Christentum und die Weltreligionen« an der Universität Prag 1923.

64 Ebd. 209.

65 So z.B. Vertreter der Tierkommunikation wie *Penelope Smith, Gespräche mit Tieren*, Weilersbach 2004, 8.

lautet sein ethisches Postulat: »Gut ist: Leben erhalten und fördern; schlecht ist: Leben hemmen und zerstören.«[66] Der Bekanntheitsgrad und die Breitenwirkung von Schweitzer sind nach wie vor sehr groß, aber mit seinen liberalen Ideen blieb er in der offiziellen evangelischen Theologie ohne direkten Nachfolger.

Mitgeschöpflichkeit. Das Wort »Mitgeschöpf« hat seinen Ursprung im Pietismus. Blanke führte 1959 den Begriff der »Mitgeschöpflichkeit« ein, um damit für eine Erweiterung der christlichen Nächstenliebe auf die nichtmenschlichen Lebewesen zu plädieren: »Alles, was da lebt, ist vom selben Schöpfergeist durchwaltet. Wir sind, ob Mensch oder Nichtmensch, Glieder einer großen Familie. Diese Mitgeschöpflichkeit (als Gegenstück zur Mitmenschlichkeit) verpflichtet. Sie auferlegt uns Verantwortung für die anderen ›Familienmitglieder‹. Wir sollen uns teilnehmend um sie kümmern, uns ihnen in brüderlicher Gesinnung zuwenden.«[67]

Beeinflußt ist Blanke von der Idee der Brüderlichkeit im Sinne von Franziskus von Assisi und von Schweitzers Prinzip der Ehrfurcht vor dem Leben. Fand Blankes Idee der Mitgeschöpflichkeit erst in den 1970er Jahren mit dem aufkommenden Umweltbewußtsein Beachtung, ist sie heute das in der offiziellen Kirche anerkannte Konzept der Tierschutzethik.

Die »Würde der Kreatur« im Christentum

Ein aktueller Ansatz der Tierschutzethik in der katholischen Theologie ist der von Heike Baranzke, die erstmalig den Begriff der »Würde der Kreatur« für die kath. Theologie fruchtbar gemacht hat durch ihre Unterscheidung der Dignitas-Würde des Menschen und der Bonitas-Würde der Tiere. Daß und wie sich die »Würde des Menschen« und die »Würde der Kreatur« auch in der Lehre der kath. Kirche vereinen lassen, hat jüngst erstmalig Heike Baranzke (2002) ausführlich dargelegt. Sie unterscheidet zwischen Dignitas, womit die »Würde des Menschen« aufgrund von Vernunft und Moral (basierend auf der Imago Dei-Vorstellung in Gen 1,26-28 und der Ethik Kants) und Bonitas, die »Güte der Schöpfung«, basierend auf

---

[66] Ebd. 211.

[67] *Fritz Blanke, Unsere Verantwortung gegenüber der Schöpfung,* in: Der Auftrag in der modernen Welt. Festgabe zum 70. Geburtstag von Emil Brunner, Zürich, Stuttgart 1959, 198.

Gen 1,31 (»Gott sah alles an, was er gemacht hatte: Es war sehr gut«) und Gen 1,22.28 (Erteilung des Segens an alle Lebewesen). Somit meint die Würde der Kreatur in der Bonitas-Tradition »entweder die allgemeine Seins- bzw. Schöpfungsgüte aller Dinge oder aber, auf empfindungsfähige Lebewesen beschränkt, deren psychophysisches Wohl. Damit unterscheidet sich die kreatürliche Würde klar von einer an intellektive Wesensmerkmale gebundenen Dignitas-Würde.«[68] Baranzke plädiert für eine Aufnahme beider Begriffe in die gegenwärtige Bioethikdiskussion, ohne sie gegeneinander auszuspielen. Denn: »Mit der moralischen Dignitas-Würde des Menschen steht und fällt die Bonitas-Würde aller Kreatur, die des Menschen eingeschlossen. Die Moralität des Handlungssubjektes ist die Bedingung der Möglichkeit für den absoluten Wertcharakter der menschlichen Person und den relativen der nichtpersonalen Entitäten, und somit auch der Tiere.« (ebd. 316)

Der Ursprung der Idee der Würde der Kreatur geht auf den dänischen Philosophen und protestantischen Pfarrer Lauritz Smith zurück. Dieser beschreibt 1791 die Würde der Tiere so: »Die absolute Würde der Tiere besteht darin, daß sie lebendige, empfindende, intellektuelle Wesen sind, deren jedes für sich bestimmt ist, glücklich zu sein, weil sie Fähigkeiten und Anlagen haben, Glückseligkeit zu genießen, und durch ihr Dasein in Besitz von Freude und Glück gesetzt wurden. [...] Die relative Würde der Tiere ist die, daß sie als mitwirkende, und sogar auf mancherlei Weise willkürlich mitwirkende Substanzen zu dem großen Ziel der Vollkommenheit angesehen werden können, welches der Unendliche für alle seine Geschöpfe bestimmte [...].«[69]

Daseinsglück und Naturvollkommenheit kennzeichnen nach Smith sowohl Tier als Mensch und damit unterscheidet er sich von Kant, für den die Würde des Menschen in der sittlichen Vollkommenheit besteht.[70]

---

68 *Heide Baranzke, Würde der Kreatur? Die Idee der Würde im Horizont der Bioethik*, Würzburg 2002, 313.

69 Versuch eines vollständigen Lehrgebäudes der Natur und Bestimmung der Thiere und der Pflichten des Menschen gegen die Thiere, Kopenhagen 1791^2, deutsch 1793).

70 Vgl. dazu *Heide Baranzke, Was ist die Würde des Tieres?*, in: M.artin Liechti (Hg.), Die Würde des Tieres, Erlangen 2002, 25-46, 29-34.

Nicht ohne Einfluß auf die Schweizer Bundesverfassung war Karl Barth (1886-1968): »Das Tier geht dem Menschen voran in selbstverständlichem Lobpreis seines Schöpfers, in der natürlichen Erfüllung seiner ihm mit seiner Schöpfung gegebenen Bestimmung, in der tatsächlichen demütigen Anerkennung und Betätigung seiner Geschöpflichkeit. Es geht ihm auch darin voran, daß es seine tierische Art, ihr Würde, aber auch ihre Grenze nicht vergißt, sondern bewahrt und den Menschen damit fragt, ob und inwiefern von ihm dasselbe zu sagen sein möchte. [...] Es ist ihm auch damit, daß es seiner Herrschaft unterstellt wird, lebendige Erinnerung an die Verantwortlichkeit, die ihm mit seiner eigenen Würde auferlegt ist.«[71]

Das Merkmal, das die Tiere kennzeichnet, ist für Barth die »Eigenbewegung«[72] (ähnlich wie bei Aristoteles), während der freie Wille nur dem Menschen eigen ist.[73] Der Begriff der Würde des Tieres ist bei Barth unscharf, aber es läßt sich doch die Unterscheidung einer Würde des Tiere (bonitas) und der Dignitas des Menschen erkennen.[74]

Christliche Tierschutzethik und Tierrechtsbewegung

Tierschutzethik ist in der christlichen Theologie nach wie vor ein Randthema. Dem anthropozentrischen Standpunkt entsprechend stehen in Sachen Umweltethik und Bioethik Themen im Vordergrund, die direkt den Menschen betreffen (z.B. Gentechnik, Präimplantationsdiagnostik, Embryonenforschung, Organtransplantation, Organzüchtung etc.). Die wenigen Theologen, die sich mit Tierschutzethik auseinandersetzen und diese auch durchaus in einem gewissen Rahmen befürworten, lehnen Rechte für Tiere prinzipiell ab. Dabei ist der häufigste Vorwurf – sowohl von theologischer wie auch philosophischer Seite – gegen die Tierrechtsbewegung der des sog. naturalistischen Fehlschlusses, weil sie zwei Ebenen, die moralische und biologische vermische und dabei »ein Soll-Zustand (der moralische Respekt) aus einem Ist-Zustand (der biologischen Ähnlichkeit) abgeleitet

71 *Karl Barth, Kirchliche Dogmatik III/1*, 198f. Auch den Pflanzen erkennt Barth eine Würde zu (Ebd. 170).

72 Ebd. 194.

73 Ebd. 195.

74 So *Heide Baranzke, Was ist die Würde des Tieres?*, in: M. Liechti (Hg.), Die Würde des Tieres, Erlangen 2002, 25-46, 35-41.

wird«[75], was für die Moralphilosophie nicht zulässig sei. Dieser Vorwurf kommt auch von theologischer Seite: »Peter Singer und andere Tierrechtler bzw. Tierrechtlerinnen erheben empirische Befunde zu ethischen Grundsätzen. Damit wird aus evolutionär begründeten ›Ähnlichkeiten‹ auf sittliche Verpflichtungen geschlossen. Ethische Begründungen für die Erlaubtheit einer Handlung werden damit aber nicht geboten.«[76] Es ist hier aber die Frage zu stellen, warum dieser Vorwurf nicht erhoben wird, wenn z.B. die Gleichheit aller Menschen und Rassen postuliert wird, die letztlich auch auf den Prämissen der biologischen Ähnlichkeit bzw. Gleichheit der Menschen beruht.

Für die christliche Theologie stellt sich nach wie vor das Problem, eine Tierschutzethik und vor allem Tierrechte mit der anthropozentrischen Vorstellung vom – mit unsterblicher Seele und Vernunft ausgestatteten – Menschen als »Krone der Schöpfung« zu vereinen. Folgende Standpunkte einer Tierschutzethik sind dabei festzustellen:

- Eine Tierschutzethik im Sinne des von Tom Regan angeführten »cruelty-kindness-view«, d. h. eine Ablehnung von Grausamkeit gegenüber Tieren und der Befürwortung einer verantwortungsvollen, guten Behandlung von Tieren.
- Die Anerkennung von Pflichten gegenüber Tieren im Sinne von Kant bei gleichzeitiger Ablehnung von Tierrechten.
- Die Anerkennung eines Eigenwertes von Tieren (als Bonitas-Qualität), aber in Abgrenzung und Differenz zur Würde des Menschen (Dignitas).

Zusammenfassend läßt sich sagen, daß – mit Ausnahme des Konzeptes »Ehrfurcht vor dem Leben« von Albert Schweitzer – die christlichen Konzepte der Tierschutzethik über den »cruelty-kindness view« im Sinne von Tom Regan (s.o.) und über den anthropozentrischen Rahmen nicht hinausgehen und somit dem artübergreifenden Konzept der Tierrechte nicht entsprechen. Die christliche Tierschutzethik bleibt generell im Rahmen des

---

75 *Raymond Corbey, Menschen, Menschenaffen, Affenmenschen:* Zur Geschichte der Idee der menschlichen Sondestellung, in: Interdisziplinäre Arbeitsgemeinschaft Tierethik (Hg.), Tierrechte. Eine interdisziplinäre Herausforderung, Erlangen 2007, 54-70, 68.

76 *Mechthild Herberhold, Caspar Söling (Hg.), Menschenrechte für Menschenaffen?* Was Tier und Mensch unterscheidet, Paderborn 2003, 9; ebenso *Bernhard Irrgang, Tierschutz,* in: W. Korff u.a. (Hg.) Lexikon der Bioethik 3, Gütersloh 1998, 561-567, 566.

anthropozentrischen Weltbildes oder hat das Problem, die beiden »Pole« Tierschutzethik und die Vorstellung vom – mit unsterblicher Seele und Vernunft ausgestatteten – Menschen als »Krone der Schöpfung« zu vereinen.

Herausgeber, Autorinnen und Autoren

Ina Braun, Jahrgang 1963, ist Assessorin des Lehramts für Spanisch und Deutsch Ihre Forschungsgebiete sind biographische Arbeiten zu Gustav Mensching und Günter Wallraff, Interkulturelles Lernen und Kommunikationsforschung.

Karl-Heinz Brodbeck, Jahrgang 1948, ist Professor für Wirtschaftswissenschaft an der Fachhochschule Würzburg und der Hochschule für Politik, München. Der Schwerpunkt seiner Arbeit liegt im Bereich der Wirtschaftsphilosophie, der Ethik und der Arbeit an einer buddhistischen Wirtschaftsethik.

Katharina Ceming, Jahrgang 1970, ist zur Zeit an der Universität Paderborn als Vertretungsprofessorin für Systematische Theologie tätig. Ihre Forschungsbereiche sind Spiritualität in den Weltreligionen, interreligiöser Dialog und interkulturelle Philosophie.

Klaus Fischer, Jahrgang 1949, ist Professor für Philosophie und Wissenschaftstheorie an der Universität Trier. Neben der Wissenschaftssoziologie ist ein Schwerpunkt seiner Forschung die Natur- und Neurophilosophie.

Aziz Fooladvand, Jahrgang 1958, ist Doktor der Soziologe. Seine Forschungsbereiche sind Fundamentalismusproblematik, Modernisierungstheorien und soziologische Grundfragen.

Peter Gerdsen, Jahrgang 1936, ist emeritierter Professor für theoretische Nachrichtentechnik, digitale Signalverarbeitung und -übertragung sowie für Kommunikationssysteme an der Hochschule für angewandte Wissenschaften Hamburg. Er beschäftigt sich seit Jahren mit theologischen, soziologischen, kulturwissenschaftlichen und philosophischen Fragestellungen an der Grenzlinie zwischen Natur- und Geisteswissenschaften.

Ahmed Ginaidi, Jahrgang 1943, ist Doktor der Islamwissenschaften. Er ist Lehrbeauftragter für Islamische Theologie an der PH Karlsruhe. Sein Arbeitsbereich umfaßt Theologiebücher und den Dialog der Kulturen und Religionen.

Klaus-Jürgen Grün, Jahrgang 1957, ist Doktor der Philosophie und Privatdozent für Philosophie an der J.W.G.-Universität in Frankfurt/Main und Lehrbeauftragter für Ethik in den Wirtschaftswissenschaften sowohl in Frankfurt als auch an der Universität Babes-Bolyai in Cluj-Napoca (Rumänien). Er ist seit 1992 Freimaurer und war von 2002 bis 2006 Großredner der Großloge

AfuAM. Seit 2007 ist er Meister der Forschungsloge Quatuor Coronati in Bayreuth und Vorsitzender der gleichnamigen Forschungsgesellschaft.

Bernd Hamm, Jahrgang 1945, ist Professor für Soziologie an der Universität Trier. Schwerpunkte seiner Arbeit sind Nachhaltige Entwicklung, Sozialstruktur, Stadt- und Regionalentwicklung und die Suche nach lokalen Lösungen für globale Probleme.

Reinhard Kirste, Jahrgang 1942, ist Doktor für Evangelische Theologie. Er ist Lehrbeauftragter an der Technischen Universität Dortmund. Ein Schwerpunkt seiner Forschung ist der Dialog der Religionen.

Ram Adhar Mall, Jahrgang 1937, ist Professor für Philosophie und lehrt interkulturelle Philosophie und Religionswissenschaft an der Ludwig-Maximilians-Universität München. Mall ist einer der Hauptinitiatoren der interkulturellen Philosophie weltweit und Gründungspräsident der internationalen ›Gesellschaft für interkulturelle Philosophie e. V.‹, die seit 1991 besteht.

Christiane Nagel, Jahrgang 1983, ist Politikwissenschaftlerin und arbeitet als freie Publizistin. Ihre Arbeitsgebiete sind unter anderem Gewaltforschung und Menschenrechte mit dem regionalen Schwerpunkt Asien.

Ulrike Peters, Jahrgang 1957, Religionswissenschaftlerin, Studium der Vergleichenden Religionswissenschaft, Ethnologie und Altamerikanistik. Promotion über das Wiener Judentum des 19./20. Jh.. Arbeitsschwerpunkte: Judentum, Religionsethnologie, Tierkult und Tierschutzethik, neureligiöse Bewegungen der Gegenwart und indianische Kulturen Amerikas. Sachbuchautorin und Dozentin in der Erwachsenenbildung.

Heiner Roetz, Jahrgang 1950, Professor für chinesische Geschichte und Philosophie an der Ruhr-Universität Bochum, Sprecher der DFG-Forschergruppe Kulturübergreifende Bioethik. Seine Forschungsschwerpunkte sind unter anderem klassische chinesische Philosophie, Menschenrechte, Bioethik, interkulturelle Philosophie.

Hans Jörg Sandkühler, Jahrgang 1940, ist emeritierter Professor für Philosophie an der Universität Bremen. Forschungsschwerpunkte: Epistemologie, Rechts- und Staatstheorie, Menschenrechte. Seit 2004 ist er Leiter der Deutschen Abteilung »Menschenrechte und Kulturen« des europäischen UNESCO-Lehrstuhls für Philosophie (Paris) an der Universität Bremen.

Christine Schirrmacher, Jahrgang 1962, ist Doktor der Islamwissenschaften. Sie ist wissenschaftliche Leiterin des ›Instituts für Islamfragen‹ der Deutschen Evangelischen Allianz und Professorin für Islamic Studies an der Evangelisch-Theologischen Fakultät, Leuven/Belgien. Ihre Forschungsbereiche sind unter anderem Islam in Deutschland, Frauen und Familien im Islam, Ideologien des Islamismus, Scharia, Christlich-Islamische Kontroversen.

Dieter Senghaas, Jahrgang 1940, ist emeritierter Professor für Konflikt- und Entwicklungsforschung an der Universität Bremen. Er ist spezialisiert auf Abrüstungsforschung, Politikwissenschaften und interkulturelle Philosophie.

Reetta Toivanen, Jahrgang 1969, ist Doktor der Europäischen Ethnologie. Ihre Arbeitsgebiete umfassen Minderheitenkulturen, internationale Minderheitenrechte, Menschenrechte, Migration und Gender.

Uwe Voigt, Jahrgang 1965, ist Professor für Philosophie an der Otto-Friedrich-Universität Bamberg. Schwerpunkte seiner Forschung sind interkulturelle Philosophie, Philosophie der Menschenrechte, Philosophie des Geistes, Erkenntnistheorie und Wissenschaftstheorie, formale Logik, Philosophie der Antike, des Mittelalters, der frühen Neuzeit und der Gegenwart.

Koo van der Wal, Jahrgang 1934, ist emeritierter Professor für Philosophie an der Erasmus Universität Rotterdam. Seine Forschungsbereiche sind Ethik, politische und Rechtsphilosophie, Kulturphilosophie und Umweltphilosophie.

Hamid Reza Yousefi, Jahrgang 1967, ist Doktor der Philosophie an der Universität Koblenz-Landau, Campus Koblenz. Seine Forschungsbereiche sind Hermeneutik, interkulturelle Philosophie, Angewandte Religionswissenschaft und diskurshistorische Toleranz- und Kommunikationsforschung.

Veröffentlichungsserie ›Wege zu ...‹
initiiert von Hamid Reza Yousefi, Klaus Fischer und Ina Braun

im Verlag Traugott Bautz

Bereits erschienene Bände:

1) Wege zur Philosophie
Grundlagen der Interkulturalität,
herausgegeben von Hamid Reza Yousefi/Klaus Fischer/
Ina Braun, 2006

2) Wege zur Kommunikation
Theorie und Praxis interkultureller Toleranz,
herausgegeben von Hamid Reza Yousefi/Klaus Fischer
/Ina Braun, 2006

3) Wege zur Religionswissenschaft
Eine interkulturelle Orientierung,
herausgegeben von Hamid Reza Yousefi/Klaus Fischer/
Ina Braun/Wolfgang Gantke, 2007

4) Wege zur Wissenschaft
Eine interkulturelle Perspektive: Grundlagen, Differenzen,
Interdisziplinäre Dimensionen,
herausgegeben von Hamid Reza Yousefi/Klaus Fischer/
Rudolf Lüthe/Peter Gerdsen, 2007

5) Wege zur Kultur
Gemeinsamkeiten - Differenzen - Interdisziplinäre Dimensionen
herausgegeben von Hamid Reza Yousefi/Klaus Fischer/
Regine Kather/Peter Gerdsen, 2008

Weitere Bände sind in Bearbeitung

Schriftenreihe ›Interkulturelle Bibliothek‹
herausgegeben von Hamid Reza Yousefi, Klaus Fischer,
Ram Adhar Mall, Ina Braun und Georg Stenger

im Verlag Traugott Bautz

Bereits erschienene Bände:

Band 1
Hamid Reza Yousefi/Ram Adhar Mall: Grundpositionen der interkulturellen Philosophie

Band 2
Karl-Heinz Brodbeck: Buddhismus interkulturell gelesen

Band 3
Jan D. Reinhardt: Niklas Luhmanns Systemtheorie interkulturell gelesen

Band 4
Jameleddine Ben-Abdeljelil: Ibn Ruschds Philosophie interkulturell gelesen

Band 5
Christel Hasselmann: Hans Küngs Projekt Weltethos interkulturell gelesen

Band 6
Heinz Kimmerle: Rückkehr ins Eigene.
Die Dimension des Interkulturellen in der Philosophie

Band 7
Reinhard Kirste: Die Bibel interreligiös gelesen

Band 8
Mohammad Razavi Rad: Islam interkulturell gelesen

Band 9
Gilbert Metzger: Liang Qichaos Weltanschauung interkulturell gelesen

Band 10
Hamid Reza Yousefi: Grundlagen der interkulturellenReligionswissenschaft

Band 11
Tuan Tran: Asiatische Philosophie. Schopenhauer und Buddhismus

Band 12
Ram Adhar Mall: Ludwig Wittgensteins Philosophie interkulturell gelesen

Band 13
Ulrike Peters: Indianer Nordamerikas.
Eine interkulturelle Perspektive.

Band 14
Raúl Fornet-Betancourt: José Martí interkulturell gelesen

Band 15
Christian Fuchs: Herbert Marcuse interkulturell gelesen

Band 16
Claudia König-Fuchs: Egozentrismus im interkulturellen Kontext

Band 17
Jürgen Mohn: Mythostheorien im interkulturellen Kontext

Band 18
Heinz Kimmerle: Jacques Derrida interkulturell gelesen

Band 19
Ram Adhar Mall: Hans-Georg Gadamers Hermeneutik interkulturell gelesen

Band 20
Elke Wachendorff: Georg Simmel interkulturell gelesen

Band 21
Michael Collel: Hofmannsthals Existenzbegriff interkulturell gelesen

Band 22
Ulrike Peters: Philosophie der Azteken.
Eine interkulturelle Perspektive

Band 23
Wolfgang Gantke: Otto Friedrich Bollnows Philosophie interkulturell gelesen

Band 24
Eva Eirmbter-Stolbrink/Claudia König-Fuchs: Ideen
zur interkulturellen Pädagogik

Band 25
Martin Hambückers: Medien - Politik - Demokratie.
Eine interkulturelle Perspektive

Band 26
Klaus Fischer: Paul K. Feyerabends Wissenschaftsbegriff interkulturell gelesen

Band 27
Ram Adhar Mall: Mahatma Gandhi interkulturell gelesen

Band 28
Hans Günther Homfeldt/Cornelia Schweppe/Wolfgang Schröer:
Transnationalität, soziale Unterstützung, agency

Band 29
Eva Eirmbter-Stolbrink: Wilhelm von Humboldt interkulturell gelesen

Band 30
Monika Kirloskar-Steinbach: Toleranz im interkulturellen Kontext

Band 31
Jacob Emmanuel Mabe: Wilhelm Anton Amo interkulturell gelesen

Band 32
Peter Gerdsen: Natur- und Geisteswissenschaft im Kontext des Interkulturellen

Band 33
Thorsten Paprotny: Karl Jaspers' Philosophie interkulturell gelesen

Band 34
Oliver Immel: Martin Heidegger interkulturell gelesen

Band 35
Ralf Schöppner: Emmanuel Levinas interkulturell gelesen

Band 36
Ina Braun: Günter Wallraff interkulturell gelesen

Band 37
Christian Rabanus: Jan Patočkas Phänomenologie interkulturell gelesen

Band 38
Peter Kühn: Interkulturelle Semantik

Band 39
Ramakrishna Puligandla: Die Upanischaden. Eine interkulturelle Perspektive

Band 40
Thomas E. Jackson und Ramakrishna Puligandla:
Freiheit in interkultureller Perspektive

Band 41
Mohammad Razavi Rad: Molla Sadras Philosophie interkulturell gelesen

Band 42
Walter Reese-Schäfer: Platon interkulturell gelesen

Band 43
Michelle Becka: Interkulturalität im Denken Raúl Fornet-Betancourts

Band 44
Henk Oosterling: Interkulturalität im Denken Heinz Kimmerles

Band 45
Ina Braun: Kultur des Schweigens. Viktor Jara interkulturell gelesen

Band 46
Margit Eckholt: Dogmatik interkulturell

Band 47
Richard Reschika: Mircea Eliade interkulturell gelesen

Band 48
Heinz Kimmerle: Das Eigene - anders gesehen

Band 49
Hamid Reza Yousefi: Angewandte Toleranz

Band 50
Silvia Kaweh: Ali Schariati interkulturell gelesen

Band 51
Rainer Ernst Zimmermann: Ernst Bloch interkulturell gelesen

Band 52
Raúl Fornet-Betancourt: Lateinamerikanische Philosophie im Kontext der Weltphilosophie

Band 53
Ram Adhar Mall: Indische Philosophie im Kontext der Weltphilosophie

Band 54
Heinz Kimmerle: Georg Wilhelm Friedrich Hegel interkulturell gelesen

Band 55
Alexander Thomas: Grundlagen der interkulturellen Psychologie

Band 56
Brigitte Schulze: Fernsehen und Kino im interkulturellen Kontext

Band 57
Ram Adhar Mall: Nagarjunas Philosophie interkulturell gelesen

Band 58
Hartmut Reinhardt: Ausfahrt in das fremde Dichterland.
Goethes Werk interkulturell gelesen

Band 59
Rainer Ernst Zimmermann: Jean-Paul Sartre interkulturell gelesen

Band 60
Heinz Kimmerle: Afrikanische Philosophie im Kontext der Weltphilosophie

Band 61
Wolfgang Gantke: Aurobindos Philosophie interkulturell gelesen

Band 62
Rainer Ernst Zimmermann: Die Kreativität der Materie

Band 63
Eun-Jeung Lee: Konfuzius interkulturell gelesen

Band 64
Xianglong Zhang/Ramakrishna Puligandla:
Sprache und Wirklichkeit. Eine interkulturelle Perspektive

Band 65
Norbert Campagna: Jean-Jacques Rousseau interkulturell gelesen

Band 66
Manfred Görg: Judentum interkulturell gelesen

Band 67
Fateme Rahmati: Ibn Arabi interkulturell gelesen

Band 68
Martin Euringer: Epikureische Philosophie interkulturell gelesen

Band 69
Reiner Wimmer: Simone Weil interkulturell gelesen

Band 70
Jens Mattern: Zwischen kultureller Symbolik und allgemeiner Wahrheit

Band 71
Jürgen Hengelbrock: Religion und Philosophie.
Fragen aus interkultureller Sicht

Band 72
Walter Reese-Schäfer: Aristoteles interkulturell gelesen

Band 73
Dietrich Fischer: Johan Galtung interkulturell gelesen

Band 74
Kiran Desai-Breun: Selbstbezeichnungen des indischen Denkens
in komparativer Betrachtung

Band 75
Karl-Heinz Breier: Hannah Arendt interkulturell gelesen

Band 76
Jürgen Mohn: Friedrich Heiler interkulturell gelesen

Band 77
Christoph Dejung: Helmuth Plessner interkulturell gelesen

Band 78
Marco Iorio: Karl Marx interkulturell gelesen

Band 79
Christoph Antweiler: Grundpositionen interkultureller Ethnologie

Band 80
Reza Hajatpour: Mehdi Hairi Yazdi interkulturell gelesen

Band 81
Christoph Dejung: Sebastian Franck interkulturell gelesen

Band 82
Rita Widmaier: Leibniz' metaphysisches Weltmodell interkulturell gelesen

Band 83
Mohamed Turki: Islamische Philosophie im Kontext der Weltphilosophie

Band 84
Hermann-Josef Scheidgen: Fundamentalismus im Weltkontext

Band 85
Norbert Campagna: Montesquieu interkulturell gelesen

Band 86
Thomas Fornet-Ponse: Ignacio Ellacuría interkulturell gelesen

Band 87
Klaus-Jürgen Grün: Arthur Schopenhauer interkulturell gelesen

Band 88
Elke Wachendorff: Friedrich Nietzsche. Denker der Interkulturalität

Band 89
Alexander Gantschow: Benjamin Barber interkulturell gelesen

Band 90
Harald Seubert: Nicolaus Cusanus interkulturell gelesen

Band 91
Afsaneh Gächter: Daryush Shayegan interkulturell gelesen

Band 92
Stephan Popp: Mohammad Iqbal. Ein Philosoph zwischen den Kulturen

Band 93
Katharina Ceming: Mystik im interkulturellen Vergleich

Band 94
Harald Seubert: Interkulturelle Phänomenologie bei Heinrich Rombach

Band 95
Bernd Nicolai: Weltarchitektur. Eine interkulturelle Perspektive

Band 96
Aziz Fooladvand: Mohammad Mossadegh interkulturell gelesen

Band 97
Martin Mittwede: Vedanta-Philosophie im interkulturellen Kontext

Band 98
Alexander Thomas/Eva-Maria Stögbauer/Henriette-Muriel Müller:
Interreligiöse Kompetenz als fundamentaler Aspekt
Internationaler Handlungskompetenz

Band 99
Nausikaa Schirilla: Autonomie des Subjekts. Eine interkulturelle Perspektive

Band 100
Anne Schippling: Interkulturalität im Denken Theodor W. Adornos

Band 101
Harald Seubert: Max Weber interkulturell gelesen

Band 102
Katharina Ceming: Gewalt und Weltreligionen.
Eine interkulturelle Perspektive

Band 103
Chen-Yu Chung: Daoismus und Gelassenheit. Eine interkulturelle Perspektive

Band 104
Mahmoud Zakzouk: Ghazali und Descartes Ein philosophischer Vergleich

Band 105
Reetta Toivanen/Claudia Mahler: Menschenrechte im Vergleich der Kulturen

Band 106
Regine Kather: Hildegard von Bingen interkulturell gelesen

Band 107
Franz Winter: Emil Cioran und die Religionen.
Eine interkulturelle Perspektive

Band 108
Helmut Wehr: Erich Fromm interkulturell gelesen

Band 109
Zvi Rosen: Interkulturalität im Denken Max Horkheimers

Band 110
Christiane Tietz: Martin Luther im interkulturellen Kontext

Band 111
Irmgard Honnef-Becker: Interkulturalität
als neue Perspektive der Deutschdidaktik

Band 112
Harald Seubert: Schelling interkulturell gelesen

Band 113
André Julien S.E. Faict/Keiko Ueno: Interkulturalität
im Denken Hajime Nakamuras

Band 114
Zvi Tauber: Heinrich Heine interkulturell gelesen

Band 115
Claudia Bickmann: Immanuel Kants Weltphilosophie

Band 116
Josef Estermann: Leopoldo Zea interkulturell gelesen

Band 117
Esfandiar Tabari: Sohrewardi interkulturell gelesen

Band 118
Max Peter Baumann: Musik im interkulturellen Kontext

Band 119
Wassilios Klein: Abu Reyhan Biruni und die Religionen.
Eine interkulturelle Perspektive

Band 120
Wolfgang Schwabe: Chinesische Philosophie im Kontext der Weltphilosophie

Band 121
Rainer Ernst Zimmermann: Ethik und interkulturelle Vernunft

Band 122
Florian C. Reiter: Laozi interkulturell gelesen

Band 123
Peter Raster: Grundpositionen interkultureller Linguistik

Band 124
Klaus-Jürgen Grün: Philosophie der Freimaurerei.
Eine interkulturelle Perspektive

Band 125
Maja Soboleva: Russische Philosophie im Kontext der Interkulturalität

Band 126
Klaus-Jürgen Grün: Frankfurter Schule interkulturell gelesen

Band 127
Jürgen Mohn: Ernst Cassirer interkulturell gelesen

Band 128
Harald Stelzer: Karl Raimund Popper und kritischer
Rationalismus interkulturell gelesen

Band 129
Edoardo Simonotti: Max Schelers Philosophie interkulturell gelesen

Band 130
Martin Euringer: Griechisch-römische Philosophie
im Kontext der Weltphilosophie

Weitere Bände sind in Bearbeitung